Die Republik Österreich stellt Ihnen Buch und SbX für Ihre Ausbildung zur Verfügung.
Ihre Professorinnen und Professoren helfen Ihnen, den Stoff zu erlernen und so eine gute Basis für Ihr späteres Berufsleben oder Ihr Studium zu legen. Übernehmen Sie aber auch selbst Verantwortung für Ihren Lernerfolg und nutzen Sie die vielfältigen Möglichkeiten, die Ihnen dieses Buch und das zugehörige SbX zum Lernen, Üben, Sichern und Wissen bieten.

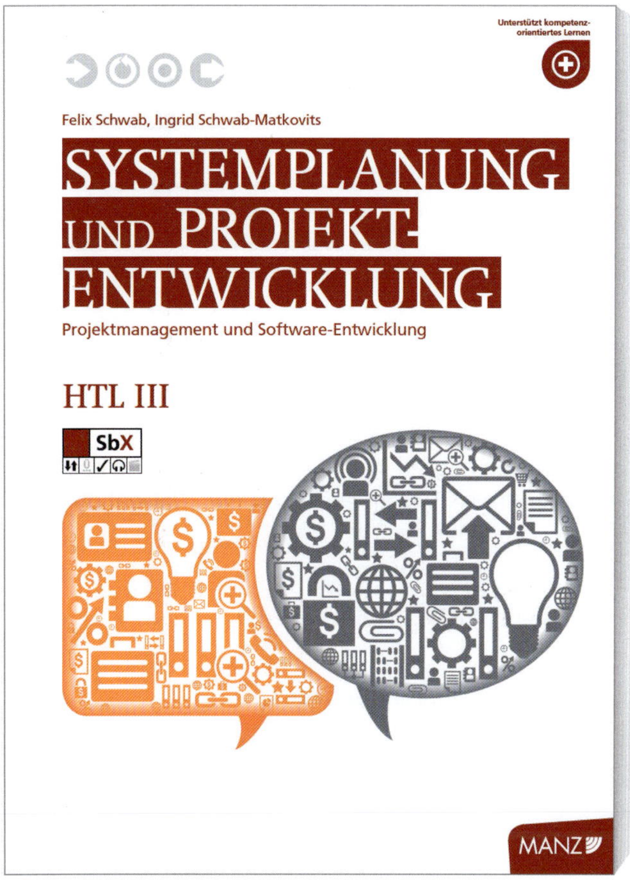

Buch-Nr. 160.775

Autoren:

Prof. Dipl.-Ing. Felix Schwab
HTBLuVA Wiener Neustadt
Lektor an der Universität Wien

WHR[in] Prof.[in] (FH)
Mag.[a] Ingrid Schwab-Matkovits
Leiterin Stabsstelle Europa und Statistik
Lektorin an der Universität Wien

Wien 2013

Dieses Arbeitsbuch wurde vom Bundesministerium für Unterricht, Kunst und Kultur mit Bescheid vom 5. Juni 2013, Geschäftszahl 5.025/0018-B/8/2012, für den Unterrichtsgebrauch an höheren Lehranstalten für Informatik für den III. Jahrgang im Unterrichtsgegenstand Systemplanung und Projektentwicklung für geeignet erklärt.

Printed in Austria, ISBN 978-3-7068-4352-2

Das vorliegende Buch wurde auf chlorfrei gebleichtem Papier gedruckt.

Umschlaggestaltung: DMC 01, Wien

MANZ

Herzlich willkommen im neuen Schuljahr!

Das innovative MANZ Lernpaket

Als führender Verlag im berufsbildenden Schulwesen wissen wir, dass Sie Lernpakete benötigen, die Sie zielgerecht zum Lernerfolg – zu Wissen und Kompetenz – führen. Wir wollen, dass Sie nach Abschluss Ihrer Ausbildung Ihre persönlichen Chancen am Arbeitsmarkt bestmöglich wahrnehmen können.
Wir arbeiten täglich an der Produktion zeitgemäßer Lernpakete und stehen dabei im ständigen Dialog mit erfahrenen Schulbuchautorinnen und -autoren sowie Wissenschaftlerinnen und Wissenschaftlern.

Ihr Lernpaket besteht aus einem übersichtlich gegliederten Schülerbuch und abwechslungsreichen Online-Ergänzungen inklusive des MANZ Lernraums in Ihrem SbX. Alle Teile des Lernpakets sind aufeinander abgestimmt und folgen dem MANZ 4-Schritte-Lernmodell.

Das MANZ 4-Schritte-Lernmodell

Dieses Buch ist ein speziell für Sie gestaltetes, modernes Lern- und Arbeitsbuch. Der Lernstoff ist in diesem Buch in Kapitel und innerhalb der Kapitel in Lerneinheiten gegliedert. Die Lerneinheiten sind nach dem MANZ 4-Schritte-Lernmodell aufgebaut und ein spezielles Leitsystem erleichtert die „Navigation" im Buch.

LERNEN (Input)
Information aufnehmen, Zusammenhänge erkennen, Theorie erfassen

ÜBEN (Anwendung)
Routine erwerben, Zusammenhänge verstehen, Erfahrung sammeln

SICHERN (Festigung)
Gelerntes zusammenfassen, Übersicht gewinnen, Inhalte wiederholen

WISSEN (Kontrolle)
Wissen testen, Kompetenz überprüfen, Können beweisen

SbX Zu diesem Lern- und Arbeitsbuch gibt es im Rahmen von SbX (Schulbuch*Extra*) vielfältige Online-Ergänzungen sowie ein Lernmanagementsystem, den **MANZ Lernraum.** Auch die Online-Ergänzungen sind nach dem MANZ 4-Schritte-Lernmodell aufgebaut und ermöglichen Ihnen zusammen mit dem Buch abwechslungsreiches und nachhaltiges Lernen.

Dem Verlag MANZ ist es ein grundlegendes Anliegen, ...

... Chancengleichheit wo immer möglich zu fördern. Frauen und Männer werden in den Texten und Beispielen dieses Buches gleichberechtigt behandelt. Um den Lesefluss nicht zu stören, wird aber – wo nötig – auf das Nebeneinander weiblicher und männlicher Formen verzichtet.

Das Schülerbuch

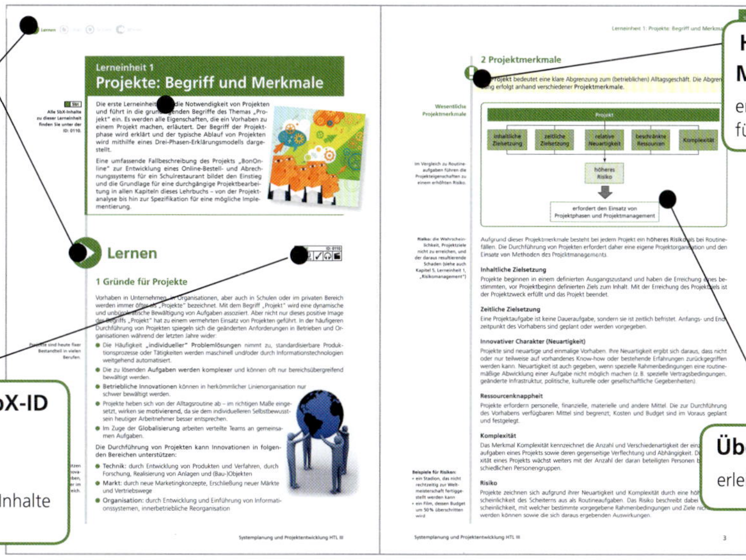

Lerneinheiten
führen Sie Schritt für Schritt durch den Lernstoff.

Hervorgehobene Merksätze
erhöhen die Aufmerksamkeit für wichtige Lerninhalte.

SbX-Leiste und SbX-ID
SbX ID: 0003
Übersicht über die SbX-Inhalte zu jedem Arbeitsschritt

Übersichtliche Grafiken
erleichtern das Lernen.

SbX – Schulbuch*Extra*

ID-Eingabe
führt direkt zu den passenden Online-Inhalten.

MANZ Lernraum
effiziente Kommunikation in der virtuellen Klasse

Aufbau
SbX und Buch folgen demselben Aufbau.

Inhaltsverzeichnis
übersichtliche Darstellung der Inhalte

Online-Ergänzungen
abwechslungsreiche Übungsmöglichkeiten und aktuelle Informationen zum Lernstoff

Aktivieren Sie jetzt kostenlos Ihr SbX direkt bei MANZ:

www.wissenistmanz.at

Startcode: 00254352

Inhaltsverzeichnis

Systemplanung und Projektentwicklung HTL III

Kapitel 1: Grundbegriffe des Projektmanagements . . . 1
1 Projekte: Begriff und Merkmale . . . 2
2 Projektklassifikation und Multiprojektmanagement . . . 13
3 Projektmanagement . . . 27

Kapitel 2: Projektbegründung . . . 37
1 Kreativitätstechniken . . . 38
2 Projektidee und Vorstudie . . . 45
3 Zielbestimmung . . . 52
4 Stakeholder und Projektumfeld . . . 59
5 Projektauftrag . . . 69

Kapitel 3: Projektstart und Projektorganisation . . . 79
1 Projektstart . . . 80
2 Organisationsformen im Projekt . . . 84
3 Teambildung und -führung . . . 98
4 Internationale Teams . . . 108

Kapitel 4: Projektplanung . . . 113
1 Projektstrukturpläne . . . 114
2 Arbeitspakete und Verantwortungsmatrix . . . 121
3 Zeitplanung . . . 128

Kapitel 5: Querschnittsaufgaben . . . 139
1 Risikomanagement . . . 140
2 Projektcontrolling . . . 148
3 Dokumentation und Berichtswesen . . . 163
4 Weitere PM-Aufgaben und Projektabschluss . . . 171
5 Informatik-Hilfsmittel . . . 178

Kapitel 6: Grundlagen des Software-Engineerings . . . 183
1 Was ist Software-Engineering? . . . 184
2 Teams in der Software-Entwicklung . . . 193
3 Phasenkonzepte und Phasenmodelle . . . 200
4 Agile Vorgehensmodelle . . . 208
5 RUP – der Rational Unified Process . . . 225

Kapitel 7: Systemanalyse und Anforderungen . . . 235
1 Anforderungsanalyse . . . 236
2 Das Pflichtenheft . . . 245
3 Grundlagen der Aufwandsschätzung . . . 251
4 Verfahren der Aufwandsschätzung . . . 260

Kapitel 8: Unified Modeling Language (UML) . . . 273
1 UML – Übersicht . . . 274
2 Use-Case-Diagramm . . . 280
3 Verhaltensdiagramme . . . 285
4 Interaktionsdiagramme . . . 290
5 Klassen- und Objektdiagramm . . . 296
6 Weitere Strukturdiagramme . . . 300
Fallbeispiel: Verwendung von UML-Diagrammen . . . 304

Kapitel 9: Qualitätssicherung . . . 309
1 Qualität im Software-Engineering . . . 310
2 Konstruktive Maßnahmen zur Qualitätssicherung . . . 315
3 Analytische Maßnahmen zur Qualitätssicherung (Testen) . . . 322
4 Testautomatisierung . . . 331

Kapitel 10: Dokumentation und Abnahme . . . 337
1 Dokumentation . . . 338
2 Abnahme, Wartung und Pflege . . . 348

Bildnachweis . . . 352

1 GRUNDBEGRIFFE DES PROJEKTMANAGEMENTS

Worum geht's in diesem Kapitel?

Der Begriff des Projekts hat sich im täglichen Sprachgebrauch fix etabliert. Selbst Prospekte von Baumärkten sprechen nicht mehr von „Gartenarbeit", sondern „Gartenprojekten". Ist alles nur ein Marketing-Trick, damit uns die Arbeit mehr Spaß macht, oder steckt mehr dahinter?

Dieses Kapitel zeigt Ihnen, wann ein Vorhaben als Projekt bezeichnet werden kann bzw. sollte und welche grundlegende Vorgehensweise allen Projekten zugrunde liegt. Sie werden sehen, warum heute tatsächlich ein zunehmender Anteil an Arbeiten in Form von Projekten durchgeführt wird und dass dafür nicht nur der Titel „Projekt", sondern eine klar definierte Abfolge von Schritten und Aufgaben erforderlich ist.

Am Ende dieses Kapitels sollten Sie

- wissen, warum Arbeiten zunehmend in Projektform durchgeführt werden,
- Projekte als solche erkennen sowie anhand ihrer Merkmale beschreiben können,
- die grundlegenden Abschnitte eines Projekts sowie die durchzuführenden Aufgaben nennen können,
- Projekte nach unterschiedlichen Gesichtspunkten klassifizieren können,
- die Bedeutung und die wesentlichen Aufgaben des Projektmanagers beschreiben können.

A B C D E

In diesem Kapitel finden Sie Übungsaufgaben, praxisbezogene Fallbeispiele und Aufgaben zur Lernkontrolle zur Überprüfung Ihrer Kompetenzen auf den Handlungsebenen A **Wiedergeben,** B **Verstehen,** C **Anwenden,** D **Analysieren & Interpretieren** und E **Entwickeln.**

Dieses Kapitel umfasst folgende Lerneinheiten:

1 Projekte: Begriff und Merkmale

2 Projektklassifikation und Multiprojektmanagement

3 Projektmanagement

Lerneinheit 1
Projekte: Begriff und Merkmale

SbX
Alle SbX-Inhalte zu dieser Lerneinheit finden Sie unter der ID: 0110.

Die erste Lerneinheit zeigt die Notwendigkeit von Projekten und führt in die grundlegenden Begriffe des Themas „Projekt" ein. Es werden alle Eigenschaften, die ein Vorhaben zu einem Projekt machen, erläutert. Der Begriff der Projektphase wird erklärt und der typische Ablauf von Projekten wird mithilfe eines Drei-Phasen-Erklärungsmodells dargestellt.

Eine umfassende Fallbeschreibung des Projekts „BonOnline" zur Entwicklung eines Online-Bestell- und Abrechnungssystems für ein Schulrestaurant bildet den Einstieg und die Grundlage für eine durchgängige Projektbearbeitung in allen Kapiteln dieses Lehrbuchs – von der Projektanalyse bis hin zur Spezifikation für eine mögliche Implementierung.

Lernen

1 Gründe für Projekte

Vorhaben in Unternehmen, in Organisationen, aber auch in Schulen oder im privaten Bereich werden immer öfter als „Projekte" bezeichnet. Mit dem Begriff „Projekt" wird eine dynamische und unbürokratische Bewältigung von Aufgaben assoziiert. Aber nicht nur dieses positive Image des Begriffs „Projekt" hat zu einem vermehrten Einsatz von Projekten geführt. In der häufigeren Durchführung von Projekten spiegeln sich die geänderten Anforderungen in Betrieben und Organisationen während der letzten Jahre wider:

Projekte sind heute fixer Bestandteil in vielen Berufen.

- Die Häufigkeit **„individueller" Problemlösungen** nimmt zu, standardisierbare Produktionsprozesse oder Tätigkeiten werden maschinell und/oder durch Informationstechnologien weitgehend automatisiert.
- Die zu lösenden **Aufgaben werden komplexer** und können oft nur bereichsübergreifend bewältigt werden.
- **Betriebliche Innovationen** können in herkömmlicher Linienorganisation nur schwer bewältigt werden.
- Projekte heben sich von der Alltagsroutine ab – im richtigen Maße eingesetzt, wirken sie **motivierend,** da sie dem individuelleren Selbstbewusstsein heutiger Arbeitnehmer besser entsprechen.
- Im Zuge der **Globalisierung** arbeiten verteilte Teams an gemeinsamen Aufgaben.

Die Durchführung von Projekten kann Innovationen in folgenden Bereichen unterstützen:

Projekte unterstützen insbesondere Innovationen in Betrieben, Organisationen oder im öffentlichen Bereich.

- **Technik:** durch Entwicklung von Produkten und Verfahren, durch Forschung, Realisierung von Anlagen und (Bau-)Objekten
- **Markt:** durch neue Marketingkonzepte, Erschließung neuer Märkte und Vertriebswege
- **Organisation:** durch Entwicklung und Einführung von Informationssystemen, innerbetriebliche Reorganisation

2 Projektmerkmale

Ein **Projekt** bedeutet eine klare Abgrenzung zum (betrieblichen) Alltagsgeschäft. Die Abgrenzung erfolgt anhand verschiedener **Projektmerkmale.**

Wesentliche Projektmerkmale

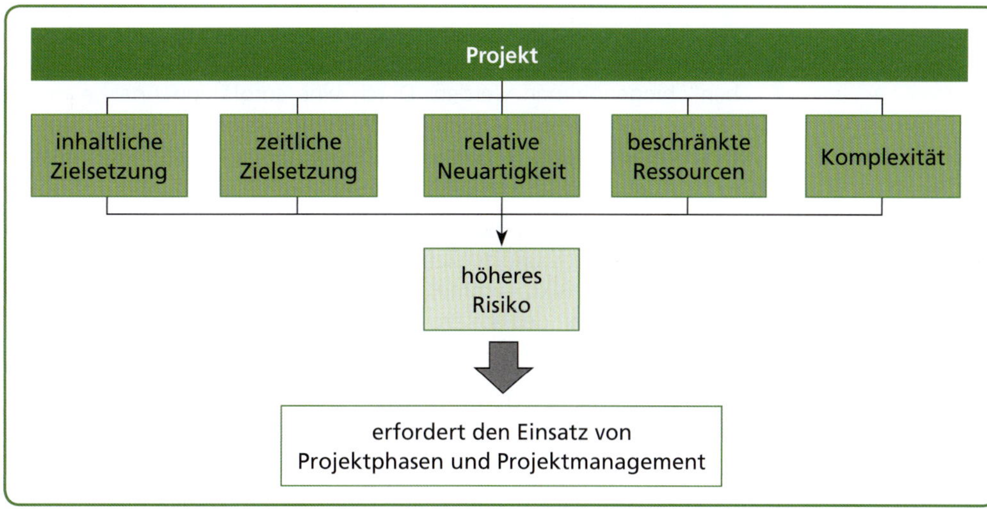

Im Vergleich zu Routineaufgaben führen die Projekteigenschaften zu einem erhöhten Risiko.

Risiko: die Wahrscheinlichkeit, Projektziele nicht zu erreichen, und der daraus resultierende Schaden (siehe auch Kapitel 5, Lerneinheit 1, „Risikomanagement")

Aufgrund dieser Projektmerkmale besteht bei jedem Projekt ein **höheres Risiko** als bei Routinefällen. Die Durchführung von Projekten erfordert daher eine eigene Projektorganisation und den Einsatz von Methoden des Projektmanagements.

Inhaltliche Zielsetzung

Projekte beginnen in einem definierten Ausgangszustand und haben die Erreichung eines bestimmten, vor Projektbeginn definierten Ziels zum Inhalt. Mit der Erreichung des Projektziels ist der Projektzweck erfüllt und das Projekt beendet.

Zeitliche Zielsetzung

Eine Projektaufgabe ist keine Daueraufgabe, sondern sie ist zeitlich befristet. Anfangs- und Endzeitpunkt des Vorhabens sind geplant oder werden vorgegeben.

Innovativer Charakter (Neuartigkeit)

Projekte sind neuartige und einmalige Vorhaben. Ihre Neuartigkeit ergibt sich daraus, dass nicht oder nur teilweise auf vorhandenes Know-how oder bestehende Erfahrungen zurückgegriffen werden kann. Neuartigkeit ist auch gegeben, wenn spezielle Rahmenbedingungen eine routinemäßige Abwicklung einer Aufgabe nicht möglich machen (z. B. spezielle Vertragsbedingungen, geänderte Infrastruktur, politische, kulturelle oder gesellschaftliche Gegebenheiten).

Ressourcenknappheit

Projekte erfordern personelle, finanzielle, materielle und andere Mittel. Die zur Durchführung des Vorhabens verfügbaren Mittel sind begrenzt; Kosten und Budget sind im Voraus geplant und festgelegt.

Komplexität

Das Merkmal Komplexität kennzeichnet die Anzahl und Verschiedenartigkeit der einzelnen Teilaufgaben eines Projekts sowie deren gegenseitige Verflechtung und Abhängigkeit. Die Komplexität eines Projekts wächst weiters mit der Anzahl der daran beteiligten Personen bzw. unterschiedlichen Personengruppen.

Beispiele für Risiken:
- ein Stadion, das nicht rechtzeitig zur Weltmeisterschaft fertiggestellt werden kann
- ein Film, dessen Budget um 50 % überschritten wird

Risiko

Projekte zeichnen sich aufgrund ihrer Neuartigkeit und Komplexität durch eine höhere Wahrscheinlichkeit des Scheiterns aus als Routineaufgaben. Das Risiko beschreibt dabei die Wahrscheinlichkeit, mit welcher bestimmte vorgegebene Rahmenbedingungen und Ziele nicht erfüllt werden können sowie die sich daraus ergebenden Auswirkungen.

Risiken treten in allen Bereichen eines Projekts auf:

- als technisches Realisierungsrisiko
- als Zeitrisiko
- als Aufwandsrisiko
- als Zielsetzungsrisiko
- als Verwertbarkeitsrisiko

Risiken sind somit ein wichtiger Faktor in jedem Projekt, dürfen aber nicht einfach als „gegeben" hingenommen werden. Durch eine sorgfältige Analyse möglicher Bedrohungen sowie rechtzeitig getroffene Vorkehrungen können Risiken verringert werden. Dies ist die Aufgabe des Risikomanagements, welches in Kapitel 5, Lerneinheit 1 genau beschrieben wird.

Für die Entscheidung, ob ein Vorhaben ein Projekt ist, müssen die oben angeführten **Merkmale** – inhaltliche und zeitliche Zielsetzung, Neuartigkeit, beschränkte Ressourcen, Komplexität und Projektrisiko – immer gemeinsam mit den **Rahmenbedingungen** für die Projektabwicklung und mit den am Projekt Beteiligten betrachtet werden.

Weitere Projektmerkmale

Ein Projekt kann noch durch weitere Einordnungsgrößen beschrieben werden. Gemeinsam mit den Projektkriterien werden die folgenden Eigenschaften dafür verwendet, um ein Projekt genauer zu definieren und entsprechende Organisationsformen zu bestimmen.

Bedeutung

Die Auswirkung der Erreichung (oder Nichterreichung) des Projektziels auf Teilziele oder das Gesamtziel des Projektträgers wird untersucht.

Umfang

Der Projektumfang beschreibt ein Projekt in mehreren Dimensionen:

- Anzahl der im Rahmen des Projekts durchzuführenden Einzelaufgaben
- Anzahl der am Projekt beteiligten Personen oder Stellen
- Umfang (Mengeneinheiten) der festgelegten Leistung
- einzusetzende Mittel (Geldmittel, betriebliche Ressourcen)

Anzahl von Projekten

Die Projektanzahl gibt an, ob von einem Unternehmen oder einer Stelle überwiegend (und daher meist gleichzeitig mehrere) Projekte durchgeführt werden oder ob Projekte eine Ausnahme darstellen.

Kontinuität des Projekts

Dieses Kriterium definiert, ob die Projektmitarbeiter kontinuierlich (hauptamtlich) oder nur zeitweise für das Projekt tätig sind.

Querverweis
Der Grad der Involviertheit hängt auch von der gewählten Organisationsform ab (vgl. Kapitel 3, Lerneinheit 2).

Intensität des Projekts

Die Projektintensität beschreibt die Beanspruchung der Projektmitarbeiter. Diese können (im Rahmen des Projekts) ausgelastet, über- oder unterbeschäftigt sein.

Alle beschriebenen Projektmerkmale bilden die Grundlage für die Auswahl einer geeigneten Organisationsform für die Projektdurchführung. Die Bewertung erfolgt am besten in Matrixform (vgl. Kapitel 3, Lerneinheit 2).

3 Projektablauf – Projektphasen

Die **Gliederung des Projekts in einzelne Abschnitte** (Phasen) ist eine wesentliche Voraussetzung für die erfolgreiche Durchführung – nur so entsteht eine klare Ordnung von Aufgaben und Methoden.

Die meisten Projekte, auch in unterschiedlichen Branchen und Bereichen, basieren auf dem folgenden Grundkonzept.

Hauptphasen eines Projekts

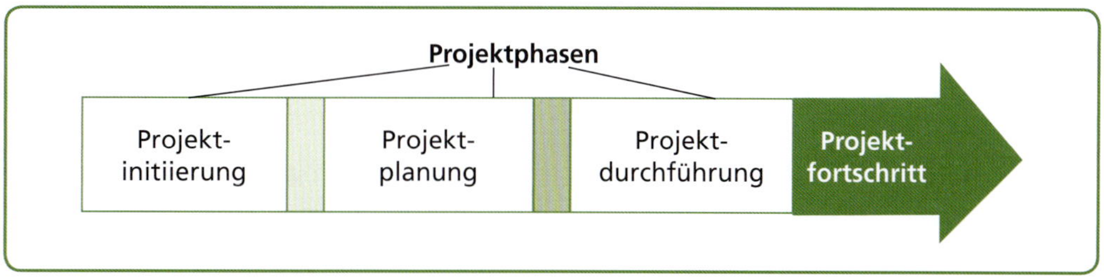

Zur Bewältigung komplexer Projektaufgaben ist es erforderlich, das Vorhaben in zeitlich klar definierte Abschnitte – in Projektphasen – zu gliedern. Eine **Projektphase** bildet eine Einheit, welche logisch und sachlich gegenüber anderen Abschnitten abgegrenzt ist. In jeder Phase stehen bestimmte Tätigkeiten (Aktivitäten) und Verfahren (Methoden, Hilfsmittel) im Mittelpunkt. Den Abschluss einer Projektphase bildet ein sogenannter **Meilenstein**. Mit der Phasenfreigabe erfolgt der formale Abschluss einer Phase und somit die Freigabe zum Beginn der nächstfolgenden Phase.

Die drei Hauptabschnitte eines Projekts – Initiierung, Projektplanung und Projektdurchführung – können weiter untergliedert werden.

Phasen, Aufgaben und Dokumente im Projektablauf

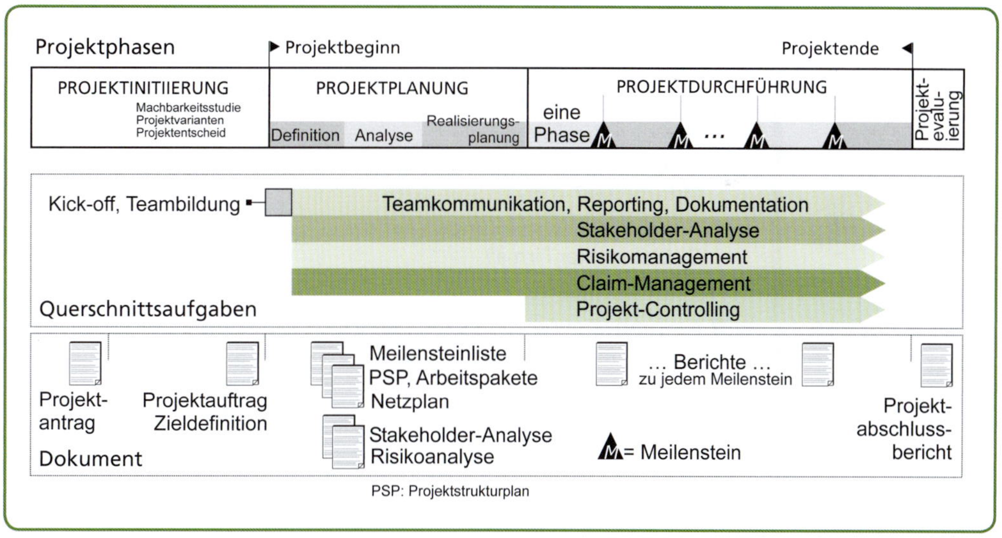

Die hier dargestellte Vorgehensweise zeigt den grundlegenden Ablauf, wie er bei einem Großteil von Projekten in den unterschiedlichsten Branchen angewandt wird. Dabei kann die Intensität der einzelnen Phasen (hinsichtlich der Dauer und des Aufwands) variieren.

Querverweis
Vgl. Kapitel 6, Lerneinheit 3 – Phasenkonzepte und Phasenmodelle

Insbesondere in der Projektdurchführung kommen **branchenspezifische Vorgehensmodelle** zum Einsatz, welche Abfolge, Aufgaben und Ergebnisse der einzelnen Durchführungsphasen vorgeben. Im Bereich des Software-Engineering haben sich typische Phasenmodelle etabliert.

Die in der Grafik eingeführten neuen Begriffe werden in den folgenden Kapiteln vorgestellt und erläutert.

Die **Projektplanung** selbst gliedert sich in drei Abschnitte:

Querverweis
Pflichtenheft: Kapitel 7, Lerneinheit 2

- Die Definition beschreibt die im Auftrag formulierten Ziele in einer dem Fachgebiet entsprechenden und auf die Durchführung ausgerichteten Terminologie. Ergebnis ist eine detaillierte Leistungsbeschreibung, etwa in Form eines Pflichtenhefts.

Querverweis
Strukturpläne:
Kapitel 4, Lerneinheit 1

- In der **Analyse** erfolgt die Strukturierung und Gliederung des geplanten Projektergebnisses sowie des Ablaufes, um das Projekt plan- und abwickelbar zu machen. Die Ergebnisse der Analyse sind der **Produktstrukturplan**, der **Objektstrukturplan** sowie der **Projektstrukturplan**.

Querverweis
Zeit- und Ressourcenplanung:
Kapitel 4, Lerneinheit 3

- In dieser **Realisierungsplanung** wird der **erforderliche Zeitaufwand für die einzelnen Tätigkeiten** sowie der notwendige **Ressourceneinsatz** ermittelt. Ergebnisse der Realisierungsplanung sind: Terminlisten, Balkendiagramme, Kosten- und Finanzpläne, Ressourcenbedarf, Ressourcenauslastung.

Ein **Meilenstein** ist ein überprüfbares Zwischenergebnis, das inhaltlich und terminlich genau beschrieben ist.

Der an jedem Meilenstein zu erstellende Projektbericht gibt Aufschluss über den aktuellen Projektstatus und bildet die Grundlage für die Projektsteuerung. Meilensteine dienen daher als Orientierungshilfe sowohl für Projektmitarbeiter als auch für Projektleiter.

Beispiel

Projektablauf: Firmenbusdienst

Projektinitiierung	Projektplanung	Projektdurchführung
Projektidee ● Einrichtung eines Firmenbusdienstes für die Mitarbeiter zur Reduzierung des Individualverkehrs **Machbarkeitsstudie** ● Wer hat Interesse? ● Erlaubt die Arbeitszeitregelung einen sinnvollen Fahrplan? ● Wie teuer sind (ca.) Investition und Betrieb des Busdienstes? ● Wie sind Nutzen und die Beteiligungsmöglichkeiten für die Mitarbeiter? ● Wie sind die Auswirkungen auf die Ökobilanz der Firma? **Projektentscheid** ● Nach Abwägung von Kosten, Machbarkeit, Risiken etc. das Projekt genehmigen (z. B. durch Firmenleitung) und starten	● Projektteam bilden (z. B. Matrixorganisation, ein Mitarbeiter pro Abteilung, Leitung durch Leiter der Personalabteilung) ● Budget- und Ressourcenplanung durchführen ● Projektbudget festlegen – € 4.000,– p. m. (für Betrieb), € 110.000,– für Busankauf ● Meilensteinliste, z. B. ○ Fahrgäste bestimmt bis 1.5. ○ Fahrplan fertig bis 15.5. ○ Bus gekauft bis 31.6. ○ etc.	● genaue Bedarfserhebung ● Erstellung und Abstimmung des „Fahrplanes" ● Stellenausschreibung für den Busfahrer ● Beschaffung des Firmenbusses ● Information der Mitarbeiter ● PR-mäßige Umsetzung des Projekts ● Inbetriebnahme des Busdienstes

4 Fallbeispiel „Projekt BonOnline"

Das Fallbeispiel „Projekt BonOnline" begleitet Sie durch alle Lerneinheiten dieses Buches. In den Üben-Abschnitten mit dem BonOnline-Logo können Sie anhand dieses Projekts das Gelernte anwenden.

Ist-Situation

Die lokale Catering-Firma ***BonAppetit*** betreibt seit einigen Jahren das Restaurant/Buffet in Ihrer Schule. Die Kooperation mit dem Caterer hat viele Vorteile für Schüler und Schülerinnen, aber auch für das Lehrpersonal an der Schule gebracht. Davor war die Versorgung nur durch einen kleinen Lebensmittelsupermarkt und ein Lokal, beide in etwa 10 Minuten Gehentfernung, gegeben.

BonAppetit bietet Getränke, kleine kalte Snacks und Mehlspeisen an sowie täglich ein Mittagsmenü, bestehend aus Suppe, Hauptspeise mit Salat und Nachspeise. Das Buffet/Restaurant ist täglich von 7:45 bis 15:00 geöffnet; bei Bedarf können auch verlängerte Öffnungszeiten vereinbart werden. Die Zubereitung und Bedienung erfolgen vor Ort durch drei Mitarbeiter/innen, die Lebensmittel oder Halbfertigprodukte werden vom Caterer selbst geliefert, teilweise auch durch lokale Lieferanten wie z. B. den Bäcker.

Der Service von ***BonAppetit*** wird gerne genutzt, da ein Einkauf auch in den kurzen Pausen möglich ist und das Menü zu einem guten Preis angeboten wird. Aufgrund der hohen Akzeptanz ist die Nachfrage so gut, dass einige Adaptionen angedacht werden.

Verbesserungspotenziale

Verbesserungspotenziale ... für die Kunden

Für die Kunden (in der überwiegenden Zahl die Schülerinnen und Schüler) kommt es aufgrund des Ansturms insbesondere während der kurzen Pausen zu längeren Wartezeiten. Es kann vorkommen, dass Speisen dann nicht mehr konsumiert werden können, da der Unterricht schon beginnt. Manche geben das Anstellen nach einigen Minuten auf und hoffen, in einer der folgenden Pausen erfolgreicher zu sein. Es kann auch passieren, dass das Gewünschte bereits ausverkauft ist.

Ein weiteres Ausbaupotenzial liegt beim Mittagsmenü. Da aus Effizienzgründen nur ein einziges Menü angeboten wird, kann damit nur ein Teil der möglichen Kunden angesprochen werden. Manche hätten z. B. gerne auch ein vegetarisches Menü, welches nur selten im Speiseplan aufscheint.

Um den hauptsächlich in den Pausen und um die Mittagszeit sehr intensiven Andrang bewältigen zu können, werden viele der Snacks und das Mittagsmenü relativ frühzeitig am Tag zubereitet und danach gelagert bzw. warm gehalten. Ein Mittagsessen um 14:00 Uhr weist dann oft nicht mehr die gewünschte Frische auf.

... für den Betreiber

Für den Betreiber des Restaurants/Buffets bestehen ähnliche Herausforderungen, lediglich aus einer anderen Sichtweise. Die Mitarbeiter/innen würden in den kurzen Pausen die Speisen gerne schneller ausgeben, aber da jeder Kunde erst aussucht und dann zahlt, dauert der Vorgang relativ lange. Manche Snacks benötigen auch noch ein paar zusätzliche Handgriffe, was erneut Zeit kostet. Bezahlt wird meist direkt bei der Warenübergabe, da sonst bei der einzigen Kasse noch ein zusätzlicher Stau entsteht.

... für das Personal

Für die Mitarbeiter/innen ist es immer wieder frustrierend, zu sehen, wie sich trotz intensiver Anstrengung, alle möglichst rasch zu bedienen, viele Schüler/innen bzw. Lehrer/innen schon beim Anblick der Warteschlangen wieder umdrehen; hier geht einiges an Umsatzpotenzial verloren. Sie wünschen sich auch einen kontinuierlicheren Arbeitsablauf und nicht den häufigen Wechsel zwischen Stressphasen und anschließendem Leerlauf.

... für den Caterer

Der Caterer *BonAppetit* würde den Wunsch nach einer größeren Menüauswahl gerne erfüllen, da er ein reichhaltiges Sortiment besitzt. Er überlegt jedoch noch, wie dies machbar wäre, da mehrere Menüs schwerer planbar sind und der Absatz dadurch mit einem größeren Risiko verbunden wäre, welches unter Umständen in der Summe zu einer Preissteigerung führen könnte.

Generell ist für ***BonAppetit*** die Abschätzung der erforderlichen Mengen schwierig, da oft schulische Ereignisse (Exkursionen etc.) zu einem unvorhersehbaren Einbruch im Absatz führen. Snacks und übriggebliebene Menüs können nur mehr entsorgt werden. Eine langfristige Statistik, die bestimmte Trends innerhalb eines Schuljahrs zeigen könnte, existiert leider nicht.

Die Kommunikation mit den Kunden gestaltet sich für ***BonAppetit*** ebenfalls aufwändig. Wochenmenüpläne müssen ausgedruckt und an zahlreichen Stellen im Schulgebäude angebracht werden. Kurzfristige Abweichungen oder Aktionen sind dadurch nicht möglich. Preisliche Reduktionen bestimmter Speisen (um den Absatz zu verbessern) können nur beim Buffet/Restaurant angeschrieben werden, wo aber die meisten Kunden ihre Entscheidung bereits getroffen haben.

... für die Schulleitung

Die **Schulleitung** ist grundsätzlich sehr glücklich, dass ***BonAppetit*** das Restaurant/Buffet innerhalb der Schule betreibt, hat aber trotzdem noch Wünsche. Eine größere Auswahl, auch in Hinblick auf „gesündere", frisch zubereitete Snacks und Speisen, wäre erwünscht. Aufgrund der langen Wartezeiten erscheinen Schüler/innen teilweise verspätet und essend in den Unterrichtsstunden. Und da die Speisen nicht sehr aufwändig verpackt sind (es soll ja schnell gehen) und auch auf dem Weg vom Buffet zum Klassenzimmer bereits verzehrt werden, verläuft bald eine Spur von hinuntergefallenen Speiseresten durch das Schulgebäude – unansehnlich und manchmal sogar gefährlich.

Das Projekt

Projektidee

Sie möchten das über Projekte Gelernte möglichst bald in die Praxis umsetzen und schlagen gemeinsam mit einigen Mitschülerinnen und Mitschülern das Projekt *„BonOnline"* vor, mit dem viele der oben beschriebenen Wünsche und Adaptionsvorschläge umgesetzt werden könnten. Kernstück Ihrer Idee ist eine Online-Bestellmöglichkeit, mit der die Kunden Snacks, Menüs, sonstige Produkte im Voraus bestellen, online bezahlen und eine Abholzeit vereinbaren können.

Projektziele (werden im Projektauftrag konkret und messbar formuliert)

Gemeinsam mit dem Leiter des Buffets/Restaurants, der Schulleitung und Schülervertretern erarbeiten Sie in einem Workshop die grundlegenden Anforderungen an das Projekt. Wesentliche Ziele sind die Verkürzung der Wartezeiten und die einfachere Kalkulierbarkeit der erforderlichen Mengen durch den Betreiber. Davon ausgehend lassen sich eine breitere Produktpalette sowie eine frischere Zubereitung realisieren.

Das Ergebnis des Workshops ist eine Liste von Anforderungen, welche durch *„BonOnline"* umgesetzt werden sollen.

Kurzbeschreibung des Projektinhalts

Beispiel für einen QR-Code (QR = Quick Response)

Projektaufgabe

Erstellung einer webbasierten Lösung, welche es dem Betreiber des Restaurants/Buffets ermöglicht, seine aktuellen Angebote zeitnahe darzustellen, und den Kunden über möglichst viele Plattformen (Computer, Tablet oder Smartphone) die Möglichkeit bietet, Speisen und Lieferzeitpunkt (Abholung) zu wählen und zu bezahlen. Die rasche Abholung der vorbereiteten und bezahlten Speisen wird durch eine (digitale) Bestätigung ermöglicht – z. B. QR-Codes am Mobiltelefon, per NFC (Near Field Communication), durch einen elektronischen Schülerausweis oder einen Code in der Bestellbestätigung.

Anforderungen an die Lösung

… aus Kundensicht

Anforderungen der Kundinnen/Kunden (Schüler/innen, Lehrer/innen)

- Unterstützung mehrerer Plattformen (gängige Browser, iOS, Android …)
- übersichtlicher Onlineshop für Produkte (Snacks, Getränke, Mehlspeisen etc.)
- Zumindest die Menü-Auswahl ist mit Fotos unterstützt.
- Vorbestellung: Eingabe der Abholzeit; Rückmeldung, ob Bestellannahme möglich ist (gewünscht: t > 45 min. vor Abholzeit)
- Bezahlung: bei Bestellungsannahme; verschiedene Möglichkeiten angedacht, z. B. Online-Banking, PayPal, Kreditkarte, Pre-Paid-Schülerkonto beim Restaurant/ Buffet, Handypayment
- Barzahlung vor Ort soll möglich, aber die Ausnahme sein (Bezahlung vor Abholung).
- einfaches Identifikationssystem bei der Speisenabholung: elektronischer Schülerausweis mit RFID, QR-Code auf Handy oder Tablet, eindeutig zugeordnete (sicher übertragene) Bestellnummer …
- Sammelbestellungen: Im Voraus bezahlte Bestellungen können zu einer Sammelbestellung zusammengefasst und von einem Schüler/einer Schülerin abgeholt werden. Alle Teilbestellungen sind gesondert verpackt und gekennzeichnet.
- Statistik-Funktionen zu den vergangenen Einkäufen
- Einstellmöglichkeit für Favoriten, Benachrichtigungen, Newsletter
- Optionen: Integration mit Social-Media-Plattformen; Bewertungssystem

… aus Sicht des Betreibers und des Personals

Anforderungen des Betreibers und Restaurant-/Buffetpersonals

- komfortable Verwaltung berechtigter Kunden (Schüler/innen, Lehrer/innen) mit einfacher Aktualisierung zu Beginn des Schuljahrs
- einfache Verwaltung des Produktsortiments (Stammdaten) sowie der zugeordneten Preise
- Anlegen von Menüplänen und Auswahl aus diesen für einen gewünschten Zeitraum
- einfache Verwaltung und Zuordnung von Produktfotos
- aktuellen Stand der Bestellungen anzeigen
- Bestellungen geordnet nach Abholtermin anzeigen
- vorzubereitende Produkte: Optimierung hinsichtlich Abholtermin und möglichst effizienter Vorbereitung (bestmögliche Gruppierung gleicher Produkte)
- Option: Unterstützung der Zubereitung durch Rezeptlisten

- Zusammenstellung der individuellen Bestellungen oder Sammelbestellungen: Ausdruck der Bestellpositionen, Abholcode und/oder Lagercode (strukturierte Lagerung für raschen Zugriff bei Abholung)
- Kommunikationsmöglichkeit mit Kunden via E-Mail oder SMS
- Bonierung bei abgeholten Bestellungen; Benachrichtigungsfunktion für nicht abgeholte Bestellungen (per E-Mail oder SMS)
- Ankündigung von Aktionen (kurz- und mittelfristig)
- Abrechnungsmodul (Möglichkeiten siehe Kundenanforderungen)
- Statistikmodul: Auswertung vergangener Perioden und kurz-, mittel- und langfristige Prognosen
- Beschaffung: Unterstützung des Einkaufs aufgrund von Prognosen und Vorbestellungen
- Option: Möglichkeit von Bonusprogrammen (z. B. Preise –10 % bei Menübestellungen eine Woche im Voraus)
- Option: Unterstützung der Lagerverwaltung
- Archiv: Archivierung aller Geschäftsfälle für die gesetzlichen Mindestfristen

Anforderungen der Schulleitung

... aus Sicht der Schulleitung

Hinsichtlich der technischen Realisierung gibt es keine Anforderungen. Hinsichtlich der praktischen Implementierung wird Folgendes gewünscht:

- keine Diskriminierung durch die vorgesehenen Kommunikationskanäle (z. B. Bestellung nur mittels Smartphone eines bestimmten Herstellers möglich)
- Aufstellung eines öffentlichen Terminals für Bestellungen in jeder Abteilung
- transportgeeignete Verpackung der Speisen (kein Verschütten auf dem Rückweg vom Buffet)
- weitgehende Kennzeichnung der Speisen hinsichtlich ihrer Zusammensetzung und Nährwerte, Unterstützung der Anleitung zu gesunder, nachhaltiger Ernährung
- Einhaltung aller gesetzlichen Vorschriften

Üben

SbX ID: 0112

A B C D E

SbX
Ü 1.1
mit automatischer Aufgabenkontrolle
ID: 0112

erledigt ☑

Ü 1.1 ☐

Ü 1.1: Analysieren der Merkmale von Projekten D

Beurteilen Sie, ob es sich bei den angegebenen Vorgängen um Projekte handelt – begründen Sie Ihre Entscheidung.

	Projektcharakter Ja/Nein	Welche Projektkriterien sind/ sind nicht gegeben?
Beschaffung eines Ersatzkopiergerätes für die Finanzbuchhaltungsabteilung		
Aufbau und Einführung einer Kostenträgerrechnung		
Präsentation des Jahresabschlusses der Bank Austria Creditanstalt		

	Projekt-charakter Ja/Nein	Welche Projektkriterien sind/ sind nicht gegeben?
Erstellung des jährlichen Weiterbildungsangebots für die Mitarbeiter einer Versicherung		
Entwicklung eines neuen Lehrgangs für Mediendesign an Ihrer Bildungseinrichtung		
Die NASA führt die erste bemannte Marslandung durch.		
Der LIONS-Club veranstaltet seinen 49. Weihnachtsbazar.		
Ihre Klasse organisiert die Maturareise.		
Die Wiener Philharmoniker spielen das Neujahrskonzert unter Daniel Barenboim.		
Dr. Schuh operiert einen entzündeten Blinddarm.		

Ü 1.2: Projektressourcen D

Welche Ressourcen(-beschränkungen) sind in einem Projekt „Umwandlung eines Lokals in ein Online-Gaming-Pub“ gegeben?

Ü 1.3: Projektmerkmale D

Untersuchen Sie anhand des Vorhabens „Installation und Betrieb einer Schüler-für-Schüler-Nachhilfeplattform im Internet“ die Projektmerkmale.

Ü 1.4: Fallbeispiel „BonOnline“ – Projektgründe D

Welche Gründe führten zum Projekt? Beschreiben Sie jeden zutreffenden Grund genauer.

Grund	Beschreibung
Technik	
Markt	
Organisation	

Ü 1.5: Fallbeispiel „BonOnline“ – Projektmerkmale D

Analysieren Sie das Projekt BonOnline: Sind alle Projektmerkmale erfüllt? Beschreiben Sie kurz die Ausprägungen der einzelnen Projektmerkmale in diesem Projekt.

Sichern

SbX ID: 0113

Gründe für Projekte

Projekte dienen dazu, komplexe, oft individuelle Problemlösungen in arbeitsteiliger und fachbereichsübergreifender Weise zu realisieren. Eine projektorientierte Arbeitsweise kommt der Wirtschaft mit ihrer Forderung nach einer immer kürzeren „time-to-market" entgegen.

Projektmerkmale

Projekte sind durch die **Ausprägung bestimmter Merkmale** wie z. B. Neuartigkeit, inhaltliche und zeitliche Zielsetzung, beschränkte Ressourcen sowie Komplexität gekennzeichnet. Projekte sind daher Vorhaben, die ein erhöhtes Risiko hinsichtlich der Zielerreichung aufweisen.

Projektphasen

Zur Reduzierung des Risikos sowie zur Ordnung der Aufgaben und der zugehörigen Methoden werden Projekte in einzelne Arbeitsabschnitte, sogenannte **Phasen,** gegliedert.

Vorgehensmodelle

Unter **Vorgehensmodellen** versteht man Projektabläufe (Phasenmodelle) mit speziellen, branchenspezifischen Arbeitsschritten und Methoden.

Projektplanung

Die **Projektplanung** erfolgt in den Schritten Definition (fachspezifische Formulierung der Projektaufgabe), Analyse (Strukturierung der Projektaufgabe) sowie Realisierungsplanung (Einteilung der Projektaufgaben hinsichtlich zeitlicher Abfolge und Ressourcenbedarf).

Meilenstein

Meilensteine sind Zeitpunkte im Projektablauf, welche sowohl terminlich als auch inhaltlich (hinsichtlich der fertigzustellenden Leistung) klar definiert sind.

Vokabeln dieser Lerneinheit

Deutsch	Englisch
Meilenstein	milestone
Phasenfreigabe	phase release
Planungsphase	planning phase
Projekt	project
Projektmanagement	project management
Projektfortschritt	project progress
Projektziel	project scope/goal
Projektart	project type
Ressource	resource
Risiko	risk

SbX ID: 0113

Eine Audio-Wiederholung mit Audio-Player und MP3-Download sowie eine Bildschirmpräsentation mit den Grafiken dieser Lerneinheit finden Sie unter der ID: 0113.

Wissen

A B C D E

W 1.1: Gründe für Projekte analysieren D

Welche der Gründe sprechen **für** die Durchführung von Projekten im Betrieb?

	dafür/ dagegen	Begründung
Projekte lösen Alltagsprobleme in einer anderen Organisationsform.		

	dafür/ dagegen	Begründung
Die zu lösenden Aufgaben werden komplexer.		
Projekte zeichnen sich durch ein geringeres Risiko aus.		
Aufgaben, wie betriebliche Innovation, können in Projekten leichter bewältigt werden.		
Der Mensch hat mehr Routinefälle zu bewältigen.		

W 1.2: Merkmale von Projekten B

a) Welche Merkmale beschreiben ein Projekt?
b) Warum sind Projekte risikobehaftet?
c) Welche Risiken können im Rahmen eines Projekts auftreten?

W 1.3: Projektphasen B

a) Aus welchen Phasen besteht ein Projekt?
b) Welchen Zweck hat die Unterteilung in einzelne Phasen?
c) Welche Dokumente entstehen in den einzelnen Phasen?
d) Was sind Querschnittsaufgaben in Projekten – nennen Sie einige Beispiele.

W 1.4: Meilensteine B

a) Definieren Sie den Begriff Meilensteine.
b) Welchen Zweck erfüllen Meilensteine?

Ein kurzer Kompetenz-Check, bevor's weitergeht!

Kompetenz-Check

	☺	😐	☹
Ich kann Projekte von Routineaufgaben unterscheiden und Projekte anhand ihrer Merkmale beschreiben.			
Ich kenne die einzelnen Abschnitte von Projekten.			
Ich kenne die Projektphasen mit ihren Aufgaben und Dokumenten sowie die Querschnittsaufgaben in Projekten.			
Ich kann erklären, was Meilensteine sind und welche Aufgabe sie in Projekten haben.			

Lerneinheit 2

Projektklassifikation und Multiprojektmanagement

SbX
Alle SbX-Inhalte zu dieser Lerneinheit finden Sie unter der ID: 0120.

Projekte gewinnen in der Wirtschaftspraxis zunehmend an Bedeutung. Gründe dafür sind in der hohen Innovationsgeschwindigkeit und in der globalen Vernetzung, aber auch im steigenden Bedarf an individuellen Lösungen zu finden. Unternehmen wickeln Projekte nicht nur zur Erfüllung von Kundenaufträgen ab, sondern realisieren viele interne Vorhaben in Form von Projekten. Multiprojektmanagement gewinnt dadurch an Bedeutung.

Diese Lerneinheit zeigt, warum Projekte in der Wirtschaftspraxis so wichtig sind, nach welchen Kriterien verschiedene Arten von Projekten unterschieden werden können und wie die gleichzeitige Durchführung mehrerer Projekte koordiniert wird.

Lernen

1 Projektarten

Zu den in der vorigen Lerneinheit beschriebenen Projektmerkmalen können Projekte anhand ihrer Ausrichtung (Auftraggeber – Ziele) bzw. ihrer Häufigkeit sowie ihrer strategischen Dimension klassifiziert werden.

Klassifizierung von Projekten

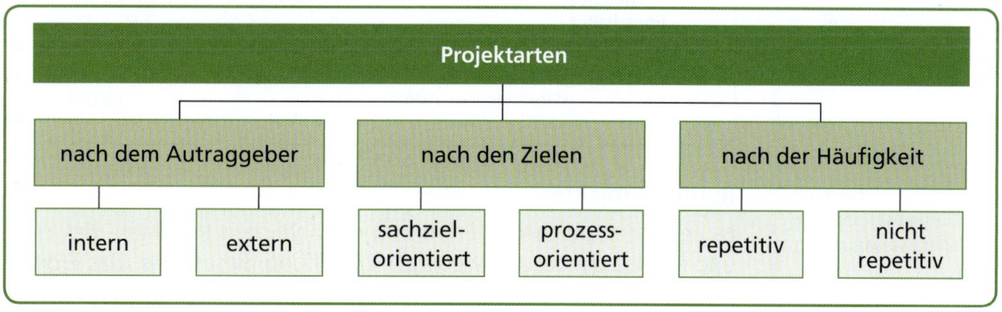

Interne Projekte

Beispiel: ein Webshop in Eigenentwicklung

Auftraggeber ist die Unternehmensleitung des projektdurchführenden Unternehmens. Interne Projekte dienen zur Verbesserung der Leistungsfähigkeit des Unternehmens, sie können bei Bedarf durch externe Partner unterstützt werden.

Externe Projekte

Beispiel: Baumeister errichtet Fabrikshalle für Schlosserei.

Externe Projekte werden vom Unternehmen für einen Kunden durchgeführt. Der Kunde gibt dabei die Projektziele vor und erhält als Projektergebnis ein bestimmtes Produkt und/oder eine bestimmte Leistung.

Sachzielorientierte Projekte

Beispiel: schadstoffarmer Verbrennungsmotor

Projektziel bei sachzielorientierten Projekten ist die Erstellung/Veränderung/Verbesserung von Produkten eines Unternehmens.

Beispiel: Qualitätssicherungskonzept

Prozessorientierte Projekte

Prozessorientierte Projekte beschäftigen sich mit der Schaffung, Gestaltung oder Koordination von Ausführungshandlungen bei Leistungserstellungsprozessen oder Informationsprozessen.

Beispiel: jährlicher Firmenausflug

Repetitive Projekte

Unter repetitiven Projekten versteht man Vorhaben, die mit veränderten Aufgabenstellungen, aber ähnlicher Grundstruktur öfter vorkommen.

Beispiel: Reife- und Diplomprüfung (für **Schülerinnen** und **Schüler** ☺)

Nicht repetitive Projekte

Nicht repetitive Projekte sind einmalige Vorhaben.

Jedes Projekt kann in allen drei Kategorien (Auftraggeber, Ziele, Häufigkeit) beschrieben werden.

2 Strategische Aspekte von Projekten

Um gleich zu Beginn eines Projekts „in die richtige Richtung" zu arbeiten, ist es nützlich, ein Bild davon zu haben, wie „herausfordernd" das Projekt inhaltlich, aber auch sozial werden wird.

Will man Projekte nach ihren strategischen Aspekten klassifizieren, werden die **Art der Aufgabenstellung** und die **(soziale) Komplexität des Projekts** gegenübergestellt.

4-Felder-Matrix zur qualitativen Einordnung von Projekten

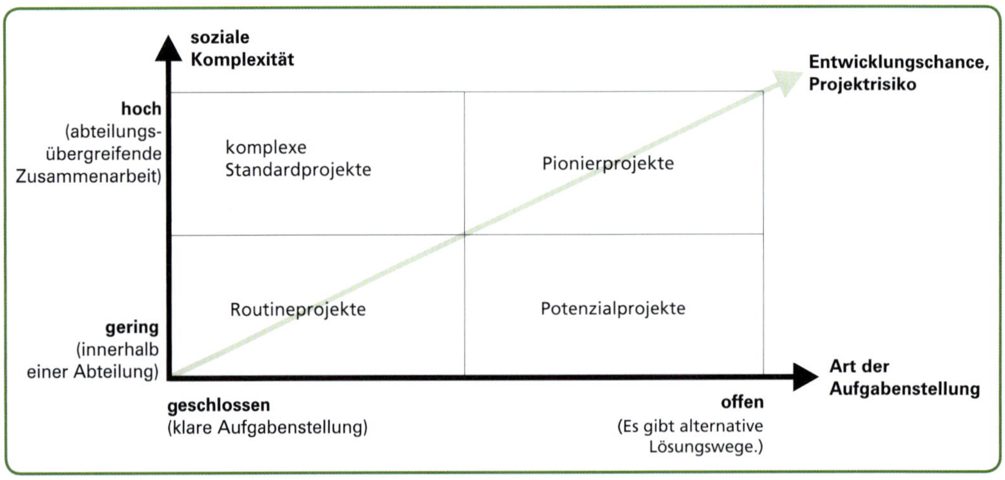

Beispiel: Organisation einer Generalversammlung

Routineprojekte

Es besteht ausreichende Erfahrung mit ähnlichen Projekten, das Projektziel ist klar vorgegeben und ebenso die Lösungswege zur Erreichung dieses Ziels. Das Projekt wird mit wenigen und in ihrem Verhalten „bekannten" Personen (Teammitgliedern, Stakeholdern) durchgeführt.

Beispiel: Bauprojekt mit technologisch klaren Vorgaben, aber naturgemäß vielen Beteiligten, wie z. B. Firmen, Behörden, Anrainern etc.

Komplexe Standardprojekte

Auch hier sind Ziel und Vorgehensweise (Phasen, Methoden, Ressourcen) klar vorgegeben, das Team und/oder die Stakeholder stammen aus sehr unterschiedlichen „Projektumwelten", die Projektaufgabe erfordert einen hohen Kommunikations- und Abstimmungsaufwand.

Beispiel: Entwicklung eines neuen Chip-Designs

Potenzialprojekte

Die Lösungswege zur Erreichung des Projektziels sind wenig oder gar nicht vorgegeben, mitunter ist selbst das Projektziel nicht genau definiert bzw. bleibt im Projektablauf veränderlich. Diese Merkmale bringen ein vergrößertes Projektrisiko, bergen aber die Chance innovativer Lösungen. Teamgröße und Interaktion bleiben aber überschau- und kalkulierbar.

Beispiel: Forschungsprojekte, z. B. Entwicklung der grafischen Benutzeroberfläche im Xerox PARC Ende der 1970er-Jahre

Pionierprojekte

Zusätzlich zur offenen Aufgabenstellung ist hier eine starke interdisziplinäre Zusammenarbeit erforderlich. Projekte dieser Art bieten die höchste Innovationschance, die Gefahr des Misserfolgs ist aber auch am höchsten.

3 Multiprojektmanagement

Der Fokus innerhalb eines **einzelnen Projekts** liegt auf der unmittelbaren (operativen) Projektarbeit zur Erreichung des Projektziels mit

- möglichst geringer Projektdauer und möglichst niedrigen Kosten
- unter optimalem Ressourceneinsatz.

Werden **mehrere Projekte** gleichzeitig im selben Umfeld durchgeführt, so konkurrieren diese hinsichtlich technischer Mittel, Personalressourcen sowie der Budget-Zuteilung. In diesem Fall entsteht der Bedarf an einer gesamtheitlichen Koordination aller Projekte und einer übergeordneten Betrachtungsweise mit dem Ziel, ein optimales Ergebnis nicht ausschließlich für das Einzelprojekt, sondern für die Gesamtheit aller durchgeführten Projekte zu erreichen.

Diesem Zweck dienen die verschiedenen Ausprägungen des **Multiprojektmanagements.** Dieses bildet daher den Rahmen für eine umfassende Betrachtungsweise aller in einer Organisation durchgeführten Projekte. Im Mittelpunkt stehen:

- **die übergreifende Planung aller Projekte**

  Diese erfolgt aus einer übergeordneten Ebene, welche die Einzelprojekte mit Prioritäten versieht sowie deren Abhängigkeiten berücksichtigt. Die Detailplanung selbst erfolgt weiterhin innerhalb der Einzelprojekte. Es werden Synergien zwischen den Projekten herausgearbeitet und eine projektübergreifende Planung wird vorgenommen, die sich an einer gesamtheitlichen Positionierung aufgrund der im Unternehmen festgelegten strategischen Ausrichtung orientiert.

- **die übergreifende Überwachung und Steuerung der Projekte**

  Ziel des Multiprojektmanagements ist es dabei, ein optimales Ergebnis für die **Gesamtheit** der betrachteten Projekte zu erzielen. Wesentlich ist die projektübergreifende Ressourcensteuerung, welche insbesondere bei Ressourcenengpässen (finanzielle Mittel, Personalressourcen, technische Einrichtungen …) eine Zuordnung im Sinne einer Gesamtstrategie vornimmt.

- **das umfassende Stakeholder- und Risikomanagement**

  Mit der Anzahl der Projekte steigt die Anzahl der Stakeholder – das sind Personen bzw. Personengruppen, die an den Projekten beteiligt sind oder direkt/indirekt davon betroffen sind – und damit auch die soziale Komplexität. Auch hier ist das Ziel des Multiprojektmanagements, die Beziehungen zu den Stakeholdern über alle Projekte gesehen zu optimieren. Ebenso können sich Risiken nicht nur ausschließlich auf das Projekt, in dem sie auftreten, auswirken, sondern auch andere Projekte negativ beeinflussen.

Multiprojektmanagement kann innerhalb einer Organisation oder eines Unternehmens durchgeführt werden, oft ist es aber auch erforderlich, um Projekte über Organisationsgrenzen hinaus zu koordinieren.

Die Notwendigkeit externer Projekte ergibt sich z. B. dann, wenn das interne Know-how oder die internen Kapazitäten nicht ausreichen oder wenn unternehmensübergreifende Lösungen angestrebt werden (z. B. Forschungsprojekte mit mehreren Instituten). Insbesondere bei Großprojekten, in denen zahlreiche Unternehmen unterschiedlichster Fachbereiche zusammenarbeiten, wird ein unternehmensübergreifendes Multiprojektmanagement durchgeführt (z. B. große Bauprojekte).

Im Rahmen des **Multiprojektmanagements** können je nach Ausrichtung zwei Bereiche oder Formen unterschieden werden:

- das **Programmmanagement,**
- das **Projektportfoliomanagement.**

Projektmanagement – Programmmanagement und Projektportfoliomanagement

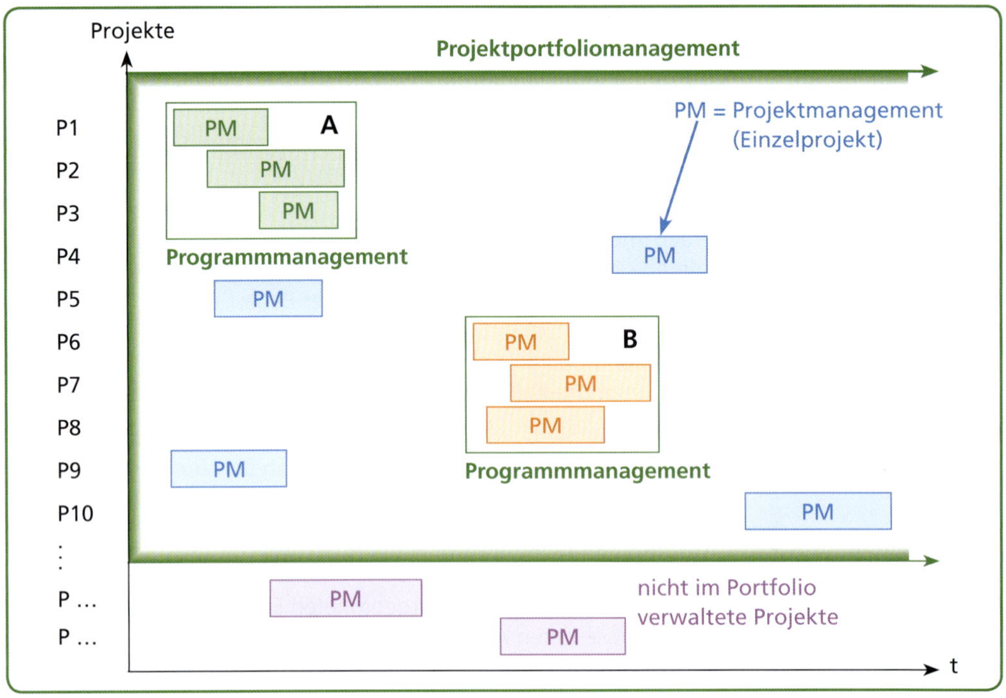

Programmmanagement

Es dient zur Planung, Koordination und Steuerung von mehreren Projekten, die insgesamt auf die Erreichung eines gemeinsamen (strategischen) Ziels hin ausgerichtet sind. Dies bedeutet, dass Programme auf eine bestimmte Dauer ausgelegt sind, nämlich jene Frist, innerhalb der das gesetzte (strategische) Ziel erreicht werden soll (Beispiel: Großbauprojekt).

Projektportfoliomanagement

Dieses ist auf die permanente Bewertung, Planung, Überwachung und Steuerung **aller Projekte** in einer Organisation ausgerichtet. Die Projekte werden dabei hinsichtlich ihres Beitrags zur Unternehmensstrategie und zu den Unternehmenszielen ausgerichtet.

Der Begriff **Projektportfolio** bezeichnet die Gesamtheit aller voneinander abhängigen oder auch unabhängigen Projekte, die einer gemeinsamen Betrachtungsweise unterzogen werden. Auch Programme können Teil eines Projektportfolios sein. Innerhalb eines Projektportfolios erfolgt eine **Bewertung und Reihung der Einzelprojekte** hinsichtlich

- ihres erwarteten Beitrags zur Erreichung der Unternehmensziele bzw. für die Umsetzung der Unternehmensstrategien,
- erzielbarer Synergien zwischen den Projekten bzw. der Abhängigkeit von oder Notwendigkeit für andere Projekte (Interdependenz von Projekten),
- der benötigten und verfügbaren Ressourcen (Ressourcenabstimmung),
- ihres Innovationspotenzials,
- des zu erwartenden Risikos.

Ziel des Projektportfoliomanagements ist die laufende Gestaltung jenes Projektportfolios, das unter Berücksichtigung der gegebenen Rahmenbedingungen und Einschränkungen den optimalen Nutzen für die Umsetzung der Strategie einer Organisation bietet.

Projektportfolio-management

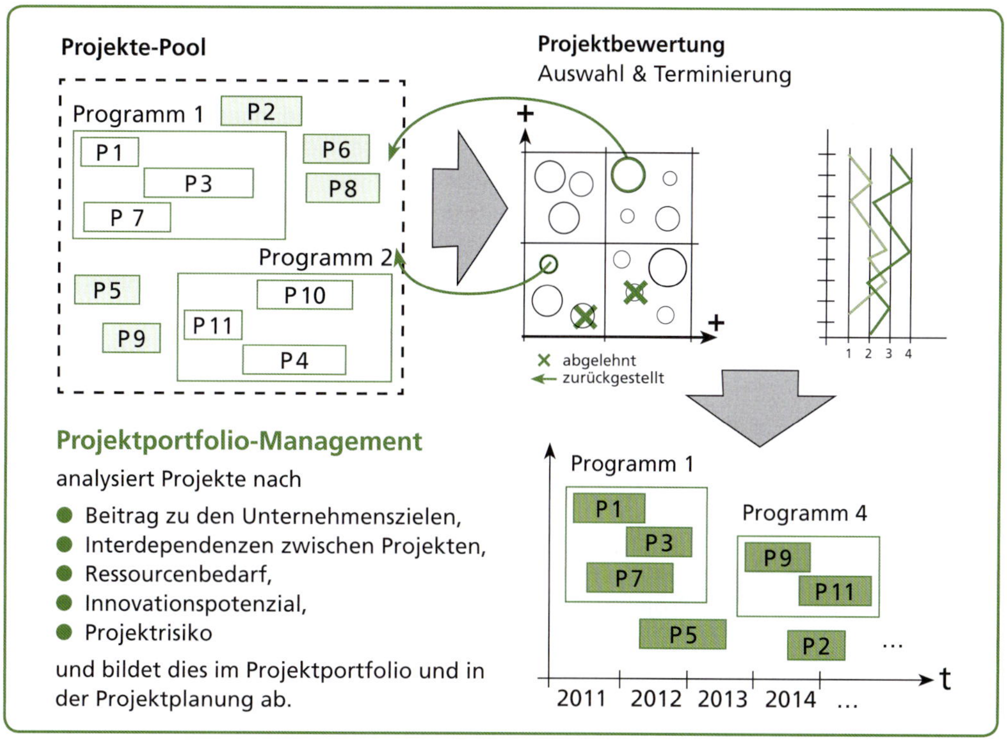

Organisatorische Voraussetzungen für das Multiprojektmanagement

Projektmanagement und Multiprojektmanagement erfordern **unterschiedliche Sichtweisen** auf ein Projekt.

- Die Kernfrage eines **Projektmanagers** (leitet ein einzelnes Projekt) lautet: „Wird das Projekt richtig (im Sinne von: optimal zur Erreichung der Projektziele) durchgeführt?"
- Ein **Programm- und besonders Portfoliomanager** stellt sich die Frage: „Führen wir die richtigen Projekte durch?" (im Sinne der Bedeutung für das Programmziel oder die Unternehmensstrategie).

Lenkungsausschuss

Die Aufgaben des Multiprojektmanagements werden meist von einer eigenen, projektübergreifenden Organisationseinheit, dem Lenkungsausschuss, wahrgenommen. Dieser setzt sich z. B. aus Mitgliedern der Unternehmensleitung und des höheren Managements zusammen. Wesentliche Aufgaben sind u. a. die Prüfung der Ausrichtung von Projekten an der Unternehmensstrategie oder am Programmziel, die Genehmigung von Projekten, Freigaben sowie die Zuteilung von Ressourcen.

Die Projektmanager berichten an den Lenkungsausschuss. Dieser wird meist durch eine zentrale Stelle des Projektcontrollings unterstützt, die die Überwachung und Sicherstellung der Zielerreichung auf Ebene des Programms oder des Projektportfolios übernimmt.

Der Lenkungsausschuss im Multiprojektmanagement

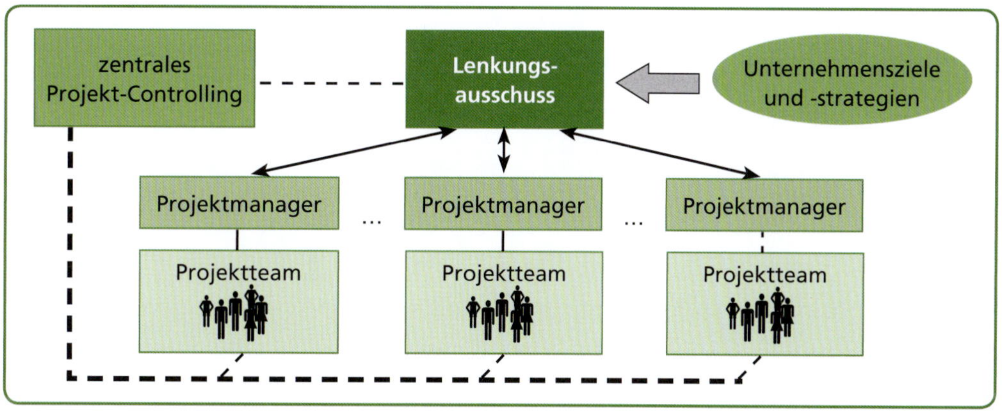

Für die praktische Umsetzung des Multiprojektmanagements können weitere organisatorische Einrichtungen von Vorteil sein.

Das Projektmanagement-Office (PMO)

Das Projektmanagement-Office (PMO) bildet eine zentrale Servicestelle für alle Projekte in einer Organisation. Ziel des PMO ist die Entlastung von Projektmanagern und -mitarbeitern in operativen Bereichen, die Beratung bei Entscheidungen und die Einrichtung allgemein verbindlicher Qualitätsstandards für Projekte. Wesentliche Aufgaben können sein:

- Bereitstellung bewährter Verfahren und Vorgehensweisen für die Projektdurchführung, Schaffung von Projektstandards
- Aufbau und Führung einer unterstützenden Infrastruktur für die Projekte in Form von Handbüchern, Checklisten, Formularen und/oder durch Online-Ressourcen für Projektplanung, -controlling und Projektkommunikation
- individuelle Beratung in den einzelnen Projekten und Unterstützung in administrativen Belangen (z. B. rechtliche Fragen, Dokumentationssupport, Werkzeugauswahl)
- Aufbau einer Wissensbasis für gesammelte Projekterfahrungen („lessons learned", „best practices")
- Unterstützung bei der Öffentlichkeitsarbeit (Projektmarketing)
- Unterstützung des Projektportfoliomanagements

Das **Projektmanagement-Office (PMO)** ist eine dauerhaft eingerichtete Organisationseinheit in einem Unternehmen, die ihre Dienste („Services") projektübergreifend für alle durchgeführten Projekte zur Verfügung stellt.

Davon klar zu unterscheiden ist das **Projektoffice (PO),** welches innerhalb eines einzigen Projekts eingerichtet und daher nur temporär ist. Die Services des PO können ähnlich denen des PMO sein, sie werden aber ausschließlich für das Projekt, in dem das PO eingerichtet ist, erbracht.

Der Projektmanager-Kreis

Der Projektmanager-Kreis bildet ein gemeinsames Forum für die Projektmanager einer Organisation. Alle Projektmanager oder eine repräsentative Vertretung dieser haben in diesem Rahmen die Möglichkeit zum Erfahrungsaustausch und zur direkten Abstimmung ihrer Projekte. Sie können Lösungen für allgemeine Probleme im Bereich des Projektmanagements entwickeln, an einer kontinuierlichen Qualitätsverbesserung arbeiten oder das Multiprojektmanagement optimieren.

Beiräte

Für die Beratung bei speziellen Fragestellungen können Beiräte eingerichtet werden, z. B. ein Nutzerbeirat bei Bauvorhaben, ein Genderbeirat etc.

Üben

Ü 1.6: Klassifizierung von Projekten nach Auftraggeber, Ziel und Häufigkeit D

Finden Sie in Gruppenarbeit (8 Gruppen) zu je einer der möglichen Projektarten reale Projekte und diskutieren Sie diese. Die folgende Tabelle stellt alle möglichen Kombinationen dar.

❶ (internes, sachzielorientiertes, einmaliges Projekt):

❷ (internes, sachzielorientiertes, repetitives Projekt):

❸ …

❹

❺

❻

❼

❽

Projektart	Auftraggeber		Ziele		Häufigkeit	
	intern	extern	sachzielorientiert	prozessorientiert	einmalig	repetitiv
❶						
❷						
❸						
❹						
❺						
❻						
❼						
❽						

Ü 1.7: Strategische Ausrichtung von Projekten D

Bilden Sie vier Gruppen und finden Sie in jeder Gruppe zu einer der vier strategischen Projektausrichtungen konkrete Beispiele, die Sie aus den Medien oder aus eigener Erfahrung kennen.

komplexe Standardprojekte	Pionierprojekte
Routineprojekte	Potenzialprojekte

Ü 1.8: Fallbeispiel „BonOnline" – Projektcharakterisierung D

Wie würden Sie das Projekt „BonOnline" aus Sicht des Direktors charakterisieren?

Merkmale				Begründung
intern			extern	
sachzielorientiert			prozessorientiert	
einmalig			repetitiv	

Ü 1.9: Fallbeispiel „BonOnline" – Ausrichtung des Projekts D

Wie würden Sie das Projekt nach seiner strategischen Ausrichtung einordnen?

a) Ergänzen Sie die Beschriftung des Diagramms.
b) Positionieren Sie das Projekt „BonOnline."
c) Begründen Sie Ihre Entscheidung.

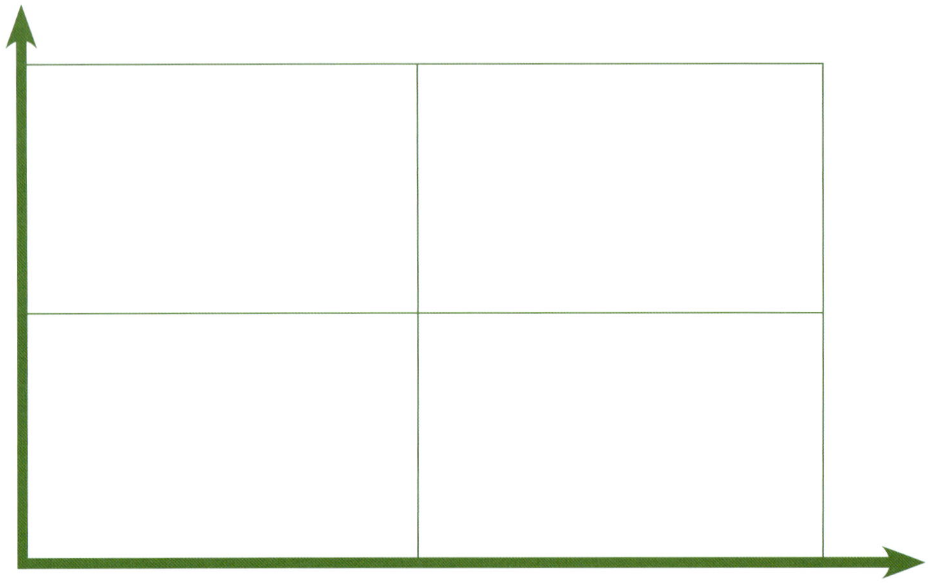

Ü 1.10: Fallbeispiel Einrichtungshaus KIM D

Die Unternehmensstrategie dieses mittelständischen Einrichtungshauses lautet „Kreativ – Individuell – Maßgenau". Das Einrichtungshaus wendet sich dabei an ein Kundensegment, das sehr gute und individuelle Beratung schätzt und auch bereit ist, für diese Leistung zu bezahlen. Wichtigstes Kapital von KIM sind daher die rund 12 Einrichtungsberater/innen, die kompetent, designorientiert und kundenfokussiert die Einrichtungsprojekte planen und deren Umsetzung laufend begleiten. Die Bewältigung schwieriger Raumsituationen sowie hervorragende Funktionalität und aktuelle Technologie sind dabei mindestens genauso wichtig wie das individuelle Design.

Das Einrichtungshaus KIM tritt als Design-Büro und nicht als Möbelhaus mit unzähligen Sitzgruppen, Ess- und Schlafzimmern, Küchen und einem riesigen Lager auf. Aber es finden sich in den Firmenräumlichkeiten zahlreiche Beispiele, wie gutes „Design by KIM" aussehen kann. Bei der Umsetzung der Projekte kooperiert KIM mit einer Vielzahl von Herstellern und Lieferanten.

Sie nehmen als Assistentin/Assistent der Geschäftsführung an einer Sitzung teil, bei der die firmeninternen Projekte für das kommende Geschäftsjahr vorgestellt werden und beraten wird.

Aufgabenstellung

Geben Sie zu jedem Projektantrag eine Bewertung ab, ob der Beitrag zur Unternehmensstrategie, das Innovationspotenzial und das Risiko bei diesem Projekt

- gering (–)
- mittel (O)
- hoch (+)

sind (Feld darunter ankreuzen). Begründen Sie mit einem Stichwort Ihre Entscheidung.

Sollte aus Ihrer Sicht eine sonstige Notwendigkeit (unabhängig von den ersten drei Kriterien) für die Durchführung des Projekts bestehen, so tragen Sie den Grund dafür im vorgesehenen Feld ein.

Kreuzen Sie abschließend an, ob Sie dieses Projekt

- ausscheiden (d. h. es sicher nicht durchführen),
- in Evidenz halten (d. h. vielleicht später einer erneuten Bewertung unterziehen),
- in Ihr Projektporfolio aufnehmen (d. h. zur Planung vorsehen).

Platz für Ihre Notizen

Folgende Projektanträge liegen zur Bewertung vor: (verkürzte Darstellung)

A Beauftragung einer Software für Tablet-Computer, welche in Verbindung mit Entfernungsmessgeräten den Einrichtungsberatern vor Ort eine einfache, sichere und vor allem fehlerfreie Aufnahme der relevanten Abmessungen ermöglicht. Eine Schnittstelle zum CAD-System ist vorzusehen.

Beitrag zu Strategie			Innovationspotenzial			Risiko			sonstige Notwendigkeit	Vorschlag:
–	O	+	–	O	+	–	O	+		☐ ausscheiden ☐ in Evidenz ☐ ins Portfolio

B Aufbau einer Musterdatenbank. Beauftragung einer Softwarefirma mit dem Aufbau einer Datenbank, welche eine Vielzahl von Stoff- und Tapetenmustern, Wand- und Bodenbelägen, Farben, Materialtexturen ... enthält. Die Datenbank soll jederzeit erweiterbar sein und beliebige Verknüpfungen zwischen den Mustern erlauben. Die Einrichtungsberater können auf die Muster für die Verwendung in ihren Entwürfen online oder lokal im Büro zugreifen.

Beitrag zu Strategie			Innovationspotenzial			Risiko			sonstige Notwendigkeit	Vorschlag:
–	O	+	–	O	+	–	O	+		☐ ausscheiden ☐ in Evidenz ☐ ins Portfolio

C Erstellung eines Online-Katalogs für Standardprodukte und Standarddienstleistungen

Beitrag zu Strategie			Innovationspotenzial			Risiko			sonstige Notwendigkeit	Vorschlag:
–	O	+	–	O	+	–	O	+		☐ ausscheiden ☐ in Evidenz ☐ ins Portfolio

D Erweiterung der Firmenwebsite um den Bereich „DesignCreator", welcher Kunden (oder beliebige Benutzer der Seite) zum kreativen Experimentieren mit Materialien und Farben anregt (ohne konkreten Möbel- und Einrichtungsbezug). Dazu könnten teilweise Muster aus der Musterdatenbank verwendet werden.

Beitrag zu Strategie			Innovationspotenzial			Risiko			sonstige Notwendigkeit	Vorschlag:
–	O	+	–	O	+	–	O	+		☐ ausscheiden ☐ in Evidenz ☐ ins Portfolio

E Entwicklung eines interaktiven Beratungsleitfadens für Tablet-Computer, welcher die Einrichtungsberater bei ihren Kundengesprächen unterstützt. Mithilfe dieser Applikation soll ein sehr genaues Kundenprofil herausgearbeitet werden. Der Nutzen wäre eine noch treffsicherere und effizientere Beratung. Weiters könnte damit das implizite Wissen eines Einrichtungsberaters in eine unternehmensweite Wissensbasis eingespeist werden, um darauf bei Urlaub, Krankheit oder Kündigung des Einrichtungsberaters zugreifen zu können.

Beitrag zu Strategie			Innovationspotenzial			Risiko			sonstige Notwendigkeit	Vorschlag:
–	O	+	–	O	+	–	O	+		☐ ausscheiden ☐ in Evidenz ☐ ins Portfolio

F Ablöse des bestehenden kaufmännischen Auftragsverwaltungssystems durch ein neues mit gleicher Funktionalität, aber geringeren Wartungskosten

Beitrag zu Strategie			Innovationspotenzial			Risiko			sonstige Notwendigkeit	Vorschlag:
–	O	+	–	O	+	–	O	+		☐ ausscheiden ☐ in Evidenz ☐ ins Portfolio

G Beauftragung einer Applikation, welche aus den CAD-Konstruktionszeichnungen Ansichten für 3D-Displays oder Projektoren erzeugt

Beitrag zu Strategie			Innovationspotenzial			Risiko			sonstige Notwendigkeit	Vorschlag:
–	O	+	–	O	+	–	O	+		☐ ausscheiden ☐ in Evidenz ☐ ins Portfolio

H Produktion kurzer Videoclips, in denen (zufriedene) Kunden mit kurzen Statements die von KIM realisierte Lösung vorstellen. Die Videos sollen auf der Unternehmenswebsite und auf YouTube abrufbar sein.

Beitrag zu Strategie			Innovationspotenzial			Risiko			sonstige Notwendigkeit	Vorschlag:
–	O	+	–	O	+	–	O	+		☐ ausscheiden ☐ in Evidenz ☐ ins Portfolio

I Applikation für Tablet-Computer, mit welcher die Kunden ihre Einrichtung selbst planen können

Beitrag zu Strategie			Innovationspotenzial			Risiko			sonstige Notwendigkeit	Vorschlag:
–	O	+	–	O	+	–	O	+		☐ ausscheiden ☐ in Evidenz ☐ ins Portfolio

J Veranstaltung eines Wettbewerbs „Unsere kreativen Kunden". Kunden oder beliebige Besucher der Website können (nach Registrierung) mithilfe des „DesignCreators" (siehe Projekt D) erstellte „Kunstwerke" auf der Firmenwebsite von KIM veröffentlichen. In regelmäßigen Abständen werden durch eine Jury aus Einrichtungsberatern und externen Mitgliedern (KIM hat gute Kontakte zur Kunsthochschule) die besten Entwürfe ausgewählt und mit Designerobjekten oder Beratungsgutscheinen prämiert.

Beitrag zu Strategie			Innovationspotenzial			Risiko			sonstige Notwendigkeit	Vorschlag:
–	O	+	–	O	+	–	O	+		☐ ausscheiden ☐ in Evidenz ☐ ins Portfolio

K Es gibt jedes Jahr einen 1-wöchigen Betriebsausflug aller KIM-Mitarbeiter/innen. Ziel ist immer ein Ort mit besonderer Bedeutung im Bereich Design, Möbelherstellung etc. Der Betriebsausflug wird natürlich auch als Projekt durchgeführt.

Beitrag zu Strategie			Innovationspotenzial			Risiko			sonstige Notwendigkeit	Vorschlag:
–	O	+	–	O	+	–	O	+		☐ ausscheiden ☐ in Evidenz ☐ ins Portfolio

L Alle Einrichtungsberater bei KIM sind exzellente Zeichner und können in kürzester Zeit in konventioneller Technik (Zeichenblock + Bleistift, Filzstift, Kreide, Wasserfarben etc.) anschauliche und sehr ansprechende Entwürfe zu Papier bringen. Die Kunden von KIM lieben diese Zeichnungen und erhalten meist die eine oder andere als „Draufgabe" am Ende eines Einrichtungsprojekts. Das Problem dabei ist, dass die Zeichnungen und Skizzen völlig losgelöst vom sonst überwiegend „digitalen" Arbeitsablauf existieren, obwohl sie wichtige Projektdokumente sind. In einem Projekt sollen diese Zeichnungen daher auch digital verwaltet werden.
Projektvariante 1: Alle Einrichtungsberater werden auf ein Zeichenprogramm auf dem Tablet-Computer eingeschult, damit die Zeichnungen und Skizzen gleich digital weiterverwendet werden können.

Beitrag zu Strategie			Innovationspotenzial			Risiko			sonstige Notwendigkeit	Vorschlag:
–	O	+	–	O	+	–	O	+		☐ ausscheiden ☐ in Evidenz ☐ ins Portfolio

M	(Problembeschreibung wie L) **Projektvariante 2:** Beauftragung einer Foto-App für Smartphones, welche die Aufnahme einer auf Papier vorliegenden Zeichnung oder Skizze automatisch mit Auftragsnummer + laufender Nummer versieht und in die Auftragsdatenbank einspeist (in Letzterer wäre eine entsprechende Erweiterung erforderlich). Die Einrichtungsberater ergänzen die vergebene Referenz-Zahl auf dem Original.

Beitrag zu Strategie			Innovationspotenzial			Risiko			sonstige Notwendigkeit	**Vorschlag:** ☐ ausscheiden ☐ in Evidenz ☐ ins Portfolio
–	O	+	–	O	+	–	O	+		

N	Anmietung eines weiteren Stockwerks im Firmengebäude und Gestaltung als permanenten Schauraum

Beitrag zu Strategie			Innovationspotenzial			Risiko			sonstige Notwendigkeit	**Vorschlag:** ☐ ausscheiden ☐ in Evidenz ☐ ins Portfolio
–	O	+	–	O	+	–	O	+		

Ü 1.11: Bestimmung von Projektsynergien D

Welche Projekte lassen Synergien erkennen? Tragen Sie die Projektbuchstaben ein.

Projekte mit Synergien	Begründung

Ü 1.12: Grafische Darstellung des Projektportfolios D

Tragen Sie die in **Ü 1.10** ausgewählten Projekte (Buchstaben) entsprechend Ihrer Bewertung in die folgenden Portfolios ein. Wo wären die ausgeschiedenen bzw. in Evidenz gehaltenen Projekte im Portfolio einzutragen?

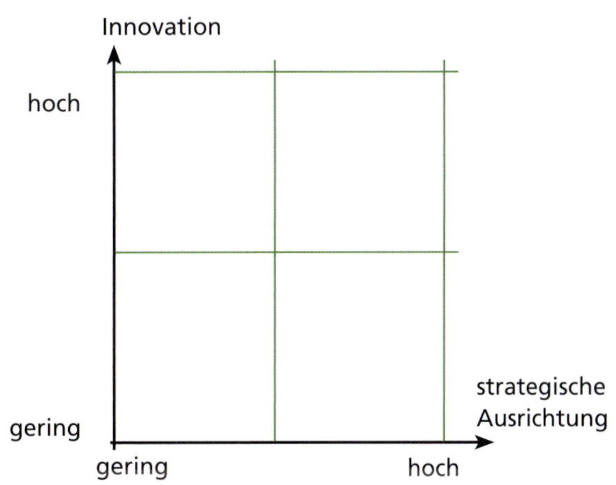

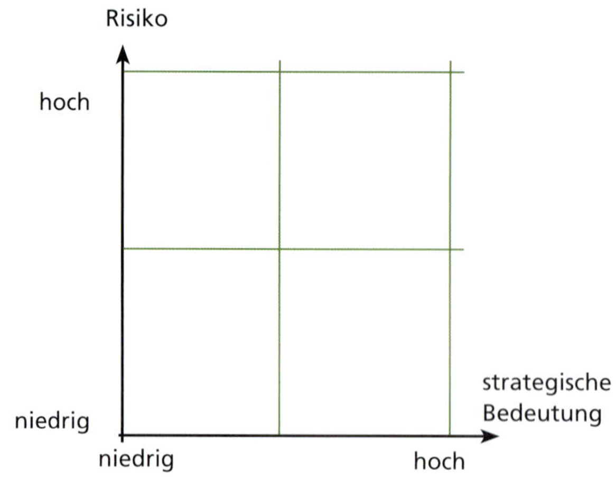

Ü 1.13: Zeitliche Planung der Projekte E

Legen Sie die Durchführung der ausgewählten Projekte Ihres Projektportfolios über eine Zeitskala fest. Beschriften Sie die Balken; die Länge entspricht der geschätzten Projektdauer.

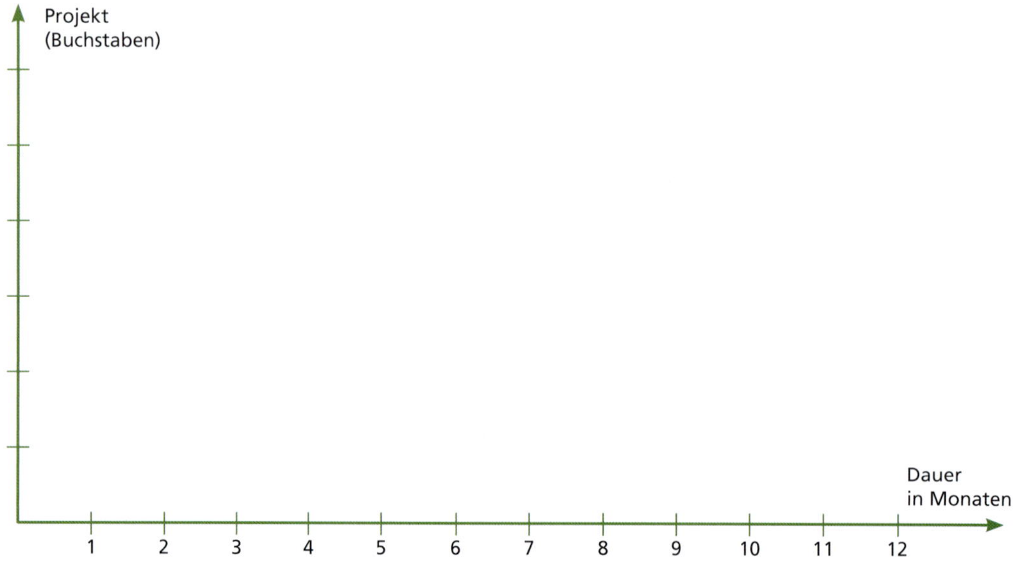

Sichern

SbX ID: 0123

Projektarten

Projekte können nach dem **Auftraggeber** (intern – extern), nach den **Zielen** (sachzielorientiert – prozessorientiert) sowie nach der **Häufigkeit** (einmalig – repetitiv) unterschieden werden.

strategische Ausrichtung von Projekten

Nach der **sozialen Komplexität** (Anzahl der betroffenen Personengruppen) sowie nach der **Art der Aufgabenstellung** (geschlossen bzw. offen) können Projekte in die Kategorien Routineprojekte, Potenzialprojekte, komplexe Standardprojekte sowie Pionierprojekte klassifiziert werden. Je nach Ausprägung der Merkmale kann ein geringeres oder höheres Risiko bei gleichzeitig geringerer oder höherer Entwicklungschance erwartet werden („No Risk – No Fun").

Multiprojektmanagement

Multiprojektmanagement umfasst jene Tätigkeiten und Methoden des Projektmanagements, mit denen bei gleichzeitiger Durchführung mehrerer Projekte ein insgesamt optimales Endergebnis erzielt werden kann. Dabei werden Synergien zwischen den Projekten genutzt, der gesamte Ressourcenbedarf wird optimal gesteuert, Projekt-Interdependenzen, Risiken und Stakeholder (von den Projekten betroffene Personen) werden einer gemeinsamen Betrachtungsweise unterzogen.

Programmmanagement

Programmmanagement umfasst die Planung und Steuerung mehrerer Projekte, die in ihrer Gesamtheit für die Erreichung eines übergeordneten Ziels durchgeführt werden.

Projektportfolio

Ein **Projektportfolio** ist die Gesamtheit aller in einer Unternehmung betrachteten und in Hinblick auf ihren Beitrag zur Unternehmungsstrategie bewerteten und priorisierten Projekte.

Projektportfoliomanagement

Ziel des **Projektportfoliomanagements** ist die Gestaltung eines optimal an den Zielen und Strategien der Unternehmung ausgerichteten Projektportfolios sowie die Sicherstellung der Umsetzung der im Portfolio enthaltenen Projekte.

Organisation des Multiprojektmanagements

Zur **organisatorischen Unterstützung des Multiprojektmanagements** bzw. Programm- und Portfoliomanagements können ein Lenkungsausschuss, ein Projektmanagement-Office, ein Projektmanager-Kreis oder Beiräte eingesetzt werden.

Vokabeln dieser Lerneinheit

Deutsch	Englisch
Lenkungsausschuss	steering committee
Multiprojektmanagement	multiproject management
Projektmanagement-Office	project management office
Projektoffice	project office
Projektlebenszyklus	project life cycle
Projektmanagementmethode	project management method
Projektmanagementphase	project management phase
Projektplan	project plan

SbX ID: 0123

Eine Audio-Wiederholung mit Audio-Player und MP3-Download sowie eine Bildschirmpräsentation mit den Grafiken dieser Lerneinheit finden Sie unter der ID: 0123.

Wissen

A B C D E

W 1.5: Projektarten A

Nach welchen Kriterien (Merkmalen) können Projekte klassifiziert werden?

W 1.6: Strategische Ausrichtung von Projekten A

Betrachtet man Projekte nach ihrer strategischen Ausrichtung, so lassen sie sich in vier Projektklassen einteilen. Nennen Sie die vier Klassen sowie die Merkmale, nach denen diese Einteilung erfolgt.

W 1.7: Multiprojektmanagement A

Nennen Sie die Aktivitäten, die im Mittelpunkt des Multiprojektmanagements stehen.

W 1.8: Projektportfolio B

Erklären Sie den Begriff des Projektportfolios.

W 1.9: Begriffe des Multiprojektmanagements B

Stellen Sie die Begriffe

- Projektmanagement,
- Programm-Management,
- Projektportfolio-Management

gegenüber. Wo liegen Ähnlichkeiten, wo sind die Unterschiede?

W 1.10: Bewertung von Projekten und Programmen A

Nach welchen Gesichtspunkten kann die Bewertung und Reihung von Einzelprojekten/Programmen in einem Projektportfolio erfolgen?

W 1.11: Lenkungsausschuss A

Welche Aufgaben hat der Lenkungsausschuss? Welche Personengruppen können im Lenkungsausschuss vertreten sein?

W 1.12: Projektmanagement-Office A

Welche Aufgaben kann ein Projektmanagement-Office übernehmen?

W 1.13: Projektmanager-Kreis A

Welche Funktionen kann ein Projektmanager-Kreis übernehmen?

Ein kurzer Kompetenz-Check, bevor's weitergeht!

Kompetenz-Check

	☺	😐	☹
Ich kann Projekte nach Auftraggeber, Zielen und Häufigkeit sowie nach strategischen Aspekten analysieren und beschreiben.			
Ich kann die Unterschiede, den Zusammenhang und die Bedeutung von Projekten, Programmen und Projektportfolios erklären.			
Ich kann ein geeignetes organisatorisches Umfeld für Multiprojektmanagement beschreiben.			
Ich kenne die Schritte des Projektportfoliomanagements und kann sie anhand konkreter Fallbeschreibungen durchführen.			

Lerneinheit 3
Projektmanagement

SbX
Alle SbX-Inhalte zu dieser Lerneinheit finden Sie unter der ID: 0130.

Projektmanagement hat sich längst als professionelle Disziplin etabliert – kein Wunder, bildet doch die Kompetenz der Projektmanagerin/des Projektmanagers eine wesentliche Voraussetzung für den Erfolg von Projekten.

Ein wichtiger Ausdruck dieser Professionalisierung sind international anerkannte Zertifikate, die das Wissen und die Erfahrung von Projektmanagerinnen und Projektmanagern für alle Projektpartner offiziell belegen.

Lernen

1 Berufsbild: Projektmanager/in

Das Berufsbild der Projektmanagerin/des Projektmanagers bildete sich etwa ab den 1960er-Jahren heraus. Zunächst wurden die Methoden des Projektmanagements vor allem bei Großprojekten und in bestimmten Branchen, etwa im Baugewerbe oder im industriellen Anlagenbau, oder bei militärischen Projekten eingesetzt. Betrachtet man heute die Stellenangebote in den Tageszeitungen, sieht man, dass in nahezu allen Wirtschaftsbereichen und auch im öffentlichen Bereich „Projektmanager für …" gesucht werden oder Erfahrungen im Projektmanagement zumindest in den Stellenerfordernissen enthalten sind.

Querverweis
Anforderungsprofil an Projektmanager/innen siehe Kapitel 3, Lerneinheit 3

Entsprechend haben sich Berufsbilder herausgebildet, welche die Aufgaben und Fähigkeiten von Projektmanagern genau beschreiben. Es gibt Organisationen, die – aufbauend auf solchen Qualifikationsprofilen – Zertifizierungen zum Projektmanager auf verschiedenen Qualifikationsniveaus anbieten.

Der **Projektmanager** ist die zentrale Person in einem Projekt. Er ist verantwortlich
- für die **Vorgabe von Zielen,**
- für die **Planung** des Projekts,
- für die **reibungslose Abwicklung** des Projekts
- durch **Kontrolle und Steuerung** des Projektverlaufes.

Verantwortungsbereiche des Projektmanagers

Im **Verantwortungsbereich des Projektmanagers** liegen alle Aufgaben, die zur klaren Zielformulierung, Projektplanung und zur zielgerechten Projektdurchführung notwendig sind:

- Schaffung einer dem Projekt förderlichen Organisation und Arbeitsumgebung
- Verbesserung der fachbereichsübergreifenden Zusammenarbeit durch Herstellung einer geeigneten Kommunikationsstruktur
- Durchsetzung und Umsetzung der Planung
- Projektcontrolling bezüglich Ergebnis, Terminen, Aufwand und Produktivität

Im Rahmen der Projektplanung definiert der Projektmanager ausgehend von den Projektzielen die **Projektorganisation** sowie den **Projektablauf.** Bei der Projektdurchführung sorgt das Projektmanagement für die Umsetzung der Planungsergebnisse in konkrete Projektaktivitäten.

Die **Projektdurchführung** ist in einzelne Phasen unterteilt. Zu Beginn jeder neuen Phase ist es die Aufgabe des Projektmanagers,

- die vergangenen Phasen zu beurteilen,
- die voraussichtlichen Probleme der kommenden Phase abzuschätzen,
- die organisatorischen Strukturen der kommenden Phase festzulegen,
- die Teilaufgaben zu planen und den Projektmitarbeitern zuzuordnen,
- die Zusammenarbeit der Mitarbeiter während der kommenden Phase zu regeln.

2 Zertifizierung im Projektmanagement

Die zunehmende Professionalisierung des Projektmanagements findet ihren Ausdruck in den verschiedenen Formen der Zertifizierung für Projektmitarbeiter und Projektmanager.

Unter **Zertifizierung** versteht man die Überprüfung und Bestätigung durch eine unabhängige und anerkannte Institution, dass die zertifizierte Person nachweislich über bestimmte erforderliche, im Vorhinein definierte Kompetenzen und Fähigkeiten verfügt.

Im Bereich des Projektmanagements werden die zur Zertifizierung wesentlichen Wissens- und Kompetenzbereiche von den (Zertifikate vergebenden) Institutionen in einer Leitlinie zusammengefasst. Die zwei wichtigsten in Österreich vertretenen Institutionen für die Entwicklung, Verbreitung und Zertifizierung von Projektmanagement sind

- das **PMI: Project Management Institute** (Stammsitz in den USA, Pennsylvania),
- die **IPMA: International Project Management Association** (Stammsitz in der Schweiz),

wobei das PMI größere Bedeutung in den USA und im asiatischen Raum besitzt, die IPMA dagegen stärker in Europa und China verankert ist. Es gibt zahlreiche weitere Projektmanagement-Institutionen, die aber vorwiegend in ihren regionalen Bereichen tätig sind, wie z. B. das AIPM (Australian Institute of Project Management) oder das PMSA (Project Management South Africa).

PMI – Project Management Institute

Das **PMI – Project Management Institute** wurde 1969 in den USA gegründet und verfügt derzeit über ca. 600 000 Mitglieder in 185 Ländern weltweit. Organisatorisch ist das PMI in einzelnen „chapters" gegliedert, das sind Niederlassungen für ein lokal begrenztes Gebiet. So gibt es z. B. das PMI Austria Chapter seit dem Jahr 2000 als Verein mit Sitz in Wien **(www.pmi-austria.org).**

Die zentrale Publikation des PMI ist der PMBOK, der Project Management Body of Knowledge, der seit 1984 weiterentwickelt wird und derzeit in der 5. Auflage (2013) vorliegt. Der PMBOK mit ca. 400 Seiten gilt als De-facto-Standard für Begriffe, Grundlagen sowie etablierte Verfahren und Prozesse im Projektmanagement. Er gibt einen Rahmen und Leitlinien für das Projektmanagement vor, ohne dabei aber den Anspruch auf Vollständigkeit zu erheben.

Die Darstellung der Projektmanagement-Abläufe im PMBOK folgt einem prozessorientierten Ansatz. Der Projektlebenszyklus wird wie folgt dargestellt (nach PMI/PMBOK):

Projektlebenszyklus

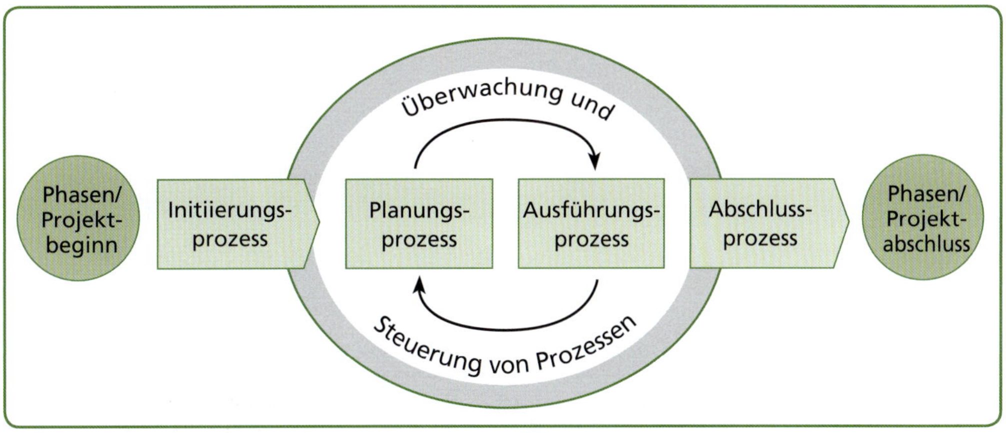

Der PMBOK gliedert das Projektmanagement in zehn Wissensbereiche:

Integrationsmanagement	Personalmanagement
Inhalts- und Umfangsmanagement	Kommunikationsmanagement
Terminmanagement	Risikomanagement
Kostenmanagement	Beschaffungsmanagement
Qualitätsmanagement	Stakeholdermanagement

Die Beschreibung erfolgt in Form von **Prozessen** mit

- Input,
- Werkzeugen und Methoden,
- Output

sowie grafisch als **Informationsfluss** zwischen den benachbarten Prozessen und den beteiligten Stellen.

IPMA – International Project Management Association

Die **IPMA – International Project Management Association** wurde 1965 mit Sitz in der Schweiz gegründet. Der erste internationale Projektmanagement-Kongress wurde 1967 in Wien veranstaltet. Von da ab hieß die Organisation INTERNET für „**INTER**national **NET**work", erst 1994 wurde die aktuell gültige Bezeichnung IPMA angenommen.

Die IPMA agiert als föderale Dachorganisation für nationale Projektmanagement-Organisationen mit ca. 60 000 Mitgliedern in über 55 Ländern. Beispiele für nationale Organisationen sind:

- pma – Projektmanagement Austria **(www.p-m-a.at)**
- GPM – Gesellschaft für Projektmanagement in Deutschland **(www.gpm.ipma.de)**
- APM – Association for Project Management in England **(www.apm.org.uk)**

Die zentrale Publikation der IPMA ist die ICB, die IPMA Competence Baseline (Version 3.0) mit einem Umfang von ca. 200 Seiten. Der Aufbau der ICB orientiert sich an den drei übergeordneten Kompetenzbereichen

- technische Kompetenzen (20 Elemente),
- Verhaltenskompetenzen (15 Elemente),
- Kontextkompetenzen (11 Elemente),

die im „Eye of Competence" symbolisiert werden.

Das „Eye of Competence"

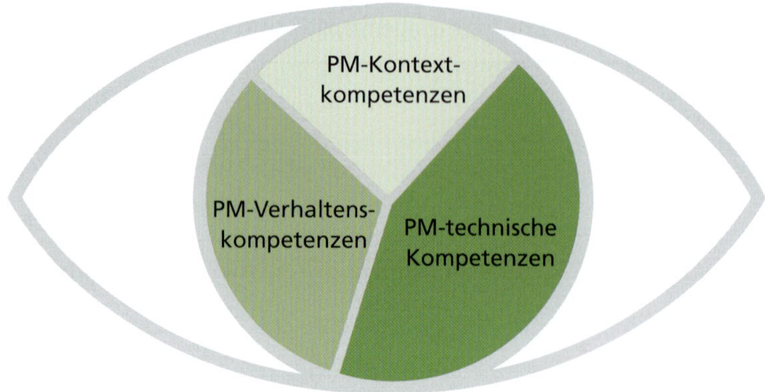

Quelle: Deutsche NCB (National Competence Baseline) 3.0

technische Kompetenzen	Verhaltenskompetenzen	Kontextkompetenzen
● Projektmanagementerfolg ● interessierte Parteien ● Projektanforderungen und Projektziele ● Risiken und Chancen ● Qualität ● Projektorganisation ● Teamarbeit ● Problemlösung ● Projektstrukturen ● Leistungsumfang und Lieferobjekte ● Projektphasen, Ablauf und Termine ● Ressourcen ● Kosten und Finanzmittel ● Beschaffung und Verträge ● Änderungen ● Überwachung und Steuerung, Berichtswesen ● Information und Dokumentation ● Kommunikation ● Projektstart ● Projektabschluss	● Führung ● Engagement und Motivation ● Selbststeuerung ● Durchsetzungsvermögen ● Entspannung und Stressbewältigung ● Offenheit ● Kreativität ● Ergebnisorientierung ● Effizienz ● Beratung ● Verhandlungen ● Konflikte und Krisen ● Verlässlichkeit ● Wertschätzung ● Ethik	● Projektorientierung ● Programmorientierung ● Portfolioorientierung ● Einführung von Projekt-, Programm- und Portfoliomanagement ● Stammorganisation ● Geschäft ● Systeme, Produkte und Technologie ● Personalmanagement ● Gesundheit, Arbeits-, Betriebs- und Umweltschutz ● Finanzierung ● rechtliche Aspekte

Quelle: Deutsche NCB (National Competence Baseline) 3.0, GPM Deutsche Gesellschaft für Projektmanagement e.V., Nürnberg 2009

Im Rahmen von National Competence Baselines (kurz: NCB, in der jeweiligen Landessprache verfasst) können geringfügige Änderungen bzw. Ergänzungen der Kompetenzelemente vorgenommen werden, um regionale Gegebenheiten zu berücksichtigen.

Zertifizierung

Die Zertifizierung nach PMI oder IPMA wird von dafür berechtigten regionalen Partnern in den verschiedenen Ländern angeboten. Mit einer Zertifizierung im Bereich des Projektmanagements werden mehrere Ziele verfolgt:

von Projektmanagement-Institutionen: Projektmanagement-Kompetenz soll im Sinne der eigenen Leitlinie angewandt und verbreitet werden. Für die Partner vor Ort, die Schulungen anbieten und die Zertifizierung durchführen, sind diese natürlich auch ein wirtschaftlicher Faktor.

von zertifizierten Projektmanagerinnen/Projektmanagern: Das Wissen über Kompetenzen und Prozesse des Projektmanagements hilft bei der Orientierung in Projekten und bei der Kommunikation in Projekten. Projektmanagement-Zertifikate weisen eine bestimmte Projektmanagement-Kompetenz nach und können sich positiv auf die Karriere auswirken, z. B. in Form höherer Gehälter oder verbesserter Karrieremöglichkeiten. Zertifizierungen dienen darüber hinaus der professionellen Weiterentwicklung.

von Unternehmen: Durch zertifizierte Projektmanager/innen und Projektmitarbeiter/innen können Qualität und Erfolgsquote von Projekten verbessert werden; ein einheitliches Vokabular und eine allgemein verbindliche Vorgehensweise im Bereich des Projektmanagements können unter Bezugnahme auf die verwendete Leitlinie (ICB oder PMBOK) einfach sichergestellt werden – dies ist besonders wichtig für international agierende Konzerne. Oft wird der Einsatz zertifizierter Projektmitarbeiter/innen in Projektausschreibungen gefordert.

von Kunden: Der Einsatz zertifizierter Projektmanager/innen beim Auftragnehmer bietet eine Garantie für ein professionelles Management bei der Projektplanung und Projektabwicklung. Die Verständigung zwischen Kunden und Projektteam wird durch die klare Definition des gemeinsamen Vokabulars im Projektmanagement verbessert, die Gefahr von Missverständnissen wird reduziert.

Zertifizierungen im Projektmanagement folgen einem bestimmten Schema:

- Es gibt ein **„Einstiegszertifikat“,** bei dem das Projektmanagement-Wissen stark im Vordergrund steht, Erfahrung nicht oder nur in geringem Umfang erforderlich ist. Möglichkeiten zur Zertifizierung auf diesem Level werden Schülerinnen/Schülern und Studierenden oft zu einem reduzierten Kostensatz angeboten.
- Es folgen mehrere **höhere Kompetenzstufen,** bei welchen zusätzlich zu einer Prüfung einschlägige (meist leitende) Erfahrungen im Projektmanagement und eine Beschreibung der durchgeführten bzw. geleiteten Projekte, Programme oder Portfolios verlangt werden. Oft wird auch eine Bewertung durch Vorgesetzte, Kollegen oder Kunden gefordert.
- Die Projektmanagement-Zertifikate besitzen nur temporäre Gültigkeit. Innerhalb einer bestimmten Zeit muss eine **Rezertifizierung** erfolgen, wobei je nach zertifizierender Organisation unterschiedliche Möglichkeiten dafür gegeben werden.

Self Assessment = Selbstbewertung, eigene Einschätzung

Im Folgenden werden – in vereinfachter Form – die wichtigsten Zertifizierungsmöglichkeiten nach PMI und IPMA beschrieben. Auf den Websites der beiden Organisationen oder bei zertifizierenden nationalen Partnern können detaillierte Informationen, die unterschiedlichen Kostensätze sowie Anmeldungsmöglichkeiten abgerufen werden.

PMI Project Management Institute

Zertifizierungen nach PMI

Die wichtigsten Zertifizierungen nach PMI sind:

- CAPM: Certified Associate in Project Management
- PMP: Project Management Professional
- PgMP: Program Management Professional

Schritt	CAPM – Certified Associate in Project Management	PMP – Project Management Professional
1.	Anmeldung und Entrichtung der Prüfungsgebühren	Anmeldung und Entrichtung der Prüfungsgebühren
2.	Nachweis der Projektmanagement-Kompetenz durch ● Projektmanagement-Erfahrung über 1500 Stunden oder ● Projektmanagement-Ausbildung über mind. 23 Präsenzstunden	Nachweis der Projektmanagement-Kompetenz durch ● 5 Jahre Projektmanagement-Erfahrung (60 Monate) und 35 Präsenzstunden Projektmanagement-Ausbildung (Kandidat mit Maturaabschluss) oder ● 3 Jahre Projektmanagement-Erfahrung (36 Monate) und 35 Präsenzstunden Projektmanagement-Ausbildung (Kandidat mit Bachelor-Abschluss)
3.	Ablegung eines Multiple-Choice-Tests innerhalb eines Jahres nach Zulassung	Ablegung eines 4-stündigen Multiple-Choice-Tests mit 200 Fragen, welche die 5 Kernprozesse des PMI-Modells abdecken
4.	Rezertifizierung spätestens 5 Jahre nach abgelegter Prüfung durch erneutes Durchlaufen der Schritte 1 bis 3	Verlängerung der Zertifizierung innerhalb von 3 Jahren nach Absolvierung der Prüfung durch Erwerb von 60 PDUs*) (Professional Development Units)

*) PDUs sind Kompetenzpunkte, die nach einem vorgegebenen Schema durch den Besuch von Projektmanagement-Kursen, durch dokumentierte berufliche Tätigkeit als Projektmanager und/oder durch Beiträge in der PMI-Community, z. B. durch Vorträge, Veranstaltungen, erworben werden können.

PgMP – Program Management Professional

Die Zertifizierung zum Programmmanager setzt zusätzlich zur Erfahrung als Projektmanager Erfahrung auf dem Gebiet des Programm- oder Portfoliomanagements voraus, die abgegebenen Unterlagen werden einem eigenen „Panel Review“ unterzogen, ein Multiple-Choice-Test ist abzulegen. Weiters sind noch Bewertungen von zwölf Kontakten – je vier Vorgesetzten, gleichrangigen Mitarbeitern und Unterstellten – einzuholen („Multi Rater Assessment“).

Weitere Zertifikate des PMI fokussieren auf spezielle Themen des Projektmanagements, wie Agiles Projektmanagement, Risikomanagement oder Projektplanungstätigkeit.

IPMA®

Zertifizierungen nach IPMA

Die IPMA führt Zertifizierungen auf vier Ebenen durch, beginnend bei D (Einstiegsniveau) bis zu A. Bei den Zertifizierungen werden die Kompetenzelemente der ICB abgeprüft; höherwertige Zertifizierungen verlangen sowohl ein höheres Kompetenzniveau (bewertet 0 … 10) als auch eine größere Anzahl von Kompetenzelementen. Die Kernkompetenzen für jede Stufe werden wie folgt beschrieben:

Stufe	Bezeichnung	Voraussetzung	„Der Kandidat …
D	Zertifizierter Projektmanagement-Fachmann (PM Associate)	keine; Projektmanagement-Erfahrung ist von Vorteil	… hat Projektmanagementkenntnisse in allen Kompetenzbereichen.“
C	Zertifizierter Projektmanager (Certified Project Manager)	≥ 3 Jahre Erfahrung, bei Projekten mit begrenzter Komplexität in Leitungsfunktion	… muss in der Lage sein, Projekte begrenzter Komplexität bzw. ein Teilprojekt eines komplexen Projekts in allen PM-Kompetenzelementen zu managen.“
B	Zertifizierter Senior Projektmanager (Certified Senior Project Manager)	≥ 5 Jahre Erfahrung, davon mindestens 3 Jahre in Leitungsfunktion	… muss in der Lage sein, komplexe Projekte zu managen.“
A	Zertifizierter Projektdirektor (Certified Project Director)	≥ 5 Jahre Erfahrung im Portfolio-, Programm-, Multiprojektmanagement, mindestens 3 Jahre davon in leitender Funktion im Projektportfoliomanagement	… muss in der Lage sein, Portfolios oder Programme zu managen.“

Quelle: Deutsche NCB (National Competence Baseline) 3.0, GPM Deutsche Gesellschaft für Projektmanagement e.V., Nürnberg 2009

Alle Zertifikate sind für 5 Jahre gültig. Die Rezertifizierung erfolgt weniger formal als beim PMI. Vor Ablauf der 5 Jahre sind aktualisierte Informationen (wie sie für die ursprüngliche Zertifizierung verlangt waren) abzugeben sowie ein Bericht über die berufliche Projektmanagement-Tätigkeit, Weiterbildungen im Bereich des Projektmanagements; weiters eine Bewertung durch Dritte (je ein Kunde, Kollege, Vorgesetzter).

PRINCE2®

Das OGC wurde in die Efficiency and Reform Group (ERG) des Cabinet Office übergeführt.

Zertifizierung nach PRINCE2

Eine dritte, relativ weit verbreitete Zertifizierung ist jene nach der PRINCE2-Projektmanagementmethode, welche nicht nur, aber sehr gerne in informationstechnologischen Projekten eingesetzt wird. Das Akronym PRINCE steht dabei für „**PR**ojects **IN** **C**ontrolled **E**nvironments“. Die Methode wurde vom britischen Office of Government Commerce (OGC) anhand von „Best Practices“ aus Wirtschaft und Verwaltung entwickelt und folgt einem prozessorientierten Ansatz.

Als Zertifizierungen werden die „Foundation Examination“ und die darauf aufbauende „Practicioner Examination“ angeboten. Die Prüfungen erfolgen mittels Multiple-Choice-Tests. Eine Rezertifizierung ist nach 3 bis spätestens 5 Jahren durch eine erneute Prüfung erforderlich. Seit 2012 gibt es zusätzlich die Möglichkeit zur „PRINCE2 Professional“-Zertifizierung. Hier weisen die Kandidaten in einem Assessment-Center bei der 2½ Tage dauernden Bearbeitung einer Projektfallstudie die Beherrschung der Projektmanagement-Methode in ihrer gesamten Bandbreite nach.

Üben

A B C D E

Ü 1.14: Gründe für Zertifizierungen D

Sie arbeiten seit 5 Jahren bei der Firma ÖkoSoft, die Programme für die energieeffiziente und ökologische Steuerung von Industrieanlagen erstellt. Die meisten Ihrer Kunden sind im Ausland. ÖkoSoft hat auch die Chancen am amerikanischen Markt erkannt und eine Niederlassung in Chicago eröffnet. Sie haben bereits an zahlreichen Projekten mitgearbeitet und durften im vergangenen Jahr zwei kleinere Projekte leiten.

Sie würden sich gerne als Projektmanager/in zertifizieren lassen und wollen Ihren Vorgesetzten – er ist Abteilungsleiter und Mitglied der Geschäftsführung – davon überzeugen, Ihnen die Zertifizierung und evtl. Kurse dazu auf Firmenkosten zu ermöglichen.

Aufgabenstellungen:

a) Erarbeiten Sie – als Vorbereitung für Ihr Gespräch mit Ihrem Vorgesetzten – eine Argumentationsliste, warum eine Projektmanagement-Zertifizierung sinnvoll wäre.
b) Welches Zertifikat würden Sie anstreben?

Ü 1.15: Ablauf von Zertifizierungen D

Als Mitarbeiter/in bei ÖkoSoft (siehe **Ü 1.14**) ist es Ihnen gelungen, Ihren Vorgesetzten von den Vorteilen Ihrer Projektmanagement-Zertifizierung zu überzeugen. Er wünscht sich aber von Ihnen eine Übersicht der anfallenden Kosten.

Aufgabenstellung:

Recherchieren Sie im Internet und stellen Sie als Übersicht dar:

a) Zertifizierungskosten des PMI und des IPMA für die unterschiedlichen Zertifikationen
b) exemplarisch Kosten für anerkannte Vorbereitungskurse für die Zertifizierung nach PMI bzw. IPMA

Ü 1.16: PRINCE2 D

Ihr Vorgesetzter trifft eine ehemalige Mitarbeiterin von ÖkoSoft, die ihm erzählt, seit kurzem zertifizierter „PRINCE2-Practitioner" zu sein. Da Ihr Vorgesetzter diese Zertifizierung bzw. PRINCE2 nicht kennt, bittet er Sie, ihm diese Alternative (für die Projektmanagement-Zertifizierung) näher zu erklären.

Aufgabenstellung:

Recherchieren Sie im Internet die gewünschten Informationen zu PRINCE 2 und erarbeiten Sie einen Überblick über die PRINCE2-Methode und die angebotenen Zertifikationen.

Sichern

SbX ID: 0133

Projektmanager

Die Aufgaben des **Projektmanagers** reichen von der Vorgabe der Projektziele über die Organisation und Planung des Projekts, die Sicherstellung der reibungslosen Umsetzung der Projektaufgaben bis zur ordnungsgemäßen Übergabe des Projektergebnisses an den Auftraggeber bzw. die Nutzer. Ein fähiger Projektmanager bildet eine wesentliche Voraussetzung für den Projekterfolg.

Zertifizierung

Unter **Zertifizierung** versteht man die Überprüfung und Bestätigung durch eine unabhängige und anerkannte Institution, dass die zu zertifizierende Person nachweislich über bestimmte erforderliche, im Vorhinein definierte Kompetenzen und Fähigkeiten verfügt.

PMI

Das **Project Management Institute (PMI)** hat seinen Stammsitz in den USA. Diese Institution zur Weiterentwicklung des Projektmanagements vergibt Zertifikate entsprechend dem PMBOK – Project Management Body of Knowledge, einer selbst entwickelten Leitlinie zum Projektmanagement.

IPMA

Die **International Project Management Association (IPMA)** hat ihren Stammsitz in der Schweiz. Sie zertifiziert nach den eigenen Leitlinien, der ICB – IPMA Competence Baseline. Nationale Zertifizierungspartner verwenden die von der ICB abgeleitete, in geringem Umfang modifizierbare NCB (National Competence Baseline).

PRINCE2

PRINCE2 (**PR**ojects **IN** **C**ontrolled **E**nviroment) ist eine vom britischen Office for Government Commerce (OCG) entwickelte Projektmanagementmethode, die sich an „best practices" orientiert. Eine Zertifizierung nach PRINCE2 ist ebenfalls möglich.

Zertifizierung

Die **Zertifizierung für das Projektmanagement** folgt einem klar definierten Ablauf, wobei mehrere Stufen (Kompetenzniveaus) möglich sind. Für den Nachweis der Projektmanagement-Kompetenz können z. B. gefordert werden:

- praktische PM-Erfahrung in einem bestimmten Umfang und über eine bestimmte Dauer
- Vorbildung in Form besuchter Seminare
- Ablegung einer schriftlichen (meist: Multiple Choice) und/oder mündlichen Prüfung
- Self-Assessment (Selbstbewertung) z. B. im Rahmen von Arbeitsberichten
- Bewertung durch Vorgesetzte, Kunden, Kollegen ...
- Zertifizierungen im Projektmanagement sind nur für eine bestimmte Dauer gültig (meist 3 bis 5 Jahre) und müssen innerhalb dieser Frist erneuert werden. Zertifizierung und Rezertifizierung sind kostenpflichtig; je nach Art des Zertifikats kostet ein Vorgang (ohne Kurse) zwischen 100 und 2000 Euro.

Zertifikate

Zertifikate im Projektmanagement werden an Personen vergeben, die ein entsprechendes Wissen und/oder praktische Erfahrungen im Rahmen des Zertifizierungsverfahrens nachweisen können. Die Bezeichnungen der Zertifikate kennzeichnen die erreichte Kompetenzstufe. Beispiele dafür sind: CAPM = Certified Associate in Project Management, PMP = Project Management Professional, PgPM = Program Management Professional (PMI) oder (zertifizierter) Projektmanagement-Fachmann, Projektmanager, Senior Projektmanager, Projektdirektor (IPMA).

Vokabeln dieser Lerneinheit

Deutsch	Englisch
Projektmanager	project manager
PMBOK Wissensbereiche	**knowledge areas**
Integrationsmanagement	integration management
Inhalts- und Umfangsmanagement	scope management
Terminmanagement	time management
Kostenmanagement	cost management
Qualitätsmanagement	quality management
Personalmanagement	human resource management
Kommunikationsmanagement	communications management
Risikomanagement	risk management
Beschaffungsmanagement	procurement management
Stakeholdermanagement	stakeholder management
IPMA Kompetenzen	**IPMA competences**
Kontextkompetenzen	contextual competences
technische Kompetenzen	technical competences
Verhaltenskompetenzen	behavioural competences

SbX
ID: 0133

Eine Audio-Wiederholung mit Audio-Player und MP3-Download sowie eine Bildschirmpräsentation mit den Grafiken dieser Lerneinheit finden Sie unter der ID: 0133.

Wissen

A B C D E

W 1.14: Aufgaben des Projektmanagers B

Erklären Sie, welche Hauptaufgaben der Projektmanager im Rahmen eines Projekts hat.

W 1.15: Aufgaben zu Phasenbeginn B

Erklären Sie, welche Aufgaben der Projektmanager zu Beginn jeder neuen Phase hat.

W 1.16: Zertifizierung B

Erklären Sie allgemein den Begriff der Zertifizierung.

W 1.17: Projektmanagement-Institutionen B

Beschreiben Sie die wichtigsten weltweit agierenden Projektmanagement-Institutionen (Abkürzung, Bezeichnung und Sitz).

W 1.18: Leitlinien für das Projektmanagement B

In welchen grundlegenden Publikationen (Leitlinien) der Projektmanagement-Institutionen ist die Wissensbasis für die Zertifikationen im Projektmanagement niedergeschrieben? Geben Sie einen kurzen Überblick über den inhaltlichen Aufbau dieser Publikationen.

W 1.19: Projektmanagement-Institutionen in Österreich B

Wie sind in Österreich das PMI und die IPMA vertreten? Beschreiben Sie die jeweiligen Einrichtungen.

W 1.20: Vorteile durch Zertifizierung B

Erklären Sie, welche Vorteile von einer Zertifizierung im Projektmanagement erwartet werden.

W 1.21: PMI-Zertifikate B

Welche Zertifikate können beim PMI erworben werden? Beschreiben Sie Voraussetzungen und Anforderungen.

W 1.22: IPMA-Zertifikate B

Welche Zertifikate können beim IPMA erworben werden? Beschreiben Sie Voraussetzungen und Anforderungen.

W 1.23: PRINCE2 B

Was ist PRINCE2? Beschreiben Sie die Grundprinzipien dieser Methode.

Kompetenz-Check

Ein kurzer Kompetenz-Check, bevor's weitergeht!

	☺	😐	☹
Ich kann die Aufgaben und Verantwortlichkeiten des Projektmanagers beschreiben.			
Ich kenne die Bedeutung von Zertifizierungen im Projektmanagement und kann Zertifizierungsniveaus und Zertifizierungsabläufe exemplarisch beschreiben.			
Ich kenne die wichtigsten Projektmanagement-Organisationen, weltweit und in Österreich, und kann die Grundstruktur ihres Kompetenzkanons erklären.			

2 PROJEKTBEGRÜNDUNG

Worum geht's in diesem Kapitel?

Jede Reise beginnt mit einem ersten Schritt. Dasselbe gilt für ein Projekt. Und ebenso wie bei einer Reise ist es bei einem Projekt wichtig, dass die ersten Schritte – im Rahmen der Projektbegründung – in die richtige Richtung gesetzt werden. Sonst könnte es sein, dass die Reise (das Projekt) beendet ist, bevor sie (es) richtig begonnen hat.

Dieses Kapitel zeigt Ihnen, wie Sie von einer kreativen Idee zu einem erfolgversprechenden Projekt gelangen. Sie lernen, die Idee in einem Projektantrag zu formulieren, eine optimale Variante für die Durchführung zu finden und deren Machbarkeit zu beurteilen. Dann formulieren Sie die Projektziele und lernen, zu erkennen, was zu Ihrem Projekt gehört und was nicht.

Wenn Sie am Ende davon überzeugt sind, Ihr Projekt durchführen zu wollen, formulieren Sie alle Ihre bisherigen Erkenntnisse zum Projekt in einen Projektauftrag und stecken den zeitlichen Rahmen mit Meilensteinen ab. Wenn Sie gut gearbeitet haben, wird Ihr Projektauftrag unterzeichnet und „… die Reise kann beginnen"!

Am Ende dieses Kapitels sollten Sie

- Vorschläge und Ideen für ihr Projekt kreativ entwickeln können,
- einen Projektantrag formulieren können,
- Projektideen beurteilen können,
- Varianten der Projektumsetzung finden, bewerten und auswählen können,
- Projektziele strukturieren und als Zielvereinbarungen formulieren können,
- die Einbettung des Projekts in seine Umwelten verstehen,
- eine klare Projektabgrenzung für ein Projekt durchführen können,
- eine Kontextanalyse und insbesondere Stakeholderanalyse durchführen können,
- selbständig einen Projektauftrag für ein konkretes Projekt formulieren können,
- Meilensteine richtig formulieren und eine sinnvolle Meilensteinliste für ein konkretes Projekt erstellen können.

A B C D E

In diesem Kapitel finden Sie Übungsaufgaben, praxisbezogene Fallbeispiele und Aufgaben zur Lernkontrolle zur Überprüfung Ihrer Kompetenzen auf den Handlungsebenen A **Wiedergeben,** B **Verstehen,** C **Anwenden,** D **Analysieren & Interpretieren** und E **Entwickeln.**

Dieses Kapitel umfasst folgende Lerneinheiten:

1 Kreativitätstechniken
2 Projektidee und Vorstudie
3 Zielbestimmung
4 Stakeholder und Projektumfeld
5 Projektauftrag

Lerneinheit 1
Kreativitätstechniken

SbX
Alle SbX-Inhalte zu dieser Lerneinheit finden Sie unter der ID: 0210.

Kreativitätstechniken werden eingesetzt, wenn rein rationales (d. h. auf Fakten basierendes) Problemlösen nicht zielführend erscheint. Dies ist häufig in den frühen Abschnitten eines Projekts der Fall, besonders bei der Festlegung der Ziele und Lösungsvarianten. Kreativitätstechniken leisten aber auch bei der Bestimmung der Projektrisiken oder des Stakeholderverhaltens wertvolle Dienste.

Kreativitätstechniken sollten in Gruppensitzungen mit ca. 5 bis 10 Personen möglichst unterschiedlicher Fachrichtungen und hierarchischer Ebenen eingesetzt werden. Eine Person führt die Moderation durch und dokumentiert die Ergebnisse.

Lernen

1 Brainstorming, Methode 6-3-5 und Synektik

Diese Methoden sind teamorientiert und können nur in der Gruppe durchgeführt werden.

Beim **Brainstorming** sollen die Teilnehmer (5 bis 7 Personen) zu einem definierten Problem oder Ziel Ideen und Lösungen entwickeln. Die Ideen werden mündlich geäußert – andere Teilnehmer können dadurch inspiriert werden. Alle Ideen werden deutlich sichtbar mitprotokolliert. Ein Moderator steuert und überwacht den Brainstormingprozess. Das Brainstorming dauert zwischen 10 und 20 Minuten. Die Bewertung der Vorschläge darf erst in einer zweiten Phase erfolgen.

Die Einhaltung der Regeln (insbesondere: keine Kritik, keine Dominanz Einzelner) sind für den kreativen Output unbedingt erforderlich.

Regeln für das Brainstorming:

- Freies Assoziieren und Fantasieren sind erwünscht!
  (Ideen nennen, egal wie verrückt oder unrealisierbar sie scheinen)
- Es sollen möglichst viele Ideen erzeugt werden.
- Während der Phase der Ideensammlung darf **keine Kritik an den Ideen** geübt werden!
  (Das würde die Teilnehmer bei der spontanen Ideenfindung behindern.)

Vorteil der Methode 6-3-5: Die Ergebnisse liegen schriftlich vor.

Bei der **Methode 6-3-5** sollen 6 Teilnehmer jeweils 3 Ideen in 5 Minuten schriftlich fixieren. Danach tauschen sie die Vorschläge untereinander aus, notieren weitere 3 Ideen usw. So entstehen in 30 Minuten 108 Ideen. Es gelten grundsätzlich die gleichen Regeln wie beim Brainstorming, daher wird diese Methode häufig auch als „Brainwriting" bezeichnet. Die Aufzeichnung der Ideen erfolgt (zur leichteren Auswertung) am besten mit einem Formular.

Synektik sollte mit einem geschulten Moderator durchgeführt werden.

Synektische Methoden fördern die kreative Problemlösung, indem ihr Arbeitsablauf den Phasen kreativen Denkens entspricht:

- Beschäftigen mit dem Problem (Sammlung und Strukturierung von Informationen)
- Ablenken vom Problem (Verfremdung des Sachverhalts)
- Schaffen von Verbindungen zwischen Problem und Verfremdung
- „spontanes" Bewusstwerden von Lösungsideen

Synektik-Sitzungen dauern einige Stunden bis zu mehreren Tagen. 8 bis 12 Teilnehmer aus verschiedenen Bereichen sowie ein Moderator nehmen daran teil. Für den effektiven Einsatz der Synektik sind Kreativität, Flexibilität sowie ein positives Gruppenklima erforderlich.

2 Morphologischer Kasten

Der **Morphologische Kasten** hilft dabei, verschiedene Aspekte oder Merkmale einer (Projekt-)Lösung systematisch anzuordnen. Er trägt dazu bei, die ideale Kombination aus einer Fülle von Merkmalen zu finden.

Wichtige Voraussetzung: unabhängige, gut strukturierte Aufgliederung der Teilbereiche bzw. Ausprägungen

Durch diese Systematik können sehr einfach alle möglichen (und auch „unmöglichen") Kombinationen von Umsetzungsaspekten oder Produktmerkmalen gebildet und hinsichtlich ihrer Machbarkeit sowie ihres Beitrags zur angestrebten Zielerreichung bewertet werden.

Beispiel

Geplanter Webshop eines alternativen Musiklabels

Ausprägungen →

Teilbereiche ↓

Zahlungsform	Rechnung/ Nachnahme	Kreditkarte	Drittpartner (z. B. PayPal)
Anmeldung (login)	keines	Transaktionsnummer	Login und Passwort
Server	eigener	gemietet (bei Provider)	vollständiges Outsourcing
Shop-SW	fertiges System	selbst programmiert	gemietet (ASP)
Vertriebsform	Tonträger	Tonträger und online	nur online

ASP: Application Service Provider

Der Morphologische Kasten wurde vom Schweizer **Fritz Zwicky** (1898–1974) entwickelt – daher auch die Bezeichnung „Zwicky-Box".

Der Morphologische Kasten unterstützt das systematische Auffinden aller Lösungsvarianten zu einem gegebenen Problem in den folgenden Schritten:

- Definieren der Aufgabenstellung
- Festlegen der Teilbereiche (1. Spalte, müssen voneinander unabhängig sein, max. 6 bis 7)
- Festlegen der Ausprägungen zu jedem Teilbereich (horizontal – auch hier unabhängige Ausprägungen, möglichst konkret)
- Definieren der verschiedenen Lösungsvarianten (im Beispiel oben gekennzeichnet durch die schwarze und die grüne Linie)
- Analyse und Auswahl der Lösung(en)

Wenn die Teilbereiche in zwei Dimensionen vorliegen, wird aus der Tabelle ein dreidimensionaler „Würfel", der dieser Technik auch die Bezeichnung „Kasten" verschafft hat.

Der Einsatz eines Morphologischen Kastens ist vor allem dann gut möglich, wenn die Problemstellung bereits eine bestimmte Struktur aufweist. Dem Vorteil der guten optischen Darstellung der einzelnen Alternativen steht als Nachteil die Unübersichtlichkeit bei zu vielen Spalten und Zeilen gegenüber; durch ungeschickte Auswahl der Teilbereiche bzw. Ausprägungen wird die Lösungsauswahl u. U. zu stark eingeschränkt.

3 Mindmapping

Das **Mindmapping** ist eine Technik, mit deren Hilfe Zusammenhänge, Assoziationen, Denkvorgänge grafisch entwickelt und dargestellt werden. Es wird gleichsam eine „Landkarte" (engl.: map) der Gedankenstruktur (engl.: mind = Verstand, Gedächtnis) angelegt.

Das Mindmapping eignet sich besonders für den ersten Entwurf eines Projektstrukturplans (PSP, Kapitel 4, Lerneinheit 1).

Das Mindmapping wirkt durch Einbeziehung beider Gehirnhälften sowohl analytisch als auch kreativ-assoziativ. Assoziation (Verknüpfung und Weiterentwicklung von Gedankenläufen) und Strukturierung werden gefördert. Ausgehend von einem Problemkreis werden Informationen gesammelt und in strukturierter Form niedergeschrieben.

Entwicklung einer Mindmap

- Das Hauptthema bildet den **Mittelpunkt** der Grafik.

Die Mind-Map-Technik wurde vom Briten **Tony Buzan** (geb. 1942) entwickelt.

- Die erste Untergliederung wird durch vom Zentrum ausgehende **Hauptäste** dargestellt.

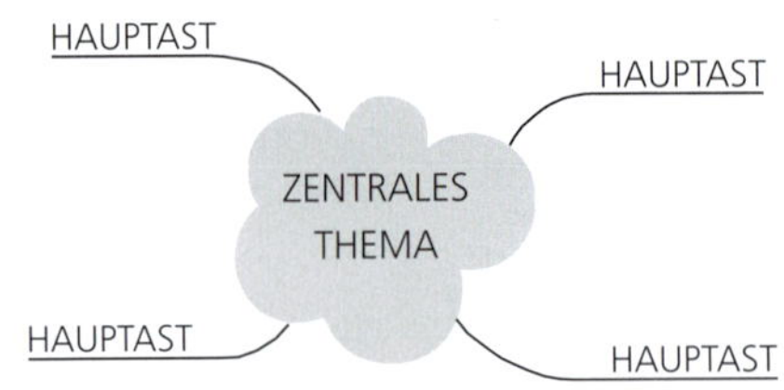

- Jeder Ast kann in weitere **Zweige** aufgespalten werden.

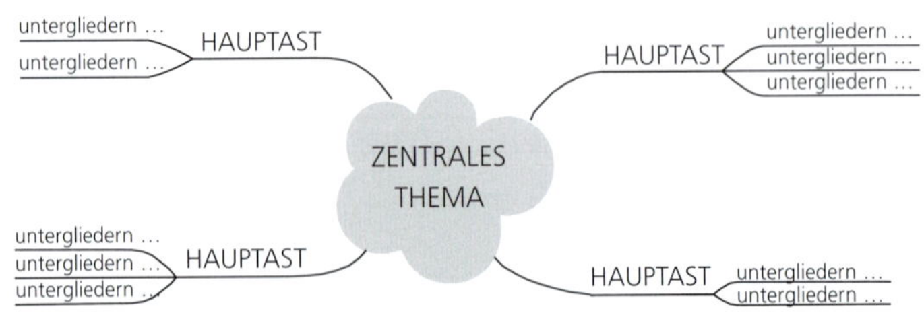

Die Erstellung einer Mindmap erfolgt auf unliniertem Papier im Querformat. Es gibt aber auch Programme, mit denen Mindmaps auf einem Computer oder Tablet realisiert werden können.

Die Mindmap-Regeln sollten unbedingt berücksichtigt werden, um ein möglichst konsistentes Ergebnis zu erhalten.

Die wichtigsten Regeln bei der Entwicklung von Mindmaps sind:

- Es wird in der Mitte des Blattes (= Hauptthema) begonnen.
- Hauptthema und Hauptäste werden in BLOCKBUCHSTABEN beschriftet.
- Die Linien (Äste) sollen geschwungen („organisch") gezeichnet werden; Hauptäste sind dicker als weiter außen liegende (Unter-)Äste.
- Die Länge einer Linie entspricht der Länge des zugehörigen Begriffs.
- Je Linie darf nur ein Wort geschrieben werden.
- Die Verwendung von Farben und Zeichnungen bzw. Symbolen macht die Mindmap aussagekräftiger und fördert das Merken.

Für die Erstellung von Mindmaps gibt es kostenlose Open-Source-Programme (z. B. Freemind) oder kommerzielle Produkte ab ca. € 100,– (z. B. Mind-Manager).

Mindmapping kann auch für **spezielle Anwendungsbereiche** eingesetzt werden, so z. B.:

- als Lern-Mindmap: zur Strukturierung von bestehenden Inhalten oder Unterlagen
- zur Entscheidungsfindung: Die Hauptäste zum zentralen Problem sind „ja" und „nein", daran schließen sich die jeweiligen Argumente „pro" und „kontra" an.
- als Recherche- bzw. Analysehilfsmittel: An das zentrale Thema schließen sich die Fragestellungen „wann", „wer", „wie" etc. an.

4 Bionik

Das Kunstwort **Bionik** setzt sich aus den Wörtern **Bio**logie und Tech**nik** zusammen. Diese vor allem im Technologiebereich sehr beliebte Methode nimmt „Anleihen" in der Natur.

Bionik bedeutet nicht nur kreative Ideenfindung, sondern vor allem intensive (bio-)technologische Grundlagenforschung bis zur praktischen Umsetzung einer Idee.

Bionik geht davon aus, dass die evolutionäre Entwicklung im Laufe von Millionen von Jahren meist optimale Lösungen hervorgebracht hat. Sie versucht, diese Prinzipien aus der Natur auf die technische Problemlösung zu übertragen. Beispiele für die Bionik sind:

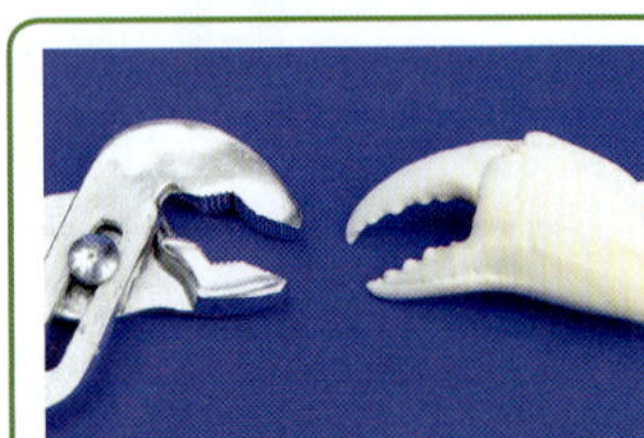

- Vögel – Flugzeuge
- Knochenaufbau – filigrane Tragwerke

- Nervenzellen im Gehirn – neuronale Netze (künstliche Intelligenz – KI)
- Haifischhaut – Airbus-Oberfläche mit geringerem Luftwiderstand
- etc.

In der Informatik ist (neben den oben angeführten neuronalen Netzen) die Beobachtung von Prozessen in der Natur von Bedeutung. So können Organisations- oder Kommunikationsprinzipien z. B. für Rechnernetze oder autonom agierende Maschinen abgeleitet werden.

5 Delphi-Methode

Die **Delphi-Methode** bündelt und verdichtet das Know-how unabhängiger Expertinnen und Experten zu einem vorgegebenen (Zukunfts-)Thema.

Bei der Delphi-Methode wird einer Gruppe unabhängiger Fachleute bzw. Experten ein bestimmtes Problem gestellt. Jeder der Fachleute erarbeitet daraufhin seinen eigenen Lösungsansatz. Die Lösungsansätze werden dann anonym an die einzelnen Experten verteilt.

Die **Delphi-Methode** wurde ursprünglich für militärische Vorhersagen (Waffentechnologien) eingesetzt; sie wurde von der RAND-Corporation in den 1950er-Jahren entwickelt und wird seither verwendet. **www.rand.org**

Jeder Experte kritisiert nun die Vorschläge der anderen bzw. überarbeitet seinen eigenen Vorschlag. Die Ergebnisse werden sodann dem jeweiligen Autor übermittelt.

Dieser Vorgang wird üblicherweise wiederholt (auch mehrmals), um zu einem gemeinsamen Ergebnis zu kommen.

Die Anonymität der teilnehmenden Fachleute ermöglicht diesen, kreative und unkonventionelle Standpunkte einzunehmen, welche u. U. noch nicht vollständig wissenschaftlich abgesichert sind.

Der Vorteil der Methode ist die Möglichkeit, dass geografisch voneinander getrennte Experten über einen längeren Zeitraum zusammenarbeiten. Sie wird insbesondere im Bereich der (Technologie-)Vorhersagen angewandt. Als Nachteile stehen dem der hohe Organisations- und Zeitaufwand bei der Durchführung gegenüber.

Üben

A B C D E

Ü 2.1: Brainstorming C

Einige Schülerinnen und Schüler Ihrer Klasse, auch Sie sind darunter, planen eine Bildungsreise mit Sprach-Intensivprogramm im Ausland. Damit die Teilnahme für alle Kolleginnen und Kollegen möglich ist, soll die gesamte Finanzierung der Reise durch ein gemeinsames Projekt erfolgen.

Achten Sie auf die Regeln bei der Ideensammlung! Keine Kritik (auch nicht indirekt oder nonverbal)!

Finden Sie in Gruppen zu jeweils ca. 5 bis 6 Schülerinnen/Schülern Varianten für die Durchführung des Projekts „Finanzierung der Sprachreise". Eine Schülerin/Ein Schüler übernimmt dabei die Moderatorenrolle – sie/er schreibt auf der Tafel (Flipchart), alle anderen Gruppenmitglieder rufen ihr/ihm ihre Ideen zur Finanzierung der Sprachreise zu.

Nach ca. 20 Minuten beenden Sie die Ideensammlung. Entscheiden Sie sich nun gemeinsam für die Variante mit der besten „Machbarkeit". Dazu können Sie z. B. die „Mehrpunktabfrage" anwenden: Jedes Gruppenmitglied erhält 3 Punkte (Aufkleber), welche es an die einzelnen Projektideen vergeben kann. Die 3 Ideen mit den meisten Punkten werden abschließend diskutiert.

Ü 2.2: Brainwriting/6-3-5 C

Sie und auch viele Ihrer Kolleginnen/Kollegen planen, während der Ferien zu arbeiten. Die Suche nach Ferialjobs gestaltet sich jedoch relativ mühsam. Ein organisierter Informationsaustausch, welche Unternehmen Praktikantinnen/Praktikanten für bestimmte Aufgabengebiete suchen, welche Bezahlung sie anbieten bzw. welche Schülerinnen/Schüler Jobs suchen, könnte die Vermittlung wesentlich erleichtern. Daher suchen Sie nach Ideen, wie interessantere, zahlreichere etc. Ferialjobs zur Verfügung gestellt werden könnten.

Tipp:
Bereiten Sie mittels Excel oder Word einfache Formulare (Raster) für das Sammeln der Ideen vor – das erleichtert die Auswertung.

Anleitung:

Bilden Sie Gruppen zu je 6 Schülerinnen/Schülern. Jedes Gruppenmitglied erhält ein Blatt und notiert auf diesem 3 Ideen. Nach 5 Minuten werden die Blätter ausgetauscht (z. B. an den rechten Nachbarn weitergegeben). Jedes Gruppenmitglied hat nun wieder 5 Minuten Zeit, dem Zettel 3 neue Ideen hinzuzufügen oder die bestehenden Ideen (maximal 3) zu erweitern. Dabei dürfen die bereits niedergeschriebenen Vorschläge weder bewertet noch diskutiert werden! Nach 30 Minuten (5-maligem Weitergeben) hat jedes Gruppenmitglied jeden Zettel bearbeitet, es liegen (maximal) 108 Ideen vor. Aus diesem Ideenpool können nun mit verschiedenen Verfahren (Nutzwertanalyse, Mehrpunktabfrage etc.) die besten Ideen bestimmt werden.

Ü 2.3: Rechercheaufgabe Mindmap D

Suchen Sie im Internet nach Programmen zur Erstellung von Mindmaps (Testversionen oder evtl. Freeware), die Sie im Rahmen Ihrer Projekte einsetzen könnten.

Tipp:
Verwenden Sie Flipchart-Bögen oder zumindest A3-Blätter im Querformat oder arbeiten Sie an der Tafel bzw. am Whitebord (gemeinsames Arbeiten im Team leichter möglich).

Nur ein Begriff je Ast!

Ü 2.4: Mindmap D

Erstellen Sie (individuell oder in Partner- oder Gruppenarbeit) eine Mindmap zum Thema „Mein Schuljahr".

Ü 2.5: Mindmap E

Der Veranstaltungsort „Kulturtempel" beauftragt Sie mit der Erstellung einer Website. Erstellen Sie eine Mindmap, welche Struktur und Inhalte die Website aufweisen kann.

Ü 2.6: Mindmap D

Sie planen für die Finanzierung Ihrer Maturareise ein Abteilungsfest bzw. Schulfest. Strukturieren Sie das Fest mithilfe einer Mindmap mit den Hauptästen „WER", „WANN", „WIE" etc.

Ü 2.7: Morphologischer Kasten D

Sie möchten mit Ihren Kolleginnen und Kollegen neue Konzepte von Computern erarbeiten und diese mithilfe eines Morphologischen Kastens entwickeln. Dazu erstellen Sie eine dreidimensionale „Zwicky-Box" mit den folgenden Merkmalen:

- Eingabe
- Ausgabe (visuell)
- Formfaktor

Erarbeiten Sie zunächst verschiedene Ausprägungen zu den Merkmalen, beginnend bei bekannten und verbreiteten hin zu neuartigen oder sogar utopischen. Schon bekannte Beispiele sind:

- Eingabe: Tastatur, Touchscreen …
- Ausgabe: Farbdisplay (div. Technologien), Beamer …
- Formfaktor: stationär, tragbar …

Erstellen Sie den Morphologischen Kasten mit den interessantesten Merkmalen und analysieren Sie die verschiedenen Kombinationen – was ist Stand der Technik, was wäre technologisch schon möglich und welches sind innovative Konzepte, die noch weiter in der Zukunft liegen.

Morphologischer Kasten (Beispiel)

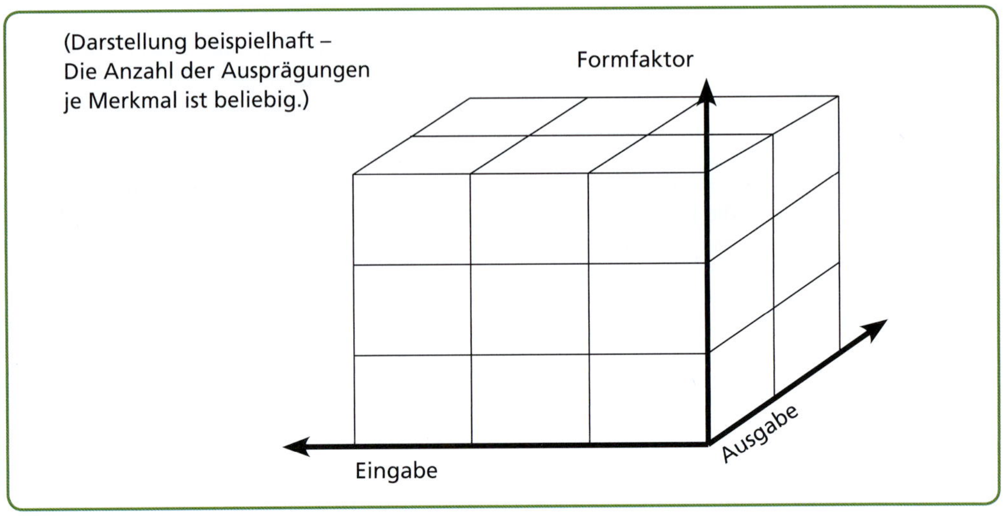

Wichtig:
Gute Strukturierung der Teilbereiche (Merkmale) bzw. Ausprägungen!

Ü 2.8: Bionik D

Auch in Computerprogrammen finden sich Konzepte, die eigentlich von der Natur abgeschaut wurden – denken Sie z. B. an den Begriff der „Vererbung". Analysieren Sie zunächst bekannte Computerspiele hinsichtlich biologisch-naturwissenschaftlicher Vorbilder mithilfe eines Morphologischen Kastens (z. B. Spielesteuerung, Art der Grafik etc.). Überlegen Sie selbst in einer Kreativsitzung, welche biologischen Prinzipien sich für Ihr innovatives Computerspiel einsetzen ließen.

(Anmerkung: Wirkliche Bionik hat nicht nur mit Kreativität, sondern sehr oft mit Hightech-Forschung zu tun. Diese Problemstellung soll vor allem der Veranschaulichung dieser Denkweise dienen.) Informieren Sie sich mittels einer Internet-Suchmaschine über Anwendungsgebiete der „Bionik".

Ü 2.9: Fallbeispiel „BonOnline" – Brainstorming E

Sie wollen für das Projekt „BonOnline" ein passendes, möglichst gut erkennbares Projektlogo finden und, falls erforderlich, auch die Projektbezeichnung daran anpassen. Sie verfolgen damit zwei Ziele: einerseits dem Projekt ein klares Auftreten zu verleihen (im Sinne des Projektmarketings) und andererseits die Identifikation des Teams mit dem Projekt zu fördern.

Führen Sie in der Gruppe eine Brainstorming-Sitzung durch, in der Sie möglichst viele kreative Ideen für ein Projektlogo und einen passenden Projektnamen finden.

Ü 2.10: Fallbeispiel „BonOnline" – Mindmap D

Die Idee, eine Online-Bestellmöglichkeit für das Schulbuffet/-restaurant einzurichten, hat natürlich auch manche Kritiker auf den Plan gerufen. Ihr Team soll das Konzept nun vor einem größeren Plenum vorstellen. Bei dieser Präsentation erwarten Sie auch kritische Wortmeldungen. Um sich auf die Diskussion optimal vorzubereiten, erstellen Sie eine Pro-Kontra-Mindmap. Zentrales Thema ist „BonOnline", es gibt nur zwei Hauptäste, nämlich „Pro" und „Kontra". Daran schließen sich die jeweiligen Haupt- sowie Unterargumente an.

Da Sie „BonOnline" natürlich realisieren wollen, dienen die „Kontra"-Punkte zur Vorbereitung für die eigene Argumentation. Sicherlich finden Sie viele dieser Argumente auf der „Pro"-Seite Ihrer Mindmap – Sie können diesen Zusammenhang durch strichlierte Verbindungen darstellen.

Sichern

SbX ID: 0213

Kreativitätstechniken	**Kreativitätstechniken** formalisieren und unterstützen den Prozess der kreativen („schöpferischen") Ideenfindung oder Problemlösung.
Brainstorming	Als **Brainstorming** bezeichnet man das spontane Entwickeln von Ideen in der Gruppe durch „Zuruf".
Methode 6-3-5	Bei der **Methode 6-3-5** werden Ideen in der Gruppe schriftlich fixiert und weiterentwickelt; sie wird daher auch als „Brainwriting" (schriftliches Brainstorming) bezeichnet.
Synektik	Die **Synektik** ist eine Problemanalyse mit anschließender bewusster Verfremdungs- und Assoziationsphase zur Findung neuer Lösungsideen.
Morphologischer Kasten	In einem **Morphologischen Kasten** werden alle möglichen Merkmale (Ausprägungen) einer gesuchten Lösung systematisch in Form einer Tabelle angeordnet. Er ermöglicht somit das Auffinden und Bewerten bisher nicht berücksichtigter Merkmals-Kombinationen.
Mindmap	Das Erstellen einer **Mindmap** ist eine grafische Kreativitätstechnik, die „Ideenbäume" in Form von Ästen (jedem Ast ist genau ein Begriff zugeordnet) „wachsen" lässt.
Bionik	Die **Bionik** nutzt Beobachtungen und Wissen über Problemlösungen in der Natur, um zu kreativen Problemlösungen in einem bestimmten Fachbereich zu gelangen.

Delphi-Methode

Mithilfe der **Delphi-Methode** versucht man, langfristige Vorhersagen mittels anonymen Ideenaustausches unabhängiger Experten zu treffen.

Vokabeln dieser Lerneinheit

Deutsch	Englisch
Kreativitätstechnik(en)	creativity techniques, creative problem solving, idea generation
Brainstorming	brainstorming
Brainwriting	brainwriting
Synektik	synectics
Mindmap	mind map
Morphologischer Kasten	morphological analysis
Bionik	bionics (biological creativity engineering)
Delphi-Methode	Delphi method

SbX
ID: 0213

Eine Audio-Wiederholung mit Audio-Player und MP3-Download sowie eine Bildschirmpräsentation mit den Grafiken dieser Lerneinheit finden Sie unter der ID: 0213.

Wissen

A B C D E

W 2.1: Kreativitätstechniken – Überblick B

Welche Kreativitätstechniken kennen Sie? Beschreiben Sie diese.

W 2.2: Anwendungsbereiche für Kreativitätstechniken B

Zu welchem Zweck werden Kreativitätstechniken eingesetzt?

W 2.3: Ablauf von Kreativ-Sitzungen B

Beschreiben Sie den Ablauf der folgenden Kreativitätstechniken:

- Brainstorming
- Methode 6-3-5
- Synektik
- Morphologischer Kasten
- Mindmapping
- Bionik
- Delphi-Methode

Kompetenz-Check

Ein kurzer Kompetenz-Check, bevor's weitergeht!

	☺	😐	☹
Ich kenne verschiedene Kreativitätstechniken und kann entscheiden, welche in einer gegebenen Situation eingesetzt werden können.			
Ich kenne die Schritte der verschiedenen Kreativitätstechniken und kann sie beschreiben.			
Ich habe einige Kreativitätstechniken praktisch erprobt.			

Lerneinheit 2
Projektidee und Vorstudie

SbX
Alle SbX-Inhalte zu dieser Lerneinheit finden Sie unter der ID: 0220.

Zu jedem Projekt gibt es einen auslösenden Anlass – eine Projektidee. Diese Idee wird zunächst als Projektantrag festgehalten und im Rahmen einer Vorstudie auf ihre Machbarkeit und die damit verbundenen Konsequenzen untersucht. Unterschiedliche Umsetzungsvarianten werden entwickelt und bewertet.

Lernen

SbX ID: 0221

1 Projektidee – Projektantrag

Projekte haben einen „Auslöser", wie z. B. einen unternehmensinternen Verbesserungsvorschlag oder einen speziellen Auftrag eines Kunden.

Jedes Projekt beginnt mit einer **Projektidee,** d. h. dem Wunsch, Bestehendes zu ändern und Neues zu schaffen. Gründe für die Entstehung einer Projektidee können sein:

- technische Innovation
- gesellschaftspolitische Gründe (z. B. Umweltschutz)
- Sicherung der Wettbewerbsfähigkeit
- betriebliche Umorganisation
- Schwachstellen im bisherigen Verfahren

Eine wichtige Rolle bei der Entwicklung einer Projektidee spielen die Kreativitätstechniken. Sie unterstützen die „aktive" Suche nach neuen Ideen und helfen beim Zielfindungsprozess.

Rund um die Projektidee wird auf informelle Weise der Rahmen eines Projekts geklärt. Wird die Projektidee schriftlich festgehalten, spricht man von einem **Projektantrag.**

SbX
Formatvorlagen für einen Projektantrag finden Sie unter der ID: 0221.

Ein **Projektantrag** enthält unter anderem:

- eine überblicksmäßige Aufgabenbeschreibung
- den Nutzen, der durch das Projekt zu erwarten ist
- die Konsequenzen bei Nichtdurchführung des Projekts
- personelle und finanzielle Rahmenbedingungen

Der Projektantrag bildet die Voraussetzung und Grundlage für eine erste Untersuchung der Projektwürdigkeit sowie der voraussichtlichen Durchführbarkeit des vorgeschlagenen Projekts.

2 Projektwürdigkeit

Im Zuge der Vorstudie wird auch geprüft, ob bzw. in welchem Ausmaß die Projektkriterien (Kapitel 1, Lerneinheit 1) erfüllt sind.

Im Rahmen einer **Vorstudie** sollte geklärt werden,

- ob das geplante Vorhaben tatsächlich ein Projekt ist,
- wie gut bzw. sicher sich das geplante Vorhaben umsetzen lässt (die Machbarkeit des Projekts),
- welche Auswirkungen die Umsetzung des Vorhabens erwarten lässt,
- welchen Aufwand die Durchführung des Projekts bedeutet und
- welchen Beitrag das realisierte Projekt zur Gesamtstrategie (etwa eines Unternehmens oder einer Organisation) leisten wird.

Eine sorgfältig durchgeführte Vorstudie hilft, die Erfolgschancen eines Projekts richtig einzuschätzen, und beugt unangenehmen Überraschungen vor.

Ziel der Vorstudie ist es, anhand der vorliegenden, meist noch wenig detaillierten Informationen zum geplanten Projekt dessen Umsetzbarkeit hinsichtlich Kosten, Ressourcen, Terminen, Qualität zu ermitteln. Weiters sind die zu erwartenden Auswirkungen bei einer erfolgreichen Projektdurchführung zu prognostizieren – z. B. als monetär ausgedrückter Nutzen oder erwarteter Beitrag zur Unterstützung der Unternehmensstrategie. Letztlich muss auch das Szenario „Nichtdurchführung des Projekts" analysiert werden.

Eine **Machbarkeitsstudie** (engl.: feasibility study) untersucht, ob ein vorgeschlagenes Projekt realisiert werden kann bzw. soll. Dazu werden verschiedene Aspekte der angestrebten Lösung sowie des dazu notwendigen Projekts betrachtet:

- Wirtschaftlichkeit des Projekts bzw. der angestrebten neuen Lösung
- Beitrag des Projekts zur Unternehmensstrategie
- (technische) Umsetzbarkeit des Projekts
- Projektrisiko
- Verfügbarkeit der erforderlichen Ressourcen (Personal, finanzielle Mittel, technische Ausstattung)
- sonstige Einflüsse, wie z. B. Stakeholder (vgl. Lerneinheit 4)

Im Rahmen von Machbarkeitsstudien werden Methoden der Investitionsrechnung, Kosten-Nutzen-Analyse, Break-even-Analyse etc. angewandt. Üblicherweise erfolgt eine Gegenüberstellung der Machbarkeit einiger alternativer Lösungen. Die Bildung mehrerer Umsetzungsvarianten sowie die engere Auswahl sind Ziel der Variantenbildung.

3 Variantenbildung

Die **Variantenbildung** unterstützt die Vorüberlegungen zu einem Projekt und soll den besten Weg zur Erreichung des Projektziels aufzeigen. Auch wenn das Projektziel im Rahmen des Projektantrags bereits grob umrissen vorliegt, gibt es meist mehrere Möglichkeiten, dieses Ziel zu erreichen. Diese Möglichkeiten unterscheiden sich in ihrer Machbarkeit, den Projektkosten bzw. nachfolgenden Betriebskosten, im Realisierungsrisiko etc.

Beispiel

Einrichtung eines Webshops

Ein Label für die Produktion und den Vertrieb neuer und alternativer Musik möchte seine Produktionen auch über einen Webshop vertreiben. Sowohl hinsichtlich der Leistungsfähigkeit des Shops als auch der Art der Umsetzung können nun viele Aspekte (und damit auch Varianten) betrachtet werden. Dabei sind sowohl technische als auch kaufmännisch-organisatorische Aspekte zu berücksichtigen. Einige beispielhafte Punkte könnten sein:

- Betreiben eines eigenen Servers oder Miete einer Shop-Lösung bei einem Provider
- Einsatz einer auf dem Markt verfügbaren Shop-Software (kommerzielles Produkt, Freeware oder Open-Source-Software) oder Programmierung eines eigenen Shops
- Aufbau einer umfangreichen Kundendatenbank oder lediglich Speicherung der jeweiligen Auftragsinformationen
- Bereitstellung von Hörbeispielen
- Vertrieb ausschließlich von Tonträgern (d. h. physischen Produkten) oder auch die Möglichkeit, Musikstücke digital zu beziehen
- Abwicklung der Zahlung – Vorkasse, Nachnahme, Rechnung, Kreditkarte, Micropayment, Zahlung über Drittpartner wie PayPal

Das Beispiel zeigt, dass auch „einfache" und durchaus übliche Projekte eine Vielzahl von Aspekten beinhalten, aus denen im Rahmen der Vorstudie die für den Auftraggeber optimale Kombination gefunden werden muss.

Das Finden von Varianten ist ein kreativer Prozess.

Aufgabe der **Variantenbildung** ist es nun, die einzelnen Möglichkeiten zur Erreichung des Projektziels zu finden, sie einander gegenüberzustellen und zu bewerten. Für die Variantenbildung nützlich ist der Einsatz von **Kreativitätstechniken** (z. B. Brainstorming, Methode 6-3-5, Synektik, Morphologischer Kasten – siehe Kapitel 2, Lerneinheit 1).

Auch eingefahrene Lösungswege („Das haben wir immer schon so gemacht.") dürfen und sollen hinterfragt werden.

Die Bedeutung eines kreativen und nicht vorbelasteten Herangehens bei der Bildung von Varianten darf keineswegs unterschätzt werden. Zu diesem Zeitpunkt ist die Freiheit hinsichtlich der (inhaltlichen und organisatorischen) Projektgestaltung noch am größten. Entscheidungen, welche hier getroffen werden, beeinflussen das Projekt so grundlegend, wie es im späteren Projektverlauf nicht mehr möglich ist.

Prinzip der Variantenbildung

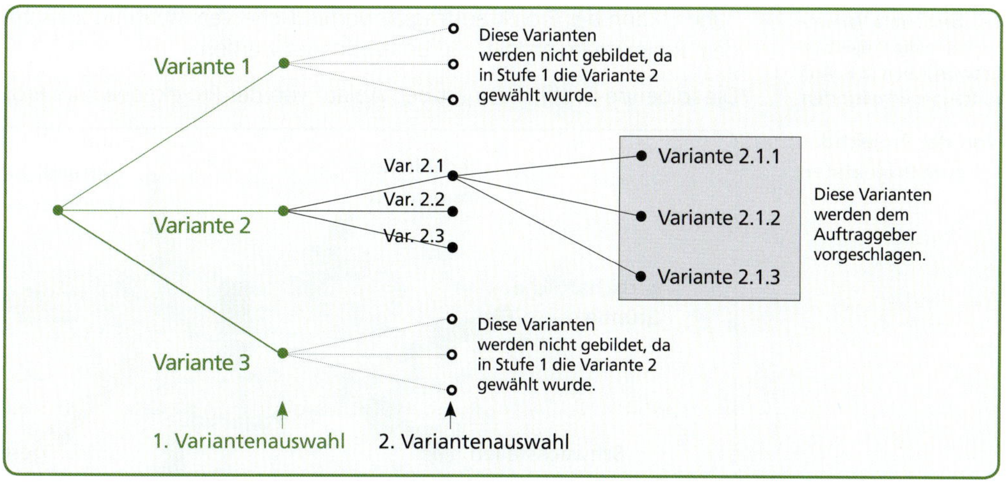

Das Projektteam bereitet die Variantenentscheidung vor.

Mit dem **Variantenentscheid** legen das Projektteam und der Auftraggeber verbindlich fest, welche der untersuchten Möglichkeiten im Rahmen des Projekts umgesetzt werden soll. Bei der Auswahl der geeigneten Variante kann eine Nutzwertanalyse (Scoring-Modell) unterstützend eingesetzt werden. Eine detaillierte Machbarkeitsstudie zur gewählten Projektvariante belegt, dass die Entscheidung sorgfältig und unter Berücksichtigung aller Aspekte getroffen wurde.

Als weiteres Verfahren zur Beurteilung mehrerer Varianten kann die **SWOT-Analyse** eingesetzt werden. Die Abkürzung SWOT steht dabei für:

- Strengths (Stärken)
- Weaknesses (Schwächen)
- Opportunities (Chancen)
- Threats (Bedrohungen)

In Form von vier Feldern werden interne Faktoren (Stärken und Schwächen) den externen Faktoren (Chancen und Bedrohungen) gegenübergestellt.

Bei der Durchführung der SWOT-Analyse muss zunächst klargestellt werden, aus wessen Sicht die Analyse erfolgen soll, also z. B. aus Sicht des Kunden oder aus Sicht des Projektteams. Diese Sichtweise muss bei der Bearbeitung der vier Felder strikt eingehalten werden.

Beispiel

SWOT-Analyse

Sie sind Projektleiter/in eines kleinen Projektteams, welches das Angebot erhält, eine Kochrezepte-Plattform für „Mobile Devices" (Smartphones, Tablets) zu programmieren. Als Projektleiter/in analysieren Sie Ihr Team hinsichtlich dieser Aufgabe (beispielhaft ausgeführt):

STRENGTHS	WEAKNESSES
• bereits gutes Know-how für iOS-Programmierung • motiviertes Team • Projekterfahrung (Vorprojekt: Mobile Wanderroute) • …	• noch keine Android-Erfahrung • begrenztes Zeitbudget für Projekt • wenig fachliches Wissen (Kochen …) • …
OPPORTUNITIES	**THREATS**
• Referenzprojekt für Folgeaufträge • gezielte Umsetzung für bestimmte Gruppen möglich • …	• gute Kochrezepte-Apps schon zahlreich am Markt • Erfolg hängt nicht nur von Implementierung, sondern von Rezepten des Auftraggebers ab.

Auf Basis dieser Ausarbeitung wird die Entscheidung für eine bestimmte Variante durch den/die Projektverantwortlichen (z. B. Auftraggeber) getroffen.

Nach der Durchführung der SWOT-Analyse können Maßnahmen gesetzt werden, um Stärken auszubauen und Schwächen zu verringern bzw. die Bedrohungen zu reduzieren und die Chancen zu verbessern.

Sobald die Verantwortlichen (z. B. der Auftraggeber, die Firmenleitung, der Projektfinanzier) ihre Zustimmung zur Durchführung des Projekts in einer bestimmten Weise (Variante) gegeben haben, kann der Projektauftrag als verbindliche Vereinbarung zwischen dem Auftraggeber und dem Projektteam erstellt und unterzeichnet werden.

Von der Projektidee zum Projektstart

Die folgende Grafik illustriert den Ablauf von der Projektidee zum Projektauftrag.

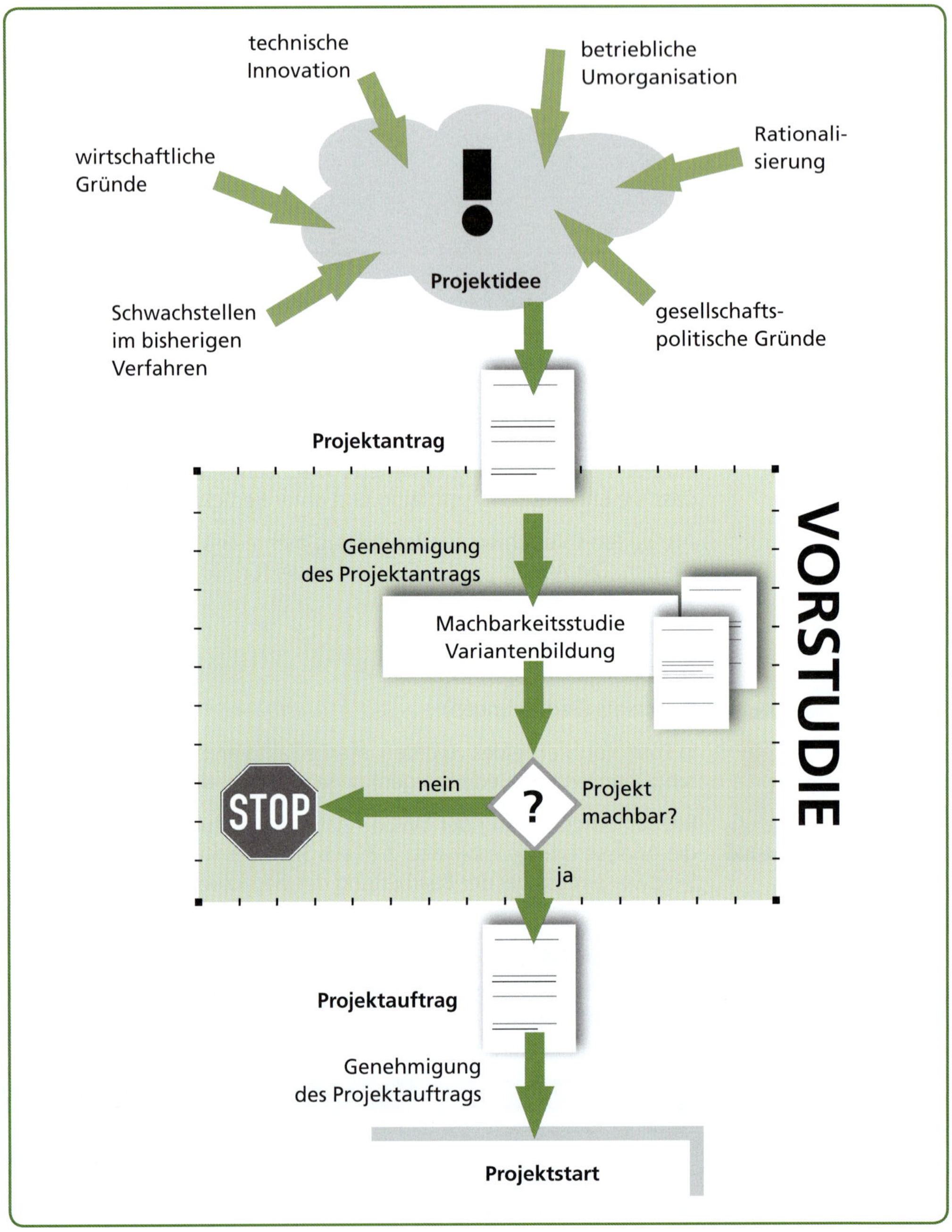

Üben

SbX ID: 0222

A B C D E

Ü 2.11: Projektantrag D

Skizzieren Sie in Form von Stichworten Projektanträge zu den folgenden Projektideen. Arbeiten Sie in Gruppen jeweils an einem der Themen. Da die Ideen nur sehr grob umrissen sind, ist das Treffen eigener, plausibler Annahmen durchaus erwünscht. (AG: Auftraggeber)

a) Fahrgemeinschaft für Schüler/innen mit Online-Buchungssystem (AG: Schulgemeinschaftsausschuss)
b) Internetpräsenz für das Tierschutzheim (AG: Tierschutzheim)
c) Online-Nachhilfe von Schülern für Schüler (via Chat, Foren oder Videoconferencing) (AG: Schuldirektion)
d) Supplierplan per SMS auf das Schülerhandy (AG: Abteilungsvorstand)
e) Erstellung einer Studie über „barrierefreien Zugang für Behinderte" zu wichtigen öffentlichen Bereichen in Ihrer Schulstadt (AG: Stadtgemeinde)
f) Konzeption und Durchführung einer Schulungsreihe „Internet und Skype für Seniorinnen/ Senioren" in Zusammenarbeit mit Seniorenvereinigungen (AG: Seniorenheim)
g) Erstellung eines Kurzfilms zum Thema „Elektronische Geräte – vom Objekt der Begierde zum Sondermüll" (AG: Marketingabteilung Müllverband)

Ü 2.12: Abschätzen der Machbarkeit D

Nachdem Sie **Ü 2.11** durchgeführt und Ihre Ergebnisse vorgestellt haben, sollen Sie nun in Stichworten die Machbarkeit Ihres Projekts analysieren. Beschreiben Sie Folgendes:

- Wie gut ließe sich das Projekt Ihrer Meinung nach realisieren? Verwenden Sie für die Machbarkeit die drei Kategorien:
  - ○ sehr schwer realisierbar
  - ○ durchführbar (wenn auch mit gewissem Aufwand)
  - ○ einfache Umsetzung möglich
- Begründen Sie Ihre Entscheidung.
- Welche Probleme (d. h. Risiken) könnten eine erfolgreiche Projektdurchführung verhindern?
- Welchen Beitrag erwartet sich der Auftraggeber zur Unternehmensstrategie?

Ü 2.13: Variantenbildung D

Finden Sie mindestens drei mögliche Umsetzungsvarianten für die Realisierung Ihres Projekts aus **Ü 2.11.** Beschreiben Sie in Stichworten die Eckpunkte (Unterschiede) der jeweiligen Varianten.

Ü 2.14: Fallbeispiel „BonOnline" – Projektantrag D

a) Welche Ursachen könnten zur Projektidee „BonOnline" geführt haben?
b) Erstellen Sie einen Projektantrag zum Projekt „BonOnline". Verwenden Sie das Formular aus der Formularsammlung.

SbX

Formatvorlagen für einen Projektantrag finden Sie unter der ID: 0222.

Ü 2.15: Fallbeispiel „BonOnline" – Variantenbildung D

Finden Sie mögliche grundlegende Varianten, wie sich die Projektaufgabe – durch Vorbestellungen eine effiziente und zeitsparende Versorgung am Schulbuffet zu ermöglichen – umsetzen ließe.

Ü 2.16: Fallbeispiel „BonOnline" – Machbarkeitsanalyse D

Analysieren Sie die Machbarkeit der in **Ü 2.15** gefundenen Varianten. Reihen Sie zunächst die Varianten nach ihrem Nutzen für den Auftraggeber (der „Brauchbarkeit"). Überprüfen Sie anschließend die Umsetzbarkeit der einzelnen Varianten etwa in Hinblick auf Kosten, bestehendes oder erforderliches Know-how, Risiken, Ressourcenbedarf, erforderliche organisatorische Umstellungen und bewerten Sie diese.

Für die Bewertung im Team eignet sich die Vergabe von Punkten auf einem Flipchart:

- Stellen Sie in einem Raster die ausgewählten Kriterien der einzelnen Varianten gegenüber.
- Jedes Teammitglied kann je Kriterium drei Klebepunkte zuordnen.
- Die Variante mit den meisten Punkten ist die bevorzugte.
- Achten Sie darauf, Varianten mit einem oder mehreren unrealistischen Kriterien (z. B. 1 Mio. € Projektbudget) vorher auszuscheiden!

Ü 2.17: Fallbeispiel „BonOnline" – SWOT-Analyse D

Bilden Sie ein kleines Team zur Durchführung der SWOT-Analyse. Analysieren Sie aus Sichtweise Ihres Teams die in **Ü 2.16** gewählte Projektvariante.

Überprüfen Sie weiters: Wie könnte die SWOT-Analyse aus der Sicht des Restaurant-/Buffet-Betreibers aussehen?

Sichern

SbX ID: 0223

Projektidee

Die **Projektidee** ist der „Initialfunke" eines jeden Projekts. Grund für die Projektidee kann ein innovativer Gedankenblitz, eine unternehmerische Notwendigkeit oder ein externer Auftrag sein.

Projektantrag

Der **Projektantrag** stellt die erste schriftliche Formulierung der Projektidee dar und beschreibt das geplante Vorhaben, den voraussichtlichen Nutzen bzw. die Konsequenzen der Nicht-Durchführung sowie die für die Umsetzung erforderlichen Ressourcen. Er ist Voraussetzung für die Durchführung einer Vorstudie.

Projektwürdigkeit

Der Begriff „Projektwürdigkeit" beschreibt die **Gesamtheit der Kriterien,** die zu einer Durchführung oder Ablehnung eines Projekts führen.

Vorstudie

Ausgehend vom Projektantrag klärt die **Vorstudie,** ob ein Vorhaben als Projekt geeignet ist, wie gut sich das geplante Vorhaben umsetzen lässt (Machbarkeitsstudie), welche Auswirkungen die Umsetzung hat und welchen Aufwand das Projekt bedeutet. Auch der Beitrag des Projekts zur Unternehmensstrategie wird bewertet.

Machbarkeitsstudie

Die **Machbarkeitsstudie** ist Teil der Vorstudie und untersucht die Durchführbarkeit bzw. Sinnhaftigkeit einer Durchführung in finanzieller, technischer, organisatorischer und (unternehmens-) politischer Hinsicht.

Variantenbildung

Die **Variantenbildung** ist ein mehrstufiger, kreativer Prozess, bei dem die jeweils erfolgversprechendsten (Teil-)Lösungen für die Projektaufgabe weiter verfolgt werden. Ziel der Variantenbildung ist es, verschiedene (technische, personelle, organisatorische, finanzielle …) Möglichkeiten zur Umsetzung der Projektaufgabe bzw. Erreichung des Projektziels zu finden und strukturierend zu bewerten.

Variantenentscheid

Der Verantwortungsträger (z. B. Auftraggeber) wählt eine der vorgeschlagenen Varianten für die Projektdurchführung aus. Das Treffen des **Variantenentscheids** ist die Voraussetzung für die Erstellung des Projektauftrags (Lerneinheit 5).

SWOT-Analyse

Die **SWOT-Analyse** ist ein Verfahren, das ein Vorhaben in einer konkreten Situation aus Sicht der Durchführenden analysiert. Dabei werden die Stärken und Schwächen aufseiten der Durchführenden den möglichen Bedrohungen (Gefahren) und Chancen im Falle der Umsetzung in Form einer 4-Felder-Matrix gegenübergestellt.

Vokabeln dieser Lerneinheit

Deutsch	Englisch
Definitionsphase	definition phase
Initialisierungsphase	initiating phase
Machbarkeitsstudie	feasibility study
Projektbewertung	project assessment
Projektchance	project chance
Projektidee	project idea

SbX ID: 0223

Eine Audio-Wiederholung mit Audio-Player und MP3-Download sowie eine Bildschirmpräsentation mit den Grafiken dieser Lerneinheit finden Sie unter der ID: 0223.

Wissen

A B C D E

W 2.4: Projektantrag A

Welche Punkte enthält der Projektantrag?

W 2.5: Vorstudie A

Welche Fragen sind im Rahmen der Vorstudie zu klären? Beschreiben Sie die Techniken und Methoden, die im Rahmen der Vorstudie eingesetzt werden.

W 2.6: Machbarkeitsstudie A

Welche Rolle spielt die Machbarkeitsstudie und welche Aussagen werden von ihr erwartet?

W 2.7: Variantenbildung A

Wozu dient die Variantenbildung und in welchen Schritten wird sie durchgeführt?

W 2.8: SWOT-Analyse A

Beschreiben Sie den Aufbau der 4-Felder-Matrix für die SWOT-Analyse.

Kompetenz-Check

Ein kurzer Kompetenz-Check, bevor's weitergeht!

	☺	😐	☹
Ich kenne die notwendigen Schritte, um von einer Projektidee zu einem genehmigten Projektantrag zu gelangen.			
Ich weiß, wozu im Rahmen der Vorstudie Variantenbildung und SWOT-Analyse dienen, und kann diese Methoden auch anwenden.			
Ich kann einen Projektantrag gut formulieren.			

2 Projektbegründung

Lerneinheit 3

Zielbestimmung

SbX
Alle SbX-Inhalte zu dieser Lerneinheit finden Sie unter der ID: 0230.

Die Projektziele beschreiben in den Kategorien Ergebnis – Zeit – Aufwand alle relevanten Gesichtspunkte eines Projekts. Sie sind möglichst frühzeitig zu definieren und müssen während des Projektablaufs laufend überprüft und gegebenenfalls angepasst werden.

Die richtige Festlegung und Vorgabe von Zielen ist ein Schritt, der wesentlich zur Erzielung eines Projekterfolgs beiträgt. Falsch oder unklar definierte Ziele führen vom eigentlich gewünschten Projektergebnis weg, machen dessen Erreichung nicht überprüfbar oder werden zum Streitfall zwischen Auftraggeber und Projektteam.

Lernen

SbX ID: 0231

1 Projektziele

Projektziele können in **drei Kategorien** gesetzt werden:

- der Leistung
- den Terminen
- den Kosten

Die Darstellung dieser drei Größen im „Magischen Dreieck des Projektmanagements" soll auch deren gegenseitige Abhängigkeit und Beeinflussung symbolisieren.

Im Projektmanagement erfüllen Ziele mehrere Funktionen:

- Sie dienen als Teil- und Gesamtziele zur Kontrolle der geforderten Zielerreichung.
- Sie bieten innerhalb des Projektteams eine Orientierungshilfe und ermöglichen die Ausrichtung der Einzelpersönlichkeiten auf ein gemeinsam anerkanntes Ziel.
- Die Gewichtung im Rahmen einer Zielhierarchie dient als Entscheidungshilfe in Projektsituationen mit Zielkonflikten.

Ziele richtig formulieren!

Eine **gute Zielsetzung** zeichnet sich durch **zwei Merkmale** aus:

- Die Ziele müssen erreichbar sein.
- Die Ziele müssen quantifizierbar sein, d. h. ihre Erreichung muss messbar sein.

Dabei ist bei der Beschreibung von Zielen darauf zu achten, dass hier noch kein Lösungsweg explizit vorgegeben werden darf.

Beispiele

Beispiele zur Zielformulierung

- Beispiel für eine schlechte Zielbeschreibung:
  „Durch das neue Verfahren soll eine raschere Artikelverfügbarkeit bei gleichzeitig geringerem Lagerstand erzielt werden."
- Besser wäre z. B.:
  „Bei 80 % der Anforderungen sollen die gewünschten Artikel unmittelbar, d. h. max. eine Stunde nach Bestellung, zur Auslieferung bereitstehen. Bei 17 % der Anforderungen erfolgt die Auslieferung innerhalb von 24 Stunden, in allen übrigen Fällen kann die Auslieferung bis zu 7 Werktage dauern. Der maximale Lagerbestand ist durchschnittlich um 20 % zu reduzieren, der minimale (Bestellauslösung) um durchschnittlich 10 %."

Das **Finden von Zielen** ist ein **kreativer Prozess,** der durch entsprechende Kreativitätstechniken (Brainstorming, Mindmapping etc.) unterstützt wird.

Bei den Zielen im Rahmen eines Projekts kann nach Ergebniszielen und Vorgehenszielen unterschieden werden.

- **Ergebnisziele** beschreiben das zu erreichende Projektresultat in funktionaler, finanzieller etc. Hinsicht.
- **Vorgehensziele** beschreiben die zur Erreichung des Ergebnisses erforderliche Vorgehensweise z. B. in Form von Terminen, Budgetvorgaben, Ressourcennutzung etc.

Die Operationalisierung der Ziele wird durch die **Bildung einer Zielhierarchie** unterstützt. Diese Zielhierarchie geht von einer „Wurzel", dem Hauptziel des Projekts, aus, die aus den einzelnen Zielklassen gebildet wird, also z. B. technische, wirtschaftliche, ökologische Ziele. Eine oder mehrere weitere Untergliederungen führen letztlich zu den Zielen/Teilzielen, die durch Kriterien bzw. Ausmaß beschrieben werden können. Die konkrete Beschreibung erleichtert die Umsetzung in konkrete Handlungen bzw. die Kontrolle der Zielerreichung.

Kriterium: Merkmal einer Lösung; muss zur Erfüllung der (Teil-)Ziele in einem bestimmten Ausmaß realisiert sein

Top-down = von oben nach unten

Bottom-up = von unten nach oben

iterativ = wiederholend

Der **Aufbau der Zielhierarchie** kann auf verschiedene Weise erfolgen:

- **Top-down:** Zerlegung/Verfeinerung des Gesamtziels bis zu den Unterzielen mit Kriterien/Ausmaß
- **Bottom-up:** Es existieren bereits Zielvorgaben im Detail, welche entsprechend ihrem Beitrag zum Gesamtziel zusammengefasst und z. B. Zielklassen zugeordnet werden.
- **Gemischter Ansatz:** Da weder Top-down noch Bottom-up in ihrer reinen Form optimal sind, wird ein iterativer Aufbau der Zielhierarchie nach beiden Ansätzen die besten Ergebnisse bringen.

Beispiel

Alternatives Musik-Label

Die Unterteilung in Teilziele erleichtert die Analyse der Zielbeziehungen. Für das Projektmanagement relevante **Zielbeziehungen** können sein:

- **Zielkonkurrenz:** Die Erfüllung eines Ziels beeinträchtigt das Erreichen eines anderen Ziels (z. B. durch Ressourcenkonflikte).
- **Zielkomplementarität:** Die Verfolgung eines Ziels fördert zugleich die Erreichung eines weiteren.
- **Zielneutralität:** der in Projekten eher seltene Fall, dass verschiedene Ziele völlig unabhängig sind bzw. voneinander unbeeinflusst verfolgt werden können

Insbesondere bei **Zielkonflikten (Zielkonkurrenz)** ist es notwendig, eine Bewertung der Einzelziele (bzw. deren Erfüllung) hinsichtlich des Gesamtergebnisses durchzuführen. Dies kann mit geeigneten Berechnungsverfahren, z. B. einer Nutzwertanalyse oder einer Wirtschaftlichkeitsanalyse, erfolgen.

Individuelle Ziele der Projektbeteiligten müssen nicht mit den Projektzielen kongruent (übereinstimmend) sein.

Neben den vereinbarten Projektzielen sollten auch die **persönlichen Ziele der Teammitglieder** sowie die **Ziele der Gruppe** überprüft und gegebenenfalls in Übereinstimmung gebracht werden. Hilfreich dabei ist die Kontextanalyse (sozialer Kontext – Projektumwelten), welche Erwartungen oder Befürchtungen des Einzelnen bzw. bestimmter Gruppen sichtbar macht. Den im Rahmen der Kontextanalyse gewonnenen Erkenntnissen wird ein Maßnahmenkatalog gegenübergestellt, mit dessen Hilfe eine möglichst sichere bzw. reibungslose Erreichung der Projektziele gewährleistet werden soll (vgl. Lerneinheit 4).

Projektziele sollten an den (strategischen) Unternehmenszielen ausgerichtet sein.

Die **Zieldefinition** im Rahmen von Projekten sollte letztlich immer in Abstimmung mit den strategischen Unternehmenszielen erfolgen, z. B. mittels Durchführung von Kontextanalysen. Eine bessere Abgrenzung der Ziele erfolgt auch durch explizites Formulieren von **„Nicht-Zielen“**, d. h. durch den Ausschluss nicht anzustrebender Projektaspekte. Die einmal aufgestellten Ziele sind in regelmäßigen Abständen zu überprüfen und gegebenenfalls zu korrigieren.

2 Treffen einer Zielvereinbarung

Dass **Auftraggeber** und **Projektteam** die zu erreichenden **Ziele verstehen** und **darin übereinstimmen,** ist der erste wichtige Schritt zum Projekterfolg.

Coverdale: 1965 gegründetes und weltweit tätiges Managementtrainings- und -beratungsunternehmen mit dem Schwerpunkt Organisationsentwicklung.

Vier Aspekte der Zielbestimmung:
- WOZU?
- FÜR WEN?
- ENDERGEBNIS
- ERFOLGSKRITERIEN

Im allgemeinsprachlichen Umgang wird die Vorgabe „etwas Bestimmtes zu tun“ oft gleichgesetzt mit der Vorgabe eines Ziels. Die tatsächliche Zielvereinbarung ist aber abhängig von den Beweggründen des Auftraggebers sowie von der Interpretation des Auftrags durch das Projektteam. Um Klarheit zwischen den Beteiligten zu schaffen, ist ein genaues Hinterfragen des eigentlichen Projektziels notwendig.

Eine einfache, aber effektive Vorgehensweise (nach Coverdale) sieht dabei die Bestimmung des Projektziels in vier Aspekten vor:

1. **Frage nach dem „WOZU?“** (Sinn und Zweck des Projekts)

   Gibt Auskunft darüber, wofür der Auftraggeber/Nutzer das Projektergebnis benötigt bzw. verwenden möchte. Beispiel: Mit „Gestaltung einer Website“ kann ein Design-Entwurf für die umsetzende Softwarefirma gemeint sein oder eine vollständige E-Commerce-Applikation – eine exakte Beschreibung des „Wozu?“ ist daher erforderlich.

Anhand der vier Fragen wird das Projektziel genau beschrieben.

2. **Frage nach dem „FÜR WEN?“** (Wer ist Kunde oder Auftraggeber?)

   Hier ist zu beachten, dass der Auftraggeber nicht immer auch der Kunde (d. h. derjenige, der das Projektergebnis nutzt) sein muss. Beispiel: Ein privater Hochschulträger beauftragt ein Architektenteam mit der Planung für einen Hochschul-Campus. Nutzer sind daher Hochschule, Lehrbeauftragte, Studierende …

3. **Frage nach dem „ENDERGEBNIS“** (Was soll am Projektende als Ergebnis vorliegen?)

   Nennt wesentliche (Teil-)Ziele, die im Rahmen des Projekts erreicht werden sollen.

4. **Frage nach den „ERFOLGSKRITERIEN“** (Welche messbaren Eigenschaften hat das Endergebnis, damit von einem Projekterfolg gesprochen werden kann?)

   Nennt die Kriterien und deren Ausmaß, anhand welcher der Grad der Zielerreichung bestimmt werden kann.

Beispiel

SbX

Ein Formular zur Zielvereinbarung finden Sie unter der ID: 0231.

Gegenüberstellung zweier Zielvereinbarungen

Die Bedeutung der Projektbeschreibung unter diesen vier Gesichtspunkten soll anhand eines **Beispiels** gezeigt werden.

„Auftrag" an das Projektteam: Erstellen Sie eine Website für uns!		
FÜR WEN?	Handelsunternehmen	Stadtverwaltung (Da die Stadtverwaltung als „Non-Profit-Organisation" tätig ist, könnte die Antwort auf die Frage „FÜR WEN?" auch die Bürger der Stadt nennen, welche diesen Service nutzen sollen. Bedarfsgerechtigkeit und Bedienungsfreundlichkeit würden damit als Erfolgskriterien stärker in den Vordergrund treten.)
WOZU?	Erweiterung des Absatzes durch Präsenz im WWW; Einstieg in den „E-Commerce" im B2C-Segment (Business to Consumer)	Verbesserung der „Bürgernähe"; aktuelle Informationen sind abrufbar; Anträge können via Internet erstellt werden.
ENDERGEBNIS	Die Website muss folgende Hauptfunktionen ermöglichen: ● Präsentation des Unternehmens ● Produktkatalog mit Beschreibung und Preisen, bei Bedarf Detailinformation abrufbar ● Bestellsystem, Anzeige der Verfügbarkeit ● sicheres Zahlungssystem ● Einbindung in die bestehende Produktdatenbank ● Einrichtung der Website auf einem betriebsinternen Server	Die Website muss folgende Hauptfunktionen ermöglichen: ● Informationen zur Stadtgemeinde (allgemein) ● Informationen zu aktuellen Ereignissen, Veranstaltungen ● Präsentation der einzelnen Services/Dienste mit Ansprechpartnern, Kontaktmöglichkeiten ● interaktive Möglichkeit, „Amtswege" (Anträge) über das Internet zu erledigen ● Sicherheit/Verschlüsselung der Transaktionen („Bürgerkarte") ● Einrichtung der Website bei einem Serviceprovider in der Stadt
ERFOLGSKRITERIEN	● Einhaltung von Termin und Projektbudget ● automatische Aktualisierung der Websites aus der Produktdatenbank ● funktionierendes Bestell- und Zahlungssystem via Internet ● 10 % neue Kunden durch Präsenz im WWW	● Einhaltung von Termin und Projektbudget ● Nutzung des Angebots durch Bürger (Messung der Besucher bzw. Anträge) ● Reduktion der Bearbeitungsdauer (Responsezeiten für Anträge werden verglichen)

Üben

SbX ID: 0232

A B C D E

Ü 2.18: Analyse von Zielformulierungen D

Geben Sie zu den folgenden Zielformulierungen an, ob es sich Ihrer Einschätzung nach um eine sinnvolle (☺), mittelmäßige (😐) oder weniger brauchbare (☹) Formulierung handelt. Begründen Sie Ihre Entscheidung.

(Teil-)Zielformulierung	☺	😐	☹	Begründung
Im Rahmen des Reorganisationsprojekts muss ein 15 % geringerer Ausschuss bei der Produktion elektronischer Baugruppen erreicht werden.				

(Teil-)Zielformulierung	☺	😐	☹	Begründung
Ziel des Marketingprojekts ist die Verbesserung der Kundenzufriedenheit.				
Durch die Umstellung auf das neue Produktionsverfahren sollen die Energiekosten um 20 % gesenkt und der Ausstoß an Schadstoffen halbiert werden.				
Durch das Projekt soll möglichst früh eine deutliche Steigerung des Produktionsoutputs erreicht werden.				
Wesentliche Ziele sind minimale Ausfallzeiten der Server bei gleichzeitig maximalem Durchsatz bei der Abarbeitung der Abfragen.				
Bis zum 1. Dezember 20.. muss das von allen Abteilungsleitern abgezeichnete Organisationskonzept für … vorliegen.				
Ziel dieses Projekts ist die nachhaltige Sicherung unserer Wettbewerbsfähigkeit.				
Alle Mitarbeiter/innen sind bis zum 1. September 20.. in die Bedienung des neuen Programms NeonCalc einzuschulen.				
Bei Abschluss des Projekts am … muss die Anzahl der durchschnittlichen täglichen Kundenreklamationen unter 100 liegen.				

Ü 2.19: Projektziele entwickeln D

Erarbeiten Sie in Gruppen Zielvereinbarungen zu den Projektideen bzw. einer ausgewählten Durchführungsvariante aus **Ü 2.11** bis **Ü 2.13.**

Ü 2.20: Projektziele entwickeln D

Der Mobilnetz-Anbieter MaxAone möchte durch eine gezielte Marketingaktion die Gruppe der Kundinnen und Kunden zwischen 20 und 30 Jahren verstärkt ansprechen. Im Mittelpunkt sollen neue Dienste stehen, wie z. B. eine zentrale Mailbox, Termin- und Kontaktverwaltung, Benachrichtigung etc. Im Vorfeld soll eine Marktstudie bzw. Bedarfserhebung in der definierten Zielgruppe durchgeführt werden.

SbX

Ein Formular zur Zielvereinbarung finden Sie unter der ID: 0232.

Der Projektauftrag an Ihre Gruppe lautet daher: „Führen Sie eine Marktstudie über den Bedarf/Wunsch nach neuen Handy-Diensten in der Zielgruppe der 20- bis 30-Jährigen durch." Erstellen Sie in Gruppenarbeit eine Zielvereinbarung in den Punkten „WOZU?", „FÜR WEN?", „ENDERGEBNIS" und „ERFOLGSKRITERIEN". Verwenden Sie das Zielvereinbarungsformular aus der Formularsammlung im SbX.

Ü 2.21: Fallbeispiel „BonOnline" – Zielvereinbarung D

Erstellen Sie in Gruppenarbeit eine Zielvereinbarung in den Punkten „WOZU?", „FÜR WEN?", „ENDERGEBNIS" und „ERFOLGSKRITERIEN" am Fallbeispiel „BonOnline". Verwenden Sie das Zielvereinbarungsformular aus der Formularsammlung im SbX.

Sichern

SbX ID: 0233

Projektziele

Projektziele werden gesetzt hinsichtlich
- der Leistung (Umfang bzw. Qualität),
- der Termine,
- der Kosten.

Dabei kann es sich um **Ergebnisziele** oder **Vorgehensziele** handeln.

gute Zielsetzung

Ziele müssen **erreichbar und quantifizierbar,** d. h. hinsichtlich ihrer Erreichung messbar, formuliert sein.

Zielvereinbarung

Die Zielvereinbarung zwischen Auftraggeber und Projektteam dient zur **eindeutigen, vollständigen und widerspruchsfreien Vereinbarung** von Zielen. Sie erfolgt in den Aspekten
- WOZU? (Sinn und Zweck des Projekts)
- FÜR WEN? (Kunde, Auftraggeber, Nutznießer)
- ENDERGEBNIS (Was muss zu Projektende realisiert worden sein?)
- ERFOLGSKRITERIEN (Woran/Wie wird der Projekterfolg gemessen?)

Teilziele

In einem Projekt kann das Projektziel in mehrere **Teilziele** zerlegt werden. Diese Zerlegung erfolgt in hierarchischer Form (Hierarchiediagramm).

Kriterien

Kriterien sind **wesentliche Merkmale** zur Beschreibung einer Lösung, z. B. im Rahmen eines Projekts. Das für ein erfolgreiches Projektergebnis erforderliche Ausmaß der Umsetzung ist für jedes Kriterium anzugeben.

Zielbeziehungen

Die **Erreichung eines Teilziels** beeinflusst auch die Erreichung eines anderen. Dabei kann
- Zielkonkurrenz,
- Zielkomplementarität oder
- Zielneutralität

vorliegen.

Bewertung der relativen Bedeutung der Teilziele

Die **Bedeutung der einzelnen Teilziele** kann im Rahmen unterschiedlicher Verfahren, z. B. einer Nutzwertanalyse, dargestellt und gewichtet werden (Zielpräferenz). Alternative Umsetzungsmöglichkeiten werden hinsichtlich dieser Zielgewichtung bewertet.

Vokabeln dieser Lerneinheit

Deutsch	Englisch
Projekterfolg	project success
Projektziel	project scope / goal
Zieldefinition	scope definition
Zielerreichung	attainment of objective

SbX ID: 0233

Eine Audio-Wiederholung mit Audio-Player und MP3-Download sowie eine Bildschirmpräsentation mit der Grafik dieser Lerneinheit finden Sie unter der ID: 0233.

Wissen

A B C D E

W 2.9: Zielkategorien B

In welchen Kategorien können Projektziele gesetzt werden? Nennen Sie konkrete Beispiele zu jeder Kategorie.

W 2.10: Richtig formulierte Ziele B

Durch welche Merkmale zeichnet sich eine gute Zielsetzung aus? Formulieren Sie Beispiele für eine gute Zielsetzung.

W 2.11: Bedeutung von Zielen für das Projektmanagement B

Erklären Sie, welche Aufgaben Ziele im Projektmanagement erfüllen.

W 2.12: Ziele in Projekten B

Beschreiben Sie allgemein den Unterschied zwischen

- Vorgehenszielen und
- Ergebniszielen

und erklären Sie diesen anhand von konkreten Beispielen.

W 2.13: Zielhierarchie B

Was versteht man unter „Zielhierarchie" und nach welchen Strategien kann sie aufgebaut werden?

W 2.14: Zielbeziehungen B

In welcher Beziehung können Teilziele zueinander stehen? Erklären Sie die verschiedenen Beziehungen anhand von Beispielen.

W 2.15: Zielvereinbarung B

In welchen vier Aspekten sollte das Projektziel bestimmt bzw. beschrieben werden (nach Coverdale)? Erklären Sie die Bedeutung dieser Zielvereinbarung im Rahmen von Projekten.

Ein kurzer Kompetenz-Check, bevor's weitergeht!

Kompetenz-Check

	☺	😐	☹
Ich kenne die verschiedenen Arten von Zielen, deren Beziehungen und deren Bedeutung in Projekten.			
Ich kann Ziele richtig formulieren.			
Ich kenne die Aspekte einer guten Zielvereinbarung und kann eine solche im Rahmen konkreter Fallbeschreibungen selbst erstellen.			

Lerneinheit 4
Stakeholder und Projektumfeld

SbX
Alle SbX-Inhalte zu dieser Lerneinheit finden Sie unter der ID: 0240.

Projekte finden immer in dem Kontext statt, den das Projektumfeld vorgibt. Die Beeinflussung des Projekts durch das Umfeld kann direkt oder indirekt in z. B. wirtschaftlicher, technologischer, politischer, gesellschaftlicher Weise erfolgen. Im Rahmen einer Projektumfeldanalyse werden positive oder negative Einflüsse erkannt und es können rechtzeitig Maßnahmen zur Verstärkung positiver oder Abwendung negativer Einwirkungen geplant werden.

Alle Personen, welche direkt am Projekt beteiligt sind oder in irgendeiner Form Interesse am Projektgeschehen und/oder Projektergebnis haben (d. h. auch Betroffene im Projektumfeld), werden unter dem Begriff Stakeholder zusammengefasst.

Lernen

SbX ID: 0241

1 Projektkontext

Das **Projektmanagement** sieht die jeweilige Projektaufgabe als Teil eines Gesamtsystems „Unternehmen" und dessen Umwelt. Die Umwelt wird z. B. durch andere Projekte, Kunden, Lieferanten (soziale Umwelten) etc. gebildet. Die **Projektanalyse** betrachtet das Projekt als Teil eines Systems, das zu anderen Elementen in Beziehung steht.

Projekte sind keine isolierten Abläufe, sondern stehen in **Wechselwirkung** mit den verschiedensten **Projektumwelten**.

Projektumwelten

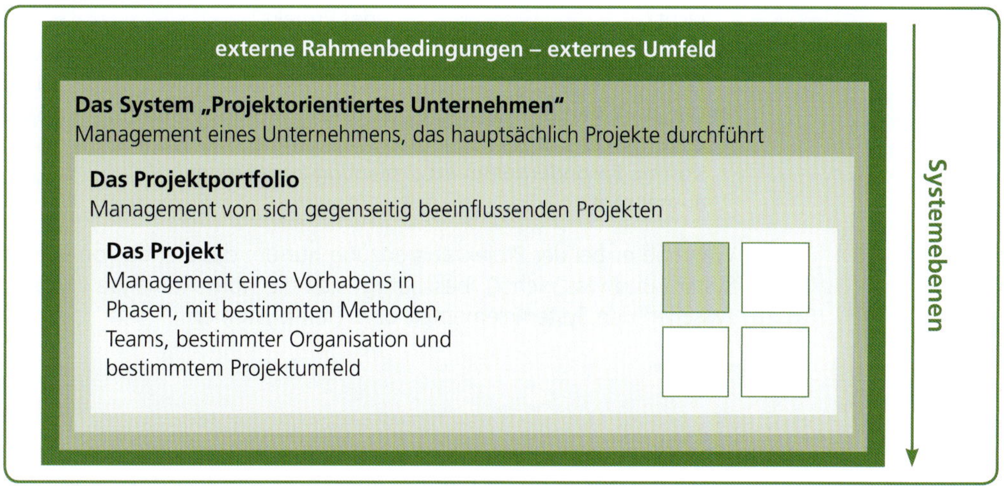

Die **Analyse eines Projekts** kann in unterschiedlichen Formen erfolgen:

- als **Projektabgrenzung:** Was ist Teil des Projekts, was nicht?
- als **Kontextanalyse:** Welche Beziehungen bestehen zum Projekt?

Die Projektanalyse erfolgt das erste Mal in der Vorstudie zu einem Projekt und wird anschließend im Projektverlauf regelmäßig überprüft und aktualisiert.

2 Projektabgrenzung

Ein Projekt ist eine „vom Tagesgeschäft" herausgelöste Aktivität. Um ein Projekt zielgerichtet verfolgen zu können, ist es daher erforderlich, zu klären, was (organisatorisch, sachlich etc.) zum Projekt gehört und was nicht. Die Projektabgrenzung für ein konkretes Projekt erfolgt sachlich, zeitlich, in Bezug zu anderen Projekten und zum sozialen Umfeld.

Auf die Frage **„Was gehört zum Projekt und was nicht?"** sollte es zu jedem Zeitpunkt eine sichere Antwort geben.

Formen der Projektabgrenzung

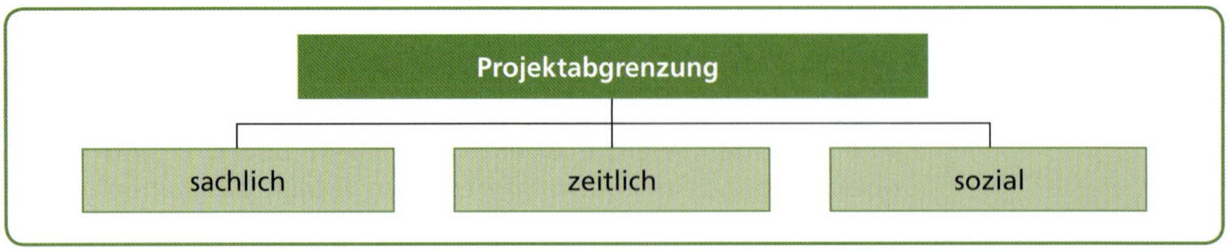

Die **Abgrenzung** soll das konkrete Projekt genau definieren hinsichtlich

- Projektzielen und -inhalten (sachlich),
- Anfangs- und Endereignis des Projekts (zeitlich),
- Rollen und Werten im Projekt (sozial).

Die **sachliche Abgrenzung** klärt Ziel und Inhalt des Projekts und grenzt es gegenüber anderen Projekten ab.

Die **zeitliche Abgrenzung** grenzt das Projekt zu den Projektvorarbeiten (Anstoß, Vorstudie) und den Projektnacharbeiten (Wartung, Folgeprojekte) ab.

Die **soziale Abgrenzung** klärt die soziale Struktur im Projekt, die Rollen und Aufgaben der einzelnen Mitarbeiter und deren Stellung zueinander.

Die Projektabgrenzung erfolgt dynamisch – sie wird im Projektverlauf immer wieder geprüft und bei Bedarf geändert. Beispiele für **Fragestellungen zur Projektabgrenzung** sind:

sachlich	zeitlich	sozial
• Was ist Projektziel, was nicht? • Was sind die wesentlichen Projektinhalte? • Wie stark sind die Merkmale des Projekts, z. B. Risiko, Kosten, Besonderheiten etc., ausgeprägt?	• Mit welchem Ereignis startet das Projekt? • Mit welchem Ereignis wird das Projekt beendet? (Konkrete Termine werden erst im Rahmen der Projektplanung zugeordnet.)	• Wer ist Auftraggeber? • Wer ist Projektleiter? • Wer sind Projektmitarbeiter? • Welche Aufgaben und Rollen gibt es bei diesem Projekt?

Während es bei der Projektabgrenzung nur um das Ziehen von Grenzen geht (Was gehört zum System und was nicht?), beschäftigt sich die Kontextanalyse vor allem mit den **Beziehungen** zwischen den Systemelementen bzw. (Teil-)Systemen.

3 Kontextanalyse

Kontext: umgebender Zusammenhang

Die **Analyse des Projektkontextes** untersucht, welche **Beziehungen** ein Projekt und seine Beteiligten zu anderen Systemen haben. Die Herstellung des Kontextes erfolgt ebenfalls

- sachlich,
- zeitlich und
- sozial.

Bereiche der Kontextanalyse

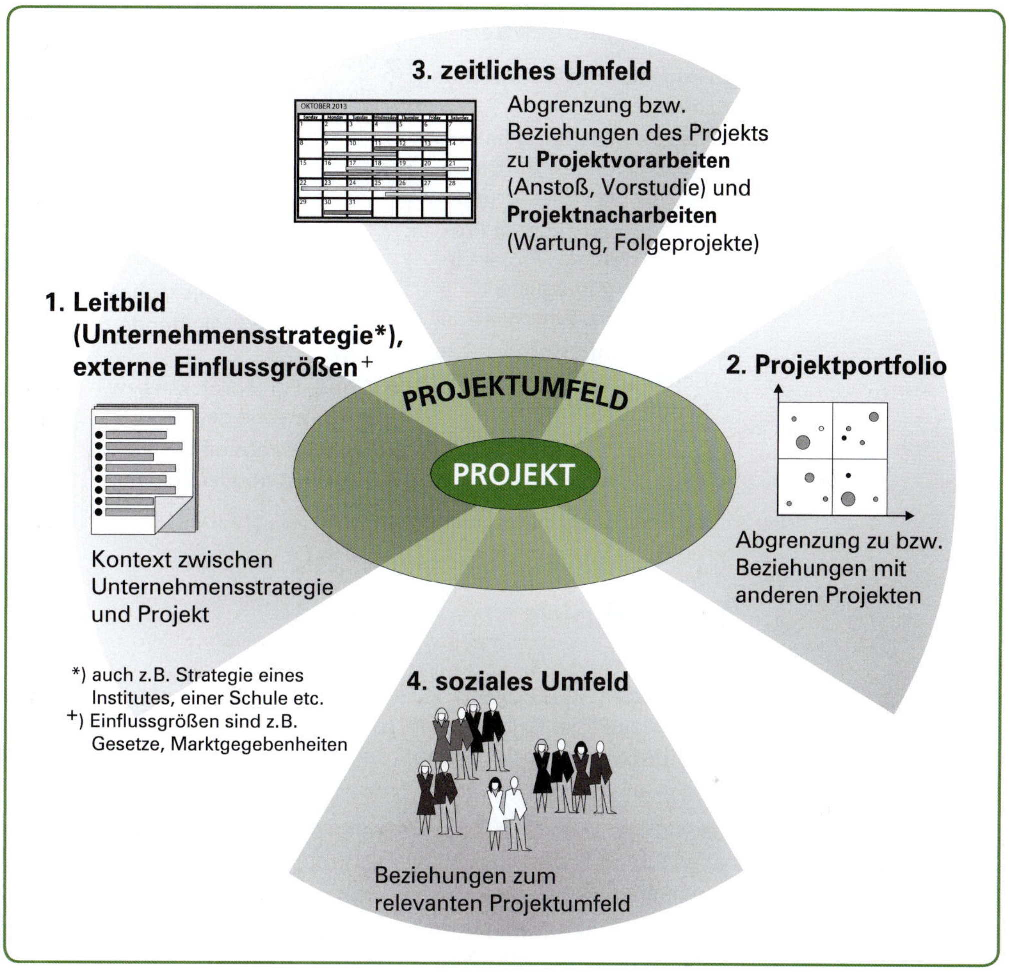

Die **sachliche Kontextanalyse** definiert die Projektziele und legt die Bedeutung des Projekts im Kontext mit der Unternehmensstrategie **(Leitbild) (1)** und mit anderen Projekten im Unternehmen fest. Weitere sachliche Einflussfaktoren wie Marktgegebenheiten, gesetzliche Bestimmungen etc. werden analysiert.

Die Analyse der Beziehungen bzw. Schnittstellen zu anderen Projekten positioniert das Projekt in der relevanten Projektumwelt. Das **Projektportfolio (2)** ist das Management von sich gegenseitig beeinflussenden Projekten (siehe auch Kapitel 1, Lerneinheit 3).

Die **zeitliche Kontextanalyse (3)** beschäftigt sich mit Ereignissen der Projektvorphase (Was war Projektauslöser? Wie wurden die Projektmitglieder ausgewählt?) und den erwarteten Konsequenzen in der Projektnachphase.

Besondere Bedeutung hat die **soziale Kontextanalyse (4)** oder Stakeholderanalyse. Die relevanten Umwelten (Kunden, Lieferanten, Mitarbeiter, Politiker etc.) sind dabei zu ermitteln. Die Einstellung dieser Beteiligten (der „Stakeholder") zum Projekt muss erkannt und bewertet werden, der Einfluss auf den Projekterfolg ist abzuwägen. Es soll analysiert werden, mit welchen Personen bzw. Institutionen Kontakt aufgenommen werden soll und mit wem Gespräche geführt werden sollen.

Mögliche **Fragestellungen** im Rahmen der Kontextanalyse sind:

sachlich (1) (2)	zeitlich (3)	sozial (4)
Zur **(Unternehmens-)Strategie:** ● Zur Umsetzung welcher (Unternehmens-)Strategie dient das Projekt? ● Welche externen Einflussgrößen bestehen (z. B. neue Technologien, Gesetze)? Zu **Projektportfolio,** Beziehung zu anderen Projekten: ● Welche Bedeutung hat das Projekt (für den Auftraggeber, für die Projektgruppe)? ● Mit welchen anderen Projekten steht das Projekt in Beziehung (mögliche Konkurrenz, Synergien …)? ● Welche Einflussgrößen wie Gesetze, Marktgegebenheiten … gibt es?	Fragen zur **Vorprojektphase:** ● Welche Gründe, Anlässe oder Probleme führten zu dem Projekt? ● Welche wichtigen Entscheidungen wurden bereits vor Projektbeginn getroffen? ● Wie wurden die Projektmitglieder ausgewählt? ● Wurden bereits ähnliche Projekte durchgeführt? ● Wodurch wurde die Projektbegründung gefördert, wodurch gehemmt? Fragen zur **Nachprojektphase:** ● Was ist nach Projektende zu tun? ● Gibt es Folgeprojekte bzw. soll es welche geben? ● Entstehen aus dem Projekt Folgekosten oder Folgenutzen?	● Welche Umwelten (Personen, Personengruppen, Institutionen, Unternehmen, Behörden …) stehen mit dem Projekt in Beziehung? ● Welche positiven oder negativen Beziehungen gibt es zwischen dem Projekt und seinen Umwelten? ● Welchen positiven oder negativen Einfluss (Macht, Bedeutung) haben die relevanten Projektumwelten auf das Projekt? ● Wie intensiv sind diese Beziehungen? ● Welche Maßnahmen (z. B. Gespräche, Verhandlungen) sind notwendig?

4 Stakeholder

Stakeholder eines Projekts ist eine **Person, Gruppe oder Organisation,** die an irgendeinem Aspekt des Projekts interessiert ist oder diesen beeinflusst, davon **betroffen ist** oder sich davon **betroffen fühlen kann.** (Definition nach ÖNORM ISO 21500:2012)

Von der ISO (International Organization for Standardization) wird bevorzugt der Begriff „interested parties" für Stakeholder verwendet.

Stakeholder sind somit auch Vertreter der relevanten Projektumwelten und haben ihrerseits die Möglichkeit, das Projekt zu beeinflussen. Nach ihrer Stellung handelt es sich um:

- **interne Stakeholder:** arbeiten direkt am Projekt mit (z. B. Teammitglieder) oder sind direkt vom Projekt betroffen (z. B. Kunden, Lieferanten, Unternehmensleitung)
- **externe Stakeholder:** sind von der Projektdurchführung oder den Projektauswirkungen indirekt betroffen (z. B. Interessenvertretungen, Anrainer bei einem Bauprojekt)

Stakeholder können weiters differenziert werden nach

- **der Betroffenheit:** Intensität bzw. objektive/subjektive Betroffenheit,
- **den Interessen:** Stakeholderinteressen in Einklang oder Konflikt mit den Projektzielen,
- **der Macht:** Fähigkeit, das Projekt zu beeinflussen.

Die **Identifikation der Stakeholderinteressen** sowie das Setzen geeigneter **Maßnahmen** zählen zu den kritischen Erfolgsfaktoren in einem Projekt.

Im Rahmen der Projektplanung sowie bei zyklischen Projektreviews sind daher **Stakeholderanalysen** durchzuführen. Diese erfolgen in drei Schritten:

1. **Identifikation potenzieller Stakeholder**

   Potenzielle Stakeholder sind die Mitglieder des Projektteams, Stellen und Personen des projektführenden Unternehmens, Auftraggeber und Kunden, externe Partner wie Lieferanten, Versicherungen usw. Jeder Stakeholder ist nach Grad und Art der Betroffenheit (positiv/

negativ) zu bewerten; dabei ist auch die subjektive Betroffenheit zu analysieren, z. B. die Sorge eines Mitarbeiters, nicht ausreichend qualifiziert zu sein.

2. **Sammlung von Informationen über die Stakeholder**

   In diesem Schritt werden die Einstellung sowie der Einfluss der Stakeholder genau untersucht; es werden ermittelt:

   - die Stakeholderziele (werden mit den Projektzielen in Bezug gesetzt)
   - der Stakeholdereinfluss (die Macht, Einflussmöglichkeiten der Person/Gruppe)
   - das Stakeholderprofil (die Stärken bzw. Schwächen des Stakeholders)

3. **Vorhersage des Stakeholder-Verhaltens**

   Auf Basis der ermittelten Informationen muss der Projektleiter nun abschätzen, ob ein Stakeholder dem Projekt eher fördernd oder behindernd gegenübertreten wird. Einstellung und Einflussmöglichkeit der Stakeholder lassen sich in einem einfachen Portfolio darstellen:

Stakeholder-Portfolio (Beispiel)

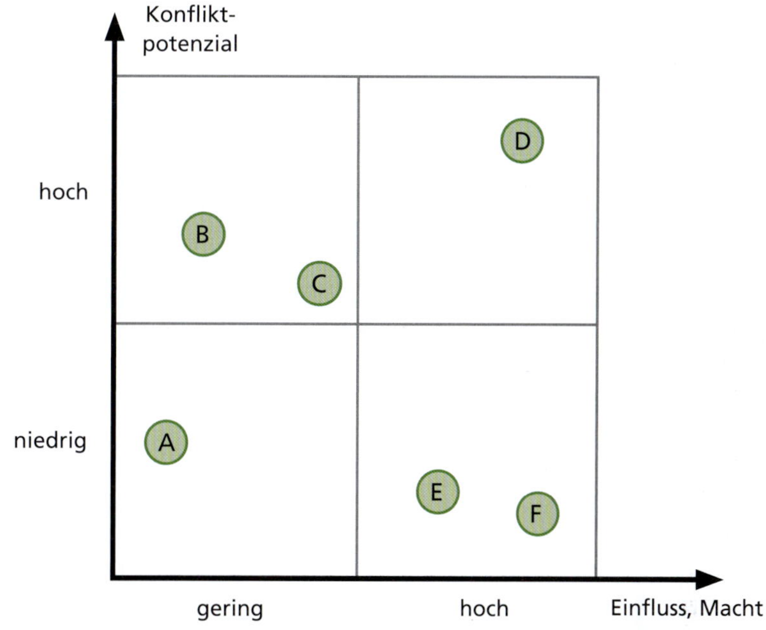

Das Portfolio der Stakeholder wird hinsichtlich
- ihrer Macht,
- ihres Konfliktpotenzials

erstellt.

Entsprechend der Position des Stakeholders müssen im Projekt Vorkehrungen getroffen werden. Insbesondere im Quadranten „hohes Konfliktpotenzial – große Macht" (in der Grafik „D") sind geeignete Maßnahmen unumgänglich. „A" kann vernachlässigt werden, alle übrigen Positionen sind zu überprüfen, z. B. mögliche Maßnahmen zur Konfliktvermeidung bei „E" und „F".

SbX

Eine Formatvorlage für die Stakeholderanalyse finden Sie unter der ID: 0241.

Das folgende Formular hilft bei der Analyse der Stakeholder:

Umfeldgruppen (Stakeholder)	Einfluss auf das Projekt, Macht	Sympathie, Erwartungen	Antipathie, Befürchtungen	Maßnahmen, strategische Vorkehrungen

Auf Basis der Analyse müssen konkrete Strategien und Maßnahmen zur Gestaltung der Beziehungen erarbeitet werden. Je nach Haltung und Bedeutung der Umfeldgruppe gilt es, diese positiv zu stimmen bzw. deren Unterstützung zu bewahren. Die Projektumfeldanalyse ist daher ein wertvolles Instrument, um die Realisierbarkeit, die strategische Positionierung und wesentliche Maßnahmen für den Projekterfolg zu planen.

Beispiel

Stakeholderanalyse

Aufgabe der Regionalentwicklungs-GmbH ist die Initiierung und Durchführung von Projekten zur Entwicklung von Gemeinden. Die „Aussichtswarte Weinberg" ist ein solches Projekt: Inmitten einer bekannten Weinlandschaft soll eine Aussichtswarte errichtet werden, von welcher ein Rundblick über die Weingärten und auf den nahegelegenen See möglich ist. Durch die Anbindung an den in der Nähe vorbeiführenden Radweg soll gleichzeitig ein attraktiver Rastplatz entstehen.

Die Regionalentwicklungs-GmbH arbeitet im Rahmen erster Gespräche und Recherchen in der Gemeinde folgende relevanten Stakeholder heraus:

- Georg Weinherr – Bürgermeister der Gemeinde
- Grüne Gruppe – Gruppe von Umweltschützern, im Gemeinderat vertreten
- Rosa Lieb – Wirtin des Ortsgasthofes „Zum hellen Hasen"
- Erwin Priemer – Ihm gehören die Weingärten rund um die geplante Aussichtswarte.
- Ferdinand Holzmann – Besitzer des Zimmereibetriebs im Ort
- Raiffeisenkassa – Bankfiliale im Ort
- die Ortsbevölkerung

Die Ergebnisse der Stakeholderanalyse werden in Form einer Tabelle dokumentiert:

Umfeldgruppe	Einfluss auf das Projekt, Macht	Sympathie, Erwartungen	Antipathie, Befürchtungen	Maßnahmen, strategische Vorkehrungen
Georg Weinherr	hoher Einfluss – kann Projekt im Gemeinderat verhindern	• Warte als unmittelbar „sichtbarer" Erfolg kann Wählerstimmen im kommenden Jahr fördern.	• Überschreiten des geplanten Baubudgets (Überziehen des Gemeindebudgets) • hohe laufende Kosten für die Erhaltung	• Unterstützung durch entsprechende Medienarbeit und Abschätzung der Umwegrentabilität • genaue Kalkulation und Vergabe zu Festpreisen • wartungsarme Konstruktion wählen, Wartungskonzept mit Kalkulation erstellen
Grüne Gruppe	hoher Einfluss – Zustimmung im Gemeinderat erforderlich	• Naturerlebnis für Besucher/innen hilft, „grüne" Werte zu vermitteln • Förderung von sanftem Fahrradtourismus	• Naturschäden durch Bautätigkeit und unsachgemäße Ausführung • Verschmutzung durch hohen Besucherandrang	• „Lehrtafeln" zu Naturthemen vorsehen, gute Anbindung an Fahrradwege • auf umweltgerechte Ausführung achten, ausreichend Infrastruktur (z. B. Mülleimer) für Besucher vorsehen
Rosa Lieb	mittlerer Einfluss – da „Opinion Leaderin" im Ort	• keine	• befürchtet, dass Radtouristen eher bei Aussichtswarte als in ihrem Gasthaus Halt machen	• Möglichkeit für Hinweise und Werbung an der Warte anbieten • Möglichkeit für die Wirtin, die Warte für spezielle Anlässe exklusiv zu mieten
Erwin Priemer	mittlerer Einfluss – kann generell das Projekt nicht verhindern, aber auf Jahre verzögern	• Möglichkeit, die eigenen Spitzenweine durch Beschreibungen von Lage und Rebe im Weingarten zu bewerben	• befürchtet „Schwund" und Zerstörung im Weingarten durch starke Touristenströme direkt bei den Weingärten	• bauliche Maßnahmen im Umfeld, welche „Trampelpfade" durch die Weingärten verhindern • Unterstützung bei der Aufbereitung der Informationen in den Weingärten

Umfeld-gruppe	Einfluss auf das Projekt, Macht	Sympathie, Erwartungen	Antipathie, Befürchtungen	Maßnahmen, strategische Vorkehrungen
Ferdinand Holzmann	geringer Einfluss	● hoffte auf Aufträge im Rahmen der Errichtung der Aussichtswarte	● keine	● zur Angebotslegung einladen
Raiffeisenkassa	geringer Einfluss – möglicher Sponsor	● Werbemöglichkeiten im Bereich Gemeinde – Umwelt – Landwirtschaft	● keine	● Unterstützung bei der Medienarbeit ● Infotafel mit Förderern an der Aussichtswarte vorsehen
Bevölkerung	geringer Einfluss – kaum direkte Betroffenheit	● erhöhte Bekanntheit und Attraktivität des Wohnortes	● Belastung des Gemeindebudgets	● Informationsveranstaltung durchführen: Informationen zu Aussehen, Kosten der Aussichtswarte sowie zur erwarteten Umwegrentabilität kommunizieren

Grafische Darstellung der sozialen Umfeldbeziehungen

Bei der Erarbeitung der relevanten sozialen Umfelder im Team sowie zur Präsentation eignet sich besonders die folgende grafische Darstellung.

Soweit die grafischen Möglichkeiten bestehen (Programm, ausreichend großes Whiteboard etc.) können die Bedeutung einer Umwelt für das Projekt sowie die Intensität der Beziehungen zwischen Umwelt und Projekt auch grafisch umgesetzt werden:

Grafische Darstellung der Umfeldbeziehungen

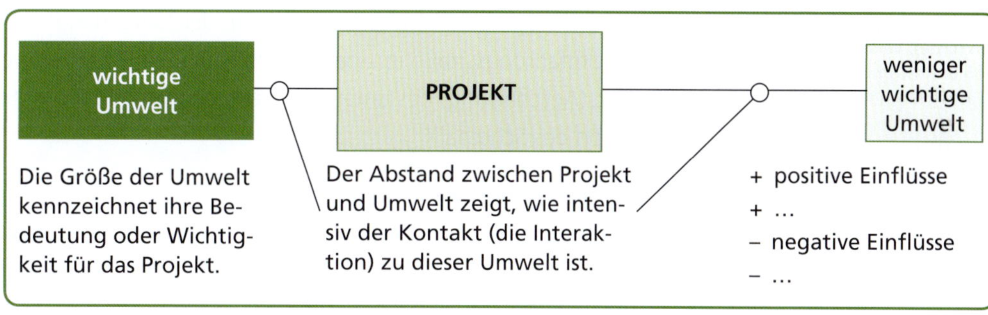

Steuerung des Projektumfelds

Die Steuerung des Projektumfelds ist Aufgabe der Öffentlichkeitsarbeit im Rahmen des Projektmarketings. Abgeleitet aus der jeweiligen Situation kann einer der folgenden Ansätze gewählt werden:

- **partizipative Strategie:** Einbeziehung der Stakeholder durch Information und Kommunikation
- **diskursive Strategie:** Austragung des Konflikts im Rahmen des Konfliktmanagements
- **repressive Strategie:** Einsatz eines Machtpromotors zur Sicherung der Projektziele

Erfolgreiches Beispiel für die Steuerung des Projektumfelds ist das Projekt des neuen Wiener Hauptbahnhofs. Eine umfassende Dokumentation, ein Aussichtsturm über der Baustelle etc. haben eine weitgehend positive Aufnahme in der Bevölkerung erzielt – anders als z. B. beim ähnlichen Projekt „Stuttgart 21".

Grundsätzlich, weil langfristig am erfolgsversprechendsten, ist eine partizipative Strategie anzustreben. Die Information kann durch Meetings mit speziellen Stakeholdern (z. B. Anrainern bei einem Bauprojekt), durch periodische Veröffentlichung von Informationsblättern oder durch den Einsatz der aktuellen Kommunikationstechnologien weitergegeben werden. Insbesondere die Einrichtung einer „Projektwebsite" oder die Schaffung eines eigenen Projekt-Intranets mit einer stakeholderorientierten Informationsstruktur kann die Einbeziehung der Interessengruppen ermöglichen.

Üben

SbX ID: 0242

A B C D E

Ü 2.22: Projektabgrenzung D

Als Projektleiter/in der Firma MySoft sind Sie für die Entwicklung des Textverarbeitungssystems „WordInternational" verantwortlich. Sie setzen in einem Teilprojekt drei Personen für die Erstellung des Benutzerhandbuchs ein. Führen Sie anhand der in dieser Lerneinheit angeführten Fragestellungen oder auch eigener Fragen eine Abgrenzung des Teilprojekts „Online-Tutorial" durch. (Dass Sie zur Lösung auch eigene Annahmen treffen müssen, ist im Sinne der Aufgabenstellung erwünscht!)

Ü 2.23: Projektabrenzung und Kontextanalyse D

Die Anregung des Klassenvorstands, im Unterricht der höheren Klassen der HTL Tablet-PCs einzusetzen, wird von Schülerinnen/Schülern, Eltern und der Direktion gleichermaßen positiv aufgenommen. Da nicht alle Schüler/innen ein Tablet besitzen, sollen entsprechende Geräte angeschafft und verliehen werden. Um das Schulbudget nicht zu belasten, sollen die erforderlichen Mittel im Rahmen eines Projekts aufgebracht werden. Die 3. Klasse beschließt daher, das **Projekt „Flohmarkt"** durchzuführen:

In der letzten Woche des Schuljahres sollen am Stadtplatz alte bzw. gebrauchte Gegenstände, die im Laufe des 2. Semesters gesammelt wurden, verkauft werden. Projektbeginn ist somit der Beginn des 2. Semesters (Anfang Februar), Projektende ist am letzten Schultag der Einkauf der Tablets aus dem Reinerlös des Flohmarkts.

Aufgabe:

Führen Sie die Projektabgrenzung sowie die Kontextanalyse für das Projekt „Flohmarkt" durch. Gehen Sie dabei von Ihrer eigenen Schule aus.

Ü 2.24: Stakeholder D

Zuerst Stakeholder sammeln (Liste), Verwendung von Brainstorming oder Methode 6-3-5.

Danach die Beziehungen grafisch darstellen (Tafel, Whiteboard) und anhand der Tabelle bewerten bzw. Maßnahmen vorsehen.

Identifizieren Sie mögliche **Stakeholder** in einem der folgenden Projekte:

a) Bau einer Umfahrungsstraße in einem Ort mit starkem Durchzugsverkehr

b) Einführung (Abschaffung) des unterrichtsfreien Samstags an Ihrer Schule

c) Organisation des Schulballs

Ü 2.25: Stakeholderverhalten D

SbX

Ein Formular zur Stakeholderanalyse finden Sie unter der ID: 0242.

Analysieren Sie die Haltung bzw. das mögliche Verhalten der in **Ü 2.24** gefundenen Stakeholder und geben Sie konkrete Maßnahmen an, mit denen Sie eine möglichst projektfördernde Haltung der Stakeholder erreichen wollen.

Sehen Sie dazu die Projekte aus **Ü 2.24** aus der Sicht des Projektleiters, und zwar:

a) Stakeholder-Analyse aus Sicht des Bürgermeisters

b) Direktor/in, möglich auch Vertreter des Elternvereins

c) Projektverantwortliche Schülerin/projektverantwortlicher Schüler der Abschlussklasse

Hinweis: Der Einfluss bestimmter Gruppen wird oft von einzelnen Personen bestimmt. Bei realen Projekten werden als Stakeholder – wo erforderlich – auch einzelne Personen genannt und analysiert. Beispiele (zu a)):

- Lenz Lukas – Besitzer des „Goldenen Hirschen" (statt: Geschäftstreibende)
- Huber-Bauer – 70 % der Trasse liegen auf/bei seinen Grundstücken (statt: Anrainer bei geplanter Umfahrung)

Ü 2.26: Fallbeispiel „BonOnline" – Projektabgrenzung D

Erarbeiten Sie eine Projektabgrenzung zum Projekt „BonOnline". Orientieren Sie sich bei der Fragenstellung an den Beispielen aus dieser Lerneinheit.

Ü 2.27: Fallbeispiel „BonOnline" – Kontextanalyse D

Führen Sie die Kontextanalyse zum Projekt „BonOnline" durch. Gehen Sie dabei von den konkreten Bedingungen an Ihrer Schule aus. Stellen Sie die Beziehungen zu den Projektumwelten auch grafisch dar.

Ü 2.28: Fallbeispiel „BonOnline" – Stakeholderanalyse D

Führen Sie die Stakeholderanalyse zum Projekt „BonOnline" durch. Erstellen Sie eine Tabelle nach dem vorgegebenen Muster und „sammeln" Sie zunächst relevante Umfeldgruppen – auch konkrete Personen. Geben Sie deren möglichen Einfluss auf das Projekt an. Gehen Sie dabei wieder von Ihrer Abteilung bzw. Schule aus. Finden Sie im Rahmen der Analyse mögliche Sympathien und Antipathien der einzelnen Stakeholder und sehen Sie konkrete Maßnahmen vor.

Sichern

SbX ID: 0243

Projektabgrenzung

Die **Projektabgrenzung** bestimmt bzw. beschreibt, was zum Projekt gehört (z. B. sachlich, personell) und was nicht.

Kontextanalyse

Im Rahmen der **Kontextanalyse** werden die Beziehungen eines Projekts zu seinen Umwelten bestimmt und beschrieben. Wesentlich sind dabei die Beziehungen

- zur Unternehmensstrategie,
- zu anderen Projekten (Synergien, Konkurrenz),
- zum zeitlichen Vorfeld (Entstehungsgeschichte) sowie zu Auswirkungen nach dem Projekt (Zeit nach dem Projektende),
- zu den im Projekt handelnden und vom Projekt betroffenen Personen (Stakeholderanalyse).

Stakeholderanalyse

Bei der **Stakeholderanalyse** werden alle in irgendeiner Weise vom Projekt betroffenen Personen(-gruppen) bestimmt sowie ihre Haltung gegenüber dem Projekt bzw. die Bedeutung ihres Einflusses auf das Projekt analysiert. Es wird nach Maßnahmen bzw. Strategien gesucht, mit denen die Stakeholder möglichst positiv für das Projekt gestimmt werden können.

Vokabeln dieser Lerneinheit

Deutsch	Englisch
Projektbeteiligte	stakeholder, interested parties
Projektumfeld	project environment
Stakeholderanalyse	stakeholder analysis

SbX
ID: 0243

Eine Audio-Wiederholung mit Audio-Player und MP3-Download sowie eine Bildschirmpräsentation mit den Grafiken dieser Lerneinheit finden Sie unter der ID: 0243.

Wissen

A B C D E

W 2.16: Projektumwelten D

In welche Umwelten ist das System „Projekt" eingebettet? Nennen Sie Umwelten sowie konkrete Beispiele dazu.

W 2.17: Projektabgrenzung B

Erklären Sie, wozu eine Projektabgrenzung durchgeführt wird.

W 2.18: Abgrenzung von Projekten B

Hinsichtlich welcher Dimensionen können Projekte abgegrenzt werden? Nennen Sie konkrete Beispiele.

W 2.19: Kontextanalyse B

Welchen Zweck hat die Kontextanalyse? Erklären Sie auch den Begriff „Kontext".

W 2.20: Kontextanalyse B

Welche Aspekte des Projektumfelds werden im Rahmen der Kontextanalyse betrachtet? Erklären Sie jeden Aspekt anhand eines konkreten Beispiels.

W 2.21: Stakeholder A

Wann werden Personen bzw. Personengruppen als „Stakeholder" bezeichnet?

W 2.22: Arten von Stakeholdern B

Nach welchen Gesichtspunkten können Stakeholder differenziert werden? Finden Sie konkrete Beispiele für die unterschiedlichen Arten von Stakeholdern.

W 2.23: Stakeholderanalyse B

Erklären Sie die Schritte der Stakeholderanalyse und die Ergebnisse jedes Schrittes.

W 2.24: Darstellung des Projektumfelds B

In welcher Form können die Beziehungen zwischen Projekt und Umfeld grafisch dargestellt werden? Erstellen Sie eine Skizze anhand eines einfachen Beispiels.

W 2.25: Steuerung des Projektumfelds B

In welcher Weise kann die Steuerung des Projektumfelds erfolgen? Nennen Sie auch konkrete Maßnahmen.

Ein kurzer Kompetenz-Check, bevor's weitergeht!

Kompetenz-Check

	☺	😐	☹
Ich kenne die Projektabgrenzung und weiß, mit welchem Ziel und in welchen Teilbereichen sie durchgeführt wird.			
Ich weiß, wozu die Kontextanalyse dient und welche Umfeldbeziehungen sie betrachtet.			
Ich kann, ausgehend von der Beschreibung eines konkreten Projekts, Projektabgrenzung und Umfeldanalyse durchführen.			
Ich weiß, was Stakeholder sind, und kenne die Schritte sowie die Bedeutung der Stakeholderanalyse in Projekten.			
Ich kann, ausgehend von einer konkreten Projektbeschreibung, eine Stakeholderanalyse durchführen sowie das Projektumfeld in geeigneter Form darstellen.			

Lerneinheit 5

Projektauftrag

SbX
Alle SbX-Inhalte zu dieser Lerneinheit finden Sie unter der ID: 0250.

Der Projektauftrag definiert als erstes verbindliches Dokument zwischen Auftraggeber und Projektteam die Inhalte und Rahmenbedingungen des Projekts, er benennt die verantwortlichen und beteiligten Personen. Er bildet somit inhaltlich wie rechtlich die Basis des durchzuführenden Projekts und hat damit eine zentrale Bedeutung. Gleichzeitig werden meist die wesentlichen terminlichen Eckpunkte des Projekts festgelegt und als „Meilensteine" vereinbart.

Lernen

SbX ID: 0251

1 Bedeutung des Projektauftrags

Der Projektauftrag bringt die Projektidee in eine konkrete, auf eine Umsetzung hin gerichtete Struktur. Er beschreibt die Rahmenbedingungen des Projekts in den Punkten

- Zielformulierung,
- Qualitätskriterien,
- finanzieller Rahmen,
- Termine,
- Organisation und Personen.

Der **genehmigte Projektauftrag** bildet den **formalen Projektbeginn.** In Unternehmen, welche häufig Projekte durchführen, kann der Projektauftrag in Form eines Formulars standardisiert sein.

Im Projektauftrag wird festgelegt, was in sachlicher, zeitlicher und sozialer, d.h. organisatorisch-personeller Hinsicht zum Projekt gehört und was nicht. Er stellt ein wichtiges Hilfsmittel zur Projektabgrenzung dar.

Querverweis
Zu Systemanalyse und Anforderungen siehe auch Kapitel 7.

Nach Unterzeichnung des Projektauftrags kann mit der **Anforderungsanalyse** und einem detaillierten Pflichtenheft begonnen werden. Die Methoden dazu werden in Kapitel 7 beschrieben.

2 Teile des Projektauftrags

Der **Projektauftrag** enthält alle vertraglich zu erbringenden Leistungen, Fristen, Kosten sowie Randbedingungen der Leistungserbringung. Umsetzungsdetails werden nicht beschrieben.

Akronym: Abkürzung, die als eigenes Wort gesprochen wird (z.B. UNO)

Projektbezeichnung und Logo sind wichtige Identifikationsträger für das Projektteam.

Der **Projektauftrag** umfasst im Allgemeinen folgende Teile:

- **Projektbezeichnung:**
  Name des Projekts – üblicherweise ein einprägsames und gut auszusprechendes Akronym, welches durch die Langbezeichnung sowie ein Projektlogo ergänzt werden kann.
- **Projektauftraggeber:**
  Bezeichnung des Auftraggebers (Firma, Organisation, Abteilung etc.), der verantwortlichen Person(en) beim Auftraggeber (Ansprechpartner) sowie Kontaktangaben (Adresse, Telefon-/Faxnummer, E-Mail-Adresse)

- **Projekthintergrund:**

  Was hat zu diesem Projekt geführt? Welche Mängel oder Probleme sollen durch das Projekt beseitigt werden oder welche Chancen können durch das Projekt genutzt werden?

- **Projektergebnis:**

  Angabe der wichtigsten Projektergebnisse (erbrachten Leistungen) in einer überprüfbaren Form. Die Überprüfbarkeit wird durch eine genaue Beschreibung („Was?", „Wie gut?", „Wie viel?", „Bis wann?" ...) erreicht.

- **Projektziel(e):**

  Die Ziele beschreiben genau, was der Auftraggeber auf Basis des Projekthintergrunds mithilfe des Projektergebnisses erreichen möchte. Die Ziele müssen quantifizierbar (messbar) und erreichbar sein (vergleiche Lerneinheit 3 in diesem Kapitel).

- **Projektbeschreibung:**

  Sie beschreibt die wesentlichen Teilaufgaben des Projekts hinsichtlich der zu erreichenden Ergebnisse (quantitativ), der zu erzielenden Qualität sowie der anzuwendenden Methoden oder Vorgehensweisen.

- **Meilensteine:**

  Die Liste der Meilensteine gliedert das Projekt in Abschnitte, an deren Ende (zum Meilenstein) ein eindeutig definiertes (Zwischen-)Ergebnis zu einem bestimmten Zeitpunkt steht. Demzufolge beinhaltet die Meilensteinbeschreibung etwas „Abgeschlossenes, Fertiggestelltes" und ist auch so zu formulieren. Beispiel: „Interviews mit allen Mitarbeitern durchgeführt und in einer Excel-Tabelle fertig ausgewertet."

- **Freigaben:** Freigaben sind bestimmte, zeitlich und inhaltlich genau definierte Punkte in einem Projekt, an welchen der Projektmanager explizit die Zustimmung des Auftraggebers einholt. Das kann z. B. beim Abschluss wichtiger Teilergebnisse oder vor dem Eintritt in kritische oder besonders kostenintensive Projektabschnitte sein.

  Freigaben sind oft mit Meilensteinen verbunden.

  Die Vereinbarung von Freigaben erfüllt zwei wesentliche Aufgaben: Der Auftraggeber kann gezielt seine Entscheidungsbefugnis im Projekt einbringen. Der Projektmanager (bzw. das Team) sichert sich durch diese „Rückfrage" beim Auftraggeber ab, damit dieser wesentliche Projekt(teil)ergebnisse oder -entscheidungen auch sicher mitträgt.

- **Projektstart:**

  Querverweis

  Hier wird angegeben, wann und in welcher Form der offizielle Projektstart erfolgen soll (vgl. Kapitel 3, Lerneinheit 1, „Projektstart").

- **Projektende:**

  Hier wird festgelegt, wann und in welcher Form das Projekt zu beenden ist (z. B. Abnahme der Projektergebnisse durch den Auftraggeber).

- **Projektressourcen:**

  Anmerkung: Aufgrund der Bedeutung dieses Punkts in der Praxis sollten auch bei Schülerprojekten fiktive, aber realistische Kosten für alle Ressourcen und zu erbringenden Leistungen angesetzt werden.

  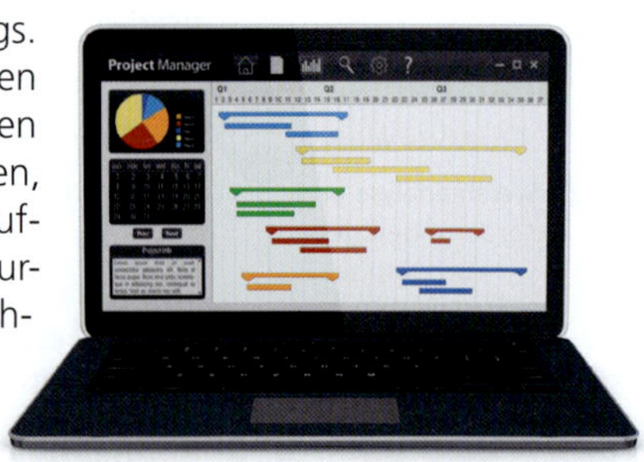

  Dies ist einer der wichtigsten Punkte des Projektauftrags. In einer groben Übersicht sind hier die zu erwartenden Projektkosten aufzuschlüsseln. Wesentliche Positionen wie Kosten für Geräte und Infrastruktur, Personalkosten, Materialkosten, zugekaufte Leistungen etc. müssen aufgelistet werden. Wenn der Auftraggeber selbst Ressourcen zur Verfügung stellt (z. B. Personal, Geräte, Räumlichkeiten), so muss das in diesem Punkt auch verbindlich vereinbart werden. Da der Projektstrukturplan mit einer genauen Aufschlüsselung der zu erbringenden Leistung (siehe Kapitel 4, Lerneinheit 1) zu diesem Zeitpunkt meist noch nicht oder erst in einer groben Form vorliegt, kommt einer umsichtigen Kalkulation durch einen erfahrenen Projektmanager oder durch Experten besondere Bedeutung zu.

  In gleicher Weise sind auch die Erlöse, welche durch das Projekt erzielt werden sollen, gemeinsam mit einer fundierten Berechnung anzugeben.

- **Projektrisiken:**

  Ereignisse, welche den Projekterfolg gefährden könnten, sind zu eruieren und mit einer kurzen Beschreibung der zu treffenden Vorkehrungsmaßnahmen im Projektauftrag anzugeben.

Die Projektorganisation kann durch ein Organigramm ergänzt werden, das die Beziehung aller Projektbeteiligten darstellt.

- Projektorganisation:

  Sie zeigt die maßgeblich im Projekt involvierten Personen, so den Projektleiter (Projektmanager), seinen Stellvertreter, das Projektteam mit Verantwortungsbereichen, Kontaktmöglichkeit und Vertretung sowie weitere wichtige Entscheidungsträger wie z. B. einen Lenkungsausschuss.

- Abschluss des Projektauftrags:

  Alle Verantwortlichen beim Auftraggeber sowie im Projektteam (meist vertreten durch den Projektmanager) erklären durch ihre Unterschriften die im Projektauftrag festgehaltenen Bedingungen als für verbindlich. Mit Unterzeichnung des Projektauftrags darf der Auftraggeber die vereinbarte Leistung bis zum vereinbarten Zeitpunkt erwarten, Projektleiter und Projektteam sind offiziell beauftragt.

Wie für viele Projektdokumente werden auch für den Projektauftrag **Textvorlagen** (als Word oder PDF-Datei) eingesetzt. Damit kann eine einheitliche und vollständige Beschreibung der Projekte erreicht werden. (Vgl. dazu folgendes Beispiel – einzelne Formularfelder sind verkürzt dargestellt und sind bei Bedarf zu erweitern.)

SbX

Dieses Formular finden Sie unter der ID: 0251.

Projektbezeichnung:
Projektauftraggeber:
Wer ist der Auftraggeber (Institution, Unternehmen, Abteilung, Personen)?
Projekthintergrund:
Sinn und Zweck des Projekts
Projektauslöser / Vorprojekt
Projektendergebnis:
Welches Ergebnis soll am Projektende vorliegen?
Welche messbaren Eigenschaften hat das Endergebnis, damit von einem Projekterfolg gesprochen werden kann?

2 Projektbegründung

Projektziel(e):

Abgeleitet vom Projekthintergrund und vom Projektendergebnis

Optional: Nicht-Projektziele: Was ist **nicht** Ziel des Projektes?

Projektbeschreibung:

Projekthauptaufgaben:

Beschreibung der wesentlichen Teilaufgaben (Vorgehensweise, Methoden, Ergebnisse und die zu erwartende Qualität)

Projektphasen / Meilensteine:

Beschreibung der Projektphasen und deren überprüfbarer Zwischenergebnisse.

Phase	Meilenstein / Ergebnis	Soll-Termin	Freigabe*)

*) bei Bedarf

Projektstart:

Wann (Datum) und mit welchem Ereignis wird das Projekt offiziell gestartet?

Projektende:

Wann (Datum) und mit welchem Ereignis wird das Projekt offiziell beendet?

Projektressourcen:

Projektkalkulation: Welche finanziellen Mittel bzw. welche Ressourcen sind erforderlich bzw. stehen zur Verfügung? (Grobkalkulation)

Infrastruktur	Menge (Schätzung)	Euro à Einheit	Betrag	1)

Personal	Menge (Schätzung)	Euro à Einheit	Betrag	1)

Material	Menge (Schätzung)	Euro à Einheit	Betrag	1)

sonstige Aufwendungen	Menge (Schätzung)	Euro à Einheit	Betrag	1)

1) „x" wenn ausgabenwirksam

Gesamt:

Abschätzung der Erlöse aus dem Projekt

Angabe der Annahmen für die Berechnung

Welche Ressourcen werden vom Auftraggeber zur Verfügung gestellt?

Projektrisiken:

Projektorganisation:

Projektleiter

Projektteam

Namen und Rollen, Verantwortlichkeiten, evtl. Organigramm
Kernteam, erweitertes Projektteam

Begleit-/Steuergruppen, Lenkungsausschuss

Abschluss des Projektauftrags:

Datum, Unterschriften aller Verantwortlichen

3 Meilensteinliste

Querverweis
Meilenstein-Trendanalyse siehe Kapitel 5, Lerneinheit 2, „Projektcontrolling".

Ein **Meilenstein** ist ein überprüfbares Zwischenergebnis, das inhaltlich und terminlich genau beschrieben ist. Der an jedem Meilenstein zu erstellende Projektbericht gibt Aufschluss über den aktuellen Projektstatus und bildet die Grundlage für die Projektsteuerung (z. B. im Rahmen der Trendanalyse). Meilensteine dienen daher als Orientierungshilfe sowohl für Projektmitarbeiter/innen als auch für Projektleiter/innen.

SbX
Die Vorlage für eine Meilensteinliste finden Sie unter der ID: 0251.

Meilensteinliste

Meilenstein	Ergebnis	Soll-Termin	Ist-Termin
1			
2			
3			
4			

Die Meilensteine kennzeichnen auch wichtige und kritische Ereignisse, die sich bereits aus dem Projektauftrag ergeben. (Nehmen wir z. B. ein Projekt „Weihnachtsbazar" – die Aufnahme des Verkaufsbetriebs ab dem ersten Adventsonntag ist ein „kritisches" Ereignis.)

Querverweis
Die Netzplantechnik wird in Kapitel 4, Lerneinheit 3 genau behandelt.

Die Zusammenfassung der Meilensteine in einer Tabelle wird **Meilensteinliste** genannt. Im **Netzplan** markieren Meilensteine meist Anfangs- bzw. Endpunkte der Hauptaktivitäten. Je kürzer die gesamte Projektdauer und je kritischer ein Projektabschnitt ist, desto kürzer wird die Zeitspanne zwischen den Meilensteinen gewählt. Meilensteinlisten enthalten nur **Zeitpunkte** (meist Fertigstellungstermine), keine Aktivitäten!

Querverweis
Einfachstes Projektcontrolling (Kapitel 5, Lerneinheit 2) erfolgt mittels Meilensteinliste.

In der Spalte „Soll-Termin" werden die für den Meilenstein geplanten Termine eingetragen. Im Projektverlauf werden in der Spalte „Ist-Termin" die tatsächlich erreichten Termine eingetragen. Damit bietet die Meilensteinliste eine einfache Möglichkeit des Soll-Ist-Vergleichs. Die Meilensteine werden aber auch bei weiteren Methoden des Projektcontrollings verwendet.

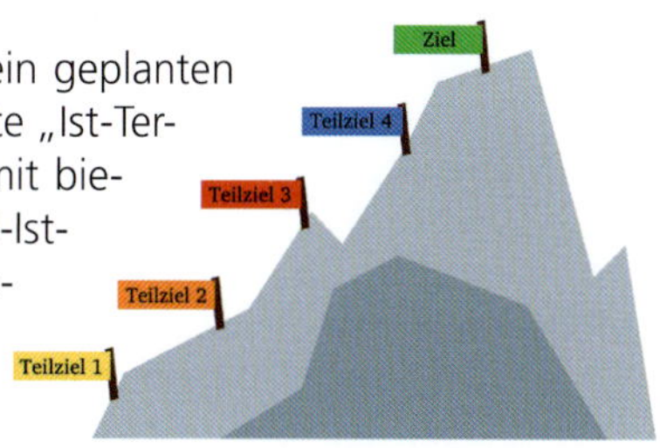

Üben

SbX ID: 0252

Ü 2.29: Projektauftrag D

Projektleiter Harald Hastig arbeitet an einem Projektauftrag für ein mittelständisches Industrieunternehmen. Die „Motoren- und Antriebs GmbH" hat auf einem firmeneigenen Server eine Unternehmenswebsite mit drei (!) Seiten und möchte diesen Internetauftritt nun ausbauen. Die Website soll lediglich Informations- und Imagecharakter haben, aufgrund der speziellen Produkte ist ein Webshop nicht sinnvoll.

Diskutieren Sie die folgenden Problemstellungen in Partnerarbeit:

a) Aufgrund von Zeitmangel und auch aus mangelnder Erfahrung verzichtet Harald Hastig auf eine detaillierte Aufgliederung im Punkt „Budget und Ressourcen", er gibt lediglich die voraussichtlichen Projektkosten in einem Betrag an. Welche Vorteile erhofft sich H. H. möglicherweise und welche Probleme könnten für das Projekt (und ihn als Projektleiter) daraus entstehen?

b) Auch der Punkt „Freigaben" behagt H. H. nicht, er möchte möglichst „unbehindert" vom Auftraggeber an der Erstellung des Internetauftritts arbeiten. Daher lässt er diesen Teil des Projektauftrags einfach weg. Doch gerade bei Projekten wie diesen wäre er gut beraten, Freigaben zu vereinbaren. Erklären Sie, warum, und schlagen Sie mögliche Freigaben vor.

SbX
Die Vorlagen für Projektauftrag und Meilensteinliste finden Sie unter der ID: 0252.

Ü 2.30: Fallbeispiel „BonOnline" – Projektauftrag D

Erarbeiten Sie in Gruppen den vollständigen Projektauftrag für das Projekt „BonOnline". Verwenden Sie dazu das Formular im SbX. Für die Beschreibung des Projektziels können Sie gegebenenfalls die Ergebnisse aus **Ü 2.21** übernehmen. Bemühen Sie sich, eine möglichst realistische Aufstellung im Punkt „Budget und Ressourcen" zu erarbeiten. Vergleichen und diskutieren Sie diesen Punkt anschließend auch mit den anderen Gruppen.

Ü 2.31: Fallbeispiel „BonOnline" – Meilensteinliste D

Erstellen Sie eine Meilensteinliste für das Projekt „BonOnline". Die Liste sollte fünf bis zehn wichtige Eckpunkte des Projekts umfassen. Wichtig zur Erinnerung: Meilensteine sind immer Zeitpunkte bzw. Ereignisse und müssen auch als solche formuliert werden. Verwenden Sie das Formular im SbX.

Sichern

SbX ID: 0253

Projektauftrag

Der **Projektauftrag** ist eine verbindliche Vereinbarung zwischen Auftraggeber und Projektteam, in welcher der Leistungsumfang des Projekts, die Umstände der Leistungserbringung sowie wesentliche Termine festgelegt werden.

Der Projektauftrag bildet die vertragliche Grundlage für ein Projekt – Ziele sowie Teilaufgaben sind daher so zu beschreiben, dass am Projektende klar bestimmbar ist, ob bzw. in welchem Ausmaß das Projektergebnis erreicht wurde.

Meilenstein

Meilensteine sind Zeitpunkte im Projektablauf, die sowohl terminlich als auch inhaltlich (hinsichtlich der fertigzustellenden Leistung) klar definiert sind.

Meilensteinliste

Die **wichtigsten Ecktermine** – die Meilensteine – werden in Form von Meilensteinlisten zusammengefasst.

Vokabeln dieser Lerneinheit

Deutsch	Englisch
Finanzmittel	financial resources
Freigabe	release
Liefergegenstand	deliverables
Meilensteinplan	milestone plan
Projekt-Aufbauorganisation	organizational breakdown structure
Projektauftrag	project order
Projektbudget	(project) budget
Projektinhalt, Projektgegenstand	project result
Projektkalkulation	project calculation
Projektorganisation	project organization
Projektrisiko	project risk
Projektteam	project team
Ressource	resource
Ressourcenbedarf	required resources

SbX
ID: 0253

Eine Audio-Wiederholung mit Audio-Player und MP3-Download sowie eine Bildschirmpräsentation mit den Grafiken dieser Lerneinheit finden Sie unter der ID: 0253.

Wissen

A B C D E

W 2.26: Zeitpunkt des Projektauftrags B

In welcher Phase im Projektverlauf soll der Projektauftrag positioniert sein?

W 2.27: Bedeutung des Projektauftrags B

Beschreiben Sie die Bedeutung des Projektauftrags in einem Projekt. Erklären Sie seine notwendigen Bestandteile.

W 2.28: Freigaben B

Was sind „Freigaben", welche Bedeutung haben sie für Auftraggeber bzw. Projektteam? Nennen Sie konkrete Beispiele für mögliche Freigaben.

W 2.29: Budget und Ressourcen B

Erklären Sie, warum der Punkt „Budget und Ressourcen" im Projektauftrag von besonderer Wichtigkeit ist.

W 2.30: Meilensteine B

Was sind Meilensteine und in welcher Form sind sie zu beschreiben? Nennen Sie einige konkrete Beispiele.

W 2.31: Meilensteinliste B

Was ist eine Meilensteinliste und welchen Zweck erfüllt sie im Projekt?

Ein kurzer Kompetenz-Check, bevor's weitergeht!

Kompetenz-Check

	☺	😐	☹
Ich kenne Zweck und Bedeutung des Projektauftrags.			
Ich kenne die Teile des Projektauftrags und kann deren Zweck und die erforderlichen Inhalte beschreiben.			
Ich kann zu einer vorgegebenen Projektbeschreibung oder zu einem eigenen Projekt einen Projektauftrag erstellen.			
Ich weiß, was ein Meilenstein bzw. eine Meilensteinliste ist und kann deren Bedeutung im Projekt beschreiben.			
Ich kann Meilensteine richtig formulieren.			

3 PROJEKTSTART UND PROJEKTORGANISATION

Worum geht's in diesem Kapitel?

Mit Abschluss des Projektauftrags (meist schon parallel zur Erstellung) muss das Projektteam zusammengestellt werden. Eine verbindliche, formale Projektorganisation mit klaren Weisungskompetenzen wird festgelegt. Je nach Art und Ziel des Projekts stehen verschiedene typische Organisationsformen zur Auswahl.

Eine der wichtigsten Aufgaben des Projektmanagers ist in dieser Phase, die „Einzelkämpfer" aus den verschiedensten Abteilungen und Fachbereichen zu einem effizient arbeitenden Team zu formieren. Neben fachlichen Aspekten spielen hier besonders gruppendynamische Prozesse eine wichtige Rolle.

Ein gelungener Projektstart, bei dem alle am Projekt Beteiligten informiert und auf das Projekt eingestimmt werden, sichert bereits früh eine gute Projektperformance.

Am Ende dieses Kapitels sollten Sie

- Bedeutung und Arten von Projektstarts kennen sowie den geeigneten Projektstart für ein konkretes Projekt auswählen können,
- den Projektstart planen können,
- mögliche Organisationsformen für Projekte mit ihren Vor- und Nachteilen kennen,
- die Eignung einer Organisationsform für ein konkretes Projekt beurteilen können,
- Konflikte im Team erkennen und Vorschläge zur Lösung erarbeiten können,
- Phasen der Teambildung kennen,
- Rollen und Aufgaben des Projektmanagers kennen,
- das Verhalten eines Projektmanagers (im Rahmen von Fallbeschreibungen) beurteilen können,
- die besonderen Herausforderungen bei Projekten mit internationalen und global verteilten Teams kennen.

A B C D E

In diesem Kapitel finden Sie Übungsaufgaben, praxisbezogene Fallbeispiele und Aufgaben zur Lernkontrolle zur Überprüfung Ihrer Kompetenzen auf den Handlungsebenen A **Wiedergeben,** B **Verstehen,** C **Anwenden,** D **Analysieren & Interpretieren** und E **Entwickeln.**

Dieses Kapitel umfasst folgende Lerneinheiten:

1 Projektstart

2 Organisationsformen im Projekt

3 Teambildung und -führung

4 Internationale Teams

Lerneinheit 1

Projektstart

SbX

Alle SbX-Inhalte zu dieser Lerneinheit finden Sie unter der ID: 0310.

Besonders zu Beginn eines Projekts, wenn die Projektmitglieder zum ersten Mal zusammentreffen, oft mit unterschiedlichen Erwartungen und Vorkenntnissen, ist es notwendig, möglichst rasch aus den Einzelpersonen informierte Teammitglieder zu machen. Ein gut geplanter Projektstart verdeutlicht den Projektcharakter des Vorhabens und trägt dazu bei, möglichst bald ein „funktionierendes" Projektteam zu haben.

Lernen

1 Bedeutung eines erfolgreichen Projektstarts

Der Projektstart bildet ein besonders kritisches Ereignis im Projektverlauf. Fehler, die in diesem Abschnitt begangen werden – sei es in fachlicher, personeller oder kostenmäßiger Hinsicht – sind nur schwer korrigierbar und können den Projekterfolg nachhaltig beeinträchtigen.

Aufgabe des Projektstarts ist es daher,

- möglichst früh einen hohen Wissensstand aller Projektbeteiligten zu erreichen,
- alle fachlichen und organisatorischen Bereiche frühzeitig und vollständig zu klären,
- um grundlegende Weichenstellungen am Projektbeginn bestmöglich vornehmen zu können.

Die folgende Grafik zeigt den Zusammenhang von Projektverlauf und Einflussmöglichkeiten sowie die verbesserte Nutzbarkeit des Entscheidungsspielraums bei frühzeitiger Erhöhung des Projektwissensstandes.

Positiver Einfluss durch erfolgreichen Projektstart

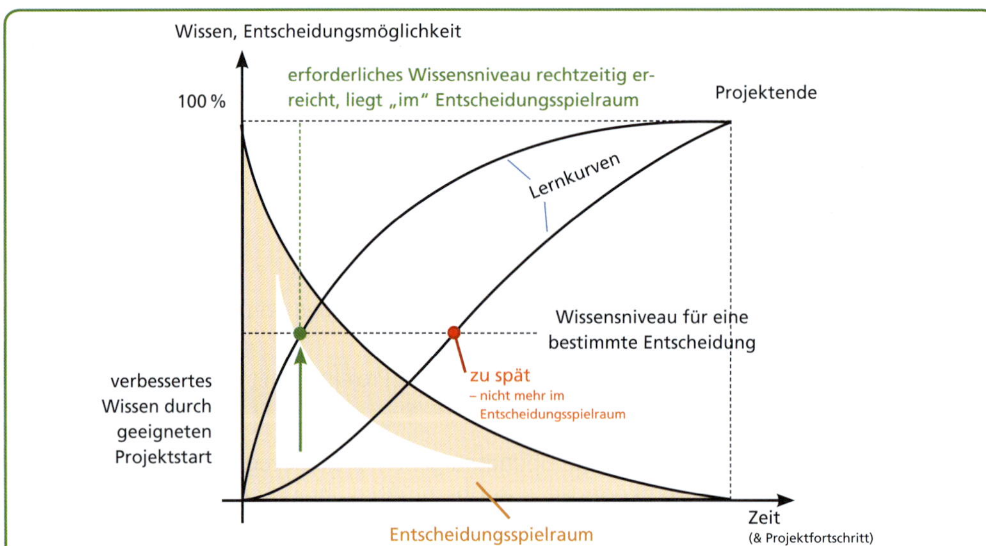

Der Projektstart (auch: das Projekt-Start-up) bezeichnet jenen Prozess, welcher im Rahmen der Vorstudie bzw. Projektplanung stattfindet und welcher die Ziele hat,

- den Interessenabgleich aller direkt oder indirekt am Projekt Beteiligten herzustellen,

- die Projektziele als Grundlage für die weitere Projektarbeit festzulegen,
- mögliche Lösungswege (Alternativen) aufzuzeigen und zu bewerten,
- eine verbindliche Vereinbarung über Organisation und Ablauf des Projekts zu erreichen,
- eine erste grobe Projektplanung zu vereinbaren,
- die Zustimmung aller Beteiligten, insbesondere der Mitglieder des Projektteams, zu den genannten Punkten zu erreichen.

Neben der Klärung der fachlichen und organisatorischen Fakten gilt es insbesondere, die **Akzeptanz der Projektziele** durch alle Beteiligten zu erlangen. Die Herstellung eines einheitlichen Wissensstandes (Projektbeteiligte kommen aus den verschiedensten Fachrichtungen mit unterschiedlichem Vorwissen bzw. unterschiedlicher Projekterfahrung) sowie die Gelegenheit zur Diskussion bzw. Kritik ermöglichen eine Identifikation mit dem Projekt und tragen zur Motivation der Beteiligten bei. Der Projektstart dient somit auch dem **Aufbau einer Projektkultur.**

2 Formen des Projektstarts

Jedes Projekt ist einzigartig und sollte daher mit einem passenden Start beginnen.

Ein **Projekt-Start-up-Seminar** oder ein **Projekt-Start-up-Workshop** dient zur Erreichung dieser Ziele, zur Information, aber auch als Instrument des Projektmarketings und der Qualitätssicherung. Die Kosten einer solchen Veranstaltung und der erforderliche Zeitbedarf erweisen sich hinsichtlich der zu erwartenden besseren Projektqualität als sinnvolle Investitionen. Sie sind in der Projektplanung (Projektstrukturplan, Projektkosten) entsprechend zu berücksichtigen.

Projekt-Start-up-Seminar

Das Seminar dient zur Information über Entstehungsgeschichte, Ziele und Umfeld des Projekts. Fachliche Informationen werden von den jeweiligen Spezialisten vorgetragen. Im Rahmen einer Diskussion sind Unklarheiten zu beseitigen, Ziele zu konkretisieren, mögliche Probleme und Risiken zu behandeln. Das Start-up-Seminar sollte von einem (projektexternen) Moderator geleitet werden.

Projekt-Start-up-Workshop

Ein solcher Workshop kann bei großen Projekten einige Tage dauern; die Abhaltung erfolgt idealerweise „extern", d.h. in einem Seminarhotel, welches auch Möglichkeiten für weitere Aktivitäten sowie einen informellen Meinungsaustausch bietet. Neben der Information der Beteiligten hat der Workshop u.a. die Aufgaben,

- ein konstruktives Arbeitsklima und das „Wir-Gefühl" im Projektteam herzustellen,
- mögliche Konflikte im Team rechtzeitig zu erkennen und zu entschärfen,
- die volle Konzentration auf das Projekt zu fördern,
- die gemeinsame Projektplanung (z.B. Projektabgrenzung, Projektstrukturierung, Zeit- und Ressourcenplanung) durchzuführen,
- Rollen und Verantwortungen im Team zu definieren,
- die Projektkommunikation einzurichten,
- erste Anforderungen zu ermitteln und abzustimmen
- etc.

Querverweis
Anforderungsanalyse siehe Kapitel 7

An einem Start-up-Workshop sollten maximal 15 der wichtigsten Projektbeteiligten (Teammitglieder, Auftraggeber, Vertreter relevanter Projektumwelten) teilnehmen. Der Workshop sollte durch einen externen Berater moderiert werden.

In vielen Fällen wird ein **Kick-off-Meeting** durchgeführt. Dieses kennzeichnet meist nur den „offiziellen" Projektstart, eine ausführliche inhaltliche/organisatorische Behandlung der Projektaufgabe oder eine Diskussion sind hierbei nicht vorgesehen.

Welche Art von Veranstaltung zu Projektbeginn durchgeführt wird, hängt vom Umfang (damit indirekt dem Budget), von der Komplexität und der Bedeutung des Projekts ab. Bei sehr großen Projekten können auch mehrere Veranstaltungen abgehalten werden, zwischen denen bestimmte Ergebnisse zu erarbeiten sind. Bisweilen ist auch eine Start-up-Veranstaltung zu Beginn einer jeden Phase sinnvoll.

Üben

A B C D E

Ü 3.1: Projekt-Start-up D

Welche Form einer Start-up-Veranstaltung würden Sie für die folgenden Projekte vorschlagen? Begründen Sie Ihre Entscheidung!

a) Die Firma FANTAPLAST ist auf die Herstellung von Spritzguss-Maschinen für die kunststoffverarbeitende Industrie spezialisiert. Bisher wurden vornehmlich Maschinen zur Fertigung von Kunststoffverpackungen hergestellt. Für einen neuen Auftrag sollen erstmals Formen zur Herstellung farbiger Computergehäuse gefertigt werden.

b) Ein Industrieberatungsunternehmen stellt seine Zeiterfassung (Verrechnung der Kundenbetreuungszeiten) von Listenform auf ein mittels Tabellenkalkulation zu realisierendes Erfassungssystem um.

c) Für den Lebensmittelkonzern FROSTI*** sollen neue Verpackungen für die Tiefkühlkost eingeführt werden. Um das bisher eher hausbackene Design der internen Marketingabteilung zu verbessern, wurde ein externes Designbüro zur Mitarbeit verpflichtet. Da auch das Verpackungsmaterial selbst eine Innovation darstellt, wird ein Mitarbeiter der Papierfabrik permanent am Projekt mitarbeiten. Vorgesehene Projektdauer: ca. 6 bis 7 Monate.

Ü 3.2: Fallbeispiel „BonOnline" – Form des Projektstarts D

Wählen Sie eine geeignete Form des Projektstarts für das Projekt „BonOnline" und begründen Sie Ihre Entscheidung.

Ü 3.3: Fallbeispiel „BonOnline" – Projektstart planen E

Planen Sie den Projektstart:

- Beschreiben Sie kurz in 2 bis 3 Sätzen Ihren Projektstart.
- Erstellen Sie einen Ablaufplan für den Projektstart (TOP-Liste = Liste der Tagesordnungspunkte).
- Erstellen Sie eine To-do-Liste, welche Vorbereitungsarbeiten für den Projektstart notwendig sind.

Sichern

SbX ID: 0313

Projektstart

Unter **Projektstart** versteht man jenes „Ereignis" (Veranstaltung, Meeting ...), mit welchem für alle Beteiligten das Projekt gestartet wird.

Ziel des Projektstarts

Ziel des Projektstarts ist es, möglichst früh im Projekt ein „performantes" (d. h. fachlich wie teammäßig leistungsfähiges) Team zu erhalten.

Kick-off-Meeting

Dies ist die einfachste und kürzeste Form des Projektstarts. Ein **Kick-off-Meeting** hat eher formalen Charakter, fachliche und teambildende Aspekte stehen im Hintergrund.

Start-up-Seminar

Ein **Start-up-Seminar** ist eine meist moderierte Veranstaltung mit dem primären Ziel, alle Projektbeteiligten auf einen einheitlichen Wissensstand zu bringen.

Start-up-Workshop

Ein **Start-up-Workshop** ist eine umfangreiche, oft auch mehrtägige Veranstaltung mit sowohl fachlichen als auch teambildenden Aspekten. Er ermöglicht bereits eine erste Zusammenarbeit bzw. ein Kennenlernen zwischen den Projektbeteiligten.

Vokabeln dieser Lerneinheit

Deutsch	Englisch
Projekt (Be-)Gründung	project start-up
Anstoß, Beginn	kick-off
Kick-off-Meeting	kick-off-meeting
Projektstart-Workshop	project start-up workshop

SbX
ID: 0313

Eine Audio-Wiederholung mit Audio-Player und MP3-Download sowie eine Bildschirmpräsentation mit der Grafik dieser Lerneinheit finden Sie unter der ID: 0313.

Wissen

A B C D E

W 3.1: Bedeutung des Projektstarts B

Erklären Sie, welche Bedeutung die Durchführung des Projektstarts für das Projekt hat, und welche Ziele konkret damit verfolgt werden.

W 3.2: Formen des Projektstarts B

Beschreiben Sie, in welchem Abschnitt eines Projekts der Projektstart stattfindet und welche besonderen Veranstaltungen im Rahmen des Projektstarts durchgeführt werden können.

W 3.3: Vorteile eines professionellen Projektstarts B

Erklären Sie, in welcher Weise ein professionell durchgeführter Projektstart zur Qualität des Projekts beiträgt.

Ein kurzer Kompetenz-Check, bevor's weitergeht!

Kompetenz-Check

	☺	😐	☹
Ich weiß, welche Auswirkungen ein gelungener Projektstart auf den weiteren Projektverlauf haben kann, und kenne die verschiedenen Möglichkeiten, ein Projekt zu beginnen.			
Ich kann, ausgehend von einer konkreten Projektbeschreibung, die geeignetste Form des Projektstarts auswählen und diesen planen.			

Lerneinheit 2

Organisationsformen im Projekt

SbX

Alle SbX-Inhalte zu dieser Lerneinheit finden Sie unter der ID: 0320.

Spätestens mit dem Projektstart gilt es festzulegen, in welcher Form die Projektorganisation zu gestalten ist. Oft wird die eigenständige Organisationsform als Merkmal eines Projekts angeführt. Die Projektorganisation entscheidet darüber, wie autonom und fokussiert ein Projektteam arbeiten wird. Neben vier grundlegenden Ausprägungen mit jeweils charakteristischen Merkmalen und unterschiedlicher Eignung für verschiedene Projekttypen hat das projektorientierte Unternehmen mit seiner primär projektorientierten Arbeitsweise zusehends an Bedeutung gewonnen.

Lernen

1 Übersicht

Jede Projektorganisationsform eignet sich aufgrund ihrer Merkmale für eine bestimmte Art von Projekt. In der Praxis unterscheidet man **vier verschiedene Typen von Projektorganisationsformen:**

Projekt-organisations-formen

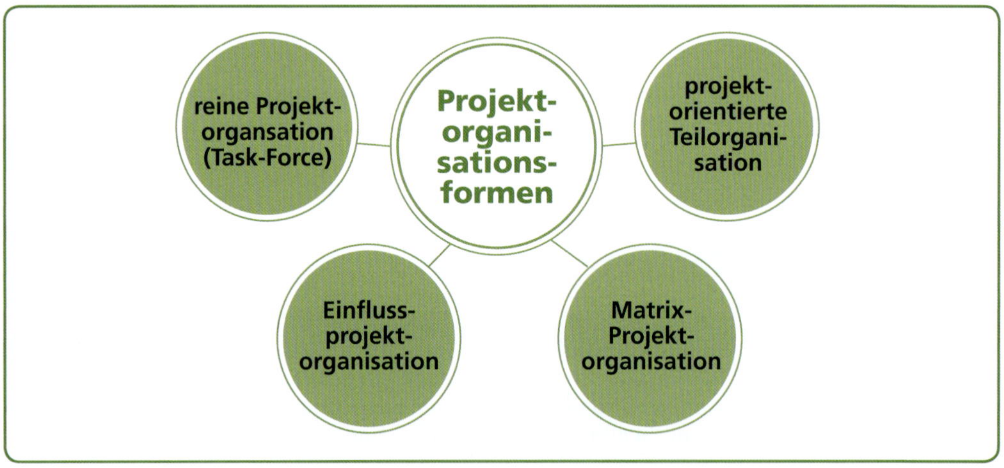

2 Reine Projektorganisationsform (Task-Force)

Alle Projektbeteiligten werden aus den verschiedenen Unternehmensbereichen ausgegliedert und einem **eigenen Projektbereich** zugeordnet. Diese Zuordnung ist für die Dauer des Projekts gültig. Die reine Projektorganisation ist durch folgende **Merkmale** gekennzeichnet:

Bei der reinen Projektorganisation koordiniert der Projektleiter die Aufgaben im Interesse der Gesamtunternehmung.

- Alle Projektmitarbeiter sind dem Projektleiter/Projektmanagement direkt verantwortlich.
- Während der Projektdauer sind die Projektmitarbeiter ihren Vorgesetzten der Linienorganisation nicht unterstellt.
- Der Projektleiter verantwortet das Projekt nach außen – etwa gegenüber Vorgesetzten oder der Unternehmensleitung.
- Die reine Projektorganisation ist eine Parallelorganisation mit hoher Eigenständigkeit. Dies wird oft durch eine eigene Infrastruktur (Räumlichkeiten, Geräte, Hilfspersonal) unterstützt.

Reine Projektorganisation (Task-Force)

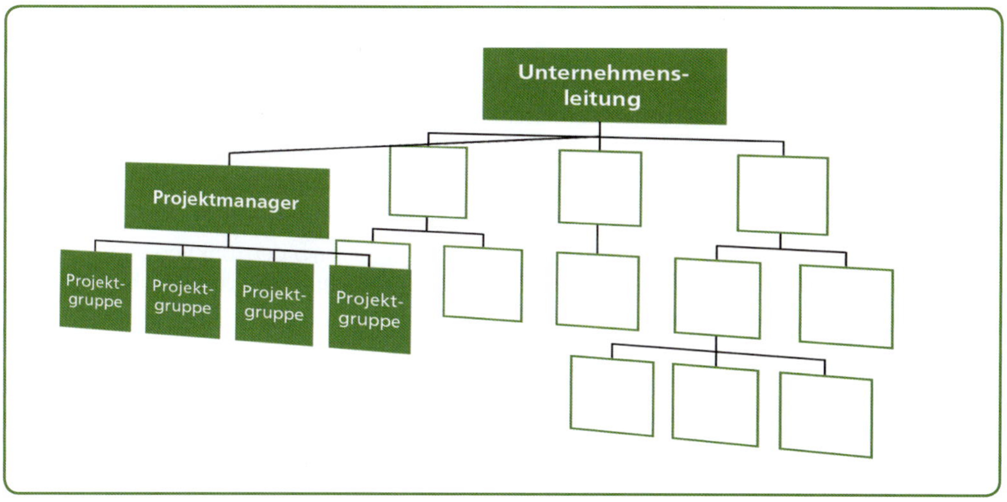

Einsatzbereiche der reinen Projektorganisation:

- umfangreiche Projekte mit voraussichtlich langer Projektdauer
- Projekte mit hoher strategischer Bedeutung für das Unternehmen
- Projekte mit hoher technologischer Komplexität
- zeitkritische oder unter Zeitdruck stehende Projekte

Beispiele

Einsatz der reinen Projektorganisation (Task-Force)
- Durchführung des Wahlkampfs für einen Präsidentschaftskandidaten
- Landung auf dem Mond
- Entwicklung und Realisierung eines Betriebssystems für einen neuen Computertyp

Vorteile der reinen Projektorganisation:
- Nahezu alle Entscheidungen werden innerhalb der Projektorganisation getroffen. Dies ermöglicht eine rasche Problemlösung und ein flexibles Agieren während des Projekts.
- Die Konzentration aller Projektbeteiligten auf die Projektdurchführung ist möglich, da sie von den Aufgaben der Linienorganisation freigestellt sind.
- Es gibt eine eindeutige Regelung von Kompetenzen und Aufgaben des Projektleiters.
- Der Projektleiter vertritt das Projekt und die Projektgruppe nach außen. Er bildet die Schnittstelle zwischen Projekt, Projektmitarbeitern und Auftraggeber bzw. Unternehmensleitung.
- Die Eingliederung aller Projektmitarbeiter in eine eigene Projektorganisation erhöht die Identifikation mit dem Projekt und verbessert die Motivation.

Probleme bei reiner Projektorganisation ergeben sich meist im Zusammenhang mit den Stellen der Linienorganisation:
- Werden zahlreiche und/oder bestqualifizierte Mitarbeiter aus der Linienorganisation für Projekte abgezogen, so besteht die Gefahr, dass die Verrichtungen in der Linie darunter leiden.
- Die Abteilungen der Linienorganisation werden daher nach Möglichkeit nicht ihre besten Mitarbeiter für Projekte freistellen. Vorwiegend durchschnittlich qualifizierte Projektmitglieder bedeuten aber ein größeres Risiko für die Erreichung der Projektziele.
- Projektmitglieder benötigen im Zuge ihrer Projektaufgaben evtl. auch Informationen oder Hilfe aus ihrer „Stammabteilung". Dies könnte dort als „Störung" empfunden werden und zu Konflikten führen.
- Besonders bei Projekten mit langer Projektdauer stellt die Wiedereingliederung der Projektmitglieder in die Linienorganisation ein Problem dar. Die ehemaligen Funktionen der Projektmitglieder können bereits nachbesetzt und nicht mehr verfügbar sein.
- Die Mitarbeiter sind bei reiner Projektorganisation meist über die gesamte Projektdauer Mitglieder der Projektgruppe. Abhängig von den einzelnen Projektabschnitten fallen Tätigkeiten in unterschiedlichem Ausmaß an. Die Auslastung der Personalressourcen ist daher bei reiner Projektorganisation meist nicht optimal.

3 Einfluss-Projektorganisation

Die Einfluss-Projekt-organisation ist ideal für das „kleine Projekt zwischendurch".

Die Einfluss-Projektorganisation zielt – im Gegensatz zur Task-Force – auf eine **möglichst geringe organisatorische Änderung** innerhalb der Linienorganisation ab.

- Die Projektleitung wird in kompetenzmäßig abgeschwächter Form als Projektkoordination im Rahmen einer Stabsstelle der Linienorganisation erfüllt. (Daher wird diese Organisationsform auch als Stabs-Projektorganisation bezeichnet.)
- Alle Projektmitglieder bleiben innerhalb der funktionalen Hierarchie des Unternehmens, wo sie neben den Aufgaben innerhalb ihrer Abteilung auch die Projektaufgaben wahrnehmen.
- Der Projektleiter hat Koordinations- und Informationsfunktionen. Er plant den Projektablauf und überwacht ihn in fachlichen, terminlichen und finanziellen Aspekten.
- Als Stabsstelle hat der Projektkoordinator keine formalen Entscheidungs- und Weisungskompetenzen. Diese übernimmt die vorgesetzte Stelle, an welche er berichtet.

Einfluss-Projekt-organisation

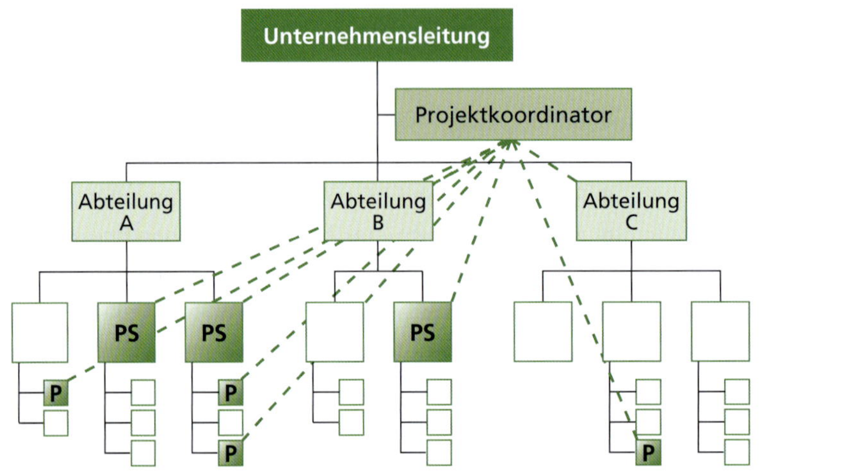

Einsatzbereiche der Einfluss-Projektorganisation:

- gut strukturierte Projekte, bei denen allen Projektbeteiligten die Vorgehensweise bekannt ist (repetitive Projekte); dadurch kann der Kommunikationsaufwand reduziert werden
- Projekte mit geringem Umfang, geringen Risiken und geringem Innovationsgrad

Beispiele

Einsatz der Einfluss-Projektorganisation

- Organisation eines Betriebsausflugs
- Erstellung einer (halbjährlich) erscheinenden Firmenzeitung
- Einführung eines betrieblichen Vorschlagswesens

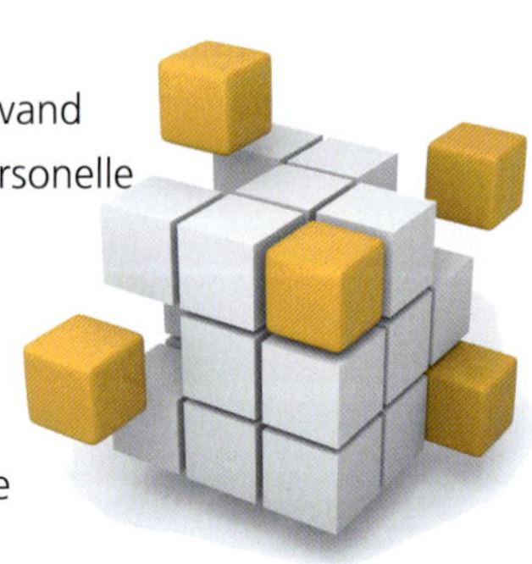

Vorteile der Einfluss-Projektorganisation:

- Projektorganisationsform mit dem geringsten Organisationsaufwand
- Da die Mitarbeiter in ihren Abteilungen bleiben, kann ihre personelle Kapazität flexibel ausgelastet werden.
- Die gleichzeitige Abwicklung mehrerer Projekte ist möglich.

Probleme beim Einsatz der Einfluss-Projektorganisation:

- Die Bindung der Mitarbeiter an die Abteilung ist stärker als die Identifikation mit einem Projekt. Abteilungsübergreifende Problemlösungen werden dadurch erschwert.
- Der Projektkoordinator trägt die Verantwortung für den Projekterfolg, hat aber nicht die formalen Kompetenzen (als Stabsstelle), den Projektverlauf durch Anweisungen an die Projektmitarbeiter direkt zu beeinflussen.

- Probleme zwischen Projektkoordinator und Projektmitgliedern müssen über die vorgesetzte Stelle (Unternehmensleitung) ausgetragen werden. Das verringert die Bereitschaft zur Konfliktlösung. Die daraus resultierende Unzufriedenheit der Beteiligten behindert meist den Projektfortschritt.
- Die Lösung eines Konfliktes belastet nicht nur die am Projekt Beteiligten, sondern auch die vorgesetzte Stelle (Unternehmensleitung) und bewirkt eine Verzögerung des Projekts.
- Die Einfluss-Projektorganisation ist wenig kundenorientiert, da weder Projektkoordinator noch Projektmitglieder entscheidungsbefugte Gesprächspartner für einen externen Auftraggeber sind.

4 Matrixorganisation

Die Matrixorganisation ist eine Projektorganisationsform, bei der die Mitarbeiter von **zwei Vorgesetzten** Anweisungen erhalten. Zwischen funktionalem Vorgesetzten und Projektleiter besteht eine **Teilung der Kompetenzen:**

- Der **Projektleiter** bestimmt im Rahmen der Projektdurchführung das Ziel und die zu erbringende Leistung („WAS"), die dafür zur Verfügung stehenden Mittel („WIE VIEL") sowie die Termine („WANN").
- Der **funktionale Vorgesetzte** legt fest, welcher Mitarbeiter der Abteilung die Projektaufgabe übernimmt („WER"), mit welchen Mitteln und Methoden er diese durchführt („WIE") und welche Qualität das Ergebnis haben soll („WIE GUT").

Es sollten weder der funktionale Vorgesetzte noch der Projektleiter alleine entscheiden können. Beide berichten an die Unternehmens- oder Bereichsleitung. Nach außen wird das Projekt durch den Projektleiter vertreten.

Matrix-Projektorganisation

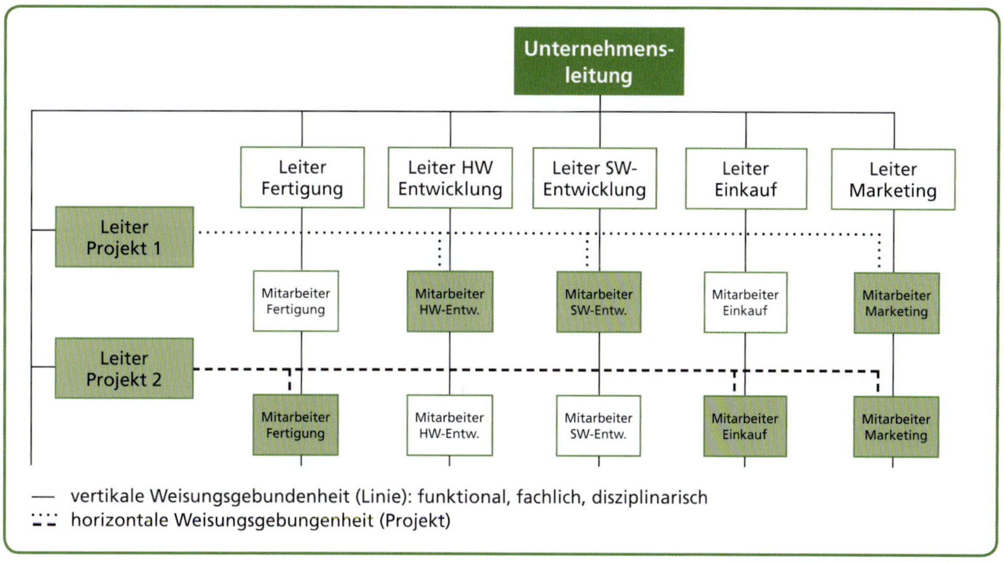

Einsatzbereiche der Matrix-Projektorganisation:

- durch die flexible Zuteilung von Personalressourcen für die parallele Durchführung mehrerer Projekte geeignet
- bei Projekten, bei denen der Koordinationsaufwand zu hoch für eine Einfluss-Projektorganisation ist und eine Task-Force aus z. B. personellen Gründen nicht möglich ist

Beispiele

Einsatz der Matrix-Projektorganisation

- Entwicklung einer neuen Stereoanlage (mittleres Preissegment) bei SONY
- Umstellung von Vertrieb und Lager eines Produktionsunternehmens auf eine integrierte EDV-Lösung (Netzwerk) durch die firmeninterne EDV-Abteilung

Vorteile der Matrix-Projektorganisation:

- Der Projektmanager hat die Kompetenz zur direkten Verfolgung der Projektziele.
- ist für Multi-Projektmanagement durch den flexiblen Einsatz der Personalressourcen gut geeignet
- Ein gezielter Einsatz von Spezialistenwissen in den Projekten ist möglich.
- Die Projektmitarbeiter werden nicht aus ihrer Abteilung herausgerissen.
- Eine frühe Erkennung von Konfliktpunkten ist möglich. Konflikte können rasch und auf „direktem Wege" beseitigt werden.

Probleme beim Einsatz der Matrix-Projektorganisation:

- Durch die Mehrfachunterstellung der Projektmitarbeiter kommt es mit einer hohen Wahrscheinlichkeit zu Konflikten.
- Es können Kompetenzprobleme zwischen Projektleiter und funktionalem Vorgesetzten auftreten.
- Die Projektmitarbeiter können versuchen, Projektleiter und funktionalen Vorgesetzten gegeneinander auszuspielen, um sich Vorteile zu verschaffen.

5 Projektorientierte Teilorganisation

Die projektorientierte Teilorganisation ist dann geeignet, wenn ein Projekt vorwiegend mit **Mitarbeitern und Ressourcen der eigenen Abteilung** durchgeführt werden kann. Die Projektleitung wird von Mitgliedern der Abteilungsleitung übernommen, so ändert sich nichts an der Linienorganisation.

Projektorientierte Teilorganisation

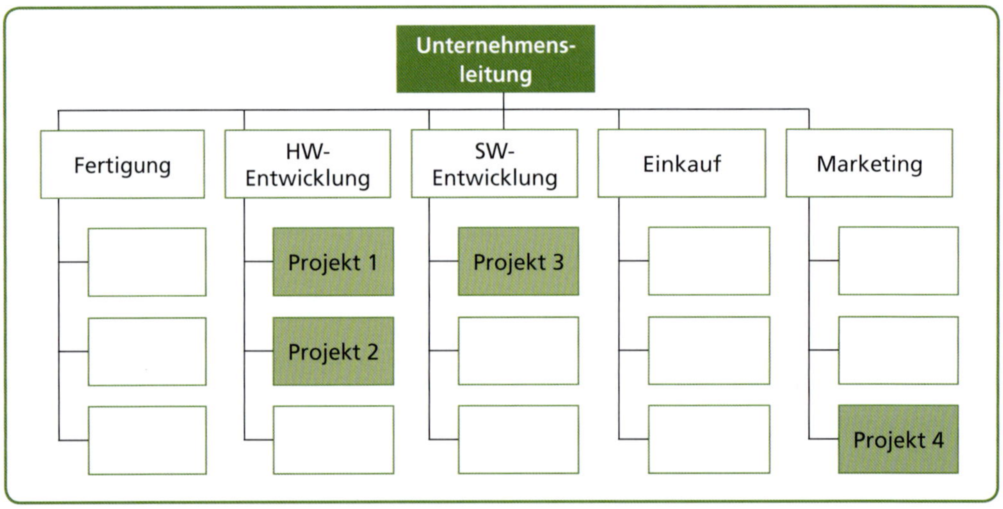

Einsatzbereiche der projektorientierten Teilorganisation:

- Projekte mit fachlich eng abgestecktem Projektinhalt, wobei bereichsübergreifende Zusammenarbeit nur in geringem Maß notwendig ist
- Projekte, bei welchen die Schnittstellen zwischen den einzelnen Teilbereichen eindeutig definiert sind (standardisierte oder genormte Schnittstellen)
- Projekte, welche aufgrund des erforderlichen Spezialwissens nur von einer bestimmten Abteilung durchgeführt werden können

Beispiele

Einsatz der projektorientierten Teilorganisation

- Die Software-Entwicklungsabteilung erstellt ein Anti-Viren-Programm für den Einsatz in der eigenen Abteilung.
- Entwicklung eines neuen Marketing-Konzepts für das Unternehmen
- Erweiterung einer Kundensoftware um spezielle Druckerprogramme

Vorteile der projektorientierten Teilorganisation:

- geringer Organisationsaufwand durch Übernahme der bestehenden hierarchischen Strukturen und Einsatz der Projektmitarbeiter in ihrer Abteilung
- eindeutige Kompetenzverhältnisse
- Die Möglichkeit zur Spezialisierung kann die Produktivität und Qualität bei der Projektabwicklung steigern.

Probleme bei der projektorientierten Teilorganisation:

- Probleme und Konflikte der bestehenden funktionalen Organisationsstruktur werden mit in das Projekt übernommen.
- Bei zu starkem Abteilungsdenken besteht die Gefahr, „das Rad neu zu erfinden". Chancen für bessere, bereichsübergreifende Lösungen bleiben u. U. ungenutzt.
- Bei gleichzeitiger Durchführung von Projekten mit Matrix- oder Einflussorganisation werden die Projektmitarbeiter abteilungsinterne Projekte immer bevorzugt bearbeiten.

Management by Projects: unternehmensweiter Ansatz, der einerseits Multiprojektmanagement unterstützt, andererseits Methoden des Projektmanagements auch für das „Tagesgeschäft" einsetzt

6 Projektorientiertes Unternehmen

Im projektorientierten Unternehmen werden die **Hauptgeschäfte in Projektform** abgewickelt. Das Projekt wird zum Profit-Center, das Betriebsergebnis des Gesamtunternehmens ist die Summe der Projektergebnisse. Die Budgetplanung und die Abrechnung erfolgen auf Basis von Projekten. Abteilungen im traditionellen Sinn wie Rechnungswesen, EDV, Personal etc. stellen eine Dienstleistungsstelle dar. Die Entscheidungskompetenz wird an das Projekt delegiert. „Management by Projects" wird als Unternehmenskultur eingesetzt.

Projektorientiertes Unternehmen

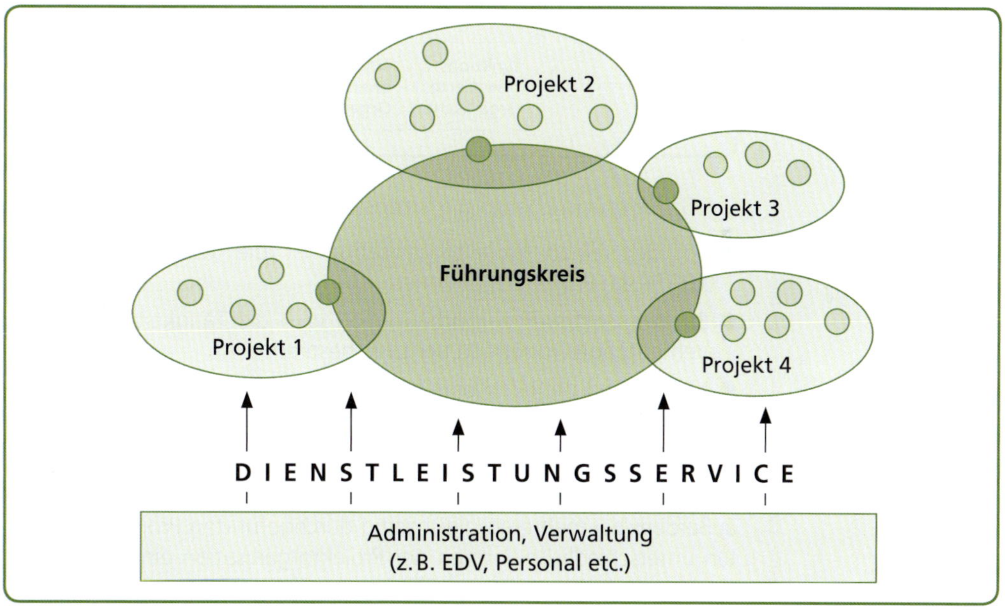

Einsatzbereiche:

- Unternehmen, deren Hauptgeschäfte in der Abwicklung von Projekten bestehen, z. B. Architekturbüros, Software-Entwicklungsfirmen
- wenn komplexe Kundenwünsche nach professionellen Gesamtlösungen vorhanden sind, z. B. Unternehmensreorganisation bei gleichzeitiger Einführung einer integrierten EDV-Lösung
- wenn unterschiedliche Problemstellungen oder unterschiedliche Kunden vorhanden sind, z. B. Bauvorhaben, Filmproduktion etc.

Vorteile des projektorientierten Unternehmens:

- Unternehmerisches Denken wird gefördert.
- Flexibles Eingehen auf Kundenwünsche wird erleichtert.
- Know-how wird systematisch genutzt
- durch flache Hierarchie gute Karrierechancen und hohe Motivation der Mitarbeiter

Probleme des projektorientierten Unternehmens:

- Koordination vieler mittlerer Projekte erfordert neue Strukturen.
- Neue Projekt-(Unternehmens-)Kultur ist erforderlich.

7 Auswahl der geeigneten Projektorganisationsform

Die einzelnen Projektorganisationsformen unterscheiden sich im Grad der organisatorischen „Verselbständigung" im Rahmen einer Unternehmensorganisation. Damit wird auch ausgedrückt, wie sehr die jeweilige Projektorganisationsform in Ausrichtung auf das Projektziel hin gestaltet wurde.

Auswahl der geeigneten Projektorganisationsform

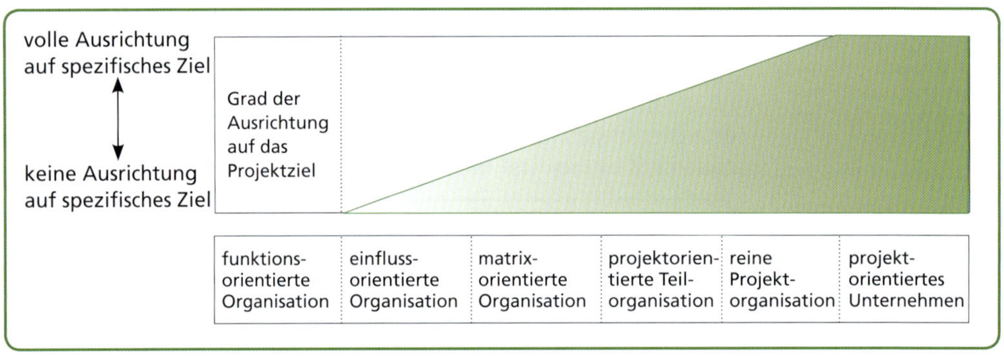

Die Grafik drückt ebenso die **Intensität der Beteiligung der Mitarbeiter am Projekt** aus:

- Bei der reinen Projektorganisation ist die Tätigkeit der Mitarbeiter (idealerweise) zu 100 % am Projektziel orientiert.
- Bei der Einfluss-Projektorganisation wird die Tätigkeit der Mitarbeiter hauptsächlich durch Verrichtungen innerhalb der Linie bestimmt.
- Matrix- und projektorientierte Teilorganisation sind durch die zunehmende Ausrichtung auf das Projektziel charakterisiert.

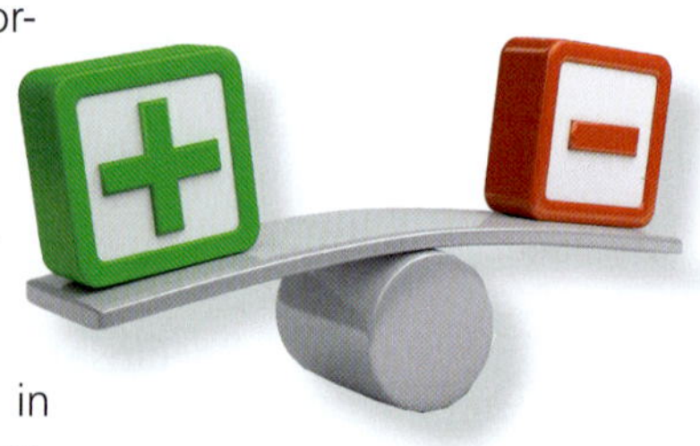

Die Bereiche zwischen den einzelnen Projektorganisationsformen verlaufen fließend. In einem Unternehmen können außerdem bei mehreren gleichzeitig durchgeführten Projekten unterschiedliche Formen der Projektorganisation eingesetzt werden. Bei der Auswahl einer geeigneten Organisationsform für die Durchführung eines Projekts ist es erforderlich, die Ausprägung der einzelnen Projektmerkmale sowie die Projektumgebung zu beurteilen. Die Beurteilung kann in Form einer Bewertungsmatrix erfolgen. Zur leichteren Bewertung der Projektmerkmale werden diese in Unterpunkte aufgegliedert.

Beispiel

Projektmerkmale als Indikator für die geeignete Projektorganisationsform

Das Projektmerkmal „Umfang" kann mit den Punkten „Anzahl beteiligter Stellen", „Anzahl von Teilprojekten", „Anzahl eingesetzter Ressourcen" etc. näher beschrieben werden.

In Tabellenform werden die Merkmalsausprägungen (vgl. Kapitel 1, Lerneinheit 1: „Merkmale eines Projekts") zusammengefasst.

Merkmal	Bewertung					
		1	2	3	4	
Dauer	kurz					lang
Umfang	klein					groß
Innovationsgrad	niedrig					hoch
Komplexität	gering					hoch
Schwierigkeit[1]	gering					hoch
Risiko	gering					hoch
Kosten[2]	niedrig					hoch
Bedeutung	gering					groß
Anzahl	wenige					viele
Kontinuität	gering					groß
Intensität	gering					hoch

Einfluss-Projektmanagement — reines Projektmanagement

Matrix-Projektmanagement

[1] Schwierigkeit: hängt mit dem Projektrisiko zusammen; gibt an, wie „wahrscheinlich" die Erreichung des Projektziels ist

[2] Kosten: sind in anderen Projektmerkmalen implizit enthalten. Zur besseren Bewertung werden sie hier gesondert angeführt.

Liegen die Bewertungen eher im linken Bereich der Matrix, so kann ein Einfluss-Projektmanagement als ausreichend angesehen werden. Für Projekte, die überwiegend Merkmale mit Ausprägungen „groß", „hoch" etc. aufweisen, ist eine reine Projektorganisation erforderlich. Liegen vorwiegend durchschnittliche Merkmalsausprägungen vor, ist die Matrix-Projektorganisation die vorteilhafteste Organisationsform.

Projektmerkmale nicht isoliert, sondern immer im Projektkontext betrachten!

Wichtig ist, dass die Projektmerkmale immer aus der Sicht und momentanen Situation des projektdurchführenden Unternehmens bewertet werden müssen.

Beispiele

Auswahl der geeigneten Projektorganisationsform

- Ein Software-Entwicklungsprojekt mit fünf beteiligten Stellen kann für ein kleines EDV-Unternehmen als „komplex" eingestuft werden; in einem Software-Konzern würde ein solches Projekt eher als „klein" beurteilt werden.
- Eine kleine Baufirma wird die Dauer eines über drei Jahre laufenden Bauvorhabens als „lange" beurteilen; ein Generalunternehmen, welches auf die Errichtung öffentlicher Spitäler spezialisiert ist, wird eine Dauer von drei Jahren als „mittel" einstufen.

Die projektorientierte Teilorganisation wird in der Bewertungsmatrix nicht berücksichtigt. Die Entscheidung für diese Organisationsform orientiert sich hauptsächlich daran, ob der Projektumfang im Rahmen der Teilorganisation durchgeführt werden kann.

Üben

A B C D E

Ü 3.4: Einsatzbereiche der Projektorganisationsformen B

Nennen Sie drei charakteristische Einsatzbereiche für jede Projektorganisationsform.

Task-Force			
Einfluss-Projekt-organisation			
Matrix-Projekt-organisation			
projektorientierte Teilorganisation			

Ü 3.5: Bewertung der Projektorganisation D

Bewerten Sie in der folgenden Tabelle den Organisationsaufwand für die Einrichtung der verschiedenen Projektorganisationsformen **und** den Kommunikationsaufwand bei der Projektabwicklung. Kennzeichnen Sie den Organisationsaufwand mit „o", den Kommunikationsaufwand mit „x". Interpretieren Sie die ausgefüllte Tabelle.

Projektorg.-Form	1	2	3	4	5	Begründung
projektorientierte Teilorganisation						o: x:
Einfluss-Projekt-organisation						o: x:
reine Projekt-organisation						o: x:
Matrix-Projekt-organisation						o: x:

1 = niedrig; 5 = hoch

Ü 3.6: Stellung des Projektleiters D

Bewerten Sie die Stellung des Projektleiters in der Projektgruppe bei den folgenden Projektorganisationsformen:

Projektorg.-Form	1	2	3	4	5	Begründung
projektorientierte Teilorganisation						
Einfluss-Projektorganisation						
reine Projektorganisation						
Matrix-Projektorganisation						
projektorientiertes Unternehmen						

1 = schwach; 5 = stark

Ü 3.7: Wahl der geeigneten Projektorganisationsform D

Welche Organisationsform würden Sie für die folgenden Projekte wählen? Begründen Sie Ihre Entscheidung. (**T**: Task-Force, **E**: Einfluss-Projektorganisation, **M**: Matrix-Projektorganisation; **P**: projektorientierte Teilorganisation)

	Projektbeschreibung	Form	Begründung
1	Entwurf/Herstellung neuer (firmeneinheitlicher) Visitenkarten		
2	Entwicklung eines ergonomischen Computertisches in der Neudörfler Möbelfabrik		
3	Entwicklung eines neuronalen Computers für die unbemannte Raumfahrt		
4	weltweite Standardisierung eines neuen DVD-Aufzeichnungsverfahrens		
5	Herstellung von Werkbänken für den Eigenbedarf in der Fertigungsabteilung eines Produktionsunternehmens		
6	Anlage eines Gemeindewaldes durch die Pfadfinder		
7	Herstellung von Multimedia-CDs in einem Creativ-Büro		

3 Projektstart und -organisation

Ü 3.8: Wahl der geeigneten Projektorganisationsform D

Der burgenländische Fenstererzeuger „Mausbeck“ mit rund 220 Mitarbeitern möchte zur Verbesserung seiner Wettbewerbschancen in der EU innerhalb eines Jahres die Qualitätszertifizierung nach ISO erreichen. Mit der Projektleitung wird ein Vertriebsingenieur vollamtlich beauftragt. Alle Abteilungen bzw. funktionellen Bereiche, welche mit der Fertigung der Fenster zu tun haben, sind von den Maßnahmen zur Erreichung der Zertifizierung betroffen: Holzeinkauf und -lagerung, Konstruktion und Entwicklung, Fertigung, Lackiererei. Am Projekt werden auch externe Qualitätsberater, etwa das Wirtschaftsförderungsinstitut, beteiligt sein.

Merkmal	Bewertung					
		1	2	3	4	
Dauer	kurz					lang
Umfang	klein					groß
Innovationsgrad	niedrig					hoch
Komplexität	gering					hoch
Schwierigkeit[1]	gering					hoch
Risiko	gering					hoch
Kosten[2]	niedrig					hoch
Bedeutung	gering					groß
Anzahl	wenige					viele
Kontinuität	gering					groß
Intensität	gering					hoch

Einfluss-Projektmanagement — Matrix-Projektmanagement — reines Projektmanagement

Aufgabe:

Analysieren Sie die Projektmerkmale, wählen Sie eine geeignete Projektform aus und begründen Sie Ihre Entscheidung (verwenden Sie die abgebildete Bewertungsmatrix).

Ü 3.9: „Fallbeispiel „BonOnline“ – Auswahl und Begründung der Projektorganisationsform D

Das Umfeld „Schule“ gibt für die Gestaltung der Projektorganisation bereits gewisse Randbedingungen vor. So ist z. B. die Umsetzung einer Task-Force, d. h. eines Teams, das außer dem Projekt keine weiteren Verpflichtungen hat, in ihrer strengen Form nicht möglich. Die Merkmale „Verantwortlichkeit“ und „Anweisungsbefugnis“ des Projektmanagers können aber (mit kleinen Einschränkungen) durchaus in diesem Sinne verwirklicht werden.

Aufgabe in Gruppenarbeit:

a) Analysieren Sie alle vier Hauptformen der Projektorganisation hinsichtlich ihrer Anwendbarkeit für das Projekt „BonOnline“. Stellen Sie die im Theorieteil beschriebenen Merkmale den Gegebenheiten oder Möglichkeiten der Umsetzung im Schulbetrieb in der nachfolgenden Tabelle gegenüber.
b) Erstellen Sie ein Profil des Projekts „BonOnline“ mithilfe der Bewertungsmatrix.
c) Wählen Sie aufgrund der Erkenntnisse aus a) und b) die Ihrer Meinung nach geeignetste Projektorganisationsform aus. Begründen Sie Ihre Entscheidung und beschreiben Sie kurz Abweichungen oder Einschränkungen zur „theoretischen“ Organisationsform.

Analyse möglicher Projektorganisationsformen

Projekt-organisations-form	Merkmale aus dem Theorieteil	mögliche Ausprägung im Schulprojekt „BonOnline"
reine Projekt-organisation (Task-Force)		
Einfluss-Projekt-organisation		
Matrix-organisation		
projekt-orientierte Teil-organisation		

Sichern

SbX ID: 0323

Projektorganisationsformen

Je nach Art und Bedeutung eines Projekts eignen sich bestimmte **Organisationsformen** besser als andere. Die Organisationsformen unterscheiden sich:

- in der Eigenständigkeit der Projektorganisation
- im Grad der Ausrichtung der Mitarbeiter auf das Projekt
- in der Möglichkeit zur effizienten Kommunikation und Entscheidungsfindung

reine Projektorganisation (Task-Force)

Organisationsform mit **maximaler Selbständigkeit und Unabhängigkeit** sowie optimaler Ausrichtung auf das Projektziel. Organisatorisch wie auch finanziell ist dies eine sehr aufwendige Form, daher bietet sich der Einsatz nur bei strategisch besonders wichtigen oder sehr intensiven Projekten an.

projektorientierte Teilorganisation

Die projektorientierte Teilorganisation wird innerhalb einer Organisationseinheit (Abteilung) durchgeführt, kann innerhalb dieser auch einen hohen Grad an Eigenständigkeit haben. Aufgrund des **geringen organisatorischen Aufwands** ist dies eine effiziente Organisationsform bei guter Kommunikationsstruktur innerhalb der Abteilung. Sie eignet sich für Projekte innerhalb eines bestimmten Fachgebiets.

Matrix-Projektorganisation

Die Einbindung von Projektmitarbeitern unterschiedlicher Kompetenzen in ein Projekt erfolgt bedarfsabhängig, daher können **vorhandene Ressourcen gut genutzt** werden. Diese Organisationsform ist nur hinsichtlich der zu erbringenden Leistung („WAS"), der Termine („WANN") sowie der Vertretung nach außen eigenständig (Kompetenzen des Projektleiters). Zur Gewährleistung einer effizienten Kommunikation und flexiblen Projektdurchführung sollte eine Projektplattform (Intranet) eingesetzt werden. Dei Matrix-Projektorganisation ist für eine breite Palette von Projekten geeignet.

Einfluss-Projektorganisation

Die Mitarbeiter führen Projektarbeiten neben ihrer eigentlichen Haupttätigkeit in der Linie durch. Es gibt **keine eigenständige Projektorganisation,** der Projektleiter besitzt nur eine koordinierende Funktion und keine Weisungskompetenzen. Kommunikation und Koordination sind nur durch den Einsatz von Informations- und Kommunikationstechnologien (IKT) sinnvoll möglich. Diese Organisationsform eignet sich für unkritische, kurze Projekte mit geringer bis keiner strategischen Bedeutung.

projektorientiertes Unternehmen

Sämtliche Aufgaben im Unternehmen werden grundsätzlich **in Form von Projekten** abgewickelt. Eine volle Ausrichtung der einzelnen Teams auf ihr Projektziel ist gegeben, üblicherweise ist eine intensive technische Unterstützung im Kommunikations- und Koordinationsbereich durch Projektmanagement-Plattformen erforderlich. Diese Organisationsform ist v. a. in primär projektorientierten Branchen, z. B. Architekturbüro, Werbeagentur etc., sinnvoll einsetzbar.

Management by Projects

Management by Projects betrachtet die **Gesamtheit der Projekte eines Unternehmens** und koordiniert bzw. priorisiert diese unter strategischen Gesichtspunkten. Jedes Vorhaben wird als Projekt betrachtet, wodurch ein sehr zielorientiertes und ressourcenbewusstes Handeln erreicht wird.

Vokabeln dieser Lerneinheit

Deutsch	Englisch
Projektorganisation	project organization
Aufbauorganisation	organizational breakdown structure
Linienorganisation	functional organization
Matrixorganisation	matrix organization
projektbasierte Organisation	projectized organization
gemischte Organisation	composite organization

SbX ID: 0323

Eine Audio-Wiederholung mit Audio-Player und MP3-Download sowie eine Bildschirmpräsentation mit den Grafiken dieser Lerneinheit finden Sie unter der ID: 0323.

Wissen

A B C D E

W 3.4: Projektorganisationsformen A

Welche grundlegenden Organisationsformen können in Projekten eingesetzt werden?

W 3.5: Task-Force B

Erklären Sie die reine Projektorganisation (Task-Force):

a) Organigramm
b) Merkmale
c) Vorteile und Nachteile bzw. mögliche Probleme

W 3.6: Einfluss-Projektorganisation B

Erklären Sie die Einfluss-Projektorganisation:

a) Organigramm
b) Merkmale
c) Vorteile und Nachteile bzw. mögliche Probleme

W 3.7: Matrix-Projektorganisation B

Erklären Sie die Matrix-Projektorganisation:

a) Organigramm
b) Merkmale
c) Vorteile und Nachteile bzw. mögliche Probleme

W 3.8: Projektorientierte Teilorganisation B

Erklären Sie die reine projektorientierte Teilorganisation:

a) Organigramm
b) Merkmale
c) Vorteile und Nachteile bzw. mögliche Probleme

W 3.9: Projektorientiertes Unternehmen B

Erklären Sie, was ein „projektorientiertes Unternehmen" ist, in welchen Branchen es häufig zu finden ist und wo die Vor- und Nachteile dieser Organisationsform liegen.

Ein kurzer Kompetenz-Check, bevor's weitergeht!

Kompetenz-Check

	☺	😐	☹
Ich kenne die verschiedenen Organisationsformen für Projekte und kann ihre Merkmale, Vor- und Nachteile sowie Einsatzbereiche beschreiben.			
Ich kann, ausgehend von einem konkreten Projekt oder einer Projektbeschreibung, die dafür am besten geeignete Projektorganisationsform auswählen.			

Lerneinheit 3

Teambildung und -führung

SbX
Alle SbX-Inhalte zu dieser Lerneinheit finden Sie unter der ID: 0330.

Ein leistungsfähiges, zielorientiert und effizient arbeitendes Projektteam ist einer der wesentlichen Erfolgsfaktoren für ein Projekt. Ein motiviertes Team meistert auch schwierige Projektsituationen, in denen ein schwaches Team resignieren oder nur mehr „den Schuldigen" suchen würde. Der Projektmanager ist hier die zentrale Integrationsfigur, die aus einem „Haufen" von Individualisten und Einzelkämpfern ein funktionierendes Team formt. Neben den dafür erforderlichen persönlichen Eigenschaften sollte er Erfahrung mit den gruppendynamischen Prozessen bei der Teambildung und Teamarbeit mitbringen.

Lernen

1 Das Projektteam

Die **richtige Zusammensetzung des Projektteams** ist wichtig für den Erfolg des Projekts.

Die Bildung einer Projektorganisation legt neue Informations- und Kommunikationswege fest und verbessert die Kooperationsmöglichkeiten. Damit werden Projektmitglieder mit unterschiedlichen Aufgaben- und Verantwortungsbereichen in einer partnerschaftlichen Atmosphäre für ein zielgerichtetes Arbeiten verbunden.

Die Teilnahme an einem Projekt bringt für die Mitarbeiter neue Herausforderungen.

Der **Schritt in ein Projekt** bedeutet für die Projektmitglieder

- höheres Engagement für die Entscheidungsfindung,
- größere Bereitschaft zur Konfliktbewältigung,
- selbständigeres Agieren, da viele Hierarchien und Verhaltensrichtlinien nicht mehr gültig sind,
- die Möglichkeit der aktiven Mitgestaltung von Projektverlauf und Projektarbeit,
- die Möglichkeit zur gezielten Einbringung eigener Stärken und Fähigkeiten,
- das Übernehmen von Verantwortung für die eigenen Entscheidungen und Handlungsweisen.

Die teilweise oder vollständige Herauslösung der Projektmitarbeiter aus ihrem gewohnten Arbeitsbereich sowie die Integration in ein (neues) Projektteam können zu Spannungen und Problemen zwischen den Betroffenen führen. Ein externer Berater (externer Projektcoach, Lehrbeauftragter etc.) kann in dieser kritischen Phase der Teambildung von Vorteil sein. Insbesondere der Aufbau von Vertrauen innerhalb des Teams kann dadurch gefördert werden.

Besonderes Augenmerk ist auf die Zusammensetzung des Teams zu legen – sowohl in fachlicher als auch in sozialer Hinsicht.

Bei der **Bildung einer Projektgruppe** müssen folgende Aspekte berücksichtigt werden:

- die unterschiedlichen Fachkompetenzen der Projektmitglieder
- die Position der Projektmitglieder im Projektumfeld (und die Auswirkungen, die sich daraus auf das Projekt ergeben)
- die Zeit- bzw. Arbeitskapazität, die jedes Projektmitglied in das Projekt einbringen kann
- die Persönlichkeit der einzelnen Teammitglieder
- bereits außerhalb des Projekts bestehende Konflikte zwischen einzelnen Projektmitgliedern
- die „Freiwilligkeit", mit der eine Person in ein Projektteam eintritt

Virtuelle Teams kommunizieren über das Internet.

Besondere Herausforderungen in den Bereichen Kommunikation und Zusammenarbeit entstehen bei der Bildung sogenannter **„virtueller Teams"**. Das sind Teams, deren Mitglieder – abgesehen vom Projektstart und sporadischen Meetings – an unterschiedlichen Orten und z.T. zu unterschiedlichen Zeiten zusammenarbeiten. Diese Form der Zusammenarbeit wird erst durch den Einsatz gemeinsamer Kommunikationsplattformen im Internet möglich.

Einflussfaktoren für die Arbeit im Projektteam

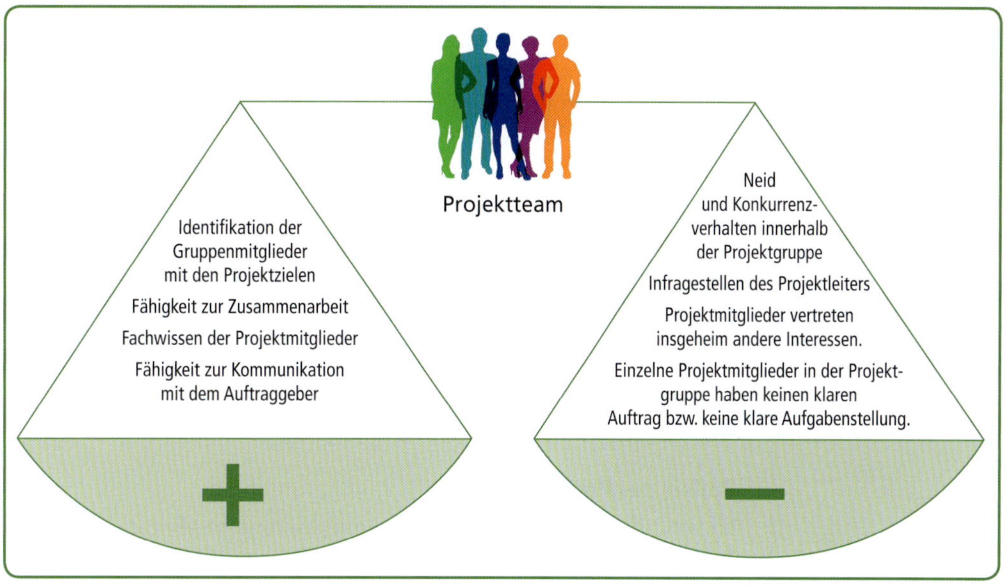

Wesentlich bei der Teambildung sind der Aufbau und die Sicherstellung einer positiven Projektkultur.

Die **Kultur des Projektumfelds** zeigt sich

- an der Art der Zusammenarbeit,
- an der Gesprächskultur („Wie wird miteinander geredet?"),
- an der Art, wie Konflikte ausgetragen werden,
- an der Einstellung und Bereitschaft zu (Mehr-)Leistung,
- an der Form, ob und wie Leistung belohnt wird,
- an der Art, wie Entscheidungen getroffen und durchgesetzt werden.

Bei der Matrix- oder Einflussorganisation sind die Projektmitglieder durch Aufgaben außerhalb der Projektgruppe einer Doppelbelastung oder Interessenkonflikten ausgesetzt. Eine frühzeitige Einbindung der Ansprechpartner im Projektumfeld trägt zur Vermeidung von Konflikten oder einer Konkurrenzsituation bei.

Besonderen Einfluss auf die Arbeitsfähigkeit eines Teams hat der **Projektleiter.** Er muss einerseits auf die konsequente Verfolgung der Projektziele achten, andererseits dafür sorgen, dass das Klima in der Gruppe von gegenseitiger Akzeptanz und Offenheit geprägt wird.

Größe des Projektteams

Die **Größe des Projektteams** hängt von der zu erfüllenden Projektaufgabe ab. Projektgruppen sollten nicht zu groß sein, um die Bildung einer sozialen Gruppe zu fördern und einen zu hohen Kommunikations- und Koordinationsaufwand zu vermeiden. Als Obergrenze für die Größe eines Projektteams werden acht bis zwölf Mitarbeiter angenommen, die Untergrenze bilden drei Mitarbeiter.

2 Der Projektleiter

Der Projektleiter/Projektmanager ist für die Erreichung der vorgegebenen Projektziele verantwortlich. Dabei muss er das Projekt so leiten, dass die vorgegebene Leistung erreicht wird und die geplanten Termine und Kosten eingehalten werden. Im Rahmen seiner Tätigkeit muss er u. a.

- die Projektziele formulieren und die Genehmigung des Auftraggebers einholen,
- die Projektplanung erstellen und aktualisieren,
- die Projektdurchführung kontrollieren und steuern,

- für Informationsaustausch sorgen, Kommunikationsmöglichkeiten bereitstellen,
- die Projektgruppe führen,
- Projektentscheidungen vorbereiten und treffen,
- die Erfüllung des Projektziels verifizieren,
- eine Projektrückschau durchführen und organisationales Lernen ermöglichen.

Je komplexer ein Projekt ist, desto wichtiger sind die koordinierenden und steuernden Tätigkeiten des Projektleiters.

Anforderungsprofil eines Projektleiters

Status, Professionalität und Persönlichkeit des Projektleiters sind entscheidende Faktoren für den Projekterfolg. Der Projektleiter benötigt gleichermaßen Kompetenzen in den Bereichen

- **Fachwissen** = fachliche Kenntnisse zum Projektinhalt,
- **Methodenwissen** = Beherrschung der Methoden des Projektmanagements,
- **soziale Fähigkeiten** = persönliche Autorität,
- **Führungskompetenz** = zielgerichtetes Leiten des Teams.

Rollen des Projektleiters

Im Verlauf eines Projekts muss der Projektleiter eine Vielzahl an Rollen übernehmen. Der Begriff einer „Rolle" kennzeichnet jene persönlichen Fähigkeiten und Tätigkeiten eines Projektleiters, die weit über seine rein formal definierten Aufgaben hinausgehen, für den Projekterfolg aber gleichermaßen wichtig sind.

Der Projektleiter ist die Schlüsselfigur für den Projekterfolg.

- **Moderator:** steuert Teamsitzungen, schafft positive Arbeitsatmosphäre, setzt Problemlösungs- und Visualisierungstechniken ein
- **Politiker/Diplomat:** vertritt als „Schnittstelle" zum Projektumfeld die Interessen des Projekts und seiner Projektmitarbeiter nach außen
- **Manager:** muss als Führungskraft mit oft eingeschränkten Kompetenzen neue Strukturen der Zusammenarbeit schaffen
- **Fachmann:** darf als Fachmann in seinem „Stammbereich" nicht zu dominant sein und muss Fachkompetenz an Mitarbeiter „delegieren" können, ohne die große Projektlinie zu vernachlässigen
- **Puffer, „Prellbock":** muss ausgleichendes Element bei Konflikten im Projektteam sein; muss bei Konflikten zwischen Projekt und Umfeld sein Team vertreten und „schützen" (siehe auch: Konfliktmanager)
- **Stratege:** darf während des Projektverlaufs das Gesamtziel nie aus den Augen verlieren; muss sinnvolle und realistische Ziele formulieren und die Arbeit des Teams permanent darauf abstimmen
- **Konfliktmanager:** muss Konflikte erkennen, mit ihnen umgehen können sowie Lösungsmöglichkeiten entwickeln, um das Projektteam arbeitsfähig zu halten
- **Teamentwickler:** muss aus den „Einzelkämpfern" am Projektbeginn eine Kultur gegenseitiger Akzeptanz und kollegialer Unterstützung schaffen
- **Diagnostiker:** muss Soll-Ist-Abweichungen erkennen, Ursachen analysieren und Gegenmaßnahmen entwickeln können
- **Berater:** Die Kontrollfunktion des Projektleiters wird zusehends durch eine Beratungsfunktion in fachlichen und methodischen Bereichen abgelöst. Damit sorgt er dafür, dass sein Team arbeitsfähig bleibt.
- **Lehrer:** Unterschiedliche Eingangsvoraussetzungen der Teammitglieder zu Projektbeginn müssen ausgeglichen werden. Pädagogische Fähigkeiten sind für die Vermittlung von Wissen von großem Nutzen.
- **Seelsorger:** Auch „zwischenmenschliche", also nicht auf Projektinhalt oder -organisation bezogene Probleme der Mitarbeiter müssen im Sinne des Projekterfolgs besprochen und gelöst werden.

Bruce Wayne Tuckman (*1938) ist ein US-amerikanischer Psychologe. Er entwickelte 1965–1977 ein Phasenmodel für Gruppenentwicklung.

Phasen der Teambildung nach Tuckman:

- Forming
- Storming
- Norming
- Performing

Phasenbezeichnungen auf Deutsch:

- Orientierungsphase
- Konfrontationsphase
- Kooperationsphase
- Wachstumsphase
- Auflösungsphase

Querverweis

Kommunikation im Team, Projektmoderation und Krisenmanagement im Team werden im IV. Jahrgang ausführlich behandelt.

3 Phasen der Teambildung

Nach Bruce Wayne Tuckman gibt es vier Phasen während des „Lebenszyklus" eines Projektteams: **Forming – Storming – Norming – Performing.** Jeder dieser Abschnitte ist durch bestimmte gruppendynamische Vorgänge, auch Konflikte, innerhalb des Projektteams gekennzeichnet. Es ist die (in der Praxis oft schwierige) Aufgabe des Projektmanagers, die Prozesse innerhalb der Gruppe zu erkennen und steuernd einzuwirken, um möglichst rasch zu einem arbeits- und leistungsfähigen Team zu gelangen.

Folgende Prozesse finden während der einzelnen Phasen statt:

- **Forming:** Die Teammitglieder lernen einander kennen. Regeln und Grenzen werden ausgetestet. Aufgaben, Regeln und Methoden werden definiert.
- **Storming:** Konflikte und polarisierende Meinungen treten innerhalb des Teams auf; sie dienen zur Strukturierung der Gruppe. Aufgabenanforderungen werden emotional abgelehnt.
- **Norming:** Die Konflikte werden bereinigt, Gruppennormen bilden sich aus und werden als verbindlich anerkannt. Kooperationen entstehen.
- **Performing:** Die Konflikte sind gelöst, es gibt eine funktionale Gruppenstruktur. Die Teammitglieder können ihre Energie für die Aufgaben mobilisieren.

Tuckman hat später den vier Phasen eine fünfte angefügt, das **„Adjourning"** (manchmal auch: „Mourning"), die Auflösung des Teams und das Auseinandergehen der Teammitglieder.

Die folgende Grafik stellt die fünf Abschnitte in ihrem Zusammenhang dar. Dabei ist erkennbar, dass die Abschnitte Storming, Norming und Performing im Zuge eines Projekts noch weitere Male, möglicherweise in abgeschwächter Form, durchlaufen werden können.

Phasen der Teambildung nach Tuckman

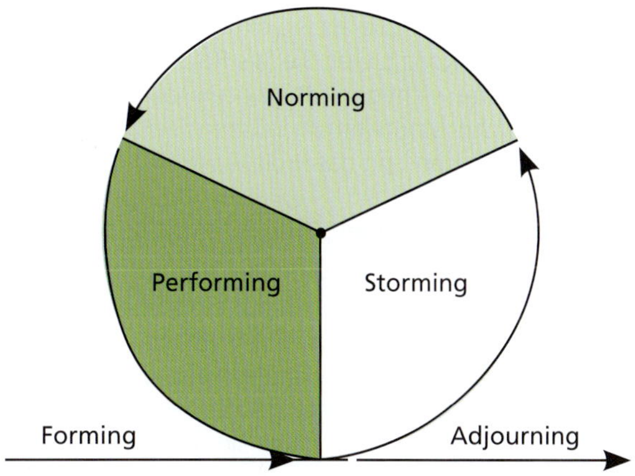

Üben

A B C D E

Ü 3.10: Fallbeispiel „Max Melndorf" zu Teambildung und Projektmanagement D

Das papiererzeugende Unternehmen Max Melndorf plant die Einführung eines neuen, umweltschonenderen Produktionsverfahrens für Recyclingpapiere. Der Umbau einer Produktionsmaschine soll durch eine spezielle Industriesteuerung die geforderte Qualität ohne den Einsatz von Chemikalien als Bleich- oder Zusatzstoffe ermöglichen. Das Projektteam besteht aus mehreren (Diplom-)Ingenieuren aus den Bereichen Maschinenbau, Informatik und technische Chemie. Weiters im Projektteam sind:

- **Karl, 28 Jahre.** Er ist Informatiker aus der EDV-Abteilung, wo er und Kolleginnen und Kollegen der gleichen Altersgruppe eine leistungsbereite, flexible Mannschaft bilden. Probleme werden gemeinsam gelöst, Entscheidungen gemeinsam getroffen. Auch in der Freizeit gibt es viele gemeinsame Aktivitäten.
- **Robert, 45 Jahre.** Er arbeitet seit 30 Jahren in der Fertigungsabteilung, wo er es vom Lehrling zum Maschinenmeister gebracht hat. Er ist bedacht, die Stellung, die er sich erarbeitet hat, zu halten. Insbesondere zwischen den Meistern und den Ingenieuren der Fertigung besteht ein gespanntes Verhältnis; jeder versucht, Fehler beim anderen zu finden. Mit Robert wurde erstmals ein Maschinenmeister in eine Projektgruppe aufgenommen.

Der Projektalltag zwischen Karl und Robert gestaltet sich schwierig. Karl fällt bei den Besprechungen „mit der Tür ins Haus", möchte alle Probleme auf den Tisch bringen und gleichzeitig anpacken. Robert kann mit der Offenheit seines jungen Kollegen wenig anfangen, hat Probleme mit dem EDV-Jargon und vermutet dahinter nur eine Taktik Karls, mit der sich dieser profilieren möchte. Karl ist wiederum erbost, als er entdeckt, dass Robert ihm wichtige Maschinendetails vorenthalten hat.

Der Projektleiter hat noch weitere Probleme zu bewältigen:

- Ein wichtiger Kunde hat bereits eine Werbeaktion für seine Fruchtsäfte im neuen, umweltfreundlichen Recyclingkarton gestartet. Er benötigt aufgrund der regen Nachfrage den neuen Recyclingkarton bereits 2 Monate vor dem geplanten Projektende.
- Der größte Lieferant des Rohmaterials liefert in mangelhafter Qualität. Das Rohmaterial kann im herkömmlichen Verfahren, nicht aber im umweltschonenden Verfahren verarbeitet werden. Über einen ehemaligen Mitarbeiter findet Robert eine mögliche Ursache: Der Lieferant hatte ursprünglich geplant, mit einem ähnlichen Produktionsverfahren auf den Markt zu gehen.

Aufgabenstellungen:

a) Analysieren Sie das interne und externe Projektumfeld.
b) Welche Ursachen hat der Konflikt in der Projektgruppe?
c) Wie würden Sie als Projektleiter versuchen, die Differenzen zwischen Karl und Robert beizulegen? Konzipieren Sie (als Rollenspiel) ein Gespräch zwischen den beiden.
d) Welche wichtigen Fähigkeiten sollten die Projektmitglieder entwickeln?
e) Welche Maßnahmen würden Sie als Projektleiter ergreifen, um die externen Probleme zu bewältigen und das Projekt vor dem Scheitern zu bewahren?

Ü 3.11: Fallbeispiel „Plug 'n' Play" zur Teambildung (1. Teil) D

Die Firma Plug 'n' Play, Großimporteur und Handelsbetrieb für Kinderspielwaren, plant die Umstellung aller Abteilungen auf ein einheitliches Textverarbeitungssystem „USWriter deluxe 7.0". Für die Durchführung der Umstellung wird ein Projektteam in Matrixorganisation gebildet. Gabriele, Mitarbeiterin in der Vertriebsabteilung, hat in Amerika bereits mehrere Jahre mit diesem Textverarbeitungssystem gearbeitet. Mr. Brown, der Projektleiter, erkennt Gabrieles fachliche Qualifikationen und nimmt sie als Textverarbeitungsspezialistin und für die Durchführung von Mitarbeiterschulungen in sein Projektteam auf. Gabriele fühlt sich geehrt und freut sich auf ihre neue Aufgabe, da sie die Umstellung auf ein einheitliches Textverarbeitungssystem für wichtig hält.

Die anfängliche Freude Gabrieles weicht jedoch bald der Ernüchterung:

- Für die Organisation und Koordination der Mitarbeiterschulungen ist im Projektteam C. Smith verantwortlich, ein Kollege, mit dem Gabriele vor einem Jahr eine heftige Auseinandersetzung hatte.
- Der Leiter der Vertriebsabteilung, Herr Sellman, berücksichtigt Gabrieles zusätzliche Aufgaben im Projekt überhaupt nicht. Er entlastet sie bei ihrer Arbeit in der Vertriebsabteilung nicht – im Gegenteil: Es scheint, als würde er ihr nun besonders viele Arbeiten zuteilen.
- Gabrieles Kolleginnen in der Vertriebsabteilung reagieren seit ihrer Berufung in das Projektteam auffallend oft mit spitzen Bemerkungen über die „Beförderung" Gabrieles.

Aufgabenstellungen:

a) Welche grundsätzlichen Überlegungen zur Bildung des Projektteams in der Firma Plug 'n' Play hätten sorgfältiger geführt werden müssen?
b) Welche positiven und negativen Auswirkungen auf die Projektarbeit im Projektteam zeigen sich im Beispiel Umstellung des Textverarbeitungssystems in der Firma Plug 'n' Play?

Ü 3.12: Fallbeispiel „Plug 'n' Play" zur Teambildung (2. Teil) D

Mr. Brown, der Projektleiter für die Umstellung aller Abteilungen der Firma Plug 'n' Play auf ein einheitliches Textverarbeitungssystem „USWriter deluxe 7.0", muss wenige Wochen nach dem offiziellen Projektstart feststellen, dass die Leistung und das Engagement von Gabriele, der Textverarbeitungsspezialistin, stark abgefallen sind (siehe auch **Ü 3.11**). Das widerspricht dem Bild, das er bislang von seiner Projektmitarbeiterin hatte. Er führt daher ein Gespräch mit ihr, in dem er einen Einblick in ihre Probleme erhält.

Mr. Brown setzt nun folgende Schritte:

- In einem Dreiergespräch mit Gabriele und C. Smith versucht Mr. Brown, den Konflikt zwischen den beiden zu entschärfen. Dabei klärt er auch die Kompetenzüberschneidungen der beiden Mitarbeiter: Smith ist für den organisatorischen Ablauf des unternehmensweiten Schulungsprogramms verantwortlich, Gabriele für den inhaltlichen und didaktischen Aufbau der Seminare. Die Verantwortungsbereiche werden von Mr. Brown anschließend in die IMV-Matrix (Verantwortungsmatrix) im Projektordner eingetragen.
- Im Rahmen einer Präsentation des „USWriter deluxe 7.0" vor den Geschäfts- und Abteilungsleitern bedankt sich Mr. Brown offiziell bei Gabrieles Vorgesetztem, Herrn Sellman, für die „hervorragende Mitarbeiterin". Im folgenden inoffiziellen Teil der Präsentation lässt Brown Herrn Sellman gegenüber anklingen, dass Gabriele – mit entsprechender Unterstützung Sellmans – bereits im Rahmen des Projekts einen Teil der Formatvorlagen und Formulare für den Vertrieb erstellen könnte.
- Mit C. Smith vereinbart Mr. Brown, dass das Pilotseminar in der Vertriebsabteilung stattfindet. Gabrieles Kolleginnen wären somit „die Ersten" im Unternehmen, die mit dem neuen leistungsfähigen Textverarbeitungssystem arbeiten und auch eigene Praxiserfahrungen rückmelden können.

Aufgabenstellungen:

a) Weist Mr. Brown Kompetenz als Projektleiter auf? Begründen Sie Ihre Entscheidung:

	ja/nein	Begründung
Fachwissen		
Methodenwissen		
soziale Fähigkeiten		
Führungskompetenz		

b) Welche „Rollen" hat Mr. Brown im Beispiel Plug 'n' Play übernommen?

Ü 3.13: Teambildung und Projektmanagement D

Wie könnten sich die folgenden Vorgänge/Ereignisse auf ein Projekt auswirken – begründen Sie jeweils Ihre Meinung.

Vorgang/Ereignis	positiv	negativ
Der Lehrer teilt die Schüler je nach Fachwissen als Projektmitglieder den einzelnen Projekten zu.		

Vorgang/Ereignis	positiv	negativ
Um seine Mitarbeiter zu entlasten, nimmt der Projektleiter eine Menge der Arbeiten auf sich und arbeitet täglich bis spät in die Nacht. Allerdings fehlt ihm oft die Zeit für Gespräche mit Vorgesetzten und Mitarbeitern.		
C. Smith hat sich für das Projekt „Textverarbeitung bei Plug 'n' Play" beworben, weil er Gabriele attraktiv findet.		
Der Lehrer legt die Gruppengröße für Projektgruppen auf 7 bis 10 Schüler fest.		

Ü 3.14: Fallbeispiel „BonOnline" – Methoden zur Teambildung E

Führen Sie die „Kennenlern-Runde" nach folgender Beschreibung durch.

Exkurs: Aufgabenverteilung in der Projektgruppe – Stärken-Schwächen-Runde

Sie wollen Ihre Aufgaben und Rollen im Projektteam festlegen, aber Sie sollten sich in der Gruppe noch etwas besser kennenlernen. Dazu führen Sie eine „Kennenlern"-Runde durch:

Jedes Gruppenmitglied nennt drei fachliche Vorlieben (z. B. Marketing, Rechnungswesen, Programmierung).

Tatsächlich …

- sind **zwei** der Vorlieben (aus Sicht des Nennenden) richtig,
- ist **eine** der Vorlieben genau gegenteilig ausgeprägt (z. B. kein Interesse an Marketing).

Aufgabe der anderen Gruppenmitglieder ist es, jede der drei Vorlieben in die richtige Kategorie einzuordnen (schriftlich – Tabelle verwenden).

In der zweiten Runde werden mit jedem Gruppenmitglied die Zuordnungen durch die anderen diskutiert. Nachdem Sie mit diesem kleinen Spiel die in der Gruppe vertretenen Interessen kennengelernt haben, können Sie Aufgaben und Verantwortungen für die Detailplanung leichter zuordnen.

Ü 3.15: Fallbeispiel „BonOnline" – Projektorganisationplan E

Erstellen Sie in der Gruppe (ca. 4 bis 5 Schülerinnen/Schüler) einen Projektorganisationsplan für das Projekt „BonOnline".

- Definieren Sie globale Aufgabenbereiche (z. B. Programmierung, Webdesign …).
- Ordnen Sie Ihre Namen den Aufgabenbereichen zu.
- Stellen Sie die Organisation als Organigramm dar.
- Bestimmen Sie die Projektleiterin/den Projektleiter.

Sichern

SbX ID: 0333

Herausforderung durch Projektarbeit

Der Eintritt in ein Projekt bringt – insbesondere für projektunerfahrene Mitarbeiter – neue Herausforderungen mit sich, welche bei der Teambildung zu berücksichtigen sind. Den positiven Effekten für die Mitarbeiter – aktives Mitgestalten, abwechslungsreiche, zielorientierte Tätigkeiten – stehen Unsicherheit durch Wegfall gewohnter Abläufe, höhere Verantwortung sowie ein neues soziales Umfeld gegenüber.

Teambildung

Bei der **Zusammensetzung des Teams** müssen sowohl Erfahrung als auch fachliche und sozial-emotionale Fähigkeiten der zukünftigen Teammitglieder in Betracht gezogen werden. Auch auf möglicherweise latent vorhandene Konflikte muss geachtet werden.

Phasen der Teambildung

Nach Tuckman werden bei der Teambildung vier Phasen durchlaufen: **Forming – Storming – Norming – Performing.** Ziel ist es, ein Team möglichst rasch in die Phase des „Performing" zu bringen, dabei die davorliegenden Phasen aber ebenfalls zu durchlaufen und sorgfältig abzuschließen.

Projektkultur

Der Projektleiter legt die Art und Weise, wie die **Zusammenarbeit im Projektteam** funktioniert, fest. Positive Faktoren der Teamarbeit sind zu fördern (z. B. gute Gesprächskultur, Bereitschaft zur Unterstützung ...), negative Faktoren bzw. Konflikte sind zu beseitigen (z. B. Unklarheit über Aufgaben, Konkurrenzverhalten ...).

Projektmanager

Neben fachlichen und organisatorisch-methodischen Kompetenzen muss der Projektleiter insbesondere **Fähigkeiten zur Bildung und Führung eines Teams** haben. Seine Aufgabe ist es, alle gruppendynamischen Prozesse rechtzeitig zu erkennen und so zu steuern, dass das Projektteam seine volle Leistungskapazität entfalten kann. Seine ausgeprägten Fähigkeiten und seine Persönlichkeit verschaffen dem Projektmanager Akzeptanz im Projektteam.

Vokabeln dieser Lerneinheit

Deutsch	Englisch
Projektteam	project team
Teambildung	team building, team forming
Teamentwicklung	team development
Teamführung	team leadership
Teamleistung	team performance
Teamgröße	team size
Projektmanager	project manager
Führungskompetenz	leadership
Sozialkompetenzen	interpersonal skills
Entscheidungsfindung	decision making
Ergebnisorientierung	results orientation

SbX ID: 0333

Eine Audio-Wiederholung mit Audio-Player und MP3-Download sowie eine Bildschirmpräsentation mit den Grafiken dieser Lerneinheit finden Sie unter der ID: 0333.

Wissen

A B C D E

W 3.10: Herausforderung der Teamarbeit B

Beschreiben Sie, welche Herausforderungen sich für das einzelne Teammitglied beim Eintritt in ein Projektteam ergeben.

W 3.11: Aspekte der Teambildung B

Erklären Sie, welche Aspekte bei der Bildung eines Projektteams und bei der Rekrutierung von Projektmitgliedern zu berücksichtigen sind.

W 3.12: Einflussfaktoren bei der Teamarbeit A

Nennen Sie Faktoren, welche die Arbeit im Projektteam beeinflussen.

Faktoren mit positiver Auswirkung	Faktoren mit negativer Auswirkung

W 3.13: Virtuelle Teams B

Erklären Sie den Begriff „virtuelle Teams".

W 3.14: Projektkultur B

In welchen Aspekten drückt sich die Kultur des Projektumfelds aus? Finden Sie für jeden der Aspekte konkrete Beispiele.

W 3.15: Teamgröße B

Welche Größe sollten Projektteams haben? Begründen Sie Ihre Antwort.

W 3.16: Aufgaben des Projektleiters B

Beschreiben Sie die Aufgaben, die der Projektleiter hinsichtlich der Führung seines Teams hat.

W 3.17: Rollen des Projektleiters B

Beschreiben Sie die Rollen, die der Projektleiter im Verlauf eines Projekts übernimmt.

W 3.18: Phasen der Teambildung B

Nennen Sie die vier Phasen der Teambildung (nach Tuckman) in zeitlich richtiger Abfolge und charakterisieren Sie jede der Phasen kurz.

	Phase (Bezeichnung)	Prozesse in der Phase
1		
2		
3		
4		

Ein kurzer Kompetenz-Check, bevor's weitergeht!

Kompetenz-Check

	☺	😐	☹
Ich kenne die Vorgänge und möglichen Probleme bei der Bildung von Projektteams und weiß, welche Faktoren für eine erfolgreiche Zusammenarbeit im Team wichtig sind.			
Ich kenne die Aufgaben, das Anforderungsprofil und die vielfältigen Rollen der Projektmanagerin/des Projektmanagers und kann vorgegebene Projektsituationen aus Sicht der Projektmanagerin/des Projektmanagers analysieren und bewerten.			

Lerneinheit 4

Internationale Teams

In einer zusehends vernetzten Welt werden auch Projekte immer internationaler. Globale Teams arbeiten, verteilt auf Länder und Kontinente, gemeinsam an der Erreichung eines gemeinsamen Projektziels.

SbX
Alle SbX-Inhalte zu dieser Lerneinheit finden Sie unter der ID: 0340.

Lernen

In internationalen Projektteams arbeiten Menschen aus verschiedenen Herkunftsländern und Kulturkreisen zusammen. Die Mitglieder eines solchen Teams können am selben Ort arbeiten (z. B. eine international besetzte Forschergruppe an einer Universität) oder von weltweit verteilten Standorten aus. In letzterem Fall kann man auch von einem **„globalen Team"** sprechen.

Internationale Teams haben ein großes Potenzial, innovative und kreative Impulse einzubringen und das Projekt sehr dynamisch zu gestalten. Diesen Möglichkeiten steht ein vielfach größeres Risiko eines Scheiterns durch Missverständnisse und Fehler in der Zusammenarbeit gegenüber.

Die Arbeit in internationalen Teams ist eine große Herausforderung für die Teammitglieder und stellt besonders hohe Anforderungen an die Projektleiterin oder den Projektleiter. Worin liegen nun die besonderen Herausforderungen bei internationalen Teams?

Die Sprache

Eine erste mögliche Barriere in einem internationalen Team bilden die verschiedenen Sprachen der Teammitglieder – eine gemeinsam „Projektsprache" muss vereinbart werden. In vielen Fällen und insbesondere bei Informatikprojekten wird Englisch die gemeinsame Sprache sein. In der Kommunikation können aufgrund der unterschiedlich guten Beherrschung der gemeinsamen Sprache sowie durch eine unterschiedlich gefärbte Aussprache erste Missverständnisse entstehen. Gilt im Kulturkreis eines der Gesprächspartner ein Nachfragen als unhöflich (weil es das Gegenüber bloßstellen könnte), so werden die anfänglichen Missverständnisse nicht ausgeräumt, sondern bleiben bis zu einer möglichen Eskalation bestehen.

Sprachlicher Kontext und Arbeitsweise

Im persönlichen Gespräch zwischen Personen können zwei verschiedene Kommunikationsformen unterschieden werden.

- **„low-context culture"**: sach- bzw. ergebnisorientiert
- **„high-context culture"**: primär beziehungsorientiert, eher indirekt

Merkmale der **Low-context**-Kommunikation:

- Der verbalen (sprachlichen) Kommunikation wird die größere Bedeutung zugemessen.
- Problemstellungen und sachliche Inhalte werden direkt angesprochen.
- Man ist bestrebt, eine Aufgabe zügig zu klären und rasch einen Lösungsansatz zu finden.
- Subjektive und emotionale Aspekte treten in den Hintergrund.

Merkmale der **High-context**-Kommunikation:

- Der non-verbalen Kommunikation wird die größere Bedeutung zugemessen.
- Fehler werden nicht im Beisein Dritter thematisiert.

- Erfolge werden der Gruppe, nicht einzelnen zugerechnet.
- Beim Gesprächspartner sollen keine negativen Emotionen ausgelöst werden.
- Themen werden nicht direkt angesprochen, es werden keine klaren Anweisungen sondern eher Empfehlungen, Vorschläge gegeben.

Die Kommunikation in Europa und den USA ist eher sachorientiert (low-context culture), in asiatischen und arabischen Ländern verläuft sie eher beziehungsorientiert (high-context culture).

Auch in Bezug auf die **zeitliche Wahrnehmung** ist die Arbeitsweise in den verschiedenen Kulturkreisen unterschiedlich.

- **monochronic time culture:** Aufgaben werden eher nacheinander abgearbeitet, mit dem Ziel der Fertigstellung innerhalb der vorgegebenen Zeit; ist z. B. im deutschsprachigen Raum vorherrschend.
- **polychronic time culture:** Es werden mehrere Aufgaben gleichzeitig bearbeitet, der Beziehung zwischen den Aufgaben wird mehr Bedeutung zugemessen als der Termintreue für die Einzelaufgaben; ist z. B. in den arabischen Ländern vorherrschend.

Die **kulturellen Unterschiede** zwischen den Mitgliedern eines international zusammengesetzten Teams wirken in viele Handlungen der Projektzusammenarbeit hinein. Anschauliche Beispiele dafür sind:

- **Vereinbarungen, Zusagen**

  In Europa gelten getroffene Zusagen oder Vereinbarungen als verbindlich, insbesondere wird auf die Einhaltung von Terminen Wert gelegt.

  Im arabischen Raum gilt eine Vereinbarung zunächst nur als Absichtserklärung. Ob sie eingehalten wird, hängt von den aktuellen Umständen zum vereinbarten Zeitpunkt ab. Ergeben sich andere Prioritäten oder ein anderwertig größerer Nutzen, so wird diesen der Vorzug gegeben.

  Im asiatischen und indischen Raum werden Vereinbarungen oft aus Höflichkeit eingegangen, auch wenn von vorneherein klar ist, dass sie (z. B. aus fachlichen Gründen) gar nicht eingehalten werden können.

- **Schriftlichkeit**

  Im europäischen Raum gelten nur schriftliche Vereinbarungen als wirklich verbindlich, während im arabischen Raum auch das gesprochene Wort diese Verbindlichkeit bewirkt.

Gruppenbildung

In Teams, in welchen die Teammitglieder nur aus einigen wenigen Herkunftsländern oder Weltregionen stammen, kann es zur Bildung von Subgruppen kommen. Die Kommunikation findet verstärkt innerhalb jeder Gruppe statt, zwischen den Gruppen können Bruchlinien entstehen. Bei sehr heterogen zusammengesetzten Teams ist diese Gefahr weitaus weniger gegeben.

Globale Teams

Besondere Herausforderungen ergeben sich bei Teams, welche nicht am selben Ort zusammenarbeiten, sondern bei denen sich die Teammitglieder an geografisch verteilten Orten befinden. Man spricht hier auch von **„virtuellen Teams"**. Die Kommunikation erfolgt über verschiedene elektronische Medien, welche aber spezifische Nachteile gegenüber der persönlichen Kommunikation aufweisen. In international aufgestellten Teams, bei welchen von Haus aus eine komplexe Kommunikationssituation vorliegt, werden deren Auswirkungen (siehe oben) noch weiter verstärkt.

Die (oftmals spontane) Face-to-Face-Kommunikation, die bei lokalen Teams automatisch gegeben ist, wird in virtuellen Teams als fehlend empfunden. Virtuelle Teams ermöglichen auch kaum eine soziale Integration der einzelnen Teammitglieder. Gemeinsame kreative Prozesse werden erschwert, da sie über elektronische Kommunikationskanäle ablaufen müssen.

Generell sind daher synchrone Medien, welche mehrere Kommunikationskanäle gleichzeitig unterstützen, vorzuziehen. Bildtelefonie über das Internet bietet eine solche Möglichkeit, da hier Kommunikation in Echtzeit (synchron) über bewegtes Bild (nonverbale Kommunikation), gesprochenes Wort (verbale Kommunikation) sowie Text und Datenaustausch zur gleichen Zeit möglich sind. Für die effiziente Zusammenarbeit werden aber auch weitere Medien eingesetzt.

Kommunikationskultur und Kommunikationsmedien in virtuellen Teams

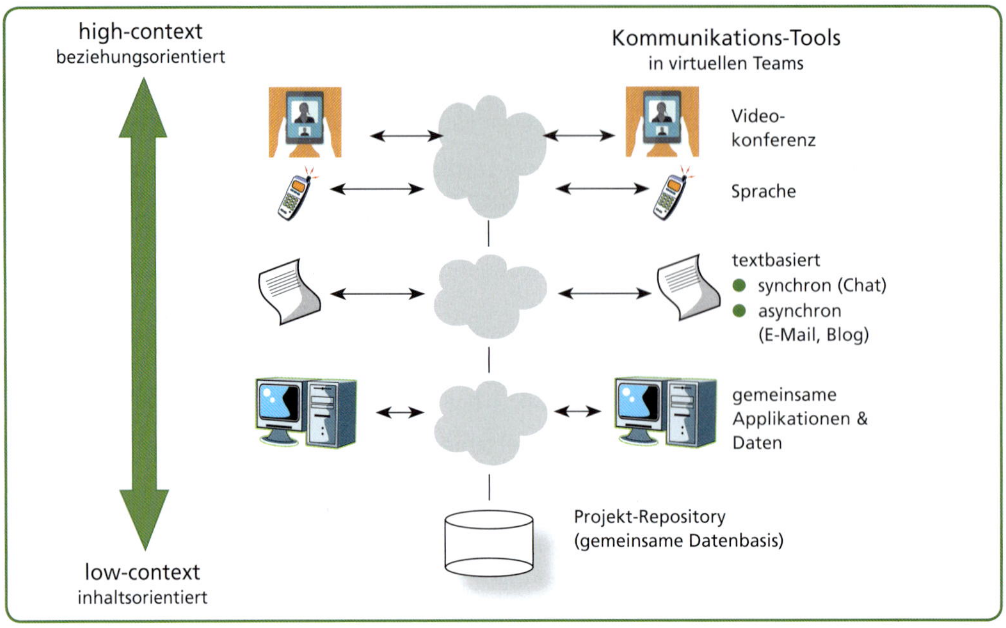

Bei virtuellen Teams erschwert die Tatsache, dass die einzelnen Teammitglieder in unterschiedlichen Zeitzonen tätig sind, insbesondere die synchrone Kommunikation; bei weltweit agierenden Teams wird es schwierig, einen für alle günstigen Zeitpunkt für z. B. ein Telefonat oder eine Videokonferenz zu finden.

Auch die **Teambildung** verläuft in virtuellen Teams anders als bei lokalen Teams. Die Schaffung einer gemeinsamen Projektkultur wird gefördert durch

- Teammitglieder, die bereits Erfahrung in internationalen und globalen Teams besitzen,
- eine regelmäßige und strikte Kommunikationspolitik, welche aber nicht zu einschränkend auf die Teammitglieder wirken darf.

Die Aufgabe des Projektmanagers ist es, verbindliche, abgestimmte Regeln, Prozesse und Rollen festzulegen und klar zu beschreiben, um die Reibungsverluste innerhalb des Teams möglichst gering zu halten. Eine hohe Identifikation der Mitglieder eines internationalen und/oder globalen Teams mit dem Projektziel bietet eine gute Basis und Unterstützung bei der Bewältigung der oben angeführten Probleme.

Die Weichen für eine erfolgreiche Projektabwicklung werden bereits während der Projektstartphase gestellt. Die Durchführung eines länger dauernden Start-up-Workshops kann wesentlich zur Bildung einer tragfähigen Projektkultur beitragen. Neben der fachlichen Arbeit steht dabei die Entwicklung eines wertschätzenden Umgangs miteinander im Vordergrund, bei dem die kulturellen Unterschiede bewusst berücksichtigt werden.

Quelle:
Karl-Heinz Dorn u. a. (Hrsg.). Projekte als Kulturereignis. Beiträge zur Konferenz „InterPM". Glashütten 2009.

Bei internationalen Teams, welche am selben Ort zusammenarbeiten, kann auch das Angebot eines regelmäßigen, gemeinsamen Freizeitevents für die Teammitglieder den Zusammenhalt und die Projektidentifikation fördern.

Üben

A B C D E

Ü 3.16: Aufbau internationaler Teams E

Sie arbeiten als Ferialpraktikant/in in einer Firma, welche Software gemeinsam mit Programmierern in China entwickelt. In einem kleinen Projekt mit jeweils drei Personen am Standort und drei in China sollen Sie eine kaufmännische Software zur Kundenbetreuung und Abrechnung von Aufträgen entwickeln. Sie werden mit der Projektleitung betraut.

Aufgabe:

Worauf müssen Sie achten und welche Maßnahmen sollten Sie setzen, um das Projektteam möglichst erfolgreich einzurichten und durch das Projekt zu lenken? Erstellen Sie eine Checkliste mit Maßnahmen für die Teambildung.

Ü 3.17: Sprachlicher Kontext und Arbeitsweise B

Erklären Sie die Begiffspaare

- low-context und high-context communication,
- monochronic und polychronic time culture.

Ü 3.18: Kommunikationsmedien für virtuelle Teams D

Beschreiben Sie die (elektronischen) Medien für die Kommunikation in virtuellen Teams. Verwenden Sie dabei eine Tabelle mit folgendem Aufbau:

Medium	Beschreibung	Einsatzbereiche	Nachteile

Ü 3.19: Fallbeispiel „BonOnline" – Aufbau eines virtuellen Teams D

Vor Beginn des Projekts „BonOnline" besucht eine Schülerdelegation einer HTL aus einem anderen Bundesland Ihre Schule. Im Gespräch stellen Sie fest, dass für das Buffet dieser Partnerschule ähnliche Überlegungen wie bei „BonOnline" angestellt wurden. Viele der Anforderungen decken sich.

Sie vereinbaren, „BonOnline" als ein gemeinsames Projekt der beiden Schulstandorte durchzuführen. Als Projektmanager/in von „BonOnline" müssen Sie die erforderlichen Schritte zur Einrichtung eines virtuellen Teams planen.

Aufgabe:

Erstellen Sie eine Liste der Aktivitäten, welche Sie für die erfolgreiche Bildung eines virtuellen Teams sowie für die weitere erfolgreiche Zusammenarbeit vornehmen würden.

Sichern

SbX ID: 0343

internationale Projektteams
Die Teammitglieder kommen aus unterschiedlichen Ländern, Kontinenten und Kulturkreisen. **Internationale Projektteams** können sowohl am selben Ort als auch global von den Standorten der Teammitglieder aus arbeiten.

globale Projektteams
Die Teammitglieder in unterschiedlichen Ländern oder Kontinenten arbeiten in einem Projekt zusammen. Zur Kommunikation werden **elektronische Medien** eingesetzt. Die Teams werden meist international zusammengesetzt sein, es können aber auch Personen aus demselben Land (z. B. Mitarbeiter derselben Firma) von weltweit verteilten Standorten zusammenarbeiten.

low-context und high-context culture
Diese Begriffe kennzeichnen **zwei kulturell verschiedene Ausprägungen der Kommunikation:** low-context = sach- und ergebnisorientiert; high-context = beziehungsorientiert.

monochronic und polychronic time culture
Diese Abgrenzung beschreibt den **„Umgang" mit der Zeit in verschiedenen Kulturen:** monochronic bedeutet, eine Aufgabe vor Beginn der nächste abzuschließen; polychronic meint, mehrere Aufgaben gleichzeitig zu bearbeiten. Die Beziehung zwischen den Aufgaben hat höhere Priorität als die Termintreue.

synchrone Medien
Bei **synchronen Kommunikationsmedien** nutzen die Kommunikationspartner die Kommunikationsmedien gleichzeitig. Beispiele: Videokonferenz, Telefongespräch, Chat

asynchrone Medien

Bei **asynchronen Kommunikationsmedien** müssen die Kommunikationspartner die Kommunikationsmedien nicht gleichzeitig nutzen. Beispiele: Blog, E-Mail, Datenaustausch über die Cloud

Vokabeln dieser Lerneinheit

Deutsch	Englisch
virtuelles Team	virtual team
globales Team	global team
Kommunikationswerkzeuge	communication tools
Kommunikationspolitik, -regeln	communication policy
Zeitzone	time zone

SbX ID: 0343

Eine Audio-Wiederholung mit Audio-Player und MP3-Download sowie eine Bildschirmpräsentation mit der Grafik dieser Lerneinheit finden Sie unter der ID: 0343.

Wissen

A B C D E

W 3.19: Virtuelle und internationale Teams B

Erklären Sie die Begriffe „virtuelle Teams" und „internationale Teams" und stellen Sie diese gegenüber.

W 3.20: Kommunikation in internationalen Teams B

Erklären Sie die Merkmale von Low- bzw. High-context-Kommunikation und vergleichen Sie diese anhand konkreter Beispiele.

W 3.21: Zeitliche Arbeitsweise B

Erklären Sie, auch an Beispielen, die Begriffe monochronic und polychronic time culture.

W 3.22: Medien zur Teamkommunikation C

Welche elektronischen Kommunikationsmedien können von virtuellen Teams zur Unterstützung der Zusammenarbeit eingesetzt werden? Finden Sie konkrete technische Produkte für jede Kommunikationsform.

W 3.23: Aufbau internationaler Teams B

Wie kann der Projektmanager in einem internationalen Projekt das Risiko für Konflikte im Team möglichst reduzieren und ein motiviertes Team auch auf lange Sicht sicherstellen.

W 3.24: Merkmale internationaler Teams C

Tragen Sie in einer 4-Felder-Matrix mit den Merkmalen Low- bzw. High-context-Kommunikation und monochronic/polychronic time culture die Mitglieder eines deutsch-arabischen Projektteams ein.

Ein kurzer Kompetenz-Check, bevor's weitergeht!

Kompetenz-Check

	☺	😐	☹
Ich kenne die Herausforderungen bei der Bildung von und der Zusammenarbeit in internationalen und/oder virtuellen Teams und kann geeignete Maßnahmen für den erfolgreichen Teamaufbau und die erfolgreiche Teamzusammenarbeit vorschlagen.			

4 PROJEKTPLANUNG

Worum geht's in diesem Kapitel?

„Teile und herrsche" – so könnte das Motto für Projektmanager lauten. Tatsächlich geht es bei der Projektplanung vor allem darum, ein komplexes Projektziel („Bauen Sie mir ein Hochhaus!") in eine Vielzahl von Teilaufgaben zu zerlegen, von denen jede für sich „beherrschbar", d. h. überschaubar und sicher durchführbar, ist.

Wurden alle Teilaufgaben im Rahmen der Strukturplanung definiert und übersichtlich aufgelistet, geht es im nächsten Schritt darum, diese in eine logisch sinnvolle Reihenfolge zu bringen und sie Aufgabenträgern (Verantwortlichen) zur Durchführung zuzuordnen.

Nun kann die erforderliche Zeit für die einzelnen Teilaufgaben bestimmt werden und ein Zeitplan für das gesamte Projekt wird erstellt ...

Am Ende dieses Kapitels sollten Sie

- Arten, Darstellungsformen und Entwurfsrichtlinien für Strukturpläne kennen,
- Projektstrukturpläne für konkrete Projekte entwerfen und schrittweise verfeinern können,
- beurteilen können, wann die Ebene der Arbeitspakete erreicht ist,
- wissen, welche Informationen zur Beschreibung eines Arbeitspakets notwendig sind und selbständig Arbeitspakete für ein konkretes Projekt formulieren können,
- wissen, wie Verantwortlichkeiten in Projekten zugeteilt werden, und für konkrete Projekte Funktions- bzw. Verantwortungsmatrix selbständig erstellen können,
- den Aufbau und die Merkmale von Balkendiagrammen kennen sowie selbständig Balkendiagramme für konkrete Projekte erstellen können,
- Begriffe und Vorgehensweise der Netzplanerstellung kennen,
- logische Arbeitsabfolgen erstellen und davon MPM-Netzpläne ableiten und (bei einfachen Projekten) Puffer, Projektdauer sowie kritischen Pfad ermitteln können,
- Aktionspläne erstellen können.

A B C D E

In diesem Kapitel finden Sie Übungsaufgaben, praxisbezogene Fallbeispiele und Aufgaben zur Lernkontrolle zur Überprüfung Ihrer Kompetenzen auf den Handlungsebenen A **Wiedergeben**, B **Verstehen**, C **Anwenden**, D **Analysieren & Interpretieren** und E **Entwickeln**.

Dieses Kapitel umfasst folgende Lerneinheiten:

1 Projektstrukturpläne

2 Arbeitspakete und Verantwortungsmatrix

3 Zeitplanung

Lerneinheit 1

Projektstrukturpläne

SbX

Alle SbX-Inhalte zu dieser Lerneinheit finden Sie unter der ID: 0410.

Projekte sind komplexe Gesamtvorhaben, die nur durch die Aufgliederung in Teilaufgaben bewältigt werden können. Erst die Strukturierung in einzelne, möglichst unabhängig zu erledigende „Portionen" ermöglicht eine arbeitsteilige Durchführung des Projekts.

Strukturpläne stellen die Gesamtaufgabe als Summe zusammengehöriger Teilaufgaben dar und bilden damit das zentrale Planungsinstrument in jedem Projekt. Sie sind weiters Basis für die zeitliche Projektplanung, für die detaillierte Kostenplanung sowie für das laufende Projektcontrolling.

Lernen

1 Aufgaben der Strukturplanung

Um ein umfangreiches Projekt planbar zu machen, muss es in einzelne, gut handhabbare „Portionen" zerlegt werden. Diese Zerlegung kann und sollte aus mehreren Sichtweisen und nach unterschiedlichen Kriterien erfolgen.

Im Folgenden wird die fachliche Strukturierung der Projektaufgabe nach Teilaufgaben bzw. -ergebnissen sowie nach notwendigen Arbeitsschritten gezeigt. Nicht behandelt wird die kostenmäßige Betrachtung, welche eine Abbildung auf Konten zum Ziel hat.

Es werden drei grundsätzliche Strukturen unterschieden:

- **die Produktstruktur:** zeigt alle zu entwickelnden Produktteile
- **die Objektstruktur:** zeigt zusätzlich alle für die Projektrealisierung erforderlichen „Objekte"
- **die Projektstruktur:** zeigt weiters alle für die Projektrealisierung erforderlichen Arbeiten („Aufgabenbaum")

Alle drei Strukturen stehen miteinander in Beziehung und sind voneinander abhängig.

Hierachie der Strukturpläne

Projektstruktur
... beschreibt die Objektstruktur und Aufgaben bzw. Projektfunktionen

Objektstruktur
... beschreibt die Produktstrukur und Werkzeuge, Hilfsmittel etc.

Produktstruktur
... beschreibt Komponenten

bildet die Voraussetzung zur Erstellung des **Ablaufplans**

Im Folgenden werden die Strukturpläne näher dargestellt. Sie zeigen möglichst lückenlos, was alles zu tun ist, um das Projekt erfolgreich abzuwickeln. Damit sind sie eine wichtige Grundlage für die nachfolgenden Planungsschritte (z. B. Aufwandsschätzung, Zeitplanung).

2 Produktstrukturplan (PdSP)

Anstelle von Produktstrukturen kann auch der allgemeinere Begriff **Projektergebnisstruktur** verwendet werden.

Der Produktstrukturplan stellt die einzelnen Teile, Baugruppen oder Subsysteme des Produkts, das als „Projektziel" realisiert werden soll, dar. Dies ist insbesondere bei Projekten mit „physischem" Endergebnis wichtig, etwa bei der Entwicklung von technischen Geräten, bei Bauprojekten etc.

In einem Organisationsprojekt können die Projektergebnisse („das Produkt") nicht ausschließlich in Form physischer Gegenstände beschrieben werden. Sie können aber Teile des Endergebnisses sein, wie z. B. eine Handlungsanleitung oder ein Organisationskonzept.

3 Objektstrukturplan (OSP)

Der Objektstrukturplan beschreibt die Komponenten, Teile oder Subsysteme des als Projektziel festgelegten Produkts, Endergebnisses oder Endzustands. Sind für die Erreichung des Projektziels noch zusätzliche „Objekte" (z. B. spezielle Werkzeuge, Hilfsprogramme etc.) erforderlich, so können diese ebenfalls im Objektstrukturplan dargestellt werden.

Beispiele

PdSP = Produktstrukturplan
OSP = Objektstrukturplan

Gegenüberstellung PdSP und OSP

- Während des Umbaus einer Bankfiliale wird im Nebengebäude ein provisorischer Schalterraum eingerichtet. Der Produktstrukturplan enthält alle Teile, die den Umbau betreffen (z. B. Installationen, Möblierung, Beleuchtung, neues EDV-System etc.); der Objektstrukturplan enthält zusätzlich den provisorischen Schalterraum.
- Für die Ausarbeitung eines Marketingkonzepts für ein Produkt soll eine Kundenbefragung durchgeführt werden. Der Fragebogen ist Teil des Objektstrukturplans, nicht aber des Produktstrukturplans (der Auftraggeber möchte ein Konzept und keine Fragebögen.)

Nachfolgend werden Ausschnitte eines Objektstrukturplans in zwei verschiedenen Darstellungsformen gezeigt:

- grafisch – in Baumform
- als strukturierter Text – in Tabellenform

Diese beiden Darstellungsformen eignen sich für jeden der beschriebenen Strukturpläne.

Die Teile des Endprodukts sind Hard- und Software. Die (meist zugekauften) Dienstleistungen sind für die Herstellung erforderlich, sind aber im Endergebnis („physisch") nicht mehr sichtbar.

Beispiel

(Objekt-)Strukturplan in Baumform

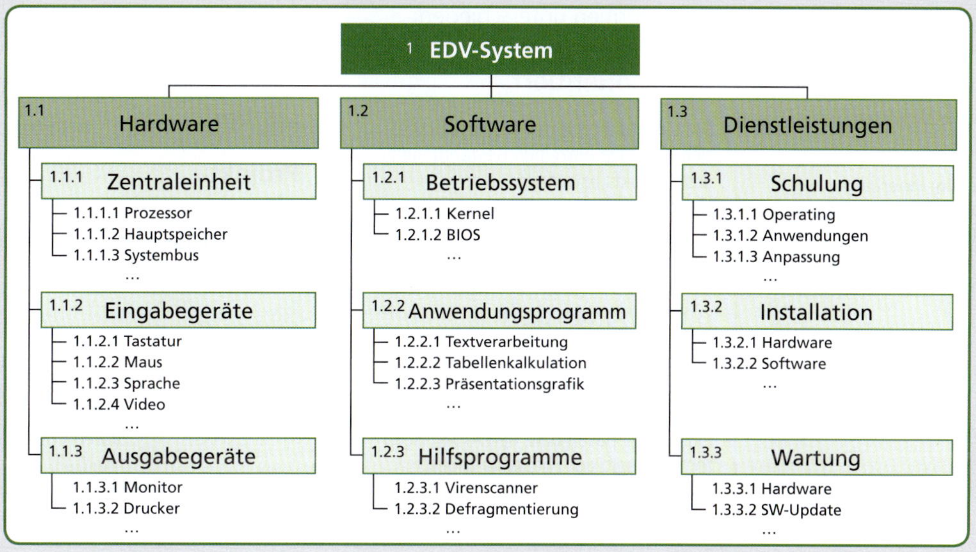

Beispiel

Strukturplan in Listenform

1 EDV-System	
1.1 Hardware	1.2 Software
1.1.1 Zentraleinheit	1.2.1 Betriebssystem
1.1.1.1 Prozessor	1.2.1.1 Kernel
1.1.1.2 Hauptspeicher	1.2.1.2 BIOS
1.1.1.3 Systembus	...
...	usw.
1.1.2 Eingabegeräte	
1.1.2.1 Tastatur	
1.1.2.2 Maus	
1.1.2.3 Sprache	
1.1.2.4 Video	
...	
1.1.3 Ausgabegeräte	
1.1.3.1 Monitor	
1.1.3.2 Drucker	
...	

4 Projektstrukturplan (PSP)

Der Projektstrukturplan zeigt alle für das Projektergebnis erforderlichen Tätigkeiten und/oder Arbeitsergebnisse.

Der Projektstrukturplan ist das **zentrale Strukturierungshilfsmittel** im Projekt. Er ist eine wichtige Voraussetzung für:

- den Projektorganisationsplan
- die Funktionen- und Verantwortungsmatrix
- das Balkendiagramm und den Netzplan

Ziel bei der Erstellung eines Projektstrukturplans ist es, die Gesamtaufgabe des Projekts in bewältigbare und autonom bearbeitbare Arbeitspakete aufzugliedern. Der Projektstrukturplan steuert damit die Arbeitsteilung und die Zusammenfügung der Teilergebnisse zu einem Ganzen.

Jede Tätigkeit im Projekt sollte einen direkten Bezug zu einer Aufgabe bzw. zu einem Ergebnis (Produkt) im Projektstrukturplan haben.

Entsprechend der Sichtweise bei der Erstellung eines Projektstrukturplans werden folgende Darstellungsformen unterschieden:

Darstellungsformen des Projektstrukturplans

Wichtig: Innerhalb einer Projektstrukturebene des PSP ist immer ein und dasselbe Zerlegungskriterium anzuwenden.

Projektstrukturplan: Darstellungsformen

objektorientiert

Die Strukturierung des Projekts richtet sich nach den einzelnen Bestandteilen des Produkts bzw. nach (Teil-)Ergebnissen im Projekt.

tätigkeitsorientiert

(arbeits-, funktionsorientiert): Die Strukturierung des Projekts erfolgt nach den durchzuführenden Arbeitsschritten.

phasenorientiert

(ablauforientiert): Wenn ein streng sequentieller Projektablauf vorliegt, so kann die Strukturierung nach den einzelnen Phasen bzw. den Arbeitsschritten innerhalb der Phasen erfolgen.

gemischt

Die Strukturierung in den einzelnen Ebenen der Projekthierarchie erfolgt nach unterschiedlichen Gesichtspunkten, z. B. vorerst objekt-, danach ablauforientiert. Innerhalb einer Projektstrukturebene des PSP darf aber nur ein einziges Zerlegungskriterium angewendet werden.

In der zweiten Ebene des Projektstrukturplans sollte in jedem Fall das Element „Projektmanagement" enthalten sein – so wird sichergestellt, dass auch der für diesen Bereich erforderliche Aufwand berücksichtigt wird.

Arbeitspakete sind die Endpunkte des Aufgliederungsvorgangs.

Der Projektstrukturplan kann im Laufe des Projekts weiter verfeinert (untergliedert) werden. Die Unterteilung wird beendet, wenn die einzelnen Teilaufgaben als **„Arbeitspakete"** vollständig beschrieben und einer einzelnen Stelle zugeordnet werden können.

Der Begriff **Teilprojekt oder Teilaufgabe** bezeichnet einen Teil eines Projekts, der im Projektstrukturplan weiter aufgegliedert werden kann.

Der Vorgang des Strukturierens ist ein kreativer sowie iterativer Prozess. Kreativ bedeutet, dass keine eindeutige Vorgehensweise vorgegeben ist und es mehrere Lösungen geben kann. Iterativ bedeutet, dass der Strukturplan nicht sofort „in einem Guss" festgelegt wird, sondern aufgrund von Erkenntnissen während der Strukturierung verbessert und verfeinert wird.

Für die Erstellung von Strukturplänen gibt es folgende grundlegenden Ansätze:

Bezeichnungen in der DIN 69901-3:
- Zerlegungsmethode
- Zusammensetzungsmethode

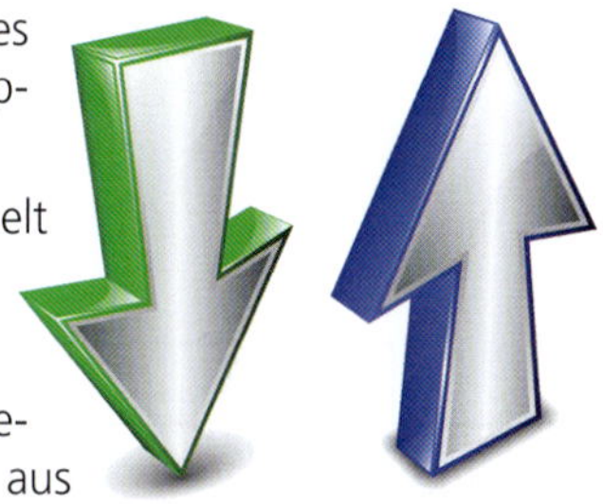

- **Top-down:** Ausgehend vom Ganzen erfolgt unter Vorgabe eines Gliederungskriteriums die Zerlegung in die einzelnen Untergruppen oder Elemente.
- **Bottom-up:** Es werden Projekt- oder Produktdetails gesammelt (Einsatz von Kreativitätstechniken) und in eine Hierarchie gebracht.

In der Praxis wird meist ein **gemischter Ansatz** verwendet: Ausgehend von einer Top-down-Gliederung werden Elemente, die sich aus Bottom-up-Überlegungen ergeben, in die Struktur eingeordnet. Gegebenenfalls wird die Struktur revidiert.

Als Unterstützung für den kreativen Prozess eignet sich besonders die Mindmapping-Technik, da sie eine hierarchische Untergliederung vorsieht.

Das fertige Strukturdiagramm muss **vollständig** und **überdeckungsfrei** sein.

- **Vollständigkeit:** Die Zerlegung eines Elements muss so erfolgen, dass die Gesamtheit der Teilelemente eine vollständige Darstellung des zerlegten Elements ist.
- **Überdeckungsfreiheit:** Die Elemente einer Ebene müssen sich vollständig voneinander unterscheiden – es dürfen keine Wiederholungen (auch nicht teilweise) vorkommen.

Strukturpläne können grafisch in Form von Hierarchiediagrammen (Baumstruktur) oder in Form von strukturierten Listen dargestellt werden. Ein hierarchisches Nummernsystem erleichtert die Benennung bzw. Zuordnung einzelner Elemente (vgl. Beispiel „EDV-System").

Die kleinste Untergliederung im Projektstrukturplan bildet das **Arbeitspaket** (siehe nächste Lerneinheit). Anhand der im PSP festgelegten Arbeitspakete kann:

- eine sinnvolle Arbeitsabfolge für das Projekt bestimmt werden
- der Aufwand für die einzelnen Arbeitspakete geschätzt werden
- die Zuordnung von Ressourcen erfolgen
- die zeitliche Planung des Projekts durchgeführt werden

Als Kriterium, wann bei der Untergliederung ein Arbeitspaket erreicht wurde, wird in Unternehmen oft als grobe Richtlinie die **„4/40"-Regel** angewandt: Teilaufgaben unter vier Personenstunden Aufwand sollten zu einem größeren Arbeitspaket zusammengefasst werden; bei Teilaufgaben über 40 Stunden ist zu prüfen, ob eine Zerlegung in zwei oder mehrere Arbeitspakete sinnvoll wäre.

Bei großen Projekten gilt diese Regel in der Form „8/80", für **Schülerprojekte** sind Arbeitspakete mit zwei bis zehn Personenständen, d. h. innerhalb einer Woche abarbeitbar, empfehlenswert.

Beispiel

Projektstrukturplan (PSP)

In Ihrer Schule/Abteilung wird eine sogenannte Firmenmesse geplant: Firmen, die in der Ausbildungsrichtung tätig sind, werden eingeladen, sich und ihre Produkte zu präsentieren und Kontakte zu den Schülerinnen und Schülern, insbesondere den angehenden Absolventinnen/Absolventen zu knüpfen. Die Firmen erhalten Einblick in die schulischen Leistungen durch Präsentation und Ausstellung von Projekten und Diplomarbeiten.

Ziele sind:

- möglichst viele anwesende Firmen mit Branchenbezug (mindestens 20)
- aktuelle Informationen aus der Branche in Form von Fachvorträgen (mindestens 10 Vorträge zu fachlichen Kerngebieten)
- möglichst viele Kontakte für künftige Kooperationen wie Ferialpraktika, Projekte, Diplomarbeiten und Jobangebote für Absolventinnen/Absolventen (mindestens 50 konkrete Vereinbarungen)

Für die Durchführung des Projekts „Firmenmesse" wird in einem ersten Entwurf folgender Projektstrukturplan erstellt:

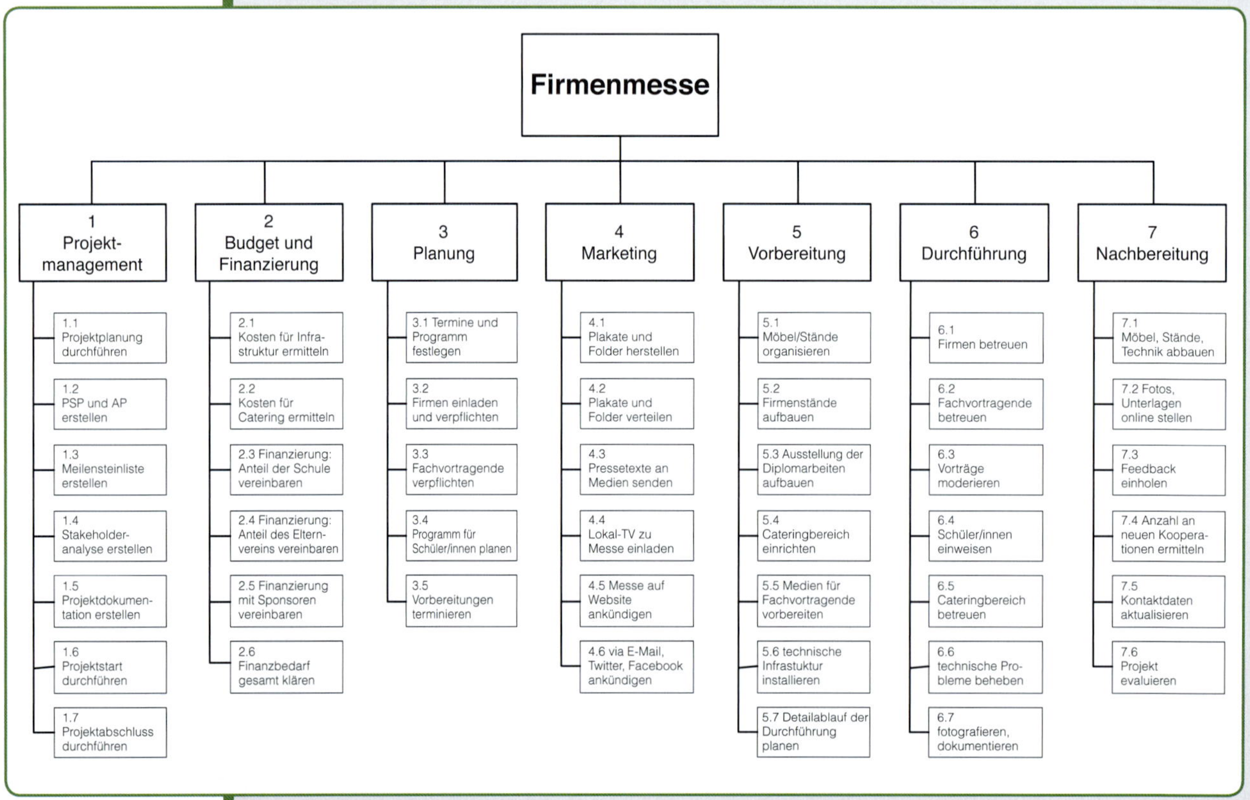

Üben

A B C D E

Ü 4.1: Projektstrukturplan D

Erstellen Sie in Partnerarbeit einen Projektstrukturplan zum Projekt „Mein Schuljahr". Der Projektstrukturplan sollte alle relevanten Aktivitäten und/oder (Teil-)Ergebnisse, die für die Absolvierung eines Schuljahrs notwendig sind, enthalten.

Die Erstellung von Projektstrukturplänen ist ein iterativer Prozess. Der erste Entwurf stellt eine grobe Näherung dar, die durch wiederholtes Überarbeiten vervollständigt und verfeinert wird.

Ü 4.2: Fallbeispiel „BonOnline" – Projektstrukturplan E

Erstellen Sie in der Gruppe einen möglichst vollständigen Projektstrukturplan für das Projekt „BonOnline". Der PSP sollte mindestens drei Ebenen umfassen. Eine Detaillierung auf Arbeitspaketebene muss noch nicht durchgeführt werden. Der fertige PSP-Entwurf wird daher aus ca. 30 bis 50 Elementen bestehen.

Der Entwurf des PSP soll auf jeden Fall grafisch erfolgen, d. h. in Form eines Hierarchiediagramms (vgl. Seite 118). Der erste Entwurf fällt – bei geringer Erfahrung in der Erstellung von PSP – leichter, wenn er in Form einer Mindmap durchgeführt wird (vgl. Kapitel 2, Lerneinheit 1). Aber: Die „intuitiv" erstellte Mindmap muss unbedingt in einen hierarchischen PSP umgearbeitet werden!

Sichern

SbX ID: 0413

Strukturplanung

Im Zuge der **Strukturplanung** wird ein komplexes Gesamtprojekt in viele kleine, autonom bewältigbare Teilergebnisse bzw. Teilaufgaben zerlegt.

Produktstruktur

Die **Projektstruktur** zeigt alle Teile bzw. Arbeiten, die das eigentliche Projektergebnis (das „Produkt") bilden.

Objektstruktur

Die **Objektstruktur** erweitert die Produktstruktur um jene Teilergebnisse bzw. Arbeiten, die für die Erreichung des Projektergebnisses erforderlich, nicht aber Teil des endgültigen Projektergebnisses sind.

Projektstruktur

Die Projektstruktur erweitert die Objektstruktur erneut um jene Teilergebnisse bzw. Arbeiten, die insbesondere im Rahmen des Projektmanagements erforderlich sind. Der **Projektstrukturplan (PSP)** zeigt somit die Gesamtheit aller Aufgaben und Teilergebnisse, die im Rahmen des Projekts zu erwarten sind. Er bildet daher die Voraussetzung für die Zuteilung der Aufgaben zu Aufgabenträgern (Verantwortlichen) sowie die weitere (zeitliche) Projektplanung.

Darstellung von Strukturplänen

Strukturpläne können in **Baumform** (Hierarchiediagramm) oder in **Listenform** dargestellt werden. Die Verwendung eines Nummerierungssystems erleichtert die Verwaltung der einzelnen Teilaufgaben.

Zerlegungskriterien bei der Strukturanalyse

Je nach Betrachtungsweise können **Projektstrukturpläne** das Projekt nach den Gesichtspunkten

- Objekte,
- Tätigkeiten,
- Phasen

strukturieren. Auch die gemischte Verwendung der drei Betrachtungsweisen innerhalb eines PSP ist möglich, wobei je Ebene nur eine Betrachtungsweise zulässig ist.

Erarbeitung von Strukturplänen

Strukturpläne können **Top-down** (verfeinernd) oder **Bottom-up** (konstruierend) oder gemischt (Praktikeransatz) erarbeitet werden. Die Verwendung einer Mindmap kann den Entwurfsprozess unterstützen (Top-down).

Merkmale korrekter Strukturpläne

Strukturpläne müssen

- vollständig und
- überdeckungsfrei

sein.

Arbeitspaket

Ein **Arbeitspaket** ist das kleinste, nicht weiter unterteilte Element des Projektstrukturplans. Es beschreibt eine abgeschlossene Aufgabe, die von einer dafür verantwortlichen Stelle autonom bewältigt werden kann.

Vokabeln dieser Lerneinheit

Deutsch	Englisch
Ablaufplan	flow plan
Projektstruktur	project structure
Projektstrukturebene	level of project structure
Projektstrukturierung	project structuring
Projektstrukturplan (PSP)	work breakdown structure (WBS)

SbX ID: 0413

Eine Audio-Wiederholung mit Audio-Player und MP3-Download sowie eine Bildschirmpräsentation mit den Grafiken dieser Lerneinheit finden Sie unter der ID: 0413.

Wissen

A B C D E

W 4.1: Zweck von Strukturplänen B

Erklären Sie, welchen Zweck (Projekt-)Strukturpläne in Projekten erfüllen.

W 4.2: Arten von Strukturplänen B

Beschreiben Sie die verschiedenen Arten von Strukturplänen sowie deren Zusammenhang.

W 4.3: Darstellungsformen von Strukturplänen B

Welche zwei Darstellungsformen für Strukturpläne kennen Sie? Beschreiben/Skizzieren Sie diese und nennen Sie Vor- bzw. Nachteile der Darstellungsformen.

W 4.4: Untergliederung in Projektstrukturplänen B

Beschreiben Sie, nach welchen Gesichtspunkten die Untergliederung eines Projektstrukturplans erfolgen kann.

W 4.5: Gliederungstiefe bei Projektstrukturplänen B

Wie weit ist ein Projektstrukturplan zu verfeinern (detaillieren)?

W 4.6: Erstellung von Projektstrukturplänen B

Welchen Ansätzen kann die Erstellung von Strukturplänen folgen und welche Qualitätskriterien muss ein fertiges Strukturdiagramm erfüllen?

Ein kurzer Kompetenz-Check, bevor's weitergeht!

Kompetenz-Check

	☺	😐	☹
Ich kann erklären, in welcher Weise Projekte und ihre Aufgaben in Form von Strukturplänen dargestellt (strukturiert) werden können.			
Ich kenne Aufbau und Bedeutung des Projektstrukturplans (PSP) und kann, ausgehend von einer konkreten Projektbeschreibung, diesen auch selbst entwickeln.			

Lerneinheit 2

Arbeitspakete und Verantwortungsmatrix

SbX
Alle SbX-Inhalte zu dieser Lerneinheit finden Sie unter der ID: 0420.

Die Aufgliederung im Projektstrukturplan (Lerneinheit 1) erfolgt solange, bis die gebildete Teilaufgabe einer verantwortlichen Person bzw. Stelle übertragen werden kann. Diese nicht weiter aufgegliederte Teilaufgabe wird als Arbeitspaket bezeichnet.

Für die projektweite Übersicht, welches Teammitglied an bestimmten Arbeitspaketen mitwirkt oder verantwortlich für diese ist, wird eine Verantwortungsmatrix erstellt – eine Tabelle, welche diese Beziehungen darstellt.

Lernen

SbX ID: 0421

1 Arbeitspaket

Arbeitspakete sind jene „kleinsten" Bausteine, aus welchen letztlich das fertige, komplexe Projektergebnis aufgebaut ist.

Ein **Arbeitspaket** ist laut DIN 69901 eine „in sich geschlossene Aufgabenstellung innerhalb eines Projekts, die bis zu einem festgelegten Zeitpunkt mit definiertem Ergebnis und Aufwand vollbracht werden kann". Im Projektstrukturplan werden Arbeitspakete nicht weiter aufgegliedert – sie sind die kleinsten Elemente und können auf einer beliebigen Gliederungsebene liegen.

Merkmale von Arbeitspaketen:
- klare Verantwortlichkeiten
- autonome Durchführbarkeit
- Überschneidungsfreiheit zu anderen Arbeitspaketen

Aufgabe der Arbeitspaketbeschreibung

Als kleinste Gliederungseinheit in einem Projektstrukturplan beschreibt das Arbeitspaket eine klar definierte Aufgabe bzw. Leistung. Bei der Bildung von Arbeitspaketen sind folgende **Richtlinien** zu beachten:

- Ein Arbeitspaket sollte genau einem Arbeitspaketverantwortlichen zugeordnet sein (einer Person, Arbeitsgruppe oder einer Organisationseinheit).
- Die beschriebene Arbeitsaufgabe ist in sich klar abgegrenzt und kann von der Person/Gruppe/Organisationseinheit ausgeführt werden, der sie zugeordnet wird.
- Das Arbeitspaket ist klar von anderen Arbeitspaketen abgegrenzt.

Arbeitspakete müssen so beschrieben werden, dass Ziel, Aufgabenstellung und Fertigstellungstermin klar definiert und überprüfbar sind.

Die **Bildung von Arbeitspaketen** unterstützt:
- die Aufwandsschätzung
- die Fortschrittskontrolle
- die Vorgangsplanung für Projektablauf- und Terminpläne

4 Projektplanung

SbX

Das Formular „Arbeitspaket" finden Sie unter der ID: 0421.

Informationen zum AP und Beispiel (Formular)

Die Beschreibung eines Arbeitspakets (siehe auch Beispiel auf der nächsten Seite) sollte die folgenden Informationen beinhalten (kann nach Projekterfordernissen verändert werden):

- Projektname oder -kürzel
- Arbeitspaket-Bezeichnung und AP-Nummer
- Verantwortlicher (Person oder Arbeitsgruppe)
- Ziele und Beschreibung der zu erbringenden Leistung
- Teilaufgaben und Termine
- Kosten
- benötigte Ressourcen
- Ist-Werte bezüglich Arbeitsfortschritt und Kosten (Basis für Projektcontrolling)
- Schnittstellen zu anderen Arbeitspaketen/Aktivitäten

Der Aufwand in Personalstunden sowie die geschätzten sonstigen Kosten geben einen Rahmen für die Erfüllung des Arbeitspakets vor.

Die Angabe vor- bzw. nachgelagerter Arbeitspakete dient dazu, den Kontext des Arbeitspakets im Projekt herzustellen.

Mithilfe der **To-do-Liste** kann ein Arbeitspaket von der verantwortlichen Stelle in einzelne Arbeitsschritte untergliedert werden.

Die Entlastung des AP-Verantwortlichen erfolgt durch Unterschrift des Projektleiters.

Die Erfassung und Verwaltung von Arbeitspaketen kann entweder mithilfe einer integrierten Projektplanungssoftware durchgeführt werden oder, bei kleineren Projekten, durch Standard-Softwarepakete wie z. B. eine Tabellenkalkulation unterstützt werden.

Tasks

Das Beispiel einer Arbeitspaketbeschreibung auf der folgenden Seite zeigt ein Arbeitspaket mit einem Aufwand von 40 bis 80 Personenstunden, wie es in größeren, konventionell abgewickelten Projekten verwendet wird.

agil: beweglich, nicht starr geplant bzw. durchgeführt

In **agilen Projekten** werden Arbeitspakete viel kürzer definiert, sodass sie von einem Teammitglied innerhalb eines Tages abgearbeitet werden können (d. h. vier bis acht Personenstunden). Solche Arbeitspakete werden oft auch **Tasks** genannt und von genau einer verantwortlichen Person durchgeführt. Die Beschreibung eines Tasks fällt dabei weit weniger aufwendig aus.

Der Vorteil dieser Vorgehensweise liegt darin, dass ein Task, der am Morgen begonnen wird, am Abend fertig ist. Dies vereinfacht die Fortschrittskontrolle (siehe nächstes Kapitel) – der Task ist entweder „nicht begonnen" (vor Arbeitsbeginn am Morgen) oder „fertig" (ab dem Abend). Aus psychologischer Sicht tut es den Projektmitarbeitern gut, am Ende jedes Arbeitstages etwas „erledigt" zu haben. Ein Verschieben oder Verzögern von Aufgaben wird durch diese Vorgehensweise fast unmöglich gemacht.

Diese Methode kann zusätzlich durch das in agilen Projekten verwendete **„Timeboxing"** unterstützt werden. Dabei erhält ein Task eine fixe Zeit für seine Erledigung und muss innerhalb dieser Frist abgeschlossen werden. Nötigenfalls müssen Umfang und/oder Qualität reduziert werden, um den vereinbarten Zeitrahmen einhalten zu können. Timeboxing kann auch für andere Projektaufgaben angewendet werden, z. B. für Meetings oder Besprechungen.

Projekt: Bildungsmesse 20xx

Nr. **4.3** Arbeitspaket Bezeichnung **Internet-Seite einrichten** **fertig bis: 9.10.20xx**

Verantwortlich: Peter Geyer (PG)

Allgemein:
Aufgabe dieses AP ist die zeitgerechte und ansprechende Umsetzung aller Informationen zur angebotenen Ausbildung, sodass Interessenten bei ihrer Entscheidungsfindung bzw. Anmeldung optimal unterstützt werden (Beitrag zu Projektziel +10% mehr Anmeldungen):

Ziele:
- Darstellung von Schule und Ausbildungsform im Internet (Inhalte s.u.); Abnahme durch Direktion
- Online bis 9.10.20xx (Webspace vorhanden, Schul-URL „meinehtl.ac.at" wird verwendet.)
- Eintrag in gängigste Suchmaschinen (google, yahoo, bing etc.)
- einfache und übersichtliche Möglichkeit zur „online-Anmeldung"

Inhalte (Hauptpunkte):
- Hauptseite (Portal)
- Schule (Adresse, Lage, Anfahrt; Kontaktmöglichkeiten)
- Berufsbilder
- Lehrpläne und -inhalte
- Anmeldung
- Projekte, aktuelle „Highlights"
- Sponsoren

Die Seiten sollen über die Messe hinaus als permanente Info im Internet bleiben.

Realisierung:
- Inhalte sind von vorgelagerten Arbeitspaketen zu beziehen.
- Umsetzung erfolgt mittels HTML/CSS; bei Bedarf JavaScript. Einsatz von EdHTML 5.0
- Abstimmung: mit verantwortlichem Lehrer sowie der Direktion (Freigabe bis 25. 9. 20xx)
- Fertigstellung: 2 Wochen vor Messebeginn am 23.10.20xx

(geschätzter) Aufwand in Personalstunden

Mitarbeiter/Tätigkeit	Soll	Ist
(PG) Koordiation und Abstimmung	5	
(ML) Grafiken und Bilder	20	
(SF) Redaktion (Aufbereiten der Inhalte)	30	
(KC, SF) Umsetzung HTML/CSS	20	
(PG) Online-Bereich und Sucheinträge	4	
gesamt	79	

(geschätzte) Kosten in Euro

Position	Soll	Ist
Online-Zeiten außerhalb der Schule (geschätzt)	12	
Webspace vergrößern bei Provider[1)]	25	
PictureMagic (Shareware) für Grafik/Bilder	30	
gesamt	67	

vorgelagerte Arbeitspakete

AP.-Nr.	AP-Bezeichnung	fertig am
3.1	Lehrinhalte beschreiben	7.9.20xx
3.2	Berufsbild beschreiben	10.9.20xx
3.3	Schule beschreiben	12.9.20xx

nachgelagerte (abhängige) Arbeitspakete

AP.-Nr.	AP-Bezeichnung	beginnt am
5.4	Informieren während der Messe	23.10.20xx

To-do-Liste

Nr.	Beschreibung	iMV	fertig bis
1.	Website entwerfen, inhaltliche Punkte beschreiben und Arbeit aufteilen	**PG**, KC, SF, ml	5.9.
2.	Bilder und Grafiken erstellen und in passendes Format (hinsichtlich Layout und Ladezeiten) bringen	**ML**	20.9.
3.	Texte aus den vorhandenen Unterlagen/Informationen für Darstellung im Web erarbeiten	**SF**, PG	15.9.
4.	Seitenstruktur (Menüs, Buttons, Links, Farben, Hintergründe) sowie CSS erstellen	**KC**, SF	15.9.
5.	Prototyp mit Hauptpunkten sowie Inhaltsbeispielen erstellen (vollständige Inhalte in Textform vorhanden)	**KC**, SF, ML	23.9.
6.	Abstimmung mit Direktion durchführen	**PG**, kc, sf, ml	25.9.
7.	Eintrag in Suchmaschinen durchführen; zusätzlichen Webspace buchen	**PG**	30.9.
8.	Durchführen allfälliger Korrekturen und Änderungen – Website online stellen	**KC**, SF, ML, PG	1.10.

Anmerkungen:
1) Laufende Providerkosten erhöhen sich damit um 5 Euro je Monat.

Abschluss des Arbeitspakets

Unterschrift Projektleiter	Unterschrift verantwortlicher MA	Datum

4 Projektplanung

4 Funktionen- und Verantwortungsmatrix

Die Funktionen- und Verantwortungsmatrix sind in einem Projekt zentrale Dokumente zur Verwaltung der (dezentral zugeteilten) Aufgaben bzw. Verantwortlichkeiten. Sie bieten einerseits einen Überblick, wer für welche Arbeitspakete oder Teilaufgaben verantwortlich ist, stellen andererseits aber auch Verantwortlichkeiten für „Querschnittsaufgaben" wie Dokumentation oder Controlling dar.

Aufgabe der **Funktionenmatrix** (auch: Funktionendiagramm) ist es, in übersichtlicher Form zu zeigen, welche Stellen oder Personen (= Matrixspalten) an der Durchführung einzelner Aufgaben (= Matrixzeilen) beteiligt sind. Voraussetzung für die Erstellung einer aussagekräftigen Funktionen- bzw. Verantwortungsmatrix ist eine genaue und verbindliche Strukturierung der Projektaufgabe.

Vorteile der Funktionenmatrix:

- Sie unterstützt den funktionsgerechten Aufbau der Projektorganisation.
- Sie ermöglicht eine eindeutige Zuordnung von Aufgaben und Kompetenzen.
- Sie gibt einen Überblick über die Aufgaben einzelner Stellen und über die Zusammenarbeit zwischen diesen Stellen.
- Sie hilft bei der Kontrolle von Teilzielen und Arbeitsabläufen.
- Sie stellt alle Aktivitäten dar und unterstützt damit die Erstellung eines Netzplans.

Beispiel

Kreuzungspunkt: Das „x" kennzeichnet jene Aufgaben, an denen eine bestimmte Stelle mitwirkt.

Funktionenmatrix zu einem Projekt „Weihnachtsbasar"

		Stelle					
		Projektleitung	Werbung	Verkauf	Beschaffung, Lager	Standplatz	Erzeugung
Aufgaben	Gesamtplanung, Finanzen	X		X	X		
	Produktionsplanung, Eigenfertigung	X					X
	Zukäufe, Spenden	X	X		X		
	Medienarbeit	X	X				
	Standausstattung & Dekoration	X				X	X
	Behördenkontakte	X		X			
	Transport	X		X	X		

Die **Verantwortungsmatrix** ist eine Erweiterung der Funktionenmatrix. In den Kreuzungspunkten werden zusätzlich die Verantwortlichkeiten für eine bestimmte Aufgabe dargestellt. Eine einfache Form der Verantwortungsmatrix ist die IMV-Matrix. Mit den Buchstaben

- **I** für „wird informiert",
- **M** für „Mitarbeit" und
- **V** für „Verantwortliche/r"

wird dargestellt, in welcher Form Projektmitarbeiter an einer Aufgabe beteiligt sind. Die Verantwortungsmatrix enthält somit auch Informationen zum Projektorganigramm sowie zur Stellenbeschreibung. Sie besitzt den Vorteil, dass Aufgaben, Mitarbeiter sowie Art der Aufgabenerfüllung („IMV") auf einen Blick vollständig überschaubar sind.

Beispiel

Kreuzungspunkt: An dieser Aufgabe (diesem Arbeitspaket) arbeitet eine bestimmte Person bzw. Stelle mit der eingetragenen Funktion (I, M, V) mit.

SbX **Das IMV-Formular finden Sie unter der ID: 0421.**

IMV-Matrix zum Projekt „Weihnachtsbasar"

Aufgrund der vielen Projektmitglieder wurde das Projekt „Weihnachtsbasar" in mehrere Teilprojekte – entsprechend der Projektorganisationsstruktur – zerlegt. Die folgende Abbildung zeigt zu je einem Teilprojekt die zugehörige IMV-Matrix.

Teilprojekt „Werbung, Sponsoring"	Roland	Marianne	Susanne	Franz 1	Gerda	Monika	Jutta
Verwaltung von Spenden	I	M					V
Pressearbeit	M	V		M			
Radio/TV	M	V	M		M		
Flugblätter/Plakate	I	V		M		M	

Teilprojekt „Erzeugung"	Roland	Marianne	Sabine	Silvia	Zita
Entwurf der Basar-Produkte	I	M	V		
Einschulung in St. Bernhard	I	V	M	M	
Fertigung der Basar-Produkte	I	V	M	M	M
Einkauf Materialien	I		M		V

Aufwendigere Varianten der Verantwortungsmatrix begnügen sich nicht mit drei Einträgen (IMV), sondern erlauben bis zu zehn oder mehr Zuordnungen (z. B. technische bzw. kaufmännische Verantwortlichkeit, Qualitätssicherung etc.).

Wichtig – im Sinne der Definition der Einheit „Arbeitspaket" – ist die Zuordnung von **genau einem** Verantwortlichen!

Üben

SbX ID: 0422

A B C D E

SbX **Eine Formatvorlage für eine IMV-Matrix finden Sie unter der ID: 0422.**

Ü 4.3: IMV-Matrix D

Die Zuordnung von Verantwortlichkeiten in Form einer IMV-Matrix ist natürlich nicht nur auf Projekte beschränkt. Betrachten Sie für diese kleine Übung die folgenden Stellen bzw. Aufgaben (Sie können die Liste gerne erweitern):

- Stellen: Schüler/innen, Lehrer/innen, Eltern, Direktor/in, Abteilungsvorstand …
- Aufgaben: Unterricht, (Haus-)Übungen, Beurteilung, Stundenplan, „Finanzierung" …

Aufgabe: Erstellen Sie eine IMV-Matrix, welche (zumindest) den oben angeführten Stellen Aufgaben in entsprechender Weise zuordnet.

SbX **Das Formular „Arbeitspaket" finden Sie unter der ID: 0422.**

Ü 4.4: Arbeitspaket D

Ihr Vater/Ihre Mutter teilt Ihnen im Rahmen des Projekts „Frühjahrsputz" das Arbeitspaket „Reinigung des elterlichen Autos" zu. Sie wollen mögliche Missverständnisse vermeiden und beschließen, Ihre Aufgabe anhand des Formulars „Arbeitspaket" genau zu formulieren.

Aufgabe: Beschreiben Sie (möglichst vollständig – d. h. auch mit geschätztem Personalaufwand und Kosten) das Arbeitspaket „Reinigung des elterlichen Autos". Verwenden Sie das Formular aus SbX.

Ü 4.5: Fallbeispiel „BonOnline" – Arbeitspakete E

In der vorigen Lerneinheit wurde das Projekt „BonOnline" bereits in Form eines Projektstrukturplans untergliedert. Nehmen Sie nun einen Teil dieses Projekts heraus und zerlegen Sie diesen (exemplarisch) in mehrere Arbeitspakete. Sie können aber auch einen Projektteil aus folgender Liste aufgliedern:

- Konzeption, Abstimmung und Dokumentation (Kommunikation) der Abläufe
- Design und Realisierung der Web-Oberfläche
- Modellierung der Daten- und Objektmodelle
- Planung und Beschaffung der erforderlichen (technischen) Infrastruktur
- Projektmarketing (Bekanntmachen und Werben bei Lehrern und Schülern)

Aufgaben:

SbX **Das Formular „Arbeitspaket" finden Sie unter der ID: 0422.**

a) Detaillieren Sie einen Projektteil des Projekts „BonOnline" in mehrere Arbeitspakete. Verwenden Sie die grafische Darstellungsform.
b) Beschreiben Sie **eines** dieser Arbeitspakete mithilfe des Formulars „Arbeitspaket" (aus SbX) genau.

Hinweis: Da „BonOnline" ein Schülerprojekt ist, können Sie als ein Kriterium dafür, ob eine Tätigkeit schon bzw. noch ein Arbeitspaket ist, folgende Regeln heranziehen:

- Arbeitspakete werden grundsätzlich genau einer Person zugeordnet.
- Aktivitäten unter zwei Stunden sollten kein eigenes Arbeitspaket bilden.
- Aktivitäten über zehn Stunden sollten in mehrere AP zerlegt werden.

Ü 4.6: Fallbeispiel „BonOnline" – IMV-Matrix E

Ordnen Sie – von Ihrer Gruppe ausgehend – den einzelnen Teammitgliedern mithilfe einer **IMV-Matrix** Hauptaufgabenbereiche des Projekts „BonOnline" zu. Erinnern Sie sich an das Kapitel 3, Lerneinheit 3 „Teambildung und -führung" und streben Sie eine möglichst gute Eignung sowie hohe Akzeptanz bei der Zuteilung der Aufgaben (d. h. zum Teil auch der Projektrollen) an.

Sichern

SbX ID: 0423

Arbeitspaket

Das Arbeitspaket (AP) ist die **kleinste Gliederungseinheit des Projektstrukturplans** (PSP). Es beschreibt eine klar definierte Aufgabe bzw. Leistung. Arbeitspakete sind gekennzeichnet durch

- eine eindeutig verantwortliche Person oder Stelle,
- eine möglichst autonom, d. h. im Wesentlichen durch die verantwortliche Person bzw. Stelle selbständig durchführbare Aufgabe,
- eine klare Abgrenzung zu anderen Arbeitspaketen.

Beschreibung des Arbeitspakets

Wie das Projekt „im Großen", so ist auch das Arbeitspaket durch eine **eindeutige Zielvorgabe** sowie **überprüfbare Endergebnisse** zu beschreiben. Der vorgesehene Aufwand sowie die Angabe unmittelbar vor- bzw. nachgelagerter Arbeitspakete ergänzen diese Informationen.

Funktionsmatrix

Eine Funktionsmatrix ist eine **zweidimensionale Matrix** (Tabelle), in der die Aufgaben (Arbeitspakete) und die Personen (Stellen) des Projekts gegenübergestellt werden (z. B. Aufgaben in den Zeilen, Personen in den Spalten). Eine Eintragung am Kreuzungspunkt einer Zeile und Spalte (z. B. „x") verknüpft Aufgabe und daran mitarbeitende Stelle(n).

IMV-Matrix

Eine IMV-Matrix ist wie die Funktionenmatrix eine **zweidimensionale Matrix.** Das am Kreuzungspunkt eingetragene Symbol oder Zeichen gibt Auskunft über die Art der Mitwirkung einer Person oder Stelle an einer bestimmten Aufgabe:

- **I:** wird informiert (bzw. ist zu informieren)
- **M:** Mitarbeit
- **V:** Verantwortliche/r

Bei jeder Aufgabe bzw. jedem Arbeitspaket sollte genau ein einziger Eintrag „V" den Verantwortlichen kennzeichnen.

Vokabeln dieser Lerneinheit

Deutsch	Englisch
Arbeitspaket	working package
Funktionendiagramm	functional diagram

SbX
ID: 0423

Eine Audio-Wiederholung mit Audio-Player und MP3-Download finden Sie unter der ID: 0423.

Wissen

A B C D E

W 4.7: Arbeitspaket A

Definieren Sie den Begriff des Arbeitspakets möglichst genau nach DIN 69901.

W 4.8: Merkmale gut formulierter Arbeitspakete B

Welche Richtlinien gelten bei der Bildung von Arbeitspaketen? Begründen Sie diese.

W 4.9: Beschreibung von Arbeitspaketen B

Welche Informationen sollte die Beschreibung eines Arbeitspakets enthalten? Erklären Sie jeden Inhaltspunkt anhand eines konkreten Beispiels.

W 4.10: Funktionenmatrix B

Skizzieren Sie den Aufbau einer Funktionsmatrix und erläutern Sie ihren Verwendungszweck.

W 4.11: Verantwortungsmatrix B

Skizzieren Sie den Aufbau einer Verantwortungsmatrix („IMV") und erklären Sie die Bedeutung der Eintragungen.

Ein kurzer Kompetenz-Check, bevor's weitergeht!

Kompetenz-Check

	☺	😐	☹
Ich weiß, wann im Projektstrukturplan (PSP) die Ebene der Arbeitspakete (AP) erreicht ist, und kann den Aufbau und die erforderlichen Inhalte von Arbeitspaketen beschreiben.			
Ich kann Arbeitspakete selbst formulieren.			
Ich kenne Aufbau und Zweck von Funktionen- und IMV-Matrix und kann diese für eine gegebene Projektsituation selbst erstellen.			

Lerneinheit 3
Zeitplanung

SbX
Alle SbX-Inhalte zu dieser Lerneinheit finden Sie unter der ID: 0430.

In Kapitel 3, Lerneinheit 4 wurde die Meilensteinliste als ein Instrument für die grobe zeitliche Unterteilung eines Projekts besprochen. Diese Unterteilung muss nun anhand der bei der Projektstrukturierung gewonnenen Erkenntnisse verfeinert und detailliert werden, um eine zeitlich möglichst reibungslose Abwicklung der Arbeitspakete zu ermöglichen.

Die gebräuchlichsten Hilfsmittel zur zeitlichen Planung bzw. Darstellung des Projektablaufs sind das Balkendiagramm und die Netzplantechnik.

Lernen

SbX ID: 0431

1 Balkendiagramm

Balkendiagramme (Gantt-Diagramme) dienen der Planung, Steuerung und Überwachung von Projekten. In den Diagrammen kann abgelesen werden, wann Aktivitäten beginnen, wie lange sie dauern und wann sie enden.

Beispiel

Gantt-Diagramm: benannt nach Henry L. Gantt, einem amerikanischen Berater, der diese Diagrammart um 1910 für die Projektplanung eingeführt hat

Balkendiagramm (mit MS-Project erstellt)

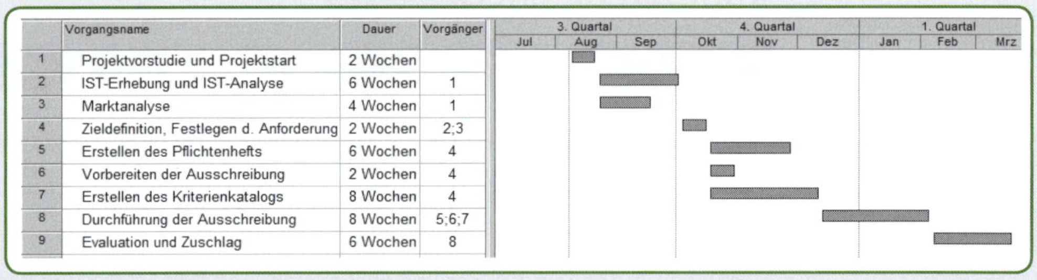

	Vorgangsname	Dauer	Vorgänger
1	Projektvorstudie und Projektstart	2 Wochen	
2	IST-Erhebung und IST-Analyse	6 Wochen	1
3	Marktanalyse	4 Wochen	1
4	Zieldefinition, Festlegen d. Anforderung	2 Wochen	2;3
5	Erstellen des Pflichtenhefts	6 Wochen	4
6	Vorbereiten der Ausschreibung	2 Wochen	4
7	Erstellen des Kriterienkatalogs	8 Wochen	4
8	Durchführung der Ausschreibung	8 Wochen	5;6;7
9	Evaluation und Zuschlag	6 Wochen	8

Für nicht zu große Projekte können **Balkendiagramme einfach per Hand** erstellt und verwaltet werden:

- Auf der horizontalen Achse (X-Achse) eines XY-Diagramms wird eine **Zeitachse** aufgetragen, welche den Zeitraum der geplanten Projektdauer umfasst.
- Entlang der senkrechten (Y-)Achse wird eine **Liste der durchzuführenden Arbeitspakete** oder Teilaufgaben (je nach gewünschter Detaillierung) erstellt. Soweit möglich, stehen früher durchzuführende Arbeiten weiter oben in dieser Liste.
- Auch die **Meilensteine** sind – speziell gekennzeichnet (Dauer = 0) – in diese Liste aufzunehmen.
- Im Diagramm wird nun zu jeder Aktivität ein **Balken** gezeichnet, welcher entsprechend der Zeitachse die geplante Dauer dieser Aktivität (zwischen Anfangs- und Endtermin) umfasst.
- Zur besseren Veranschaulichung von Abhängigkeiten kann das Balkenende einer Aktivität mittels eines **Pfeils** mit dem Anfang der daran anschließenden (abhängigen) Folgeaktivität(en) verbunden werden (Plannet-Diagramm).

OpenSource-Programm zur Erstellung von Balkendiagrammen: **http://ganttproject.sourceforge.net**

Komplexe Vorgangsbeziehungen können in Balkendiagrammen schwer dargestellt werden.

Der Vorteil von Balkendiagrammen ist – bei nicht zu umfangreichen Projekten – ihre einfache Handhabung sowie ihre Anschaulichkeit. Bei größeren Projekten werden Balkendiagramme durch Netzpläne ersetzt, da die Zusammenhänge zwischen den Aktivitäten und Pufferzeiten nicht mehr auf einen Blick erkennbar sind. Planungsprogramme bieten beide Darstellungsformen.

2 Netzplantechnik

Der Begriff der **Netzplantechnik** bezeichnet lt. DIN 69900 „auf Ablaufstrukturen basierende Verfahren zur Analyse, Beschreibung, Planung, Steuerung, Überwachung von Abläufen, wobei Zeit, Kosten, Ressourcen und weitere Größen berücksichtigt werden können".

Folgende **Begriffe** sind wichtig für die Netzplantechnik:

- **Projekt:**

  Begriff für ein zu planendes und auszuführendes Vorhaben, eine Aufgabe, ein Problem, einen Ablauf etc.

Zusammenhang Vorgang – Arbeitspaket: Ein Vorgang kann genau einem Arbeitspaket (AP) entsprechen oder mehrere Arbeitspakete enthalten; ein AP kann aber auch in mehrere in einer logischen Abfolge verbundene Vorgänge untergliedert werden.

- **Vorgang (Tätigkeit, Aktivität):**

  Ein Vorgang ist eine zeitbeanspruchende Teilarbeit oder Handlung, die zwischen einem Anfangs- und Endzeitpunkt stattfindet.

- **Ereignis:**

  Ereignisse haben keine zeitliche Ausdehnung. Sie stellen Zeitpunkte dar, zu denen bestimmte Teilvorgänge beendet sind oder andere beginnen müssen.

Die Erstellung von Netzplänen erfolgt in zwei Phasen:

Strukturanalyse

- **erste Phase** (Ausgangspunkt ist der fertige Projektstrukturplan):

  Die Tätigkeiten, die im Projekt durchzuführen sind, werden in einer Tätigkeitsliste erfasst. Damit verbunden sind das Zuordnen der Tätigkeiten zu den Aufgabenträgern sowie das Ermitteln der für jede Tätigkeit notwendigen Vorbedingungen. Die Ablaufstruktur enthält die logischen Beziehungen zwischen den einzelnen Tätigkeiten. Diese Phase wird vielfach auch als **Strukturanalyse** bezeichnet.

Zeitanalyse

- **zweite Phase:**

  Die für die Durchführung der Tätigkeiten erforderlichen Zeitspannen werden mit einer **Zeitanalyse** ermittelt. Aufgrund des Zeitbedarfs werden die frühestmöglichen Anfangspunkte und die spätesterlaubten Endpunkte der Tätigkeiten (Vorgänge) sowie die Eintreffpunkte von Zuständen (Ereignissen), der kritische Weg und verschiedene Arten der Zeitreserven (Pufferzeiten) ermittelt.

Die **Pufferzeit** ist jene Zeitspanne, um die die Lage oder Dauer eines Vorgangs verändert werden kann, ohne dass sich dies auf die Projektdauer auswirkt.

Unter **„kritischem Weg (Pfad)"** in einem Netzplan versteht man jenen Weg, auf dem Ereignisse bzw. Vorgänge so angeordnet sind, dass die gesamte Pufferzeit ein Minimum ist. Dieser kritische Weg ist eine Folge von Aktivitäten innerhalb des Netzplans, deren Verschiebung oder Verzögerung sich auf das Projektende auswirken würde.

Aufbauend auf der Zeitanalyse können **folgende Analysen** durchgeführt werden:

- Projektkontrolle
- Zeit-Kosten-Analyse
- Kapazitätsanalyse
- kombinierte Zeit-Kosten-Kapazitätsanalyse
- simultane Planung unabhängiger Projekte

Folgende **Verfahren der Netzplantechnik** stehen zur Verfügung:

- **CPM:** Critical Path Method – Vorgangspfeilnetz
- **MPM:** Metra Potential Method – Vorgangsknotennetz
- **PERT:** Program Evaluation and Review Technique – Ereignisknotennetz

Beispiel

Praktisches Beispiel zur Erstellung eines MPM-Netzplans. Die Projektplanung ist bewusst vereinfacht – im Mittelpunkt steht die Anwendung der Netzplantechnik.

Entwurf und Berechnung eines MPM-Netzplans

Die Magistratsdirektion Automatische Datenverarbeitung der Stadt Wien (MD ADV) plant, die EDV-Ausstattung der Kartographieabteilung zu erweitern. Die Vergabe der Leistung hat im Rahmen einer öffentlichen Ausschreibung zu erfolgen. In einer Koordinationssitzung werden die einzelnen Schritte für die Auswahl einer geeigneten HW- und SW-Konfiguration sowie deren Dauer und Abfolge festgelegt:

Nr.	Vorgang	Dauer (Wochen)	Vorgänger
1	Projektvorstudie und Projektstart	2	–
2	IST-Erhebung und IST-Analyse	6	1
3	Marktanalyse	4	1
4	Zieldefinition, Festlegen der Anforderungen	2	2; 3
5	Erstellen des Pflichtenhefts	6	4
6	Vorbereiten der Ausschreibung	2	4
7	Erstellen des Kriterienkatalogs	8	4
8	Durchführen der Ausschreibung	8	5; 6; 7
9	Evaluation und Zuschlag	4	8

Zur besseren Koordination der Aktivitäten soll ein MPM-Netzplan entworfen werden. Die gesamte Projektdauer soll berechnet sowie der kritische Pfad bestimmt werden.

Die **Lösung des Beispiels** erfolgt in den Schritten:

- Zeichnen der Netzplanstruktur
- Berechnung der frühesten Zeitpunkte für die Vorgänge
- Berechnung der spätesten Zeitpunkte für die Vorgänge
- Bestimmung von Projektdauer, Pufferzeiten und kritischem Pfad

Exkurs: Darstellung eines MPM-Netzplans

Der MPM-Netzplan ist ein Vorgangsknotennetz: Alle Vorgänge (Aktivitäten) werden in Form von Knoten (Kästchen) dargestellt. Die Abfolge der Vorgänge wird durch verbindende Pfeile gebildet. Diese Pfeile können weiters dafür verwendet werden, um die zeitliche Beziehung zwischen zwei Vorgängen auszudrücken, z. B. Wartezeiten.

Folgende Darstellungsform wird im Rahmen der MPM-Technik verwendet.

Vorgangsdarstellung im MPM-Netzplan

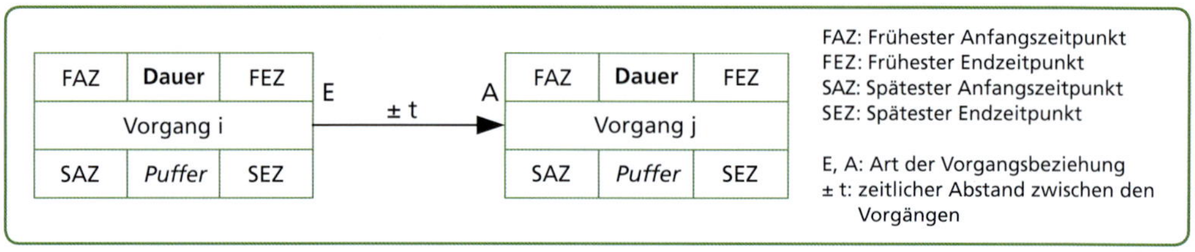

Exkurs: Verknüpfung von Vorgängen im MPM-Netzplan

In einem MPM-Netzplan können unterschiedliche Beziehungen zweier benachbarter Vorgänge dargestellt werden.

Ende – Anfang (EA): Normalfolge NF

Ende – Ende (EE): Endfolge EF

Anfang – Anfang (AA): Anfangsfolge AF

Anfang – Ende (AE): Sprungfolge SF

Es lassen sich vier verschiedene Vorgangsbeziehungen unterscheiden:

- **Ende – Anfang:** Auch „Normalfolge" genannt. Der nachgelagerte Vorgang (j) beginnt nach vollständiger Beendigung des Vorgängers (i).
- **Ende – Ende:** Beide Vorgänge i und j müssen gleichzeitig beendet werden.
- **Anfang – Anfang:** Wenn Vorgang i beginnt, muss auch Vorgang j beginnen.
- **Anfang – Ende:** Wenn Vorgang i beginnt, muss Vorgang j beendet sein.

Stellt man diese möglichen Vorgangsbeziehungen als Balkendiagramm dar (die Pfeile symbolisieren die Abhängigkeiten), ergeben sich folgende Darstellungen:

Vorgangsbeziehungen im MPM-Netzplan

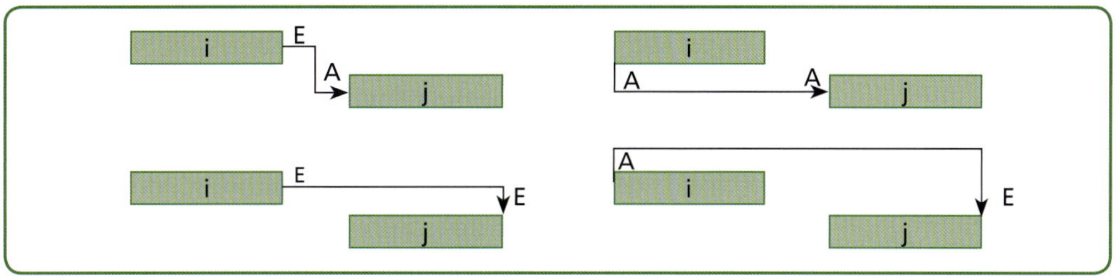

Weiters kann den Beziehungen zwischen den Vorgängen ein positiver oder negativer zeitlicher Abstand zugeordnet werden (±t in der Abbildung auf der vorigen Seite). Im Beispiel einer Normalfolge (EA-Beziehung) bedeutet ein:

- **positiver Zeitwert t** (z. B. +48 h), dass Vorgang j erst t Zeiteinheiten nach Beendigung von i beginnen darf (z. B. ein Fußboden darf erst 48 h nach Fertigstellung des Estrichs verlegt werden).
- **negativer Zeitwert t** (z. B. –10 h), dass Vorgang j bereits t Zeiteinheiten vor der Beendigung von i beginnen muss, i und j verlaufen daher teilweise parallel (z. B. 10 h vor Fertigstellung einer Stahlkonstruktion beginnt die Anfahrt eines Spezialfahrzeugs für den Transport).

Dabei ist zu beachten, dass durch Angabe der Vorgangsbeziehung der **logische Zusammenhang** zweier Vorgänge beschrieben wird. So ist z. B. eine EA-Beziehung mit –t etwas anderes als eine AA-Beziehung mit +t, auch wenn beides rechnerisch zur selben Gesamtdauer führen würde. (Das Spezialfahrzeug fix zwei Wochen nach Beginn der Stahlbauarbeiten zu ordern, wäre sinnlos – relevant ist das tatsächliche, möglicherweise entgegen der Planung verschobene Ende der Konstruktionsarbeiten.)

Die hier beschriebenen Darstellungsmöglichkeiten der MPM-Netzplantechnik, die Kombinationsmöglichkeiten von Vorgangsbeziehungen und Zeitabständen, ist eine wesentliche Stärke dieses Verfahrens gegenüber der CPM-Technik. Bei Nutzung aller Möglichkeiten ist die manuelle Berechnung und Optimierung aber sehr aufwendig und kann daher sinnvoll nur mit Rechnerunterstützung erfolgen.

Beispiel

In diesem Beispiel sind alle Vorgänge in einer Ende-Anfang-Abfolge mit Zeitabstand = 0 angeordnet.

Im folgenden Beispiel – und wenn nicht anders angegeben – werden bei MPM-Netzplänen ausschließlich **Normalfolgen** (EA-Beziehungen) sowie ein **zeitlicher Abstand t = 0** zwischen den Vorgängen angenommen. Damit ist eine manuelle Berechnung zur Veranschaulichung der MPM-Netzplantechnik einfach möglich.

Der erste Schritt ist das **Zeichnen der Netzplanstruktur.** Dabei sind folgende wichtige Regeln zu beachten:

- Ein MPM-Netzplan besitzt **genau einen Anfangs- und einen Endknoten.**
- Die **Pfeile** verbinden die Vorgänge entsprechend der logischen Abfolge im Projekt.
- Die **Pfeilrichtung** symbolisiert den Projektfortschritt. Sie verläuft daher vom Anfangsknoten (links) zum Endknoten (rechts).

Beispiel

Aus den im Beispiel „MD ADV Kartographie" aufgelisteten Arbeitspaketen (Tabelle auf Seite 130) ergibt sich folgende logische Struktur:

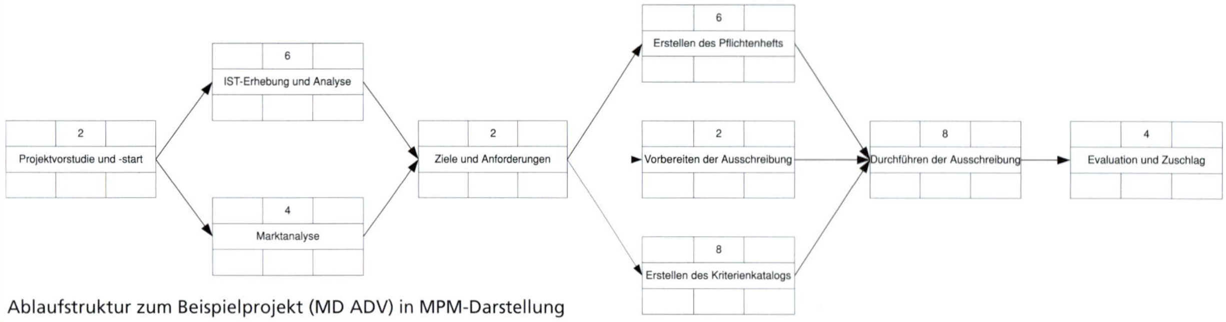

Ablaufstruktur zum Beispielprojekt (MD ADV) in MPM-Darstellung

Anmerkung: Die konkreten Indizes bei den Zeiten beziehen sich auf die Vorgangsliste in der Tabelle auf S. 130 (z. B. FAZ_3 = FAZ von Vorgang 3, Marktanalyse).

Exkurs: Berechnungsverfahren MPM (Normalfolgen mit Zeitabstand = 0)

Die Berechnung der Zeiten in einem MPM-Netzplan erfolgt in drei Schritten:

- Berechnung der frühesten Zeitpunkte („vorrechnen", d. h. vom ersten zum letzten Vorgang)
- Berechnung der spätesten Zeitpunkte („rückrechnen", d. h. vom letzten zum ersten Vorgang)
- Bestimmung von kritischem Pfad und Pufferzeiten

Berechnung der frühesten Zeitpunkte:

- Im Anfangsknoten wird $FAZ_i = 0$ gesetzt, konkret also: $FAZ_1 = 0$.
- FEZ_i in einem Knoten (i) berechnet sich aus FAZ_i + Vorgangsdauer D_i, im Beispiel: $FEZ_1 = 0 + 2 = 2$.
- Für den folgenden Knoten (j) wird als FAZ_j die Zeit FEZ_i des Vorgängerknotens (i) eingesetzt, d. h., im Beispiel beginnen die beiden Folgeknoten (Vorgänge 2 und 3) mit einem FAZ_2 bzw. $FAZ_3 = 2$.

Diese Berechnung wird bis zum Endknoten durchgeführt, mit der folgenden Einschränkung: In jedem Knoten (j) mit mehreren Vorgängern (mehrere Pfeile enden hier) wird immer der **größte Wert** für den frühesten Anfangszeitpunkt FAZ_j eingetragen. (Grund: Der Vorgang kann erst beginnen, wenn der längste der hier endenden Vorgänge beendet ist.)

Software für die Erstellung von Netzplänen: Microsoft MS Project

MS Project Server: zentraler Server zur Planung und Kommunikation im Team mittels MS Project

Open Source (alle Plattformen): **http://ganttproject.sourceforge.net**

Berechnung der spätesten Zeitpunkte:

- Beginnend im Endknoten (j) wird $SEZ_j = FEZ_j$ gesetzt, d. h. im Beispiel $FEZ_9 = 30$.
- Der späteste Anfangszeitpunkt SAZ_j im Endknoten ergibt sich aus $SAZ_j = SEZ_j - D_j$, konkret im Beispiel: $SAZ_9 = 30 - 4 = 26$.
- Der vorgelagerte Knoten (i) (Vorgänger) erhält als SEZ_i den Zeitwert des SAZ_j des Nachfolgers (j). Im Beispiel: $SEZ_8 = SAZ_9 = 26$
- In jedem Knoten mit mehreren Nachfolgern (mehrere Pfeile führen weiter) wird immer der **kleinste Wert** der SAZ_j als spätester Endzeitpunkt SEZ_i eingetragen.
- Die Berechnung wird bis zum Anfangsknoten weitergeführt, wo sich als spätester Anfangszeitpunkt SAZ_1 der Wert 0 ergeben muss (Kontrolle).

Pufferzeiten und „kritischer Pfad":

- **Pufferzeit:** berechnet sich aus der Differenz zwischen spätesten und frühesten Zeitpunkten eines Vorgangs: $P_i = SAZ_i - FAZ_i = SEZ_i - FEZ_i$.
- **„kritischer Pfad":** Setzt sich aus jenen Vorgängen zusammen, bei welchen frühester = spätester Zeitpunkt ist; d. h., die Pufferzeit für diese Vorgänge ist 0 (minimal).

Projektdauer: kann im Endzeitpunkt vom Endknoten abgelesen werden (FEZ_i bzw. SEZ_i), im Beispiel: $FEZ_9 = SEZ_9 = 30$ (Wochen)

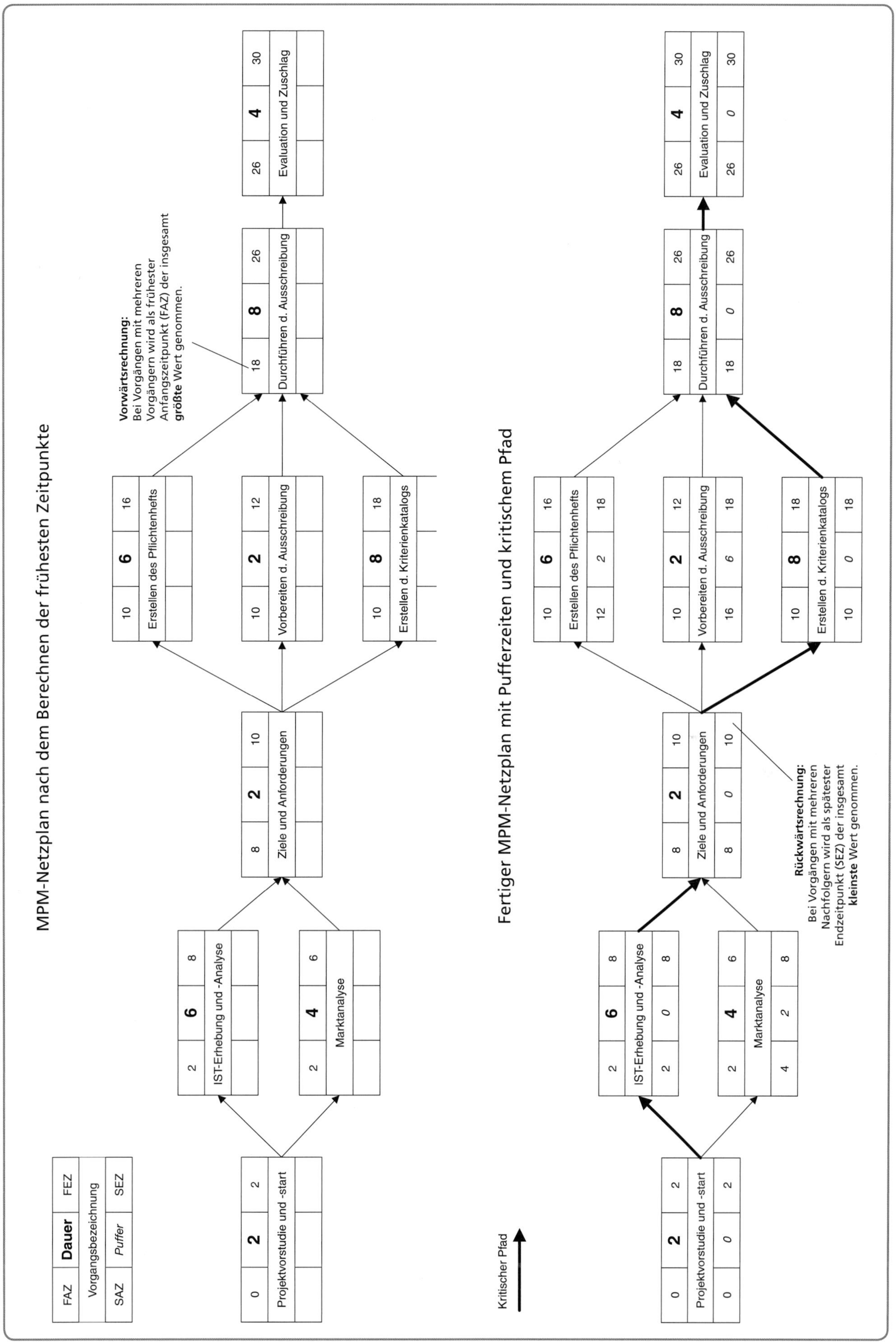

4 Projektplanung

Beispiel

Komplexes MPM-Beispiel

Im folgenden Beispiel ist ein Netzplan zu zeichnen und zu berechnen, bei welchem unterschiedliche Anordnungsbeziehungen gegeben sind (NF, AF und EF) sowie positive und negative Zeitabstände zwischen den Vorgängen liegen. Die Vorgänge sind abstrakt beschrieben, die Berechnungstechnik steht im Vordergrund.

Gegeben sind die Vorgänge A bis G mit den folgenden Dauern und Anordnungsbeziehungen:

Vorgang	Dauer	Vorgänger/Anordnung	Nachfolger/Anordnung
A	10	–	B AA+2
			C EE+1
			D EA+2
B	6	A AA+2	E
C	3	A EE–1	F
D	5	A EA+2	F
E	4	B	G EA MAXZ 2
F	8	C	G AA+3
		D	
G	7	E EA MAXZ 2	–
		F AA+3	

Die Angabe sowohl der Vorgänger als auch der Nachfolger ist redundant; je nach Vorgehensweise beim Zeichnen kann die eine oder andere Variante günstiger sein. „MAXZ" steht für „maximaler Zeitabstand", mathematisch ausgedrückt also ≤ 2.

Beim Zeichnen des MPM-Netzplans werden die Anordnungsbeziehungen zu den verbindenden Pfeilen geschrieben. Die Pfeile selbst werden, unabhängig von der Anordnungsbeziehung, immer in derselben Weise gezeichnet.

Der MPM-Netzplan zur oben dargestellten Tabelle sieht wie folgt aus:

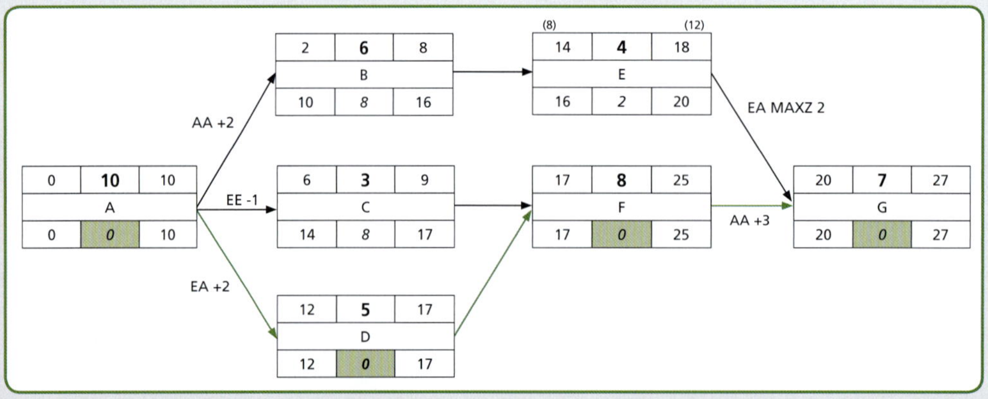

Beachten Sie, dass bei Vorgang E die sich aus der Vorwärtsrechnung ergebenden Zeiten (in Klammern über dem Vorgang dargestellt) geändert werden müssen, um die Bedingung „MAXZ 2" einhalten zu können.

3 Aktions-/Arbeitsplan

Der **Aktionsplan** ist ein Instrument, das oft bei Arbeitssitzungen angewendet wird. Mit dem Aktionsplan können sehr schnell Aufgaben definiert, delegiert und terminiert werden.

Aktionspläne strukturieren die Abschnitte zwischen den Meilensteinen oder innerhalb von Arbeitspaketen und helfen, die Aufgaben oder auch Arbeitspakete „abarbeitbar" zu machen. Für größere Aufgabenumfänge ist der Aktionsplan weniger geeignet.

Folgende Informationen werden in einem Aktionsplan festgehalten:

- **Was** muss getan werden (Aufgabeninhalt)?
- **Wer** ist dafür verantwortlich (Aufgabenträger)?
- **Bis wann** liegt das Ergebnis vor (Termin)?

Beispiel

SbX

Eine Formularvorlage für einen Aktionsplan finden Sie unter der ID: 0431.

Einfaches Formular für einen Aktionsplan

Pos.	Was?	Wer?	Bis wann?

Aktionspläne sind in Form von **Aktivitätenlisten** oft Bestandteil von Zeitplanungssystemen.

Üben

SbX ID: 0432

A B C D E

Ü 4.7: Erstellung eines MPM-Netzplans C

Für die Installation eines Echtzeit-Rechensystems einer Gasversorgungsgesellschaft wurde im Rahmen der Struktur- und Zeitanalyse die folgende Aktivitätenliste erarbeitet:

	Aktivität	Tage	Vorgänger
1	Anlagentransport zum Kunden	2	–
2	Einbau Rechner	8	1
3	Einbau Unterbrechungsfreie Stromversorgung (USV)	4	1
4	Installation Betriebssystem	2	2
5	Probebetrieb USV	4	2; 3
6	Installation Echtzeit-Software	6	4
7	Parallelschalten der Anzeigeeinheiten	8	4
8	Umrüstung der Befehlsausgaben	10	5
9	Probelauf Melderichtung	4	6; 7
10	Probelauf Befehlsrichtung	8	6; 7; 8
11	Stilllegen der alten Anlageeinheiten	4	9
12	Probebetrieb Gesamtsystem	6	10; 11

Aufgaben:

a) Stellen Sie die Aktivitäten in Form eines Balkendiagramms dar.

b) Entwickeln und zeichnen Sie einen entsprechenden MPM-Netzplan.

c) Berechnen Sie die Zeiten im Netzplan.

d) Ermitteln Sie die gesamte Projektdauer.

e) Zeichnen Sie den „kritischen Pfad" ein.

Ü 4.8: Erstellung eines komplexeren MPM-Netzplans C

Gegeben ist die folgende Vorgangsliste mit unterschiedlichen Anordnungsbeziehungen:

Vorgang	Dauer	Vorgänger/Anordnung		Nachfolger/Anordnung	
A	5	–		B	EA–2
				C	
				F	
B	10	A	EA–2	C	AA+3
C	8	A		D	EE+3
		B	AA+3	E	EA+2
				F	
D	10	C	EE+3	G	EA MAXZ 2
E	7	C	EA+2	G	AA+5
F	6	C		G	
		A			
G	4	D		–	
		E	EA MAXZ 2		
		F	AA+5		
Gesamtdauer des Projekts:					

Aufgaben:

Entwickeln und zeichnen Sie aus den gegebenen Vorgängen und Anordnungsbeziehungen einen MPM-Netzplan. Berechnen Sie die Gesamtdauer des Projekts sowie die Pufferzeiten. Tragen Sie die Gesamtdauer ein und markieren Sie durch Einringen in der ersten Spalte all jene Vorgänge, die auf dem kritischen Pfad liegen.

Ü 4.9: Fallbeispiel „BonOnline" – Balkendiagramm D

Erstellen Sie – ausgehend von dem in Lerneinheit 1 entwickelten Projektstrukturplan – ein einfaches Balkendiagramm. Damit die händische Erstellung nicht zu aufwendig wird, tragen Sie 10 bis maximal 20 Vorgänge ein (kürzere zusammenfassen).

Ü 4.10: Fallbeispiel „BonOnline" – Aktionsplan D

Auf der neuen Online-Plattform des Schulbuffets/-restaurants sollen die Menüs und (optional) die gängigsten Snacks mit Fotos abgebildet sein. Sie haben mit dem Pächter bereits einen Termin für das Shooting in zwei Wochen vereinbart. Damit der Fototermin reibungslos abläuft und die notwendige Ausbeute an Fotos bringt, planen Sie alle notwendigen Schritte zur Vorbereitung und Abstimmung in Form eines Aktionsplans.

SbX Eine Formularvorlage für einen Aktionsplan und für eine Aktivitätenliste finden Sie unter der ID: 0432.

Aufgabe in der Kleingruppe:

Sammeln Sie (zunächst unstrukturiert) alle Schritte und Vereinbarungen, die zur Vorbereitung des Fototermins erforderlich sind. Strukturieren Sie diese anschließend als Aktivitäten in einer zwei Wochen umspannenden Aktivitätenliste nach folgender Vorlage.

Nr.	Was ist zu tun?	Wer wirkt mit?	Was wird benötigt?	fertig bis:	Was muss zuvor geschehen (Nr.)?

SbX ID: 0433

Zeitplanung

Die **Zeitplanung** geht von der logischen Abfolge der Arbeitspakete aus und dient zur Planung und Darstellung des zeitlichen Projektablaufs.

Balkendiagramm

Das **Balkendiagramm** (oder **Gantt-Diagramm**) stellt Aktivitäten in Form von horizontalen Balken dar. Die Länge eines Balkens zeigt die Dauer, die Lage, den Anfangs- bzw. Endzeitpunkt der Aktivität. Ein Balkendiagramm ist für kleine bis mittlere Projekte geeignet. Die Abhängigkeiten können insbesondere bei vielen Aktivitäten schwer dargestellt werden.

Netzplan

Die **Netzplantechnik** stellt die Aktivitäten sowie deren Abhängigkeiten in Form eines gerichteten Graphen dar (MPM: Knoten repräsentieren die Vorgänge). Auf diese Weise können auch komplexe Anordnungsbeziehungen zwischen Vorgängen berücksichtigt und in die Berechnung der Projektdauer einbezogen werden.

Begriffe der Netzplantechnik

Wesentliche **Begriffe der Netzplantechnik** sind:

- Vorgang
- Ereignis
- Pufferzeit
- kritischer Pfad

Aktionsplan

Ein **Aktionsplan** ist eine To-do-Liste für einzelne Arbeitsschritte innerhalb eines Arbeitspakets.

Vokabeln dieser Lerneinheit

Deutsch	Englisch
Ablaufstruktur	flow structure
Anfangsfolge	start-to-start relationship
Anordnungsbeziehung (AF)	relationship
Balken	bar
Balkenplan	bar chart
Dauer	duration
Endfolge (EF)	finish-to-finish relationship
Ereignis	event
Ereignisknoten-Netzplan	event-on-node network
frühester Anfangszeitpunkt (FAZ)	early start time
frühester Endzeitpunkt (FEZ)	early finish time
gesamte Pufferzeit (GP)	total float
Knoten	node
kritischer Pfad	critical path
maximaler Zeitabstand (MAXZ)	maximum time interval
Meilenstein, Schlüsselereignis	milestone, key event
minimaler Zeitabstand (MINZ)	minimum time interval
Nachfolger	successor activity
Netzplan (NP)	network, network schedule
Netzplantechnik	network technique, network scheduling
Normalfolge (NF)	end-to-start relationship
Pfeil	arrow
Projektende	project finish
Projektstart	project start
Puffer (allgemein)	buffer
Pufferzeit (P)	float

Deutsch	Englisch
spätester Anfangszeitpunkt (SAZ)	late start time
spätester Endzeitpunkt (SEZ)	late finish time
Sprungfolge (SF)	start-to-finish relationship
Startknoten	start node
vernetzter Balkenplan	related bar chart
Vorgang	activity
Vorgangsknoten-Netzplan	activity-on-node network
Vorgangspfeil-Netzplan	activity-on-arrow network

SbX
ID: 0433

Eine Audio-Wiederholung mit Audio-Player und MP3-Download sowie eine Bildschirmpräsentation mit den Grafiken dieser Lerneinheit finden Sie unter der ID: 0433.

Wissen

A B C D E

W 4.12: Gantt-Diagramm B

Skizzieren Sie den Aufbau von Gantt-Diagrammen und beschreiben Sie deren Erstellung.

W 4.13: Netzplantechnik B

Wozu dient die Netzplantechnik und welche unterschiedlichen Verfahren kennen Sie? (Nennen Sie jeweils die Bezeichnung und Abkürzung des Verfahrens.)

W 4.14: Begriffe der Netzplantechnik B

Erklären Sie folgende Begriffe der Netzplantechnik: Vorgang, Ereignis, Pufferzeit, kritischer Pfad.

W 4.15: Phasen der Netzplanerstellung B

In welchen zwei Phasen erfolgt die Erstellung von Netzplänen? Erklären Sie die Schritte in den einzelnen Phasen.

W 4.16: MPM-Netzplan B

Welche Darstellungsform wird beim MPM für die Knoten verwendet? Erklären Sie die Bezeichnungen im Knoten.

W 4.17: Anordnungsbeziehungen B

Welche Anordnungsbeziehung (d. h. Verbindung mit Pfeilen) kann es zwischen zwei MPM-Knoten geben? Erklären Sie diese anhand konkreter Beispiele.

W 4.18: Aktionsplan B

Welche Aufgabe erfüllt ein Aktionsplan und welche Informationen werden darin eingetragen? Veranschaulichen Sie diese anhand eines konkreten Beispiels.

Ein kurzer Kompetenz-Check, bevor's weitergeht!

Kompetenz-Check

	☺	😐	☹
Ich kenne die verschiedenen Schritte und Techniken der Zeitplanung in Projekten und kann diese anwenden.			
Ich kann aus einer gegebenen Vorgangsabfolge MPM-Netzpläne ableiten und korrekt darstellen, Zeiten, Dauer und kritischen Pfad berechnen.			
Ich kenne Aufbau und Zweck von To-do-Listen (Aktionsplänen).			

5 QUERSCHNITTSAUFGABEN

Worum geht's in diesem Kapitel?

Als Querschnittsaufgaben werden in einem Projekt all jene Tätigkeiten bezeichnet, die nicht (nur) zu einem bestimmten Zeitpunkt durchgeführt werden, sondern die während des gesamten Projekts oder eines längeren Zeitraums erforderlich sind. Einige der Aufgaben werden zu einem bestimmten Zeitpunkt erstmalig durchgeführt, wobei die Ergebnisse im späteren Projekt laufend aktualisiert oder überprüft werden (Beispiel: Stakeholder-Analyse). Andere werden parallel zur Projektabwicklung mehr oder weniger intensiv betrieben (Beispiel: Projektmarketing).

Schwerpunkte dieses Kapitels bilden das Risikomanagement, das Projektcontrolling, das Berichtswesen und die Dokumentation. Weitere Querschnittsaufgaben wie Beschaffung, Krisenmanagement, Konfliktmanagement, Change-Management, Claim-Management, Qualitätsmanagement und Projektmarketing werden kurz vorgestellt. Ebenso wird ein Überblick über den möglichen Einsatz von Informatik-Hilfsmitteln im Projekt gegeben. Als letzte Aktivität eines Projekts wird der Projektabschluss näher beschrieben.

Am Ende dieses Kapitels sollten Sie

- die wesentlichen Aktivitäten des Risikomanagements kennen,
- Verfahren der qualitativen und quantitativen Risikoanalyse kennen und anhand konkreter Projekte Risiken erkennen und beurteilen können,
- geeignete Maßnahmen zur Risikogestaltung vorschlagen können,
- Bedeutung und Aufgaben des Projektcontrollings verstehen sowie Verfahren zur Termin-, Kosten- und Fortschrittskontrolle anwenden können,
- Begriffe und Berechnungsverfahren der Earned-Value-Analyse kennen und für konkrete Projekte anwenden können,
- Trendanalysen durchführen und Trendverläufe bewerten können,
- die für die Projektdokumentation erforderlichen Dokumente kennen,
- Art, Zeitpunkte und Aufgaben von Berichten bzw. Protokollen kennen und für konkrete Projekte selbst welche erstellen können,
- Bedeutung und Aufgaben des Projektabschlusses kennen und den geeigneten Projektabschluss für ein konkretes Projekt planen können.

A B C D E

In diesem Kapitel finden Sie Übungsaufgaben, praxisbezogene Fallbeispiele und Aufgaben zur Lernkontrolle zur Überprüfung Ihrer Kompetenzen auf den Handlungsebenen A **Wiedergeben,** B **Verstehen,** C **Anwenden** und D **Analysieren & Interpretieren.**

Dieses Kapitel umfasst folgende Lerneinheiten:

1 Risikomanagement

2 Projektcontrolling

3 Dokumentation und Berichtswesen

4 Weitere PM-Aufgaben und Projektabschluss

5 Informatik-Hilfsmittel

SbX
Alle SbX-Inhalte zu dieser Lerneinheit finden Sie unter der ID: 0510.

Lerneinheit 1
Risikomanagement

Projektrisiken sind Ereignisse, deren Eintreten negative Auswirkungen auf den Projekterfolg hat. Jedes Risiko ist gekennzeichnet durch die Wahrscheinlichkeit des Eintritts sowie das erwartete Ausmaß des Schadens. Projektorientiertes Risikomanagement identifiziert, klassifiziert und bewertet mögliche Projektrisiken mit dem Ziel, geeignete Maßnahmen zur Bewältigung der Risiken zu entwickeln und durchzuführen.

Lernen

SbX ID: 0511

1 Projektrisiken

Unter **Projektrisiko** versteht man die Höhe des Schadens, den das Unternehmen erleidet, wenn die Projektziele nicht erreicht werden.

„Das Nilpferd, das du siehst, wirft dein Boot nicht um!" (Afrikanisches Sprichwort)

Das Risikomanagement ist eine wichtige Aufgabe des Projektleiters. Während des gesamten Projektverlaufs sollte er

- mögliche zukünftige **Risiken vorhersehen**,
- die **Wahrscheinlichkeit** ihres Eintretens **abschätzen** und
- gegebenenfalls verhältnismäßige **Maßnahmen** zur Vermeidung oder zumindest Minimierung möglicher Schäden **planen**.

Risiken können sich verändern und müssen daher während des gesamten Projektverlaufs berücksichtigt bzw. überprüft werden.

Die Risikoanalyse setzt bereits im Vorprojekt an, damit in der Machbarkeitsanalyse anhand einer groben Abschätzung geklärt werden kann, ob das Projekt durchgeführt werden soll.

Im Rahmen der Detailplanung und während des gesamten Projektverlaufs sind die Risiken immer wieder zu bewerten und entsprechende Konsequenzen zu erarbeiten.

Risikoarten

Mögliche Risiken in einem Projekt lassen sich in **vier globale Gruppen** einordnen:

- technische Risiken
- wirtschaftliche Risiken
- politische Risiken
- soziokulturelle Risiken

Zwischen den einzelnen Risiken in einem Projekt bestehen starke Wechselwirkungen bzw. Abhängigkeiten. Diese werden als **Risikoverbund** bezeichnet, der letztlich als Ganzes zu betrachten ist, um Mehrfachbewertungen zu vermeiden.

Beispiel

Risikoverbund

Technische Probleme in einem Projekt können zu Terminverzögerungen und diese wiederum zu erhöhten Projektkosten (z. B. Pönale) führen. Die Risikoanalyse erkennt die primäre Ursache und sucht Strategien in allen betroffenen Bereichen.

2 Maßnahmen des Risikomanagements

Das Risikomanagement setzt Prioritäten für die Behandlung von Risiken und schlägt geeignete Maßnahmen zur Schadensminimierung vor.

Die **wesentlichen Aktivitäten des Risikomanagements** sind:

- Identifikation von Risiken
- Analyse der Risiken (Bestimmung der Ursachen)
- Bewertung der Risiken (nach Eintrittswahrscheinlichkeit und möglichen Auswirkungen)
- Risikogestaltung (Maßnahmen zur Vermeidung/Reduktion möglicher Risiken)

Identifikation, Analyse und Bewertung von Risiken erfolgen sinnvollerweise gleichzeitig. Die sorgfältige Dokumentation der einzelnen Schritte sowie der Maßnahmen ist eine wichtige Voraussetzung für ein erfolgreiches Risikomanagement.

SbX
Das Formularblatt „Risiko" finden Sie unter der ID: 0511.

Die Risikoanalyse und die vorgesehenen Maßnahmen werden schriftlich dokumentiert und im Team kommuniziert (siehe Formularblatt „Risiko" im SbX), um Risikosituationen erkennen und die vorgesehenen Maßnahmen setzen zu können.

Identifikation der Risiken

Ausgangspunkt ist die Bestimmung möglicher Projektrisiken. Dabei können folgende Techniken angewendet werden:

- Identifikation anhand des Projektstrukturplans (vgl. Beispiel)
- Verwendung von Checklisten
- Befragung von Experten und erfahrenen Mitarbeitern
- Projektumfeldanalyse
- Analyse der Rahmenbedingungen (rechtliche, technische Pläne, Dokumentenstudie)

Kreativitätstechniken erleichtern das Erkennen möglicher Risiken.

Die Identifikation von Projektrisiken sollte im Team und unter Verwendung von Kreativitätstechniken erfolgen (Einsatz der Moderationsmethode, Visualisierung).

Analyse der Risiken

Hand in Hand mit der Identifikation erfolgt die Analyse der Risiken. Zu bestimmen sind mögliche Risikoursachen sowie Auswirkungen im Fall des Eintritts. Mithilfe des Ursache-Wirkungs-Diagramms (auch Ishikawa- oder Fishbone-Diagramm) können die Vorbedingungen, die zu einem Schaden führen, analysiert werden.

Bewertung der Risiken

Im Rahmen der Risikobewertung werden anhand der identifizierten Risiken deren Eintrittswahrscheinlichkeit sowie der damit verbundene Schaden (z. B. in Form zusätzlicher Projektkosten) ermittelt. Die Bewertung von Risiken erfolgt mittels

- qualitativer Methoden und
- quantitativer Methoden.

qualitative Analyse: ordnet Risiken nach Eintrittswahrscheinlichkeit und zu erwartendem Schaden

Qualitative Methoden zielen darauf ab, eine Reihung der Risiken etwa nach der Schwere der Auswirkungen vorzunehmen (Ordinalskala „keine wesentliche Auswirkung" bis „substanzielle Gefährdung des Projektziels").

Eine Einordnung der Risiken nach den Kategorien „Eintrittswahrscheinlichkeit" und „Einfluss auf den Projekterfolg" ermöglicht eine Ableitung der erforderlichen Strategien. Die **4-Felder-Methode** ordnet die Risiken in vier Kategorien (siehe auch Abbildung auf der folgenden Seite):

- A: Sofortmaßnahmen erforderlich, Möglichkeit des Projektabbruchs
- B1: Risikogestaltung durch entsprechende Maßnahmen
- B2: Risikovorsorge durch Versicherung
- C: zu vernachlässigen

Matrix zur qualitativen Einordnung von Risiken

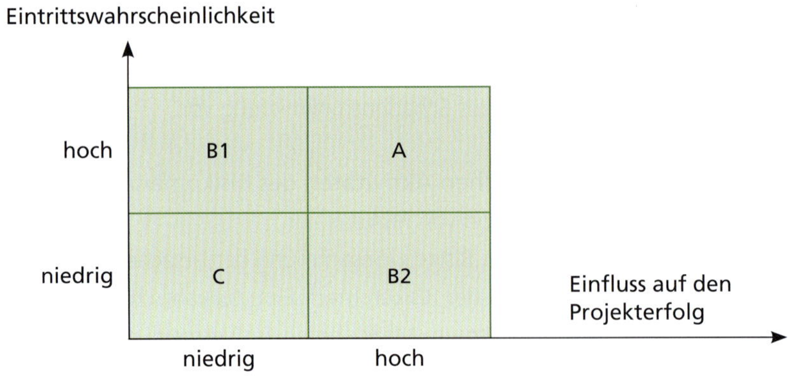

quantitative Analyse: berechnet einen monetären Risikowert aufgrund von Eintrittswahrscheinlichkeit und zu erwartendem Schaden (in Geldeinheiten)

Quantitative Methoden geben Auskunft über die Schadenshöhe im Falle eines Risikoeintritts. Das Risiko wird in Geldeinheiten beziffert. Eine quantitative Analyse kann mithilfe des Projektstrukturplans erfolgen oder mit mathematisch-statistischen Verfahren wie der Monte-Carlo-Simulation. Letzteres Verfahren berechnet anhand der Risikowahrscheinlichkeiten unter Verwendung von Zufallszahlen eine Verteilungsfunktion der Projektkosten. Die Monte-Carlo-Methode wird insbesondere bei der Beurteilung von Großprojekten eingesetzt.

Beispiel

Risikoanalyse und -bewertung mithilfe des Projektstrukturplans

Arbeitspaket	Problem	Risikoauswirkung			Bewertung			weitere Auswirkungen
		tech.	term.	finz.	Eintrittswahrscheinlichkeit	Kosten der Auswirkung	Risiko (1.000 €)	
Montage	Teilepassung – Toleranz	x		x	0,2	80	16	Demotivation Montageteam
Beschichtung	2. Schicht erforderlich		x	x	0,3	20	6	

- **Arbeitspaket:** Bezeichnung oder Nummer des Arbeitspakets (vgl. Kapitel 4, Lerneinheit 2)
- **Problem:** kurze Beschreibung des befürchteten Problems
- **Risikoauswirkung:** gibt an, ob es sich um ein technisches (tech.), terminliches (term.) oder finanzielles (finz.) Risiko handelt. Viele Risiken haben auch direkte finanzielle Auswirkungen.
- Die **Bewertung** errechnet sich aus

  Risiko (in 1.000 €) = Eintrittswahrscheinlichkeit × Kosten der Auswirkung (in 1.000 €).

  Höhere Risikowerte sind daher vorrangig zu berücksichtigen.
- weitere Auswirkungen: z. B. monetär schwer zu bewertende Auswirkungen eines Problems

Risikogestaltung

Das Erkennen bzw. Bewerten von Risiken ist nur der erste Schritt. Aufgabe des Risikomanagements ist es, geeignete, aber angemessene Maßnahmen zur Risikominimierung zu finden.

Risikogestaltung bedeutet, bereits vor Eintritt eines Risikofalls entsprechende Maßnahmen zur Vermeidung/Verringerung des Risikos zu setzen bzw. im Falle des Eintritts wirkungsvoll vorgesorgt zu haben. Die Risikogestaltung kann demnach

- präventiv (Vermeidung, Verringerung des Risikos) oder
- korrektiv (Vorsorge, Überwälzung des Risikos)

erfolgen.

Maßnahmen zur Risikogestaltung sind:

- Risikovermeidung
- Risikoverringerung
- Risikoüberwälzung
- Risikoübernahme

Risikovermeidung bedeutet, sich einem möglichen Risiko überhaupt nicht auszusetzen. Alle damit verbundenen Chancen können allerdings nicht realisiert werden.

Risikoverringerung zielt auf die Verringerung projektinterner und -externer Risiken. Diese Risiken können, wie bereits erwähnt, z. B. im technischen, organisatorischen oder personellen Bereich liegen. Durch gezielte Maßnahmen können Risiken verringert werden.

Risikoüberwälzung bedeutet die vertragliche Verpflichtung von am Projekt beteiligten Partnern zur Übernahme möglicher Schadenskosten. Die Risikoüberwälzung kann z. B. auf Auftraggeber, Lieferanten oder Versicherungen erfolgen. Die Erhöhung der eigenen Sicherheit bedeutet üblicherweise eine Erhöhung der Projektkosten (z. B. Versicherungsprämie). Generell sollte der Auftragnehmer nur Risiken (vom Auftraggeber, von Lieferanten ...) übernehmen, die er auch selbst beeinflussen kann.

Die **Übernahme von Risiken** wird dann erforderlich, wenn diese in den vorher genannten Maßnahmen bewusst oder unbewusst nicht enthalten sind. Für diesen Fall sind Rücklagen aus nicht in Anspruch genommenen Risikoaufschlägen von Projekten zu bilden.

Üben

SbX ID: 0512

A B C D E

Ü 5.1: Typische Risiken D

Jeder Industrie- und Wirtschaftszweig hat seine eigene Art von Projekten. Ebenso gibt es typische Projektrisiken in den einzelnen Branchen. Finden Sie charakteristische Risiken zu folgenden Projektklassen (Gruppenarbeit, eine Branche je Gruppe):

- Organisationsprojekte
- Bauprojekte
- technische Projekte (z. B. Automobilbranche, Elektronikbranche)
- EDV- bzw. IT-Projekte
- Forschungsprojekte
- komplexe Großprojekte (z. B. Olympische Spiele, Autobahn-Mautsystem)
- ...

SbX
Ü 5.2
mit automatischer Aufgabenkontrolle
ID: 0512

erledigt ☑

Ü 5.2 ☐

Ü 5.2: Risikoarten D

Ordnen Sie den folgenden Beispielen die Art der **primären** (verursachenden) Risikoquelle zu:

Beschreibung des Schadens	Art des eingetretenen Risikos			
	technisch	terminlich	finanziell	sozio-kulturell
Der neu entwickelte Formel-1-Motor fällt bei Testfahrten immer wieder aus.				
Wegen anhaltenden Schlechtwetters kann an der Brückenbaustelle nicht gearbeitet werden.				
Aufgrund einer persönlichen Auseinandersetzung zwischen dem Projektmanager und dem Geschäftsführer des Auftraggebers gibt Letzterer dringend benötigte (und vorhandene) Ressourcen nicht frei.				
Wegen des starken Preisverfalls bei Digitalkameras kann das fast fertig entwickelte neue Modell nur zu 70 % des ursprünglich geplanten Preises auf den Markt gebracht werden.				

Beschreibung des Schadens	Art des eingetretenen Risikos			
	technisch	terminlich	finanziell	sozio-kulturell
Aufgrund eines Fabriksbrandes kann der Halbleiterhersteller die Chips nur in geringeren Mengen als vereinbart liefern.				
Da sich die Opposition bei der Planung der neuen städtischen Kläranlage übergangen fühlt, kritisiert sie das Projekt und verweigert ihre (notwendige) Zustimmung.				
Beim Projekt für einen Internetprovider wurde der Datenverkehr zu gering angesetzt. Bei Spitzenbelastungen brechen Router und Firewalls ein und verursachen Netzausfälle.				
Aufgrund einer Gesetzesänderung müssen bei einem Bauprojekt wesentlich aufwendigere Brandschutzmaßnahmen realisiert werden.				

SbX
Ü 5.3
mit automatischer Aufgabenkontrolle
ID: 0512

erledigt ☑

Ü 5.3 ☐

Ü 5.3: Maßnahmen zur Risikogestaltung D

Ordnen Sie den folgenden Beispielen zu, mit welcher Form der Risikogestaltung gegen den beschriebenen Risikofall hätte vorgesorgt werden können. Es können auch mehrere Maßnahmen zur Risikogestaltung vorgeschlagen werden.

Maßnahmen 1: Vermeidung, 2: Verringerung, 3: Überwälzung, 4: Übernahme		
Beschreibung des eingetretenen Risikofalls	⇩	konkrete Vorschläge für mögliche Risikogestaltung
Einer der wichtigsten Techniker kündigt mitten im Projekt.		
Aufgrund von Lieferengpässen kosten die Speicherbausteine für die im Projekt zu liefernden 300 Server doppelt so viel.		
Beim Transport zum Auftraggeber wird die im Projekt konstruierte Fertigungssteuerung durch einen Unfall vollständig zerstört.		
Bei der Installation von Netzwerkkomponenten legt ein Projektmitarbeiter durch einen Fehler den Bankenrechner für eine Stunde lahm. Schadenshöhe: 1 Mio. €		
Aufgrund eines Computervirus und aus Nachlässigkeit bei der Erstellung von Backups geht auf dem Projektrechner Arbeit im Ausmaß von 200 Personenstunden verloren.		
Ihr Lieferant liefert Rechner drei Wochen später als vertraglich vereinbart. Trotz aller Anstrengungen überschreiten Sie das vereinbarte Projektende um eine Woche und müssen dem Auftraggeber ein vertraglich vereinbartes Pönale von € 3.000,– bezahlen.		

Maßnahmen 1: Vermeidung, 2: Verringerung, 3: Überwälzung, 4: Übernahme		
Beschreibung des eingetretenen Risikofalls	⇩	**konkrete Vorschläge für mögliche Risikogestaltung**
Ein Lieferant von Rechnerkomponenten fällt mitten im Projekt überraschend aus. Sie finden einen Ersatzlieferanten, der aber frühestens in einem Monat und zu höheren Preisen liefert.		
Der Hauptstar des von Ihnen veranstalteten Konzerts sagt kurzfristig ab. Es gelingt Ihnen zwar, einen gleichwertigen Ersatz zu verpflichten, Sie müssen aber eine 50 % höhere Gage zahlen.		
Aufgrund des anhaltenden Schlechtwetters bringt Ihr Open-Air-Konzert nur 80 % der erwarteten Einnahmen.		
Nachdem Sie 50 % der Software entwickelt haben (der Prototyp steht kurz vor der Fertigstellung), steigt Ihr Auftraggeber aus dem Projekt aus.		
Sie müssen feststellen, dass ein Mitarbeiter Ihres Entwicklungsprojekts wesentliche und wettbewerbskritische Informationen an ein Konkurrenzunternehmen weitergegeben hat.		

Ü 5.4: Fallbeispiel „BonOnline" – Risikomatrix D

Erarbeiten Sie in der Gruppe mögliche Risiken des Projekts „BonOnline" und ordnen Sie diese in einer 4-Felder-Matrix den Merkmalen „Eintrittswahrscheinlichkeit" und „Einfluss auf den Projekterfolg" zu (qualitative Risikobewertung). Beschriften Sie das folgende Diagramm und verwenden Sie es für Ihre Eintragungen.

Risiken sind unangenehm, man neigt daher oft dazu, sie zu verdrängen. Schaffen Sie eine offene und kreative Atmosphäre bei der Gruppensitzung. Im ersten Schritt werden möglichst viele Risiken gesammelt, erst im zweiten Schritt führen Sie die Bewertung durch.

Finden Sie anschließend mögliche Formen der Risikogestaltung für die als relevant erkannten Risiken.

Ü 5.5: Fallbeispiel „BonOnline" – quantitative Risikobewertung D

Wählen Sie nun einige der „High-Potential-Risks" aus **Ü 5.4** aus und führen Sie eine quantitative Risikobewertung durch. Voraussetzung dafür ist eine Abschätzung der Kosten im Falle des Risikoeintritts (z.B. zusätzliche Personal- oder Materialkosten, Reparaturkosten, Pönale oder Prozesskosten).

Sichern

SbX ID: 0513

Projektrisiko

Unter Projektrisiko wird die **Höhe des Schadens** (in Geldeinheiten ausgedrückt) verstanden, den ein Unternehmen oder das Projekt erleidet, wenn die Projektziele nicht erreicht werden.

Risikokategorien

Von ihrer Natur her können **Risiken** (primär) technisch, wirtschaftlich, politisch oder soziokulturell sein. Reale Risiken wirken sich meist in mehr als einem der Bereiche aus.

Risikomanagement

Das **Risikomanagement** identifiziert („findet") mögliche Risiken, bestimmt deren Ursachen, bewertet sie nach Eintrittswahrscheinlichkeit und Schadenshöhe und findet Maßnahmen, den durch Risiken verursachten Schaden im Projekt möglichst gering zu halten.

Risikobewertung

Die **Bewertung von Risiken** kann **qualitativ** („wie wahrscheinlich, wie gravierend in der Auswirkung") oder **quantitativ** (in Form von Risikokosten) erfolgen.

Risikogestaltung

Die **Risikogestaltung** versucht einerseits, die **Eintrittswahrscheinlichkeit** eines Risikos zu reduzieren, andererseits, den (finanziellen) **Schaden** im Falle des Risikoeintritts möglichst gering zu halten.

Vokabeln dieser Lerneinheit

Deutsch	Englisch
Risikoanalyse	risk analysis
Risikobewertung	risk assessment
Risikofaktor	risk factor
Risikoidentifikation	risk identification
Risikomanagement	risk management
Risiko-Maßnahmenplan	risk response plan

SbX ID: 0513

Eine Audio-Wiederholung mit Audio-Player und MP3-Download sowie eine Bildschirmpräsentation mit der Grafik dieser Lerneinheit finden Sie unter der ID: 0513.

Wissen

A B C D E

W 5.1: Projektrisiko B

Erklären Sie den Begriff Projektrisiko.

W 5.2: Arten von Risiken B

Welchen vier Kategorien können Projektrisiken zugeordnet werden? Finden Sie konkrete Beispiele zu jeder Kategorie.

W 5.3: Risikomanagement B

Beschreiben Sie die Vorgangsweise beim Risikomanagement.

W 5.4: Identifikation von Risiken B

Wie können Sie bei der Identifikation von Risiken vorgehen?

W 5.5: Methoden der Risikobewertung B

Beschreiben Sie die Methoden der Risikobewertung.

W 5.6: Risikogestaltung B

Welche Maßnahmen zur Risikogestaltung kennen Sie? Erklären Sie jede Maßnahmenart anhand eines konkreten Beispiels.

Ein kurzer Kompetenz-Check, bevor's weitergeht!

Kompetenz-Check

	☺	😐	☹
Ich weiß, was Risiken sind, und kenne die Bedeutung des Risikomanagements in Projekten.			
Ich kann, ausgehend von einem konkreten Projekt oder einer Projektbeschreibung, Risiken identifizieren, analysieren und bewerten sowie geeignete Maßnahmen zur Risikogestaltung vorschlagen.			

Lerneinheit 2

Projektcontrolling

SbX
Alle SbX-Inhalte zu dieser Lerneinheit finden Sie unter der ID: 0520.

Nach einer sorgfältigen Planung überprüft das Projektcontrolling laufend die Einhaltung der Vorgaben bzw. setzt im Falle von Abweichungen geeignete Maßnahmen. Das Projektcontrolling achtet auf die Einhaltung der Termine, der Kosten sowie der zu erbringenden Leistung (Fertigstellungsgrad). Diese drei Faktoren geben, einzeln betrachtet, nur ein unvollständiges Bild des Projektfortschritts. Die Earned-Value-Analyse ermöglicht eine integrierte Betrachtungsweise dieser Faktoren. Bei der Prognose der zukünftigen Projektentwicklung helfen Trendanalysen wie z. B. die Meilenstein-Trendanalyse.

Lernen

SbX ID: 0521

1 Aufgaben des Projektcontrollings

Eine gute Projektplanung ist erst der halbe Erfolg. Das Projektcontrolling sorgt dafür, dass das Projekt auch „plangemäß" abgewickelt wird.

Das Projektcontrolling ist eine Querschnittsaufgabe, die auf verschiedene Techniken im Rahmen des Projekts zurückgreift.

Je früher in einem Projekt Abweichungen von den geplanten Terminen, Kosten und Leistungen erkannt werden, desto größer sind die Möglichkeiten zur effektiven Gegensteuerung und zur planungskonformen Erreichung des Projektziels.

Aspekte des Projektcontrollings

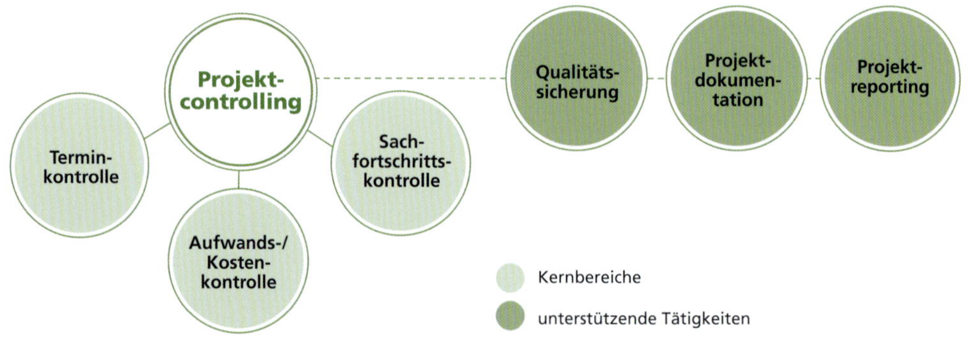

Wesentlich für ein erfolgreiches Projektcontrolling ist es, Fehlentwicklungen im Projekt so frühzeitig zu erkennen, dass ein möglicher Schaden durch rechtzeitige Korrekturmaßnahmen minimiert wird.

Aufgabe des Projektcontrollings ist es daher,

- Planungsabweichungen frühzeitig zu erkennen,
- Abweichungstendenzen zu erkennen und richtig zu interpretieren, um rechtzeitig wirkungsvolle Gegenmaßnahmen setzen zu können.

Voraussetzungen für ein wirkungsvolles Projektcontrolling sind:

- ein geeignetes Projektreporting (in Form von Berichten, Arbeitspaketabnahmen, Besprechungen ...), das die Basisinformation für das Controlling rechtzeitig in bewertbarer Form liefert
- Methoden zur Darstellung und Bewertung des Projektfortschritts, z. B. Meilenstein-Trendanalyse

Dabei werden die quantitativen Controllingmethoden („wie lange", „wie teuer", „wie viel") durch die Methoden der Qualitätssicherung ergänzt, welche die Güte der Realisierung des Projektinhalts untersuchen.

Das Projektcontrolling muss immer auf eine gesamtheitliche Betrachtung der Einzelaspekte Kosten, Termine, Arbeitsfortschritt und Arbeitsqualität abzielen. In jedem dieser Bereiche stehen geeignete Verfahren und Methoden zur Verfügung.

2 Terminkontrolle

Die regelmäßige und rechtzeitige Rückmeldung der Ist-Termine an den Projektleiter ist die Voraussetzung für eine wirkungsvolle Terminkontrolle. Zu jedem Arbeitspaket (Soll-Termin) ist anzugeben, ob der Termin eingehalten, überschritten oder vorverlegt wird.

Gründe für eine notwendige Terminverschiebung können sein:

- Änderung des Leistungsumfangs oder der Qualitätsanforderungen an das zu erstellende Produkt
- unvorhergesehene Probleme bei der Realisierung (technische Probleme, Ressourcenengpässe …)
- mangelhafte oder unrealistische Schätzung des Aufwands
- unvorhergesehene Personalengpässe durch Krankheit oder Ausscheiden von Teammitgliedern
- geringe Produktivität des Projektteams durch schlechte Koordination, mangelnde Projekterfahrung oder zu geringe Sachkenntnis

Maßnahmen hinsichtlich eines Termins sollten nur auf Basis aller Rückmeldungen erfolgen (d. h. Status aller Teilaktivitäten). Dem geht eine Analyse der Gründe für die Terminverschiebung (insbesondere Verzögerung) voraus. Mögliche Maßnahmen für den Fall, dass ein Termin nicht gehalten werden kann, sind:

- Mobilisierung zusätzlicher Personalressourcen (die Umsetzbarkeit dieser Maßnahme ist von der Projektart bzw. vom Projektinhalt abhängig)
- Erhöhung der Arbeitszeit (Überstunden …)
- Erhöhung der Produktivität durch Einsatz von Tools oder durch optimierte Arbeitsabläufe
- Outsourcing/Outtasking

Outsourcing, Outtasking: Auslagern einer Aufgabe oder Teiltätigkeit aus dem Projekt an einen externen Auftragnehmer (kann Personalengpässe im Projekt ausgleichen, erhöht die Projektkosten)

Gegebenenfalls können Abstriche in der Qualität oder im Leistungsumfang die Einhaltung des gefährdeten Termins ermöglichen.

Terminkontrolle und Maßnahmen

Die Berücksichtigung eines Terminverzugs kann im Balkendiagramm entweder durch Eintrag des (nicht terminkonformen) Fertigstellungsgrads erfolgen (vgl. Abb.) oder durch Anordnen der Vorgänge entsprechend dem aktuellen Termin.

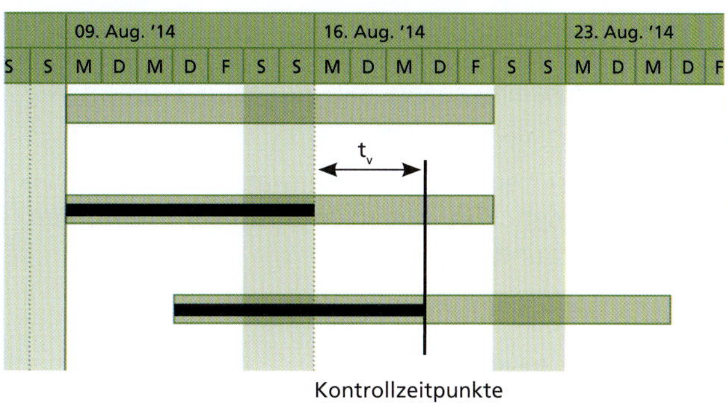

(1) Geplante Dauer: 10 Tage

(2) Vorgang mit Fertigstellung: zum Kontrollzeitpunkt Terminverzug um t_v

(3) Lage des Vorgangs wurde angepasst, sodass IST-Fertigstellung gleich SOLL zum Kontrollzeitpunkt ist. (Vorgangsende verzögert sich.)

Terminlisten/-übersichten

Zu den Arbeitspaketen mit den vereinbarten Soll-Terminen sind die zum Überprüfungszeitpunkt aktuellen „Ist-Termine“ einzutragen. Dabei ist zu beachten, dass die angegebenen „Ist-Termine“ ebenfalls nur **Prognosen** sind. (Ausnahme: wenn der Fertigstellungstermin bereits vor dem Überprüfungszeitpunkt erreicht wurde) Für eine vereinfachte und raschere Durchführung der Terminkontrolle können „kritische“ Termine aus der oft umfassenden Terminliste herausgefiltert und vorrangig betrachtet werden.

Termintreue

Als Kennzahl zur Beschreibung der Termintreue in einem Projekt können geplante Dauer und Verzug dargestellt werden.

3 Kostenkontrolle

Die Kostenkontrolle – aufbauend auf einer soliden Kostenplanung – zeigt, wie Finanzmittel im Projektverlauf eingesetzt werden.

Durch die Kostenkontrolle soll die Kostenentwicklung im Projekt ständig beobachtet werden. Dazu werden geplante und angefallene Kosten gegenübergestellt. Für eine wirksame Projektsteuerung müssen die tatsächlichen Kosten möglichst kurzfristig verfügbar sein. Weiters muss eine eindeutige Zuordnung von Kosten zu Arbeitsabschnitten (im Netzplan oder im Projektstrukturplan) möglich sein.

Kostenhistogramme und Kostensummenkurven ermöglichen eine anschauliche grafische Darstellung des Kostenverlaufs. Mithilfe eines Tabellenkalkulationsprogramms kann die Kostenkontrolle unterstützt werden.

Beispiel

Grafische Kostenkontrolle

Kostenhistogramm „Erlebnisbad“

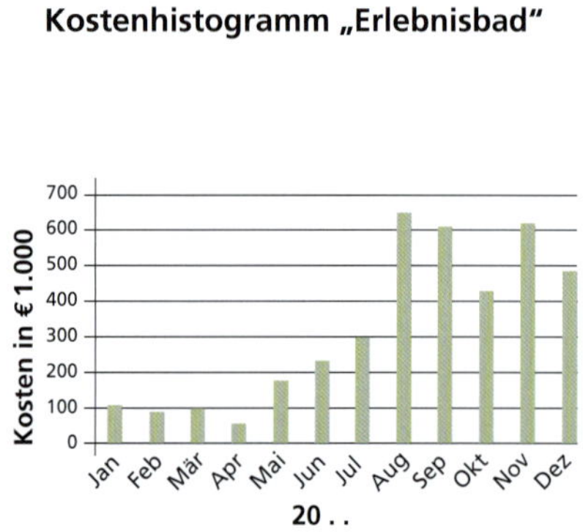

Kostensummenkurve „Erlebnisbad“

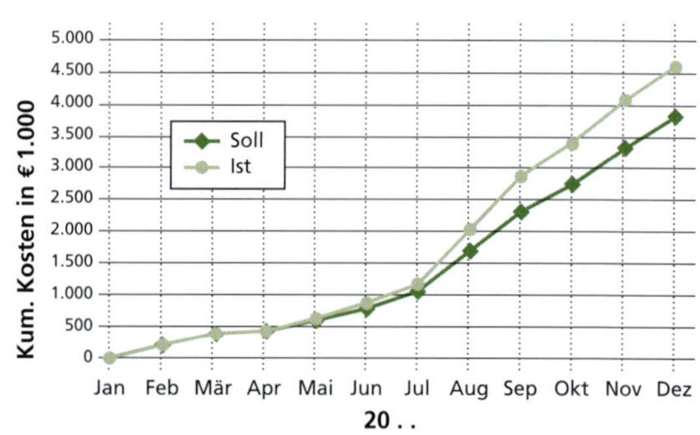

Wichtig: Die Aufwendung bestimmter (evtl. sogar planungskonformer) Kosten bedeutet nicht unbedingt, dass die zu erstellende Leistung auch erbracht wurde!

Von einer isolierten Betrachtung der Projektkosten muss allerdings gewarnt werden – Projektkosten sind nur in Zusammenhang mit der dafür erbrachten Projektleistung wirklich aussagekräftig (vgl. Earned-Value-Analyse).

Weiters können Kosten-Trendlinien in einem ähnlichen Verfahren wie die Meilenstein-Trendanalyse gezeichnet werden. Hier werden zu jedem Berichtszeitpunkt die zu erwartenden Kosten je Meilenstein geschätzt und eingetragen.

4 Sachfortschrittskontrolle

Im Rahmen der Fortschrittskontrolle muss festgestellt werden, zu wie viel Prozent eine bestimmte Projektaufgabe bereits abgeschlossen ist. Dies darf nicht über die aufgewendete Zeit erfolgen, sondern durch eine möglichst genaue Bestimmung der tatsächlich erbrachten Leistung.

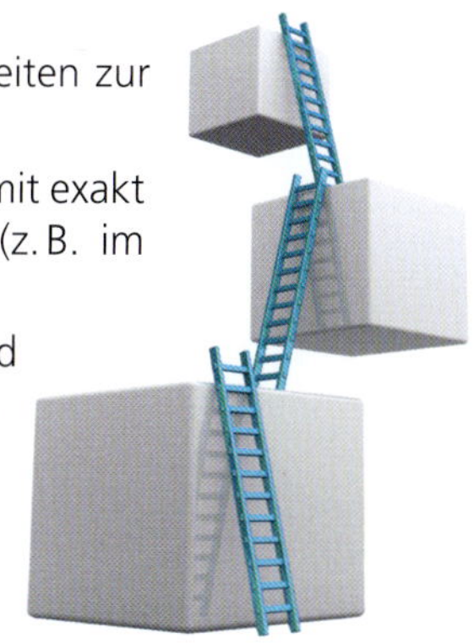

Je nach Art der Projektaufgabe bietet sich eine der folgenden Möglichkeiten zur **Fortschrittsmessung** an:

- **Statusschritt-Technik:** für Projekte geeignet, bei denen Meilensteine mit exakt bestimmten und überprüfbaren Leistungsabschnitten definiert sind (z. B. im Gebäude- oder Anlagenbau)
- **50-50-Technik:** Sobald die Arbeit an einem Arbeitspaket beginnt, wird diesem ein Fortschritt von 50 % zugeordnet. Dieser Fortschrittsstatus bleibt unverändert und wird erst bei Fertigstellung auf 100 % gesetzt.
- **0-100-Technik:** Der Fortschrittsgrad bleibt so lange auf 0 %, bis das Arbeitspaket vollständig fertig ist, und wird dann sofort auf 100 % gesetzt. Diese Methode ist nur für relativ kleine Arbeitspakete sinnvoll.
- **Mengen-Proportionalität:** Diese Technik ist anwendbar, wenn mess- oder zählbare Ergebniseinheiten vorliegen. Eine abgearbeitete Einheit (z. B. assemblierter PC) repräsentiert einen bestimmten Zuwachs von Fortschrittsgrad bzw. Fertigstellungswert (Earned Value, s. u.).
- **Zeit-Proportionalität:** für bestimmte Projekttätigkeiten, für die eine „gleichmäßige Verteilung" über den gesamten Projektverlauf angenommen wird, wie z. B. das Projektmanagement, geeignet. Der Fortschrittsgrad ergibt sich aus der abgelaufenen Zeitdauer.

Fortschrittsdarstellung im PSP oder Netzplan:

nicht begonnen

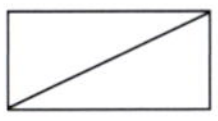

begonnen

fertiggestellt

Berechnung des Gesamtfortschritts:

Basis für die Berechnung des Gesamtfortschritts ist der Projektstrukturplan mit all seinen Arbeitspaketen.

- Jedes fertige Arbeitspaket (i) trägt a_i % zum Gesamtfertigstellungsgrad im Projekt bei.
- Ist das Arbeitspaket (i) erst zu p_i % fertig, so liefert es zu diesem Zeitpunkt einen Beitrag von $a_i \times p_i$ %.
- Der aktuelle Gesamtfertigstellungsgrad G errechnet sich daher (für alle Arbeitspakete i) aus: $G = \sum a_i \times p_i$.

Winston W. Royce: Managing the Development of Large Software Systems, IEEE 1970.

Von einer rein subjektiven Einschätzung des Fortschritts durch den Mitarbeiter ist aufgrund des „90-%-Syndroms" abzuraten: Mitarbeiter tendieren bewusst oder unbewusst dazu, ihren Arbeitsffortschritt an einem Arbeitspaket bereits relativ früh auf 90 % (also: fast fertig) einzuschätzen. Tatsächlich sind zu diesem Zeitpunkt z. B. erst 50 % oder weniger erledigt. Dieser Effekt wurde bereits 1970 in einem Artikel von Winston W. Royce erwähnt.

5 Earned-Value-Analyse

Die Earned-Value-Analyse dient dazu, unter Einbeziehung der Einzelgrößen **Termine – Fertigstellungsgrad – Kosten** ein integriertes Projektcontrolling aufzubauen, das diese drei Faktoren gemeinsam berücksichtigt.

Das Earned-Value-System analysiert die im Projekt verstrichene Zeit, die geleistete Arbeit sowie die dabei entstandenen Kosten. Dabei werden Plan-Daten und Ist-Daten dieser drei Größen in Beziehung gesetzt.

Fertigstellungswert (FW): deutsche Bezeichnung für Earned Value

Der „Earned Value" – frei übersetzt: „verdienter bzw. erarbeiteter Wert" – ist jener Betrag, der sich aus den budgetierten Kosten und dem Fertigstellungsgrad zum Kontrollzeitpunkt errechnet. Wesentlich für die EV-Analyse ist daher die möglichst genaue Ermittlung der Fertigstellungsgrade. Darüber hinaus sind natürlich eine vollständige Planung sowie Erfassung der aktuellen Ist-Situation erforderlich. Die Basis dafür bilden der Projektstrukturplan mit den einzelnen budgetierten Arbeitspaketen sowie die durch den Netzplan vorgegebene zeitliche Abfolge.

Die Earned-Value-Analyse wird in folgenden Schritten durchgeführt:

- Zunächst wird die Projektsituation zu einem bestimmten Termin (Stichtag) hinsichtlich der **Ist-Kosten** (bereits angefallene Kosten) und des Grades der Fertigstellung erhoben (Ist-Werte zum Stichtag).
- Im zweiten Schritt werden die ursprünglich zum Stichtag geplanten Kosten mit dem **tatsächlichen Grad der Fertigstellung** bewertet (Berechnung des Earned Value).
- Im dritten Schritt erfolgt die Berechnung von **Indikatoren** (Kennzahlen) für den Projektfortschritt. Die Kostenabweichung (Earned Value minus der Ist-Kosten zum Stichtag), die Planabweichung (Earned Value minus der geplanten Kosten zum Stichtag) sowie die Performance-Indikatoren (s. u.) werden ermittelt.

- Im vierten Schritt werden nun auf Basis des Earned Value, der Indikatoren und des Soll-Ist-Vergleichs **Prognosen** für das voraussichtliche Projektende bzw. die voraussichtlichen Projektkosten erstellt sowie notwendige korrektive Maßnahmen festgelegt.

Beispiel

Earned-Value-Analyse mit Berechnungsformeln

Wir gehen bei diesem Beispiel davon aus, dass zum Kontrollzeitpunkt das Projekt zu 90 % abgeschlossen sein sollte. Tatsächlich sind zum Kontrollzeitpunkt aber erst 78,3 % der Leistung erbracht. Die geplanten Kosten für diesen Arbeitsabschnitt liegen bei € 90.000,–. Die tatsächlich entstandenen Kosten betragen € 95.000,–

Aus diesen Werten sind nun Earned Value, Abweichungen und Kennzahlen zu ermitteln.

Berechnungsschema der Earned-Value-Analyse

			(Beispiel)		
Plan-Gesamtkosten	PGK	geplante Kosten für gesamtes Projekt	100.000 €		Planwerte
Plan-Fertigstellungsgrad	FGR_{plan}	geplanter Fertigstellungsgrad zum Stichtag	90 %		
Plankosten	PK	Plan-Gesamtkosten (PGK) × Plan Fertigstellungsgrad (FGR_{plan})	90.000 €		
(aktuelle) IST-Kosten	IK	Werte zum Stichtag aus dem Projekt	95.000 €		Ist-Werte
Fertigstellungsgrad	FGR		78,3 %		
Earned Value	EV	Plankosten (PGK) × Fertigstellungsgrad (FGR)	78.300 €		Fertigstellungwert
Kostenabweichung	KA	Earned Value (EV) – IST-Kosten (IK)	– 16.700 €	(1)	Abweichungen
Planabweichung	PA	Earned Value (EV) – Plankosten (PK)	– 11.700 €	(2)	
Kostenentwicklungsindex	KEI	Earned Value (EV) / IST-Kosten (IK)	0,82		Performance-indikatoren
Teminentwicklungsindex	TEI	Earned Value (EV) / Plankosten (PK)	0,87		
Kostenplan-Kennzahl	KK	IST-Kosten (IK) / Plankosten (PK)	1,06		
Critical Ratio	CR	Kostenentwicklungsindex (KEI) × Terminentwicklungsindex (TEI)	0,72		

(1) Wird auch in % angegeben: – 21,3 % (KA/EV)
(2) Wird auch in % angegeben: – 13,0 % (PA/PK)

Für die Bezeichnung der einzelnen Kenngrößen werden mit Ausnahme von EV und CR die Begriffe der DIN 69901 verwendet. Da dieses Verfahren aus dem amerikanischen Raum stammt, sind auch die englischen Akronyme gebräuchlich, z. B. für Plankosten (PK) „budgeted cost of work scheduled (BCWS)" oder der neuere Begriff „Planned Value (PV)".

Wie sind nun die einzelnen Werte zu interpretieren?

PK × FGR = EV

- **Earned Value:** gibt an, welcher (Geld-)Wert auf Basis der Plankosten bereits erarbeitet wurde (tatsächliche Projektwertschöpfung). Idealerweise ist der EV gleich groß oder größer als die aktuellen Ist-Kosten.

EV – IK = KA
KA / EV = KA %

- **Kostenabweichung:** Differenz zwischen Projektwertschöpfung und tatsächlich für die erbrachte Leistung entstandenen Kosten, absolut und in %. Ideal ≥ 0 bzw. 0 %

EV – PK = PA
PA / PK = PA %

- **Planabweichung:** Differenz zwischen Projektwertschöpfung und dafür eingeplanten Kosten, absolut und in %. Ideal ≥ 0 bzw. 0 %

EV / IK = KEI

- **Kostenentwicklungsindex (auch: Cost Performance Index, CPI):** Verhältnis der Projektwertschöpfung zu dafür aufgewendeten Kosten. Bei Werten unter 2 ist die Performanz schlechter als geplant, bei Werten über 1 besser (EV > AIK).

EV / PK = TEI

- **Terminentwicklungsindex (auch: Schedule Performance Index, SPI):** Verhältnis der Projektwertschöpfung zu den geplanten Kosten. In diesem Fall werden (wie bei der Planabweichung) die Plankosten als Maß für den Projektfortschritt herangezogen. Auch hier sind kleinere Werte (kleiner 1) schlechter, größere Werte (gleich bzw. größer 1) besser.

IK / PK = KK

- **Kostenplan-Kennzahl (auch: Actual Performance Index, API):** Das Verhältnis (Ist-Kosten IK/Plankosten PK) zeigt, ob die Ist-Kosten über (> 1) oder unter (< 1) den Plankosten liegen. Die Kostenplan-Kennzahl sollte immer mit dem Quotienten aus Ist- und Plan-Fertigstellungsgrad (FGR_{ist}/FGR_{plan}) betrachtet werden:
  - (FGR_{ist}/FGR_{plan}) < KK: Kostenüberschreitung ist zu befürchten.
  - (FGR_{ist}/FGR_{plan}) > KK: Kosteneinhaltung ist zu erwarten.

KEI × TEI = CR

- **Critical Ratio:** Verhältniszahl, die KEI und TEI verwendet, sozusagen eine zusammenfassende Kennzahl aus Kostentreue und Termintreue. Diese Zahl muss wie folgt interpretiert werden:
  - 0,9 – 1,2 Projektverlauf in Ordnung
  - 0,8 – 0,9 bzw. 1,2 – 1,3 Projektverlauf prüfen, ggf. Korrekturmaßnahmen
  - < 0,8 oder > 1,3 Projektverlauf kritisch, sofort Maßnahmen ergreifen

Die Berechnung der einzelnen Kenngrößen erfolgt nicht punktuell, sondern periodisch. Dadurch ist am zeitlichen Verlauf der Größen ein Trend erkennbar, der eine Verbesserung oder Verschlechterung im Projektablauf sichtbar macht.

Der Zusammenhang zwischen den einzelnen Größen der Earned-Value-Analyse wird im folgenden Diagramm nochmals zusammenfassend dargestellt:

Grafische Darstellung der Earned-Value-Analyse

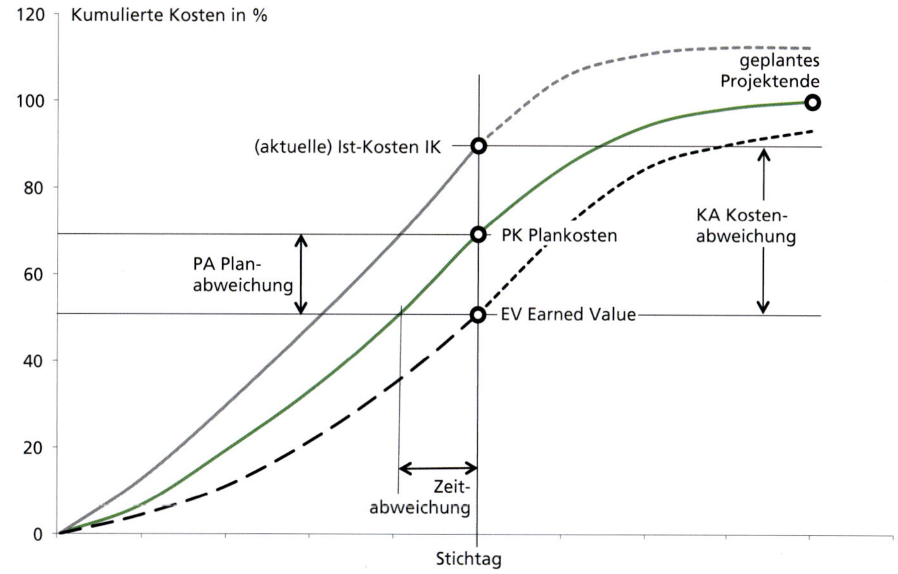

Beispiel

Wertetabelle und Grafiken zur Earned-Value-Analyse

Im Rahmen eines Projekts wurden am Ende jedes Monats die Plankosten errechnet, die Ist-Kosten und der Fertigstellungsgrad ermittelt und daraus der Earned Value und die weiteren Kenngrößen der Earned-Value-Analyse ermittelt und grafisch dargestellt. Die folgende Übersicht zeigt die Werte und Diagramme am Ende des Projekts.

PGK: **82.000** (Projektgesamtkosten)

Monat	FGR_{plan}	PK	IK	FGR	EV	KA	PA	KEI	TEI	KK	CR
1	12%	9.840	12.000	11,6%	9.512	-2.488	-328	0,79	0,97	1,22	0,77
2	22%	18.040	21.500	20,9%	17.138	-4.362	-902	0,80	0,95	1,19	0,76
3	28%	22.960	28.000	25,7%	21.074	-6.926	-1.886	0,75	0,92	1,22	0,69
4	36%	29.520	32.800	30,7%	25.174	-7.626	-4.346	0,77	0,85	1,11	0,65
5	50%	41.000	43.100	42,1%	34.522	-8.578	-6.478	0,80	0,84	1,05	0,67
6	65%	53.300	51.400	58,9%	48.298	-3.102	-5.002	0,94	0,91	0,96	0,85
7	76%	62.320	59.100	73,3%	60.106	1.006	-2.214	1,02	0,96	0,95	0,98
8	85%	69.700	66.000	85,4%	70.028	4.028	328	1,06	1,00	0,95	1,07
9	92%	75.440	78.400	92,5%	75.850	-2.550	410	0,97	1,01	1,04	0,97
10	96%	78.720	83.600	95,0%	77.900	-5.700	-820	0,93	0,99	1,06	0,92
11	99%	81.180	85.200	97,7%	80.114	-5.086	-1.066	0,94	0,99	1,05	0,93
12	100%	82.000	86.500	98,0%	80.360	-6.140	-1.640	0,93	0,98	1,05	0,91

Plankosten (PK) und (aktuelle) IST-Kosten (IK) kumuliert!
PK, IK, EV, KA, PA in €

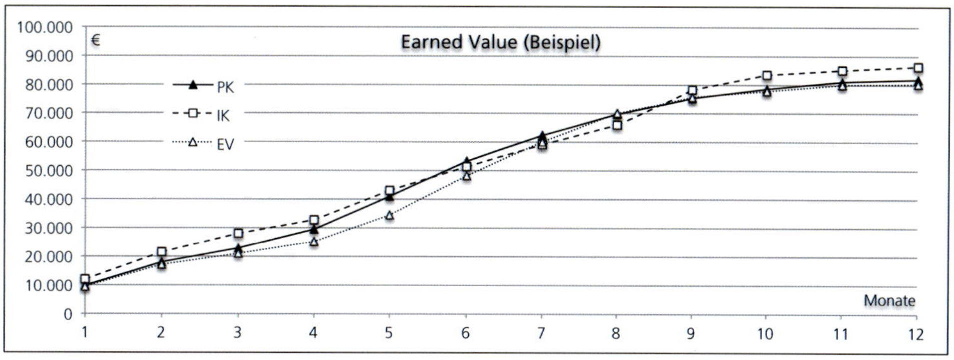

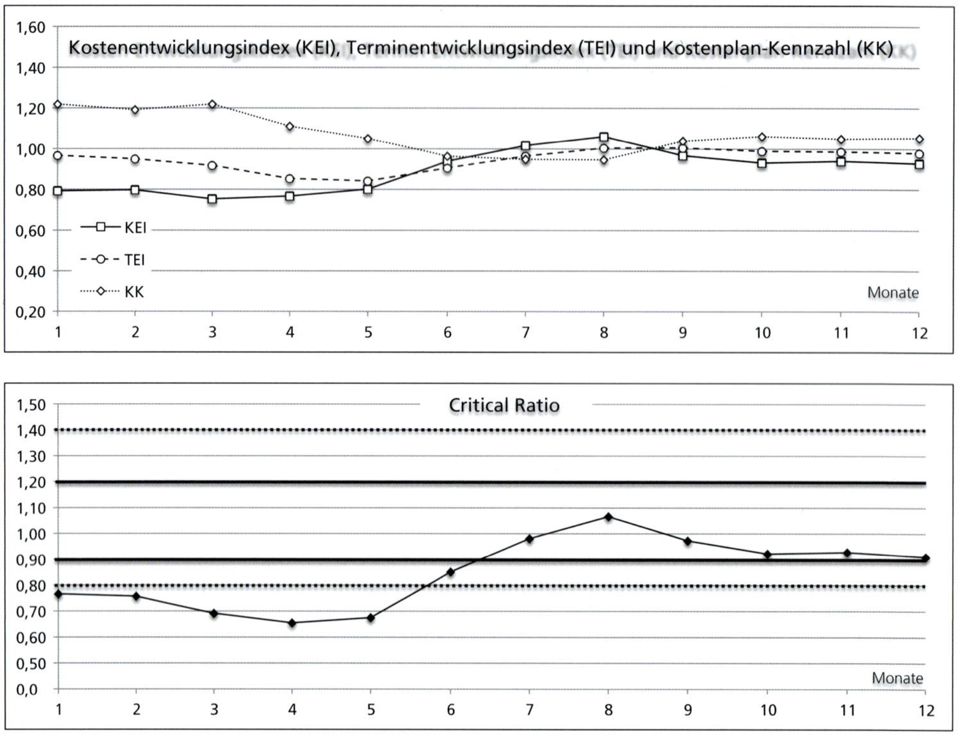

Beispiel

Earned-Value-Analyse – Onlineshop VinoWelt

1. Fallbeschreibung

Die VinoWelt der Einzelhandels-Gourmetkette PREMIUM plant, einen Club für Weinbestellungen über das Internet einzurichten. Die Erstellung dieses Webshops wird ausgeschrieben, installiert und im Rahmen des Projekts getestet. Ein Evaluierungsbericht am Ende des Projekts beschreibt die Kundenzufriedenheit und gibt mögliche Verbesserungsvorschläge.

Im Projekt Onlineshop VinoWelt erfolgt das begleitende Projektcontrolling mithilfe der Earned-Value-Analyse.

2. Angaben zum Beispielprojekt VinoWelt

Anmerkung: Eine weitgehend sequentielle Abarbeitung der Arbeitsschwerpunkte wird angenommen. „Probebetrieb …" bleibt zur Vereinfachung des Beispiels bei 80 % fertiggestellt.

Im Rahmen des Projekts werden für die einzelnen Arbeitsschwerpunkte folgende Projektdaten ermittelt:

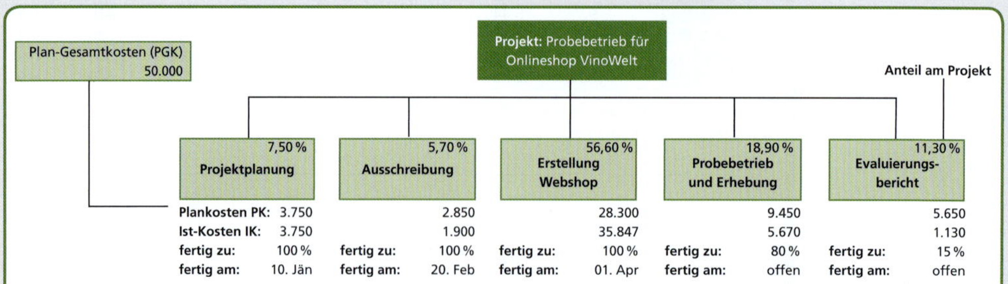

über das Projekt **kumulierte** Werte:

PK	Plankosten	3.750	6.600	34.900	44.350	50.000
IK	Ist-Kosten	3.750	5.650	41.497	47.167	48.297
FGR_{plan}	Fertigstellungsgrad (Plan)	7,50 %	13,20 %	69,80 %	88,70 %	100,00 %
FGR	Fertigstellungsgrad	7,50 %	13,20 %	69,80 %	84,92 %	86,62 %

Die Ausgangswerte für die Earned-Value Analyse werden dabei je Arbeitsschwerpunkt sowie gesamt für das Projekt (kumuliert) erfasst.

3. Durchführung der Earned-Value-Analyse

Die Earned-Value-Analyse wurde im vorliegenden Projekt je Arbeitsschwerpunkt sowie für das gesamte Projekt durchgeführt. Die folgende Tabelle erweitert die obige Abbildung um die Werte der Earned-Value-Analyse und zeigt die EVA-Werte je Arbeitsschwerpunkt.

EV	Earned Value	3.750	6.600	34.900	42.460	43.308
KA	Kostenabweichung	0	950	-6.597	-4.707	-4.989
PA	Planabweichung	0	0	0	-1.890	-6.693
KK	Kostenplan-Kennzahl	1,00	0,86	1,19	1,06	0,97
KEI	Kostenentwicklungsindex	1,00	1,17	0,84	0,90	0,90
TEI	Terminentwicklungsindex	1,00	1,00	1,00	0,96	0,87

Zum geplanten Ende des Projekts – die letzten beiden Arbeitsschwerpunkte konnten noch nicht abgeschlossen werden – wird die Earned-Value-Analyse für das gesamte Projekt durchgeführt. Für das Projekt VinoWelt ergibt sich damit folgender Projektstatus:

Plankosten PK	50.000
Ist-Kosten IK	48.297
Fertigstellungsgrad FGR	86,62 %

Earned Value EV	43.308	in %
Kostenabweichung KA	–4.989	–12 %
Planabweichung PA	–6.693	–15 %

Kostenplan-Kennzahl KK	0,97
Kostenentwicklungsindex KEI	0,90
Terminentwicklungsindex TEI	0,87
Critical Ratio CR	0,78

EVA-Werte für das Gesamtprojekt „VinoWelt"

4. Interpretation der Ergebnisse

Der tatsächliche Fertigstellungsgrad beträgt zum Stichtag (geplantes Projektende) nur 86,6 % statt 100 %. Der Earned Value liegt deutlich unter den Ist-Kosten. Die aktuellen Ist-Kosten (€ 48.297,–) liegen zwar unter den Plankosten zum Stichtag (€ 50.000,–), sind aber für den geringeren Fertigstellungsgrad (86,6 %) zu hoch, sodass sich ein Earned Value von nur € 43.308,– ergibt.

Kostenabweichung (€ –4.989,–) und Planabweichung (€ –6.693,–) zeigen bereits deutlich, dass das Projekt in Verzug ist und dass es auch teurer als geplant werden wird.

Sowohl der Kostenentwicklungsindex als auch der Terminentwicklungsindex sollten ≥ 1 sein. Der Kostenentwicklungsindex zeigt das Verhältnis der tatsächlichen Ist-Kosten (IK) zum Earned Value – mit 0,9 deutlich unter dem gewünschten Wert, aber noch nicht dramatisch. Der Terminentwicklungsindex reflektiert den Fertigstellungsgrad und liegt mit 0,87 bereits deutlich unter 1.

Der daraus resultierende Wert des **Critical Ratio** (CR = KEI x TEI) liegt mit 0,78 bereits in jenem Bereich (< 0,8), in dem ein kritischer Projektverlauf vorliegt und sofort Maßnahmen zu ergreifen sind.

Maßnahmen:

Das Projektcontrolling nimmt eine **Kostenanalyse aller Arbeitsschwerpunkte** vor (für welche Leistung wurden welche Kosten aufgewendet) und stellt fest, inwieweit die angefallenen zeitlichen Verzögerungen in den Arbeitsschwerpunkten „Probebetrieb und Erhebung" sowie „Evaluierungsbericht" technische oder organisatorische Ursachen haben:

- Die Ist-Kosten bei der „Erstellung Webshop" sind um ca. 20 % höher als geplant. Das beauftragte Unternehmen hat zusätzlich Video-Streaming-Funktionen, die nicht im Vertrag enthalten waren, implementiert und verrechnet.
- Der Autor des Evaluierungsberichts fiel aufgrund einer Erkrankung für zwei Wochen aus.

Vom Projektcontrolling werden folgende **Sofortmaßnahmen** vereinbart:

- Analyse der Vertragserfüllung gemäß der Ausschreibung für die Erstellung des Webshops und Veranlassen einer Kostenkorrektur (Claim-Management)
- Mit dem Geschäftsführer wird eine zweiwöchige Verschiebung der endgültigen Fertigstellung vereinbart, da der verantwortliche Mitarbeiter bereits wieder gesund ist. Eine Zwischeninformation über den Probebetrieb und die Erhebung ergeht sofort.

6 Trendanalysen

Trendanalysen weisen bereits frühzeitig auf mögliche Fehlentwicklungen im Projekt hin und ermöglichen so rechtzeitig Maßnahmen zur Gegensteuerung.

Ziel von Trendanalysen ist es, mögliche Entwicklungen im Projekt (Fertigstellungsgrad, Kosten) bereits frühzeitig als „Trend" zu erkennen, um rechtzeitig, ehe es zu einer Krise kommt, gegensteuern zu können.

Die **Meilenstein-Trendananalyse,** eine vergleichsweise einfach anzuwendende, aber bei konsequenter Verwendung nützliche Methode, zieht die Meilensteine eines Projekts als „Messpunkte" für den (voraussichtlichen) Projektfortschritt heran.

Meilenstein-Trendanalyse

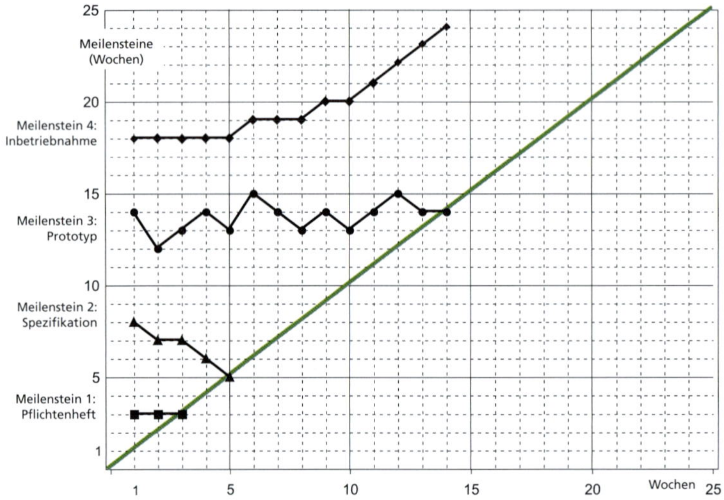

Die Meilenstein-Trendanalyse geht also von der Schätzung aus, ob ein in der Zukunft liegender Meilenstein voraussichtlich „punktgenau" getroffen wird oder ob die zum Meilensteintermin geplante Fertigstellung von (Teil-)Aufgaben früher oder später erreicht werden wird. Aus der Entwicklung der Schätzungen zu den einzelnen Berichtszeitpunkten kann der Projektmanager Aussagen über den voraussichtlichen Projektverlauf treffen bzw. rechtzeitig Steuerungsmaßnahmen einsetzen.

Beispiel

Interpretation der Trendlinien aus obigem Diagramm

Betrachtet man die einzelnen „Schätz"-Linien im Diagramm, so lassen sich folgende Feststellungen treffen (die Meilensteine im Zeitpunkt 1 entsprechen den Planungsannahmen):

- **Meilenstein 1 (Fertigstellung Pflichtenheft):**
  Seriöse Schätzung, der Arbeitsfortschritt entspricht den Erwartungen – demgemäß wird der Meilensteintermin (3) zum entsprechenden Berichtszeitpunkt (3) erreicht.
- **Meilenstein 2 (Fertigstellung Spezifikation):**
  Entweder die Schätzung wurde „übervorsichtig" vorgenommen oder der Arbeitsfortschritt ist besser als ursprünglich angenommen. (Achtung, dass hier auch sorgfältig gearbeitet wird!)
- **Meilenstein 3 (Fertigstellung Prototyp):**
  Die Linie zeigt Unsicherheiten in der Schätzung oder die hier anfallenden Arbeiten sind mit hoher Unsicherheit behaftet, sodass Verzögerungen immer in der kommenden Berichtsperiode ausgeglichen werden müssen. Der Projektmanager sollte hier genau beobachten.
- **Meilenstein 4 (Inbetriebnahme):**
  Die Meilenstein-Trendlinie signalisiert höchste Alarmbereitschaft für den Projektmanager. Das Einschwenken der Linie parallel zur 45°-Linie lässt eine sehr große Verzögerung bei der Erreichung dieses Meilensteins erwarten. Hier müssen geeignete Maßnahmen gesetzt werden (ab Schätzung in 9., spätestens in 11. Woche). Ursache können unvorhersehbare (technische) Probleme, eine unrealistische Zeitschätzung, mangelnde Kompetenz oder auch eine schlampige Planung oder Spezifikation sein, deren Fehler hier zum Tragen kommen.

Beispiel

Meilenstein-Trendanalyse

Fallbeschreibung:

Die Firma TradeInternational GmbH mit rund 100 Mitarbeiterinnen und Mitarbeitern soll in ein neues, gekauftes Firmengebäude übersiedeln. Der Mietvertrag im bestehenden Gebäude wurde per 31. Juli gekündigt, es gibt bereits einen Nachmieter, der die Räumlichkeiten (nach einer kurzen Umbauphase im August) ab 1. September gemietet hat.

Der verantwortliche Projektleiter bei TradeInternational – Peter Perfekt – gliedert das Projekt „Adaption" in zwei Teilbereiche mit klar definierten Meilensteinen:

- Umbau und Fertigstellung der Gebäudeinfrastruktur (Böden, Wände, Strom, Wasser, Heizung etc.). Verantwortliche für diesen Projektteil ist Sonja Roth. Meilenstein für die Fertigstellung: 1. April.
- Beschaffung und Aufbau einer neuen IT-Infrastruktur, bestehend aus Hardware, Software, Netzwerkkomponenten. Netzwerk und zentrale Komponenten sollen gleichzeitig mit der Übersiedlung erneuert werden. Verantwortlicher für diesen Projektteil ist Heinz Hafer. Meilenstein für die Fertigstellung: 1. Juli.

Das von Peter Perfekt im Zuge der Projektplanung erstellte Balkendiagramm sieht (vereinfacht) wie folgt aus:

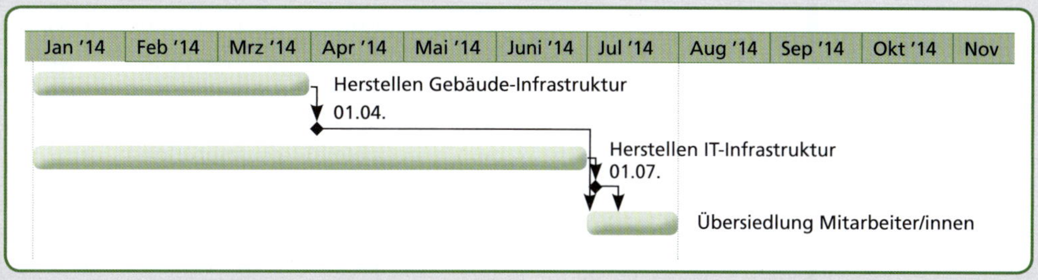

Das Gesamtprojekt der Übersiedlung wäre damit Ende Juli abgeschlossen.

Auch wenn das Projekt nicht sehr komplex ist, möchte Peter Perfekt aufgrund des „harten" Endtermins ein Instrument zum Projektcontrolling einsetzen und wählt die Meilenstein-Trendanalyse. Jeweils zu Monatsbeginn berichten Sonja und Heinz im Rahmen einer Projektsitzung über ihre Fortschritte und geben an, **ob sie ihren Meilenstein einhalten werden.**

SbX **Die Lösung zu diesem Beispiel finden Sie unter der ID: 0521.**

Die folgende Tabelle gibt eine kurze Zusammenfassung der Sitzungsprotokolle. Lesen Sie diese durch und versuchen Sie parallel dazu, die Eintragungen im leeren Raster für die Meilenstein-Trendanalyse vorzunehmen. (Eine Lösung finden Sie im SbX.)

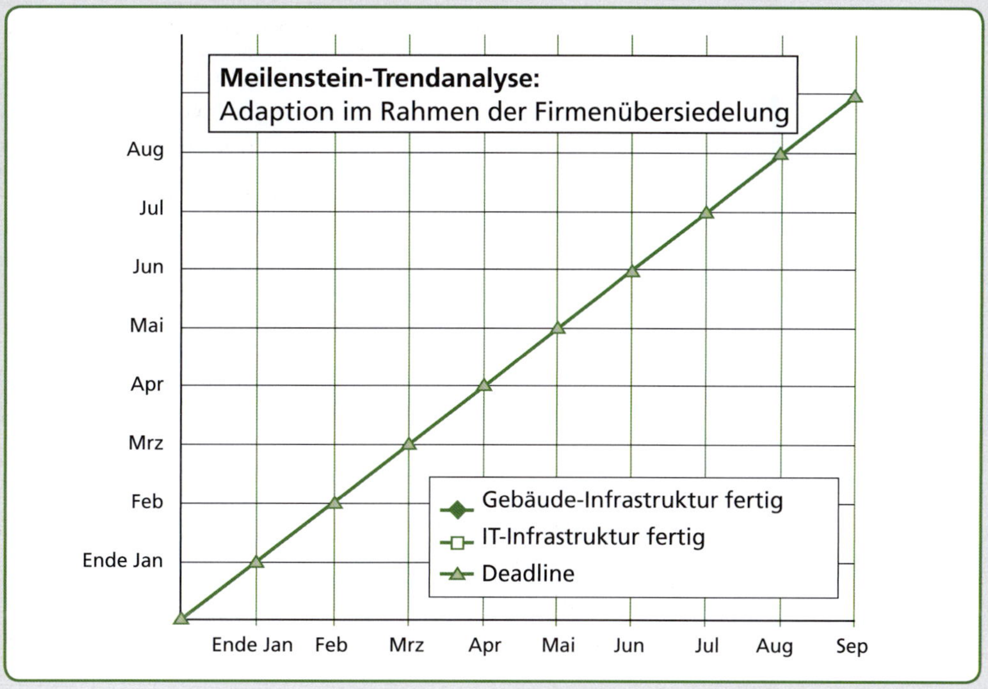

Datum	Sonja	Heinz	Projektmanager Peter
1.2.	Alle Arbeiten laufen wie geplant, Meilenstein wird eingehalten.	Alles ok, Angebote wurden eingeholt, sind im Plan, Meilenstein wird eingehalten.	Danke an alle, bitte trotzdem dranbleiben, haben einen engen Zeitplan. ☺
1.3.	Haben Probleme: gesamte Stromversorgung zu schwach, Genehmigung für Stiegenhaus unsicher. Werden Meilenstein voraussichtlich erst einen Monat später erreichen.	Angebote wurden geprüft und ausgewählt, Beschaffung liegt im Plan – Meilenstein wird eingehalten.	Sonja: Bitte umgehend E-Werk kontaktieren; Lösung für Stiegenhaus finden – auch bauliche Maßnahmen erwägen. Heinz: Super, bitte auf Liefertermine achten. ☺
1.4.	Probleme konnten gelöst werden, alle Genehmigungen liegen vor, räumliche Infrastruktur fertig. (Meilenstein erreicht)	Lieferanten haben kurze Lieferzeiten zugesagt, Meilenstein könnte einen Monat früher erreicht werden.	Danke Sonja, toll gearbeitet! Heinz: Wäre eine gute Nachricht, da hätten wir mehr Zeit für die Übersiedlung.
1.5.		Unsere Lieferanten können frühzeitigen Liefertermin doch nicht einhalten – Meilenstein bleibt wie ursprünglich geplant.	O.k., damit wären wir nach wie vor im Plan – bitte regelmäßig bei Lieferanten nachfragen. ☺
1.6.		Teillieferung war falsch, außerdem gibt es Probleme mit ERP-Komponenten und unserer Datenbank. Wir werden unseren Meilenstein erst einen Monat später erreichen.	Das ist sehr schlecht! (Die Trendlinie zeigt einen deutlich negativen Trend – wenn ich da nicht gegensteuere, geht das Projekt furchtbar schief!) Heinz: Organisiere Express-Lieferung der Komponenten mit Fixtermin. Datenbank- und ERP-Spezialisten der Hersteller zu gemeinsamem Einsatz vor Ort organisieren.
1.7.		Die Software-Probleme sind gelöst, die Hardware-Lieferung fix zugesagt; es gibt keine weiteren Verzögerungen, die Verspätung können wir aber nicht aufholen – Meilenstein bleibt einen Monat hinter Plan.	Danke für den Einsatz. Ich konnte mit dem Vermieter noch einen Monat Verlängerung vereinbaren (Umbau erfolgt parallel mit unserer Übersiedlung). Müssen aber mit 31. August draußen sein – bitte unbedingt dranbleiben! ☺
1.8.		O.k., wir haben es geschafft, alle Server und Systeme laufen einwandfrei. Haben den Meilenstein (um einen Monat später als geplant) erreicht.	Danke Heinz – Probleme wurden gut gelöst; bitte jetzt die Kollegen bei der Umstellung auf die neue IT unterstützen. ☺

Üben

SbX ID: 0522

A B C D E

Ü 5.6: Sachfortschrittskontrolle D

Ordnen Sie den folgenden kurzen Beschreibungen von Projekten bzw. Projektaktivitäten die Ihrer Meinung nach am besten geeignete Methode zur Sachfortschrittskontrolle zu. Begründen Sie Ihre Entscheidung.

Projekt bzw. Projektaktivität	Sachfortschrittskontrolle durch:
In einem Projekt „Weihnachtsbasar" übernehmen Sie als Arbeitspaket die Bemalung von 100 (gleichen) Christbaumkugeln aus Glas.	
Das Anlagenprojekt ist in insgesamt 20 Abnahmen unterschiedlicher Anlagenteile gegliedert; jede Abnahme ist auch ein Meilenstein.	
In einem Bauprojekt dauert das Ausschachten, Schalen und Armieren für eine Fundierung ca. 7 bis 10 Stunden. Da dies von mehreren Firmen durchgeführt wird, wurde für jeden der 30 Schächte ein eigenes Arbeitspaket definiert.	
Für das Controlling (Sammeln der Fortschrittswerte, Berechnung der Kennzahlen, Verfassen von Berichten) haben Sie im gesamten Projektverlauf einen Aufwand von 250 Personenstunden vorgesehen.	
In einem Projekt zur Entwicklung eines Software-Pakets sind ca. 100 Module mit unterschiedlichem Aufwand zu erstellen. Jedes Modul ist als Arbeitspaket definiert und beinhaltet immer Feindesign, Codierung und Modultest.	

Ü 5.7: Earned-Value-Analyse C

Gegeben sind die folgenden Controlling-Daten eines Projekts. Berechnen Sie die übrigen Werte und stellen Sie die Ergebnisse grafisch dar: PK-IK-EV, KEI-TEI-KK und CR-Diagramm. Wenn möglich, verwenden Sie dazu ein Tabellenkalkulationsprogramm!

Interpretieren Sie die Ergebnisse und Grafiken!

SbX
Die Excel-Tabelle zu Ü 5.7 finden Sie auch unter der ID: 0522.

PGK: 134.250 (Projektgesamtkosten)

Monat	FGR_{plan}	PK	IK	FGR	EV	KA	PA	KEI	TEI	KK	CR
1	19 %		30.000	17,7 %							
2	33 %		57.300	28,0 %							
3	43 %		66.400	38,4 %							
4	54 %		75.900	53,3 %							
5	74 %		115.000	81,9 %							
6	100 %		128.500	100,0 %							

Plankosten (PK) und (aktuelle) IST-Kosten (IK) kumuliert!
PK, IK, EV, KA, PA in €

Ü 5.8: Verwendung der Kostenplan-Kennzahl D

Analysieren Sie das Beispiel zur Earned-Value-Analyse auf Seite 153f. (Wertetabelle und Grafiken …). In welchen Monaten kann vom Projektcontrolling eine Einhaltung der Projektkosten angenommen werden?

Ü 5.9: Meilenstein-Trendanalyse C

In einem Projekt zur Realisierung eines einfachen webbasierten Kundeninformationssystems wird als Controlling-Instrument die Meilenstein-Trendanalyse eingesetzt. Folgende wichtige Meilensteine werden überwacht:

- **Meilenstein 1 (4. Woche):** Fertigstellung der Spezifikation, Beginn der Codierung
- **Meilenstein 2 (7. Woche):** Ende der Codierung, Beginn der Tests
- **Meilenstein 3 (9. Woche):** Online-Schalten des Kundeninformationssystems

Bei den wöchentlichen Projektsitzungen werden die Projektfortschritte besprochen und es wird eine Schätzung abgegeben, wann die geplanten Meilensteine voraussichtlich erreicht werden. In der folgenden Tabelle sind die Schätzungen eingetragen:

SbX
Den Raster zur Meilenstein-Trendanalyse finden Sie auch unter der ID: 0522.

Projektwoche	0	1	2	3	4	5	6	7	8	9
Meilenstein 1	4	4	5	5	4	–	–	–	–	–
Meilenstein 2	7	7	7	7	7	7	8	8	8	–
Meilenstein 3	9	9	9	9	9	10	10	10	11	12

Aufgaben:

a) Stellen Sie den Verlauf der Prognosen (den Meilenstein-Trend) grafisch dar.

b) Interpretieren Sie den Verlauf jedes Meilensteins und schlagen Sie mögliche Maßnahmen vor.

Ü 5.10: Fallbeispiel „BonOnline“ – Auswahl geeigneter Methoden für das Projektcontrolling D

Welche Controlling-Methoden und welche Methode(n) zur Bestimmung des Sachfortschritts würden Sie im Projekt „BonOnline“ einsetzen. Begründen Sie Ihre Entscheidung.

Sichern

SbX ID: 0523

Projektcontrolling

Das Projektcontrolling als Querschnittsaufgabe im Projekt dient zur Sicherstellung, dass das Projektziel in den Dimensionen **Termine – Leistung – Kosten** plankonform erreicht wird. Merkmal eines wirksamen Projektcontrollings ist es, dass Fehlentwicklungen rechtzeitig erkannt werden, bevor hohe Kosten entstehen oder das Projekt gefährdet ist.

Bereiche des Projektcontrollings

Das Projektcontrolling erfolgt in Form der **Terminkontrolle,** der **Kosten- (bzw. Aufwands-) Kontrolle** sowie der **Sachfortschrittskontrolle.** Es bedient sich dabei des Projektreportings, der Projektdokumentation sowie der Projektqualitätssicherung.

Terminkontrolle

Die Terminkontrolle **vergleicht geplante (Soll-) mit tatsächlich erreichten (Ist-)Terminen.** Im Falle von Abweichungen (Terminverzögerungen) sind geeignete Maßnahmen (z. B. Terminverschiebung, Bereitstellung zusätzlicher Ressourcen) zu treffen. Das Verhältnis von Soll- zu Ist-Terminen kann als Kenngröße für die generelle Termintreue im Projekt herangezogen werden.

Kostenkontrolle

Die Kostenkontrolle stellt die **geplanten Projektkosten** den **tatsächlich angefallenen Projektkosten** gegenüber. Bei tendenziellen Abweichungen (Überschreitungen) sind Steuerungsmaßnahmen einzuleiten. Zu beachten ist dabei, dass die Kosten alleine nichts über den tatsächlichen Leistungsfortschritt aussagen.

Messung des Sachfortschritts

Zur **Feststellung des Sachfortschritts** stehen verschiedene Verfahren zur Verfügung. Welches Verfahren zu wählen ist, hängt von der Art der zu „messenden“ Tätigkeit ab. Mögliche Verfahren sind: Statusschritt-Technik, 50-50-Technik, 0-100-Technik, Mengen-Proportionalität und Zeit-Proportionalität.

Fertigstellungsgrad eines Projekts

Der Fertigstellungsgrad eines Projekts errechnet sich aus der **Summe der Fertigstellungsgrade aller Arbeitspakete.** Dabei ist zu berücksichtigen, welchen Beitrag (lt. Projektplanung) jedes Arbeitspaket zum Projektergebnis leistet.

Earned-Value-Analyse

Die Earned-Value-Analyse ermöglicht ein **integriertes Projektcontrolling,** d. h. unter Einbeziehung der drei Projekt-Zielgrößen Termine – Leistung (Fertigstellungsgrad) – Kosten. Der Earned Value gibt die im Rahmen des Projekts zu einem Zeitpunkt tatsächlich geleistete Wertschöpfung an. Davon abgeleitet werden Kosten- und Planabweichung sowie Kennzahlen zur Darstellung der Projektperformance berechnet und grafisch dargestellt.

Meilenstein-Trendanalyse

Die Meilenstein-Trendanalyse verwendet **Projekt-Meilensteine als „Messpunkte"** für den Projektfortschritt. Die „Erwartungen" der verantwortlichen Projektmitarbeiter, wann ein Meilenstein voraussichtlich erreicht werden wird, werden im Zeitverlauf aufgezeichnet. Ständige Abweichungen vom geplanten Meilenstein-Termin weisen auf Probleme hin.

Vokabeln dieser Lerneinheit

Deutsch	Englisch
Fertigstellungsgrad	percent complete
Fertigstellungswert	earned value
Ist-Wert	actual value
Kostenentwicklungsindex	cost performance index
Kostenplan	cost plan
Meilenstein-Trendanalyse	milestone plan
Planwert	planned value
Projektcontrolling	project controlling
Projektfortschritt	project progress
Soll-Wert	imposed value
Terminentwicklungsindex	schedule performance index

SbX ID: 0523

Eine Audio-Wiederholung mit Audio-Player und MP3-Download sowie eine Bildschirmpräsentation mit den Grafiken dieser Lerneinheit finden Sie unter der ID: 0523.

Wissen

A B C D E

W 5.7: Aufgaben des Projektcontrollings B

Beschreiben Sie die Aufgaben des Projektcontrollings.

W 5.8: Bereiche des Projektcontrollings A

Welche Aspekte des Projekts werden vom Controlling betrachtet und welche weiteren Aktivitäten unterstützen das Projektcontrolling?

W 5.9: Terminkontrolle B

Nennen Sie Gründe, die zu Terminverschiebungen im Projekt führen können, und geben Sie mögliche Maßnahmen an, mit denen Terminverzögerungen wettgemacht werden können.

W 5.10: Kostenkontrolle B

Welche Darstellungen werden in der Kostenkontrolle verwendet? Worauf ist bei der Interpretation zu achten?

W 5.11: Sachfortschrittskontrolle B

Beschreiben Sie die verschiedenen Möglichkeiten zur Sachfortschrittskontrolle. Nennen Sie konkrete Einsatzbereiche für jedes der Verfahren.

W 5.12: Ermittlung des gesamten Projektfortschritts B

Wie ermitteln Sie aus den Fortschrittsangaben der einzelnen Arbeitspakete den gesamten Projektfortschritt?

W 5.13: Earned-Value-Analyse B

Geben Sie zu den Aufgaben b–h die Berechnungsformeln an und erklären Sie diese.

a) Was ist die Earned-Value-Analyse, in welchen Schritten wird sie durchgeführt?
b) Aus welchen Größen wird der Earned Value berechnet?
c) Wie wird die Kostenabweichung berechnet (absolut und in %)?
d) Wie wird die Planabweichung berechnet (absolut und in %)?
e) Aus welchen Größen wird der Kostenentwicklungsindex berechnet und wie ist er zu interpretieren?
f) Aus welchen Größen wird der Terminentwicklungsindex berechnet und wie ist er zu interpretieren?
g) Wie wird die Kostenplan-Kennzahl berechnet und welche weiteren Kenngrößen sind zu ihrer Interpretation heranzuziehen?
h) Was gibt die „Critical Ratio" an? Erklären Sie das Berechnungsverfahren sowie die Interpretation der Critical-Ratio-Werte.

W 5.14: Earned-Value-Analyse B

Listen Sie alle im Rahmen der Earned-Value-Analyse verwendeten Größen sowie die dazugehörenden Abkürzungen auf und erklären Sie diese.

W 5.15: Meilenstein-Trendanalyse B

Welchen Zweck hat die Meilenstein-Trendanalyse und wie wird sie durchgeführt?

Ein kurzer Kompetenz-Check, bevor's weitergeht!

Kompetenz-Check

	☺	😐	☹
Ich kann die Bedeutung des Projektcontrollings erklären sowie dessen Kernbereiche (Termine, Kosten, Sachfortschritt) beschreiben.			
Ich kann für konkrete Arbeitspakete die am besten geeignete(n) Methoden(n) zur Fortschrittskontrolle anwenden sowie den Gesamtfortschritt eines Projekts ermitteln.			
Ich kann das Prinzip der Earned-Value-Analyse (EVA) erklären, kenne die im Rahmen der EVA verwendeten Größen und deren Berechnung und kann, ausgehend von konkreten Projektwerten, die EVA durchführen, die Ergebnisse grafisch darstellen und interpretieren.			
Ich weiß, wie Trendanalysen im Rahmen des Projektcontrollings eingesetzt werden und kann, ausgehend von konkreten Projekten, die Meilenstein-Trendanalyse durchführen.			

Lerneinheit 3
Dokumentation und Berichtswesen

SbX
Alle SbX-Inhalte zu dieser Lerneinheit finden Sie unter der ID: 0530.

Die Projektdokumentation sowie ein strukturiertes und effizientes Berichtswesen bilden die Basis für die Kommunikation zwischen allen Projektbeteiligten. Sie sind auch Voraussetzung für ein wirksames Projektcontrolling. Aufgabe des Dokumentenmanagements ist die Verwaltung aller im Projekt entstehenden Dokumente sowie die Vorgabe von Richtlinien und Mustern für deren Aufbau und Gestaltung. Das Berichtswesen im Projekt regelt, zu welchen Anlässen bzw. wie oft, in welcher Form und mit welchen Inhalten Ereignisse oder Ergebnisse des Projektverlaufs zu kommunizieren sind.

Lernen

SbX ID: 0531

1 Projektdokumentation

Eine klare Dokumentation der erforderlichen Projektschritte und -abläufe zusammen mit einem Satz an Musterdokumenten und -formularen, Format- bzw. Layoutvorschriften strukturieren den Projektablauf und geben auch bei Schülerprojekten eine hilfreiche Richtlinie.

Das **Projekthandbuch** ist eine gegliederte Zusammenfassung der organisatorischen Regeln für die Durchführung von Projekten im Rahmen eines Unternehmens, einer Schule etc. Während eines Projekts dient es als Nachschlagewerk für organisatorische Regeln und als Führungsinstrument, welches über Ziele, Aufgaben und Methoden informiert.

Das Projekthandbuch soll enthalten:	Das Projekthandbuch kann enthalten:
• Projektorganisationsplan • beteiligte Stellen mit Aufgabenbeschreibung • Projektleitung und Berichtswesen • Sitzungskonzept • Funktionen- und Verantwortungsmatrix • Arbeits- und Entscheidungsabläufe • Pflichtenheft und Hauptaufgaben	• Checklisten für die Projektplanung und -steuerung • Checklisten für die Auftragsverhandlung • Führungsgrundsätze • Stellenbeschreibung • Schulung • Dokumentationsanforderungen

Als Beilage sollten Muster aller verwendeten Dokumente (z. B. Spezifikation, Projektbericht, Sitzungsprotokoll etc.) im Projekthandbuch vorhanden sein. Insbesondere wenn häufig ähnliche Projekte durchgeführt werden, unterstützt das Projekthandbuch den Aufbau der Projektorganisation; es können rasch die aktuellen Namen, Stellen und Verantwortlichkeiten ergänzt werden. Das Projekthandbuch gibt auch den Aufbau der weiteren Projektdokumentation vor.

Bei der **Projektdokumentation** können zwei Bereiche unterschieden werden:

- **Unterlagen zum Ablauf des Projekts** – dazu zählen alle Dokumente, die in diesem Teil des Lehrbuchs beschrieben werden, z. B. Vorstudie, Projektauftrag, Stakeholderanalyse … Mit geringen Abwandlungen werden sich diese Dokumente in allen Projekten der verschiedensten Branchen finden.

- **„Technische Unterlagen"** (im weitesten Sinne), die das im Projekt herzustellende Ergebnis beschreiben. Das können Spezifikationen sein, Objektdiagramme für Softwaresysteme, Entwürfe für Bildschirmlayouts bei Web-Projekten etc. Art und Aufbau dieser Dokumente hängen stark vom Branchenumfeld des Projekts ab.

Einige Dokumente können für beide Bereiche relevant sein, z. B. sollte ein **Mängelprotokoll,** das Fehler einer erstellten Software beschreibt, sowohl in der Projekt- als auch in der technischen Dokumentation zu finden sein.

Wichtige **Bestandteile der Projektdokumentation** sind:

- Vorstudie und deren Ergebnisse
- Zieldokument
- Projektauftrag
- Kontext- und Stakeholderanalyse
- Organisation, Rollen im Team (falls nicht im Projekthandbuch enthalten)
- Projektstrukturplan (grafisch und in Listenform)
- Beschreibung der Arbeitspakete und Zuordnung des/der Verantwortlichen
- Ablauf- und Terminplan
- Kosten- und Finanzierungsplan
- Risikoanalyse
- Verträge und Bestellungen
- Abnahmen
- Controlling-Information, Berichte und Protokolle
- Schriftverkehr

Eine sorgfältige Revisionsverwaltung vermeidet Unklarheiten und Fehler aufgrund ähnlicher (aber nicht identer) Versionen von Schriftstücken.

Da viele Schriftstücke an mehrere Adressaten gehen, müssen **Verteilerlisten** geführt werden (Wer muss bzw. hat wann welche Information erhalten?). Weiters sollte bei öfter veränderten Dokumenten eine **Revisionsverwaltung** geführt werden, die die aktuelle Version sowie deren Entstehung erkennen lässt.

Schriftlichkeit ist ein wichtiges Prinzip bei der Durchführung realer Projekte.

Wichtig im Projekt ist auch die Verwaltung des gesamten **Schriftverkehrs** zwischen Projektteam und Auftraggeber oder Subauftragnehmern. Grundsätzlich sollten Vereinbarungen von beiden Seiten **schriftlich** erfolgen und zentral abgelegt werden (z. B. chronologisch). Auch bei telefonischen Vereinbarungen empfiehlt sich eine kurze anschließende Protokollierung als Telefonnotiz, die dem Gesprächspartner postalisch oder per E-Mail (evtl. mit BCC an den Projektmanager) übermittelt wird.

2 Berichte

Berichte – egal ob in Papierform oder elektronisch – sind seit jeher *das* Kommunikationsmedium in einem Projekt.

Unabhängig von der Art sollte ein Bericht immer die folgenden Kriterien erfüllen:

- **Aktualität:** Berichtszeitpunkt und Berichtsinhalt müssen den aktuellen Projektstatus widerspiegeln.
- **Empfängerbezogenheit:** Detaillierungsgrad und Darstellungsform müssen sich am Adressaten orientieren. Das Management benötigt verdichtete Informationen und aussagekräftige Grafiken, operative Verantwortliche benötigen u. U. Detailinformationen und genaues Zahlenmaterial.
- **Entscheidungsorientierung:** Ein Bericht muss alle für eine Entscheidung (z. B. Freigabe) erforderlichen Informationen enthalten, unnötige oder nicht relevante Informationen sollten weggelassen werden.

Häufigkeit und Umfang von Berichten müssen sich am Projektumfang orientieren, um eine übermäßige Bürokratie zu vermeiden. Ein aktuelles und korrektes Bild des Projektstatus muss aber jederzeit gegeben sein. Nach Anlass der Berichtserstellung werden verschiedene Arten von Berichten unterschieden:

- **Status-(Standard-)Bericht**

  Der Status-(Standard-)Bericht ist ein routinemäßiger Bericht, der ausführlich über alle Projektparameter informiert. Dieser Bericht besitzt eine vorgegebene Inhaltsstruktur sowie eine Verteilerliste. Eine mögliche Gliederung ist:
  - Deckblatt (Projektbezeichnung, Inhaltsübersicht, Datum, lfd. Nummer)
  - Projektfortschritt (erbrachte und abgeschlossene Leistung, noch offene sowie geplante Arbeiten)
  - Terminsituation
  - Kostensituation
  - Ereignisse, Änderungen, Probleme, Maßnahmen

- **Abweichungsbericht**

  Überschreiten Abweichungen bei den Zielgrößen (Termine, Kosten, Leistungsumfang) bestimmte vereinbarte Grenzen, so müssen diese im Rahmen eines Abweichungsberichts den verantwortlichen Entscheidungsträgern bekanntgegeben werden. Der Bericht beschreibt Ausmaß und Ursachen der Abweichung und bietet Korrekturmaßnahmen an.

Ein Beispiel für einen Fortschrittsbericht sehen Sie auf der nächsten Seite.

- **Fortschrittsbericht (auch: Arbeitspaketbericht)**
  - ist weniger umfassend als der Statusbericht und bezieht sich meist nur auf Teilbereiche des Projekts, z. B. auf ein bestimmtes Arbeitspaket
  - gibt in formal festgelegter und kompakter Form Auskunft über Fertigstellungsgrad, Kosten und Termine sowie allfällige Probleme oder Risiken
  - sollte möglichst in elektronischer und teilautomatisierter Form erfolgen

- **Phasen-Abnahmebericht**

  Der Phasen-Abnahmebericht beschreibt die Ergebnisse einer durchgeführten Projektphase inhaltlich und leistungsmäßig, terminlich sowie kostenbezogen. Der Erfüllungsgrad der vorgegebenen Phasenziele wird beschrieben. Der Auftraggeber nimmt – wenn er mit der erbrachten Leistung einverstanden ist – durch seine Unterschrift die Phase ab und genehmigt die Folgephase. Falls erforderlich kann er bei geringfügigen Mängeln den Nachtrag gewisser Leistungen im Abnahmebericht festhalten.

- **Abschlussbericht**

  Der letzte Bericht in einem Projekt bildet eine Zusammenfassung des Projektablaufs sowie der Projektergebnisse und gibt Empfehlungen für die zukünftige Projektdurchführung. Mögliche Punkte des Abschlussberichts sind:
  - Management Summary
  - Beschreibung von Projektergebnissen und Projektabwicklung
  - Gegenüberstellung von Ist- und Planwerten (Controlling-Informationen), Begründung bei Abweichungen
  - Projektnachbetreuung
  - Empfehlungen für zukünftige Projekte

Nach dem Projektabschluss sollten alle Projektdokumente in geordneter und leicht auffindbarer Form abgelegt werden (eindeutige Referenzierung durch Projektnummer etc.). Dies gilt für Dokumente in Papierform, Datenträger sowie auf Computern gespeicherte Dokumente. Bei Web-unterstützten Projekten müssen auch diese Informationen geeignet archiviert werden.

Beispiel

SbX

Die Formularvorlage für einen Fortschrittsbericht finden Sie unter der ID: 0531.

Fortschrittsbericht

Projekt-Fortschrittsbericht		Nr. 1	vom: 10.05.20..
Projekt:			
Start: 12.03.20..	Ersteller:	Verteiler:	
Abschluss: 15.06.20..			

Zusammenfassung

Kosten [€]		Arbeit [h]		Leistung %			
Soll		Soll		Soll		Soll	
Ist		Ist		Ist		Ist	
Abw.		Abw.		Abw.		Abw.	

1. Ist-Zustand im Projekt
(Was wurde bisher/seit letztem Fortschrittsbericht wie weit fertiggestellt?)

2. Offene Punkte
(Was liegt nicht im Plan und Gründe dafür?)

3. Allgemeine Informationen zum Projekt
(Änderungen, Probleme [techn., organ., mit AG etc.], Teamarbeit, besondere Ereignisse etc.)

4. Geplante Aktivitäten und Maßnahmen
(Was ist zu tun bzw. wie kann die Projektperformance optimiert werden?)

Anmerkungen

Projektleiter	Auftraggeber	Ort	Datum

3 Protokolle

Händische Protokollführung: Die Verwendung von Formularen hilft, dass nichts vergessen wird, und ermöglicht eine einfache und flexible Protokollierung; sie ist jedoch bei längeren Texten weniger vorteilhaft.

Protokolle dienen dazu, Ergebnisse oder Beschlüsse aus Besprechungen sowohl teamintern als auch mit dem Auftraggeber oder Kunden schriftlich festzuhalten.

Dazu ist vor jeder Besprechung ein **Protokollführer** zu bestimmen. Seine Aufgaben sind:

- während der Besprechung die Aufzeichnung (Mitschrift) von Ergebnissen und Beschlüssen, gegebenenfalls auch von Einwänden oder Gegenmeinungen
- Verwaltung der notwendigen Anlagen
- Erstellen und Aktualisieren der To-do-Liste (vgl. Kapitel 4, Lerneinheit 3)
- Formulierung der beschlossenen Maßnahmen in einer Form, die eine Erfolgskontrolle ermöglicht
- Verwalten des Protokollverteilers

Elektronische Protokollführung: Die Verwendung von Dokumentvorlagen ist dadurch möglich, was insbesondere bei längeren Texten von Vorteil ist. Weiters ist eine unmittelbare Verteilung möglich. Nachteil: Weniger flexibel, aufgeklappte Laptops können Kommunikation behindern.

Das Protokoll wird möglichst simultan während der Besprechung erfasst; danach ist es gegebenenfalls zu redigieren bzw. formatieren und anschließend so rasch wie möglich zu verteilen.

Für das Führen von **Besprechungsprotokollen** sollte eine Vorlage mit den folgenden Inhaltspunkten erstellt werden:

- Art der Besprechung
- Ort, Datum und Uhrzeit (von – bis)
- Besprechungsanlass und Liste der Tagesordnungspunkte (TOP)
- Teilnehmer
- Protokollführer
- Ergebnisse: Besprechungsinhalte und Vereinbarungen mit Verantwortlichen
- Verteiler, Unterschriften
- Anhangliste

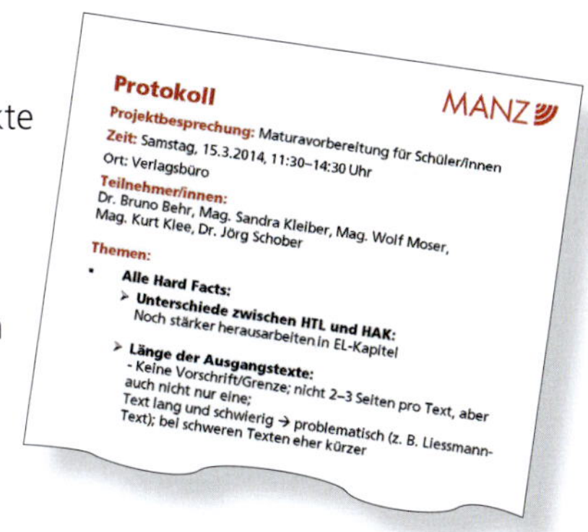
Protokoll MANZ
Projektbesprechung: Maturavorbereitung für Schüler/innen
Zeit: Samstag, 15.3.2014, 11:30–14:30 Uhr
Ort: Verlagsbüro
Teilnehmer/innen:
Dr. Bruno Behr, Mag. Sandra Kleiber, Mag. Wolf Moser, Mag. Kurt Klee, Dr. Jörg Schober
Themen:
- **Alle Hard Facts:**
  - **Unterschiede zwischen HTL und HAK:** Noch stärker herausarbeiten in EL-Kapitel
  - **Länge der Ausgangstexte:** - Keine Vorschrift/Grenze; nicht 2–3 Seiten pro Text, aber auch nicht nur eine; Text lang und schwierig → problematisch (z. B. Liessmann-Text); bei schweren Texten eher kürzer

SbX **Eine Protokollvorlage finden Sie unter der ID: 0531.**

Arbeitsprotokoll

Ein Arbeitsprotokoll dient zur Aufzeichnung durchgeführter Arbeiten – als Dokumentation für eine ordnungsgemäße Durchführung (z. B. bei Gewährleistungsansprüchen) und als Basis für die Abrechnung nach Leistung oder Arbeitszeit.

Telefonprotokoll

Nach Telefonaten mit projektrelevantem Inhalt sollte eine kurze Notiz erstellt werden. Diese sollte enthalten:

- Datum und Uhrzeit
- Gesprächspartner (Name, Firma etc.)
- Inhalt des Telefonats in Stichworten
- getroffene Vereinbarungen
- sonstige Folgerungen, Konsequenzen

Bei wichtigen Vereinbarungen sollte das Telefonprotokoll dem Gesprächspartner, z. B. in Form eines E-Mails, zugestellt werden, eine Kopie (BCC) ergeht an den Projektleiter.

Üben

SbX ID: 0532

A B C D E

Ü 5.11: Auswahl geeigneter Berichtsarten C

Ordnen Sie den beschriebenen Situationen zu, welche Berichte zu erstellen sind, und begründen Sie Ihre Entscheidung.

Situationsbeschreibung	Art des Berichts/Begründung
Die Feinspezifikation wurde plangemäß dem Auftraggeber vorgelegt und von diesem bis auf folgende nachzureichende Punkte (...) akzeptiert. Somit kann mit der Codierung (Folgephase) begonnen werden.	
Da Hersteller A die Festplatten für die Rechner nicht zum vereinbarten Termin liefern kann, wurden stattdessen Festplatten des Herstellers B mit gleichen Leistungsmerkmalen eingebaut.	
Der Projektmanager informiert den Projektauftraggeber am 10. jedes Monats über den Stand des Projekts.	
AP 3.1.2 ist zu 100 % fertiggestellt, Kosten wie budgetiert. AP 3.1.4 ist zu 80 % fertig, Kostenüberschreitung ca. +10 %. AP 3.3.1 wurde begonnen. (AP = Arbeitspaket)	
Sie haben das Projektziel – die Installation eines Management-Informationssystems beim Kunden – erfolgreich erreicht und berichten Ihrer Geschäftsleitung.	
Wegen unvorhergesehener technischer Probleme wird sich die Fertigstellung der Kommunikationssoftware um drei Wochen verzögern.	

SbX

Eine Formularvorlage für ein Besprechungsprotokoll finden Sie unter der ID: 0532.

Ü 5.12: Fallbeispiel „BonOnline" – Erstellen eines Besprechungsprotokolls D

Führen Sie in der Gruppe eine (verkürzte) Besprechung zum Thema „Wie soll die Anmeldung und Authentifizierung für Online-Bestellungen erfolgen?" durch.

a) Erstellen Sie ein (leeres) Besprechungsprotokoll oder verwenden Sie die Vorlage aus SbX.

b) Bestimmen Sie den Protokollführer – er trägt die bereits bekannten Informationen in das Protokoll ein.

c) Führen Sie die Besprechung durch. Aufgabe des Protokollführers ist es, alle Inhalte und Ergebnisse bzw. Beschlüsse zu dokumentieren. Idealerweise wird die Moderation der Besprechung von einem anderen Gruppenmitglied durchgeführt.

d) Schließen Sie die Besprechung ab und überprüfen Sie gemeinsam, ob das Protokoll die Besprechung korrekt wiedergibt.

Sichern

SbX ID: 0533

Projekthandbuch

Das Projekthandbuch enthält alle für die Durchführung von Projekten in einem bestimmten Umfeld erforderlichen **organisatorischen Regelungen** sowie **Muster bzw. Formulare** für alle zu erstellenden Schriftstücke. Im Zuge der Projektdurchführung werden die Informationen zum Projekt laufend ergänzt und strukturiert abgelegt. Das Projekthandbuch dient daher sowohl als methodisches Nachschlagewerk als auch zur laufenden Dokumentation des durchgeführten Projekts.

Projektdokumentation

Die Projektdokumentation beschreibt **alle Aspekte der Projektdurchführung** und alle fachlichen Informationen hinsichtlich des zu erreichenden Projektziels (z. B. Spezifikationen, Pflichtenheft etc).

Produktdokumentation

Die Produktdokumentation ist ein **Teil des Projektergebnisses,** z. B. in Form eines technischen Handbuchs oder einer Bedienungsanleitung.

Berichte

Berichte sind an bestimmte Adressaten gerichtete Beschreibungen einzelner Aspekte des Projektablaufs. Sie werden zu definierten Zeitpunkten oder beim Eintritt bestimmter, zuvor festgelegter Ereignisse erstellt.

Merkmale guter Berichte

Berichte sollen **aktuell, empfängerbezogen und entscheidungsorientiert** abgefasst werden. Anzahl bzw. Umfang der Berichte sind auf das konkrete Projekt abzustimmen, wobei eine unnötige Bürokratie vermieden werden sollte.

Arten von Berichten

Berichte wie Statusbericht, Phasen-Abnahmebericht und Abschlussbericht sind meist schon zu Projektbeginn fixiert (Wann? In welcher Form?). Fortschrittsberichte und insbesondere Abweichungsberichte werden anlassbezogen erstellt.

Protokolle

Protokolle dienen dazu, **Ergebnisse oder Beschlüsse aus Besprechungen** (teamintern, mit dem Auftraggeber oder Kunden) schriftlich festzuhalten. Sie sind durch einen strukturierten, meist fixen Aufbau gekennzeichnet, um mit möglichst geringem Aufwand die relevanten Informationen aufzeichnen zu können. Die Führung obliegt dem zu bestimmenden Protokollführer.

Vokabeln dieser Lerneinheit

Deutsch	Englisch
Informations- und Berichtswesen	information and reporting system
Projektabschlussbericht	project closing report
Projektbericht	project report
Projektstatusbericht	project status report
Projektdokumentation	project documentation, project file
Projekthandbuch	project manual
Projektmanagementhandbuch	project management guide

SbX ID: 0533

Eine Audio-Wiederholung mit Audio-Player und MP3-Download finden Sie unter der ID: 0533.

Wissen

A B C D E

W 5.16: Projekthandbuch B

Beschreiben Sie das Projekthandbuch: Erklären Sie, welche Aufgaben es hat, welche Teile enthalten sein müssen und welche Teile enthalten sein können.

W 5.17: Aufbau und Bestandteile der Projektdokumentation B

Erklären Sie, wie die Projektdokumentation strukturiert sein sollte sowie die wichtigen Bestandteile der Projektdokumentation.

W 5.18: Merkmale von Berichten B

Welche Kriterien sollte ein Bericht immer erfüllen? Zeigen Sie die Kriterien anhand eines Beispiels.

W 5.19: Arten von Berichten A

Welche Arten von Berichten gibt es?

W 5.20: Inhalte und Einsatzbereiche der unterschiedlichen Berichte B

Beschreiben Sie Zweck und inhaltliche Punkte der einzelnen Berichtsarten.

W 5.21: Protokolle B

Was ist die Aufgabe von Protokollen und welche Bedeutung haben sie in Projekten?

W 5.22: Aufgaben des Protokollführers B

Welche Aufgaben hat der Protokollführer? Erklären Sie, warum er eine wichtige Rolle bei Besprechungen innehat.

W 5.23: Aufbau eines Besprechungsprotokolls A

Welche inhaltlichen Punkte sollte ein Besprechungsprotokoll aufweisen?

Ein kurzer Kompetenz-Check, bevor's weitergeht!

Kompetenz-Check

	☺	😐	☹
Ich kenne die unterschiedlichen Berichte und kann erklären, wann sie in Projekten erstellt bzw. verwendet werden.			
Ich kenne Aufbau, Inhalte und Bedeutung von Projekthandbüchern.			
Ich kenne den Aufbau unterschiedlicher Protokolle und kann selbst ein Protokoll erstellen.			

Lerneinheit 4
Weitere PM-Aufgaben und Projektabschluss

SbX
Alle SbX-Inhalte zu dieser Lerneinheit finden Sie unter der ID: 0540.

Im Rahmen des Projektabschlusses erfolgt die Übergabe der Projektergebnisse an den Kunden bzw. Nutzer sowie die Entlastung des Projektteams. In einem Abnahmeprotokoll sind alle erfüllten und noch offenen oder nachzubessernden Projekteigenschaften festzuhalten. Projektnachkalkulation und Projektabschlussbericht werden erstellt. Das Projektreview betrachtet den Projektverlauf kritisch und erarbeitet Empfehlungen für künftige Projekte.

Darüber hinaus gibt es während der Projektdurchführung noch weitere unterstützende Management-Techniken, die im Folgenden kurz vorgestellt werden.

Lernen

1 Weitere Aufgaben im Projekt

Die Abwicklung eines Projekts kann durch eine Reihe weiterer begleitender Management-Tätigkeiten unterstützt werden, deren genaue Beschreibung jedoch den Rahmen sprengen würde. Die folgende Liste soll die wichtigsten Begriffe einführen und einen Überblick über diese Aktivitäten bieten.

- **Beschaffung und Einsatzmittelmanagement**

  Wie im normalen Betriebsgeschehen müssen auch im Rahmen eines Projekts Güter und Dienstleistungen in der erforderlichen Menge und Qualität beschafft und bereitgestellt werden. In Projekten ist dabei besonders auf Termintreue und Budgetkonformität zu achten.

- **Krisenmanagement**

  Projektkrisen sind extreme Projektsituationen, die das Projekt als Gesamtes existenziell bedrohen. Krisen können im sozialen Bereich, in grundlegenden fachlichen Problemen oder extern (z. B. Naturkatastrophe, kontraproduktiver Kunde) begründet sein. Das Krisenmanagement bietet Strategien und Verfahren für die Vermeidung, Vorsorge und Bewältigung solcher Situationen.

- **Konfliktmanagement**

  Die Arbeit im Rahmen eines Projekts führt oft zu Spannungen im sozialen Bereich und zu gruppendynamischen Effekten. Diese können innerhalb des Teams, aber auch zwischen Team(mitgliedern) und Stakeholdern, z.B. dem Auftraggeber, auftreten. Aufgabe des Konfliktmanagements ist die frühzeitige Erkennung und Entschärfung latenter Konflikte bzw. die Deeskalierung und Beseitigung offen ausgetragener Konflikte.

- **Change-Management (Konfigurations- und Änderungsmanagement)**

  Dieser Bereich des Projektmanagements sorgt bei notwendigen Änderungen für einen koordinierten Ablauf, der alle Projektbereiche berücksichtigt und damit hilft, Inkonsistenzen in der Projektentwicklung zu vermeiden. Konfigurationsmanagement ist besonders im Bereich der Softwareentwicklung wichtig, da hier relativ einfach (und oft) neue Versionen „produziert" werden können.

- **Vertragsmanagement und Claim-Management**

  Verträge haben wie bei jedem Geschäft auch bei Projekten eine große Bedeutung. Das spezielle Problem bei Projekten sind die oft unterschiedlichen Auffassungen von Auftraggeber und Auftragnehmer hinsichtlich der erwarteten Projektergebnisse. Da diese Unterschiede meist erst im späteren Projektverlauf zutage treten, kommt es dann zu Nachforderungen: Der Kunde möchte mehr/andere Leistungen, das Projektteam verlangt zusätzliche Mittel. Bei der Bewältigung dieser Probleme hilft das Claim- bzw. Nachforderungsmanagement.

- **Qualitätsmanagement**

  Mit Qualität ist hier die Qualität der Projektdurchführung und des Projektmanagements gemeint. Ziel des Qualitätsmanagements ist es, bereits im Vorfeld durch Schulung und Auswahl der geeigneten Verfahren die Qualität in das Projekt „hineinzuplanen" und diese im Projektverlauf kontinuierlich zu sichern und zu verbessern.

- **Projektmarketing**

  Aufgabe des Projektmarketings ist es, eine Projektidentität zu schaffen (Projektname, Projektlogo), um den Projektmitarbeitern die Identifikation mit dem Vorhaben zu erleichtern. Gleichzeitig muss die Umwelt (Auftraggeber, Financiers, weitere Stakeholder) von der Bedeutung und dem Wert des Projekts überzeugt werden.

2 Projektabschluss

Zum Zeitpunkt des Projektabschlusses ist der Hauptteil der Projektaufgabe erfüllt, die Projektergebnisse wurden/werden an den Kunden übergeben (und von diesem abgenommen). Die temporär installierte Projektorganisation wird aufgelöst, die meisten Projektmitglieder werden sich danach anderen Aufgaben zuwenden.

Ein klar definierter Projektabschluss gibt auch dem auslaufenden Projekt eine erkennbare Perspektive.

In dieser letzten Projektphase ist es besonders wichtig, dass die Projektleitung entgegen den allgemeinen „Auflösungstendenzen" einen für alle Beteiligten **klar erkennbaren Projektabschluss** setzt, Unsicherheit und Unklarheiten beim Kunden und/oder bei den Mitarbeitern beseitigt sowie die im Projektverlauf gewonnenen Erkenntnisse dokumentiert und der Wissensbasis des Unternehmens hinzufügt. Der Projektabschluss dient weiters dem Projektcontrolling und dem Projektmarketing.

Im **sozialen Bereich** sollte der Projektabschluss bereits frühzeitig geplant werden, um den Mitarbeitern eine Perspektive für das „Danach" zu geben (neue Arbeitsaufgaben, eine bestimmte Position im Unternehmen etc.). Damit kann verhindert werden, dass Projektmitarbeiter bereits vor Projektende „innerlich kündigen", um sich rechtzeitig neue Aufgabenfelder erschließen zu können oder – vor allem bei erfolgreich verlaufenen Projekten – das Projektende bewusst hinauszögern.

Die zum Projektende erforderlichen Aktivitäten lassen sich in drei Bereiche gliedern:

1. Inhaltlich-fachliche Aufgaben

- Übergabe der Projektergebnisse an den Kunden, Abnahme durch den Kunden
- Festlegung, welche Aufgaben noch zu erfüllen sind, welche entfallen und welche in die Nachprojektphase verschoben werden (Liste offener Punkte erstellen)
- Nachkalkulation des Projekts
- Evaluierung des Projektverlaufs, der „Projektperformance"

2. Organisatorische Aufgaben

- Durchführung des formalen Projektabschlusses, Entlastung des Projektteams
- Auflösung der Projektorganisation
- Auflösen der Beziehungen zu den relevanten Projektumwelten
- Bestimmung der Person(en), welche die Betreuung in der Nachprojektphase übernimmt/übernehmen
- Erstellen des Projektabschlussberichts
- Vervollständigen und Archivieren der Projektunterlagen
- Know-how-Transfer: Erweiterung der Wissensbasis des Unternehmens um die im Projekt gewonnenen Erkenntnisse

3. Emotional-soziale Aufgaben

- Leistungsbeurteilung und persönliche Rückmeldung an die einzelnen Teammitglieder
- Prämierung besonderer Leistungen im Projekt
- Würdigung der Leistungen im Team und Schaffung einer Möglichkeit zur gemeinsamen Projektreflexion in der Gruppe
- Bereinigung schwebender Konflikte

Eine **Projektabschluss-Sitzung** oder ein **Projektabschluss-Workshop** setzt einen deutlichen Projekt-Endpunkt und ermöglicht die Durchführung vieler der oben genannten Aufgaben. Mögliche Programmpunkte sind daher:

- Präsentation und Analyse der Projektergebnisse
- Analyse des Projektverlaufs und Bewertung
- Behandlung der Nachprojekt-Phase hinsichtlich offener Aufgaben und Know-how-Transfer
- emotionaler Projektabschluss

Zweistufiger Abschluss eines Projekts

Projektabschluss trotz einiger offener Punkte

Bei vielen Projekten ist noch eine **Nachbetreuungsphase** von drei bis sechs Monaten, eventuell auch länger, erforderlich. Gründe für eine intensivere Nachbetreuungsphase können sein:

- Die Feinabstimmung und Optimierung des gelieferten Systems kann erst im Betrieb erfolgen (z. B. Steuerungssoftware für eine Fertigungsanlage).
- Eine Behebung möglicher Mängel ist durchzuführen.
- Die tatsächliche Zielerreichung kann erst nach einem längeren Zeitraum ermittelt werden (z. B. Umsatzsteigerung durch ein neues Produktdesign).

In solchen Fällen empfiehlt sich eine Trennung in einen **vorläufigen** und den **endgültigen Projektabschluss.**

Vorläufiger Projektabschluss:

- Übergabe der Projektergebnisse und Durchführung aller vorgesehenen Abschlussarbeiten
- Beauftragung des Projektleiters oder speziell nominierter Teammitglieder mit den Aufgaben der Nachbetreuungsphase und der Projektevaluierung
- Der Projektabschlussbericht wird als „vorläufig" abgefasst.

Endgültiger Projektabschluss/Projektevaluierung:

- Erstellung des endgültigen Abschlussberichts und der Nachkalkulation
- Dokumentation der Projekterfahrung
- Entlastung des Projektleiters bzw. der mit der Nachbetreuung beauftragten Personen

Projektabschlussbericht

Der Projektabschlussbericht ist das letzte Dokument, das im Rahmen der Projektsteuerung entsteht. Wesentliche Inhalte sind:

- Gesamtdarstellung des Projekts (Projektname, Projektbeteiligte, Projektziele)
- Verlaufsanalyse von Terminen, Kosten und Leistungen (aus dem Projektcontrolling)
- Beschreibung der erzielten Ergebnisse
- Beschreibung besonderer Ereignisse, Probleme und Lösungsstrategien im Projektverlauf
- Empfehlungen für Nachfolgeaktivitäten nach Projektende

Projektmarketing

Ein erfolgreiches Projekt sollte durch den Projektabschluss und begleitende Maßnahmen auch gut verkauft werden.

Der Projektabschluss bietet eine letzte Gelegenheit für die Setzung von Maßnahmen im Projektmarketing. Dazu zählen:

- Präsentation der Projektergebnisse im Rahmen des Projektabschluss-Workshops
- Aufnahme des Projekts in eine Referenzliste

- Aufbereitung der Projektergebnisse für die Veröffentlichung in Printmedien (z. B. Fachzeitschriften)
- Aufbereitung der Projektergebnisse für die Veröffentlichung im Internet – Zugang über die Website des Auftraggebers (Nutzers) und/oder des projektdurchführenden Unternehmens

Projektevaluierung

„Lessons learned“: Was kann aus dem abgeschlossenen Projekt für zukünftige Projekte gelernt werden?

Die Projektevaluierung bewertet:

- die erreichten Projektergebnisse (erzielte Qualität, Kostentreue, Grad der Zielerreichung)
- die Akzeptanz der Projektergebnisse durch Auftraggeber und Nutzer
- die Qualität des Projektablaufs (z. B. Termintreue, Fehlerhäufigkeit, eingesetzte Hilfsmittel)
- die Zufriedenheit der Kunden mit der Projektabwicklung
- die Zufriedenheit der Mitarbeiter mit der Projektabwicklung

Die schriftliche Dokumentation der Evaluierungsergebnisse sowie die zum Teil standardisierte Durchführung (z. B. Fragebogen für die Erhebung der Kundenzufriedenheit) ermöglichen die gezielte Verbesserung der Projektqualität.

Üben

SbX ID: 0542

A B C D E

Ü 5.13: Weitere Management-Technike in Projekten C

Ordnen Sie folgenden Situationsbeschreibungen geeignete Management-Techniken aus der Liste der „weiteren Aufgaben im Projekt“ zu.

Situationen	Management-Technik(en)
Der Projektmanager muss feststellen, dass die Informationsweitergabe zwischen den Teammitgliedern Gruber und Petz überhaupt nicht funktioniert. Gruber war Petz als Hauptverantwortlicher für die Programmierung vorgezogen worden.	
Der Kunde behauptet, dass die Einschulung in das neue Programm Teil der Vereinbarung war, der Projektmanager ist anderer Meinung. Für die Schulung würden zusätzliche Projektkosten in Höhe von € 5.000,– anfallen.	
Obwohl sich das Projekt „Brennstoffzelle für Mobiltelefone“ noch in der Entwicklungsphase befindet, schickt der Projektmanager einen farbigen Info-Folder mit Kurzbericht an alle Entscheidungsträger.	
Projektmitglied Kreitner bestellt 5 TFT-Monitore, um die neu entwickelte Leitstand-Software testen zu können.	
Bei einem Projektmeeting muss der Projektleiter feststellen, dass der Kunde nach Vorwänden und Fehlern sucht, um aus dem Projekt aussteigen zu können.	
Der Projektkunde möchte direkt beim Programmierer eine Änderung der spezifizierten Funktionen veranlassen. Dieser verweist ihn mit seinem Anliegen an den Revisionsmanager.	
Bevor die Software für die Aufzugssteuerung freigegeben werden kann, muss sie von zwei unabhängigen Teams getestet worden sein.	
Auf einer eigenen Projekt-Website kann der Kunde jederzeit den Projektstatus ablesen und sich über Details zum Projektverlauf informieren.	

Situationen	Management-Technik(en)
Nachdem der Projekttermin trotz mehrwöchiger Überstunden und Urlaubssperre verfehlt wurde, beschuldigen die Teammitglieder einander lautstark, die Ursache für das Versagen zu sein.	
Der Kunde trifft mit dem Projektmanager eine mündliche Vereinbarung, bei einer 4 Wochen früheren Lieferung der Software auf gewisse Leistungsmerkmale zu verzichten.	

SbX
Ü 5.14
mit automatischer Aufgabenkontrolle
ID: 0542

erledigt ☑
Ü 5.14 ☐

Ü 5.14: Abschlussaktivitäten in Projekten C

Welche Projektabschluss-Aktivität (inhaltlich-fachlich, organisatorisch oder emotional-sozial) liegt in den folgenden Beispielen vor?

Abschlussaktivität	Bereich
Der Projektmanager würdigt Ing. Redlich, dessen Programme zur Testautomatisierung eine Verkürzung der Implementierungsdauer um 4 Wochen ermöglicht hatten.	☐ inhaltlich-fachlich ☐ organisatorisch ☐ emotional-sozial
Die Teammitglieder geben ihre Identity-Karten ab.	☐ inhaltlich-fachlich ☐ organisatorisch ☐ emotional-sozial
Der Projektmanager führt aufgrund der Stundentabellen der Teammitglieder mittels Excel eine Nachkalkulation der Projektkosten durch.	☐ inhaltlich-fachlich ☐ organisatorisch ☐ emotional-sozial
Der Kunde unterzeichnet das Abnahmeprotokoll.	☐ inhaltlich-fachlich ☐ organisatorisch ☐ emotional-sozial
Die ursprünglich geschätzten Aufwandswerte und der tatsächlich benötigte Aufwand werden in die Unternehmensdatenbank eingegeben.	☐ inhaltlich-fachlich ☐ organisatorisch ☐ emotional-sozial
Das Projektteam plaudert beim Heurigen über die Erlebnisse während des Projekts.	☐ inhaltlich-fachlich ☐ organisatorisch ☐ emotional-sozial
Die Baufirma gibt in einem Rundschreiben allen Anrainern und Behörden den Abschluss der Bautätigkeit bekannt und bedankt sich für die gute Zusammenarbeit.	☐ inhaltlich-fachlich ☐ organisatorisch ☐ emotional-sozial
Der Projektmanager erstellt eine PowerPoint-Präsentation mit den Controlling-Kennzahlen und -Diagrammen des abgeschlossenen Projekts.	☐ inhaltlich-fachlich ☐ organisatorisch ☐ emotional-sozial

Ü 5.15: Fallbeispiel „BonOnline" – Planung des Projektabschlusses D

Nehmen Sie an, Sie hätten Ihr Projekt „BonOnline" erfolgreich abgeschlossen. Das Bestellsystem ist online und das Angebot des Buffets/Restaurants kann von den verschiedensten Plattformen (Rechner mit verschiedenen Browsern, Tablets, Smartphones) genutzt werden. Der Testbetrieb (eine Simulation der Bestellung durch die Schüler/innen) verlief bis auf einige kleinere Pannen erfolgreich.

Planen Sie daher in der Gruppe eine geeignete Abschlussveranstaltung für Ihr Projekt.

- Legen Sie fest, in welchem Rahmen und mit welchen Programmpunkten der Projektabschluss stattfinden soll.
- Überlegen Sie, wen Sie dazu einladen wollen.

Sichern

SbX ID: 0543

weitere Aufgaben im Rahmen eines Projekts

Der Aufgabenbereich des Projektmanagements umfasst viele weitere „Disziplinen", welche – je nach Umfang, Dauer oder Komplexität eines Projekts – als eigenständige, in der Projektorganisation verankerte Verantwortlichkeitsbereiche definiert werden. **Beispiele für solche Aufgaben sind:**

- Beschaffung und Einsatzmittelmanagement
- Krisenmanagement
- Konfliktmanagement
- Change-Management (Konfigurations- und Änderungsmanagement)
- Vertragsmanagement und Claim-Management
- Qualitätsmanagement
- Projektmarketing

Projektabschluss

Projekte sollen einen **klar definierten Start** und ein **klar definiertes Ende** haben. In gleicher Weise wie der Projektstart ist daher auch das Projektende zu planen und durchzuführen. Damit wird frühzeitigen „Auflösungstendenzen" innerhalb des Projektteams entgegengewirkt, die gute Teamperformance bleibt möglichst lange erhalten.

Aufgaben zum Projektabschluss

Beim Projektabschluss durchzuführende Aufgaben sind

- inhaltlich-fachlicher,
- organisatorischer,
- emotional-sozialer

Natur. Eine **Projektabschluss-Sitzung** oder ein **Projektabschluss-Workshop** ermöglicht die Durchführung vieler dieser Aufgaben. Weitere abschließende Tätigkeiten sind das Verfassen des Projektabschlussberichts, Maßnahmen für das Projektmarketing sowie die Projektevaluierung.

zweistufiger Projektabschluss

Sind nach dem „Hauptende" eines Projekts Aufgaben oder Nacharbeiten durchzuführen, wird ein **zweistufiger Projektabschluss** gewählt.

Vokabeln dieser Lerneinheit

Deutsch	Englisch
Abschlussphase	closing phase
Erfahrungssicherung	assurance of experiences
Projekterfahrung	lessons learned
Projektanagementerfolg	project management success
Projektmarketing	project marketing
Vertragsmanagement	contract/administration management

SbX ID: 0543

Eine Audio-Wiederholung mit Audio-Player und MP3-Download finden Sie unter der ID: 0543.

Wissen

A B C D E

W 5.24: Weitere Aufgaben des Projektmanagements B

Geben Sie einen Überblick, welche weiteren Projektmanagement-Tätigkeiten im Projektverlauf durchgeführt werden können (mit kurzer Beschreibung).

W 5.25: Projektabschluss B

Erklären Sie, warum ein gut geplanter und gut umgesetzter Projektabschluss wichtig ist.

W 5.26: Formen des Projektabschlusses A

In welchem organisatorischen Rahmen kann der Projektabschluss erfolgen?

W 5.27: Inhaltlich-fachliche Aufgaben am Projektabschluss B

Welche inhaltlich-fachlichen Aufgaben sind am Projektabschluss durchzuführen? Veranschaulichen Sie diese anhand selbst gewählter Beispiele.

W 5.28: Organisatorische Aufgaben am Projektabschluss B

Welche organisatorischen Aufgaben sind am Projektabschluss durchzuführen? Veranschaulichen Sie diese anhand selbst gewählter Beispiele.

W 5.29: Emotional-soziale Aufgaben am Projektabschluss B

Welche emotional-sozialen Aufgaben sind am Projektabschluss durchzuführen? Veranschaulichen Sie diese anhand selbst gewählter Beispiele.

W 5.30: Zweistufiger Projektabschluss B

Erklären Sie den zweistufigen Projektabschluss. Wie ist er durchzuführen?

W 5.31: Tätigkeiten zum Projektabschluss B

Beschreiben Sie die weiteren Tätigkeiten, die zum Projektabschluss meist noch durchgeführt werden.

Ein kurzer Kompetenz-Check, bevor's weitergeht!

Kompetenz-Check

	☺	😐	☹
Ich weiß, welche weiteren Management-Techniken in Projekten eingesetzt werden, und kann sie beschreiben und deren Bedeutung erklären.			
Ich kenne die Bedeutung des Projektabschlusses und kann dessen mögliche Formen beschreiben.			
Ich kenne die unterschiedlichen Aufgaben und Tätigkeiten zu Projektabschluss und kann diese beschreiben.			

Lerneinheit 5

Informatik-Hilfsmittel

SbX
Alle SbX-Inhalte zu dieser Lerneinheit finden Sie unter der ID: 0550.

Projekte und Projektmanagement werden heute bereits in allen Bereichen sehr gut durch Programme unterstützt. Diese Lerneinheit gibt einen kurzen Überblick, welche Software eingesetzt werden kann.

Lernen

1 Programme für den Office-Bereich

In Projekten werden natürlich die gängigen Programme aus dem Office-Bereich eingesetzt, also Textverarbeitung, Präsentationsprogramme und Tabellenkalkulation.

- Textverarbeitung

  Wichtige Kriterien sind die Gestaltung von Formatvorlagen, um einheitliche Dokumente im Projekt zu ermöglichen; das Programm sollte die Möglichkeit der (gemeinsamen) Überarbeitung mit sichtbaren Korrekturen bzw. Anmerkungen bieten. Die Führung einer Versionsliste sollte einfach möglich sein. Für den elektronischen Austausch (zwischen Mitarbeitern bzw. mit Externen) ist die Kompatibilität des Datenformats wichtig.
  Für die (technische) Dokumentation ist die komfortable und stabile Bearbeitung umfangreicher Texte mit zahlreichen Abbildungen und Grafiken von Bedeutung.

- Tabellenkalkulation

  Neben der Verwendung für herkömmliche Berechnungen kann die Tabellenkalkulation das Projektmanagement und -controlling unterstützen. Wird der Projektstrukturplan in Listenform abgespeichert, so bietet er eine sehr gute Ausgangsbasis für die Kostenkalkulation, die Eintragung des Projektfortschritts, die Zuordnung von Verantwortlichkeiten und eine Vielzahl von Analysen (z. B. Earned-Value-Analyse). Üblicherweise bietet die Tabellenkalkulation gute Schnittstellen zu anderen Programmen, wie z. B. Projektplanungssoftware oder Chart-Programmen.

- Präsentationssoftware

  Die einfache Zusammenstellung und Bearbeitung von Präsentationen für die verschiedensten Anlässe im Projekt ist hier entscheidend. Das Layout sollte dem Firmen- bzw. Projektstil anpassbar sein (Logo, Schriftart etc.). Da oft Zeichnungen, Bilder oder Videos aus anderen Programmen eingebunden werden, ist hier das sichere Handling unterschiedlichster Formate wichtig. Einfache Schnittstellen sollen es ermöglichen, eine Präsentation auf Papier, auf Datenträger (nur Präsentationsfunktion) oder im Internet zu veröffentlichen. Während Besprechungen sind die einfache Navigation sowie die Möglichkeit, im Rahmen der Präsentation direkt Kommentare oder Anmerkungen zu erfassen, sehr nützliche Merkmale.

- Chart-Programme

  Sie eignen sich für umfangreiche Diagramme in technischen und organisatorischen Bereichen (z. B. Darstellung des Projektstrukturplans oder einer Netzwerktopologie). Neben der komfortablen Dateneingabe sind auch hier die Schnittstellen zu anderen Programmen wichtig.

- PDF-Programme

  Das PDF-Format bietet den Vorteil, dass mithilfe eines kostenlosen Readers (Leseprogramms) die vom Autor erstellten Dateien exakt so dargestellt oder ausgedruckt werden, wie dieser es

PDF = Portable Document Format

beabsichtigt hat. Insbesondere bei großen, internationalen Teams sollte der Informationsaustausch einheitlich in diesem Format erfolgen. Darüber hinaus bieten PDF-Programme Möglichkeiten des Dokumentschutzes und der Authentifizierung und ermöglichen einen kompletten Workflow (mit Überarbeitung, Kommentierung, Weitergabe) für die Dokumente.

2 Programme für das Projektmanagement

Spezielle Software-Lösungen können zur Projektunterstützung eingesetzt werden.

- **Einfache Tools**

  Sie unterstützen einzelne Aufgaben im Projektmanagement, z. B. die Gestaltung des Projektstrukturplans oder eines einfachen Balkendiagramms. Mithilfe von Tools können die Mitarbeiter ihre aktuelle Tätigkeit zeitlich erfassen (mit Zuordnung zu Projekt oder Kunde).

- **Programmunterstützung für kleine bis mittlere Projekte**

  In diese Kategorie fallen Programme wie MS Project oder webbasierte Lösungen wie PH Projekt (Open Source). Diese Lösungen unterstützen die Planung und Überwachung von Projekten und ermöglichen ein teilautomatisches Berichtswesen. Gemeinsam mit dem Project-Server unterstützt MS Project auch die Kommunikation zwischen den Projektmitgliedern.

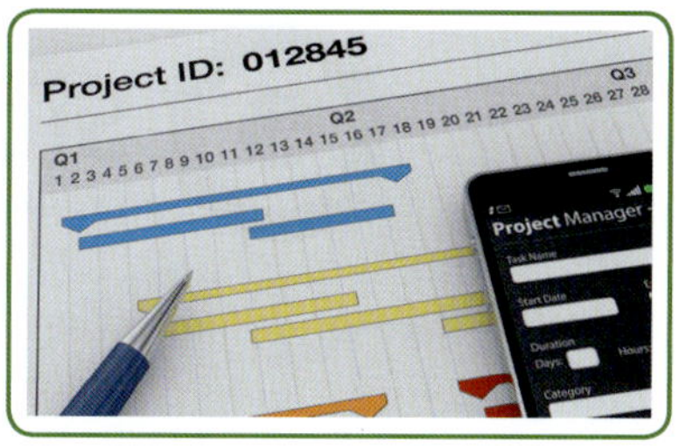

- **Große Projektmangement-Softwarepakete**

  Sie basieren auf einer gemeinsamen Projektdatenbank und bestehen aus mehreren spezialisierten Modulen. Der Zugriff erfolgt meist webbasiert, aber auch über eine Remoteverbindung oder vom lokalen Netzwerk aus. Projektmanagement-Programme dieser Kategorie beherrschen Multiprojektmanagement, d. h., sie verwalten z. B. Ressourcen, die in mehreren Projekten verwendet werden. Sie bieten volle Unterstützung im Kosten-, Risiko- und Change-Management. Spezielle Versionen berücksichtigen branchenspezifische Projektmodelle.

3 Kommunikation

Spezielle Tools und Plattformen können die Kommunikation im Team unterstützen.

- **Persönliche Kommunikationstools**

  In Projekten unverzichtbar ist die Verwendung von E-Mails. Dabei ist die richtige und möglichst automatische Ablage der E-Mails von Wichtigkeit. Zum einen sollte der Arbeitsaufwand für die Bearbeitung möglichst gering gehalten werden (bei einem Projekt mit 1000 Arbeitspaketen erhält der Projektmanager sicher eine Vielzahl von Mails zum Fortschritts-Status), zum anderen ist die lückenlose Ablage zur Protokollierung von Vereinbarungen oder zur Nachverfolgung von Fehlern und deren Behebung wesentlich.

  Integrierte Pakete wie MS Outlook bieten darüber hinaus eine komfortable Verwaltung der Kontakte sowie einen persönlichen Terminkalender. Die Aktualisierung der Daten auf einem Smartphone oder Tablet ermöglicht eine große Mobilität und Erreichbarkeit der Projektmitarbeiter.

  Um bei Projekten rasch Entscheidungen treffen zu können, werden Tools für Instant-Messaging oder einfache Videokonferenz-Lösungen (Einzel- oder Teambesprechungen) eingesetzt.

- **Groupware-Tools und Projektplattformen**

  Projektplattformen sind internetbasierte Lösungen, welche einen vielfältigen Informationsaustausch der Teammitglieder ermöglichen. Insbesondere für virtuelle Teams konzipiert, können mittels Standard-Browser Dateien bereitgestellt und ausgetauscht werden, Termine in einem gemeinsamen Kalender vereinbart werden etc. Projektplattformen bieten das notwendige Rahmengerüst für die Projektaktivitäten und sorgen für die Sicherheit der Kommunikation (Passwort, unterschiedliche User-Rechte, verschlüsselte Übertragung).

  Projektplattformen können entweder auf einem eigenen Server aufgesetzt und betrieben werden oder sie werden von Anbietern zu bestimmten monatlichen Gebühren (abhängig von Teamgröße und benötigtem Speicher) gemietet.

Üben

ABCDE

Ü 5.16: Fallbeispiel „BonOnline" – Software-Tools zur Projektunterstützung D

Sie sollten schon zu Beginn Ihres Projekts festlegen, welche Software Sie für die Durchführung benötigen.

a) Erstellen Sie in der Gruppe eine Liste jener Anwendungen, die Sie im Office-Bereich, im Projektmanagement und in der Kommunikation unterstützen sollen.

b) Suchen Sie im Internet nach Tools für das Projektmanagement, die als Free- oder Shareware bzw. als Open-Source-Programme in Ihrem Projekt eingesetzt werden können.

Sichern

SbX ID: 0553

Office-Bereich

Im Office-Bereich unterstützen **Textverarbeitung** – nach Möglichkeit mit Formatvorlagen und Formularen –, **Tabellenkalkulation** sowie **Präsentationssoftware** die Durchführung von Projekten. Für den Dokumentenaustausch – insbesondere zwischen Teammitgliedern mit unterschiedlichen Systemplattformen – eignet sich das PDF-Format von Adobe.

Projektmanagement

Die Aufgaben des Projektmanagements – vor allem die Projektplanung und das -controlling – werden durch kleinere oder größere **Softwarepakete** wie z. B. MS Project unterstützt.

Kommunikation im Team

Bei der **Kommunikation** spielen neben der Verwendung von E-Mail und Direct Messaging vor allem internetbasierte Projektplattformen und Groupware-Tools eine wichtige Rolle.

Vokabeln dieser Lerneinheit

Deutsch	Englisch
Textverarbeitung	text/word processing
Tabellenkalkulation	spread sheet
Präsentationssoftware	presentation program
Projektmanagementsoftware	project management software
Kommunikationsplattform	communication platform
Software zur Unterstützung der Teamarbeit	groupware, collaboration tools
Software zur (persönlichen) Organisation	personal information manager (PIM)

SbX ID: 0553

Eine Audio-Wiederholung mit Audio-Player und MP3-Download finden Sie unter der ID: 0553.

Wissen

A B C D E

W 5.32: Groupware-Tools und Projektplattformen B

Erklären Sie den Zweck und Aufbau von Groupware-Tools und Projektplattformen. Recherchieren Sie dazu gängige Produkte im Internet und nehmen Sie auf deren Funktionsbeschreibungen Bezug.

W 5.33: Informatik-Hilfsmittel im Projektverlauf C

Geben Sie ausgehend von der Abbildung auf S. 5 (Phasen, Aufgaben und Dokumente im Projektverlauf) an, in welchen Projektabschnitten bestimmte Informatik-Hilfsmittel schwerpunktmäßig für bestimmte Aufgaben eingesetzt werden.

W 5.34: Projektmanagement-Software B

Softwarepakete zur Unterstützung des Projektmanagements werden zusehends webbasiert angeboten. Recherchieren Sie im Internet entsprechende Angebote – von kostenlosen Zugängen bis zu Varianten mit hohen Lizenzkosten – und vergleichen Sie diese nach Funktionsumfang und möglicher Eignung für Projekte im Rahmen des Unterrichts.

Ein kurzer Kompetenz-Check, bevor's weitergeht!

Kompetenz-Check

	☺	😐	☹
Ich weiß, wie Projekte durch geeignete Informatik-Hilfsmittel unterstützt werden können und welche Anforderungen diese erfüllen sollten.			

6 GRUNDLAGEN DES SOFTWARE-ENGINEERINGS

Worum geht's in diesem Kapitel?

Software-Engineering (SWE) ist eine relativ junge Disziplin, deren Ziel die industrielle Entwicklung von Software ist. Durch die Anwendung ingenieurmäßiger Prinzipien soll eine kostengünstige Erstellung qualitativ hochwertiger und marktfähiger Software-Systeme erreicht werden. Grundsätzliche Vorgehensweisen wie Top-down-Ansatz oder Prototyping werden durch geeignete Methoden und Vorgehensmodelle (Prozessmodelle) unterstützt.

Die Wahl des Prozessmodells für die Software-Entwicklung orientiert sich an Art und Umfang der Projektaufgabe. Als neueres und weitgehend anerkanntes Konzept hat sich der Rational Unified Process (RUP) etabliert – durch kurze Entwicklungszyklen (Iterationen) ermöglicht er einen flexiblen und kundenorientierten Entwicklungsprozess.

Die Lerneinheit 2 „Teams in der Software-Entwicklung" zeigt, welche Kompetenzen in einem SW-Entwicklungsteam erforderlich sind und durch welche Organisationsformen die speziellen Anforderungen von SW-Entwicklungsprojekten berücksichtigt werden.

Am Ende dieses Kapitels sollten Sie

- wissen, worin die Besonderheiten von Software-Projekten liegen,
- die Ursachen und Auswirkungen der „Software-Krise" beschreiben können,
- die Ansätze des Software-Engineerings kennen,
- das Prinzip und die Arten des Prototypings kennen,
- Organisationsformen für SWE-Teams sowie die erforderlichen Spezialisten-Profile kennen,
- die wichtigsten Prozessmodelle (Phasenmodelle) für die Software-Entwicklung mit ihren Vor- und Nachteilen sowie Einsatzbereichen kennen,
- wissen, was „agile Methoden" sind, und die wichtigsten agilen Vorgehensmodelle kennen,
- den Rational Unified Process (RUP) sowie die im Zusammenhang damit verwendete Terminologie kennen,
- die Phasen und Prozesse des RUP genau beschreiben können,
- den RUP für eigene Projekte anwenden können.

A B C D E

In diesem Kapitel finden Sie Übungsaufgaben, praxisbezogene Fallbeispiele und Aufgaben zur Lernkontrolle zur Überprüfung Ihrer Kompetenzen auf den Handlungsebenen A **Wiedergeben,** B **Verstehen,** C **Anwenden,** D **Analysieren & Interpretieren** und E **Entwickeln.**

Dieses Kapitel umfasst folgende Lerneinheiten:

1 Was ist Software-Engineering?

2 Teams in der Software-Entwicklung

3 Phasenkonzepte und Phasenmodelle

4 Agile Vorgehensmodelle

5 RUP – der Rational Unified Process

Lerneinheit 1

Was ist Software-Engineering?

SbX
Alle SbX-Inhalte zu dieser Lerneinheit finden Sie unter der ID: 0610.

Software-Entwicklung war in den Anfangsjahren die Angelegenheit von wenigen, hochqualifizierten Spezialisten. In dem Maße, in dem die Bedeutung von Software in allen Bereichen der Wirtschaft, Industrie, Forschung sowie im privaten Bereich zunahm, wuchs auch der Bedarf an Verfahren zur Bewältigung der steigenden Nachfrage an qualitativ hochwertiger Software.

Software-Engineering bedeutet die Verwendung erprobter Vorgehensmodelle, die eine hohe Effizienz und konstante Qualität gewährleisten sollen.

Lernen

1 Entwicklung des Software-Engineerings

Software-Projekte sind Vorhaben, deren Ziel die **Einführung bzw. der Betrieb einer neuen oder verbesserten IT-Lösung** ist. Damit verbunden sind meist auch Änderungen in der Organisation bzw. im betrieblichen Ablauf der beauftragenden Institution. Die neue IT-Lösung kann durch den Einsatz von Standardsoftware, durch die Entwicklung individueller Programme oder durch eine Kombination von beiden realisiert werden.

In den folgenden Kapiteln dieses Buches stehen vor allem jene Software-Projekte, in welchen die Erstellung neuer Programmpakete ein wesentlicher Bestandteil des Projekts ist, im Mittelpunkt. Solche Projekte werden hier als **Software-Entwicklungsprojekte** bezeichnet. Zusätzlich zu den in den Kapiteln 1 bis 5 behandelten allgemeinen Prinzipien und Methoden des Projektmanagements sind daher besondere Fertigkeiten, Techniken und Vorgehensstrategien erforderlich, die unter dem Begriff des „Software Engineerings" zusammengefasst werden können.

Die kommerzielle Datenverarbeitung setzte ab den 1950er-Jahren ein.

Ein wesentliches Problem des Software-Engineerings stellt der vergleichsweise kurze Erfahrungszeitraum der elektronischen Datenverarbeitung dar. Eine breitere kommerzielle Nutzung begann erst nach dem 2. Weltkrieg. Seither findet jedoch ein rasanter technologischer Wandel sowohl im Hardware- als auch im Softwarebereich statt. Hatte sich die Erstellung von Software-Systemen in den 1950er- und 1960er-Jahren noch wesentlich an den durch die Hardware vorgegebenen Eigenschaften und Einschränkungen der Systeme zu orientieren, so stehen heute die möglichst anwenderfreundliche Integration der Programme in den betrieblichen Ablauf, deren Qualität und insbesondere ein geringer Wartungsaufwand im Vordergrund.

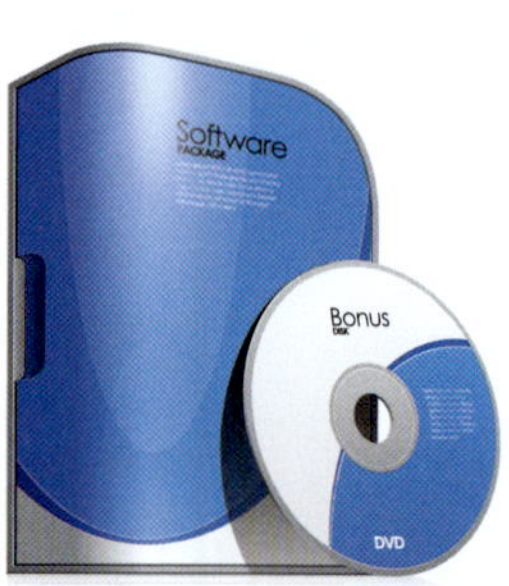

CASE: Computer Aided Software Engineering

Durch diese permanente Veränderung in der Entwicklungslandschaft benötigen Software-Entwicklungsprojekte Strategien und Methoden, welche leicht erlernbar, einfach adaptierbar und für die computerunterstützte Software-Entwicklung (CASE) einsetzbar sind. Die Allgemeingültigkeit dieser Methoden sollte deren Einsatz auch bei veränderten technologischen Bedingungen ermöglichen.

UML: Unified Modeling Language. Die UML wurde von Grady Booch, Ivar Jacobson und James Rumbaugh definiert und 1997 als Standard festgelegt.

Ein wichtiger Schritt in diese Richtung war die **Entwicklung der UML,** die unter Einbindung objektorientierter und anderer Entwurfsnotationen eine möglichst konsistente Darstellung aller Aspekte eines Software-Systems ermöglicht. Die Unterstützung von UML durch alle relevanten Marktvertreter im Bereich der Software-Entwicklung hat zu einer breiten Akzeptanz von UML geführt.

Software-Krise

Wie im ersten Teil des Buches gezeigt, können Methoden des Projektmanagements bei einer großen Bandbreite von Projekten eingesetzt werden. Software-Entwicklungsprojekte unterscheiden sich jedoch in einigen Punkten wesentlich von konventionellen Projekten:

- Das **Ergebnis des Projekts** ist nicht materiell, es ist eben Software, eine Problemlösung, eine Anwendung.
- An dieses Endprodukt werden bestimmte **Qualitätsanforderungen** gestellt. Auch wenn bereits ein Konsens über einen bestimmten „Grundkatalog" von Qualitätsmerkmalen besteht (vgl. Kapitel 7, Lerneinheit 3), ist es sehr schwierig, die Qualität des Produkts Software zu messen.
- Die **Qualität des Endprodukts** ist in besonderem Maße von der Qualität des Entwicklungsprozesses abhängig – also vom Software-Entwicklungsprojekt selbst. („You can't test quality into a product.")
- Die **Komplexität einer Software-Lösung** ist sehr schwer abschätzbar, beeinflusst jedoch wesentlich Aufwand und Dauer des Projekts. Weiters ergeben sich daraus Konfliktpotenziale zwischen dem Entwicklungsteam einerseits und dem Auftraggeber bzw. Management andererseits, die in noch geringerem Ausmaß die Komplexität eines Software-Produkts erkennen.
- Software-Entwicklungsprojekte stellen an die Entwickler **hohe Anforderungen,** sowohl das Software- als auch das Benutzerverhalten während des Betriebes zu antizipieren (d. h. gedanklich vorwegzunehmen).

Software-Krise: Ende der 1960er-Jahre ermöglichte der technische Fortschritt der Rechner-Hardware Programme, für die noch keine geeigneten Strategien zur Erstellung vorlagen.

Diese und weitere Probleme führten Ende der 1960er-Jahre zu der Erkenntnis, in einer **Software-Krise** zu stecken – einer Krise, die nach Ansicht mancher Experten bis heute noch nicht völlig überwunden ist. Mit der Bezeichnung „Software-Krise" werden die anstehenden Probleme in der Software-Entwicklung zusammengefasst, die sich vor allem in folgenden Punkten bemerkbar machen:

- **Anwendungsstau:**

  Software-Firmen sind nicht in der Lage, in ausreichendem Maße Software-Systeme zu produzieren, weil ein großer Teil der Personalressourcen durch Wartungsaufgaben gebunden ist.
- **Kosten- und Terminüberschreitung:**

  Projekte, die innerhalb des vorgegebenen Zeit- und Kostenrahmens abgewickelt werden, sind die Ausnahme.
- **Mangelnde Qualität:**

  Die entwickelten Software-Systeme sind hinsichtlich Wartbarkeit, Robustheit und Benutzerfreundlichkeit mangelhaft.

Unter anderem sind folgende **Gründe für die Software-Krise** verantwortlich:

- **Hohe Innovationsgeschwindigkeit:**

  Die rasche technologische Entwicklung im Bereich der Hardware und Software bedingt eine ständige Veränderung von Methoden und Entwicklungswerkzeugen.

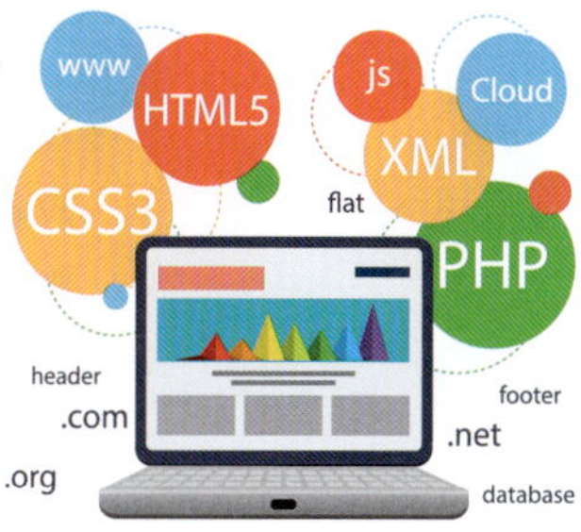

- **Kostenverschiebung:**

  Machten in den 1960er-Jahren Software-Entwicklung und -Wartung noch 20 %, die Hardware 80 % der Kosten eines EDV-Systems aus, so werden heute drei Viertel der Kosten für Wartung und jeweils ein Achtel für Software-Entwicklung sowie für Hardware aufgewendet.
- **Ausbildungsdefizite:**

  Im Rahmen der Ausbildungsprogramme standen vor allem das (strukturierte) Programmieren sowie eine ausgefeilte Algorithmik im Vordergrund, Methoden des konstruktiv-analytischen Vorgehens wurden vernachlässigt. Ein Grund dafür ist auch, dass die Notwendigkeit eines solchen Vorgehens bei einfach überschaubaren „Übungsprogrammen" nicht unmittelbar einsichtig ist bzw. vom Aufwand her nicht gerechtfertigt erscheint.

- Managementdefizite:
  Hier fehlt (oft trotz besseren Wissens) die Konsequenz, einen Großteil des Projektaufwands in die frühen Phasen des Entwicklungsprozesses (Analyse und Entwurf) zu investieren. Strategische Entscheidungen über Gestalt und Umfang der Software-Entwicklungsumgebung sowie die Förderung der Personalproduktivität durch Weiterbildungsmaßnahmen werden nicht oder nur halbherzig getroffen.

Je größer die Verweildauer (im Entwicklungsablauf) eines Fehlers in einem Software-System ist, desto teurer wird dessen Beseitigung.

Die **Hauptursache für die Software-Krise** (in ihren Anfängen) war die falsche, d. h. nicht methodische Vorgehensweise. Die meisten Projekte wurden in ihrer Leistungsfähigkeit nur grob umrissen, damit anschließend möglichst bald mit der Realisierung begonnen werden konnte. Dies hatte zur Folge, dass viele Designfehler erst in der Testphase erkannt wurden. Die Korrektur des Designs machte den Neuentwurf, die Codierung sowie den Test großer Software-Teile erforderlich. Durch mehrfache Korrekturen dieser Art entstand ein instabiles Flickwerk von Programmteilen, was einen erhöhten Wartungsaufwand zur Folge hatte. Da die Dokumentation der tiefgreifenden Änderungen mit der Entwicklung meist nicht Schritt halten konnte, war sie fehlerhaft und unvollständig, was die Wartung noch weiter erschwerte. Änderungen an fertigen Programmen konnten schließlich nur mit so hohem Aufwand durchgeführt werden, dass eine Neuerstellung oft die günstigere Lösung darstellte.

In der beschriebenen, konventionellen Vorgehensweise lag der Aufwand hauptsächlich in der Codierung/Testphase; das Projekt musste mit einem relativ hohen Betreuungsaufwand in Betrieb genommen werden. Durch eine Verschiebung des Entwicklungsaufwands in die frühen Bereiche Analyse und Design (Entwurf) konnte eine verbesserte Qualität der Software sowie ein wesentlich verringerter Aufwand in der Betriebs- und Wartungsphase erreicht werden.

Verbesserte Aufwandsverteilung

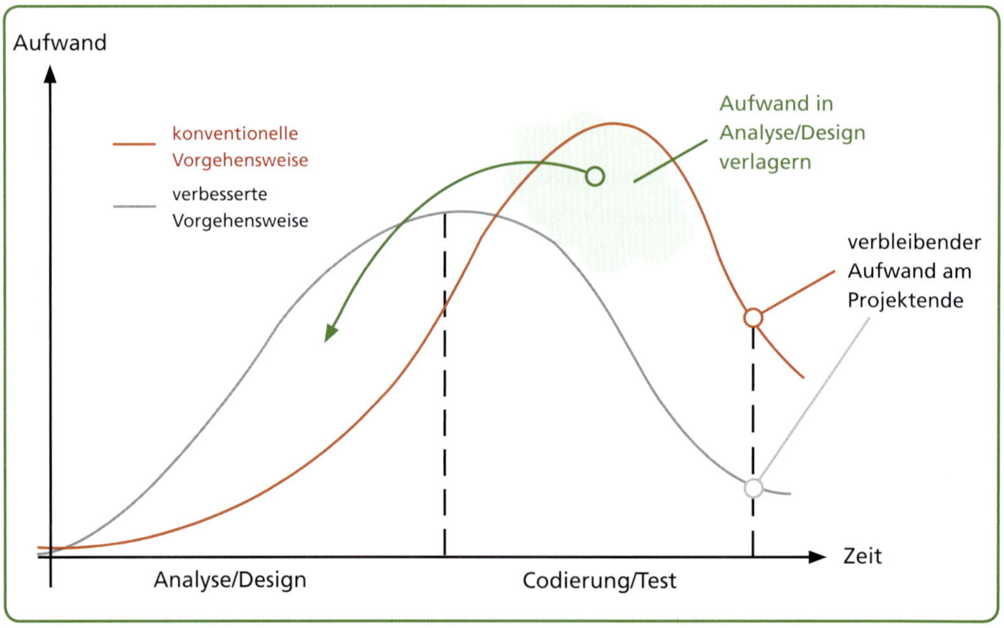

- Erhöhter Aufwand für Analyse und Design ermöglicht effizientere Codierung und Tests.
- Geringer Anfangsaufwand in der Nutzungsphase erforderlich.

Wichtige Vorteile dieser Vorgehensweise sind:

- Die intensivere Beschäftigung mit der Problemstellung in den Abschnitten Analyse und Entwurf ermöglicht eine gesamtheitliche Konzeption.
- Logische Fehler werden bereits vor der Codierung erkannt und können kostengünstig korrigiert werden.
- Durch den verbesserten Entwurf entfällt das aufwendige Neucodieren von durch Entwurfsfehler unbrauchbar gewordenen Programmteilen, ebenso reduziert sich der Testaufwand.
- Der kohärente Entwurf ermöglicht stabilere und leichter wartbare Software-Systeme.
- Die Dokumentation kann parallel mitgeführt werden, da Änderungen nur mehr in begrenzten Abschnitten zu erwarten sind. Dadurch bleibt sie aktuell und vollständig.

kohärent: zusammenhängend, „in einem Guss"

Damit der erhöhte Aufwand im Bereich der Analyse und des Designs auch wirklich zu besseren Ergebnissen führte, musste der Software-Entwicklungsprozess durch geeignete Methoden unterstützt werden – diese werden unter dem Begriff des Software-Engineerings, der ebenfalls um 1968 kreiert wurde, zusammengefasst.

Neuere Methoden

Neuere Methoden ermöglichen raschere Entwicklungszyklen und größere Flexibilität hinsichtlich der Modifikation von Anforderungen während des Projekts.

Gegen Ende der 1990er-Jahre entwickelten sich weitere, neue Ansätze für die Durchführung von Software-Projekten in kleinen Teams. Deren Verfechter gehen davon aus, dass die Anforderungen für ein Software-Produkt nicht zu Beginn des Projekts ein für alle Mal festgeschrieben werden können und dass das Produkt – die funktionierende Software – nicht erst zum Projektende quasi „in einem Guss" geliefert werden soll. Vielmehr werden in kurzen Zyklen von einigen Wochen neue Programmteile geliefert, die Rückmeldungen des Kunden werden eingeholt und die ursprüngliche Anforderung und Spezifikation überprüft und gegebenenfalls revidiert.

Der Aufbau einer effizienten Kommunikationsstruktur sowie die Beschränkung auf ein Minimum an mitzuführender Dokumentation ermöglichen diese neuen, „agilen" Vorgehensweisen.

2 Ansätze im Software-Engineering

Querverweis
Vergleiche: „Magisches Dreieck" des Projektmanagements, Kapitel 2, Lerneinheit 3.

Software-Engineering bezeichnet die Anwendung „ingenieurmäßiger" Prinzipien und Methoden mit dem Ziel,

- qualitativ hochwertige Software
- kostengünstig
- innerhalb eines vorgegebenen zeitlichen und finanziellen Rahmens herzustellen.

Die Prinzipien des Software-Engineerings ermöglichen eine methodische Vorgehensweise bei der Entwicklung, Inbetriebnahme und Wartung von Software-Systemen. Sie lassen sich einteilen in:

- **allgemeine Prinzipien** (z. B. integrierte Dokumentation, Standardisierung ...)
- **Entwurfsprinzipien** (z. B. Modularisierung, Strukturierung ...)
- **Implementierungsprinzipien** (z. B. schrittweise Verfeinerung ...)

Der Begriff des Software-Engineerings bezeichnet also die fachlichen Methoden und Vorgehensweisen im Rahmen eines Software-Entwicklungsprojekts, welche die allgemeinen Methoden des Projektmanagements unterstützen.

Methoden im Software-Entwicklungsprojekt

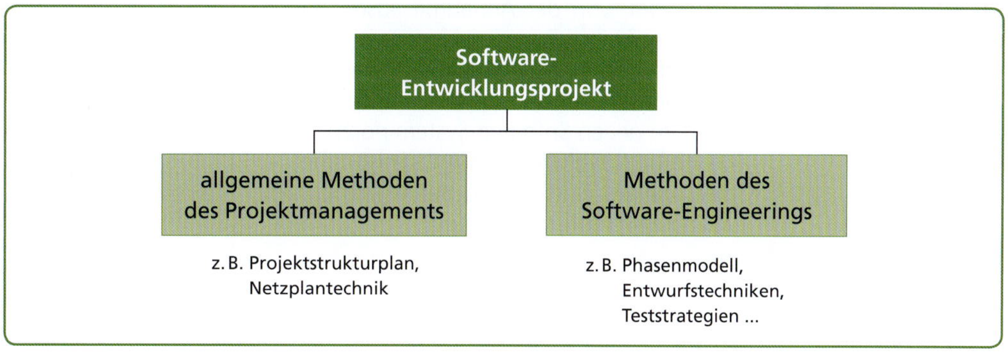

Ziel bei der Software-Entwicklung ist die Abbildung eines Realitätsausschnittes auf einem Rechnersystem. Um von der Realität zum „Modell" (dem Programm) zu gelangen, stehen dem Software-Engineering verschiedene Ansätze zur Verfügung:

- der Top-down-Ansatz,
- der Bottom-up-Ansatz und
- der evolutionäre Ansatz.

Top-down-Ansatz

Der **Top-down-Ansatz** geht von den Bedürfnissen und Anforderungen des Benutzers aus. Anhand einer vollständigen und konsistenten Beschreibung des geplanten Systems wird eine schrittweise Entwicklung durchgeführt.

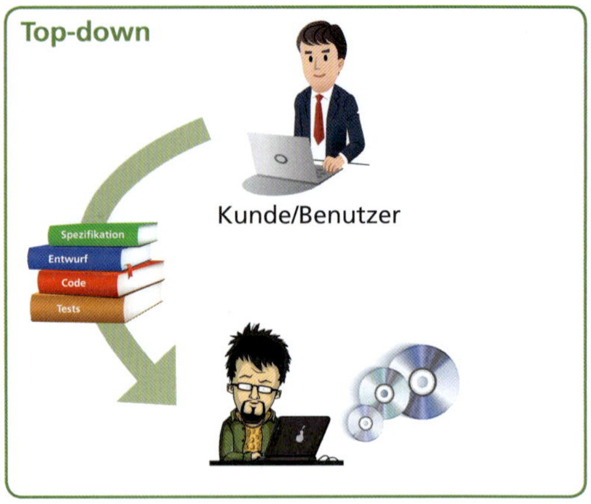

Bottom-up-Ansatz

Der **Bottom-up-Ansatz** geht nicht vom Benutzer und seinen Wünschen, sondern von bestehenden „Bausteinen" (z. B. Programm-Modulen) aus. Auf Basis der Möglichkeiten, die durch die Bausteine gegeben sind, wird das Benutzersystem gestaltet und realisiert. Der (theoretisch) maximale Funktionsumfang ist im Bottom-up-Ansatz daher qualitativ und quantitativ klar vorgegeben. Gleichzeitig erfolgt damit aber auch eine Beschränkung auf die bestehenden Möglichkeiten.

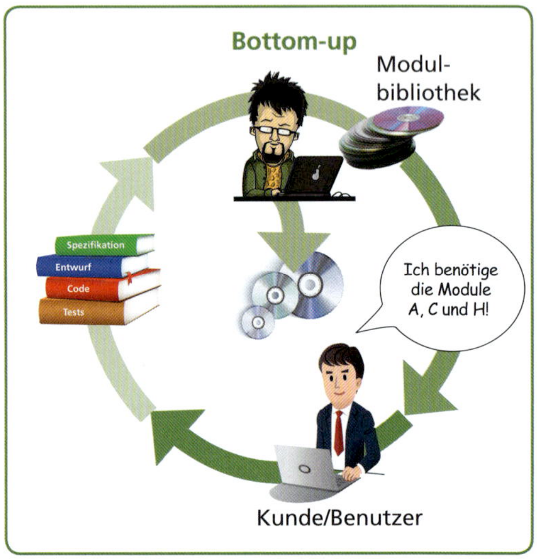

Evolutionärer Ansatz

Der evolutionäre Ansatz sieht eine zyklische Annäherung des zu erstellenden Software-Produkts an die Anforderungen des Benutzers vor. Dabei wird von der Annahme ausgegangen, dass die Anforderungen des Benutzers nicht im Vorhinein statisch festgelegt werden sollen, sondern sich in der Auseinandersetzung mit dem neuen Software-System noch ändern können. Im evolutionären Ansatz ist daher ein mehrmaliges Durchlaufen der einzelnen Entwicklungsschritte vorgesehen.

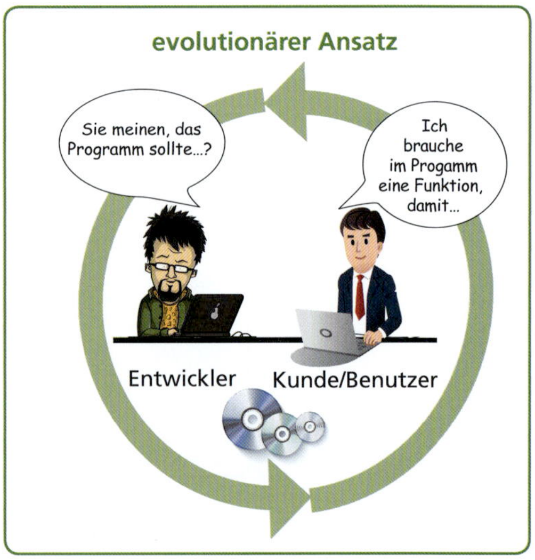

3 Prototyping

Prototyp: Urbild, Muster, erste Ausführung einer Maschine nach den Entwürfen zur praktischen Erprobung und Weiterentwicklung

Bei der Entwicklung von Software-Produkten nach den traditionellen Vorgehensmodellen (z. B. Wasserfallmodell) vergeht eine relativ lange Zeitspanne zwischen der Spezifikation und jenem Moment, an dem Auftraggeber und auch Mitglieder des Projektteams das funktionsfähige System sehen und ausprobieren können. Fehler und Missverständnisse aus der Spezifikationsphase werden erst hier erkannt. Da die Kosten zur Fehlerbehebung proportional zu deren Verweilzeit im entwickelten System sind, kommen Korrekturen in Anforderung und Spezifikation hier bereits sehr teuer.

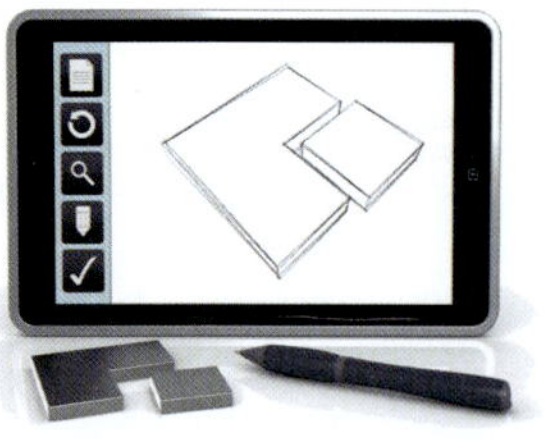

Prototyping ist Bestandteil der meisten modernen Prozessmodelle für die Software-Entwicklung.

Eine Strategie zur Vermeidung dieser Probleme ist die **Anwendung von Prototyping.** Dabei wird – mit vergleichsweise geringem Aufwand – ein „Modell" des fertigen Anwendungssystems geschaffen. Je nach Art des Prototyps werden bestimmte Systemteile nur „simuliert", andere, wie z. B. die Benutzerschnittstelle, können bereits dem endgültigen Zustand entsprechen.

Anhand des Prototyps können frühzeitig Missverständnisse mit dem Auftraggeber ausgeräumt oder auch das Verhalten bestimmter Systemteile genauer untersucht werden.

Gefahren des Prototypings sind:

- erhöhter Projektaufwand, wenn Teile der Prototypen nicht weiterverwendet werden können („Wegwerf-Prototyp")
- Der Kunde sieht im Prototyp bereits sein „fertiges" System und kann nicht verstehen, dass ein Großteil der Entwurfs- und Implementierungsarbeiten noch durchzuführen ist.
- Die grundsätzliche Möglichkeit, den Prototyp jederzeit einfach verändern zu können, behindert die strukturierte Vorgehensweise im Projekt – ständige Spezifikationsänderungen machen das Software-Produkt inkonsistent und fehleranfällig.

Je nach Schwerpunkt des Prototypings können folgende Strategien unterschieden werden:

Arten des Prototypings

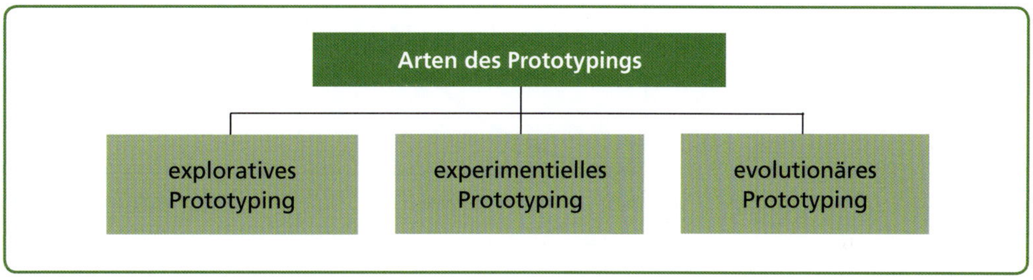

Prototyping ist kein Ersatz für die bestehenden Phasenmodelle, sondern eine Ergänzung. Es kann in den unterschiedlichsten Phasen angewendet werden.

Exploratives Prototyping

explorativ: erforschend, erkundend

Exploratives Prototyping wird während der Anforderungsanalyse und Systemspezifikation eingesetzt. Entwickler und Anwender versuchen gemeinsam, anhand des Prototyps eine möglichst vollständige Systemspezifikation zu erstellen. Der Prototyp sollte einfach änderbar sein, um verschiedene Lösungsansätze und Funktionalitäten durchspielen zu können.

validieren: prüfen, ob das System den wirklichen Bedarf abdecken wird

Der Hauptvorteil des explorativen Prototypings liegt in der frühen (und damit kostengünstigen) Erkennung von Spezifikationsfehlern bzw. -problemen. Am dynamischen Verhalten des Modells kann der Anwender bereits früh seine Anforderungen validieren. Probleme, die in der mündlichen bzw. schriftlichen Kommunikation zwischen Anwender und Entwickler auftreten können, werden dadurch verringert.

Experimentelles Prototyping

experimentell: durch Versuche (Experimente) zeigen, bestätigen

Experimentelles Prototyping wird vorwiegend vom Entwickler selbst eingesetzt. Mit dem Modell soll hier die technische Umsetzbarkeit der Spezifikation untersucht werden. Die einzelnen Systemkomponenten sowie deren Schnittstellen werden nachgebildet, ihr Verhalten getestet. Damit wird die Qualität der Systemzerlegung sowie das Verhalten einzelner Module (z. B. hinsichtlich Performance) untersucht.

Das experimentelle Prototyping unterstützt den System- und Komponentenentwurf.

Evolutionäres Prototyping

evolutionär: sich allmählich und stufenweise entwickelnd

Beim evolutionären Prototyping wird das Modell während des gesamten Projekts weiterentwickelt und ergänzt, bis aus ihm schließlich das fertige Software-Produkt geworden ist. Der evolutionär erstellte Prototyp ist ein vollständiger Prototyp, da er bereits alle Funktionen enthält, wenngleich auch oft in einer noch einfacheren Entwicklungsstufe. Es besteht keine klare Trennung zwischen Produkt und Prototyp, da frühere Formen des Prototyps bereits genutzt werden können.

Die Gefahr des evolutionären Prototypings liegt im permanenten Änderungsprozess, der eine einheitliche Systemkonzeption behindert; das Projektmanagement wird dadurch wesentlich erschwert.

Üben

SbX ID: 0612

A B C D E

Ü 6.1: Aufwandsverteilung in SW-Projekten C

Sie nehmen als externe Beraterin/externer Berater an einer strategischen Projektsitzung einer Software-Firma teil. Dabei werden auch Kosten und Kostenverläufe diskutiert. Bert Nibble, einer der Projektleiter, legt folgenden Kostenverlauf seiner Projekte vor:

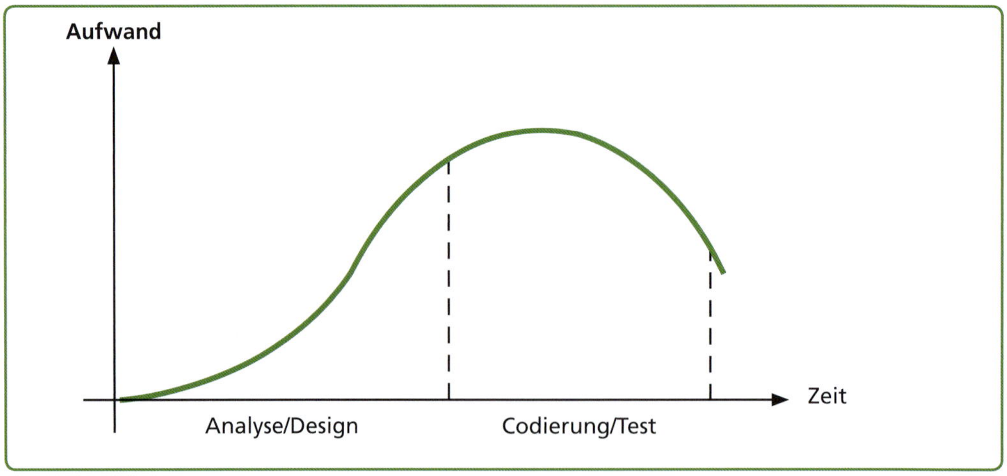

a) Welche Hinweise werden Sie Herrn Nibble hinsichtlich der Aufwandsverteilung in seinen Projekten geben?

b) Begründen Sie Ihre Verbesserungsvorschläge!

c) Skizzieren Sie im Diagramm die anzustrebende Aufwandsverteilung bei einem Software-Entwicklungsprojekt.

SbX
Ü 6.2
mit automatischer Aufgabenkontrolle
ID: 0612

erledigt ☑

Ü 6.2 ☐

Ü 6.2: Entwicklungsstrategien C

Ordnen Sie die folgenden Beispiele den Entwicklungsstrategien zu:

	Top-down	Bottom-up	evolutionär
Die Software wird anhand der genauen Vorstellungen des Benutzers entwickelt.			
Der Benutzer kann seine Anforderungen nicht vollständig definieren. Die Abschnitte Entwurf, Codierung und Test werden mehrmals durchlaufen.			
Bestehende Programmteile werden verwendet, um die Anforderungen des Benutzers abzudecken.			

Ü 6.3: Vor- und Nachteile von Prototyping C

Erstellen Sie eine Zwei-Felder-Matrix zum Thema Prototyping.

Welche Vorteile bietet Prototyping?	Welche Nachteile bringt Prototyping?

SbX
Ü 6.4
mit automatischer Aufgabenkontrolle
ID: 0612

erledigt ☑

Ü 6.4 ☐

Ü 6.4: Arten des Prototypings C

Ordnen Sie den folgenden Beispielen die richtige Art des Prototypings zu:

A	exploratives Prototyping
B	experimentelles Prototyping
C	evolutionäres Prototyping

Buchstabe/Beschreibung	
	Unterstützung der Modularisierung und des Komponentenentwurfs
	Weiterentwicklung des Prototyps während des gesamten Projekts
	Einsatz während der Anforderungsanalyse zur Unterstützung der Spezifikation

Sichern

SbX ID: 0613

Software-Entwicklungsprojekte

Software-Entwicklungsprojekte sind Projekte, die hauptsächlich auf die **Entwicklung von Software** ausgerichtet sind.

Software-Krise

Der **Begriff „Software-Krise"** bezeichnet die seit Ende der 1960er-Jahre erkannten Probleme bei der industriellen Software-Herstellung. Ein hoher Innovationsdruck und das Fehlen geeigneter Konzepte für die Software-Entwicklung auf immer leistungsfähigeren Rechnern führten zum Scheitern oder zum Misserfolg vieler Software-Entwicklungsprojekte.

Software-Engineering

Software-Engineering bezeichnet die **methodische, ingenieursmäßige Vorgehensweise** für den Entwurf, die Entwicklung und Inbetriebnahme von Software.

Ansätze des Software-Engineerings

Die Vorgehensweise bei der Software-Entwicklung kann **Top-down** (ausgehend von der Kundenspezifikation), **Bottom-up** (ausgehend von vorgefertigten Software-Modulen) oder **evolutionär-iterativ** (d. h. im ständigen Dialog zwischen Kunden und Entwickler) ausgerichtet sein.

Prototyping

Prototyping zielt darauf ab, möglichst frühzeitig im Entwicklungsprozess in Teilen oder eingeschränkt funktionsfähige Programme zu erstellen. Je nach Ziel des Prototypings können **evolutionäres, exploratives oder experimentelles Prototyping** unterschieden werden. Es gibt Prototypen, die kontinuierlich bis zum Endprodukt weiterentwickelt werden, andere werden, sobald sie ihren Zweck erfüllt haben, „weggeworfen".

Vokabeln dieser Lerneinheit

Deutsch	Englisch
Software-Krise	software crisis
Anwendungsstau	application backlog
Kosten- und Terminüberschreitung	over budget and over time
Softwarequalität	software quality
allgemeine Prinzipien	general principles/strategies
Entwurfsprinzipien	design strategies
Implementierungsprinzipien	implementation strategies
Top-down-/Bottom-up-Ansatz	top-down/bottom-up approach
evolutionärer Ansatz	evolutionary approach

SbX
ID: 0613

Eine Audio-Wiederholung mit Audio-Player und MP3-Download sowie eine Bildschirmpräsentation mit den Grafiken dieser Lerneinheit finden Sie unter der ID: 0613.

Wissen

A B C D E

W 6.1: Merkmale von Software-Entwicklungsprojekten B

In welchen Aspekten unterscheiden sich Software-Entwicklungsprojekte von konventionellen Projekten? Erklären Sie, welche Probleme daraus entstehen können.

W 6.2: Gründe für die Software-Krise B

Welche Gründe sind für die „Software-Krise" verantwortlich und welche Probleme in der Software-Entwicklung werden unter diesem Begriff zusammengefasst?

W 6.3: Ziele des Software-Engineerings A

Welche Ziele verfolgt das Software-Engineering?

W 6.4: Ansätze im Software-Engineering B

Erklären Sie die Entwicklungsansätze, die im Software-Engineering verwendet werden.

W 6.5: Prototyping B

Definieren Sie den Begriff „Prototyping" und erklären Sie die unterschiedlichen Formen des Prototypings.

Ein kurzer Kompetenz-Check, bevor's weitergeht!

Kompetenz-Check

	☺	😐	☹
Ich kenne die Besonderheiten von Software-Entwicklungsprojekten und kann die Ursachen und Auswirkungen der „Software-Krise"beschreiben.			
Ich kenne die unterschiedlichen Ansätze bei der Software-Entwicklung und kann erklären, in welcher Form Prototyping durchgeführt werden kann.			

Lerneinheit 2

Teams in der Software-Entwicklung

SbX

Alle SbX-Inhalte zu dieser Lerneinheit finden Sie unter der ID: 0620.

Wie bei allen komplexeren technischen Projekten erfolgt auch in Software-Entwicklungsprojekten eine Spezialisierung der Teammitglieder. Aufbauend auf den erforderlichen Grundqualifikationen gibt es eine Vielzahl von Spezialistinnen und Spezialisten, von denen die richtigen für das Team auszuwählen sind. Die Organisationsform des Teams wiederum trägt maßgeblich zum Erfolg des Projekts bei.

Lernen

1 Berufsbilder

Querverweis

Allgemeine Prinzipien zur Teambildung siehe Kapitel 3, Lerneinheit 3

Im Rahmen eines Software-Entwicklungsprojekts können – je nach Projektgröße – Mitarbeiter/innen aus einer Vielzahl unterschiedlicher Berufsbereiche zum Einsatz kommen.

Die **Berufsgruppen** können nach folgenden Kriterien eingeteilt werden:

- Leitung der Anwendungsentwicklung
- Systemanalyse
- Anwendungsplanung und -organisation
- Software-Entwicklung, Programmierung
- Test und Qualitätssicherung

Darüber hinaus können in Software-Entwicklungsprojekten **Spezialistinnen und Spezialisten in der Anwendungsentwicklung** in folgenden Bereichen mitwirken:

GUI: Graphical User Interface
CAD: Computer Aided Design
CAM: Computer Aided Manufacturing
CIM: Computer Integrated Manufacturing

- Datenbanken
- Netzwerke
- (Büro-)Kommunikation
- technische Bereiche wie CAD, CAM, CIM
- Hardware
- Betriebssysteme
- grafisches Design
- GUI-Design

Weiters können an Software-Projekten mitwirken:

- Datenschutzspezialisten bzw. -beauftragte
- IT-Trainer

Zu diesen Grundqualifikationen zählen auch **Soft Skills.** Das sind Fähigkeiten, die nicht primär fachlicher Natur sind.

Grundqualifikationen für Mitarbeiter/innen an einem Software-Entwicklungsprojekt sind:

- Abstraktionsvermögen
- gute Kommunikationsfähigkeit, sowohl schriftlich als auch im persönlichen Gespräch
- Teamfähigkeit
- Kreativität
- Anpassungsfähigkeit und intellektuelle Flexibilität
- Bereitschaft zur ständigen Weiterbildung
- hohe Belastbarkeit
- Englisch-Kompetenz mündlich und schriftlich

Aufbauend auf diesen Grundqualifikationen hat sich eine Vielzahl von spezialisierten IT-Berufsbildern gebildet. Die Beschreibung der einzelnen Berufsbilder bzw. Anforderungen ist ebenso uneinheitlich wie die Bezeichnung der Berufe selbst.

Das Fraunhofer-Institut für Software- und Systemtechnik (ISST) in Deutschland hat z. B. im Rahmen einer Konzeptentwicklung für die arbeitsprozessorientierte Weiterbildung (APO) 29 Berufsbilder von „Spezialisten" sowie sechs Berufsbilder von „Professionals" detailliert beschrieben. Die Beschreibung erfolgt dabei sowohl in reiner Textform ähnlich einer Stellenbeschreibung als auch grafisch in Form von Referenzprozessen (Ereignis-Prozess-Ketten, zu finden z. B. unter **www.it-weiterbildung.info**).

RUP: Rational Unified Process

Für Software-Entwicklungsprojekte interessant ist die Zuordnung von IT-Spezialisten bzw. -Professionals zu den einzelnen Rollen in verschiedenen Vorgehensmodellen, wie z. B. nach dem RUP oder dem V-Modell (vgl. Lerneinheiten 3 bis 5).

Eine Auflistung der Spezialisten in den einzelnen Profilen soll hier die **wichtigsten Berufsbezeichnungen** zumindest vorstellen. Die Berufsbezeichnungen werden in Hinblick auf eine internationale Vergleichbarkeit englisch angegeben.

Software Developer
- IT Systems Analyst
- IT Systems Developer
- Software Developer
- User Interface Developer
- Multimedia Developer

Coordinator
- IT Project Coordinator
- IT Configuration Coordinator
- IT Quality Management Coordinator
- IT Test Coordinator
- IT Technical Writer

Solution Developer
- Business Systems Advisor
- E-Marketing Developer
- E-Logistic Developer
- Knowledge Management Systems Developer
- IT Security Coordinator
- Network Developer

Technician
- Component Technician
- Industrial IT Systems Technician
- Security Technician

Operative Professionals
- IT Systems Manager
- IT Business Manager
- IT Business Consultant
- IT Marketing Manager

Administrator
- Network Administrator
- IT Systems Administrator
- Database Administrator
- Web Administrator
- Business Systems Administrator

Advisor
- IT Service Advisor
- IT Trainer
- IT Product Coordinator
- IT Sales Advisor

In den verschiedenen Vorgehensmodellen für Software-Entwicklungsprojekte werden weitere spezifische Rollen definiert.

2 Teambildung

Eine klare, **an der Projektaufgabe orientierte Rollenverteilung** ermöglicht den Teammitgliedern die Entfaltung ihrer Leistungspotenziale.

Querverweis

Bei der Bildung und Führung von Teams gelten in Software-Entwicklungsprojekten dieselben Richtlinien, wie sie in Kapitel 3, Lerneinheit 3 besprochen wurden.

Software-Entwicklung ist Teamwork!

In der Frühzeit der Software-Erstellung dominierten „Künstler" und „einsame Wölfe" die Software-Entwicklungsprojekte. Sie waren oft extreme Individualisten, die die gestellten Aufgaben am liebsten allein und nach eigenen Methoden lösten.

Das moderne Software-Engineering stellt jedoch andere Anforderungen:

- Nicht die raffinierte – meist schwer zu durchschauende und selten wartbare – Programmakrobatik steht im Vordergrund, sondern die Durchdringung und das Verständnis des Anwendungsgebiets.

- Kommunikationsbereitschaft und soziale Kompetenz sind für die erfolgreiche Zusammenarbeit im Team und mit dem Auftraggeber erforderlich.
- Kreativität ist nach wie vor notwendig, sie darf jedoch nicht Selbstzweck werden, sondern muss sich am Projektziel und einer ingenieurmäßigen Vorgehensweise orientieren.

Die folgenden **sechs Kompetenzbereiche** sollten in einem Software-Entwicklungsteam vertreten sein:

Abgeleitet von der Projektaufgabe sind die erforderlichen fachlichen Kompetenzen im Projekt zu bestimmen.

- Analyse/Systemspezifikation
- Entwurf/Architekturkonstruktion
- Realisierung/Implementierung
- Systemtest/Wartung
- Qualitätssicherung/Methodenberatung
- Projekt-/Teamleitung

Querverweis

Optimale Teamgröße siehe auch Kapitel 7, Lerneinheit 2

Programmierteams sollten klein gehalten werden. Als obere Grenze können acht bis zehn Teammitglieder angesehen werden. So kann sich auch das gesamte Team bisweilen „an einem Tisch" versammeln – der Kommunikationsaufwand insgesamt wird nicht zu groß. Erfordert ein Projekt eine höhere Anzahl an Mitarbeitern, ist eine sorgfältige Strukturierung in Teilsysteme (mit wohldefinierten Schnittstellen) erforderlich, die von unabhängigen Teams bearbeitet werden können.

Weitere Vorteile kleiner Teams sind:

- Die gemeinsame Schaffung eines Qualitätsstandards ist möglich, wodurch die Akzeptanz bei den Teammitgliedern gefördert wird.
- Gemeinsames Lernen und „egofreies" Programmieren werden gefördert.
- Der Überblick über den Gesamtauftrag bleibt für jedes Teammitglied erhalten.

Folgende **klassische Formen der Teamorganisation** kommen in der Software-Entwicklung zum Einsatz:

Klassische Formen der Teamorganisation

Die grundlegende Struktur eines Programmsystems (Software-Produkts) entspricht oft der Organisationsstruktur des erstellenden Teams.

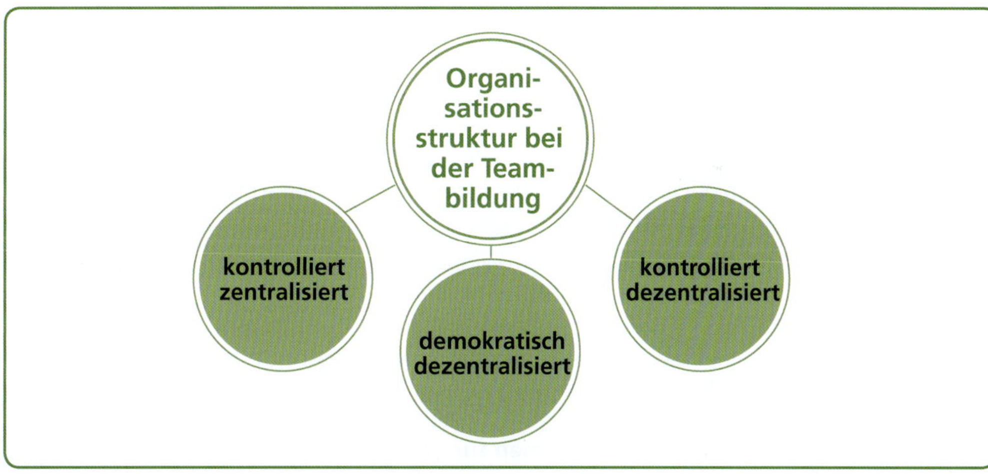

Kontrolliert zentralisierte Organisationsstruktur

Diese Organisationsstruktur wurde auch unter der Bezeichnung **„Chief-Programmer-Team"** eingeführt. In diesem Team trägt ein erfahrener Programmierer die Verantwortung für das Software-Entwicklungsprojekt. Ihm stehen mehrere Spezialisten unterstützend zur Seite.

Der Kern des Chief-Programmer-Teams besteht aus

- dem **Chief-Programmer,** der die Verantwortung für alle Phasen des Projekts trägt und auch schwierige Software-Teile selbst entwickelt und codiert,
- dem **Zweit-Programmierer** („Backup-Programmer"), der mit dem Chief-Programmer zusammenarbeitet und diesen notfalls auch vertreten kann,
- dem **Sekretär** („Librarian"), der alle Verwaltungsaufgaben im Projekt übernimmt.

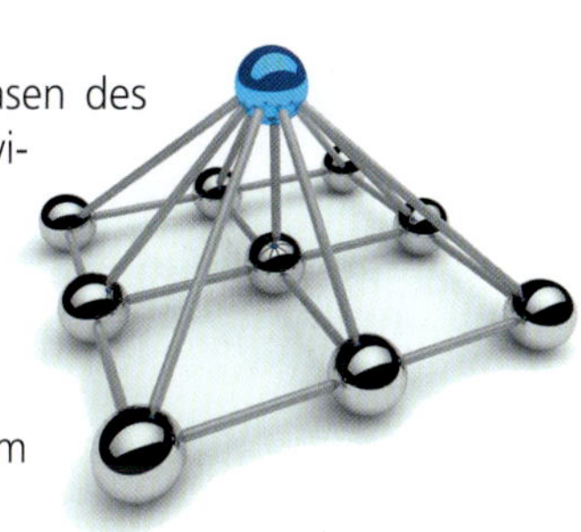

Weiters können im Team sein

- der **Projekt-Administrator,** der alle zu verwaltenden Aufgaben im Team übernimmt,
- der **Tools-Spezialist,** der Programme zur Unterstützung des Projekts entwickelt,
- der **Dokumentator,** dessen Aufgabe die Aufbereitung aller Dokumentationen im Projekt ist,
- der **System- bzw. Sprachexperte,** ein „Guru", der den Chief-Programmer berät,
- der **Test- und Qualitätsfachmann,** der Testfälle entwirft und die Tests durchführt,
- **Hilfsprogrammierer** zur Unterstützung des Chief- und Backup-Programmers.

Für den Einsatz von Chief-Programmer-Teams eignet sich vor allem die Form einer **Task-Force** (reine Projektorganisation), da hier keine Rücksicht auf bestehende organisatorische Beziehungen der Teammitglieder genommen werden muss.

Die Spezialisierung im Team kann die Produktivität stark fördern, die formelle und informelle Führungsposition des Chief-Programmers muss jedoch von allen Teammitgliedern akzeptiert werden. Der Beitrag, den jedes Teammitglied in seiner Funktion zum gesamten Projekterfolg leistet, muss innerhalb der Gruppe ebenfalls ausreichend gewürdigt werden. Eine **klare Definition des Projekts sowie der Schnittstellen** innerhalb der Gruppe sind ein entscheidender Faktor für den Projekterfolg.

Demokratisch dezentralisierte Organisationsstruktur

egoless: Der erstellte Programmcode ist „Gemeingut", er wird zur Begutachtung und Fehlersuche ausgetauscht.

Diese Organisationsstruktur wird auch als „Egoless-Programming-Team" bezeichnet. Es gibt keine fixe Leitungsfunktion; jenes Teammitglied, dessen Fähigkeiten im jeweiligen Projektabschnitt am wichtigsten sind, übernimmt die Teamleitung. Ziele werden gemeinsam von allen Gruppenmitgliedern bestimmt.

Diese Organisationsstruktur eignet sich besonders für sehr komplexe Projekte; die permanente Einbindung aller Mitarbeiter/innen erzeugt eine hohe Arbeitszufriedenheit. Allerdings besteht die Gefahr eines überhöhten Zeit- und Kommunikationsaufwands, aufwendige Entscheidungsprozesse bewirken eine geringe Termintreue.

Kontrolliert dezentralisierte Organisationsstruktur

Diese Organisationsstruktur ist eine Mischform der ersten beiden Strukturen. Das Team besteht aus mehreren kleinen Gruppen von Junior-Programmierern. Jede der Gruppen wird von einem Senior-Programmierer geleitet, der das Arbeitsergebnis der Gruppe verantworten muss. Die Senior-Programmierer berichten an einen gemeinsamen Teamleiter, der die Ziele festlegt und die Aufgaben verteilt.

Die kontrolliert dezentralisierte Organisationsstruktur eignet sich besonders für kurzfristige Entwicklungen mit hohen Anforderungen an die Produktqualität. Bei komplexen Projekten, die eine starke horizontale Kommunikation zwischen den Gruppen erfordern, neigt diese Struktur zu Ineffizienz, bei sehr leichten Projektaufgaben erzeugt die erforderliche Aufteilung einen zusätzlichen Aufwand.

Organisationsformen für „agile Teams"

Der englische Begriff **„chaordic"** leitet sich aus den Wörtern „chaos" und „order" ab.

Neuere, flexiblere Vorgehensstrategien, wie z. B. „agile Methoden", propagieren **„chaordische" Organisationsformen.** Das Konzept wurde von Dee Hock beim Aufbau der VISA-Kreditkartengemeinschaft entwickelt und zielt ab auf die Schaffung flexibler, nicht hierarchischer und selbstorganisierender Organisationseinheiten, gebildet von gleichberechtigten Individuen.

Auch chaordischen Organisationsformen liegen Regeln zugrunde, diese beschreiben allerdings eher Prinzipien, nach denen sich das Kollektiv organisiert, als dass sie operative Vorgaben für Handlungsweisen geben.

Üben

A B C D E

Ü 6.5: Stellenprofile D

Analysieren Sie die folgenden Annoncen aus dem Bereich der Software-Entwicklung nach den Gesichtspunkten Aufgabenbereiche, geforderte Kenntnisse und (persönliche) Fähigkeiten.

Finden Sie anschließend Aufgabenbereiche, die Sie zum geforderten Berufsbild in der Annonce oder einer Stellenbeschreibung ergänzen könnten.

Beruf	genannte Aufgabenbereiche	weitere (übliche) Aufgaben

FÜR ein Handelsunternehmen im Süden von Wien suchen wir eine/n engagierte/n

Softwareentwickler/in

Ihr Aufgabenbereich umfasst die Weiterentwicklung von Software-Applikationen auf Basis von Microsoft.NET und Oracle, die Mitarbeit bei der Konzeption von Softwarelösungen sowie die Dokumentation der Prozesse und den Test der Prototypen. Sie verfügen über eine abgeschlossene IT-Ausbildung (HTL, Uni, FH), Erfahrung in der Entwicklung von Webapplikationen mit Microsoft.NET gute Kenntnisse in C# sowie der Datenbanksysteme Oracle und SQL. Erfahrung mit ASP.NET Applikationen sowie VBA-Kenntnisse sind von Vorteil. Bewerbungen bitte an: Otti & Partner, Köllnerhofgasse 5/11, A-1010 Wien. Ihre Ansprechpartnerin: Frau Mag. Simone Dupal: ☎ 01/513 94 36 30, Mail: simone.dupal@otti.at Homepage: www.otti.at

Software-Entwickler C# m/w

Ihre Aufgabe: Sie entwickeln gemeinsam mit unserem Entwicklerteam unsere Programme im Bereich Buchhaltung, Rechnungswesen, Kanzleiorganisation. Sie erstellen Spezifikationen und Konzepte für neue Softwaremodule. Unsere Projekte entwickeln Sie auf der Basis der Microsoft .Net-Technologie in C#.

Ihr Profil: Sie haben eine HTL- oder ähnliche Ausbildung im Informatikbereich mit Schwerpunkt auf Softwareentwicklung/Programmierung abgeschlossen. Außerdem haben Sie Erfahrung in der Programmierung auf der Basis von Microsoft .Net C# sowie gute Kenntnisse der objektorientierten Programmierung. Wir erwarten von Ihnen genaue Arbeitsweise, Bereitschaft zur Weiterbildung, hohes Engagement, Initiative und Freude am Arbeiten.

Projektmanager m/w

Ihre Aufgabe: Sie koordinieren die Entwicklung unserer zentralen Verwaltungssoftware für unsere Programme im Bereich Buchhaltung, Rechnungswesen. Sie erstellen Spezifikationen und Konzepte zur Weiterentwicklung unserer Kanzleiorganisationssoftware. Sie analysieren die aktuellen technologischen Entwicklungen und lassen die Ergebnisse in unsere laufenden Projekte einfließen.

Ihr Profil: Sie haben eine fundierte Ausbildung abgeschlossen (WU, TU, FH) und haben gute Kenntnisse der Entwicklungsumgebung .Net C#. Sie verfügen über sehr gute Kenntnisse zum Microsoft SQL-Server 2000/2005. Außerdem können Sie Erfahrung in der Entwicklung von Anwendungsprogrammen vorweisen. Wir erwarten von Ihnen genaue Arbeitsweise, Bereitschaft zur Weiterbildung, hohes Engagement, Initiative und Freude am Arbeiten.

Quelle: Kurier, 12. 8. 2006

Ü 6.6: Rollenspiel: Teambildung und Kompetenzfragen D

Die Schüler/innen der Klasse bilden drei Gruppen (jede Gruppe sollte aus mindestens fünf Schülerinnen /Schülern bestehen). Jede der drei Gruppen erhält die Aufgabe, eine der drei Organisationsstrukturen in Form eines kurzen Rollenspiels darzustellen. Dabei sollte jede Gruppe nur ihre eigene Aufgabenstellung, jedoch nicht die der anderen Gruppen kennen. (Dies kann z. B. durch Ziehen eines von drei Losen erfolgen.)

Im Rahmen der Vorbereitung entwerfen die Schüler/innen eine kurze Handlung und teilen die Rollen innerhalb der Gruppe zu. Alle wesentlichen Merkmale sowie die Vorteile oder möglichen Probleme sollen szenisch umgesetzt werden. Besonderes Augenmerk bei der Darstellung ist auf die Kompetenzen der einzelnen Teammitglieder – entsprechend der gewählten Organisationsform sowie der Stellung im Team – zu legen.

Während des Vorspielens haben die beiden zusehenden Gruppen die Aufgabe, die dargestellte Organisationsstruktur herauszufinden sowie die Umsetzung der Merkmale bzw. Vor- und Nachteile zu erkennen. Die Rollen der einzelnen Teammitglieder, deren Aufgaben sowie Kompetenzen sollen analysiert und gegenübergestellt werden. Die Darbietungen werden mit einer gemeinsamen Diskussion abgeschlossen.

Ü 6.7: Fallbeispiel „BonOnline" – Kompetenzen im Team D

Die Online-Bestellmöglichkeit für Ihr Schulrestaurant/-buffet soll mit allen technischen und organisatorischen Herausforderungen erstellt werden. Überlegen Sie in diesem Zusammenhang, welche Spezialisten Sie in Ihrem Team haben sollten. Das Team sollte ca. fünf bis sechs Mitglieder umfassen, wobei die Möglichkeit besteht, dass Teammitglieder eine weitere Rolle übernehmen (z. B. Projektmanager und IT Systems Analyst). Erstellen Sie eine Liste mit Berufsbezeichnungen und Profilbeschreibungen.

Verwenden Sie die englischen Spezialistenbezeichnungen aus dem Abschnitt „Berufsbilder" (Seite 194) und informieren Sie sich im Internet über das genaue Profil dieser Spezialisten.

Sichern

SbX ID: 0623

Berufsbilder

Berufsbilder beschreiben die **Anforderungen an eine Person bzw. deren Aufgaben** an einer bestimmten Stelle in einem Unternehmen oder einem Projekt. Die Beschreibung eines Berufsbildes folgt üblicherweise dem Schema: Aufgaben – fachliche Anforderungen – persönliche Qualifikationen (Soft Skills).

Berufsbezeichnungen

Berufsbezeichnungen geben im Bereich der Informationstechnologien (IT) nur bedingt Auskunft über das dahinterstehende Berufsbild. Die Ursachen dafür liegen in der erst sehr kurzen Geschichte der IT sowie im rapiden technologischen Wandel, der innerhalb weniger Jahre neue Berufe erfordert und auch wieder überflüssig macht (z. B. Codierer, Datatypist). Mithilfe einheitlicher Beschreibungen sowie der Darstellung berufstypischer Referenzprozesse soll eine verbesserte Charakterisierung der einzelnen Berufe erreicht werden (vgl. Beschreibung für die arbeitsprozessorientierte Weiterbildung – APO).

Kompetenzen im SW-Entwicklungsteam

Im Software-Entwicklungsteam sollten Kompetenzen im Software-Engineering, im Projektmanagement sowie im Fachbereich, für welchen die Software erstellt wird, vorliegen.

Rollen

Viele Prozessmodelle für die Software-Entwicklung ordnen bestimmten Rollen **Aufgabenkomplexe** zu (Beispiel: Tester, Konfigurationsmanager ...). Die Beschreibung folgt einem ähnlichen Schema wie bei den Berufsbildern, der Schwerpunkt liegt auf den Aufgaben. Im Laufe eines Projekts kann eine Person mehrere Rollen, auch gleichzeitig, übernehmen.

Kompetenzen im Bereich des Software-Engineerings

Die in einem Software-Entwicklungsteam vertretenen **Kompetenzbereiche** sollten den gesamten Entwicklungszyklus abdecken. Sie umfassen daher: Analyse und Systemspezifikation, Entwurf und Architekturkonstruktion, Realisierung und Implementierung, Systemtest und Wartung, Qualitätssicherung und Methodenberatung sowie die Projekt- bzw. Teamleitung.

Teamgröße

Projektteams für die Entwicklung von Software sollten eine **überschaubare Größe** – etwa acht bis zehn Personen – haben. Bei Projekten mit höherem Personalaufwand sind entsprechende Teil- bzw. Unterteams zu bilden.

Organisationsstrukturen von Teams

Software-Entwicklungsteams können folgende **Organisationsstrukturen** aufweisen:

- kontrolliert zentralisiert (Chief-Programmer-Team)
- demokratisch dezentralisiert (Egoless-Programming-Team)
- kontrolliert dezentralisiert (Gruppen von Junior-Programmierern, geleitet von je einem Senior-Programmierer)

Vokabeln dieser Lerneinheit

Deutsch	Englisch
Entwickler	developer
Analytiker	analyst
Koordinator	coordinator
Berater	advisor, consultant
Techniker	technician
Administrator, „Verwalter"	administrator
Fähigkeiten, Fertigkeiten, Kenntnisse	skills
Sozialkompetenz	soft skills
Anführer, Leiter, leitender ...	chief (...)

SbX
ID: 0623

Eine Audio-Wiederholung mit Audio-Player und MP3-Download sowie eine Bildschirmpräsentation mit der Grafik dieser Lerneinheit finden Sie unter der ID: 0623.

Wissen

A B C D E

W 6.6: Grundqualifikationen in Software-Entwicklungsprojekten A

Welche Grundqualifikationen sollten Mitarbeiter/innen in einem Software-Entwicklungsprojekt mitbringen?

W 6.7: Kompetenzbereiche in Software-Entwicklungsprojekten A

Welche Kompetenzbereiche sollten in einem Software-Entwicklungsprojekt vertreten sein?

W 6.8: Teamgröße B

Welche Größe sollen Teams in der Software-Entwicklung haben? Begründen Sie Ihre Antwort.

W 6.9: Organisieren von Software-Entwicklungsteams B

Beschreiben Sie die typischen Organisationsformen für Software-Entwicklungsteams.

W 6.10: Chaordische Organisationsformen B

Beschreiben Sie chaordische Organisationsformen und ihre wesentlichen Merkmale.

Ein kurzer Kompetenz-Check, bevor's weitergeht!

Kompetenz-Check

	☺	😐	☹
Ich weiß, welche Rollen im Team für ein Software-Entwicklungsprojekt vertreten sein sollen, und kann diese beschreiben.			
Ich kenne die unterschiedlichen Organisationsformen für Software-Entwicklungsteams und kann diese für ein konkretes Projekt beurteilen.			

Lerneinheit 3

Phasenkonzepte und Phasenmodelle

SbX
Alle SbX-Inhalte zu dieser Lerneinheit finden Sie unter der ID: 0630.

Modell: hier: Muster, Vorbild

Phase: Abschnitt einer stetigen Entwicklung

Prozessmodelle untergliedern das Software-Entwicklungsprojekt in zeitliche Abschnitte (Phasen) und in bestimmte Vorgänge (Prozesse), die im Zeitverlauf zu absolvieren sind. Ziel der Prozessmodelle ist es, den komplexen Ablauf der Software-Entwicklung planbar zu machen und eine konstant hohe Qualität des Entwicklungsprozesses zu gewährleisten.

Im Laufe der Zeit haben sich unterschiedliche Modelle mit verschiedenen Schwerpunkten herausgebildet. Sie unterscheiden sich in der Anzahl und Abfolge der Phasen sowie in den einzusetzenden Methoden.

Lernen

1 Der Software Development Life Cycle

Wie jedes andere Produkt besitzt auch Software einen **Lebenszyklus,** von der Idee über die Entwicklung und den Einsatz bis letztlich zur Ablöse durch ein nachfolgendes, neueres Programm. Diesen Lebenszyklus bezeichnet man als **„Software Development Life Cycle".**

Software Development Life Cycle (SDLC)

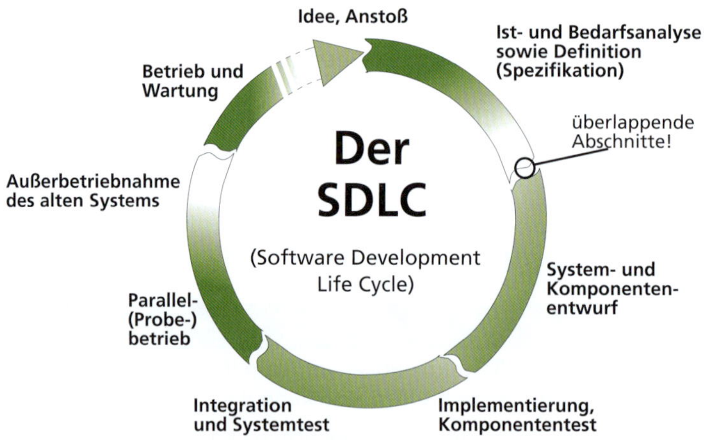

Der Software Development Life Cycle umfasst somit alle Abschnitte eines Software-Produkts:

- Projektidee
- Ist- und Bedarfsanalyse und Definition (Spezifikation)
- System- und Komponentenentwurf
- Implementierung, Komponententests
- Systemintegration und Systemtest
- Parallelbetrieb und Ablöse des alten Systems
- Betrieb und Wartung
- Ablöse durch ein neues System

Der SDLC umspannt daher einen wesentlich längeren Zeitraum als das eigentliche Software-Entwicklungsprojekt im engeren Sinne. Durch diese eher globale Sicht eignet er sich nicht als Vorgehensmodell für die Entwicklungstätigkeit.

Der SDLC zeigt allerdings – berücksichtigt man die Kosten in den einzelnen Abschnitten – sehr deutlich, dass während des Betriebs die ca. zwei- bis dreifachen Entwicklungskosten anfallen.

Ziel des Software-Engineerings muss es daher sein, durch den Einsatz geeigneter Methoden und Hilfsmittel während der Abschnitte bis zur Inbetriebnahme die Wartungs- und Betriebskosten möglichst niedrig zu halten.

Der SDLC nach Kosten

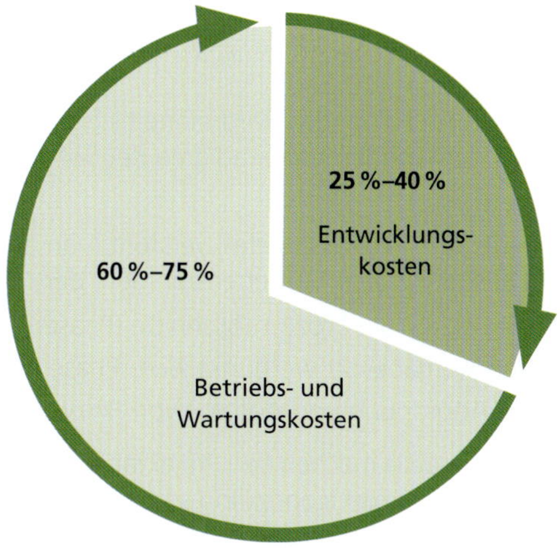

Querverweis
Meilensteine und Phasen: siehe auch Kapitel 1, Lerneinheit 1

Um vom allgemeinen Modell des SDLC zu einem in der Praxis einsetzbaren Vorgehensrahmen zu gelangen, ist es notwendig, eine **klare Abgrenzung der einzelnen Abschnitte** zu schaffen. Dies geschieht durch das **Setzen von Meilensteinen** – sie grenzen die einzelnen Abschnitte zeitlich ab und geben an, welche inhaltlichen bzw. fachlichen Ergebnisse zu diesem Zeitpunkt vorliegen müssen.

Strukturierung des SDLC durch Phasen und Meilensteine

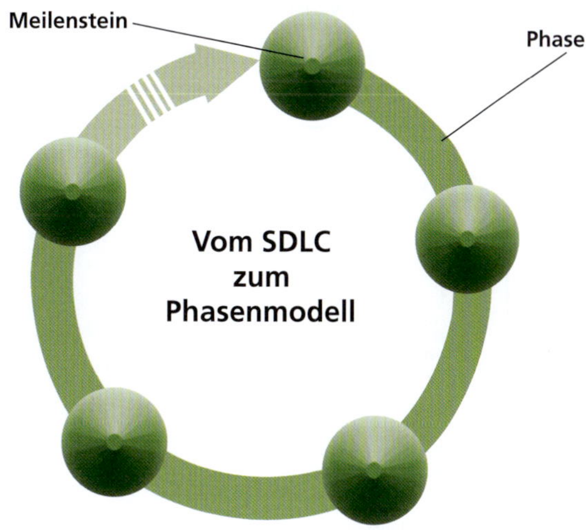

sequentiell: fortlaufend, Schritt für Schritt durchführend

iterativ: Annäherung durch wiederholtes Durchlaufen von Schritten

Welche Aktivitäten in den einzelnen Abschnitten (Phasen) durchzuführen sind und wie die Phasen durchlaufen werden (sequentiell oder iterativ), wird im Rahmen eines **Prozessmodells** festgelegt. Ziel des Prozessmodells ist es, durch eine Ordnung der Aufgaben („Was ist wann zu tun?") sowie durch die Zuordnung von Methoden und Werkzeugen („Wie bzw. womit ist es zu tun?") die Gesamtaufgabe der Software-Entwicklung übersichtlich darzustellen und verständlich zu machen.

Im Verlauf der historischen Entwicklung sowie unter Berücksichtigung der Unterschiede von Software-Projekten haben sich verschiedene Modelle herausgebildet, von denen die wichtigsten in den folgenden Abschnitten beschrieben werden.

2 Prozessmodelle

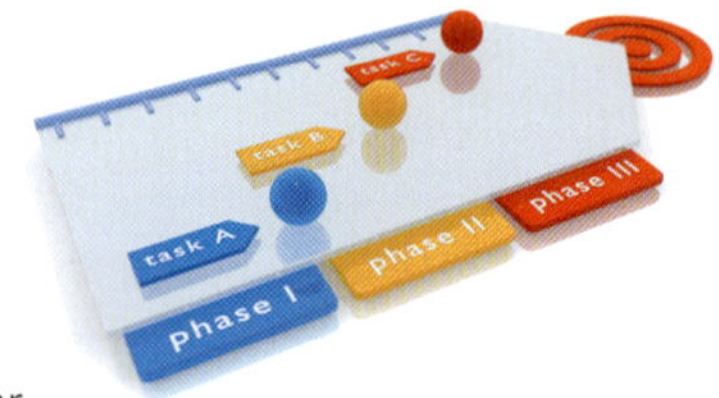

Die **Begriffe „Phasenmodell" und „Prozessmodell"** werden synonym als Bezeichnung für die Vorgehensanleitung bei Software-Entwicklungsprojekten verwendet.

- **Phasenmodell** ist der ältere Begriff. Er betont die zeitlich klar strukturierte Abfolge von Projektabschnitten. Aus der Bezeichnung der Abschnitte, z. B. „Analyse", „Entwurf" ..., leiten sich die zu erledigenden Aufgaben ab.

Prozess: Verlauf, Hergang, Entwicklung

- **Prozessmodell** ist der neuere Begriff. Er streicht die Tätigkeiten (oder Prozesse) während des Software-Entwicklungsprojekts heraus. Aktivitäten im Projekt sind nicht mehr an eine strenge chronologische Anordnung gebunden, sondern können in kurzen, iterativen Zyklen oder überlappend erfolgen.

Hier und im Folgenden wird einheitlich die Bezeichnung **Prozessmodell** verwendet, da diese besser dem modernen Paradigma der Software-Entwicklung entspricht.

Unter einem **Prozessmodell** versteht man einen allgemeinen, d. h. nicht auf ein konkretes Projekt ausgerichteten Vorgehensrahmen, der

- die Anzahl der Prozessabschnitte (Phasen) festlegt,
- den Aufgabenschwerpunkt jeder Phase definiert, d. h. die Prozesse beschreibt,
- die Anordnung und Abfolge von Phasen und Prozessen zueinander regelt.

Prozessmodelle machen den Projektablauf transparenter und überschaubarer. Sie ermöglichen ein effizienteres Projektcontrolling sowie eine bessere Nutzung der Projektdaten für die Planung folgender Projekte (etwa durch vergleichbare Werte für die Schätzung des Personal- und Zeitaufwandes). Der **klassische Ablauf bei Software-Entwicklungsprojekten** erfolgt in den Abschnitten:

- Analyse
- Definition
- Entwurf
- Implementierung
- Test
- Betrieb und Wartung – meist außerhalb des Projekts

Ein Beispiel für ein herkömmliches, eher lineares Prozessmodell (nach End, Gotthardt, Winkelmann) zeigt die folgende Abbildung.

Phasenkonzept nach End, Gotthardt, Winkelmann

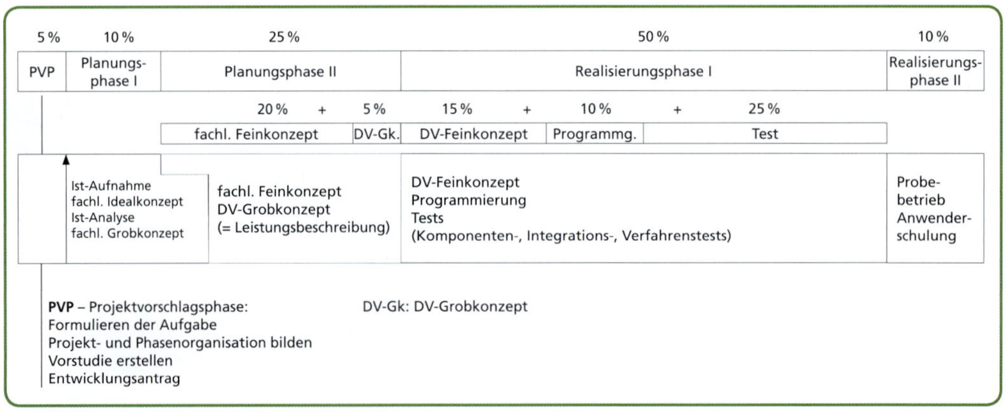

Entsprechend unterschiedlicher Zielsetzungen und Betrachtungsweisen hat sich im Bereich des Software-Engineerings eine Vielzahl von Prozessmodellen entwickelt. **Die einzelnen Prozessmodelle unterscheiden sich meist**

- in der Anzahl der Phasen (Abschnitte),
- in der Form der Phasenabfolge (sequentiell oder zyklisch-iterativ),
- in der Art der Methoden und Ergebnisse in den einzelnen Abschnitten.

Jedes der Prozessmodelle verfolgt ein Hauptziel, z. B. besonders hohe Qualität oder rasche und flexible Entwicklung oder Minimierung des Risikos.

3 Das Wasserfallmodell

Erste Ansätze dieses Modells stammen aus den 1950er-Jahren (Herbert D. Benington im SAGE-Projekt).

Das Wasserfallmodell ist eine Erweiterung des klassischen Vorgehensschemas zur Entwicklung von Software. Es heißt so, weil die Ergebnisse einer Phase – wie bei einem Wasserfall – in die nächste Phase fallen. Jede Phase wird mit einem Validierungsprozess abgeschlossen.

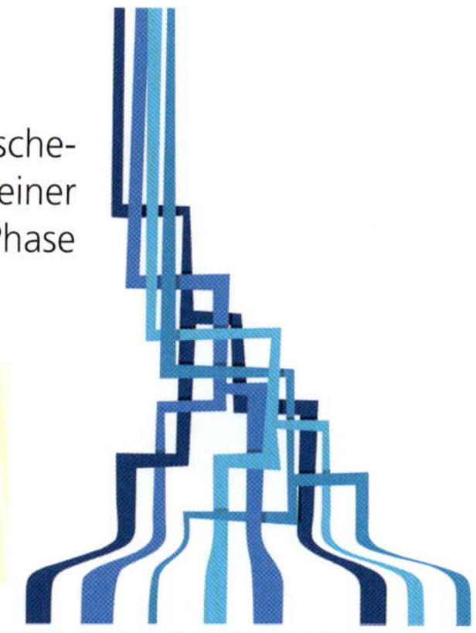

Das Wasserfallmodell geht davon aus, dass die Projektphasen idealerweise **sequentiell** (d. h. nacheinander) durchlaufen werden. Nur wenn Fehler entdeckt werden, die in einer früheren Phase gemacht wurden, ist ein Rücksprung für eine Korrektur möglich.

Das Wasserfallmodell

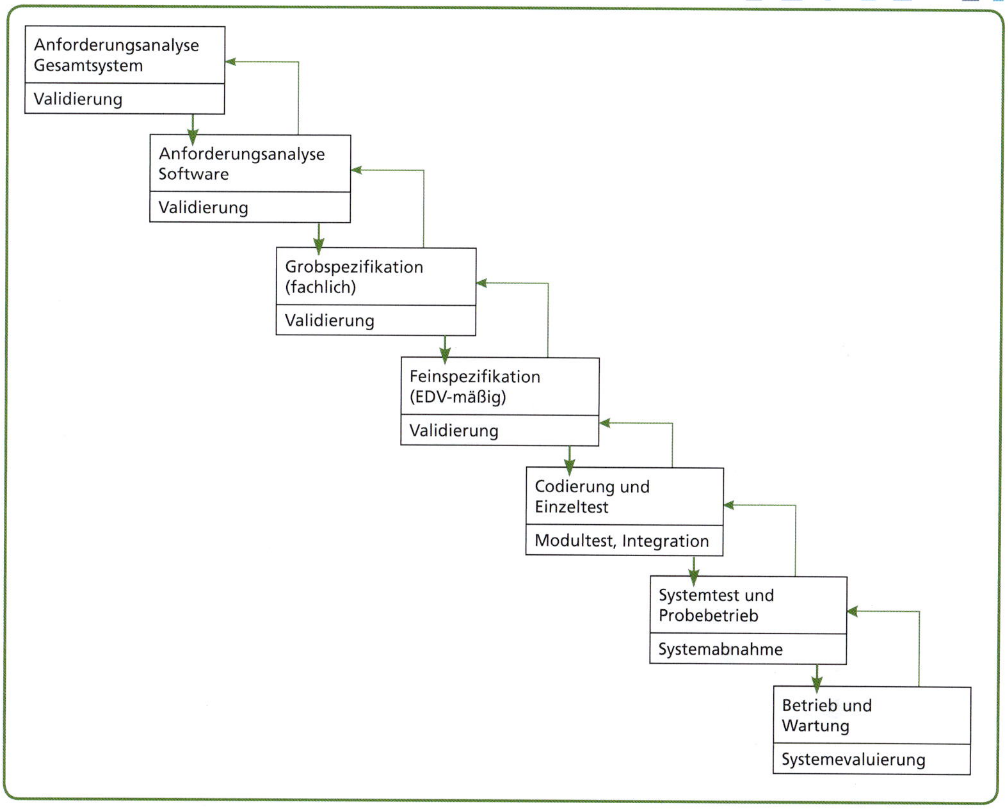

Bereits 1970 kritisierte Winston Royce das Wasserfallmodell. Seine Vorschläge zur Verbesserung des Modells umfassten frühe Ansätze der iterativen Entwicklung und des Prototypings.

Das Wasserfallmodell zeichnet sich vor allem durch seinen didaktischen Wert aus – es zeigt in einer (aus heutiger Sicht) idealisierten Form die Abfolge der Schritte eines Software-Entwicklungsprojekts. In der Realität können oder sollen die einzelnen Entwicklungsschritte nicht immer vollständig durchgeführt (und abgeschlossen) werden. Da weiters das Ende jedes Abschnitts durch ein fertiggestelltes Dokument definiert wird (z. B. die Grobspezifikation), besteht die Gefahr, dass die Dokumentation wichtiger wird als das eigentliche Produkt.

4 Das Spiralmodell

Das Spiralmodell ist ein Prozessmodell für Projekte mit hohem Risiko.

Das Spiralmodell wurde 1986 von Barry W. Boehm beschrieben.

Das Spiralmodell berücksichtigt besonders die **Risiken in einem Software-Entwicklungsprojekt.** Vor der eigentlichen Realisierung des Software-Produkts steht eine intensive Auseinandersetzung mit möglichen Realisierungsalternativen sowie den damit verbundenen Risiken. Diese Tätigkeit wird durch die Schaffung von Prototypen, an welchen Risiken analysiert werden können, unterstützt.

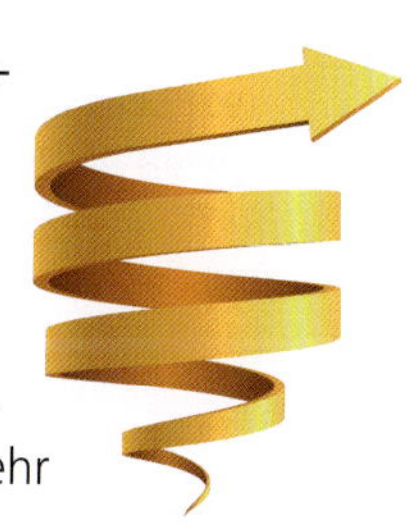

Besonders bei komplexen und umfangreichen (und damit risikobehafteten) Software-Projekten besitzt dieses risikoorientierte Modell Vorteile gegenüber den mehr dokumentations- oder codeorientierten Vorgehensmodellen.

Der Radius der Kurve (Abstand vom Mittelpunkt) stellt die insgesamt angefallenen Projektkosten dar, der Winkel kennzeichnet den Fortschritt im jeweiligen Umlauf.

Das Spiralmodell

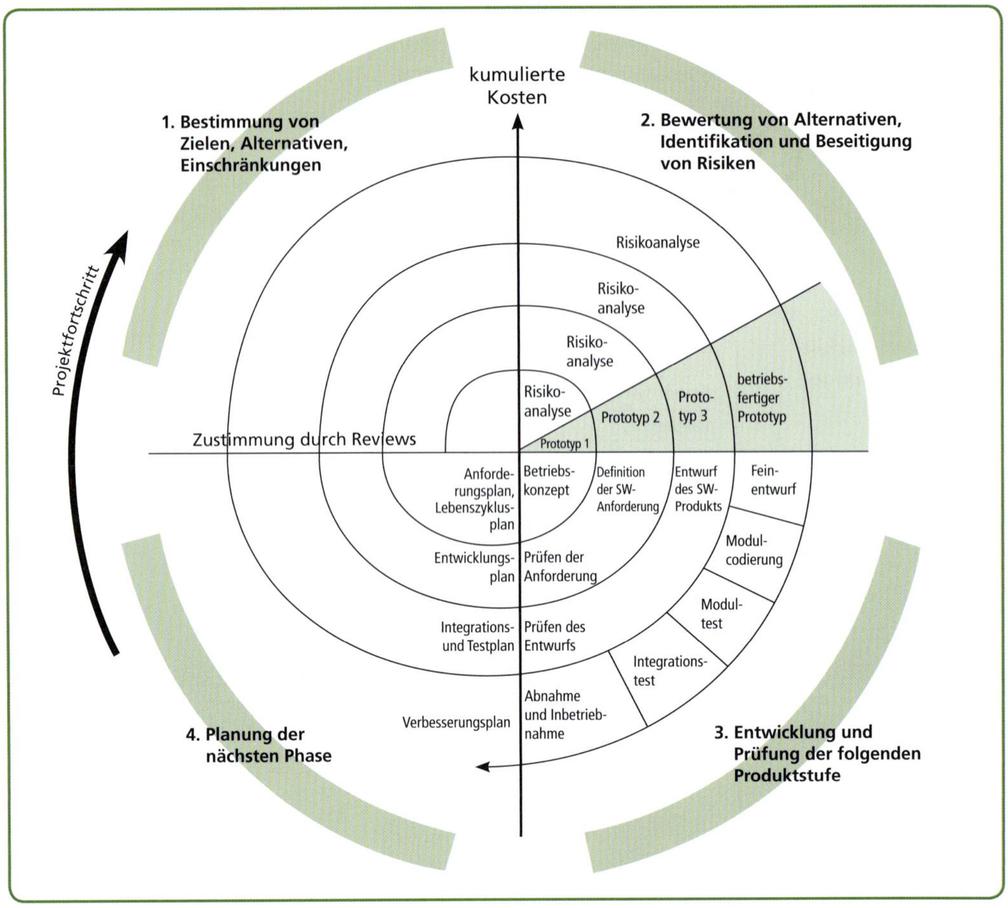

Eigenschaften des Spiralmodells sind:

- Die Entwicklung des Software-Produkts erfolgt evolutionär, Stufe für Stufe.
- Zu Beginn jedes Zyklus erfolgt die Planung des nächsten Umlaufs.
- Durch Reviews am Ende jedes Durchlaufs wird die Zustimmung aller Beteiligten für die Weiterführung des Projekts erlangt.
- Vor der eigentlichen Phasentätigkeit werden Alternativen gesucht und bewertet, weiters wird eine Risikoanalyse durchgeführt.
- Durch den Bau von Prototypen werden Spezifikation, Entwurf und Risikoanalyse unterstützt.
- Nach Beseitigung aller Risiken kann das Endprodukt nach dem klassischen Wasserfallmodell fertiggestellt werden (letzter Teil der Spirale).

5 Das V-Modell

1986 begann die Entwicklung durch das deutsche Bundesministerium für Verteidigung; die erste Version des Modells wurde 1988 fertiggestellt, seit 1991 ist es als Entwicklungsstandard vorgeschrieben.

V-Modelle werden in Projekten mit hohen Ansprüchen an die Qualitätssicherung eingesetzt. Einem Abschnitt mit vorwiegend konstruktiven Tätigkeiten (linke Achse des V) steht ein Abschnitt mit vorwiegend prüfenden Tätigkeiten gegenüber (rechte Achse des V).

Vorteile des V-Modells sind, dass

- Fehler auf der gleichen Abstraktionsebene gefunden werden, auf der sie begangen wurden (gegenüberliegende Entwurfs- und Prüftätigkeit).
- durch die entsprechenden Prüfmaßnahmen Fehler so bald wie möglich eliminiert werden.

Das V-Modell

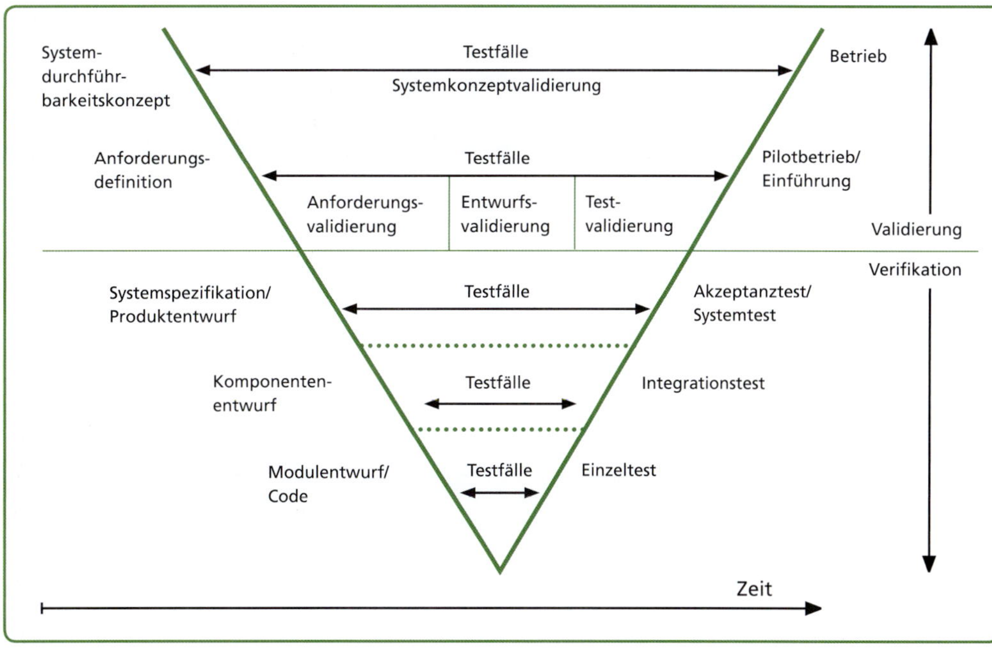

Der Unterschied zwischen validierender und verifizierender Überprüfung lässt sich wie folgt beschreiben:

- **Verifikation:** überprüft, ob „das, was gemacht wurde, auch richtig gemacht wurde", d. h., das Ergebnis wird auf Übereinstimmung mit der Spezifikation verglichen.
- **Validierung** (auch: Validation): überprüft, ob überhaupt „das Richtige gemacht wurde", d. h., ob das (gesamte) Software-Produkt auch tatsächlich den Anforderungen und Bedürfnissen des Kunden entspricht.

Die praktische Umsetzung des V-Modells ist wesentlich umfangreicher, als es die obige Prinzipabbildung zeigt. Es besteht aus vier Submodellen und insgesamt neun Hauptaktivitäten, die weiter untergliedert und beschrieben werden. Das V-Modell beschreibt 35 Rollen von Beteiligten und ordnet ihnen Verantwortlichkeit bzw. Mitwirkung bei den einzelnen Aktivitäten zu. Es eignet sich besonders für **große Projekte,** wo der hohe Dokumentationsaufwand gerechtfertigt ist; die Unterstützung durch CASE-Werkzeuge ist unumgänglich.

Nach einer Überarbeitung 1997 zur besseren Berücksichtigung der Objektorientierung orientiert sich die aktuelle Version **V-Modell XT** (2005) sehr stark am Ansatz der „agilen Methoden".

Üben

SbX ID: 0632

A B C D E

SbX
Ü 6.8
mit automatischer Aufgabenkontrolle
ID: 0632

erledigt ☑

Ü 6.8 ☐

Ü 6.8: Merkmale von Phasenmodellen C

Ordnen Sie den Phasenmodellen die folgenden Eigenschaften bzw. Aussagen zu:

	Wasserfall-modell	V-Modell	Spiralmodell	Begründung
für komplexe und umfangreiche SW-Projekte				
Prüfmaßnahmen stehen konstruktiven Tätigkeiten gegenüber.				

	Wasserfall-modell	V-Modell	Spiralmodell	Begründung
Projektphasen werden nacheinander durchlaufen, jede Phase wird am Ende bewertet.				
Schaffung von Prototypen				

SbX Ü 6.9 mit automatischer Aufgabenkontrolle ID: 0632

erledigt ✓

Ü 6.9 ☐

Ü 6.9: Abschnite des SDLC C

Bringen Sie die untenstehenden Abschnitte des SDLC in die richtige Reihenfolge:

	Abschnitt	Reihenfolge (A–G)
A	Implementierung, Komponententests	
B	Ist- und Bedarfsanalyse sowie Definition	
C	Betrieb und Wartung	
D	Projektidee, Anstoß	
E	Integration und Systemtest	
F	Parallelbetrieb und Ablöse des alten Systems	
G	System- und Komponentenentwurf	

Sichern

SbX ID: 0633

Software Development Life Cycle

Der Software Development Life Cycle (SDLC) beschreibt den **gesamten Lebenszyklus eines Software-Produkts,** von der Idee über die Realisierung hin zur Nutzung (Betrieb) und letztlich Außerbetriebnahme. Von den im Rahmen des SDLC anfallenden Kosten für die Software fällt ca. ein Viertel für die Entwicklung, drei Viertel fallen als Betriebs- und Wartungskosten an.

Prozessmodell

Ein Prozessmodell ist ein Vorgehensrahmen für Software-Entwicklungsprojekte, der die **Anzahl der einzelnen Phasen und deren Aufgabenschwerpunkte** (in Form von Prozessen des Software-Engineerings) beschreibt. Je nach Zielsetzung und Art der Entwicklungsaufgabe eignen sich unterschiedliche Modelle für bestimmte Projekte.

Wasserfallmodell

Das Wasserfallmodell ist das **früheste Prozessmodell im Software-Engineering.** Ergebnisse einer Phase „fallen" als Input in die nächste Phase. Das Modell berücksichtigt auch den in der Realität oft erforderlichen Rückgriff auf die vorangegangene(n) Phase(n).

Spiralmodell

Beim Spiralmodell von Boehm wird der Projektablauf in Form einer Spirale dargestellt, die sich um ihren Ursprung immer weiter nach außen windet. Dabei werden immer die vier Abschnitte **Planung – Zielbestimmung – Risikobewertung – Entwicklung** zyklisch durchlaufen. Die im Modell festgelegte laufende Risikobewertung sowie das Prototyping machen das Modell für komplexe und risikobehaftete Projekte besonders geeignet.

V-Modell

Das V-Modell besteht aus **mehreren Submodellen;** das „V" bezieht sich auf die Darstellung des Teilmodells SE (Systemerstellung), bei dem die konstruktiven Tätigkeiten und korrespondierenden prüfenden Tätigkeiten zueinander in Form eines V angeordnet sind. Das V-Modell wird als Prozess v.a. bei Aufträgen im öffentlichen oder militärischen Bereich vorgeschrieben. Die aktuelle Version XT erlaubt eine verbesserte Anpassung an Struktur und Größe des Projekts.

Vokabeln dieser Lerneinheit

Deutsch	Englisch
Lebenszyklus	life cycle
Anstoß, Idee	initiation
Ist-Erhebung/-Analyse	(system) investigation/analysis
Bedarfsanalyse	requirements analysis
Entwurf	design
Entwicklung	development
Integration und Test	integration and test
Parallelbetrieb (Probebetrieb)	parallel operation (test operation)
Betrieb und Wartung	operation and maintenance
Verifikation	verification
Validierung	validation
Vorgehens-/Prozessmodell	process model
Wasserfallmodell	waterfall model
Spiralmodell	spiral model
V-Modell	V-model

SbX ID: 0633

Eine Audio-Wiederholung mit Audio-Player und MP3-Download sowie eine Bildschirmpräsentation mit den Grafiken dieser Lerneinheit finden Sie unter der ID: 0633.

Wissen

A B C D E

W 6.11: Phasen des SDLC A

Aus welchen Phasen besteht der Software Development Life Cycle? Geben Sie auch die korrekte Abfolge der Phasen an.

W 6.12: Kosten von Software A

In welchem Verhältnis stehen die Entwicklungs- und Wartungskosten in einem Software-Projekt zueinander?

W 6.13: Prozessmodelle für die Software-Entwicklungen B

Welche Prozessmodelle für die Entwicklung von Software kennen Sie? Beschreiben Sie diese und stellen Sie deren Vor- und Nachteile bzw. deren Einsatzbereiche gegenüber.

Kompetenz-Check

Ein kurzer Kompetenz-Check, bevor's weitergeht!

	☺	😐	☹
Ich kenne den Software Development Life Cycle (SDLC) und seine Abschnitte.			
Ich weiß, wozu Prozessmodelle in der Software-Entwicklung dienen, und kann Wasserfall-, Spiral- und V-Modell beschreiben und hinsichtlich ihrer Einsetzbarkeit in Software-Entwicklungsprojekten bewerten.			

Lerneinheit 4

Agile Vorgehensmodelle

SbX
Alle SbX-Inhalte zu dieser Lerneinheit finden Sie unter der ID: 0640.

Agile Vorgehensmodelle greifen die Dynamik moderner Software-Entwicklungsprojekte auf. Sie stellen das Verhalten und die Zusammenarbeit im Team über starre Regeln und dokumentationsorientiertes Vorgehen.

Lernen

1 Agile Methoden

agil: behänd, flink, gewandt

Die Notwendigkeit, Applikationen in immer kürzerer Zeit zu entwickeln, sowie der hohe Dokumentationsaufwand herkömmlicher – stark dokumentenorientierter – Vorgehensmodelle haben zur Entwicklung **schlankerer** und damit **flexiblerer** (eben „agiler") **Entwicklungsansätze** geführt. Ziel einer Gruppe von Entwicklern, die sich 2001 zur „Agile Alliance" formierten, ist die Entwicklung von Prinzipien zur Verbesserung des Software-Entwicklungsprozesses.

Dabei geht es nicht um die Entwicklung eines eigenen Vorgehensmodells oder die Schaffung neuer Darstellungstechniken, sondern um die **Verbesserung bestehender Modelle** durch sinnvolle Anwendung der agilen Prinzipien. Diese Prinzipien stellen die Teammitglieder sowie deren Kommunikation – miteinander und mit dem Kunden – ins Zentrum des Projekts. Funktionierende Programme sollen wichtiger sein als deren (Entwurfs-)Dokumentation und der Projektverlauf muss so flexibel sein, dass Änderungen möglich sind.

Manifest: eine Grundsatzerklärung, ein (politisches) Programm

Im Original lauten die **vier Grundsätze** im **Manifest der Agile Alliance:**

- Individuals and interactions over processes and tools.
- Working software over comprehensive documentation.
- Customer collaboration over contract negotiation.
- Responding to change over following a plan.

Dabei wird betont, dass die Begriffe im rechten Teil jedes Satzes durchaus ihre Berechtigung in Software-Entwicklungsprojekten haben, die Begriffe auf der linken Seite aber noch wichtiger zu nehmen sind. Um die Umsetzung in der Praxis zu erleichtern, wurden, aufbauend auf den vier Grundsätzen, **zwölf Prinzipien** formuliert.

Zwölf Prinzipien – abgeleitet von den vier Grundsätzen des Manifests – unterstützen deren Umsetzung in die Praxis.

- Oberstes Ziel ist die **Kundenzufriedenheit,** erreicht durch frühe und kontinuierliche Lieferung funktionierender Software.
- **Anforderungsänderungen** dürfen auch in späten Projektphasen erfolgen – „agile Methoden" ermöglichen deren Umsetzung zum Vorteil des Kunden.
- **Funktionsfähige Software** ist regelmäßig im Abstand einiger Wochen zu liefern.
- Die **ständige Zusammenarbeit** von Entwicklern (Technikern) und Anwendern (Kaufleuten) ist während des gesamten Projekts erforderlich.
- **Motivierte Teammitglieder,** denen die erforderliche Unterstützung zur Erfüllung ihrer Aufgaben gegeben sowie das notwendige Vertrauen entgegengebracht wird, sind der wichtigste Erfolgsfaktor für erfolgreiche Projekte.
- Der effektivste und effizienteste Informationsaustausch im Entwicklungsteam findet im **persönlichen Gespräch** statt.
- Das wichtigste Maß für den Projektfortschritt ist **funktionierende Software.**

Kent Beck: eXtreme Programming explained. Embrace Change. Addison Wesley: 2nd edition 2004.

- „Agile Methoden" ermöglichen einen **konstanten und nachhaltigen Entwicklungsprozess,** bei dem sich weder Entwickler noch Kunde verausgaben.
- Ständiges Augenmerk auf **technische Kompetenz** und **gutes Design** verbessern die Agilität.
- Die **Einfachheit der Lösungen** unter bestmöglicher Vermeidung von (nicht wirklich erforderlicher) Arbeit ist wesentlich.
- Die besten Entwürfe und Architekturen entstehen in **selbstorganisierenden Teams.**
- **Regelmäßige Reflexion im Team** ermöglicht eine kontinuierliche Verbesserung der Performance.

Da „agile Methoden" primär auf die praktische Umsetzung ausgerichtet sind, werden natürlich zahlreiche Beispiele für die mögliche Umsetzung der Grundsätze und Prinzipien im Entwicklungsprojekt gegeben. Viele der Prinzipien finden sich auch im Ansatz des **„eXtreme Programmings" (XP).**

Beim Einsatz „agiler Methoden" im Software-Projekt müssen alle Prinzipien und Regeln umgesetzt werden – erst im Zusammenspiel ergeben sich jene Synergien, die zu einem flexiblen, ballastfreien und für alle Beteiligten möglichst zufriedenstellenden Software-Entwicklungsprozess führen.

2 Scrum

Scrum beschreibt einen Vorgehensrahmen, nach welchem Projekte jeder Art **agil,** also beweglich und unbürokratisch, **abgewickelt** werden können.

Der Begriff **Scrum** bezeichnet eine bestimmte Spielsituation im Rugby; frei übersetzt bedeutet er etwa „Gedränge".

Das **Product Backlog** ist eine Liste, die alles enthält, was im zu entwickelnden Produkt enthalten sein sollte.

Im Folgenden wird die Anwendung von Scrum für Software-Entwicklungsprojekte dargestellt.

Die **Hauptmerkmale von Scrum** sind:

- lediglich drei Rollen (in der Grundform)
- Sammlung der Anforderungen im Product Backlog
- iterative Produktentwicklung in zeitlich klar definierten Zyklen
- ein autonom arbeitendes Team gleichberechtigter Teammitglieder

Die **zentralen Rollen bei Scrum:**

- **Product Owner:** Er vertritt den Auftraggeber (Kunden, Anwender) innerhalb des Teams. Seine Aufgabe ist die Erhebung, Beschreibung und Priorisierung der Anforderungen.
- **Scrum Master:** Er gestaltet und moderiert den Entwicklungsprozess nach der Scrum-Methode und unterstützt Product Owner und Team. Als „Moderator" ist der Scrum Master nicht Mitglied des Teams.
- **Team:** Gruppe von Entwicklern, die für die Umsetzung der vom Product Owner beschriebenen Anforderungen sorgt. Das Team besitzt dabei eine große Gestaltungsfreiheit hinsichtlich seiner Arbeitsweise im Rahmen der Scrum-Abläufe.

Die Aufgaben eines **Projektmanagers** werden bei Scrum von Product Owner und Team übernommen.

Product Backlog

Der **Product Backlog** bildet die **Sammlung aller Anforderungen.**

Am Beginn der Anforderungsbestimmung erfolgt eine Zielbestimmung in Form einer **„Vision",** in welcher der Product Owner gemeinsam mit dem Kunden festlegt, worin für diesen der Nutzen des zu erstellenden Programms liegt. Darauf aufbauend beschreibt der Product Owner mithilfe von User Stories (s. u.) die **Funktionen,** welche das System erfüllen soll. Auch Teammitglieder können Spezifikationen beitragen.

Anforderungen, die für die Umsetzung im folgenden Schritt ausgewählt wurden (Selected Backlog), dürfen nicht mehr verändert werden.

Rollen bei Scrum

Die folgende Abbildung zeigt das **Zusammenspiel der Rollen:**

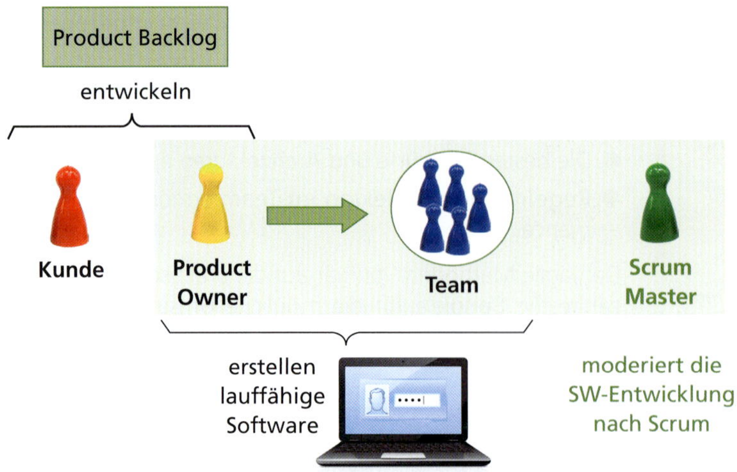

Ablauf der Projektabwicklung nach Scrum

Gestaltung des Scrum

Die **Hauptelemente bei der Projektabwicklung nach Scrum** sind:

- das Sprint Planning Meeting
- der Sprint
- der Daily Scrum
- die Sprint Review und
- die Sprint Retrospektive

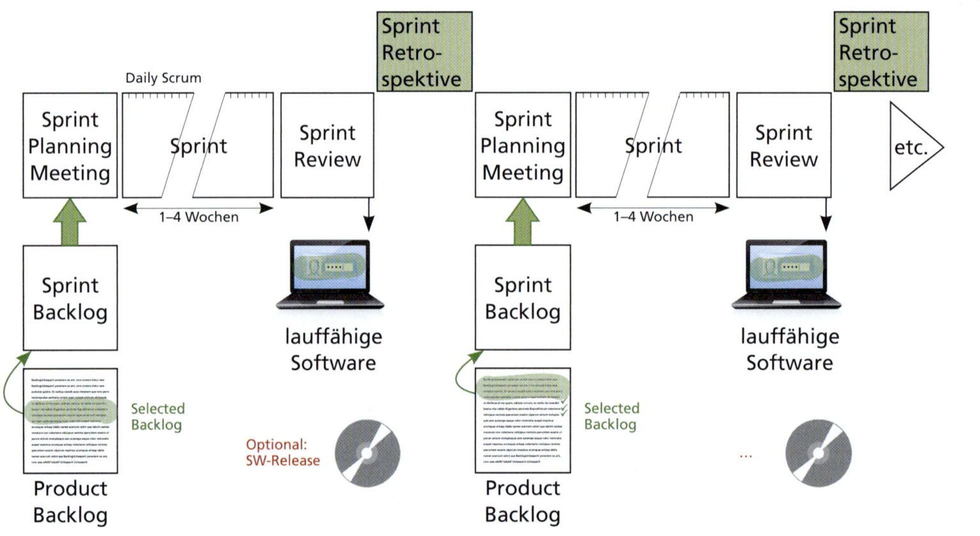

1. Sprint Planning Meeting

Story Points: (relatives) Maß für den Aufwand für eine User Story

Planning Poker: Teammitglieder bewerten eine User Story durch (gleichzeitiges) Aufdecken einer Karte mit der geschätzten Anzahl an Story-Points. Stark abweichende Schätzwerte werden diskutiert und anschließend neu aufgedeckt.

Im Sprint Planning Meeting wird das **Ziel des folgenden Sprints festgelegt.** Der Product Owner wählt die umzusetzenden Anforderungen nach ihren Prioritäten aus und stellt sie dem Team vor. Das Team wählt jenen Umfang an Anforderungen, welche im kommenden Sprint realistisch umgesetzt werden können (Selected Backlog). Der Aufwand für die zu erstellenden Aufgaben wird im Team im „Planungspoker" geschätzt. Anschließend werden die ausgewählten Anforderungen in einzelne Tasks (Aufgaben) zerlegt, die den **Sprint Backlog** – die Aufgaben für den folgenden Sprint – bilden.

2. Sprint

Ein Sprint ist eine Entwicklungsphase, an deren Ende immer verwendbare Software steht. „Verwendbar" bedeutet, dass sie im vorgesehenen Funktionsumfang einsatzbereit wäre. Im Sinne einer iterativen Software-Entwicklung werden im Rahmen eines Projekts mehrere Sprints, meist mit derselben Dauer (1–4 Wochen), durchgeführt. Ein **Release-Sprint** ist ein Sprint, an dessen Ende die verwendbare Software dem Kunden übergeben wird. Jeder Sprint wird durch Daily Scrums strukturiert.

3. Daily Scrum

Am Beginn jedes Arbeitstages trifft das Team zu einem kurzen Meeting, dem Daily Scrum, zusammen. Dies ist ein **„Standup Meeting"**, das stehend in maximal 15 Minuten durchgeführt wird. Pünktliches Erscheinen ist natürlich absolute Pflicht. Jedes Teammitglied beantwortet dabei folgende **drei Fragen:**

- Was habe ich seit dem letzten Daily Scrum abgeschlossen?
- Woran werde ich bis zum nächsten Daily Scrum arbeiten?
- Gibt es etwas, das mich bei meiner Arbeit/am Vorankommen hindert?

Der aktuelle Projektfortschritt (s. u. Burndown-Chart) wird bewertet. Einfache Maßnahmen können während des Daily Scrum beschlossen werden („… ich helfe dir heute eine Stunde bei …"), für umfangreichere Probleme muss eine gesonderte Sitzung vereinbart werden.

4. Sprint Review

Am Sprint Review nehmen Product Owner, Team, Scrum Master, Vertreter des Kunden, Manager des eigenen Unternehmens, Mitglieder anderer Teams etc. teil. In dieser öffentlichen Form wird die im (bzw. bis zum) letzten Sprint fertiggestellte Software live präsentiert, erklärt und diskutiert. Ziel des Sprint Review ist es, festzustellen, ob die **Erwartungen des Kunden erfüllt** wurden oder ob eine Anpassung für den kommenden Sprint erfolgen sollte.

5. Sprint Retrospektive

Zentrales Thema der Sprint Retrospektive ist der Arbeitsprozess selbst. In einer vom Scrum Master moderierten Sitzung werden **sowohl positive als auch negative Aspekte der Arbeit** im vergangenen Sprint herausgearbeitet und analysiert. Ziel ist die kontinuierliche Verbesserung des Scrum-Prozesses und der Zusammenarbeit im Team. Das Ergebnis der Sprint Retrospektive sind konkret und umsetzbar formulierte Maßnahmen, durch die die folgenden Sprints besser verlaufen sollen.

Fortschrittskontrolle bei Scrum

Die **Planung, Durchführung und Kontrolle der vereinbarten Arbeitsleistung** wird bei Scrum durch folgende Methoden unterstützt:

- User Stories
- Sprint Backlog
- Burndown Chart
- Timeboxing
- Definition of Done

User Stories

User Stories sind eine kunden- bzw. anwenderorientierte Form, **Anforderungen** an die zu erstellende Software zu beschreiben. Eine typische User Story (für eine Lagerverwaltung) könnte z. B. lauten:

„Als Lagerarbeiter möchte ich einen Artikel nach seiner Artikelnummer finden, um einen Kundenauftrag kommissionieren zu können."

kommissionieren: Zusammenstellen von Waren

Die Verwendung von User Stories hilft bei der Kommunikation mit dem Kunden und bildet nach der Umsetzung einen Mehrwert für diesen. Sie macht auch den **Projektfortschritt** für den Kunden deutlich sichtbar. Die Formulierung der User Stories wird durch den Product Owner durchgeführt; für eine gleichmäßige Umsetzbarkeit der Stories bedarf es einiger Erfahrung.

Sprint Backlog

Im Rahmen des Sprint Planning Meeting werden die Anforderungen, z. B. User Stories, in einzelne Tasks für die Umsetzung im geplanten Sprint zerlegt. Dieser Sprint Backlog wird meist mithilfe einer Pinnwand visualisiert. Der Weg der einzelnen Tasks von offen zu fertig kann im Laufe des Sprints optisch mitverfolgt werden.

Sprint Backlog

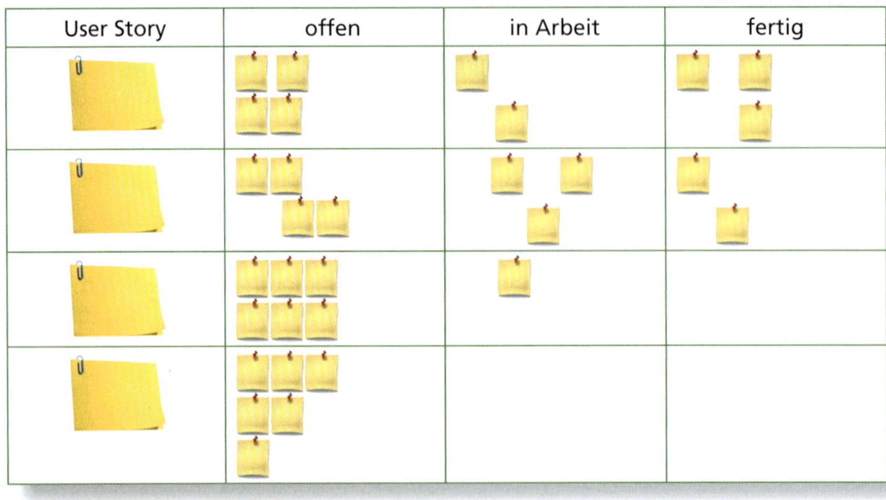

Burndown Chart

Der Burndown Chart ist eine Grafik, welche die Abarbeitung der für den Sprint vorgesehenen Arbeit bzw. Tasks darstellt. Im Gegensatz zur Earned-Value-Analyse wird nicht der Wertzuwachs dargestellt, sondern die **Menge an noch abzuarbeitenden Tasks** bzw. der laut Planung dafür zur Verfügung stehende Aufwand.

Story-Points sind eine relative Maßzahl für den Aufwand, den eine User Story benötigt.

Die Entwicklungsgeschwindigkeit des Teams wird im Scrum als **Velocity** bezeichnet. Die Geschwindigkeit eines Teams wird in Story-Points je Sprint angegeben.

Burndown Chart

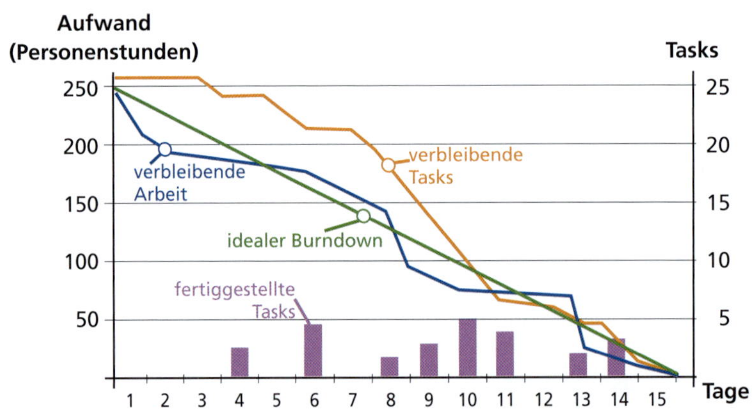

Timeboxing

Deadline: Endtermin, vereinbarte Dauer

Der Einsatz von Timeboxing in einem Projekt bedeutet, dass **Deadlines unbedingt einzuhalten** sind. Der Daily Scrum darf z. B. maximal 15 Minuten dauern, danach wird abgebrochen; ein Sprint dauert z. B. 21 Tage, eine Verlängerung wird grundsätzlich nicht gemacht. Timeboxing hat den wichtigen Effekt, dass Termine immer ernst genommen werden und vereinbarte Termine verlässlich sind. Als Konsequenz daraus kann z. B. bei einem Sprint nicht die gewünschte Funktionalität ausgeliefert werden, auch fast fertige User Stories werden in das Product Backlog zurückgestellt. Damit in Zusammenhang steht auch die Definition, was als fertig gilt, die „Definition of Done".

Definition of Done

Jedes Scrum-Team erstellt seine eigene „Definition of Done". Diese enthält mehrere klar formulierte Kriterien, wann eine Anforderung oder User Story als fertig gelten darf. Dazu gehören z. B. verschiedene Tests, Code-Reviews durch Teammitglieder, Abnahme durch den Product Owner etc.

3 Feature Driven Development (FDD)

Als **„Feature"** wird ein **Merkmal,** eine Funktionalität eines Programms bezeichnet, welche es dem Benutzer ermöglicht, seine fachlichen Aufgaben zu erfüllen. Features in FDD werden immer nach dem Schema **<Aktion> <Ergebnis> <Objekt>** beschrieben.

Beispiel Erstellen einer Rechnung für einen Auftrag

Für Feature Driven Development bilden Features den Mehrwert für den Kunden – sie werden gemeinsam mit dem Kunden bestimmt, die Feature-Liste bildet die Basis für die Umsetzung.

FDD eignet sich besonders für Festpreis-Projekte mit klar definiertem Umfang. Es kann für umfangreiche Projekte und große Entwicklerteams angewendet werden. Die Projektdauer beträgt üblicherweise maximal sechs Monate, größere Unterfangen werden in Teilprojekte dieser Größe heruntergebrochen.

Die Entwicklung des Feature Driven Development erfolgte durch Jeff De Luca im Jahr 1997.

Die **Hauptmerkmale des Feature Driven Development** sind:

- ein klares Rollenkonzept, das sich eher an den klassischen Rollen orientiert
- eine klare hierarchische Strukturierung der umzusetzenden Aufgabe
- ein Phasenkonzept mit fünf personell und inhaltlich klar definierten Phasen

Rollen

Für das Feature Driven Development gibt es **sechs zentrale Rollen:**

- **Project Manager:** verantwortlich für die (administrative) Projektabwicklung
- **Development Manager:** verantwortlich für die operative Gestaltung und Durchführung der gesamten Entwicklungstätigkeit
- **Chief Architect:** erfahrener Analytiker und Modellierer, der das Gesamtmodell verantwortet und dessen Entwicklung leitet
- **Chief Programmer:** erfahrene Entwickler, die an der Anforderungsanalyse und Modellentwicklung mitwirken und bei der Umsetzung ein Team von drei bis sechs Programmierern leiten
- **Domain Experts:** Fachexperten jenes Geschäfts- oder Organisationsbereichs, für welchen die Software im Rahmen des Projekts entwickelt werden soll
- **Class Owner:** Entwickler, der für eine bestimmte Klasse und deren Implementierung zur Realisierung der Features verantwortlich ist

Weitere Rollen im Rahmen des Feature Driven Development sind z. B. Tester, Release Manager, Tool-Verantwortliche, Mitarbeiter für die Dokumentation etc.

Strukturierung der Aufgabe

Das Gesamtmodell wird durch den Chief Architect gemeinsam mit den Domain Experts und den Chief Programmern in einem **Modellierungsworkshop** erarbeitet (FDD-Prozess 1) und anschließend von den Chief Programmern in **Fachgebiete, Geschäftsaktivitäten und Schritte** gegliedert (FDD Prozess 2). Die Schritte (Steps) entsprechen den zu realisierenden Features.

Gesamtmodell (Domain)

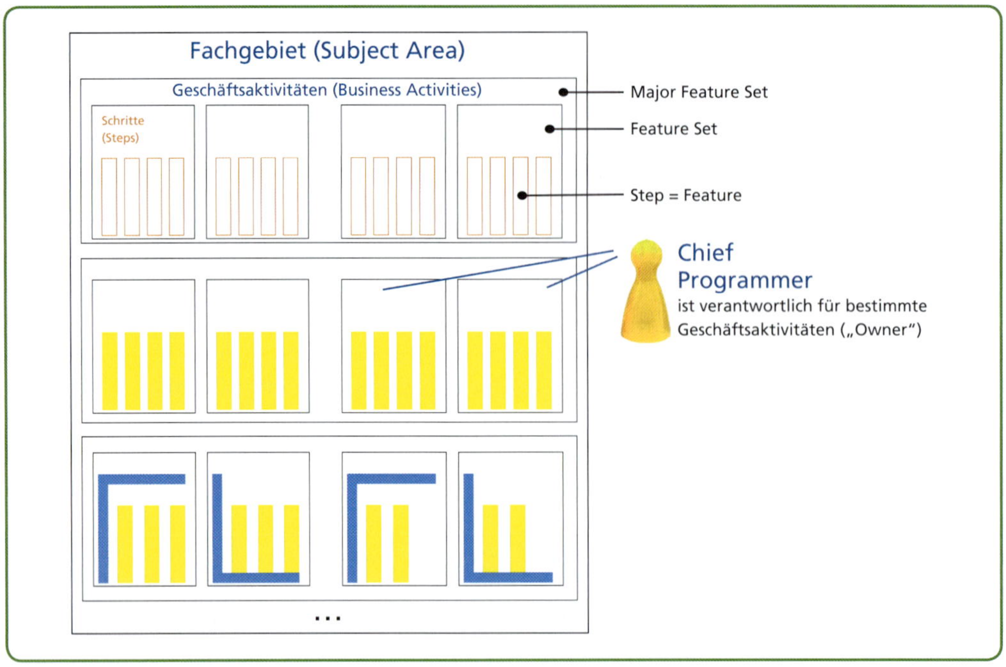

Modeling in Color wurde von Peter Coad ca. 1999 entwickelt.

Exkurs: Modeling in Color

Für die Entwicklung des Klassenmodells wird im Rahmen des Feature Driven Development häufig die Methode „Modeling in Color“ eingesetzt. Diese Methode hilft bei der **Strukturierung umfangreicher Klassenmodelle,** indem sie vier Grundtypen von Klassen unterscheidet und diesen Farben zuordnet:

- **Pink:** Klassen, welche Vorgänge, zeitliche Abläufe beschreiben oder einen zeitlichen Bezug enthalten
- **Gelb:** Klassen, welche Rollen beschreiben (eine Person ist Verkäufer, Mitarbeiter ...)
- **Grün:** Klassen, welche die „Dinge“ an sich darstellen (Person, Gerät, Ort ...)
- **Blau:** Klassen, die zur näheren Beschreibung der „Dinge“ dienen (z. B. Größe, Gewicht ... einer Person)

Die Zuordnung von Klassen zu genau einem der Grundtypen ermöglicht es auch, diesen typische Attribute und Methoden zuzuordnen, von welchen die weitere Modellierung ausgehen kann.

Die Farben werden üblicherweise in Pastelltönen dargestellt; die **Verwendung bunter Karten oder Post-its** unterstützt den (kollaborativen) Entwicklungsprozess. Der Prozess der Anforderungsanalyse wird strukturiert („bestimme alle grünen Karten“). Aufgrund der Farben kann die Struktur eines umfangreichen Klassenmodells in einem Blick aufgenommen werden.

FDD-Prozessmodell

Das FDD-Prozessmodell besteht aus zwei Hauptabschnitten:

- der **Start-up-Phase** mit drei Prozessen
- der **Construction-Phase** mit zwei Prozessen, die abwechselnd wiederholt werden

Vor Beginn der Start-up-Phase wird anhand einer groben Aufwandsschätzung für das Gesamtprojekt die Dauer der Start-up-Phase bestimmt. Die tatsächliche Dauer der Start-up-Phase wird als Indikator zur Verfeinerung der Schätzung des Gesamtprojekts herangezogen; nach Abschluss der Start-up-Phase kann ein fixer Preis vereinbart werden.

FDD-Prozessmodell

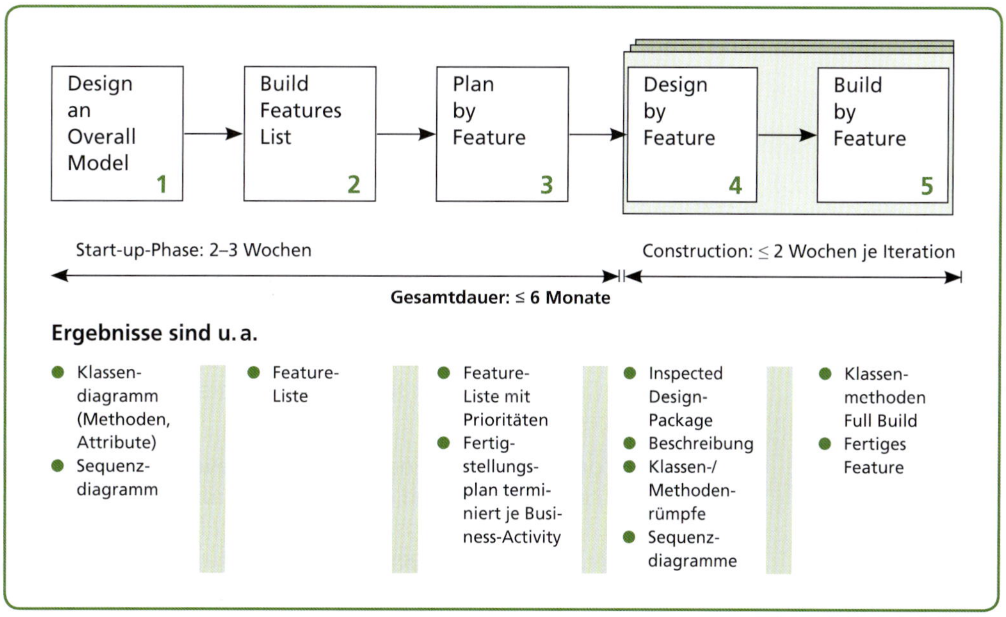

Prozess 1: Design an Overall Model

Chief Architect, Domain Experts und die Chief Programmer entwickeln in einem mehrtägigen Workshop das **Gesamtmodell der zu erstellenden Applikation.** Phasen im Plenum und in Kleingruppen folgen abwechselnd aufeinander, Fachexperten unterschiedlicher Bereiche werden herangezogen, um das Gesamtmodell breit und fundiert zu gestalten. Wesentliche Ergebnisse sind die Gesamtdarstellung der Klassen und ihrer Beziehungen, eine Beschreibung bzw. Begründung des gewählten Modells und fallweise Sequenzdiagramme.

Prozess 2: Build Features List

Die Chefprogrammierer erstellen durch Zerlegung des Anwendungsbereichs (Domain) in Fachgebiete (Subject Areas), Geschäftstätigkeiten (Business Activities) und Schritte (Steps, Features) eine **Liste aller zu realisierenden Features.** Diese werden aus der Sicht des Kunden (Anwenders) in der Form

<Aktion> <Ergebnis> <Objekt>

beschrieben.

Beispiel: *Berechne (den) Gesamtabsatz (eines) Artikels im 1. Quartal.*

Die Obergrenze für den Umfang eines Features ist die Realisierbarkeit in maximal zwei Wochen. Würde ein Feature länger benötigen, muss es in kleinere Schritte aufgeteilt werden.

Prozess 3: Plan by Feature

Ausgehend von der Feature-Liste aus Schritt 2 planen der Projektmanager, der Entwicklungsmanager und die Chefprogrammierer die **Reihenfolge,** in welcher die Features realisiert werden sollen. Jede Geschäftstätigkeit (Business Activity) wird einem verantwortlichen Chefprogrammierer zugeordnet; jeder Klasse wird ein verantwortlicher Entwickler (Owner) zugeordnet. Am Ende dieses Prozessschritts liegt eine **Terminplanung** vor, wann welche Geschäftsaktivitäten fertiggestellt sein müssen und wann ein Fachgebiet fertiggestellt ist (Fertigstellung der letzten zugehörigen Geschäftsaktivität). Die Termine werden in der Form Monat – Jahr angegeben.

Die folgenden Prozesse 4 und 5 dauern gemeinsam nicht länger als zwei Wochen und werden iterativ bis zur Gesamtfertigstellung durchgeführt. Änderungen und Ergänzungen, die sich im Zuge der Construction Phase ergeben, werden in das Gesamtmodell eingearbeitet.

Prozess 4: Design by Feature

Jeder Chief Programmer stellt aus den Features der ihm zugeordneten Geschäftstätigkeiten ein **„Chefprogrammierer-Arbeitspaket"** zusammen. Dabei berücksichtigt er den Fertigstellungstermin für die Features sowie die dafür verwendeten Klassen. Aus den Verantwortlichen (Ownern) der für das Feature notwendigen Klassen stellt er ein **Featureteam** zusammen. Ein Entwickler kann in mehreren Teams gleichzeitig mitarbeiten. Jedes Team erstellt Sequenzdiagramme und verfeinert die Klassenspezifikation. Klassen- und Methodenrümpfe werden mit den Entwicklungswerkzeugen erstellt. Die Ergebnisse dieses Prozessschritts werden einer **Entwurfsinspektion** unterzogen (design inspection) und bei Freigabe mit konkreten Terminen für die Umsetzung versehen.

Prozess 5: Build by Feature

Die Klassenbesitzer implementieren jene Funktionalität ihrer Klasse, die für die Realisierung des Features erforderlich ist. Durch **Code Inspection** (Überprüfung des Codes durch Lesen) und Einzeltests wird die Qualität der erstellten Programmteile gesichert. Die überprüften Klassen werden vom Chief Programmer für die gemeinsame Verwendung zur Fertigstellung (= Build) des Features freigegeben.

Der **Projektfortschritt beim Feature Driven Development** wird mit der Anzahl der fertiggestellten Features gemessen und kann als Diagramm ähnlich der Earned-Value-Analyse dargestellt werden. Der Fertigstellungsgrad einer Geschäftsaktivität (Business Activity) kann unter Verwendung von Tools wie im folgenden Beispiel visualisiert werden:

Fortschrittsdarstellung bei FDD

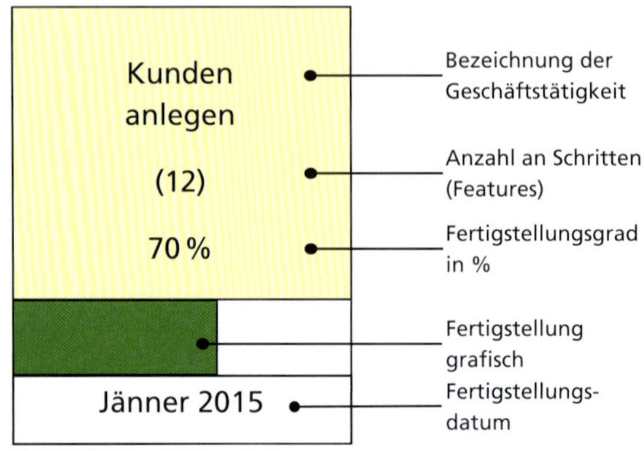

4 eXtreme Programming (XP)

Die von Software-Entwickler und -Berater **Kent Beck** entwickelte und 2000 bzw. 2004 beschriebene Vorgehensweise des **eXtreme Programmings (XP)** gibt den Entwicklungsteams eine Reihe von Regeln, Prinzipien und Praktiken vor, anhand derer ein möglichst schlanker und beweglicher Entwicklungsprozess möglich ist. Ziel dabei ist die raschere Fertigstellung der Software und die Erreichung einer höheren Kundenzufriedenheit. Deshalb ist die ständige Einbindung des Kunden in den Entwicklungsprozess vorgesehen. Da auch die intensive Kommunikation im Team von großer Bedeutung ist, eignet sich XP besonders für kleine Teams mit etwa bis zu zehn Programmiererinnen/Programmierern.

Wie auch bei den anderen agilen Vorgehensweisen werden bei XP die Anforderungen nicht zu Beginn des Projekts quasi unverrückbar festgeschrieben, sondern können im Laufe der Entwicklungsarbeit geändert, angepasst oder neu definiert werden. Da bei den sequentiell angeordneten Vorgehensmodellen, wie z. B. beim Wasserfallmodell, die Kosten für eine Änderung oder Fehlerkorrektur zum Projektende hin exponentiell ansteigen, sind möglichst über den gesamten Projektverlauf gleichbleibende Änderungskosten die wichtigste Voraussetzung für die Einsetzbarkeit von XP.

Die **annähernd gleichbleibenden Kosten für Änderungen** werden im XP-Prozess durch kurze Iterationszyklen, die (weiter unten beschriebenen) Prinzipien und Praktiken sowie die weitgehend automatisierte Durchführung von Tests erreicht.

Änderungskosten in Software-Entwicklungsprojekten

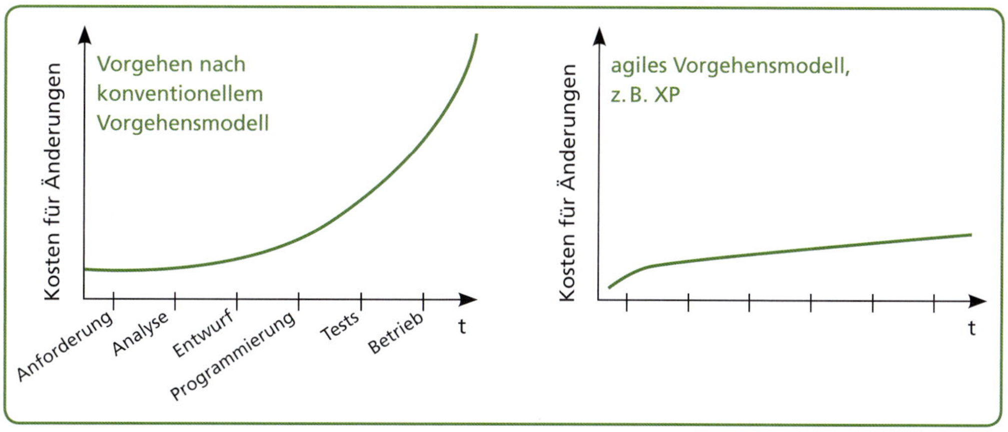

Rollen

Die **Entwickler** im XP-Team verfügen über ein breites technisches Fachwissen; XP unterscheidet nicht zwischen unterschiedlichen Aufgabenbereichen bei der Entwicklung der Software. Jedes Teammitglied sollte daher in allen Bereichen mitarbeiten können (z. B. bei Entwurf, Programmierung, Datenbankdesign und -verwaltung, Test ...). Tatsächlich gilt der in einem XP-Team erstellte Code als „gemeinsamer" Code, der von jedem, nicht nur vom ursprünglichen Ersteller, bearbeitet werden kann. XP-Teammitglieder müssen daher auch die Offenheit besitzen, diese Praxis mitzutragen (Collective Code Ownership).

Als **Kunde** wird jene vom Auftraggeber entsandte Person bezeichnet, welche die Anforderungen formuliert und priorisiert, d. h. die Reihenfolge der Umsetzung anhand der (geschäftlichen) Bedeutung festlegt. Der Kunde in XP arbeitet idealerweise ständig mit dem Entwicklungsteam zusammen. Er steht für die Klärung von Detailfragen im Rahmen der Umsetzung bereit, er überprüft die Ergebnisse und gibt Rückmeldung zur Verwendbarkeit der erstellten Software. Da aufseiten des Auftraggebers oft mehrere Stakeholder betroffen sind – Manager, Anwender, Administratoren –, ist eine einzelne Person als verantwortlicher Kunde für das Team zu bestimmen.

Weitere Rollen bei XP, die bei Bedarf eingesetzt werden können, sind der **Coach,** der insbesondere noch XP-unerfahrene Teams behutsam in die Umsetzung der XP-Konzepte lenkt, sowie der **Projektmanager,** dem hier vor allem administrativ-organisatorische Aufgaben für das Team zufallen. Er kann auch die Rolle des **„Trackers"** (= Terminmanagers) übernehmen, der den Fortschritt beobachtet und dem Team Rückmeldung z. B. zur Treffsicherheit der Aufwandsschätzung gibt. Ein eigener **Tester** kann den Kunden bei der Entwicklung und Durchführung von Akzeptanztests unterstützen.

Projektablauf

Release: Freigabe der entwickelten Software für den Kunden oder Veröffentlichung der Software

Wie alle agilen Vorgehensmodelle wird auch ein XP-Projekt aus Release-Zyklen mit mehreren Iterationen gebildet.

Ein **Release-Zyklus** dauert typischerweise ca. drei Monate (ein Quartal) und läuft wie folgt ab:

- Der Kunde stellt die von ihm formulierten User Stories (vgl. Scrum) dem Entwicklungsteam vor. Das Team schätzt den Aufwand gemeinsam ab (Planungsspiel, vgl. Planungspoker bei Scrum) und priorisiert die innerhalb des Release-Zyklus zu realisierenden User Stories.
- Zu den ausgewählten User Stories werden Testfälle (für den Akzeptanztest) entwickelt und festgelegt.
- In Form eines Klassendiagramms wird ein prototypisches (d. h. im Zuge der Entwicklung veränderbares) Architekturmodell erstellt. Ein dafür bei XP gerne eingesetztes Verfahren sind die CRC-Karten.
- Aufbauend auf diesen Informationen können nun die Iterationen innerhalb des Release-Zyklus geplant und festgelegt werden.
- Am Ende des Release-Zyklus erhält der Kunde ein funktionierendes Software-Produkt mit vereinbarten Leistungsmerkmalen.

Akzeptanztests dienen zum Nachweis, dass die vom Kunden geforderte Funktionalität und Performance (Leistungsfähigkeit) erreicht wird.

Iteration: Wiederholung

Alle **Iterationen** besitzen dieselbe Dauer; diese wird zu Beginn des Projekts festgelegt und beträgt typischerweise eine oder zwei, maximal vier Wochen.

- Die Iteration beginnt mit der **Erstellung der Testfälle** (Unit Tests) durch die Entwickler, anschließend erfolgt die Codierung der Programmteile für die ausgewählten User Stories.
- Während der Iteration kann es bei Bedarf auch zu **Änderungen im Architekturmodell** kommen.
- Anhand der Testfälle wird die durchgeführte **Erweiterung der Programme** („Inkrement") **getestet,** falls notwendig wird der Programmcode korrigiert oder überarbeitet.
- Fortschrittsdaten, tatsächlicher Aufwand, erfolgreiche bzw. fehlgeschlagene Tests werden laufend aufgezeichnet.
- Der **Akzeptanztest** am Ende der Iteration stellt sicher, dass die vom Kunden gewünschten Ergebnisse auch tatsächlich erreicht wurden.
- Abschließend erfolgt die **Planung der nächsten Iteration.**

Die folgende Abbildung stellt den Ablauf grafisch dar:

Release-Zyklus

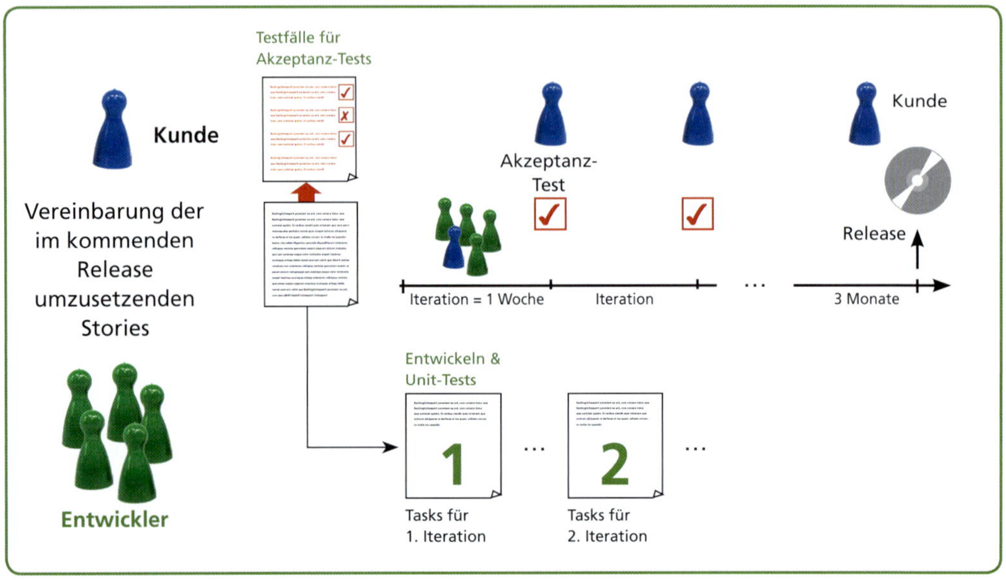

Werte des eXtreme Programming

Kent Beck (*1961) hat sein im Jahr 2000 herausgegebenes Buch „Extreme Programming Explained: Embrace Change" in der zweiten Auflage von 2004 wesentlich umgeschrieben. So kam z. B. zu den ursprünglich vier Werten ein fünfter, **„Respekt",** dazu.

Dem eXtreme Programming liegen fünf Werte zugrunde, die Orientierung und Ausrichtung für das gesamte Projekt sowie für die folgenden Prinzipien und Praktiken geben.

- **Kommunikation:** Gemeint ist hier insbesondere die persönliche Kommunikation, bei der die gemeinsame Diskussion und Arbeit, z. B. an einem Whiteboard oder einem (gemeinsamen) Computer, im Vordergrund steht.
- **Einfachheit:** Das Entwicklungsteam soll für eine gegebene Anforderung jene einfachste, funktionierende Lösung umsetzen, die genau diese Anforderungen erfüllt.
- **Feedback:** Möglichst unmittelbare Rückmeldung (Feedback) ist für XP-Teammitglieder ein wertvoller Beitrag. Dieses Feedback kann von Teamkollegen kommen, vom Kunden oder vom Testsystem.
- **Mut:** Es gehört Mut dazu, erstellten Code (und damit Arbeitszeit) zu verwerfen, falls er sich als nicht tauglich erweist. Auch offene Kritik oder grundlegende Änderungen im Systemkonzept erfordern oft Mut.
- **Respekt:** Grundlage für die genannten vier Werte sowie die Zusammenarbeit im Team ist der gegenseitige Respekt zwischen den Teammitgliedern (was auch den Kunden mit einschließt).

Grundprinzipien

Die fünf Werte legen die grundsätzliche Ausrichtung der Arbeit im XP-Team fest, können aber nicht so unmittelbar in die Praxis umgesetzt werden. Daher gibt es davon abgeleitete 14 Grundprinzipien, welche die praktische Arbeit wesentlich konkreter unterstützen. Diese **Prinzipien des eXtreme Programming** sind:

- Menschlichkeit
- Wirtschaftlichkeit
- gegenseitiger Vorteil
- Selbstähnlichkeit
- Verbesserung
- Mannigfaltigkeit
- Reflexion
- (Arbeits-)Fluss
- Gelegenheit
- Redundanz
- Fehlschlag
- Qualität
- kleine Schritte
- akzeptierte Verantwortlichkeit

Zusammengefasst zielen die 14 Prinzipien darauf ab, dass im Entwicklungsprozess und beim fertigen Softwareprodukt der **Mensch im Mittelpunkt** steht – bei gleichzeitiger Wahrung der **Wirtschaftlichkeit.** Es sind Lösungen anzustreben, die allen Beteiligten **Vorteile** bringen.

Das Prinzip der **Selbstähnlichkeit** empfiehlt, zunächst von bereits bekannten Problemlösungen auszugehen. **Mannigfaltigkeit** zielt darauf ab, alle im Team vorhandenen unterschiedlichen Kompetenzen und Fähigkeiten zuzulassen, durch **Reflexion** zu lernen und damit eine laufende **Verbesserung** des Produkts und des XP-Prozesses zu ermöglichen.

Wichtig ist die Erreichung eines kontinuierlichen **Arbeitsflusses,** in dem mögliche Probleme als **Gelegenheit** gesehen werden und **Fehlschläge** Chancen für neue Wege und Lernmöglichkeiten bieten; bei der Entscheidung zwischen konfliktären Zielen sollte der **Qualität** immer der Vorzug gegeben werden. Das Risiko durch Fehlschläge wird durch das Prinzip der **kleinen Schritte** (z. B. durch kurze Iterationszyklen) weiter reduziert.

Redundanzen sollen dann zugelassen werden, wenn sie Risiken minimieren bzw. zur Sicherung des Projekterfolgs beitragen.

Verantwortlichkeit ist letztlich etwas, das aktiv von den XP-Teammitgliedern wahrgenommen werden muss.

XP-Praktiken

Als Anleitung für die laufende Arbeit im Team gibt XP **13 Primärpraktiken** sowie **11 Folgepraktiken** an. Letztere sollen erst angewendet werden, wenn die Primärpraktiken erfolgreich eingeführt wurden. Damit diese Praktiken aber nicht zu reinen „Pflichtübungen" verkommen, müssen sie stets im Kontext mit den Prinzipien und Werten von eXtreme Programming gesehen und angewendet werden.

Exemplarisch seien hier einige der bekannteren Praktiken angeführt:

- **Programmieren in Paaren (Pair Programming):** Zwei Entwickler arbeiten an einem Rechner (d. h. auch mit einer Tastatur und einem Bildschirm). Denk- und Designfehler können dadurch leichter vermieden werden. Während der eine sich mehr auf das Codieren konzentriert, kann der andere das Gesamtdesign im Auge behalten. Programmierpaare können im Laufe des Projekts wechseln, je nach fachlicher Notwendigkeit oder falls die Zusammenarbeit nicht optimal abläuft.
- **Testgetriebene Entwicklung:** Der Testcode für das Projekt wird vor dem eigentlichen Programmcode geschrieben. Dadurch wird die Fokussierung auf den zu erstellenden Task gefördert, Tests können jederzeit ausgeführt werden und bieten damit eine Rückmeldung über den aktuellen Fortschritt.
- **Wochenzyklus/Quartalszyklus:** In der zweiten Auflage seines Buches empfiehlt Kent Beck ausdrücklich den Ein-Wochen-Zyklus als bevorzugte Iterationsdauer: Der Freitag bietet einen idealen Abschluss, das Team ist über das Wochenende entlastet. Methodische Versuche (z. B. Pair Programming mit einem neuen Partner) können innerhalb einer Woche evaluiert und im Bedarfsfall bereits in der folgenden geändert werden. Der Quartalszyklus entspricht den natürlichen Jahreszeiten und ermöglicht in sinnvollen Abständen die Reflexion innerhalb des Teams.

- **Geschichten (Stories):** Wie bei Scrum werden auch bei XP die Anforderungen in Form von Stories formuliert; die Abschätzung des Aufwands erfolgt ebenfalls auf Basis dieser Stories.

Folgepraktiken sind z. B. die Beschränkung auf **eine einzige Quelltextbasis** (was nur bei niedriger Fehlerzahl sinnvoll ist), der **gemeinsame Quelltext** (jeder Entwickler darf im gesamten Quelltext verändern), die **tägliche Verteilung** des aktuellen Systemstands an den Kunden (Betonung des hohen Qualitätsanspruchs von XP).

Refactoring

Ein im Zusammenhang mit eXtreme Programming wichtiger Begriff ist das **Refactoring.** Programmcode, der im Zuge von Anpassungen, Änderungen oder Hinzufügung neuer Funktionalität im iterativen Entwicklungsprozess immer unübersichtlicher und instabiler geworden ist, wird neu geschrieben – aber ohne das äußere Verhalten dieses Codes zu verändern. XP verlangt von den Entwicklern, dieses Refactoring aktiv zu betreiben; der scheinbare Mehraufwand wird durch das Wegfallen aufwendigen und oft nicht zielgerichteten Vorausplanens mehr als kompensiert: Der erstellte Code kann immer nur genau das, was bis zur aktuellen Iteration gefordert ist.

Zusammenfassend bietet eXtreme Programming einen Vorgehensrahmen, aber auch eine Vorgehensphilosophie (Werte und Prinzipien) sowie eine Sammlung erprobter Praktiken für die agile, risikominimierende Software-Entwicklung. Die Frage, ob XP auch nach Weglassen einiger Elemente immer noch XP ist, wird kontroversiell betrachtet. Wesentlich für den Erfolg scheinen vor allem die Wertehaltung der Teammitglieder sowie deren Bereitschaft, sich in den XP-Entwicklungsprozess einzubringen.

Neuere Konzepte erweitern XP vom kleinen, räumlich direkt zusammenarbeitenden Team hin zu großen und/oder verteilt arbeitenden Teams.

5 Kanban

Kanban ist eines der jüngeren Vorgehensmodelle in der agilen Software-Entwicklung; erste Ansätze gab es 2004 bei Microsoft, 2007 wurde es von David J. Anderson erstmals öffentlich vorgestellt.

Kanban wurde in den 1950er-Jahren beim japanischen Autohersteller Toyota entwickelt und wird auch als **„lean production"** bezeichnet. Dieses Verfahren beseitigt unnötigen Ballast aus den Produktionsverfahren; so wird z. B. das Material für die Herstellung der jeweiligen Herstellungsstation immer bedarfsabhängig und nicht „auf Vorrat" bereitgestellt. Der Bedarf an weiterem Material wird durch eine Signalkarte (= Kanban) sichtbar gemacht. Auf diese Weise wurden auch Just-in-time-Produktionssysteme ermöglicht.

Für die **Software-Entwicklung mit Kanban** („schlanke Software-Entwicklung") gelten folgende Regeln:

- Arbeitsaufgaben werden genommen, nicht gegeben (Pull-Prinzip).
- Die Anzahl der offenen Aufgaben (WIP – Work in Progress) je Arbeitsschritt ist begrenzt.
- Die Arbeitsabläufe werden sichtbar gemacht (visualisiert).
- Die Prozessdaten, z. B. die Durchlaufzeit bis zur Fertigstellung einer Aufgabe, werden erhoben.
- Der Entwicklungsprozess wird laufend verbessert.

Kanban möchte einen **möglichst geringen Zeitraum zwischen dem Beginn und dem Ende der Arbeit an einer Aufgabe** (Werkstück oder Software-Task) erreichen. Diese Zeit wird auch als **Cycle Time** bezeichnet.

Durch die **Begrenzung der gleichzeitig durchführbaren Aufgaben** und das Pull-Prinzip werden Probleme, die in einem Arbeitsschritt auftreten, früh sichtbar:

- Es gibt keine fertiggestellten Arbeitspakete, die vom nächsten Arbeitsschritt abgeholt werden könnten.
- Im Arbeitsschritt mit den Problemen wird die maximale Anzahl der offenen Aufgaben erreicht.
- Vom vorgelagerten Arbeitsschritt können keine Arbeitspakete abgeholt werden.

- Der Stau setzt sich in Richtung Beginn der Arbeitskette fort, das Problem wird rasch deutlich sichtbar.
- Frei werdende Kapazitäten aus den anderen Arbeitsschritten können zur Lösung des Problems herangezogen werden, um möglichst schnell wieder einen unbehinderten Durchlauf durch alle Arbeitsschritte zu erreichen.

Beispiel

Eine sehr anschauliche grafische Darstellung dieses Prinzips findet sich in Henrik Knibergs Blog unter dem Titel „One Day in Kanban Land".

http://blog.crisp.se/2009/06/26/henrikkniberg/1246053060000

Kanban in der Software-Entwicklung zeichnet sich dadurch aus, dass es im Vergleich zu den anderen agilen Verfahren am wenigsten in Form von Regeln und Prinzipien vorschreibt und dadurch **sehr flexibel einsetzbar** bleibt. Kanban wird daher meist nicht als alleinstehende Methode eingesetzt, sondern mit bestehenden Entwicklungsverfahren, wie Scrum oder XP, kombiniert.

Üben

SbX ID: 0642

A B C D E

SbX
Ü 6.10 mit automatischer Aufgabenkontrolle ID: 0642

erledigt ☑

Ü 6.10 ☐

Ü 6.10: Begriffe agiler Entwicklungsmethoden C

Ordnen Sie die Begriffe der richtigen agilen Methode – Scrum oder Feature Driven Development (FDD) – zu:

Scrum	Begriff	FDD
	Chief Architect	
	Product Owner	
	Sprint	
	Business Activity	
	Product Backlog	
	Chief Programmer	
	Class Owner	
	Burndown Chart	

Ü 6.11: Burndown Chart interpretieren D

Sie sind als Scrum Master tätig und betreuen die Entwicklerteams A, B und C. Von diesen Teams liegen Ihnen die folgenden Burndown Charts des letzten Sprints vor. Interpretieren Sie die Verläufe; welche Rückmeldung werden Sie den Teams bei der Sprint-Retrospektive geben? (Beispiele nach: **http://prod.help.rallydev.com/help/reading-burndown-chart**)

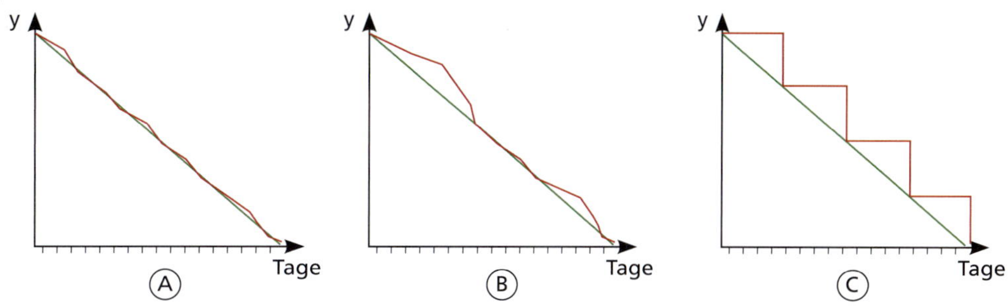

y = verbleibender Arbeitsaufwand (Geschäft)
– = Idealverlauf

SbX
Ü 6.12 mit automatischer Aufgabenkontrolle
ID: 0642

erledigt ☑

Ü 6.12 ☐

Ü 6.12: Begriffe des eXtreme Programming C

Ordnen Sie durch Ankreuzen in der folgenden Tabelle zu, ob die Elemente in der ersten Spalte Werte, Prinzipien oder Praktiken von eXtreme Programming sind.

XP Element	Wert	Prinzip	Praktik
Stories			
Reflexion			
Programmieren in Paaren			
Kommunikation			
Menschlichkeit			
Respekt			
Wochenzyklus			
Redundanz			
Einfachheit			
gemeinsamer Quelltext			
Mut			
Wirtschaftlichkeit			
testgetriebene Entwicklung			
kleine Schritte			
Feedback			

Ü 6.13: Fallbeispiel „BonOnline" – Umsetzung agiler Prinzipien D

Sie haben sich vorgenommen, „BonOnline" agil zu entwickeln. Wie könnten Sie diese Strategie in Ihrem konkreten Umfeld (Team, Klasse, Abteilung ...) umsetzen? Gehen Sie dazu die zwölf Prinzipien durch und finden Sie zu jedem Prinzip konkrete Umsetzungsmöglichkeiten.

Beispiel

Prinzip „Regelmäßige Reflexion im Team ermöglicht kontinuierliche Verbesserung der Performance" → Alle zwei Wochen, Freitag 18:00 bis 20:00 Uhr, runder Tisch zur Besprechung der Projektperformance im gemeinsamen Lieblingslokal.

Ü 6.14: Fallbeispiel „BonOnline" – Anforderungen bei agilem Vorgehen E

Da Sie „BonOnline" mit Scrum oder FDD entwickeln möchten, wollen Sie zuvor die beiden Ansätze bei der Beschreibung der Anforderungen testen.

a) Entwickeln Sie im Team einige User Stories, mit denen Sie den Bestellvorgang, das Abholen der Speisen (aus Sicht der Schülerin/des Schülers) sowie die Zubereitung und den Verkauf (aus Sicht des Pächters und des Personals) beschreiben.

b) Strukturieren Sie, wie im FDD vorgesehen, Ihre Applikation „BonOnline" in Business Activities (z. B. Einkauf, Verkauf, Bestellung) und Features (Steps). Beschreiben Sie die Features wie im FDD vorgesehen in der Form <Aktion> <Ergebnis> <Objekt>.

Ü 6.15: Fallbeispiel „BonOnline" – Lean Production bei „BonOnline" E

Sie haben im Rahmen Ihrer Ist-Erhebung und -Analyse im Schulrestaurant/-buffet erkannt, dass eine Änderung des Bestell- und Abholungsvorgangs auch Konsequenzen für die Herstellung der Speisen und Snacks hat. Die Zubereitung „auf Zuruf" an der Theke wird zum Ausnahmefall, ein möglichst effizienter Produktionsablauf wird erforderlich, um die Effizienzpotenziale von „BonOnline" optimal realisieren zu können.

a) Schreiben Sie eine Liste typischer Vor- und Zubereitungsvorgänge in Ihrem Schulrestaurant bzw. -buffet.

b) Wählen Sie einige der Vorgänge aus und versuchen Sie, diese mithilfe der Kanban-Prinzipien möglichst effizient zu gestalten.

Sichern

SbX ID: 0643

agile Methoden

Agile Methoden haben eine möglichst flexible, kundenorientierte und unbürokratische Vorgehensweise bei der Software-Entwicklung zum Ziel. Sie orientieren sich dabei einerseits an den Anforderungen des Marktes, Applikationen in kürzester Zeit zu erstellen, andererseits nutzen sie die Möglichkeiten moderner Programmiersprachen und Entwicklungsumgebungen.

Scrum

Scrum ist ein Entwicklungsprozess, in dem ein relativ autonomes Team die durch den Product Owner verantworteten Anforderungen in mehreren Sprints (1–4 Wochen) und einem täglichen Daily Scrum umsetzt. Der gesamte Prozess wird vom Scrum Master begleitet und unterstützt.

User Stories

User Stories sind im Rahmen von Scrum eine Möglichkeit zur Beschreibung der Benutzeranforderungen, sie dienen aber auch der Abschätzung des erforderlichen Arbeitsaufwands („Story Points").

FDD

Feature Driven Development (FDD) geht von einer hierarchischeren Struktur aus (Chief Programmer). Es untergliedert den umzusetzenden Anwendungsbereich in Fachgebiete, diese in Geschäftstätigkeiten und diese wiederum in einzelne Features. Neben dem Gesamtmodell ist die Feature List ein wesentliches steuerndes Element im Entwicklungsprozess. FDD eignet sich auch für große Projekte mit vielen Entwicklern.

Modeling in Color

Modeling in Color ist eine Methode, die Klassen in vier Gruppen einteilt und durch Farben kennzeichnet: Pink für zeitlichen Bezug, Gelb für Rollen, Grün für die Dinge an sich und Blau zur näheren Beschreibung der Dinge.

eXtreme Programming

eXtreme Programming (XP) ist aus einer Sammlung von Best Practices zur Software-Entwicklung entstanden. Die Arbeit in einem XP-Team wird in mehreren Ebenen beschrieben: den Werten, den Grundprinzipien, den Primär- und den Folgepraktiken. Im Rahmen eines XP-Projekts wird alle drei Monate ein Release fertiggestellt, die Entwicklung erfolgt in Iterationen mit der Dauer von einer Woche. Der Kunde arbeitet intensiv mit dem Entwicklerteam zusammen.

Refactoring

Refactoring ist eine wichtige Technik im Rahmen des XP. Programme bzw. Programmteile werden so verändert, dass der interne Code neu erstellt bzw. verbessert wird, ohne dass sich das äußere Verhalten des Programms ändert.

Kanban

Kanban ist das japanische Wort für „Signalkarte" und bezeichnete ursprünglich den schlanken Produktionsprozess beim Automobilhersteller Toyota. Diese „lean production" zielt auf möglichst kurze Durchlaufzeiten und minimalen „Ballast" (etwa in Form von Lagerbeständen oder unnötigen Tätigkeiten) ab. Kanban im Softwarebereich übernimmt die wichtigsten Prinzipien und wird meist in Verbindung mit anderen agilen Modellen, wie XP oder Scrum, angewendet.

Vokabeln dieser Lerneinheit

Deutsch	Englisch
wendig, beweglich	agile
Allianz, Bündnis	alliance
Besitzer	owner
Überprüfung, Bericht	review
Rückblick	retrospective
(Arbeits-)Rückstand	backlog
Geschwindigkeit, Tempo	velocity
Merkmal, Funktion	feature
Wissensgebiet, Zuständigkeitsbereich	domain
modellieren, etwas bilden	to model (modeling)
Taktzeit, Durchlaufzeit	cycle time

SbX ID: 0643

Eine Audio-Wiederholung mit Audio-Player und MP3-Download sowie eine Bildschirmpräsentation mit den Grafiken dieser Lerneinheit finden Sie unter der ID: 0643.

Wissen

A B C D E

W 6.14: Agile Methoden B
Erklären Sie den Begriff der „agilen Methoden".

W 6.15: Manifest der „Agile Alliance" B
Erklären Sie die Grundsätze für agile SW-Entwicklung im Manifest der „Agile Alliance".

W 6.16: Rollen bei Scrum B
Welche Rollen gibt es bei Scrum? Beschreiben Sie die damit verbundenen Verantwortlichkeiten.

W 6.17: Sprint und Daily Scrum B
Erklären Sie die Begriffe Sprint und Daily Scrum.

W 6.18: Burndown Chart B
Skizzieren und erklären Sie ein Burndown Chart.

W 6.19: Timeboxing B
Erklären Sie das Timeboxing.

W 6.20: User Stroies C
Zeigen Sie anhand eines Beispiels, wie User Stories eingesetzt werden.

W 6.21: Feature Driven Development B
Nennen und beschreiben Sie die Phasen des Feature Driven Development. Erklären Sie, warum FDD v. a. für große und festpreisige Projekte geeignet ist.

W 6.22: Rollen bei Feature Driven Development B
Welche Rollen gibt es bei FDD? Welche Verantwortlichkeiten sind damit verbunden?

W 6.23: Beschreibung von Features C
Beschreiben Sie ein Feature in der im FDD üblichen Form.

W 6.24: Werte bei eXtreme Programming B
Welche Werte kennzeichnen XP? Erklären Sie diese anhand von konkreten Beispielen.

W 6.25: Software-Entwicklungsprojekte nach XP B
Erklären Sie, wie ein Software-Entwicklungsprojekt nach XP abläuft. Welche Rollen sind definiert und welche Aufgaben übernehmen diese im Verlauf eines XP-Projekts?

W 6.26: Grundprinzipien von XP B
Zählen Sie einige wichtige Grundprinzipien sowie je drei Primär- und Folgepraktiken von XP auf und erklären Sie diese kurz.

W 6.27: Kanban B
Erklären Sie, in welcher Form Kanban in der Software-Entwicklung eingesetzt werden kann.

Ein kurzer Kompetenz-Check, bevor's weitergeht!

Kompetenz-Check

	☺	😐	☹
Ich weiß, was agile Projekte sind, und kann Grundsätze und Prinzipien der „Agile Alliance" erklären.			
Ich kenne Vorgehensweise, Rollen und Methoden von Scrum (FDD, XP, Kanban) und kann agile Vorgehensmodelle für eigene Software-Entwicklungsprojekte einsetzen.			
Ich kann die Werte, Prinzipien und Praktiken von eXtreme Programming (XP) beschreiben und deren Zusammenhang erklären.			

Lerneinheit 5

RUP – der Rational Unified Process

Der Rational Unified Process ist ein rein objektorientiertes Prozessmodell. Es geht von Anwendungsfällen aus und sieht eine iterative Entwicklung des Software-Produkts vor. Der RUP zeichnet sich weiters durch die gute Unterstützung der Unified Modeling Language (UML) aus. Bei der Beschreibung werden die englischen Begriffe des RUP verwendet – eine Gegenüberstellung im Schritt „Sichern" enthält auch die deutschen Übersetzungen.

SbX
Alle SbX-Inhalte zu dieser Lerneinheit finden Sie unter der ID: 0650.

Lernen

1 Grundidee des RUP

unified: einheitlich, konsolidiert, vereinigt

Der Rational Unified Process ist ein Prozessmodell für Software-Entwicklungsprojekte, das speziell auf die Erstellung nach objektorientierten Methoden ausgerichtet ist. Entwickelt wurde der RUP durch die Firma Rational. Die Bezeichnung „Rational Unified Process" wird seit 1998 verwendet, Vorgängermodelle gab es seit 1995. Rational wurde 2003 von IBM übernommen, wo nun auch die Weiterentwicklung und Unterstützung des RUP erfolgt.

Ursprünge des RUP liegen in dem von Ivar Jacobson entwickelten Prozess **„Objectory".** Gemeinsam mit Grady Booch und Jim Rumbaugh (genannt die „Drei Amigos") wurde bei Rational der RUP parallel zur UML (Unified Modeling Language) entwickelt.

Bei der Entwicklung des RUP wurden die „Best Practice"-Ansätze des Software-Engineerings, d. h. jene, die sich in der Praxis am besten bewährt hatten, berücksichtigt.

Der RUP ist gekennzeichnet durch folgende Merkmale:

Querverweis

- Die gesamte Tätigkeit im RUP orientiert sich an **Anwendungsfällen** – diese beschreiben die Anforderungen an das System. Einen Anwendungsfall kann man sich als ausführlichere und umfassendere „User Story" (siehe Scrum, S. 209ff.) vorstellen. Eine genaue Beschreibung erfolgt in Kapitel 8 – UML.
- Der gesamte Projektablauf ist in **vier Phasen** geteilt. Am Ende jeder Phase steht ein inhaltlich klar definierter **Meilenstein**.
- Zur Erreichung des Projektziels sind mehrere Prozesse – inhaltlich definierte **Workflows** – notwendig. Die Workflows laufen in unterschiedlicher Intensität parallel in allen Phasen ab.
- Jeder Workflow beschreibt, wer (Rolle im Team) welche Aktivität mit welchem Ergebnis wann durchzuführen hat („wer – wie – was – wann").
- Innerhalb der Phasen erfolgt die Entwicklungstätigkeit in kürzeren Zyklen, sogenannten **Iterationen.** Die Arbeit in einer Iteration ist auf die Meilenstein-Ergebnisse der Phase fokussiert; am Ende einer Iteration sollte immer eine lauffähige (Vorab-)Version des entwickelten Systems stehen (inkrementelle Entwicklung mit Prototyp bzw. Releases).
- Die Arbeit innerhalb der Iteration orientiert sich ebenfalls an den Workflows und durchläuft diese zyklisch.
- Letztlich fördert der RUP durch Einsatz der UML die Darstellung der **Gesamtarchitektur** des entwickelten Systems in unterschiedlichen, einander ergänzenden Sichtweisen bzw. Darstellungsformen.

Workflow: Arbeitsablauf

Iteration: Wiederholung

zyklisch: mehrfach wiederkehrend (wiederholend)

Die folgende grafische Darstellung zeigt, wie die Konzepte der Phasen, Workflows und Iterationen im RUP in Zusammenhang stehen.

Der Rational Unified Process

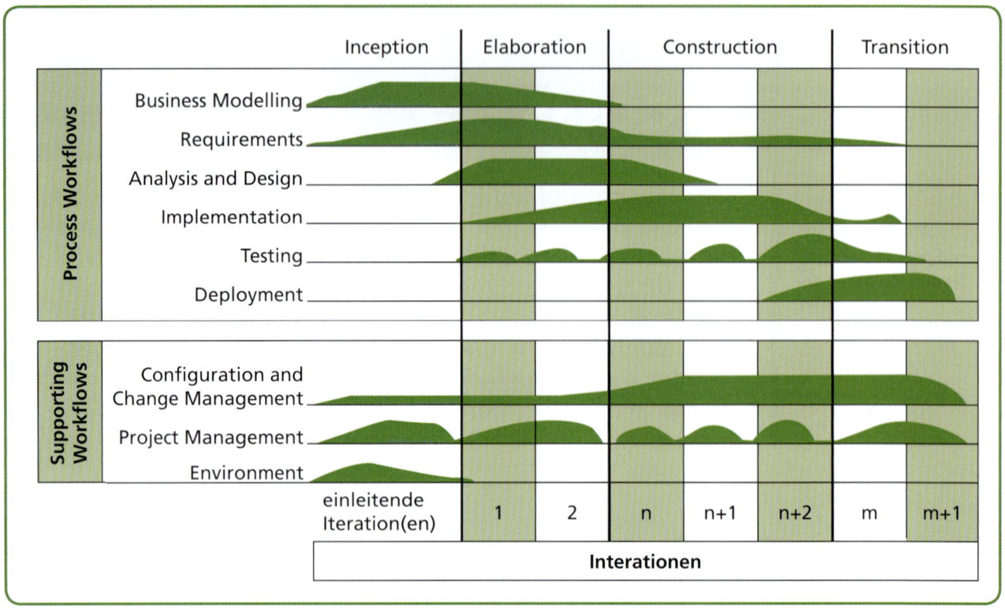

Die Fläche (bzw. Höhe) der Kurve zeigt die Intensität des jeweiligen Workflows an; die horizontale Achse stellt den zeitlichen Ablauf dar, und zwar in Form von Iterationen.

2 Iterationen

Kurze Entwicklungszyklen – z. B. mit einer Dauer von 2 bis 3 Wochen – ermöglichen ein **frühzeitiges Feedback** durch den Kunden und vermeiden böse Überraschungen am Ende des Projekts.

Innerhalb einer Iteration werden alle Process Workflows parallel durchlaufen, beginnend vom Business Modeling bis zum Deployment – mit unterschiedlichen Intensitäten zwischen Anfang und Ende der Iteration.

Die folgende Grafik zeigt den Ablauf einer Iteration – hier werden die einzelnen Prozesse „durchlaufen". Es können mehrere solcher Zyklen in einer Iteration stattfinden.

Iteration im RUP

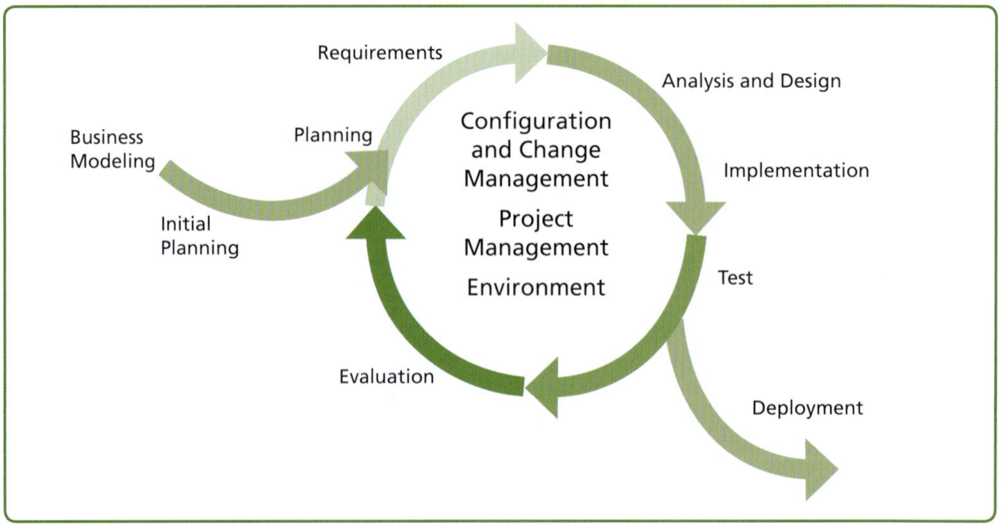

Am Beginn einer jeden Iteration steht der **Iterationsplan.** Dieser beschreibt die Aufgaben, Ziele und Rahmenbedingungen der bevorstehenden Iteration. Der Iterationsplan enthält:

- eine detaillierte Beschreibung des bevorstehenden Arbeitsabschnitts
- die Definition der Rollen des Arbeitsabschnitts, die von diesen durchzuführenden Arbeiten und zu erstellenden Artefakte

- eine genaue Beschreibung der zu erreichenden Ziele sowie Kriterien zur Messung des Fortschritts und der Zielerreichung
- Anfangs- und Endzeitpunkt sowie Fertigstellungstermine der Iteration. Die Dauer der Iteration orientiert sich an Projekt- und Teamgröße.

Als **„Build"** wird eine unvollständige und vorübergehende, aber ausführbare Version des Systems bezeichnet.

Wichtiges Merkmal der iterativen Entwicklung ist, dass am Ende der Iteration (meist) ein „Build" des in Entwicklung befindlichen Software-Produkts steht. Anhand des Build kann der Auftraggeber die Umsetzung seiner Anforderungen überprüfen und rückmelden. Das Projektteam lernt mit jedem Build mehr über das Systemverhalten, kann mögliche Risiken entdecken und im folgenden Build entschärfen.

Vorteile des iterativen Ansatzes sind:

- frühe Erkennung und Reduzierung von Risiken
- Änderungen sind leichter kontrollierbar.
- Lerneffekt für das Entwicklungsteam
- insgesamt verbesserte Qualität
- bessere Wiederverwendbarkeit

Ein weiterer Vorteil der iterativen und inkrementellen Entwicklung liegt in der Vermeidung des „Late Design Breakage".

Vermeidung des „Late Design Breakage" durch laufende Builds

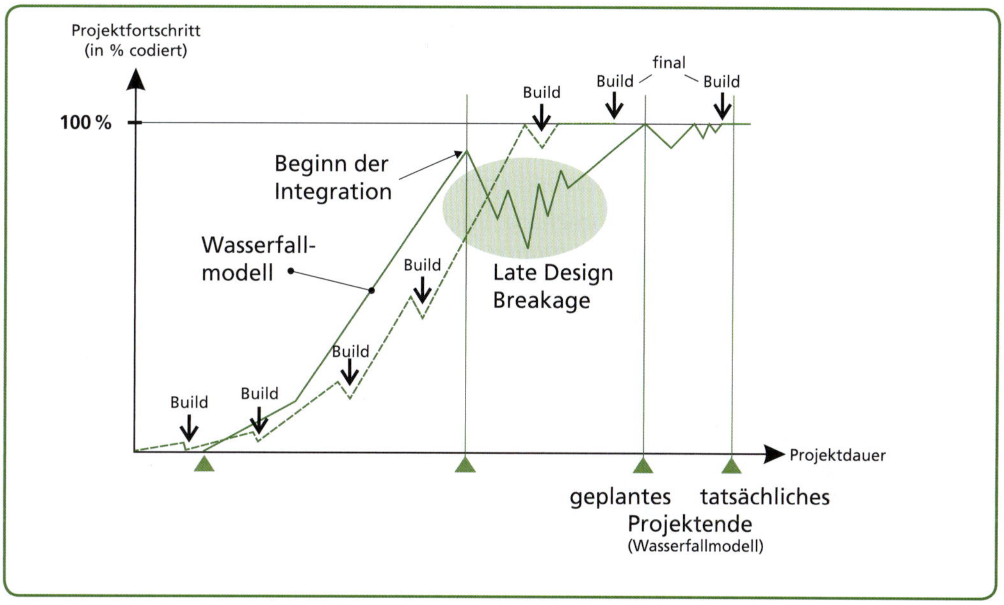

In konventionellen Prozessmodellen wie z. B. dem Wasserfallmodell werden zunächst alle Anforderungen erhoben, detailliert, Spezifikationen erstellt und die einzelnen Module der Software codiert. Eine Gesamtsicht des Systems ist in dieser Zeit nicht möglich. Erst mit Beginn der Integration werden Mängel, insbesondere Anforderungsmängel, sichtbar. In der Folge müssen in vielen Teilen der Software Änderungen durchgeführt werden, was insgesamt zu einer Destabilisierung und Verzögerung des Entwicklungsprozesses führt.

Auch bei iterativer Entwicklung treten nach jedem Build Rückschläge auf. Die Mängel beziehen sich jedoch meist nur auf die Programmteile seit dem letzten Build und sind daher weniger schwerwiegend und leichter handhabbar.

3 Phasen im RUP

Der RUP definiert klar das **Ziel** und die **Ergebnisse** jeder Phase.

Jede der Phasen im RUP besitzt eine klar definierte Aufgabe und wird durch einen Meilenstein abgeschlossen. An diesem Meilenstein wird die Erreichung der **Phasenziele** überprüft. Wurde das Phasenziel erreicht, erfolgt die Freigabe für die Folgephase. Wurde das Phasenziel nicht erreicht, müssen geeignete Maßnahmen ergriffen werden oder es kann (bei den ersten beiden Meilensteinen) ein Projektabbruch erwogen werden.

Phasen und Meilensteine des RUP

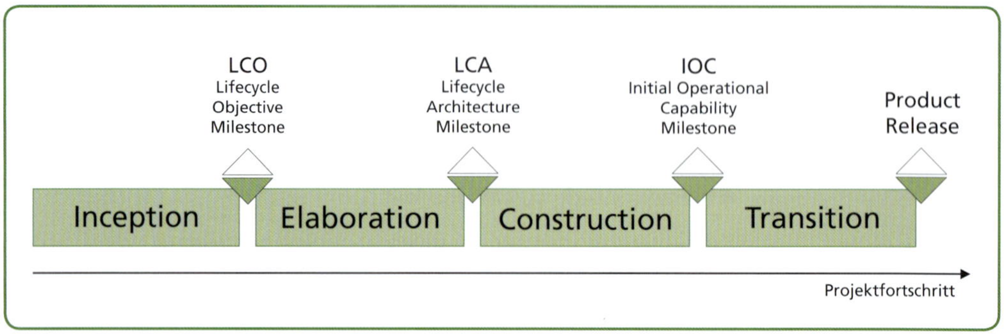

Jede der Phasen erfüllt eine spezielle Aufgabe im Projektverlauf:

- **Inception-Phase:** Abgrenzung des Projektumfangs und Beschreibung der wesentlichen (essentiellen) Geschäftsfälle. Machbarkeit und Wirtschaftlichkeit des Projekts sind zu analysieren. Aufwand und Kosten werden geschätzt, der Projektablauf wird grob fixiert.
- **Elaboration-Phase:** Wichtigste Phase im Projektverlauf – am Ende der Phase muss entschieden werden, ob bzw. wie das System erstellt wird („Point of No Return"). In dieser Phase muss das zu erstellende System vollständig analysiert sein und evtl. als früher Prototyp mit den kritischen Anwendungsfällen laufen. Architektur, Anforderungen, Planung, Aufwandsschätzung müssen in einen stabilen Zustand gebracht, mögliche Risiken minimiert werden.
- **Construction-Phase:** „Produktion" des geplanten Systems. Entwicklung und Test aller Komponenten, Komplettierung des Endprodukts
- **Transition-Phase:** Diese Phase beginnt, sobald eine Produktversion („Baseline") vorliegt, die so stabil ist, dass sie (mit der geeigneten Dokumentation) dem Kunden/Benutzer übergeben werden kann. Der Arbeitsschwerpunkt verlagert sich auf Anpassungsarbeiten oder Korrekturen am System.

Dauer und Aufwand der einzelnen Phasen sind in der folgenden Grafik dargestellt. Dabei handelt es sich um durchschnittliche Erfahrungswerte aus einer Vielzahl von Projekten – individuell können diese Werte natürlich abweichen.

Aufwand und Dauer der Phasen des RUP

Beachten Sie: Dauer (gemessen in Tagen, Wochen ...) ist nicht dasselbe wie Aufwand (gemessen in geleisteten Arbeitsstunden)!

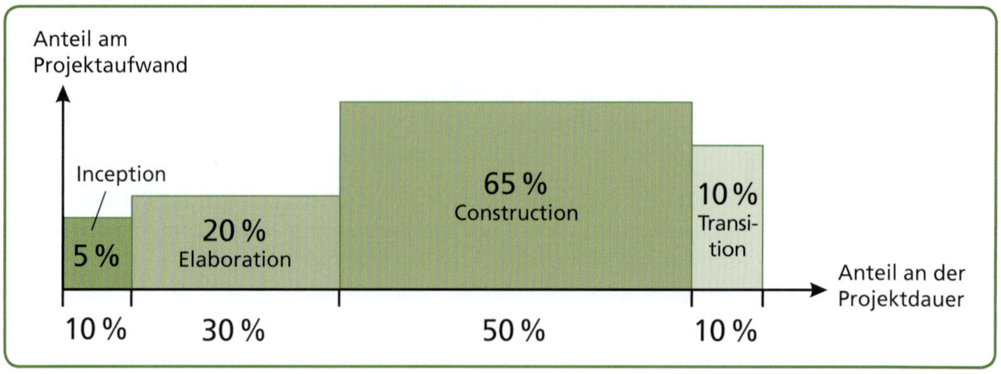

Die folgende Tabelle fasst die **wichtigsten Aufgaben bzw. Ergebnisse der RUP-Phasen** zusammen:

Phase	Phasenergebnisse	Meilenstein-Kriterien
Inception	• eine grobe Projektbeschreibung • erstes Use-Case-Modell (10 %–20 %) • erstes Projekt-Glossar • Wirtschaftlichkeitsanalyse des Projekts • erste Risiko-Abschätzung • Projektplan mit Phasen und Iterationen • evtl. ein Geschäftsmodell • erste Prototypen	• Zustimmung der Stakeholder zu Umfang, Kosten und Terminen des Projekts • Klarheit über die Anforderungen auf Basis der ersten Use-Cases • Verbindlichkeit der Zeit-/Kostenschätzungen, Prioritäten, Risiken und des geplanten Projektablaufs • Akzeptanz des Architektur-Prototyps • keine Überschreitung der geplanten Kosten
Elaboration	• Use-Case-Modell, mindestens zu 80 % fertig • ergänzende nicht-funktionale Anforderungen • Beschreibung der Software-Architektur • funktionsfähiger Architektur-Prototyp • eine überarbeitete Risiko-Analyse • eine überarbeitete Geschäftsfall-Beschreibung • die Planung für das gesamte Projekt mit Iterationsplan und -ergebnissen • ein vorläufiges Benutzerhandbuch	• stabiler Produktentwurf • stabiles Architekturmodell • Berücksichtigung der Hauptrisiken im Prototyp erkennbar • ausreichend detailliert geplante Construction-Phase auf Basis verlässlicher Aufwandsschätzungen • Zustimmung aller Stakeholder zur Weiterführung des Projekts auf Basis des aktuellen Standes • keine wesentliche Abweichung bei den Kosten bis zu diesem Zeitpunkt
Construction	• ein auf der gewünschten Plattform lauffähiges Software-Produkt • die Benutzerhandbücher • eine Beschreibung des Releases	• hinreichende Stabilität des Produktes für die Freigabe • Zustimmung aller Stakeholder, die Software den Nutzern zu übergeben • akzeptable Kostenperformance
Transition	• Übernahme des Software-Produkts durch den Kunden • Entlastung des Projektteams durch die Stakeholder – Bestätigung der Zielerreichung • zügige Erstellung der letztgültigen Produktversion (final baseline)	• Kundenzufriedenheit • Projektkosten entsprechen den geplanten Kosten

Die Frage, die sich noch stellt, ist, wie viele Iterationen in einer Phase durchgeführt werden sollen. Dazu gibt es die **„6-plus/minus-3-Regel“**: Bei normalen Projekten sind insgesamt sechs Iterationen erforderlich, einfache Projekte kommen mit weniger aus (minus drei), komplexe benötigen mehr (plus drei). Die folgende Tabelle zeigt die Aufteilung der Iterationen nach Phasen.

Projektstufe	Iterationen gesamt	Inception	Elaboration	Construction	Transition
einfach	3	0	1	1	1
mittel	6	1	2	2	1
komplex	9	1	3	3	2

4 Prozesse im RUP

Im RUP sind Prozesse nicht an eine bestimmte Phase gebunden, sie erstrecken sich mit unterschiedlicher Intensität über das gesamte Projekt. Jeder Prozess wird durch eine **Folge von Aktivitäten** beschrieben (meist unter Verwendung des UML-Activity-Diagramms) sowie durch Personen (Rollen), Aktivitäten und Ergebnisse.

Process: Gemeint ist hier der eigentliche Prozess der Software-Entwicklung.

Process Workflows

- **Business Modeling:** Das Business-Modell stellt in Übersichtsform die Geschäftsprozesse dar, zu deren Unterstützung das Software-Produkt erstellt wird. Es beschreibt das betriebliche Umfeld und bietet eine globalere Sichtweise, die nicht auf den Projektumfang begrenzt ist. Die Erstellung eines Business-Modells ist optional.
- **Requirements:** Ziel ist die Erarbeitung und Beschreibung aller Anforderungen an die zu erstellende Software in einer Weise, die eine Kommunikation zwischen Entwicklern und Stakeholdern (üblicherweise Nicht-Technikern) ermöglicht. Dazu werden „Actors", das sind Benutzer, und weitere Systeme identifiziert, das Systemverhalten wird in Form von Anwendungsfällen beschrieben. Als Darstellungsform dienen Use-Case-Modelle – sie bilden die Basis für alle weiteren Entwicklungsaktivitäten.
- **Analysis and Design:** In diesem Workflow wird der Systementwurf erarbeitet – quasi der Bauplan für die zu erstellende Software. Das entstehende Design-Modell liefert eine vollständige Darstellung des Systems, strukturiert in Subsysteme, Pakete, Komponenten, Klassen. Ziel ist der Entwurf einer robusten Architektur, die einfach zu implementieren ist und allen gestellten Anforderungen hinsichtlich Funktionalität, Robustheit, Performance, Testbarkeit usw. entspricht.
- **Implementation:** In diesem Workflow erfolgt die Umsetzung des Designs – Implementierung von Klassen und Objekten, Test und Integration der neuen Teile sowie Erstellung von Komponenten und (Sub-)Systemen. Ergebnis der Implementation ist immer ein lauffähiges System mit (im Projektverlauf) wachsender Funktionalität.

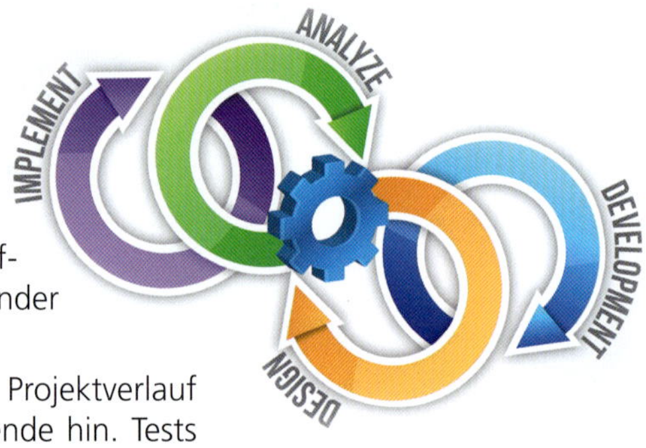

- **Test:** Der Test-Workflow findet im gesamten Projektverlauf statt, mit wachsender Intensität zum Projektende hin. Tests im RUP können sinnvoll nur automatisiert durchgeführt werden. Aufgabe des Workflows sind (vorbereitend) Planung, Design und Implementierung der Tests sowie (durchführend) Integrationstests, Systemtests und Testevaluierung.
- **Deployment:** Der Deployment-Workflow beschäftigt sich mit der Frage, wie die Software zum Kunden kommt. Dies beinhaltet die Erstellung und Verteilung von Releases, in vielen Fällen Unterstützung bei der Installation und bei Beta-Tests, Umstieg (Migration) von der bestehenden auf die neue Lösung. Auch die formale Abnahme gehört zu diesem Workflow.

Deployment: Einsatz, Verteilung

Support: Unterstützung

Supporting Workflows

Querverweise

- **Configuration and Change Management:** beinhaltet das Konfigurations- und Änderungsmanagement, das ebenfalls nur werkzeugunterstützt durchgeführt werden kann (vgl. Kapitel 9, Lerneinheit 2).
- **Project Management:** beinhaltet das klassische Projektmanagement, wie es in den Kapiteln 1 bis 6 beschrieben ist.
- **Environment:** Dieser Workflow dient dazu, den notwendigen organisatorischen Rahmen sowie die erforderlichen Ressourcen (Entwicklungswerkzeuge für die jeweiligen Projektmitglieder) zur Verfügung zu stellen. Eine weitere Aufgabe ist es, den RUP an die Anforderungen des aktuellen Projekts anzupassen.

Statische Elemente des Workflows

Diese Symbole (Worker, Activity ...) werden auch bei der Beschreibung des RUP verwendet.

Statische Elemente des Workflows

Bei der detaillierten Beschreibung der Workflows zeigt der RUP in Diagrammen die Akteure, Aktivitäten sowie weitere Objekte, sogenannte „Artefakte" (s. u.). Es wird die folgende Symbolik verwendet:

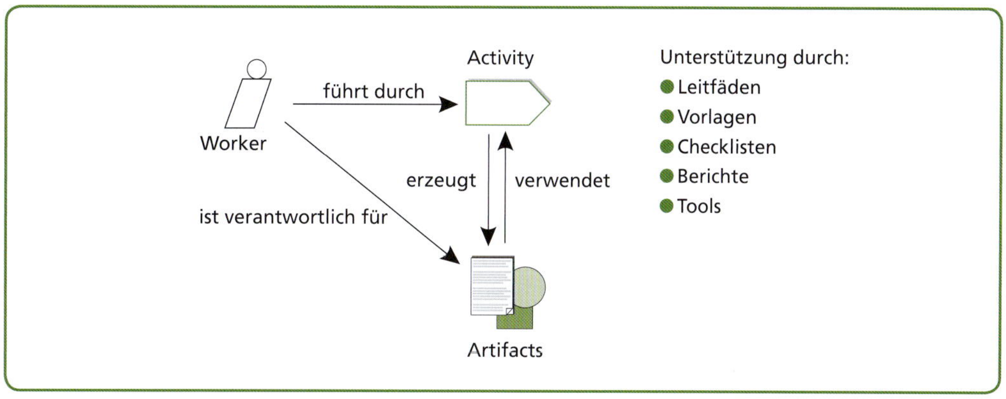

- **Worker:** Person/en, welche innerhalb des Prozesses eine bestimmte Aktivität durchführt/durchführen. Genauer wird damit eine Rolle bezeichnet. Eine bestimmte Person kann im Projektverlauf auch mehrere Rollen innehaben. Der RUP definiert bereits eine Vielzahl von Rollen, die bei Bedarf auch erweitert werden können.
- **Activity:** kann mit einem Arbeitspaket verglichen werden. Eine Activity muss vollständig durchgeführt werden, damit sie ein sinnvolles Ergebnis liefert, d. h., am Ende jeder Activity steht ein neues Artefakt.
- **Artifact:** Der RUP beschreibt das Artefakt als einen „... Teil an Information, das produziert, modifiziert oder vom Prozess genutzt wird und dem Versionsmanagement unterliegt. Ein Artefakt kann ein Modell, ein Modellelement oder ein Dokument sein." Artefakte werden den einzelnen Prozessen zugeordnet, wobei die Gesamtheit der Artefakte eines Prozesses als „Set" bezeichnet wird (z. B. als „Design Set").

Bei IBM wird synonym als neuere Bezeichnung für „artifact" auch der Begriff **„Work Product"** verwendet.

Während des Projektverlaufs vervollständigen sich diese Sets, wie die folgende Abbildung zeigt:

Fertigstellungsgrade der Sets in den einzelnen Phasen des RUP

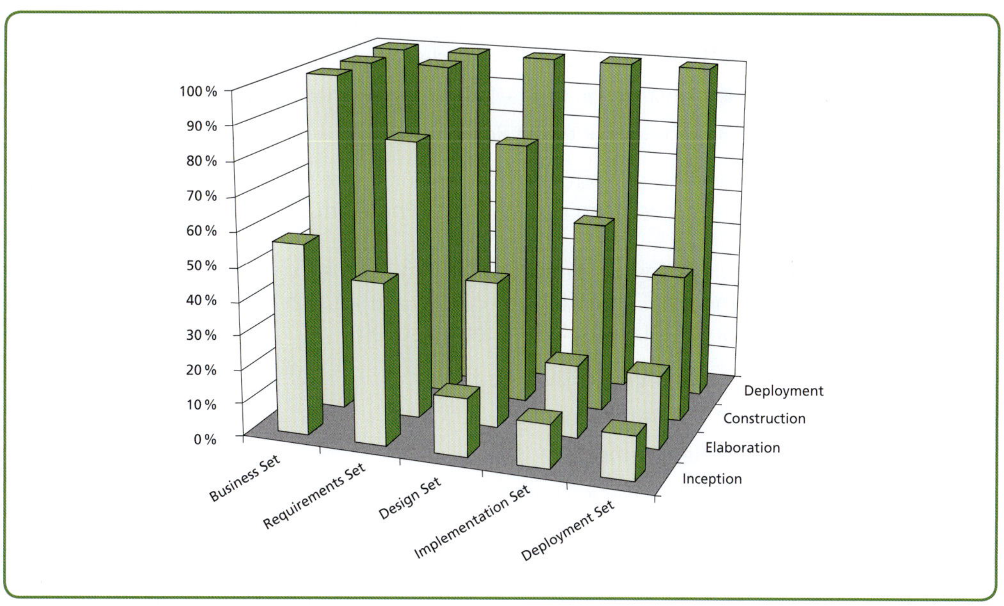

Weitere Elemente:

- **Guidelines:** unterstützen die Projektmitarbeiter bei der Abarbeitung ihrer Activities
- **Templates:** Vorlagen für Dokumente, um einen einheitlichen Aufbau in allen Projekten nach dem RUP zu gewährleisten
- **Tool Mentor:** „Online-Berater" in Software-Werkzeugen zur Unterstützung des RUP. Entspricht einer Hilfe-Funktion, die zugleich methodische Kompetenz aufweist

Üben

A B C D E

Ü 6.16: Fallbeispiel „BonOnline" – Projektplanung mit dem RUP C

Der RUP gefällt Ihnen, deshalb wollen Sie ihn im Projekt „BonOnline" anwenden. Allerdings stoßen Sie mit diesem Vorschlag auf Widerstand bei den Projektverantwortlichen (außerhalb des Teams). Bereiten Sie daher – im Team – eine Präsentation mit PowerPoint vor, in welcher Sie

a) den RUP kurz vorstellen,

b) die Vorteile, die der Einsatz des RUP Ihrem Projekt bringen würde, herausarbeiten,

c) konkrete Termine für Phasen und Iterationen sowie Artefakte angeben, d. h., wie Sie das Projekt mit dem RUP planen würden.

Sichern

SbX ID: 0653

Rational Unified Process (RUP)

Der **Rational Unified Process (RUP)** ist ein an objektorientierten Methoden ausgerichtetes Prozessmodell für Software-Entwicklungsprojekte. Er wurde ab ca. 1995 von der Firma Rational entwickelt, 2003 von IBM übernommen und weiterentwickelt.

Elemente des RUP

Der RUP schreibt **vier Phasen** vor, mit jeweils einem Meilenstein am Ende. **Neun Workflows** beschreiben die durchzuführenden Tätigkeiten, sie werden in unterschiedlicher Intensität während des gesamten Projekts durchgeführt. Jede der Phasen besteht aus einer oder mehreren **Iterationen.**

Phasen des RUP

Die Phasen des RUP mit jeweils abschließendem Meilenstein sind:

- Inception (LCO – Lifecycle Objective Milestone)
- Elaboration (LCA – Lifecycle Architecture Milestone)
- Construction (IOC – Initial Operational Capability Milestone)
- Transition (Product Release)

Die Phasen werden genauer durch ihre **Phasenergebnisse** sowie **Meilenstein-Kriterien,** die beim Übergang in die nächste Phase erfüllt sein müssen, beschrieben.

Workflow des RUP

Die Arbeit am Projekt erfolgt im Rahmen von Workflows; es gibt **Process Workflows,** die sich mit der Entwicklung der Software an sich beschäftigen, sowie **Supporting Workflows,** die unterstützende Aktivitäten vorsehen.

Process Workflows sind:

- Business Modeling
- Requirements
- Analysis and Design
- Implementation
- Deployment

Supporting Workflows sind:

- Configuration and Change Management
- Project Management
- Environment

statische Elemente des Workflows

Zur Beschreibung der Workflows werden als statische Elemente der **Worker,** die **Activity** und das **Artefakt** verwendet. Weiters unterstützen Guidelines, Templates und der Tool Mentor den RUP.

Iteration

Eine Iteration ist ein **relativ kurzer Entwicklungsabschnitt** (z. B. zwei bis vier Wochen) innerhalb einer Phase. Die Process Workflows werden ein bis mehrere Male durchlaufen, nach jedem Durchlauf werden die Ergebnisse evaluiert. Der genaue Ablauf wird im **Iterationsplan** festgeschrieben. Je nach Komplexität eines Projekts werden drei bis neun Iterationen durchgeführt.

iterativ

„Iterativ" bedeutet in diesem Zusammenhang, sich **schrittweise in wiederholten Entwicklungstätigkeiten** an ein gewünschtes Ergebnis anzunähern.

Build

Build bezeichnet eine **unvollständige und vorübergehende, aber ausführbare Version** des zu entwickelnden Systems. Die häufigere Erstellung von Builds in SWE-Projekten führt insgesamt zu einem stabileren und vorhersagbareren Projektablauf.

Artefakt

Ein **Artefakt** ist ein „Objekt", das im Rahmen des Projektverlaufs erzeugt, verwendet und dem Versionsmanagement unterworfen wird. Artefakte können z. B. Dokumente, Programmcode, Berichte, Checklisten etc. sein. Die Gesamtheit der Artefakte eines Prozesses ist ein **„Set"**.

Vokabeln dieser Lerneinheit

Deutsch	Englisch
Aktivität, Arbeitspaket	activity
Analyse und Entwurf	analysis and design
Artefakt	artifact
Geschäftsprozessmodellierung	business modeling
Änderungs- bzw. Konfigurationsmanagement	change management
Konstruktion	construction
Auslieferung	deployment
Ausarbeitung, Entwurf	elaboration
Umgebungs-Workflow (Werkzeugausstattung)	environment
Implementierung (Umsetzung)	implementation
Beginn, Konzept, Vorbereitung	inception
Iteration	iteration
„produzierende" Arbeitsabläufe	process workflows
Projektmanagement	project management
Anforderungsdefinition	requirements
unterstützende Arbeitsabläufe	support workflows
Test	testing
Übergang, Einführung	transition
Rolle	worker

SbX
ID: 0653

Eine Audio-Wiederholung mit Audio-Player und MP3-Download sowie eine Bildschirmpräsentation mit den Grafiken dieser Lerneinheit finden Sie unter der ID: 0653.

Wissen

A B C D E

W 6.28: Phasen des RUP B

In welche Phasen gliedert sich der RUP? Beschreiben Sie die Arbeitsschwerpunkte in den einzelnen Phasen.

W 6.29: Aufwand und Dauer der RUP-Phasen A

Wie lange dauert ca. jede einzelne Phase und wie viel Projektaufwand steckt in jeder der Phasen (grobe Richtwerte)?

W 6.30: Meilensteine im RUP B

Welche Meilensteine liegen am Ende der RUP-Phasen? Nennen Sie die Bezeichnungen der Meilensteine sowie Ergebnisse, die zu diesem Meilenstein vorliegen sollen.

W 6.31: Workflows im RUP B

Welche Workflows sieht der RUP vor? Beschreiben Sie die Hauptaufgaben jedes Workflows.

W 6.32: Iterativ-inkrementelle Software-Entwicklung B

Was bedeutet „iterativ-inkrementelle Software-Entwicklung"?

W 6.33: Prozesse und deren Reihenfolge in einer Iteration A

Wie sieht ein Iterationsdurchlauf im RUP aus? (Richtige Reihenfolge der Prozesse!)

W 6.34: Iterationsplan A

Welche Punkte werden in einem Iterationsplan beschrieben bzw. festgelegt?

W 6.35: Anzahl von Iterationen in Projekten nach dem RUP A

Wie viele Iterationen sieht der RUP in einem Projekt vor?

W 6.36: Artefakte B

Was ist ein Artefakt? Nennen Sie auch Beispiele.

W 6.37: Builds B

Was versteht man unter einem „Build"? Erklären Sie die Vorteile häufiger Builds.

Ein kurzer Kompetenz-Check, bevor's weitergeht!

Kompetenz-Check

	☺	😐	☹
Ich kenne die Phasen, Meilensteine und Workflows des RUP und kann Prinzip und Vorteile des iterativen Entwicklungsansatzes beschreiben.			
Ich kann die Aufgaben in den Phasen des RUP, die Phasenergebnisse und die Meilenstein-Kriterien beschreiben.			
Ich kann die Arbeitsschwerpunkte der Workflows beschreiben und kenne auch deren statische Elemente.			

7 SYSTEMANALYSE UND ANFORDERUNGEN

Worum geht's in diesem Kapitel?

Am Beginn eines Software-Entwicklungsprojekts stehen die Erhebung und Analyse des Ist-Zustands sowie das Ermitteln der Anforderungen an die neue Lösung. Die unterschiedlichen Erhebungstechniken – Interview, Fragebogen, Dokumentenstudie etc. – unterstützen den Systemplaner dabei, einerseits den „Status quo" der aktuellen Lösung zu ermitteln, andererseits die Anforderungen und Wünsche der Stakeholder an die neu zu erstellende Lösung zu bestimmen.

Formal findet diese Arbeit ihren Ausdruck im Pflichtenheft – jenem Dokument, in dem die Ausgangssituation, alle Ziele und Anforderungen an das neue System sowie die Rahmenbedingungen für die Umsetzung festgeschrieben und verbindlich zwischen Auftraggeber und Auftragnehmer (dem Projektteam) vereinbart werden.

Parallel zur Erstellung des Pflichtenhefts müssen der zu erwartende Aufwand bzw. die Kosten für die Realisierung der neuen Lösung ermittelt werden – ein schwieriges Unterfangen, da ja zu diesem Zeitpunkt naturgemäß nur wenige und unvollständige Informationen über die Umsetzung vorliegen. Dieser Schritt ist sowohl bei externen Auftraggebern (Angebotspreis) als auch bei internen Projekten (Make-or-Buy-Entscheidung) wichtig. Verfahren der Aufwandsschätzung unterstützen den Systemplaner bei dieser Aufgabe.

Am Ende dieses Kapitels sollten Sie

- die Verfahren zur Ist-Aufnahme kennen,
- beurteilen können, welche Verfahren in einem konkreten Projekt einzusetzen sind, und die Ist-Aufnahme vorbereiten und durchführen können,
- die Bedeutung und den Aufbau des Pflichtenhefts kennen,
- ein Pflichtenheft für ein konkretes Projekt konzipieren und erstellen können,
- die Grundlagen sowie mögliche Verfahren für die Bestimmung des Aufwands eines Software-Entwicklungsprojekts kennen,
- den Aufwand eines konkret beschriebenen Software-Entwicklungsprojekts anhand der Function-Point- oder Use-Case-Points-Methode ermitteln können,
- den voraussichtlichen Aufwand eines konkreten Software-Entwicklungsprojekts unter Einbeziehung eigener Erfahrungswerte bestimmen können.

A B C D E

In diesem Kapitel finden Sie Übungsaufgaben, praxisbezogene Fallbeispiele und Aufgaben zur Lernkontrolle zur Überprüfung Ihrer Kompetenzen auf den Handlungsebenen **A Wiedergeben**, **B Verstehen**, **C Anwenden**, **D Analysieren & Interpretieren** und **E Entwickeln**.

Dieses Kapitel umfasst folgende Lerneinheiten:

1 Anforderungsanalyse
2 Das Pflichtenheft
3 Grundlagen der Aufwandsschätzung
4 Verfahren der Aufwandsschätzung

Lerneinheit 1

Anforderungsanalyse

SbX
Alle SbX-Inhalte zu dieser Lerneinheit finden Sie unter der ID: 0710.

Die Anforderungsanalyse findet in den Workflows Business Modeling und Requirements des RUP statt. Ziel der Anforderungsanalyse ist es, die Anforderungen (Requirements) des Kunden an das zu entwickelnde Software-Produkt zu ermitteln, zu ordnen, Widersprüche zu bereinigen und zu dokumentieren. Die Erhebung und Bestimmung der Anforderungen werden von verschiedenen Erhebungs- und Analysetechniken unterstützt. Die so gefundenen Anforderungen bilden die Basis für die Spezifikation und (am Projektende) für die Validierung, ob das Projektziel erreicht wurde.

Lernen

1 Interview

Die **Hauptziele eines Interviews** bei der Systemplanung sind die Gewinnung qualitativer Informationen und die Etablierung einer konstruktiven Zusammenarbeit.

Das Interview ist die am häufigsten eingesetzte Ist-Aufnahmetechnik. Es wird meist in Verbindung mit weiteren Erhebungstechniken benutzt.

Das Interview zählt (neben der Beobachtung) zu den **direkten Erfassungsmethoden.** Nach den folgenden Gesichtspunkten werden verschiedene Interviewformen gestaltet:

- standardisiertes, halb oder nicht standardisiertes Interview
- weiches, neutrales oder hartes Interviewerverhalten
- offene oder geschlossene Fragen
- direkte oder indirekte Fragen

Geschlossene Fragen: Die Antwortmöglichkeiten sind vorgegeben.

Indirekte Fragen werden oft bei heiklen Themen eingesetzt.

Erfolgsfaktoren für das Interview: klare Formulierung der Interviewziele, rhetorische sowie fachliche Kompetenz des Interviewers im Befragungsbereich, konsequente aber flexible Verfolgung der gesetzten Ziele.

Da bei der Systemerhebung eher komplexe Zusammenhänge zu klären sind, eignen sich halb oder nicht standardisierte Interviewformen am besten. Das standardisierte Interview eignet sich für eine breite Erhebung von v. a. quantitativer Information.

Die **Erhebung** mittels Interview wird in **drei Abschnitte** untergliedert:

- Interviewvorbereitung (interview preparation)
- Interviewdurchführung (interview session)
- Interviewauswertung (interview follow up)

Die **Interviewdurchführung** gestaltet sich wieder in **drei Phasen:**

- Einführungsphase
- Befragungsphase
- Schlussphase

Aufgrund des hohen Aufwands und der primär qualitativen Informationen sollte das Interview vor allem mit Schlüsselpersonen des zu erhebenden Systemumfelds geführt werden (Experteninterviews).

Vorteile des Interviews:

- Möglichkeit zur Vertiefung der Befragung durch Zusatzfragen und Verständnisfragen
- Möglichkeit zur Steigerung der Motivation der/des Befragten

Nachteile des Interviews:

- hoher Zeitaufwand
- hohe Anforderungen an die Qualifikation der Interviewer
- Störung der/des Interviewten bei der Aufgabenerfüllung

2 Fragebogen

Der Fragebogen eignet sich vor allem zur **Erhebung quantitativer Informationen** bei einer Vielzahl von Befragten.

Wichtige Festlegung **vor** Erstellung eines Fragebogens: Welche Aussagen sollen nach Auswertung des Fragebogens getroffen werden können?

Bei jeder Frage ist zu prüfen, wie sie ausgewertet werden kann und ob sie zum ursprünglich formulierten Ziel des Fragebogens (gewünschte Aussagen) beiträgt.

Der Fragebogen ist eine geordnete Menge von Fragen, die vom Aufgabenträger schriftlich beantwortet werden soll. Der Fragebogen sollte stets nur als **ergänzendes Hilfsmittel** eingesetzt werden. Er kann als ein schriftliches, standardisiertes Interview mit geschlossenen Antworten aufgefasst werden.

Fragebögen können nach folgenden Gesichtspunkten gestaltet werden:

- Individual- oder Gruppenfragebogen
- Fragebogen mit standardisierten, halb standardisierten und nicht standardisierten Fragen

Vorteile der Fragebogentechnik:

- schriftliche Ergebnisse
- Anwendung der Wahrscheinlichkeitsrechnung
- geringe Kosten

Nachteile der Fragebogentechnik:

- geringe Antwortquote
- Missverständnisse möglich
- aufwendige Auswertung bei freien Fragen

Vor Durchführung der eigentlichen Befragung sollte der Fragebogen einer (repräsentativen) Testgruppe vorgelegt und die Ergebnisse sollten hinsichtlich der Tauglichkeit des Fragebogens evaluiert werden.

3 Beobachtung

Eine Beobachtung ist die Deckung des Informationsbedarfs durch **sinnliche Wahrnehmungen** des Systemplaners im Untersuchungsbereich ohne Beteiligung des Aufgabenträgers. Die Beobachtung wird zu den **direkten Erfassungsmethoden** gezählt.

Tätigkeiten, die als „selbstverständlich" empfunden werden, können leichter durch Beobachtung als durch Interviews erhoben werden.

Beobachtungsformen werden nach folgenden Kriterien unterschieden:

- offene oder verdeckte Beobachtung
- strukturierte oder unstrukturierte Beobachtung
- aktiv teilnehmende oder passive Beobachtung
- Dauerbeobachtung oder unterbrochene Beobachtung

Verdeckte Beobachtungen, d. h. Beobachtungen, die „getarnt" vorgenommen werden, sind im Bereich der Organisation nicht üblich.

Verdeckte Beobachtungen werden z. B. im Bereich der Marktforschung (Produktwahl) eingesetzt.

Dauerbeobachtungen bieten eine große Genauigkeit und Vollständigkeit, werden aber selten angewendet, da sie sehr zeitaufwendig und psychologisch belastend sind sowie die Gefahr von Verfälschungen mit sich bringen.

Demgegenüber bietet die **Multimomentaufnahme** ein „Stichprobenverfahren", bei dem aus einer Vielzahl von Augenblickbeobachtungen statistisch gesicherte Mengen- oder Zeitangaben abgeleitet werden.

Eine Beobachtung ermöglicht, Abweichungen vom dokumentierten „Idealzustand" (vgl. Dokumentenauswertung) festzustellen.

Beobachtungstechniken werden vor allem im Bereich der traditionellen Arbeitsplatz- und Arbeitszeitgestaltung eingesetzt. Im Software-Engineering können sie helfen, ergonomische, d. h. von einem herkömmlichen Arbeitsablauf abgeleitete, Benutzerschnittstellen zu entwickeln (z. B. Usability-Untersuchungen in der Software-Ergonomie).

4 Selbstaufschreibung

Die Selbstaufschreibung ist kein Tagebuch, sondern eine **strukturierte Aufzeichnung relevanter Ereignisse und Handlungen.**

Wichtig für die Kooperation mit dem Aufgabenträger sind ein möglichst geringer Aufwand bei der Durchführung sowie vertrauensbildende Maßnahmen im Vorfeld.

Die Selbstaufschreibung ist die Dokumentation von Informationen zur Deckung des Informationsbedarfs der Ist-Zustandserfassung durch die Aufgabenträger ohne direkte Mitwirkung des Systemplaners.

Der **Vorgehensrahmen** für die Selbstaufschreibung ist:

- Aufnahmefestlegung
- Aufnahmevorbereitung
- Mitarbeiterinformation
- Durchführung
- Auswertung

Vorgefertigte Formulare mit Strichlisten, Kästchen zum Ankreuzen etc. erleichtern den Betroffenen die Durchführung der Selbstaufschreibung – und darüber hinaus die Auswertung durch den Systemplaner.

Vorteile der Selbstaufschreibung:

- Möglichkeit der Totalaufnahme
- Entlastung des Systemplaners

Nachteile der Selbstaufschreibung:

- Möglichkeit der bewussten Verfälschung
- Widerstände vonseiten des Aufgabenträgers

5 Dokumentenauswertung

Die Dokumentenauswertung ist eine meist **leicht verfügbare Informationsquelle,** deren Relevanz aber immer hinterfragt werden sollte.

Der Begriff der Dokumentenauswertung (auch: Dokumentationsauswertung, Dokumentenanalyse) wird in mehrfacher Hinsicht verwendet:

- **Dokumentation des bestehenden Systems**

  In diesem Sinne ist die Dokumentenauswertung als die Deckung des Informationsbedarfs der Ist-Zustandserfassung durch systematische Einsichtnahme in vorhandene Aufzeichnungen über den Untersuchungsbereich zu verstehen. Notwendige Voraussetzungen für eine solche Auswertung sind Vollständigkeit, Hinlänglichkeit und Aktualität (d. h. Konsistenz mit dem Ist-Zustand) der herangezogenen Unterlagen.

- **Vorhandene Studien über das bestehende System**

  Gibt es ein Problem bereits seit längerer Zeit, besteht die Möglichkeit, dass frühere Lösungsversuche, auch in Form firmeninterner Untersuchungen, vorhanden sind. Selbst fehlgeschlagene oder ergebnislose Untersuchungen bieten wertvolle Informationen und Einblicke in die Problemdefinition.

Achten Sie bei den Arbeitsmitteln auf **handschriftliche Ergänzungen:** Sie deuten auf Anforderungen (Sonderfälle) hin, die das bestehende System nicht erfüllt.

- **Belege und Formulare**

  Der Zweck dieser Analyse ist es, alle Belege zu erheben, die in dem zu untersuchenden Bereich verwendet und produziert werden. Die Ergebnisse dieser Analyse bilden die Grundlage für die spätere Spezifikation der Gestaltung der Eingabe und Ausgabe der Funktionen. Belege und Formulare werden auch als **Arbeitsmittel** bezeichnet.

6 CRC-Karten

Die CRC-Technik wurde Ende der 1980er-Jahre von den XP-Pionieren Ward Cunningham und Kent Beck entwickelt.

CRC steht für **Class Responsibility Collaboration** und hat zum Ziel, ausgehend von Anwendungsfällen ein Klassenmodell aufzubauen, wobei jede Klasse zumindest durch ihre Verantwortlichkeiten und Kooperationen beschrieben wird. CRC wurde ursprünglich als Unterrichtshilfsmittel für den objektorientierten Entwurf entwickelt, hat sich aber insbesondere bei den „agilen Methoden" als eigene Technik etabliert.

Die Entwicklung der CRC-Karten erfolgt in Gruppen mit fünf bis sechs Mitgliedern. Das Ziel der Sitzung ist es, ein erstes Klassenmodell für die geplante Anwendung zu erarbeiten. Als Hilfsmittel sind lediglich CRC-Karten, ca. im Format A6, notwendig. Diese können bereits vorgedruckte Felder für die Eintragungen haben, es können aber auch leere Karten sein.

Die folgende Abbildung zeigt einige CRC-Karten aus einer Sitzung. Dabei geht es um die Entwicklung einer Verwaltung von Veranstaltungen eines Kulturvereins. Für diesen Entwurf wurden leere Karten verwendet.

CRC-Karten

Eine **CRC-Sitzung** sollte sich jeweils auf einen Teilaspekt der zu entwickelnden Software konzentrieren. Sie läuft üblicherweise wie folgt ab:

- **Zusammenstellen der Gruppe:** Je nach Ziel der CRC-Sitzung können unterschiedliche Personen (Rollen im Projekt) nötig sein. Alle müssen mit den Aufgaben, die das System zu erfüllen hat, vertraut sein. Terminvereinbarung mit den Teilnehmern.
- **Vorbereiten der CRC-Sitzung:** Besprechungsraum mit Pinnwänden, leere Karten etc. vorbereiten
- **Gemeinsames Finden der Klassen:** Im ersten Teil der Sitzung werden in einem Brainstorming mögliche Kandidaten für Klassen gesucht; ein guter Ansatz ist es, nach Hauptwörtern und Zeitwörtern im Problembereich zu suchen:
  - Hauptwörter sind Kandidaten für Klassen
  - Zeitwörter beschreiben Verantwortlichkeiten
- Aus den gefundenen Begriffen werden nun **Klassen** gebildet. Jede Klasse wird auf einer Karte vermerkt. Jeder Teilnehmer der Sitzung ist fortan für zumindest eine Klasse verantwortlich.
- Die einzelnen Personen ordnen ihren Klassen nun **Verantwortlichkeiten** zu – zumindest jene, die zu diesem Zeitpunkt offensichtlich sind. (Das Modell braucht zu diesem Zeitpunkt noch nicht vollständig zu sein!)
- Falls erwünscht, können jetzt auch **Über- bzw. Unterklassen** auf den Karten eingetragen bzw. Attribute auf der Kartenrückseite vermerkt werden. Implementierungsdetails sind aber zu diesem Zeitpunkt noch nicht notwendig.

Querverweis
Anwendungsfall oder „use case" siehe Kapitel 8, Lerneinheit 2.

- Das Kernstück der CRC-Sitzung ist nun das **Durchspielen von Szenarien** – von Anwendungsfällen (use cases) aus der Anforderungsspezifikation. Die Person, deren Klasse für die Erfüllung einer Aufgabe verantwortlich ist, hält die Karte hoch und gibt bekannt, was sie (die Klasse) tut bzw. welche Unterstützung von anderen Klassen (Kollaborationen) sie benötigt. Ein solches Szenario könnte im auf Seite 240 abgebildeten Beispiel lauten: „Für die Abschlussveranstaltung der Weihnachtsfestspiele soll ein Gospel-Chor engagiert werden." Zu Beginn werden die regulären Anwendungsfälle durchgespielt, danach Ausnahme- oder Fehlersituationen.
- Sollte ein Szenario nicht funktionieren, so sind die Klassen entsprechend zu modifizieren; gegebenenfalls kann auch der Anwendungsfall (use case) hinterfragt werden.
- Abschließend erfolgt die Dokumentation der letztgültigen Klassen (z. B. Foto der Pinnwand mit den CRC-Karten).

Ziel dieses Verfahrens ist eine stabile Verteilung der Verantwortlichkeit über die Klassen, um insgesamt ein gut strukturiertes und stabiles System zu erreichen.

Vorteile der CRC-Technik:

- „Low-Tech"-Ansatz – kann überall durchgeführt werden
- Beteiligte erleben „physisch", wie das System funktioniert (funktionieren soll).
- Betonung des objektorientierten Ansatzes
- informal – erleichtert die kreative Beschäftigung mit dem zu entwerfenden System

Einschränkungen der CRC-Technik:

- wenig formales Verfahren
- Ergebnis eignet sich nur als Grobentwurf, Implementierungsdetails fehlen.

Die Verwendung von CRC-Karten kann auch durch Computertools unterstützt werden. Manche Programme (CASE-Tools) können die Angaben auf den Karten für die Implementierung der Klassen heranziehen. Der Vorteil des unmittelbaren „Erlebens" bei der Verwendung physischer Karten geht dabei allerdings verloren.

Die folgende Abbildung zeigt die Vorder- und Rückseite einer CRC-Karte, die detaillierte Informationen über die Klasse enthalten:

CRC-Karte mit Vordruck

Klasse:	
Oberklassen:	
Unterklassen:	
Verantwortlichkeiten:	beteiligte Klassen:

Klasse:
Beschreibung:
Attribute:

7 Weitere Methoden zur Anforderungsanalyse

Experimentieren Sie mit weiteren Methoden und finden Sie die besten für Ihr Projekt:

- **Snowcards (Anforderungskarten)**

  Die Kartenmethode mit Snowcards dient der einfachen Erfassung von Anforderungen. Auf durchnummerierten A6-Karten wird je eine Anforderung mit Erfüllungskriterien notiert, der Autor gibt die Art der Anforderung sowie eine Priorität an. Anforderungen können von mehreren Personen beigesteuert werden.

- **Problem-Frames**

  Dieses Verfahren lenkt die Aufmerksamkeit auf die Problemanalyse und vermeidet dadurch eine zu frühe Entwicklung von Lösungsansätzen. Das gestellte Gesamtproblem wird dabei in kleine Teilprobleme zerlegt (Top-down-Ansatz) und bestimmten vorgegebenen Problemtypen zugeordnet. Je nach Problemtyp empfiehlt diese Technik den Einsatz bestimmter Methoden der Anforderungsanalyse und Spezifikation.

- **QFD – Quality Function Deployment**

  QFD bringt die oft vagen Kundenwünsche in definierte, konsistent formulierte und messbare Anforderungen. Mithilfe einer Bewertungsmatrix („House of Quality") erfolgt eine Priorisierung der Produktmerkmale hinsichtlich der zu erwartenden Kundenzufriedenheit. Die Methode liefert Aussagen, welche Anforderungen für den Kunden essenziell, also unverzichtbar, sind und welche lediglich den Status „nice to have" tragen.

- **Anforderungsworkshop**

  In einem Anforderungsworkshop erarbeiten die Vertreter aller wichtigen Interessengruppen (Stakeholder) die Anforderungen eines Systems. Die Dauer des Workshops beträgt zwei bis maximal fünf Tage. Der Workshop wird durch einen Moderator geleitet, ein Protokollführer sammelt die Ergebnisse. Beginnend mit einem Brainstorming werden die Anforderungen gefiltert, geordnet, konkret (überprüfbar) formuliert und priorisiert. Dabei können auch die oben angeführten Methoden eingesetzt werden.

  Die Vorteile, die ein Anforderungsworkshop bietet, sind die direkte Kommunikation aller Beteiligten, die Möglichkeit, Konflikte zwischen Stakeholdern zu erkennen und zu bereinigen, sowie die gemeinsamen, abgestimmten und fertig formulierten Anforderungen als konkretes Workshop-Ergebnis.

Üben

A B C D E

Ü 7.1: Anwendungsbereiche für Erhebungstechniken C

Diskutieren Sie in der Gruppe die unterschiedlichen Erhebungstechniken. Finden Sie Beispiele für Projekte oder für Anforderungen im IT-Bereich, bei denen diese Techniken eingesetzt werden könnten.

Treffen Sie eine Zuordnung in der folgenden Tabelle:

Erhebungsform	Beispiel	Begründung
Interview		
Fragebogen		
Beobachtung		
Selbstaufschreibung		
Dokumentenstudie		

Ü 7.2: Entwicklung eines Fragebogens E

In einem großen Vertriebsbüro mit 50 Schreibkräften bzw. Sachbearbeiterinnen/-bearbeitern soll die Umstellung auf ein neues Textverarbeitungssystem erfolgen. Erstellen Sie einen Fragebogen, mit dem Sie den Textverarbeitungsbedarf bzw. die Wünsche der Angestellten erheben. Berücksichtigen Sie dabei,

- welche grundlegenden Funktionen die Textverarbeitung bietet (bieten könnte),
- den Zufriedenheitsgrad der Angestellten mit dem bestehenden Textverarbeitungssystem,
- in strukturierter Form Wünsche und Anforderungen der Angestellten.

Achten Sie bei der Erstellung des Fragebogens auf eine einfache Auswertbarkeit!

Ü 7.3: Fallbeispiel „BonOnline" – Konzeption von Interviews E

Für eine fundierte Anforderungsspezifikation des Online-Bestellsystems benötigen Sie detaillierte Informationen vom Betreiber des Schulrestaurants/-buffets. Wichtig sind für Ihr Projekt die einzelnen Geschäftsprozesse, Häufigkeiten und Mengen sowie Bereiche, die noch optimiert werden könnten. Auch mit den Mitarbeitern des Buffets/Restaurants möchten Sie sprechen, einerseits zur Erhebung des Ist-Standes, andererseits um mögliche Anforderungen an das neue System erheben zu können.

Aufgabe:

Bereiten Sie Interviews mit diesen Personen vor. Überlegen Sie sich, welche Informationen wichtig sein könnten, und formulieren Sie die Fragen. Arbeiten Sie diese Vorbereitung schriftlich aus.

Ü 7.4: Fallbeispiel „BonOnline" – Entwicklung und Testung eines Fragebogens E

Es interessiert Sie natürlich auch die Meinung der Schüler/-innen – letztlich entscheidet deren Akzeptanz über den Erfolg des Online-Bestellsystems. Für diese Erhebung bietet sich natürlich ein Fragebogen an.

Aufgaben:

a) Erarbeiten Sie einen Fragebogen, mit dem Sie die Wünsche und Vorstellungen von Schülerinnen/Schülern zu einem Online-Bestellsystem erheben (eine A4-Seite). Überlegen Sie vorher, welche Aussage Sie aus einer bestimmten Frage erhalten wollen, und formulieren Sie die Fragestellung möglichst präzise.

b) Erstellen Sie den Fragebogen mittels Word oder Excel.

c) Geben Sie den Fragebogen einigen Testpersonen zum Ausfüllen. Analysieren Sie danach kritisch die Antworten (Wurden die Fragen richtig verstanden?) und holen Sie ein Feedback von den Ausfüllenden ein.

Ü 7.5: Fallbeispiel „BonOnline" – CRC-Sitzung D

Führen Sie in der Gruppe eine CRC-Sitzung für die Modellierung von „BonOnline" durch (muss keine vollständige Spezifikation sein). Dazu müssen Sie vorher sogenannte Anwendungsfälle formulieren (genauere Beschreibung in Kapitel 8, Lerneinheit 2). Ein Anwendungsfall könnte z. B. lauten:

- „Ein Schüler bestellt über den Web-Browser das Mittagsmenü für morgen." oder
- „Eine Schülerin hat das falsche Menü in ihre Bestellung aufgenommen und möchte dieses aus der Bestellung löschen".

Untersuchen Sie anhand einiger solcher Anwendungsfälle, ob sie mithilfe Ihrer CRC-Karten durchführbar sind. Ändern Sie gegebenenfalls die Karten.

Sichern

SbX ID: 0713

Erhebungstechniken

Unter **Erhebungstechnik** versteht man ein Verfahren, mit dessen Hilfe Informationen über Zustände oder Vorgänge im zu gestaltenden Systemumfeld gewonnen werden.

Interview

Führt der Systemplaner eine mündliche Befragung zur Erhebung des Ist-Zustandes sowie der Anforderungen durch, spricht man von einem **Interview.** Die Durchführung von Interviews ist aufwendig, der Informationsgewinn guter Interviews ist allerdings sehr hoch.

Fragebogen

Der **Fragebogen** ist eine schriftliche Erhebungsform, durch die quantitative Informationen von einer großen Anzahl an Befragten gewonnen werden. Gut gestaltete Fragebögen ermöglichen eine einfache Auswertung.

Beobachtung

Bei der **Beobachtung** erfolgt die Erhebung durch sinnliche Wahrnehmung des Systemplaners. Somit kann er Informationen und Zusammenhänge der Realität erkennen, die durch andere Erhebungsformen nicht (so gut) zugänglich sind.

Selbstaufschreibung

Die **Selbstaufschreibung** macht den Aufgabenträger zu einem Teil des Erhebungsprozesses, indem er laufend die von ihm geforderten Informationen dokumentiert. Eine gute Selbstaufschreibung ermöglicht eine vollständige Erhebung (Totalaufnahme).

Dokumentenauswertung

Die **Dokumentenauswertung** ist Bestandteil jeder Ist-Erhebung und -Analyse. Studien, Dokumentationen zum bestehenden System bzw. Verfahren sowie Arbeitsmittel (Belege, Formulare) dienen hier als Informationsquellen.

CRC-Kartentechnik

Im Rahmen der **CRC-Kartentechnik** (CRC = Class Responsibility Collaboration) werden die einzelnen Anwendungsfälle des zu entwickelnden Systems im Team durchgespielt. Jedes Teammitglied hat die Verantwortung für eine oder mehrere Klassen des Klassenmodells. Ziel ist ein stabiles Klassenmodell, mit welchem sich alle erforderlichen Anwendungsfälle realisieren lassen.

weitere Methoden zur Anforderungsanalyse

Weitere Methoden für die Anforderungsanalyse sind:

- Snowcards (Anforderungskarten)
- Problem-Frames
- Quality Function Deployment (QFD)
- Anforderungsworkshop

Vokabeln dieser Lerneinheit

Deutsch	Englisch
Anforderung(en)	(functional user) requirements
Anforderungsanalyse	requirement analysis
Widerspruchsfreiheit	consistency
Korrektheit	correctness
Nachverfolgbarkeit	traceability
Bedarfsanalyse	needs assessment
Spezifikation	specification, requirements document
Validierung	validation
Interview	(qualitative research) interview
Fragebogen	questionnaire
Beobachtung	observation
Dokumentenauswertung	document study/evaluation
Belege, Formulare	(work) dokuments, forms

SbX
ID: 0713

Eine Audio-Wiederholung mit Audio-Player und MP3-Download finden Sie unter der ID: 0713.

Wissen

A B C D E

W 7.1: Erhebungstechniken B
Beschreiben Sie Techniken zur Erhebung des Ist-Zustand und deren Einsatzbereiche.

W 7.2: CRC-Karten B
Was sind CRC-Karten? Erklären Sie die Informationen, die auf CRC-Karten eingetragen werden.

W 7.3: CRC-Sitzung B
Beschreiben Sie, in welchen Schritten eine CRC-Sitzung durchgeführt wird.

W 7.4: Weitere Methoden zur Anforderungsentwicklung A
Welche weiteren Methoden gibt es für die Entwicklung von Anforderungen?

Ein kurzer Kompetenz-Check, bevor's weitergeht!

Kompetenz-Check

	☺	😐	☹
Ich kenne die verschiedenen Methoden zur Erhebung des Ist-Zustands und der Anforderungen und kann diese in geeigneter Form anwenden.			
Ich kann Erhebungen mittels Fragebogen und Interview vorbereiten und durchführen.			

Lerneinheit 2
Das Pflichtenheft

SbX
Alle SbX-Inhalte zu dieser Lerneinheit finden Sie unter der ID: 0720.

Das Pflichtenheft ist ein zentrales Dokument für die Zusammenarbeit von Auftraggeber und Projektteam im Software-Entwicklungsprojekt. Es beschreibt die Gründe, die zum Projekt geführt haben, die Ziele und Anforderungen an die neue Lösung sowie die Rahmenbedingungen für die Projektdurchführung. Als Vertrag zwischen Auftraggeber und Auftragnehmer muss es vollständig sein und sorgfältig erstellt werden.

Lernen

1 Die Bedeutung des Pflichtenhefts

Das Pflichtenheft ist das **zentrale Dokument** in der Vereinbarung zwischen Auftraggeber und Projektteam.

Im Rahmen von Schulprojekten wird das Pflichtenheft oft vom Projektteam in Abstimmung mit dem Auftraggeber erarbeitet.

Das Pflichtenheft – von wem auch immer es erstellt wurde – bildet das zentrale Element zur Dokumentation der **Wünsche des Auftraggebers** sowie der **Pflichten des Auftragnehmers.** Es ist für beide im Rahmen eines Software-Entwicklungsprojekts von grundlegender Bedeutung:

- Es bildet zwischen Auftraggeber und Auftragnehmer die **vertragliche Basis,** die den Umfang und die Funktionalität des zu erstellenden Programmsystems festlegt.
- Es beschreibt die **technischen Rahmenbedingungen.**
- Es stellt eine **Vorwegnahme der fertigen Systembeschreibung** primär auf Anwenderebene, entsprechend einem Benutzerhandbuch, dar.
- Es legt **Verfahren und Termine des Projektablaufs** fest, ist daher auch Teil der Projektdokumentation.

Das Pflichtenheft hilft, eine unvollständige Planung, lückenhafte Lösungen und unrealistische Termine zu vermeiden. **Es bildet die Basis für**

- den Aufbau der Offerte,
- einen objektiven Offertenvergleich,
- Vertragsverhandlungen und Vertrag.

Wenn von Anforderungsdokumenten die Rede ist, werden die **Begriffe Lastenheft und Pflichtenheft** in Projekten sowie in der Literatur verwendet. Sie sind sowohl vom Zeitpunkt der Erstellung als auch vom Inhalt her zu unterscheiden.

Lastenheft nach DIN 69901-5:
„... vom Auftraggeber festgelegte Gesamtheit der Forderungen an die Lieferungen und Leistungen eines Auftragnehmers innerhalb eines (Projekt-)Auftrags."

- Das **Lastenheft** wird vor dem Pflichtenheft erstellt. Ersteller ist der Auftraggeber oder ein von ihm beauftragter Spezialist (Konsulent, Beratungsfirma). Das Lastenheft beschreibt aus Anwendersicht, **was** zu erbringen ist und **wofür.**
- Das **Pflichtenheft** baut auf dem Lastenheft auf und wird im Projektverlauf erstellt. Es geht detailliert auf technische Merkmale der gewünschten Lösung ein und beschreibt genau die Rahmenbedingungen der Umsetzung. Die Beschreibung erfolgt ebenfalls aus der Sicht des Anwenders.

Pflichtenheft nach DIN 69901-5: „... vom Auftragnehmer erarbeitete Realisierungsvorgaben auf der Basis des vom Auftraggeber vorgegebenen Lastenheftes."

Das Pflichtenheft beschreibt somit auch, **wie** und **womit** die Anforderungen zu realisieren sind. Das beinhaltet z. B. einzusetzende Methoden oder Prozessmodelle, den zeitlichen Rahmen, Ressourcen, Budgets und Freigaben, Test, Inbetriebnahme etc.

Was der Auftraggeber **nicht** im Rahmen des Pflichtenhefts erstellt, sind Programmspezifikationen. Er beschreibt z. B. genau die Funktionalität eines Bildschirmdialogs, das Bildschirmlayout, er gibt unter Umständen die Programmiersprache vor, in der die Software zu erstellen ist, und das Prozessmodell, nach dem die Realisierung erfolgen soll – die Spezifikation der technischen Umsetzung ist aber Sache des Projektteams.

Der Auftraggeber kann aber auch selbst das Pflichtenheft mit detaillierten Realisierungsvorgaben erstellen (z. B. Ausschreibungen von IT-Leistungen im öffentlichen Bereich).

Ob sowohl Lasten- als auch Pflichtenheft erstellt werden, hängt von der Art und dem Ablauf des Projekts ab. In den meisten Fällen sollte das Pflichtenheft in einer dem Projektumfang entsprechenden Detaillierung ausreichen.

In vielen Fällen dient das Pflichtenheft als Grundlage für die **Ausschreibung** der gewünschten Leistung. Interessenten besorgen sich das Pflichtenheft und erarbeiten Angebote (Offerte), die sie beim Auftraggeber innerhalb einer festgelegten Angebotsfrist abgeben.

Kriterium: Merkmal eines Systems bzw. einer neuen Lösung, das in einem bestimmen Ausmaß realisiert sein muss, um den gewünschten Zweck erreichen zu können.

Aus den eingelangten Offerten wählt der Auftraggeber nach einem vorher festgelegten Verfahren (Evaluation) anhand eines Kriterienkatalogs das beste Angebot aus, wobei das Pflichtenheft die verbindliche Basis für den folgenden Vertrag zwischen Auftraggeber und Bieter bildet.

Der **Kriterienkatalog** stellt ein internes Papier dar, in welchem die Auswahlkriterien für die erwarteten Angebote festgelegt sind. Die Erstellung erfolgt parallel mit der Erstellung des Pflichtenhefts.

Alle im Pflichtenheft gestellten Anforderungen und Fragen werden im Auswahlverfahren (Evaluation) an den Kriterien gemessen und umgekehrt alle Kriterien als Anforderungen oder Fragen im Pflichtenheft definiert.

Evaluation: Auswahlverfahren zur möglichst objektiven Bestimmung des besten Angebots

Kriterienkatalog, Pflichtenheft und Offerte sind unbedingt gleich aufzubauen, um das Auswahlverfahren zu erleichtern.

Um die Evaluation zu erleichtern, sollten **Kriterien in drei Kategorien** formuliert werden:

- **Muss- oder K.-o.-Kriterien:** Diese müssen auf jeden Fall erfüllt sein, damit das Produkt für den vorgesehenen Einsatzzweck verwendet werden kann. „K.o." bedeutet, dass ein Nichterfüllen dieses Kriteriums bei einer Ausschreibung zum Ausscheiden des Angebots führt.
- **Wunschkriterien (Soll-Kriterien):** Eine möglichst gute Erfüllung sollte angestrebt werden; bei Ausschreibungen verbessert die Erfüllung dieser Kriterien die Bewertung des Angebots.
- **Abgrenzungskriterien:** Sie können dazu dienen, klarer zu beschreiben, welche Ziele mit dem Produkt bewusst nicht erreicht werden sollen. Sie haben informativen Charakter für den Anbieter und erleichtern ihm die richtige Dimensionierung seiner Lösung.

2 Aufbau und Inhalt des Pflichtenhefts

Eine **standardisierte Struktur** erleichtert sowohl die Erstellung des Pflichtenhefts als auch für den Auftraggeber den Vergleich mehrerer Angebote.

Die grundlegende Idee des Pflichtenhefts ist

- die Darstellung der gegenwärtigen Situation,
- die klare Formulierung von Zielen und Anforderungen sowie
- die Vorgabe des Offertaufbaus.

Das Pflichtenheft muss dabei ein **Maximum an relevanter Information** bieten. Es soll keine Lösungen suggerieren oder gar explizit formulieren. Es wird beschrieben, was in welcher Qualität zu realisieren ist, aber nicht, wie die genaue Implementierung aussieht. Ein Abweichen von diesem Grundprinzip kann die Ersteller des Software-Produkts davon abhalten, bessere Lösungswege zu erarbeiten.

Das Pflichtenheft wird für den Software-Hersteller nie vollständig sein. Da er seine eigenen Möglichkeiten besser kennt als der Verfasser des Pflichtenhefts, ist er deshalb einzuladen und zu verpflichten, fehlende Informationen beim Auftraggeber einzuholen. Er sollte jeden Punkt, den er für verbesserungswürdig hält, kurz und präzise kommentieren **(Aufklärungspflicht).**

Im Folgenden werden die Kapitel des Pflichtenhefts kurz beschrieben.

1. Beschreibung der Ausgangslage

- Unternehmensart und -größe sowie Standorte des Auftraggebers werden vorgestellt.
- Produkt- bzw. Dienstleistungspalette und Kundenstruktur werden beschrieben.
- Es wird ein Überblick über die IT-Organisation gegeben und beschrieben, worin die Gründe für die Beschaffung bestehen.

2. Ist-Zustand

Die Beschreibung des Ist-Zustands bezieht sich nur auf die für das Projekt relevanten Bereiche beim Auftraggeber. Dargestellt werden

- die Aufbauorganisation,
- die Ablauforganisation mit Beschreibung der Geschäftsprozesse und der dafür eingesetzten Applikationen,
- die bestehende Systemplattform (Rechner, Betriebssysteme, Server, Datenbanken, Netzwerk, Kommunikationseinrichtungen …).

Querverweis

Für die Formulierung von Zielen im Pflichtenheft gelten dieselben Grundsätze wie in Kapitel 2, Lerneinheit 3 beschrieben.

3. Zielsetzung

Die Zielsetzung enthält die wesentlichen Ziele, die mit der Beschaffung erreicht werden sollen, sowie deren Prioritäten. Es ist darauf zu achten, dass vor allem realistische und quantifizierbare Ziele gesetzt werden, weil dadurch das Erreichen der Ziele bzw. das Ausmaß der Zielerreichung später leichter überprüft werden kann.

Ziele können unterschieden werden in:

- nutzenrelevante Ziele (Kosteneinsparungen, Verbesserung der Effizienz und der Qualität, menschlich-soziale Aspekte)
- Systemziele
- Vorgehensziele (Prozesse, Termine)

4. Anforderungen (Soll)

Das Kapitel „Anforderungen" beschreibt detailliert die Eigenschaften, die der Kunde von dem neuen System erwartet. Die Beschreibung der Applikationssoftware (d. h. der eigentlichen Anwendung) sollte das Benutzerhandbuch quasi vorwegnehmen. So können Vollständigkeit und Verständlichkeit verbessert und ein großer Teil kann weiter verwendet werden.

Die Anforderungen werden unter folgenden Aspekten beschrieben:

Beschreiben Sie die applikatorischen Anforderungen möglichst genau und aus Benutzersicht. Sie können diesen Teil des Pflichtenhefts später als Benutzerhandbuch übernehmen.

- Anforderungen an die Applikationssoftware
  - Anforderungen an die Gesamtapplikation: Hauptbereiche und deren Integration, Bedienung und Benutzerfreundlichkeit, Datenschutz und Datensicherheit, Wartung und Administration
  - Untergliederung und Beschreibung je Teilapplikation: Dabei wird der (fachliche) Ablauf beschrieben, die verwendeten Datenfelder etc. sowie Effizienz, Leistung, Anforderung an Zuverlässigkeit und Robustheit.
- Anforderungen an die Systemplattform
  - Systemkonzept – grundlegende Architektur, Verfügbarkeit etc.
  - Rechnersysteme (Server, Clients) mit Leistungs- und Sicherheitsanforderungen
  - Systemsoftware
  - Kommunikationsinfrastruktur
- Anbieterbezogene Anforderungen

  Die anbieterbezogenen Anforderungen dienen dazu, die Leistungsfähigkeit des Anbieters sicherzustellen sowie die Bedingungen der Projektabwicklung vertraglich zu regeln.
  - Merkmale des Anbieters, Referenzen
  - Dienstleistungen (Realisierung, Schulung, Support und Wartung)
  - Projektorganisation (Organisation, Prozessmodell, Methoden)
  - Termine
  - Gewährleistung

Verwenden Sie für das Mengengerüst eine Tabellenkalkulation, z. B. Excel. So können durch Änderung einiger Parameter verschiedene Szenarien durchgespielt werden (Best-Case-Szenarien – Worst-Case-Szenarien).

5. Mengengerüst

Das Mengengerüst beschreibt die zu erwartenden Datenmengen und Verarbeitungshäufigkeiten aus der Sicht des Auftraggebers. Die Beschreibung muss so abgefasst sein, dass der Anbieter die erforderlichen Speicherkapazitäten und Bandbreiten ermitteln kann.

Die Beschreibung gliedert sich in:

- Datenbewegungen
- Datenbestände
- Anzahl (gleichzeitiger) Benutzer

Besonders vorteilhaft lässt sich das **Mengengerüst in tabellarischer Form** darstellen. Für ein gutes Mengengerüst ist immer eine sorgfältige Recherche erforderlich.

Punkt 6 „Aufbau und Inhalt der Offerte" ist nur bei Verwendung des Pflichtenhefts im Rahmen einer Ausschreibung erforderlich!

6. Aufbau und Inhalte der Offerte

Dieser Teil ist wichtig bei einer Ausschreibung, um die einzelnen Angebote möglichst einfach und objektiv vergleichen zu können.

- Vorstellen des Offertstellers
- Management Summary
- Beschreibung der angebotenen Leistungen entsprechend der Gliederung der Kapitel „Zielsetzung" und „Anforderungen"

Punkt 7 „Administratives" beschreibt die rechtlich-organisatorischen Rahmenbedingungen des Projekts.

7. Administratives

- Vertraulichkeit, Rückgabe, Copyright
- Evaluationsschwerpunkte
- Verteiler
- Budgetrahmen
- Rückfragen zum Pflichtenheft
- Termine
- Abgabe der Offerte

Üben

A B C D E

Ü 7.6: Fallbeispiel „BonOnline" – Pflichtenheft D

Erarbeiten Sie im Team das Pflichtenheft zu Ihrem Projekt „BonOnline" und legen Sie darin sämtliche Anforderungen fest. Orientieren Sie sich an dem im Schritt „Lernen" beschriebenen Aufbau eines Pflichtenhefts und gestalten Sie Ihr Pflichteneft in einer übersichtlichen Form.

Sichern

SbX ID: 0723

Lastenheft

Das **Lastenheft** wird vor dem Pflichtenheft erstellt. Ersteller ist der Auftraggeber oder ein von ihm beauftragter Spezialist (Konsulent, Beratungsfirma). Das Lastenheft beschreibt aus Anwendersicht, was zu erbringen ist und wofür.

Pflichtenheft

Das **Pflichtenheft** baut auf dem Lastenheft auf, wird im Projektverlauf also später erstellt. Es geht detailliert auf technische Merkmale der gewünschten Lösung ein und beschreibt genau die

Rahmenbedingungen der Umsetzung. Die Beschreibung erfolgt ebenfalls aus der Sicht des Anwenders. Das Pflichtenheft beschreibt somit auch, wie und womit die Anforderungen zu realisieren sind.

Kriterien – Kriterienkatalog

Der **Kriterienkatalog** stellt ein internes Papier dar, in welchem die Auswahlkriterien für die erwarteten Angebote festgelegt sind. Die Erstellung erfolgt parallel zur Erstellung des Pflichtenhefts. Man unterscheidet zwischen:

- Muss- oder K.-o.-Kriterien
- Wunschkriterien (Soll-Kriterien)
- Abgrenzungskriterien

Evaluation (Bewertung)

Unter **Evaluation** versteht man das Auswahlverfahren zur möglichst objektiven Bestimmung des besten Angebots auf Basis des Kriterienkatalogs.

Offert

Offert ist eine andere Bezeichnung für „Angebot" (Mehrzahl: die Offerte).

Ausschreibung

Eine **Ausschreibung** ist eine an eine bestimmte oder unbestimmte Zahl von Unternehmern gerichtete Erklärung des Auftraggebers, in der er festlegt, welche Leistungen er zu welchen Bestimmungen erhalten möchte.

Aufklärungspflicht

Der Anbieter ist verpflichtet, im Pflichtenheft **fehlende Informationen** beim Auftraggeber einzuholen bzw. auf verbesserungswürdige Punkte hinzuweisen.

Aufbau des Pflichtenhefts

Ein **Pflichtenheft** umfasst in der Regel die folgenden Kapitel:

- Ausgangslage
- Ist-Zustand
- Zielsetzung
- Anforderungen an Applikationssoftware, Systemplattform, Anbieter etc.
- Mengengerüst
- Aufbau und Inhalt der Offerte
- Administratives

Mengengerüst

Das **Mengengerüst** soll die Dimensionierung des Systems in quantitativer Hinsicht unterstützen. Es beschreibt die voraussichtlichen Datenmengen (z. B. Ableitung der erforderlichen Festplattenkapazität), die voraussichtlichen Datenbewegungen (z. B. Ableitung der Netzwerkbandbreite) sowie die voraussichtliche Anzahl an Usern (z. B. zur Ableitung der Leistungsfähigkeit der Server).

Vokabeln dieser Lerneinheit

Deutsch	Englisch
Lastenheft	user specification, customer requirement specification
Pflichtenheft	functional specification document
Ausschreibung	tender, call for proposals
Angebot	offer
Kriterium, Kriterienkatalog	criterion, list of criteria
Evaluation	evaluation

SbX
ID: 0723

Eine Audio-Wiederholung mit Audio-Player und MP3-Download finden Sie unter der ID: 0723.

Wissen

A B C D E

W 7.5: Lastenheft – Pflichtenheft B
Erklären Sie den Unterschied zwischen Lastenheft und Pflichtenheft.

W 7.6: Bedeutung des Pflichtenhefts B
Worin liegt die Bedeutung des Pflichtenhefts in einem Software-Entwicklungsprojekt?

W 7.7: Kriterien B
Was sind Kriterien und welche Arten von Kriterien gibt es? Nennen Sie konkrete Beispiele für Kriterien in einem Software-Entwicklungsprojekt.

W 7.8: Kriterienkatalog B
Welche Bedeutung hat der Kriterienkatalog und wie sollte er aufgebaut sein?

W 7.9: Evaluation B
Beschreiben Sie den Abschnitt Evaluation im Rahmen einer Systembeschaffung.

W 7.10: Aufbau eines Pflichtenhefts B
Welche Kapitel sollte ein Pflichtenheft haben? Nennen Sie die Hauptkapitel und erklären Sie den Inhalt anhand konkreter Beispiele.

W 7.11: Kapitel des Pflichtenhefts B
Beschreiben Sie den genauen Zweck, Aufbau und Inhalt von folgenden Kapiteln des Pflichtenhefts:

a) Ist-Zustand
b) Zielsetzung
c) Anforderungen
d) Administratives

W 7.12: Ziele B
Welche Arten von Zielen gibt es und wie sind Ziele zu formulieren?

Ein kurzer Kompetenz-Check, bevor's weitergeht!

Kompetenz-Check

	☺	😐	☹
Ich kenne Lastenheft, Pflichtenheft und Kriterienkatalog und kann deren Bedeutung im Rahmen eines Software-Entwicklungsprojekts erklären.			
Ich kenne den Aufbau des Pflichtenhefts und kann, ausgehend von einer konkreten Projektidee, dessen Hauptpunkte erarbeiten.			

Lerneinheit 3

Grundlagen der Aufwandsschätzung

SbX
Alle SbX-Inhalte zu dieser Lerneinheit finden Sie unter der ID: 0730.

Für die Legung eines Angebots oder für die Projektplanung sollte bereits zu Beginn des Software-Entwicklungsprojekts der erwartete Aufwand möglichst genau bekannt sein. Daraus lassen sich die Antworten auf die Fragen „Wie lange wird das Projekt dauern?" und „Was wird das Projekt kosten?" ableiten. Zur Ermittlung des Aufwands müssen die den Aufwand verursachenden Faktoren im aktuellen Projekt ermittelt und bewertet werden.

Lernen

1 Aufwandsschätzung als Grundlage der Zeit- und Kostenplanung

Eine frühzeitige Kenntnis des Projektaufwands bzw. der Projektkosten ist erforderlich für das Erstellen eines Angebots (externer Auftrag) bzw. das Treffen der „Make-or-Buy"-Entscheidung (interner Auftrag).

Zu Beginn jedes Software-Entwicklungsprojekts stehen die Fragen:

- Was wird die Programmentwicklung kosten?
- Wie lange wird die Programmentwicklung dauern?

Das Problem ist, dass zu diesem Zeitpunkt meist nicht der gesamte Aufgabenumfang und die Komplexität des Problems bekannt sind. Und selbst wenn sie das wären, ist die Bestimmung von Projektkosten und Projektdauer ein komplexes Unterfangen, da diese von einer Vielzahl an Faktoren und Unterfaktoren beeinflusst werden.

Eine Unterstützung bei der Bewältigung dieses Problems bieten die Verfahren der Aufwandsschätzung. Sie bilden die Grundlage für die darauf aufbauende Zeit- und Kostenplanung.

Rolle der Aufwandsschätzung im Software-Entwicklungsprojekt

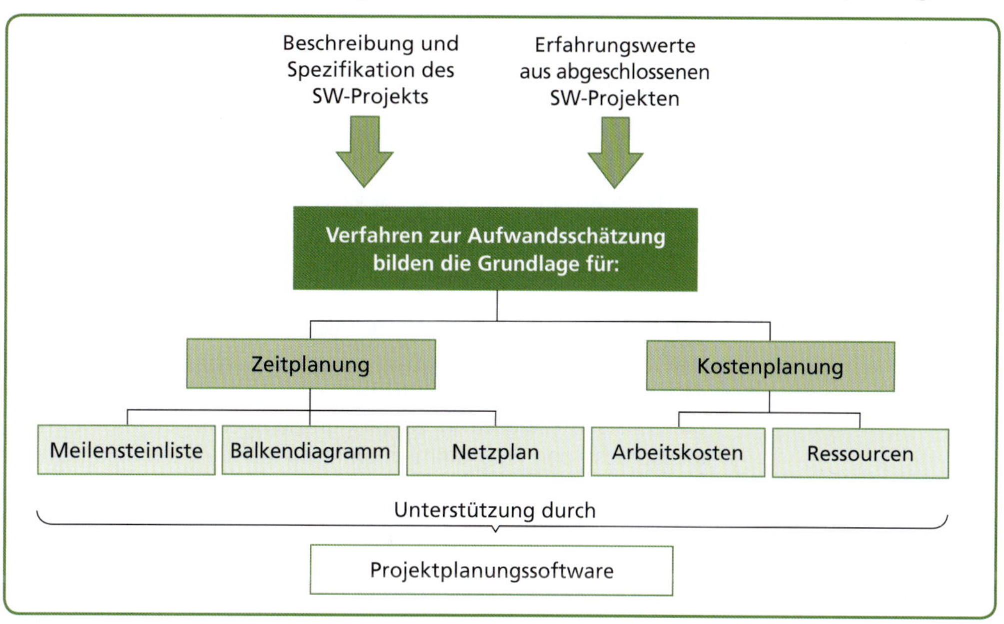

2 Einflussgrößen auf den Projektaufwand

Verfahren zur Aufwandsschätzung müssen in geeigneter Weise möglichst alle Faktoren, die den Aufwand von Software-Entwicklungsprojekten beeinflussen, berücksichtigen.

Aufwandsbestimmende Faktoren

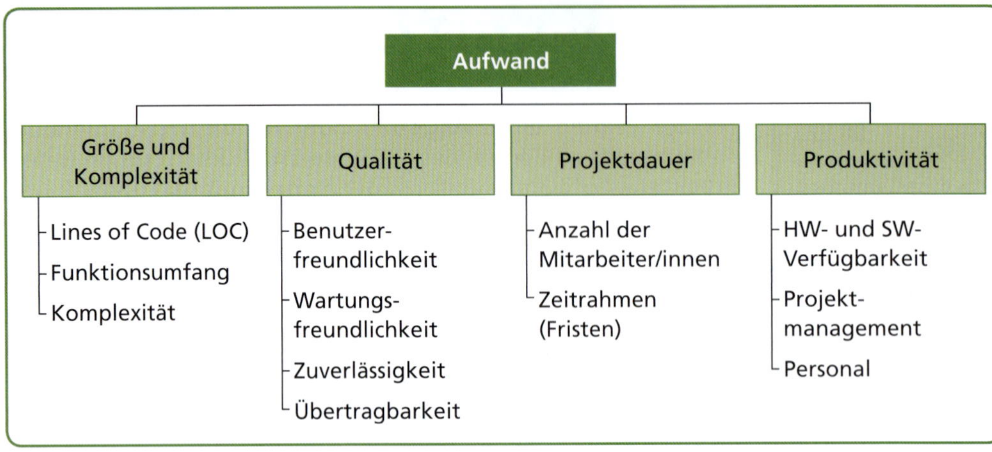

Die vier dargestellten Hauptfaktoren für den Entwicklungsaufwand können jedoch im Projekt nicht unabhängig voneinander betrachtet werden. Das folgende Diagramm – **das Teufelsquadrat** – veranschaulicht, dass die Veränderungen an einem Faktor in der Praxis auch Veränderungen bei einem oder mehreren anderen Faktoren zur Folge haben.

Teufelsquadrat

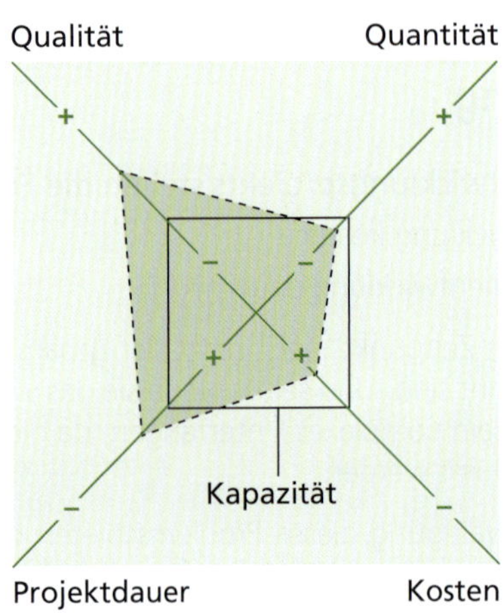

Die Fläche des inneren Vierecks kennzeichnet die für ein Software-Entwicklungsprojekt verfügbare Kapazität, um die die einzelnen Ziele konkurrieren. Das stärkere Gewicht auf einem der Ziele bewirkt (bei konstanter Kapazität), dass bei anderen Zielen Einbußen hingenommen werden müssen. Soll die Qualität verbessert werden, so ist dies nur bei z. B. höheren Kosten und längerer Projektdauer möglich.

Größe und Komplexität

Die Größe eines Programmsystems ist eines der wichtigsten Merkmale für die Aufwandsbestimmung. **Die Größe kann in unterschiedlicher Form beschrieben werden:**

- durch die Anzahl und Größe der Klassen sowie die Anzahl an Kollaborationen
- durch die Anzahl der Programmzeilen (Lines of Code, kurz LOC)
- durch den Funktionsumfang (die Anzahl der realisierten Funktionen)

Die Anwendung der beiden letzteren Verfahren erscheint nicht unproblematisch:

- Die Verwendung von LOC führt zu einer **Überbetonung der Codierung;** Analyse und Spezifikation bleiben unberücksichtigt. LOC sind abhängig von Programmiersprache und Programmierstil. Lediglich in Entwicklungsumgebungen, in welchen Methodologie, Programmiersprache und Programmierrichtlinien klar definiert sind, kann diese Maßzahl sinnvoll zur Aufwandsbestimmung herangezogen werden.
- Der **Funktionsumfang als Maßgröße** berücksichtigt auch einen Teil der Entwicklungstätigkeit, ist aber von der Programmiersprache unabhängiger. Er reflektiert direkt die Funktionalität des Endprodukts. Allerdings ist hier die Komplexität der einzelnen Funktionen abzuschätzen.

Die **Bestimmung der Komplexität** einzelner Funktionen kann auf zweierlei Arten erfolgen:

- durch eine subjektive Einschätzung „leicht", „mittel", „schwer", die durch die Angabe bestimmter Kriterien unterstützt wird (vgl. Function-Point-Verfahren)
- durch sogenannte Komplexitätsmaße, d. s. Maßzahlen, die nach bestimmten Kriterien aus den Funktionen berechnet werden (siehe folgendes Beispiel)

Beispiel

Komplexitätsmaß nach McCabe

Die „zyklomatische Komplexität" nach Thomas J. McCabe geht davon aus, dass ein Programm als gerichteter Graph mit Knoten (den Anweisungen) und Kanten (dem Kontrollfluss) dargestellt werden kann. Die Komplexität ist nach McCabe abhängig von der Anzahl der Hauptwege dieses Programmgraphen. Als Hauptwege werden jene Kantenzüge bezeichnet, die ohne Überschneidung minimal notwendig sind, um alle Kantenzüge durch Kombinationen bilden zu können.

Die Komplexität nach McCabe v(G) berechnet sich aus:

$$v(G) = e - n + 2p$$

e: edges
n: nodes

e: Anzahl der Kanten
n: Anzahl der Knoten
p: Anzahl unabhängiger Teilgraphen (z. B. Prozeduren)

Als Folgerung wurde aus Versuchen für den Entwurf von Programmen Folgendes abgeleitet:

- Ein Modul sollte so entworfen werden, dass $v(G) \leq 15$ ist.
- Module mit $v(G) < 10$ können bei Code-Inspektionen vernachlässigt werden.

Kritik an diesem Verfahren begründet sich darin, dass lediglich das Programmgerüst berücksichtigt wird, nicht aber die Komplexität z. B. einzelner Anweisungen. Weiters liefert dieses Komplexitätsmaß für verschiedene, zumindest subjektiv unterschiedlich komplexe Programmgraphen die gleiche Maßzahl, wie das folgende Beispiel zeigt (p ist immer 1):

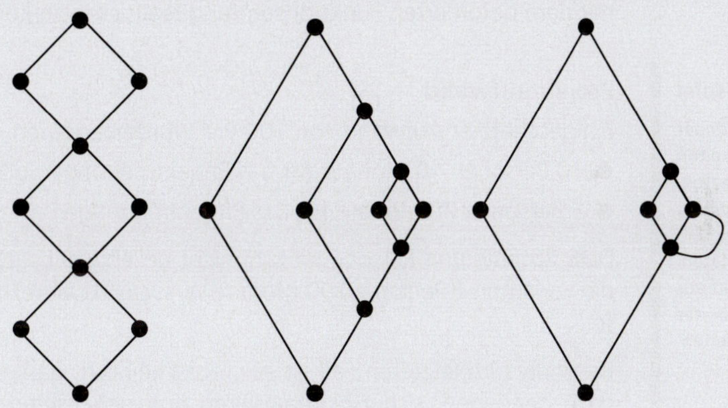

Qualität

Unter Qualität versteht man (allgemein) die **Gesamtheit von Eigenschaften und Merkmalen** eines Produkts oder einer Tätigkeit, die sich auf die Eignung zur Erfüllung gegebener Erfordernisse beziehen.

Der Begriff der „Software-Qualität" kann daher durch mehrere Qualitätsmerkmale beschrieben werden. Die folgende Übersicht erklärt die wichtigsten Kriterien:

Merkmal	Beschreibung	andere Bezeichnungen
Benutzerfreundlichkeit	• möglichst geringer Bedienungsaufwand durch den Benutzer • subjektiv positive Beurteilung der Bedienbarkeit durch den Benutzer	• Erlernbarkeit • Handhabbarkeit
Wartungsfreundlichkeit	• geringer (Zeit-)Aufwand für Erkennung und Korrektur von Fehlern • geringer (Zeit-)Aufwand für die Durchführung von Änderungen	• Fehlerfreiheit und Klarheit (der Dokumentation) • Modularität • Lesbarkeit • Einfachheit

Merkmal	Beschreibung	andere Bezeichnungen
Zuverlässigkeit	• bezeichnet die Dauer des fehlerfreien Arbeitens einer Software • berücksichtigt auch, wie schwerwiegend die Folgen eines Fehlers sind	• Vollständigkeit • Konsistenz und Genauigkeit • Robustheit • Einfachheit • Verfolgbarkeit
Funktionserfüllung	• gibt an, inwieweit eine Software die spezifizierten Funktionen erfüllt	• Korrektheit
Zeit-/ Verbrauchsverhalten	• beschreibt, in welchem zeitlichen Rahmen die Funktionen einer Software abgearbeitet werden bzw. welche Ressourcen (z. B. Speicher) dafür verwendet werden	• Performance • Durchsatz • Antwortzeitverhalten
Übertragbarkeit	• gibt an, inwieweit ein Programmsystem für den Einsatz mit ähnlicher Aufgabenstellung oder in geänderter technischer bzw. organisatorischer Umgebung geeignet ist	• Portabilität: Einsatz in geänderter technischer Umgebung • Wiederverwendbarkeit: Eignung, als Funktion in geänderter Gesamtaufgabenstellung verwendet zu werden • Verknüpfbarkeit: Eignung für den Einsatz in einem geänderten organisatorischen Umfeld

Projektdauer und Teamgröße

Das Ergebnis einer Aufwandsschätzung ist der voraussichtliche Projektaufwand in Personalmonaten (PM). Diese Größe gibt an, wie viele Personen wie lange arbeiten müssen, um das Projekt mit dem geforderten Funktionsumfang realisieren zu können.

Beispiel

Die Projektdauer wird in Zeiteinheiten (Wochen, Monaten, Jahren) angegeben, der Projektaufwand in z. B. Personalmonaten, d. h. dem Produkt aus Anzahl der Mitarbeiter × Zeiteinheiten.

Projektaufwand

Ein geschätzter Aufwand von 100 PM würde bedeuten, dass

- 10 Personen 10 Monate für das Projekt benötigen oder
- 5 Personen 20 Monate für das Projekt benötigen ...

Dass Monate und Personenanzahl nicht beliebig substituierbar sind, wird deutlich, wenn man die Varianten 1 Person – 100 Monate (d. s. ca. 10 Jahre) oder 100 Personen – 1 Monat betrachtet.

Besonders im letzteren Fall ist es wahrscheinlich, dass die 100 Personen schon einen Monat dazu benötigen, sich zu organisieren und gegenseitig (so einigermaßen) kennenzulernen – also einen überdimensionalen Kommunikationsaufwand haben.

Tatsächlich gibt es Faustformeln, nach welchen aus einem geschätzten Aufwand in PM die optimale Mitarbeiteranzahl bzw. die optimale Projektdauer ermittelt werden können. Dabei wird der Zusammenhang zwischen fachlichem Aufwand und Kommunikationsaufwand berücksichtigt.

Hinweis:
Die Formeln für die optimale Mitarbeiteranzahl und die optimale Projektdauer gehen von verschiedenen Ansätzen aus und kommen daher zu etwas unterschiedlichen Ergebnissen.

s = empirisch aus einer Vielzahl von Projekten ermittelter Faktor

Die folgenden Formeln wurden empirisch ermittelt und sind realistischerweise erst für mittlere bis große Projekte anzuwenden.

Optimale Mitarbeiteranzahl = $\sqrt{\text{verrechneter Aufwand in PM}}$

Eine andere Faustformel gibt an:

Optimale Projektdauer = 2,5 × (Aufwand in PM)^s, wobei für den Wert s Folgendes einzusetzen ist:

- s = 0,38 für Batchsysteme
- s = 0,35 für Dialogsysteme
- s = 0,32 für Echtzeitsysteme

Optimale Mitarbeiteranzahl

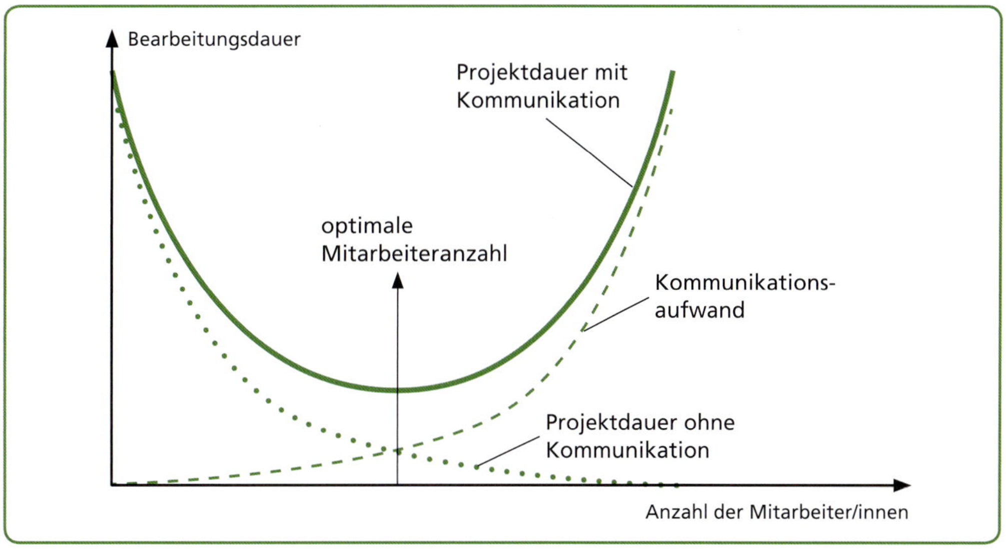

Für die Abschätzung der tatsächlichen Projektdauer müssen arbeitsfreie Zeiten (Wochenenden, Urlaube, Krankenstände), Arbeitseinsatz im Projekt etc. berücksichtigt werden!

Produktivität

Mit Produktivität werden sowohl die Qualität der von den Projektmitarbeitern geleisteten Arbeit als auch deren Effizienz bei der Durchführung der Arbeiten bezeichnet. Dabei kann folgender Zusammenhang dargestellt werden:

Produktivitätsniveau

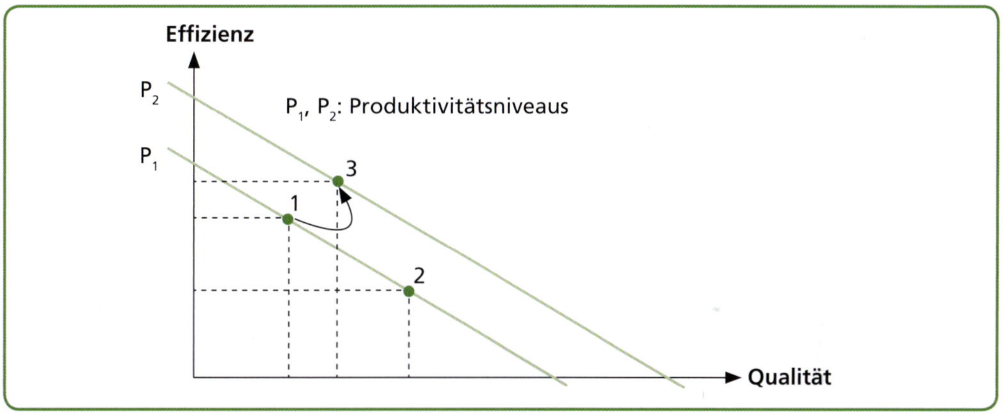

Das bedeutet, dass die Produktivität nicht allein durch eine Steigerung der Qualität oder der Effizienz, sondern nur durch Verbesserung beider Faktoren gesteigert werden kann. Um von Punkt 1 zu Punkt 3 zu gelangen, müssen sowohl Qualität als auch Effizienz zunehmen. Ein Übergang von Punkt 1 zu Punkt 2 steigert die Qualität auf Kosten der Effizienz, die Produktivität P1 bleibt gleich.

Eine Erhöhung des Produktivitätsniveaus ist z. B. durch Schulung der Mitarbeiter, bessere Tools für die Programmentwicklung, Verbesserung der organisatorischen Abläufe und der Kommunikation erreichbar.

Die wichtigsten die Produktivität bestimmenden Faktoren sind:

- Personalqualität
- Hardware-/Software-Verfügbarkeit
- Organisations- und ablaufbedingte Einflüsse

Die Messung der Personalproduktivität in LOC ist – wie bereits eingangs erwähnt – unzureichend. Produktivitätsmaße können – wenn überhaupt – nur sinnvoll auf ein gesamtes Team, nicht jedoch auf Einzelpersonen angewendet werden. Außerdem muss berücksichtigt werden, dass Produktivitätsmessungen an Mitarbeitern belastend für das Arbeitsklima und somit kontraproduktiv wirken können.

Die Unterschiede in der Produktivität zwischen performanten und suboptimal arbeitenden Teams können bis zu 1 : 10 betragen.

3 Berechnungsverfahren in der Aufwandsschätzung

Das Hauptproblem bei der Ermittlung der Entwicklungszeit liegt darin, dass man zur Zeit der Schätzung noch nicht genau weiß, wie das endgültige Produkt aussehen muss. Die Schätzung der Entwicklungszeit und des Restaufwands ist daher während des Projektablaufs mehrfach zu wiederholen.

Ansätze zur Aufwandsschätzung

Expertenschätzung (educated guess)

Diese Methode ist an sich die beste Form der Aufwandsschätzung. Eine Expertin/Ein Experte hat bereits Erfahrung aus früheren, ähnlichen Projekten, sie/er kennt das Anwendungsgebiet des Kunden; die Produktivität des Projektteams und der technischen Ressourcen (die Entwicklungsumgebung) sind ihr/ihm bekannt. Aus diesem Expertenwissen heraus wird die Schätzung relativ treffsicher sein. Expertinnen/Experten sind allerdings teuer und nicht immer verfügbar.

Delphi-Methode

Querverweis
Vgl. Kreativitätstechniken, Kapitel 2, Lerneinheit 1.

Mehrere Fachleute geben in schriftlicher Form eine Prognose ab. Die gesammelten Schätzungen werden in einer nächsten Runde allen Fachleuten zur Kenntnis gebracht, die daraufhin ihre eigene Schätzung präzisieren oder modifizieren. Nach einigen solchen Runden liegt ein sehr gesichertes Schätzszenario vor. Für Software-Entwicklungsprojekte ist dieses Schätzverfahren allerdings zu langwierig und zu aufwendig.

Berechnungsmethoden

Diese Methoden haben das Ziel, Expertenwissen und -erfahrung in exakt messbaren Größen auszudrücken. Aus diesen Größen soll durch mathematische Formeln der Aufwand berechnet werden.

Berechnungsmethoden für die Aufwandsschätzung

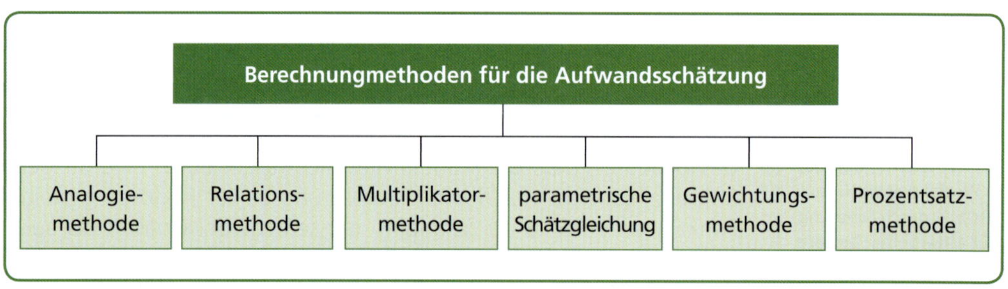

Die Berechnungsmethoden werden meist nicht einzeln, sondern **kombiniert** angewendet.

Bezeichnung	Beschreibung der Methode	Bewertung
Analogiemethode	Die Grundlagen für die Analogiemethode bilden abgeschlossene Projekte. Die Unterschiede bestimmter Faktoren zum neuen, zu schätzenden Projekt werden ermittelt. Die bekannten Kosten des alten Projekts werden entsprechend der Unterschiede für das neue Projekt hochgerechnet.	• wenig formalisierte Methode, • Erfahrungen des Schätzenden sind wesentlich, • genaue Aufzeichnungen erforderlich
Relationsmethode	Die Relationsmethode ist ähnlich wie die Analogiemethode, jedoch systematischer. Es werden für die einzelnen kostenträchtigen Faktoren Indizes extrahiert. Aus den Kosten früherer Projekte werden mithilfe der Indizes die Schätzungen für das neue Projekt errechnet.	• Auswahl der Faktoren kritisch • genaue Aufzeichnungen erforderlich

Bezeichnung	Beschreibung der Methode	Bewertung
Multiplikatormethode	Ein Projekt wird in Teile (Subsysteme) zerlegt. Den Teilen wird ein bestimmter Aufwand zugeordnet, durch einfache Multiplikation wird der Gesamtaufwand ermittelt. Anstelle des Aufwands können auch Maßgrößen wie LOC (Lines of Code) mit dieser Methode ermittelt werden, die aufgrund von Erfahrungswerten zum Gesamtaufwand hochgerechnet werden.	● aufwendige Zerlegung ● Schätzung der Subsysteme wie bei Analogie- bzw. Relationsmethode
Gewichtungsmethode	Die Anwendung der Gewichtungsmethode setzt voraus, dass zuerst die Einflussfaktoren ermittelt werden, die für die Projektkosten wesentlich sind. Die Auswirkungen der Einflussfaktoren auf die Projektkosten werden durch Gewichtungsfaktoren ausgedrückt. Diese Methode ist Bestandteil fast aller detaillierteren Verfahren.	● Gewichtung der Einflussfaktoren abhängig von Erfahrung der/des Schätzenden
Methode der parametrischen Schätzgleichungen	Auch diese Methode basiert auf der Analyse fertig entwickelter Projekte. Bei diesen werden mithilfe von Korrelationsanalysen Einflussfaktoren ermittelt, die Auswirkungen auf die Projektkosten haben. Die Aufwandsschätzung wird in Form einer Gleichung (mit Koeffizienten aus der Korrelationsanalyse) ausgedrückt.	● gute Ergebnisse nur bei vielen sehr ähnlichen Vergleichsprojekten
Prozentsatzmethode	Die durchschnittliche Aufwandsverteilung auf die einzelnen Phasen wird ermittelt. Danach wird entweder aus bereits abgeschlossenen Phasen auf die noch verbleibenden Phasen geschlossen oder eine Phase detailliert geschätzt und dann hochgerechnet (Grobschätzung des Restaufwands).	● genaue Phasendefinition notwendig ● Vergleichsprojekte müssen eine möglichst ähnliche Aufwandsverteilung in den jeweiligen Phasen haben.

Üben

A B C D E

Ü 7.7: Optimale Mitarbeiteranzahl/Dauer C

Für die Entwicklung eines Navigationsprogramms für den Airbus beträgt der geschätzte Aufwand 20 Personaljahre (1 Jahr sind ca. 10 Monate). Berechnen Sie

- die optimale Dauer,
- die optimale Mitarbeiteranzahl.

Ü 7.8: LOC in unterschiedlichen Programmsprachen C

COBOL: eine der frühesten Programmiersprachen (**CO**mmon **B**usiness **O**riented **L**anguage) für kaufmännische Anwendungen, die seit ihrer Entwicklung 1959 bis heute in Verwendung ist

C: von Dennis M. Ritchie 1969–73 parallel zu Unix entwickelte Programmiersprache, die sehr kompakte und systemnahme Programme ermöglicht

Die SW-Firma Softkommerz (Spezialist für kommerzielle Applikationen) verwendet zur Abschätzung der Programmgröße die Maßzahl Lines of Code. Konrad und Kurt sind Programmierer bei Softkommerz. Konrad erstellt COBOL-Applikationen, Kurt programmiert in C; da beide im selben Raum arbeiten, haben sie in etwa auch dieselben Arbeitszeiten. Bei der monatlichen Projektsitzung mit dem Abteilungsleiter McCabe erntet Konrad meist Lob für seinen Projektfortschritt, Kurt wird meist aufgefordert, „sich dahinter zu klemmen".

a) Was könnte McCabe zu dieser Einschätzung bewegen?

Kurt und Konrad sind befreundet – sie versuchen daher, McCabe die Gründe für den scheinbaren Produktivitätsunterschied zu erklären. Dieser scheint einsichtig – er schlägt sein Komplexitätsmaß für die zukünftige Bewertung des Projektfortschritts vor. Kurt und Konrad verlassen McCabe mit gemischten Gefühlen.

b) Welche neuen Probleme könnten auf Kurt und Konrad zukommen?

Sichern

SbX ID: 0733

Einflussgrößen für den Projektaufwand

Die wesentlichen **Einflussgrößen** für den Aufwand bei Software-Entwicklungsprojekten sind Größe bzw. Komplexität der zu erstellenden Software, geforderte Qualität, Projektdauer sowie die Produktivität des Entwicklungsteams.

Größe einer Software

Die **Größe (der Umfang) einer Software** kann z. B. in Lines of Code (kurz LOC) ausgedrückt werden. LOC sind nur aussagekräftig, wenn Entwicklungsumfeld, Team sowie Art der Aufgabenstellung nicht zu stark variieren.

Komplexität einer Software

Die **Komplexität einer Software** kann durch Abzählen und Bewerten von Funktionen oder durch Software-Metriken, z. B. die zyklomatische Komplexität nach McCabe, ausgedrückt werden.

Qualität einer Software

Die **Qualität einer Software** wird durch Merkmale wie Benutzerfreundlichkeit, Wartungsfreundlichkeit, Zuverlässigkeit, Funktionserfüllung, Zeit- bzw. Verbrauchsverhalten und Übertragbarkeit beschrieben.

Projektdauer bzw. Projektaufwand

Die **Projektdauer** ergibt sich – soweit nicht von vornherein festgelegt – aus dem geschätzten Aufwand für das Projekt (in PM – Personalmonaten) sowie den dafür zur Verfügung stehenden Personen. Die optimale Projektdauer bzw. die optimale Teamgröße lassen sich ebenfalls aus dem Aufwand ermitteln.

Produktivität

Die **Produktivität** ist eine Funktion der Personalqualität im Team, der Verfügbarkeit bzw. Leistungsfähigkeit der Hard- und Software für die Entwicklungsarbeit sowie der Organisation bzw. des Projektmanagements. Das **Produktivitätsniveau** eines Software-Entwicklungsteams kann nur erhöht werden, wenn sowohl die Effizienz als auch die Qualität der Arbeit verbessert werden.

Ansätze der Aufwandsabschätzung

Die **Ermittlung des Aufwands** für ein Software-Entwicklungsprojekt kann nach folgenden drei Ansätzen erfolgen:

- Expertenschätzung
- Delphi-Methode
- Berechnungsverfahren

Berechnungsmethoden

Bei den **Berechnungsmethoden,** die für praktische Verfahren meist kombiniert werden, gibt es folgende Methoden:

- Analogiemethode
- Relationsmethode
- Multiplikatormethode
- Gewichtungsmethode
- Methode der parametrischen Schätzgleichungen
- Prozentsatzmethode

Alle Methoden mit Ausnahme der Prozentsatzmethode verwenden in mehr oder weniger formalisierter Form Erfahrungswerte vergangener Projekte, um diese anhand der Merkmale des zu schätzenden Projekts auf den zu erwartenden Aufwand „hochzurechnen".

Vokabeln dieser Lerneinheit

Deutsch	Englisch
Aufwandsschätzung	(software) effort estimation
Größe und Komplexität	size/complexity
Qualität	quality
Projektdauer	duration of project
Produktivität	productivity
Komplexitätsmaße	software metric
Ansätze/Verfahren zur Aufwandsschätzung	software development effort estimation

SbX ID: 0733

Eine Audio-Wiederholung mit Audio-Player und MP3-Download sowie eine Bildschirmpräsentation mit den Grafiken dieser Lerneinheit finden Sie unter der ID: 0733.

Wissen

A B C D E

W 7.13: Aufwandsbestimmende Größen B

Erklären Sie, welche Faktoren den Aufwand für die Erstellung eines Software-Produktes bestimmen.

W 7.14: Software-Qualität B

Welche Faktoren beschreiben die Qualität eines Software-Produkts? Beschreiben Sie die Qualitätsmethoden anhand konkreter Beispiele.

W 7.15: Berechnungsmethoden in der Aufwandsschätzung B

Welche Motivation steht Ihrer Meinung nach hinter der Entwicklung von Berechnungsmethoden für die Aufwandsschätzung? (Berücksichtigen Sie die Ansätze der Delphi-Methode und der Expertenschätzung.)

W 7.16: Vergleich von Berechnungsverfahren zur Aufwandsschätzung B

Welche Gemeinsamkeiten weisen die Berechnungsverfahren (trotz unterschiedlicher Algorithmen) auf? Bei welchen Verfahren bestehen deutliche Unterschiede im Ansatz?

Ein kurzer Kompetenz-Check, bevor's weitergeht!

Kompetenz-Check

	☺	😐	☹
Ich kenne die Bedeutung der Aufwandsschätzung im Rahmen von Software-Entwicklungsprojekten und kann die aufwandsbestimmenden Faktoren erklären.			
Ich kann die unterschiedlichen Methoden zur Berechnung des Projektaufwands in Software-Entwicklungsprojekten beschreiben.			

Lerneinheit 4

Verfahren der Aufwandsschätzung

SbX
Alle SbX-Inhalte zu dieser Lerneinheit finden Sie unter der ID: 0740.

Der Wunsch, den Aufwand eines Software-Entwicklungsprojekts nicht nur „aus dem Bauch heraus" abschätzen zu können, hat zahlreiche Methoden hervorgebracht, mit deren Hilfe eine objektivere Berechnung möglich wird. Diese Methoden ergänzen die Expertenerfahrung und können – über einen längeren Zeitraum angewandt und verfeinert – brauchbar genaue Ergebnisse liefern.

Zwei bekannte Verfahren werden im Folgenden detaillierter vorgestellt: das Function-Point-Verfahren sowie das neuere Use-Case-Points-Verfahren.

Lernen

SbX ID: 0741

1 Spezielle Verfahren zur Aufwandsschätzung

In abgewandelter und verfeinerter Form verwenden auch viele neuere Verfahren einerseits die Aufgabengröße und andererseits die Kompetenz des Teams für die Ermittlung des Aufwands.

IBM-Handbuch-Verfahren

Es ist das älteste Verfahren (1968) und orientiert sich noch stark am Schema Eingabe – Verarbeitung – Ausgabe. Auf der Grundlage des Feinkonzepts wird der Aufwand für die Programmierung geschätzt. Die Grundstruktur

Aufwand für die Programmierung (T_{pp}) = Aufgabengröße x Kompetenzfaktor

bildet auch für andere Verfahren das Grundmuster.

$$T_{pp} = (T_{ea} + T_v) \times (T_k + T_e)$$

T_{ea}: Summe des Programmieraufwands für Ein-/Ausgabeprozesse
T_v: Summe des Programmieraufwands für Verarbeitungen
T_k: Problemkenntnisfaktor (der beteiligten Programmierer)
T_e: Programmiererfahrungsfaktor

Boeing-Verfahren (1977)

Der Aufwand wird auf Basis der LOC (Lines of Code) geschätzt, wobei je nach Modultyp verschiedene Produktivitäten angenommen werden (z. B. 8 PM pro 1000 Befehle für Ausgabe-Routinen). Der Gesamtaufwand wird nach einem Schlüssel auf die einzelnen Phasen aufgeteilt und mit Korrekturfaktoren versehen.

Maßzahlverfahren (z. B. „AUFWAND")

Grundlagen sind die systematische Erfahrungssammlung und die Auswertung früherer Projekte. Diese werden in Teilprodukte und Phasen eingeteilt, deren Kosten fortlaufend erfasst werden. Diesen Teilprodukten sind Maßgrößen zugeordnet (z. B. LOC, DIN-A4-Seiten, Testfälle ...).

Aus der Division Kosten/Maßzahlen errechnen sich Kennzahlen, die zur Aufwandsabschätzung von (ähnlichen) Projekten dienen.

Zum Beispiel:
Wie viel kostet eine A4-Seite Dokumentation?

COCOMO wurde vom amerikanischen Softwareingenieur Barry W. Boehm (*1935) entwickelt – vgl. Spiralmodell.

COCOMO (Constructive Cost Model)

COCOMO verwendet die Gewichtungsmethode und parametrische Schätzgleichungen. Es ist eher für große und sehr große Anwendungen hoher Komplexität geeignet. Für kleine/mittlere bzw. kaufmännische Projekte liefert COCOMO zu hohe Werte.

Function-Point-Methode

Diese Methode wurde 1979 entwickelt. Sie ist besonders für die Aufwandsschätzung kaufmännischer Anwendungen geeignet, hingegen weniger für technische oder betriebssystemnahe Anwendungen.

Das Verfahren kann nur für gesamte Anwendungen angewendet werden (d. h. nicht auf Modul-/Programmebene). Das Anwendungssystem ist dabei aus der Sicht des Benutzers zu betrachten. (Die Methode wird im Folgenden genauer beschrieben).

2 Das Function-Point-Verfahren

Das Function-Point-Verfahren ist nach wie vor eines der populärsten Verfahren zur Aufwandsschätzung.

Die ursprüngliche Fassung der Function-Point-Methode orientiert sich noch am klassischen Schema von Eingabe – Verarbeitung – Ausgabe. Neue Versionen berücksichtigen auch die Dialoge grafischer Benutzeroberflächen (Transaktionen).

Die Function-Point-Methode schätzt den Aufwand von der Bedarfsanalyse bis zur Übergabe. Nicht enthalten ist der Managementaufwand für das Projekt.

Die Methode gliedert sich in 5 Schritte:

1. Quantifizierung des Umfangs – Ermitteln von „Functions"
2. Bewertung des Schwierigkeitsgrads der Functions durch „Points"
3. Analyse des Einflusses von sieben vorgegebenen Faktoren
4. Berechnung der bewerteten Function Points
5. Ermittlung des Aufwands mittels historischer Daten

Die Bestimmung der „Functions" erfolgt aus Benutzersicht.

1. Quantifizieren des Funktionsumfangs

Den Funktionsumfang erhält man, wenn die Funktionstypen (Functions) eines Projekts analysiert werden. Es sind **fünf Funktionstypen** zu unterscheiden:

- Eingabedaten
- Ausgabedaten
- Datenbestände
- Referenzdaten
- Abfragen

2. Bewertung des Schwierigkeitsgrads durch „Points"

Die Funktionstypen können im geplanten Projekt mehrfach vorkommen. Pro Auftreten wird eine Klassifizierung in

- leicht,
- mittel,
- schwer

vorgenommen. Einen Rahmen für die Klassifizierung bilden die Tabellen auf Seite 263. Anschließend werden die Points aller Functions summiert (Summe FP).

SbX
Die Tabelle finden Sie auch unter der ID: 0741.

3. Analyse der Einflussfaktoren (EF)

Der Entwicklungsprozess wird zusätzlich zu den Function-Points noch von weiteren Faktoren beeinflusst. Folgende Einflussgrößen werden berücksichtigt (siehe auch Tabelle):

(1) Verflechtung mit anderen Anwendungssystemen

(2) Dezentrale Verwaltung der Daten

(3) Transaktionsrate

(4) Verarbeitungslogik

(5) Wiederverwendung in anderen Anwendungen

(6) Datenbestandskonvertierungen

(7) Parametrisierbarkeit durch den Benutzer

Bis auf Faktor 4 werden alle Einflussgrößen auf einer Skala von 0 bis 5 geschätzt. **Einflussfaktor 4** erhält 0 bis 30 Punkte und summiert sich aus den Größen:

- schwierige/komplexe Rechenoperationen: 0–10
- umfangreiche Kontrollverfahren: 0–5
- viele Ausnahmeregelungen: 0–10
- schwierige, komplexe Logik: 0–5

Einflussfaktor 5 gibt an, wie stark eine Wiederverwendung der Programme in anderen Anwendungen zu berücksichtigen ist:

0–10 %	→	0 Punkte
10–20 %	→	1 Punkt
20–30 %	→	2 Punkte
30–40 %	→	3 Punkte
40–50 %	→	4 Punkte
über 50 %	→	5 Punkte

Die Einflussfaktoren können das Ergebnis um ±30 % verändern (siehe Formel BFP unten).

4. Berechnung der bewerteten Function Points

Die Summe der bewerteten Function Points (BFP) wird gemäß folgender Formel berechnet:

$$BFP = (\text{Summe FP}) \times (0{,}7 + EF \times 0{,}01)$$

5. Ermittlung des Aufwands

Das Verhältnis BFP zu Aufwand in PM kann in Form einer Kurve dargestellt werden (vgl. nächste Seite).

Aufgrund von Erfahrungen mit früheren Projekten wird eine Funktionstabelle (BFP, Aufwand in PM) erstellt, die die spezifischen Gegebenheiten der Entwicklungsumgebung darstellt. Aus dieser Tabelle kann der Aufwand abgelesen (interpoliert) werden (Anmerkung: 1 PM sind 130 Stunden).

Bewertungstabellen für das Function-Point-Verfahren

SbX
Sie finden alle Tabellen zum Download im Excel-Format unter der ID: 0741.

Die folgenden Tabellen ermöglichen die Bewertung der einzelnen Funktionen, die Berechnung der bewerteten Function Points sowie die Ermittlung des Aufwands in Personalmonaten.

Bewertungs- und Beurteilungsschema für das Function-Point-Verfahren

Merkmale für die Klassifizierung von Dateneingaben			
	einfach	mittel	komplex
Anzahl unterschiedlicher Datenelemente	1–5	6–10	> 10
Eingabeprüfung	formal	formal und logisch	formal, logisch und Zugriff auf Datenbank
Anforderungen an die Benutzerführung	gering	normal	hoch
Gewicht	3	4	6

Merkmale für die Klassifizierung von Datenausgaben			
	einfach	mittel	komplex
Anzahl Spalten	1–6	7–15	> 15
unterschiedliche Datenelemente	1–5	6–10	> 10
Gruppenwechsel	1	2–3	> 3
Datenelemente für Druck aufbereiten	keine	einige	viele
Gewicht	4	5	7

Merkmale für die Klassifizierung von Datenbeständen			
	einfach	mittel	komplex
Anzahl unterschiedlicher Datenelemente	1–20	21–40	> 40
Anzahl Schlüsselbegriffe	1	2	> 2
Datenbestand bereits vorhanden	ja	—	nein
Vorhandene Datenstruktur wird verändert.	nein	ja	—
Gewicht	7	10	15

Merkmale für die Klassifizierung von Referenzdateien			
	einfach	mittel	komplex
Anzahl unterschiedlicher Datenelemente	1–20	21–40	über 40
Anzahl Schlüsselbegriffe	1	2	> 2
Gewicht	5	7	10

Merkmale für die Klassifizierung von Abfragen			
	einfach	mittel	komplex
Anzahl unterschiedlicher Schlüssel	1	2	> 2
Anforderungen an die Benutzerführung	gering	normal	hoch
Gewicht	3	4	6

Funktionstyp		Anzahl	Gewicht	Summen
Eingabedaten	einfach		3	
	mittel		4	
	komplex		6	
Ausgaben	einfach		4	
	mittel		5	
	komplex		7	
Datenbestände	einfach		7	
	mittel		10	
	komplex		15	
Referenzdaten	einfach		5	
	mittel		7	
	komplex		10	
Abfragen	einfach		3	
	mittel		4	
	komplex		6	
			E1:	0

	Einflussfaktoren	Bereich	Summen
1.	Verflechtung mit anderen DV-Systemen	0–5	
2.	dezentrale Verwaltung der Daten	0–5	
3.	spezielle Anforderungen an Antwortzeitverhalten	0–5	
4.1	Komplexität der Rechenoperationen	0–10	
4.2	Komplexität der Kontrollverfahren	0–5	
4.3	Komplexität der Ausnahmeregelungen	0–10	
4.4	Komplexität der Logik	0–5	
5.	Wiederverwertbarkeit	0–5	
6.	Konvertierung von Datenbeständen	0–5	
7.	Konfigurierbarkeit durch Benutzer	0–5	
		E2:	
	Bewertete Function Points:	E3:	

Aufwand in Personenmonaten:

Zuordnungstabelle:

Bewertete Function Points	Personalmonate
50	5
100	8
150	11
200	14
250	17
300	20
350	24
400	28
450	32
500	36
550	40
600	44
650	48
700	52
750	56
800	60
850	64
900	68
950	72

Bewertete Function Points	Personalmonate
1000	76
1100	85
1200	94
1300	103
1400	112
1500	122
1600	132
1700	142
1800	153
1900	164
2000	175
2100	188
2200	201
2300	215
2400	230
2500	245
2600	263
2700	284
2800	307
2900	341

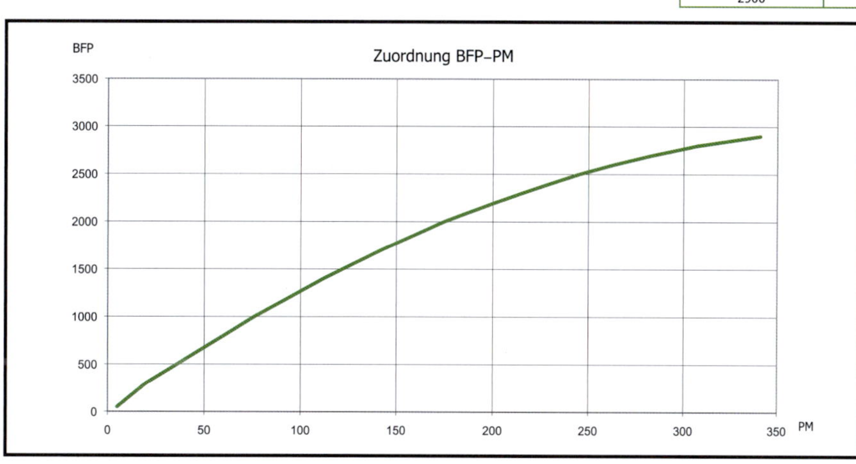

3 Das Use-Case-Points-Verfahren

Das Use-Case-Points-Verfahren ist ein neueres Verfahren zur Aufwandsschätzung, das von den Anwendungsfällen (UML: Use Cases) im RUP ausgeht.

Querverweis
Use Cases siehe Kapitel 8, Lerneinheit 2

Das Use-Case-Points-Verfahren (UCP) ist eine Weiterentwicklung des Function-Point-Verfahrens, basierend auf einer Arbeit von Gustav Karner (1993). Wie beim FP-Verfahren geht es dabei hauptsächlich um das Abzählen und Gewichten bestimmter Merkmale des Programmentwurfs.

Der wesentliche **Unterschied zum FP-Verfahren** ist, dass das UCP von den Use Cases ausgeht und damit näher an der aktuellen Analyse- und Entwurfstechnik liegt – es fügt sich sehr gut in den Rational Unified Process unter Verwendung der Unified Modeling Language (UML) ein.

Der **Vorteil des Verfahrens** liegt darin, dass bereits in einem frühen Stadium des Projekts eine näherungsweise Abschätzung des zu erwartenden Aufwands durchgeführt werden kann. Während das Function-Point-Verfahren erst bei hinreichender Software-Spezifikation angewendet werden kann (was bei kurzlebigen Projekten wie z. B. Web-Entwicklungen zu spät ist), ermöglicht das Use-Case-Points-Verfahren eine Schätzung bereits in der Analysephase.

Dabei werden folgende Faktoren erhoben und bewertet:

- Anzahl und Komplexität der Anwendungsfälle (Use Cases) im System
- Anzahl und Komplexität der Akteure des Systems
- technische Einflussfaktoren in der Systementwicklung
- Einflussfaktoren zu Kompetenz und Performance des Entwicklungsteams

Die Herausforderung bei der UCP-Methode liegt in der **Modellierung der Use Cases.** Für die Bewertung herangezogene Use Cases sollen „essenziell" sein, d. h. wesentliche Anwendungsfälle der Applikation darstellen. Ebenso ist der Detailgrad der Modellierung von Bedeutung – er bestimmt die Anzahl der Use Cases. Als grober Richtwert werden für ein kaufmännisches Projekt mit einer Laufzeit von 6 bis 8 Monaten und einer Teamgröße von 10 bis 15 Personen rund 30 Use Cases angenommen.

Die folgenden Tabellen beschreiben den Ablauf des Use-Case-Points-Verfahrens. Die linke Tabelle zeigt das Bewertungsschema allgemein, die rechte ein konkretes Rechenbeispiel zu einem (hier nicht näher spezifizierten) Online-Buchungssystem für Veranstaltungen.

1. Actor-Einfluss (UAW – Unadjusted Actor Weight)

In diesem Schritt werden die „Actors" der Use Cases gezählt und bewertet. Actors, die mit dem System über eine definierte Programmschnittstelle interagieren, werden als „einfach" bewertet, eine Interaktion über ein Protokoll oder eine textbasierte Benutzerschnittstelle wird als „mittel" eingestuft. Ein Dialog mit dem Benutzer über eine grafische Oberfläche erhält die Bewertung „komplex".

UAW

UAW	Unadjusted Actor Weights	
Kategorie	Beschreibung	Faktor
einfach	anderes System über API	1
mittel	anderes System über Protokoll (HTTP)	2
komplex	Benutzer über grafisches Interface	3

UAW	Unadjusted Actor Weights			
Kategorie	Beispiel	Faktor	Anzahl (Annahme)	gesamt
einfach	Die Anzahl der Akteure (Actors) ist durch Abzählen in den Use-Case-Diagrammen und Einordnen in die Kategorien zu ermitteln.	1	5	5
mittel		2	2	4
komplex		3	3	9
			UAW gesamt:	18

Die **UAW** ergeben sich aus: **$UAW = A_e \times 1 + A_m \times 2 + A_k \times 3$,**
wobei A_n für die Anzahl der Akteure in den Kategorien n = einfach, mittel und komplex steht.

2. Use-Case-Einfluss (UUCW – Unadjusted Use Case Weight)

Im zweiten Schritt werden die Anzahl der Use Cases sowie deren Komplexität ermittelt. Die Komplexität eines Use Case ergibt sich aus der Anzahl der Transaktionen – das sind unteilbare Abfolgen von Aktionen. Eine andere Möglichkeit ist die Zählung der Klassen, welche bei der Implementierung des betreffenden Use Case erforderlich sind. Bis zu 5 Klassen wird als „einfach" eingestuft, 5 bis 10 Klassen gelten als „mittel", bei über 10 Klassen ist der Use Case als „komplex" einzustufen.

UUCW

UUCW Kategorie	Unadjusted Use Case Weight Beschreibung	Faktor
einfach	1–3 Transaktionen	5
mittel	4–7 Transaktionen	10
komplex	über 8 Transaktionen	15

UUCW Kategorie	Unadjusted Use Case Weight Beispiel	Faktor	Anzahl (Annahme)	gesamt
einfach	Die Transaktionen (zusammengehörige Vorgänge) in den einzelnen Use Cases sind zu zählen.	5	10	50
mittel		10	14	140
komplex		15	7	105
			UUCW gesamt:	295

Die **UUCW** ergeben sich aus: **UUCW =** $U_e \times 5 + U_m \times 10 + U_k \times 15$,
wobei U_n für die Anzahl der Use Cases in den Kategorien n = einfach, mittel und komplex steht.

3. Technikbedingte Einflussfaktoren (TCF – Technical Complexity Factor)

Im Software-Entwicklungsprojekt gibt es zahlreiche technische Einflussfaktoren, welche die Umsetzung erleichtern oder erschweren können. Daher ist jeder einzelne Faktor zu betrachten und mit einem Wert zwischen 0 (= überhaupt kein Einfluss) und 5 (= sehr starker Einfluss) zu bewerten.

TCF

TCF Nr.	Technical Complexity Factor Beschreibung	Gewicht
T1	verteiltes System	2
T2	spezielle Anforderungen an Durchsatz und/oder Antwortzeiten	2
T3	hohe Online-Performance für den Benutzer	1
T4	komplexe interne Berechnungen	1
T5	Code muss wiederverwendbar sein (reusable).	1
T6	einfache Installation erforderlich	0,5
T7	hohe Benutzerfreundlichkeit erforderlich	0,5
T8	Portabilität (Übertragbarkeit) des Codes	2
T9	leichte Änderbarkeit	1
T10	Parallelverarbeitung	1
T11	spezielle Anforderungen an die Sicherheit	1
T12	ermöglicht Direktzugriff durch Dritte	1
T13	macht spezielle Schulungseinrichtungen nötig	1

TCF Nr.	Technical Complexity Factor Beispiel	Gewicht	zugeordneter Wert	gesamt
T1	System läuft auf zentralem Rechner.	2	0	0
T2	ausreichend für geübten Benutzer	2	3	6
T3	hohe Online-Performance erforderlich, da Kunde anwesend	1	5	5
T4	kaum	1	1	1
T5	nein	1	0	0
T6	Installation erfolgt durch Spezialisten.	0,5	1	0,5
T7	sollte sehr benutzerfreundlich sein	0,5	5	2,5
T8	nicht erforderlich	2	0	0
T9	sollte leicht adaptierbar bei geänderten Bedingungen sein	1	4	4
T10	keine Parallelverarbeitung	1	0	0
T11	hohe Sicherheit gegen Missbrauch	1	5	5
T12	Kunden können auch direkt online buchen.	1	5	5
T13	nein, wenige Benutzer, benutzerfreundlich	1	1	1
			Total technical factor (T_{factor})	30

Der **Total Technical Factor** ergibt sich aus: $T_{factor} = \sum g_i \times w_i$
(g: Gewicht, w: Wert, i = 1–13)

Der **Technical Complexitiy Factor TCF** ergibt sich aus: **TCF = 0,6 + (0,01 ×** T_{factor}**)**.

Im vorliegenden Beispiel ergibt das einen Wert von: **TCF = 0,6 + (0,01 × 30) = 0,9.**

4. Einflussfaktor der Entwicklungsumgebung (EF – Environment Factor)

Als letzter Punkt werden Einflüsse aus der Projektumgebung berücksichtigt, wie z. B. Motivation oder Kompetenz der Teammitglieder. Jeder der Faktoren ist wieder mit einem Wert zwischen 0 (= kein Einfluss) bis 5 (= sehr starker Einfluss) zu bewerten.

EF

EF	Environment Factor	
Nr.	Beschreibung	Gewicht
E1	routinierter Umgang mit dem Rational Unified Process (RUP)	1,5
E2	Erfahrung im Anwendungsbereich	0,5
E3	Erfahrung in der Objektorientierung	1
E4	Spezialist für Analyse ist verfügbar.	0,5
E5	Motivation	1
E6	Anforderungen sind stabil.	2
E7	Teilzeitbeschäftigte im Team	–1
E8	schwierige Programmiersprache	–1

EF	Environment Factor			
Nr.	Beispiel	Gewicht	zugeordneter Wert	gesamt
E1	Die meisten Teammitglieder haben schon mit dem RUP gearbeitet.	1,5	4	6
E2	erstes Buchungssystem dieser Art	0,5	1	0,5
E3	gute Kompetenz in Objektorientierung	1	4	4
E4	kein spezieller Analytiker im Team	0,5	1	0,5
E5	hochmotiviertes Team	1	5	5
E6	Es werden kleine Änderungen in den Anforderungen erwartet.	2	2	4
E7	Nur zwei Junior-Programierer sind Teilzeitbeschäftigte.	–1	1	–1
E8	Programmierung in Java	–1	1	–1
			Total enviroment factor (E_{factor}):	18

Der **Total Environment Factor** (E_{factor}) ist: $E_{factor} = \sum g_i \times w_i$

(g: Gewicht, w: Wert, i = 1–8)

Der **Environment Factor EF** berechnet sich aus: **EF = 1,4 + (–0,03 × E_{factor})**

Im vorliegenden Beispiel ergibt das einen Wert von: **EF = 1,4 + (–0,03 × 18) = 0,86**

5. Berechnung der gewichteten Use Case Points (AUCP – Adjusted Use Case Points)

Aus den Ergebnissen der Schritte 1 bis 4 können nun die **AUCP** (manchmal nur als UCP bezeichnet) berechnet werden: **AUCP = (UAW + UUCW) × TCF × EF.**

Im vorliegenden Beispiel führt das zu folgendem Ergebnis:

AUCP = (18 + 295) × 0,9 × 0,86 = 242,262.

6. Ermittlung des Aufwands in Personenstunden

Zur Ermittlung des gesamten Aufwands wird einem AUCP ein bestimmter Aufwand an Personenstunden zugeordnet. Als mittlerer Wert werden meist 20 Personenstunden angenommen.

Berechnete Größe	Berechnung	Anmerkung
Gesamtaufwand in Personenstunden	GA = AUCP × 20 = 242,262 × 20 = 4.845,25 Ph	
Aufwand in Personalmonaten	PM = 4845 : 167 ≈ 29	167 Stunden je Monat, 38,5 Stunden je Woche
Teamgröße	$TG = \sqrt{PM} = \sqrt{29} \approx 5{,}4$	Teamgröße mit 5 Personen ausreichend
Projektdauer	PD = PM : TG = 29 : 5 ≈ 6 Monate	
Aufwand je Iteration (2-wöchig lt. RUP)	It_A = 5 Personen × 38,5 h/Woche x 2 = 385 Ph	
Anzahl nötiger Iterationen (2-wöchig)	$It_{Anz} = GA : It_A = 4845 : 385 \approx 13$	
abzuarbeitende UUCW je Iteration	$UUCW : It_{Anz} = 295 : 13 \approx 23$	z.B. 1 komplexer und 1 mittlerer Use Case (25)

Die Einflussfaktoren können dazu herangezogen werden, die oben angenommenen 20 Personenstunden je AUCP zu revidieren: Bei Einflussfaktoren E1 bis E6 werden alle Werte < 3 gezählt, bei E7 und E8 werden alle Werte > 3 gezählt. Je nach ermittelter Gesamtanzahl gilt:

- 1, 2: 20 Personenstunden je AUCP
- 3, 4: 28 Personenstunden je AUCP
- ab 5: 36 Personenstunden je AUCP oder (besser) hohes Projektrisiko gezielt verringern

4 Aufwandsschätzung in Schulprojekten

Die Treffsicherheit von Aufwandsschätzungen ist abhängig vom Expertenwissen oder von der Verfügbarkeit historischer Projektdaten – beides ist bei Schulprojekten nicht gegeben. Die Wahrscheinlichkeit einer Fehlschätzung ist daher groß. Darüber hinaus sind verfügbare Zeit sowie (Personal-)Ressourcen im Rahmen von Schulprojekten meist fix vorgegeben.

Mehrere Gründe sprechen dafür, dennoch eine Aufwandsschätzung durchzuführen:

- Die Durchführung einer Aufwandsschätzung zwingt die Projektgruppe relativ früh, ihr Projekt zu analysieren und in einzelne Funktionen zu zerlegen. Probleme werden dadurch schon frühzeitig bewusst gemacht.
- Der Vergleich der tatsächlich aufgewandten Arbeit mit dem ursprünglich geschätzten Aufwand bringt – bei sorgfältiger Analyse – einen wichtigen Lerneffekt für die Projektteilnehmer (Projektevaluation).
- Eine gute Einschätzung von zu bewältigendem Arbeitspensum und eigener Leistungsfähigkeit ist eine wichtige Voraussetzung für den späteren beruflichen Erfolg bzw. die Zufriedenheit. Ein frühzeitiges Kennenlernen möglicher Strategien kann hier unterstützend wirken.

Eine Möglichkeit, aus eigenen (Programmier-)Erfahrungen auf den voraussichtlichen Aufwand eines Software-Entwicklungsprojekts (im Rahmen des Unterrichts) zu schließen, bietet die folgende Matrix:

Aufwands-verhältnisse

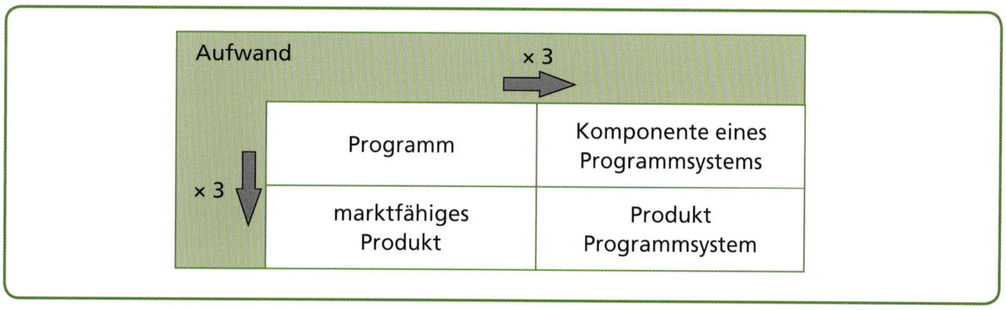

- **Programm**

  Das Programm entspricht den Programmen, die Schüler/innen, meist für eigene Anwendungen („ich für mich") erstellt haben. Ein solches Programm kann nur vom Autor in einer bestimmten Systemumgebung bedient werden.
- **Marktfähiges Produkt**

  Es ist von jedem benutzbar, was einen erhöhten Aufwand in der Abfrage möglicher Fehlerfälle sowie bei der Dokumentation erforderlich macht.
- **Komponente eines Programmsystems**

  Eine umfangreiche Abstimmungsarbeit und die Berücksichtigung zahlreicher Gegebenheiten (Schnittstelle zu anderen Komponenten) sind erforderlich, ebenso steigt der Aufwand für Tests.
- **Programmsystem als Produkt**

  Sowohl andere Systemkomponenten als auch eine allgemeine Nutzbarkeit erfordern insgesamt etwa den neunfachen Aufwand bei der Programmerstellung (Faustformel mit Sicherheit: zehnfacher Aufwand).

Üben

SbX ID: 0742

A B C D E

Ü 7.9: Use-Case-Points-Verfahren C

Schreiben Sie zu den Abkürzungen in der Tabelle die richtigen Bezeichnungen und erklären Sie die Begriffe:

Abkürzung	Begriff (Langbezeichnung)	kurze Erklärung
AUCP		
UAW		
UUCW		
TCF		
EF		
T_{factor}		
E_{factor}		

Ü 7.10: Aufwandsermittlung aus AUCP C

Die Analyse eines Projekts ergibt ein Ergebnis von ca. AUCP = 300. Berechnen Sie den Gesamtaufwand in Personenstunden sowie weitere Projektgrößen, wie z. B. Teamgröße, Projektdauer, Iterationsanzahl.

SbX Die Tabelle finden Sie unter der ID: 0742.

Ü 7.11: Anwendung der Function-Point-Methode mittels Tabellenkalkulation C

Nehmen Sie an, Sie sind Leiter/in der Anwendungsentwicklung im größeren Software-Unternehmen BusinessWare, das sich auf kommerzielle Programmsysteme spezialisiert hat. Ein wichtiger Kunde, den BusinessWare schon seit nunmehr 10 Jahren betreut, ist die Plexo Ges.m.b.H.

Die Plexo Ges.m.b.H. ist ein plexiglasproduzierendes Unternehmen, das 1986 gegründet wurde. Durch ein intensives Engagement im Recycling-Sektor ist es den Technikern der Plexo gelungen, auch aus wiederverwertetem Material qualitativ hochwertiges Plexiglas zu erzeugen. Durch technologisches Know-how sowie erstklassiges Design konnte das Unternehmen neben der ursprünglichen Fertigung von Industrieware auch Marktanteile im Design- und Objektbereich gewinnen. Entsprechend intensiv verlief auch die Expansion der Plexo in den vergangenen Jahren.

Die betriebliche Auftragsabwicklung ist derzeit mit einem leistungsfähigen Rechnersystem (Stand der Technik) ausgerüstet. Die anstehenden Aufgaben werden mit kaufmännischen Standardpaketen unter Windows gelöst. Verwendet werden in den aktuellen Versionen:

- MS Word (Korrespondenz, Berichte)
- MS Project (Auftragsterminisierung)
- MS Excel (Kalkulation)
- MS Access (Kundenverwaltung)

Aufgrund der Verwendung einzelner Software-Pakete ist die Verwaltung bzw. Zusammenführung aller zu einem Auftrag bzw. zu einem Kunden gehörenden Informationen bzw. Dokumente aufwendig und fehleranfällig. Die Geschäftsführung wünscht daher die Rationalisierung dieses erfolgskritischen, kaufmännischen Bereichs mithilfe einer leistungsfähigen Individualsoftware.

Mit diesem Wunsch tritt die Geschäftsführung der Plexo an Sie, die verantwortliche Person bei BusinessWare, heran. Voraussetzung für die Erteilung eines Auftrags an die BusinessWare ist allerdings ein genauer, strikt einzuhaltender Kostenvoranschlag.

Sie besprechen mit Ihrem besten Programmierer den Leistungsumfang des anzubietenden Pakets und erhalten von diesem eine genaue Quantifizierung des Funktionsumfangs. Die Einflussfaktoren für dieses Projekt schätzen Sie selbst.

Hinweis: „neu aufnehmen – ändern – löschen" sind **drei** Funktionen (functions), da sie eine unterschiedliche Logik verwenden. Analog ist bei den weiteren Funktionen vorzugehen.

Hinweis: Die Beschreibung hilft Ihnen bei der Klassifizierung der Funktionstypen. Wo genauere Angaben fehlen, wählen Sie „mittel".

Leistungsumfang der Software „betriebliche Auftragsabwicklung"

Eingabedaten:

- Interessenten neu aufnehmen, ändern, löschen
- Kunden neu aufnehmen, ändern, löschen
- Umwandlung Interessent → Kunde
- Auswahl von Kundenadressen für Marketingaktivitäten
- Kundenaufträge erfassen, ändern, stornieren, abschließen
- interne Aufträge erfassen, ändern, stornieren, abschließen
- Auftragsfortschritt
- sequenzielle Konvertierung des alten Datenbestands
- Tabellenpflege: Kostenstellen, Betreuungsdaten, Rahmenaufträge

Die Eingabedaten sind formal und logisch zu prüfen. Bei der Erfassung der internen Aufträge ist zusätzlich ein Datenbank-Zugriff zur Prüfung/Zuordnung der internen Kostenstellen erforderlich. Bei der Eingabe des Auftragsfortschritts ist ebenfalls eine Eingabeprüfung über die Betriebsdatenbank erforderlich.

Ausgabedaten:

- Auftragsverfolgung (Fertigstellungsgrad eines Auftrags)
- Auftragsstatistik Kunden
- Auftragsstatistik interne Aufträge
- Kundenstatistik (über die Aufträge von Kunden)
- Produktgruppenstatistik
- offene Aufträge je Kunde
- offener Auftragsstand je Produktgruppe
- Adressliste – alphabetisch sortiert, nach Kunden sortiert
- Etiketten, Briefumschläge
- Datenaustausch zu Konstruktionsabteilung, Produktionsplanung und Produktionsvorbereitung in beiden Richtungen ist vorzusehen.
- 12 Fehlerprotokolle

Bei den Datenausgaben werden im Durchschnitt zehn Spalten erforderlich sein. Bei der Ausgabe der Statistiken sind zumindest drei Gruppenwechsel je Ausgabe erforderlich.

Datenbestände:

Die folgenden Datenbestände sind sowohl für die Konvertierung als auch für den laufenden Betrieb relevant:

- Kundenname
- Standardprodukte
- weitere Adressen
- Verwaltungsdaten

Bei der Konvertierung muss berücksichtigt werden, dass noch kein (neuer) Datenbestand vorhanden ist. Auf alle übrigen Datenbestände kann über zwei Schlüssel zugegriffen werden.

Referenzdaten:

Die vier Tabellen Kostenstellen, Betreuungsdaten, Rahmenaufträge und Postleitzahlen werden bei der Konvertierung und im laufenden Betrieb verwendet. Zusätzlich wird bei laufender Verarbeitung ein Verzeichnis benötigt, das den Zugriff auf die dezentral gespeicherten Daten nach fünf unterschiedlichen Kriterien ermöglicht.

Abfragen:

Abfragen der Datenbestände sind nach folgenden Schlüsselbegriffen möglich:

- Kundennummer
- Kundenname
- Postleitzahl
- Produktnummer (Standard)
- Produktname (Standard)
- Auftragsnummer (Rahmenaufträge)
- Verwaltungsfunktion
- Kostenstelle

Die Abfragefunktionen können über maximal zwei Schlüssel erfolgen.

Einflussfaktoren:

- Die Abwicklung von Aufträgen soll nach Realisierung eines unternehmensweiten Netzwerks ausschließlich über dieses erfolgen. Auftragsdaten werden an die bearbeitenden Stellen weitergeleitet, die dort erfassten Betriebsdaten und protokollierten Arbeitsfortschritte können vom Vertrieb jederzeit abgefragt werden. Die von der Netzwerk-Software ermöglichten Antwortzeiten werden als ausreichend erachtet.
- Aufgrund der Unterscheidung Kundenauftrag – Rahmenauftrag – interner Auftrag ist eine Reihe von Ausnahmeregelungen zu berücksichtigen.
- Die Zusammenführung der Betriebsdaten zu einem Auftrag erfolgt vollautomatisch und ist daher durch entsprechende Kontrollverfahren abzusichern.
- Der Einsatz der Vertriebssoftware auf anderen Systemen ist grundsätzlich nicht geplant; die Benutzerbedienung soll sich jedoch am gegenwärtigen Industriestandard orientieren.

Aufgabenstellungen

SbX **Die Function-Point-Tabellen finden Sie unter der ID: 0742.**

a) Ermitteln Sie den Aufwand anhand oben stehender Informationen. Schätzen Sie selbst die Einflussfaktoren auf Basis der angegebenen Rahmenbedingungen. Begründen Sie alle Ihre Bewertungen!

Berechnen Sie die bewerteten Function Points (BFP) und ermitteln Sie den Aufwand anhand der Function-Point-Tabellen im Schritt „Lernen" bzw. der Excel-Tabellen im SbX.

b) Berechnen Sie (geben Sie die verwendeten Formeln an):
   - bewertete Function Points
   - Aufwand in Personenmonaten
   - optimale Projektdauer
   - optimale Anzahl der Mitarbeiter

c) Wie schätzen Sie die Treffsicherheit Ihrer Prognose (im vorliegenden Fall) ein? Begründen Sie Ihre Meinung!

d) Ermitteln Sie anhand der geschätzten Personenmonate Ihre tatsächlichen Kosten für das Projekt. Treffen Sie hier geeignete Annahmen und begründen Sie diese!

Verwenden Sie für die Lösung der Aufgabenstellungen die Bewertungstabellen zur Function-Point-Methode, die Sie im SbX herunterladen können.

Ü 7.12: Fallbeispiel „BonOnline" – Erstellen eines Use-Case-Points-Modells C

Sie wollen den Aufwand für Ihr Projekt „BonOnline" mithilfe des Use-Case-Points-Verfahrens ermitteln. Da Sie die Use Cases (Anwendungsfälle) für das Projekt erst bei den Aufgaben zu Kapitel 8, Lerneinheit 2 erstellen, treffen Sie hier zumindest die notwendigen Vorbereitungen.

Aufgabe:

Erstellen Sie mithilfe eines Tabellenkalkulationsprogramms ein Berechnungsmodell für das UCP-Verfahren. Testen Sie das Modell, indem Sie die Werte aus dem Beispiel im Schritt „Lernen" erfassen und die Ergebnisse vergleichen.

Sichern

SbX ID: 0743

Aufwands-schätzung

Spezielle Verfahren zur Aufwandsschätzung verwenden meist eine Kombination der bekannten Berechnungsmethoden. Sie wurden meist in Unternehmen für ein spezifisches Umfeld entwickelt, viele können aber individuell angepasst werden.

Spezielle Verfahren zur Aufwandsschätzung sind:

- IBM-Handbuch-Verfahren
- Boeing-Verfahren
- Maßzahlverfahren (z. B. „AUFWAND")
- COCOMO (Constructive Cost Model)
- Function-Point-Methode
- Use-Case-Points-Verfahren

IBM-Handbuch-Verfahren

Das **IBM-Handbuch-Verfahren** (1968) legt das Grundschema für viele darauffolgende Verfahren fest: $T_{pp} = (T_{ea} + T_v) \times (T_k + T_e)$.

Aufwand für die Programmierung (T_{pp}) = Aufgabengröße × Kompetenzfaktor.

Function-Point-Methode

Die **Function-Point-Methode** wird in folgenden Schritten durchgeführt:

1. Quantifizierung des Umfangs – Ermitteln von „Functions"
2. Bewertung des Schwierigkeitsgrads der Functions durch „Points"
3. Analyse des Einflusses von sieben vorgegebenen Faktoren
4. Berechnung der bewerteten Function Points (BFP)
5. Ermittlung des Aufwands mittels historischer Daten

Die vorgegebene Beziehung PM zu BFP muss im Rahmen der Projektevaluierung für die konkrete Entwicklungsumgebung sukzessive angepasst werden.

Use-Case-Points-Verfahren

Das **Use-Case-Points-Verfahren** geht bei der Bewertung des Aufwands von den sogenannten **Anwendungsfällen (Use Cases)** aus. Ähnlich wie die Function-Point-Methode berücksichtigt das Verfahren:

- Anzahl und Komplexität der Anwendungsfälle (Use Cases) im System
- Anzahl und Komplexität der Akteure des Systems
- technische Einflussfaktoren in der Systementwicklung
- Einflussfaktoren zu Kompetenz und Performance des Entwicklungsteams

Vokabeln dieser Lerneinheit

Deutsch	Englisch
Funktionsumfang	function scope
Einflussfaktoren	complexity factors, general system characteristics
Function Points	unadjusted function points
bewertete Function Points	function points

SbX ID: 0743

Eine Audio-Wiederholung mit Audio-Player und MP3-Download sowie eine Bildschirmpräsentation mit den Grafiken dieser Lerneinheit finden Sie unter der ID: 0743.

Wissen

A B C D E

W 7.17: Function-Point-Verfahren A

Für welche Projekte eignet sich das Function-Point-Verfahren?

W 7.18: Function Points B

Anhand welcher Merkmale wird im Function-Point-Verfahren der Funktionsumfang bewertet? Welche „Wertungsskala" wird verwendet?

W 7.19: Einflussfaktoren im Function-Point-Verfahren B

Im ursprünglichen Function-Point-Verfahren wurden keine Einflussfaktoren berücksichtigt. Warum wurde diese Bewertungsgröße eingeführt und wie beeinflusst sie das Endergebnis?

W 7.20: Interpretation der bewerteten Function Points B

Woher stammt der Zusammenhang BFP ↔ Personalmonate im Function-Point-Verfahren? In welcher Weise ist dieser Zusammenhang anzupassen?

W 7.21: Use-Case-Points-Verfahren B

Welche Faktoren werden im Use-Case-Points-Verfahren zur Ermittlung des Projektaufwands herangezogen? Erklären Sie die einzelnen Einflussgrößen.

Ein kurzer Kompetenz-Check, bevor's weitergeht!

Kompetenz-Check

	☺	😐	☹
Ich kenne unterschiedliche Verfahren zur Aufwandsschätzung in Software-Entwicklungsprojekten.			
Ich kenne das Function-Point-Verfahren und kann es auf Basis einer konkreten Projektbeschreibung anwenden.			
Ich kenne das Use-Case-Points-Verfahren und kann die in diesem Verfahren erforderlichen Berechnungen für die Ermittlung des Projektaufwands durchführen.			

8 UNIFIED MODELING LANGUAGE (UML)

Worum geht's in diesem Kapitel?

Die Unified Modeling Language (UML) dient als gemeinsame „Sprache" von Software-Entwicklern, wenn es darum geht, Konzepte und Entwürfe darzustellen und zu kommunizieren oder Systeme in allgemein verständlicher Form zu dokumentieren. Dazu bietet die UML eine Vielzahl unterschiedlicher Diagramme, die jeweils einen bestimmten Aspekt des zu beschreibenden Systems darstellen. Das Neue an UML war, dass nicht versucht wurde, die gesamte Komplexität eines Systems mit einer einzigen Darstellungsform zu beschreiben, sondern dass von vornherein auf eine Vielzahl von z. T. in der Praxis bereits bewährten Diagrammtypen zurückgegriffen wurde.

Doch UML ist mehr als eine bunte Sammlung von Diagrammtypen. Ein (mit UML 2 verbessertes) Metamodell sorgt dafür, dass alle Diagramme nach bestimmten Regeln erstellt werden, und beschreibt, wie die unterschiedlichen Diagrammtypen zusammenpassen.

Dieses Kapitel gibt einen Überblick über die UML. Alle Diagrammtypen der UML werden beschrieben und kurz erklärt; je nach Bedarf ist anhand von Beispielen eine Vertiefung zu einzelnen Diagrammtypen möglich.

Am Ende dieses Kapitels sollten Sie

- die einzelnen Diagrammtypen der UML 2 sowie deren Einsatzbereiche kennen,
- UML-Diagramme zu Aufgabenstellungen bzw. für konkrete Projekte selbständig entwerfen und in syntaktisch richtiger Form zeichnen können, insbesondere
  - Use-Case-Diagramme,
  - Klassen-Diagramme,
  - Aktivitätsdiagramme,
  - Sequenzdiagramme.

A B C D E

In diesem Kapitel finden Sie Übungsaufgaben, praxisbezogene Fallbeispiele und Aufgaben zur Lernkontrolle zur Überprüfung Ihrer Kompetenzen auf den Handlungsebenen A Wiedergeben, B Verstehen, C Anwenden und D Analysieren & Interpretieren.

Dieses Kapitel umfasst folgende Lerneinheiten:

1 UML – Übersicht

2 Use-Case-Diagramm

3 Verhaltensdiagramme

4 Interaktionsdiagramme

5 Klassen- und Objektdiagramm

6 Weitere Strukturdiagramme

Fallbeispiel: Verwendung von UML-Diagrammen

SbX
Alle SbX-Inhalte zu dieser Lerneinheit finden Sie unter der ID: 0810.

Lerneinheit 1
UML – Übersicht

Seit Veröffentlichung der Version 1.0 im Jahr 1997 hat sich UML zusehends als Standard für den Entwurf objektorientierter Systeme etabliert. Ein wichtiger Faktor dabei war die Integration in den RUP, den Rational Unified Process, der den Rahmen für den Einsatz von UML bietet. Mit UML 2.0 steht eine überarbeitete und konsistentere Version dieser Modellierungssprache zur Verfügung.

Lernen

1 Der objektorientierte Entwurf

Ein wesentlicher Erfolgsfaktor der UML ist ihre starke Ausrichtung an den Konzepten der **objektorientierten Programmierung.**

Im Rahmen der konventionellen, prozeduralen Programmierung werden Daten sowie die Programme, die mit diesen operieren, als lose gekoppelte Teile des Anwendungssystems angesehen. Im Gegensatz dazu sieht der objektorientierte Ansatz die Software als eine Sammlung diskreter „Objekte", die sowohl eine Datenstruktur als auch ein bestimmtes Verhalten in sich vereinen.

Die **Klasse** beschreibt den Aufbau und das Verhalten einer Menge gleichartiger Objekte. Zur Programmlaufzeit werden entsprechend den Vorschriften dieser Klasse konkrete Objekte erzeugt.

Die wichtigsten Eigenschaften solcher Objekte sind:

- **Identität:** Zwei Objekte sind unterschiedlich (unterscheidbar), auch wenn sie in allen ihren Attributwerten gleich sind.
- **Datenkapselung:** Die interne Repräsentation der Daten sowie die Verarbeitung sind nach außen nicht sichtbar. Daten und Informationen des Objekts werden über eine genau definierte Schnittstelle zugänglich gemacht. Dadurch werden Inkonsistenzen vermieden; solange die Schnittstelle unverändert bleibt, wirkt sich eine Änderung im Inneren des Objekts nicht aus.
- **Polymorphismus:** Ein und dieselbe Operation kann sich in unterschiedlichen Klassen unterschiedlich verhalten. Die Programmiersprache wählt (aufgrund der Objektklasse und des Namens der Operation) die korrekte Methode.
- **Vererbung:** Dies ist jene Eigenschaft, durch die eine Klasse ihre Eigenschaften an eine abgeleitete Unterklasse weitergeben kann. Die Unterklasse fügt eigene Eigenschaften zu den geerbten hinzu.

Abgrenzung zu funktionsorientierten Methodologien:

- **Funktionsorientiert:** Schwerpunkt auf Spezifikation und Dekomposition der Systemfunktionalität
- **Objektorientiert:** definiert zuerst die Objekte des Anwendungsbereichs und stattet diese anschließend mit den passenden Prozeduren (Methoden) aus

2 UML

UML ist auch ein internationaler Standard: ISO/IEC 19505:2012 Information technology – Object Managment Group – Unified Modeling Language (UML) Version 2.4.1

Aus mehreren – teilweise konkurrierenden – Darstellungsformen für den objektorientierten Entwurf hat sich UML als gemeinsames Konzept entwickelt. Die erste Fassung von UML war hauptsächlich durch die Autoren Booch, Rumbaugh und Jacobson beeinflusst, wurde aber durch die 1989 gegründete **Object Management Group** (OMG), der als Mitglieder heute ca. 800 Unternehmen der (Software-)Industrie angehören, auf eine breite und solide Basis gestellt. Die damit verbundene Investitionssicherheit in die Methode und in Tools hat die Verbreitung von UML gefördert.

Was ist UML?

UML ist eine **grafische Beschreibungssprache** für die Visualisierung, Spezifikation, Konstruktion und Dokumentation von Software-Systemen und deren Artefakten. UML ermöglicht den Systementwurf unter Einbeziehung sowohl abstrakter Konzepte, wie z. B. Geschäftsprozessen, als auch konkreter Elemente wie Programmbefehlen oder Software-Komponenten.

Wichtig ist, dass UML keine Methode und kein Vorgehensmodell spezifiziert, sie dient ausschließlich zur Beschreibung und Dokumentation von Software-Systemen. Die UML eignet sich aber für die Einbindung in Prozessmodelle für die Software-Entwicklung, wie z. B. den **Rational Unified Process** (RUP).

Querverweis

Der RUP wird in Kapitel 6, Lerneinheit 5 genauer beschrieben.

Die UML ermöglicht unterschiedliche Sichten auf ein System. Damit erhält jede Gruppe von „Spezialisten" in einem Software-Entwicklungsprozess genau die Systemsicht, die ihr entspricht. Trotzdem bleibt die Integrität des Gesamtentwurfs erhalten.

Folgende Sichten werden unterstützt:

- Der **Benutzer/Kunde:** Ihn interessiert die Funktionalität des Systems. Sie kann mithilfe von Use-Case-Diagrammen in Form von Anwendungsfällen dargestellt werden.
- Der **Analytiker/Designer:** Er sieht die logische Sicht des Systems und wird durch Klassen- und Objektdiagramme unterstützt.
- Der **Programmierer:** Hier stehen die Artefakte der Programmentwicklung im Vordergrund – einzelne Softwarekomponenten, Quelldateien usw.
- Der **Systemintegrator:** Für ihn sind das Verhalten, die Dynamik und die Performance des Systems wichtig. Verhaltensdiagramme zeigen Prozesse und ihre Interaktion bis hin zum Echtzeitverhalten.
- Der **Systemingenieur:** Er ist für die Integration der Software auf den Hardware-Plattformen verantwortlich. Er benötigt eine Darstellung der Komponenten für ihr Zusammenwirken über Netzwerke usw.

Aktuelle Version: UML 2.4.1 vom August 2011

Die UML 2 besteht aus **14 Diagrammtypen.** Davon dienen

- sieben Diagrammtypen zur Modellierung der Systemstruktur,
- sieben zur Verhaltensmodellierung, wobei vier davon Interaktionsdiagramme sind.

Neu in der UML 2 hinzugekommene Diagrammtypen sind z. B.

- das Zeitverlaufsdiagramm,
- das Interaktionsübersichtsdiagramm,
- das Kompositionsstrukturdiagramm.

Diagrammtypen der UML 2

Die folgende Übersicht zeigt die **14 Diagrammtypen der UML 2:**

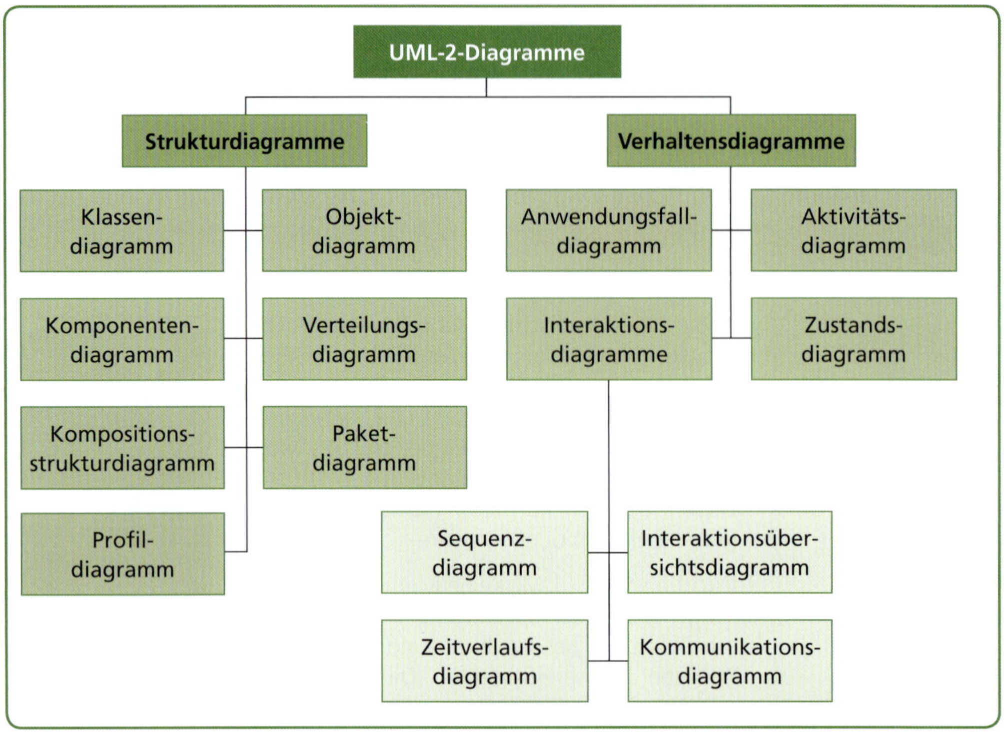

Eine Neuerung von UML 2 ist weiters die Definition von Schichten („Compliance-Levels" oder UML-Erfüllungsebenen). Damit wird die Vollständigkeit des UML-Sprachumfangs in einem Prozessmodell oder einem Tool zur Prozessunterstützung ausgedrückt. Das bedeutet, dass auch bei reduzierter Symbolik je Modell die Darstellung noch immer als UML gilt. Insgesamt wurden **vier Ebenen** definiert.

Compliance-Levels der UML 2

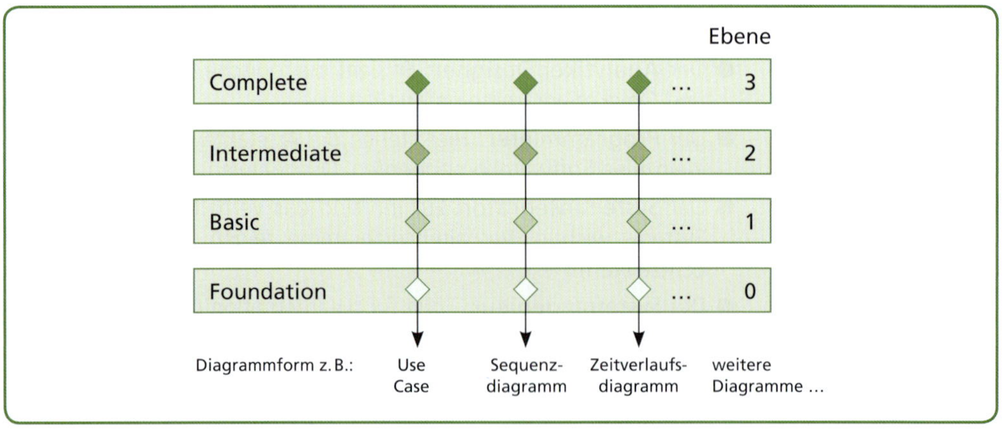

Mit der als Entwurf vorliegenden UML-Version 2.5 (Beta 1) werden die Compliance-Levels wieder aufgegeben.

3 Entwurf und Umsetzung mit der UML

Die Vorgehensweise beim Entwurf mit der Unified Modeling Language orientiert sich an den Vorschriften des jeweils eingesetzten Prozessmodells für die Software-Entwicklung. Im Folgenden wird ein möglicher Ablauf mit den verschiedenen UML-Artefakten skizziert:

- **Modellierung der Geschäftsprozesse:** Sie zeigt die geschäftlichen Abläufe im Umfeld der zu erstellenden Anwendung und dient als Basis für die Anwendungsfallmodellierung (Use Case).
- **Use-Case-Diagramm:** Es folgt die Darstellung eines konkreten Anwendungsfalls aus der Sicht des Benutzers unter Bezugnahme auf den zugrunde liegenden Geschäftsprozess.

- **Verfeinertes Use-Case-Diagramm:** Es enthält die genaue Beschreibung von Anforderungen, Einschränkungen, Szenarien usw. Der Anwendungsfall muss damit vollständig spezifiziert sein. Auch die Kriterien für Test und Abnahme sind anzugeben.
- **Modellierung von Objekten und Interaktion:** Abgeleitet vom Geschäftsmodell und den Use Cases wird ein grobes Objektmodell gebildet; die Interaktion der einzelnen Objekte wird durch Sequenzdiagramme und Kollaborationsdiagramme dargestellt.
- **Detailliertes Klassendiagramm:** Aus den gefundenen Objekten werden Klassen mit entsprechenden Attributen und Methoden abgeleitet. Unter Umständen können bereits bestehende Komponenten genutzt werden. Zu jeder Klasse sind Tests zu definieren, die das interne Verhalten sowie die Interaktion mit anderen Klassen überprüfen.
- **Komponenten-Modell:** Aus den Klassen können „Pakete" zusammengesetzt werden, die einen logisch zusammenhängenden Teil der Anwendung bilden. Für die Komponenten sind Integrationstests zu spezifizieren; sie können als Teil eines Releases veröffentlicht werden.
- **Zusätzliche und ergänzende Anforderungen** sind während der gesamten Arbeit zu sammeln und zu dokumentieren.
- **Verteilungsdiagramm:** Es zeigt die physische Struktur des Systems – Rechner, Betriebssysteme, Netzwerkkomponenten –, in der die neue Applikation zu installieren ist.
- **Erstellung des Systems:** Als „Arbeitspaket" wird ein Anwendungsfall (Use Case) einem Team zugeordnet, das alle notwendigen Artefakte erstellt, damit dieser durchgeführt werden kann. Jeder fertiggestellte Anwendungsfall muss einzeln und im Gesamtsystem getestet werden.
- **Fehlerbeseitigung:** Nun folgt die Fehlersuche und Fehlerbeseitigung, wobei auf spezifizierte Anwendungsfälle fokussiert wird.
- **Iterative Verbesserung und Verfeinerung** der Software
- **Installation:** Abschließend erfolgt die Gesamtinstallation auf einem Test-System beim Kunden und die Übernahme oder schrittweise Migration zum neuen System.

8 Unified Modeling Language (UML)

Üben

A B C D E

www.omg.org
www.uml.org

Ü 8.1: UML-Recherche C

Recherchieren Sie im Internet und in Fachbüchern nach folgenden Begriffen:

- OMG
- UML-Tools
- UML-Tutorials

Werfen Sie auch einen Blick in die aktuelle bzw. in Entwicklung befindliche UML-Spezifikation.

Sichern

SbX ID: 0813

Klasse – Objekte

Die **Klasse** beschreibt den Aufbau und das Verhalten einer Menge gleichartiger Objekte. Zur Programmlaufzeit werden entsprechend den Vorschriften dieser Klasse konkrete **Objekte** erzeugt.

Objektmerkmale

Die wichtigsten Eigenschaften von Objekten sind:

- **Identität:** Zwei Objekte sind unterschiedlich (unterscheidbar), auch wenn sie in allen ihren Attributwerten gleich sind.
- **Datenkapselung:** Die interne Repräsentation der Daten sowie die Verarbeitung nach „außen" sind nicht sichtbar. Daten und Informationen des Objekts werden über eine genau definierte Schnittstelle zugänglich gemacht.

- **Polymorphismus:** Ein und dieselbe Operation kann sich in unterschiedlichen Klassen unterschiedlich verhalten.
- **Vererbung:** Dies ist jene Eigenschaft, durch die eine Klasse ihre Eigenschaften an eine abgeleitete Unterklasse weitergeben kann.

UML

Die Unified Modeling Language ist eine **grafische Beschreibungssprache,** die der Beschreibung und Dokumentation von Software-Systemen dient. UML ist kein Vorgehensmodell, eignet sich aber für die Einbindung in Prozessmodelle, wie z. B. den RUP.

Sichten

UML unterstützt unterschiedliche Sichten auf ein und dasselbe System: Benutzer, Analytiker bzw. Designer, Programmierer, Systemintegrator und Systemingenieur.

UML-Diagrammtypen

UML besitzt **sieben Strukturdiagramme,** die den statischen Aufbau des Systems modellieren, sowie **sieben Verhaltensdiagramme** zur Darstellung dynamischer Abläufe im System.

Schritte im Entwurf mit UML

Der UML-Entwurf läuft in mehreren Schritten ab:

Ausgehend von Geschäftsprozessen erfolgen die Erstellung und Verfeinerung der Use-Case-Diagramme (Anwendungsfälle). Anschließend werden Objekte und Interaktionen bestimmt und daraus Klassendiagramme abgeleitet.

Es folgen die Gruppierung der Klassen zu Paketen (Komponenten-Modell) und die Darstellung der physischen Struktur im Verteilungsdiagramm (konkrete Rechner, Systeme, Netzwerkkomponenten).

Je nach Anwendung können auch weitere Diagramme für Entwurf und Beschreibung des Systems eingesetzt werden.

Vokabeln dieser Lerneinheit

Deutsch	Englisch
objektorientierte Analyse	object oriented analysis
objektorientierter Entwurf	object oriented design
Klasse	class
Objekt	object
(Objekt-)Identität	object identity
Geheimnisprinzip	information hiding
Kapselung	encapsulation
Vererbung	inheritance
Polymorphismus	polymorphism
Nachricht (zwischen Objekten)	message
Überladen (von Operationen)	overloading

SbX
ID: 0813

Eine Audio-Wiederholung mit Audio-Player und MP3-Download sowie eine Bildschirmpräsentation mit der Grafik dieser Lerneinheit finden Sie unter der ID: 0813.

Wissen

A B C D E

W 8.1: Klassen und Objekte B

Erklären Sie die Begriffe „Klasse" und „Objekt".

W 8.2: Eigenschaften von Objekten B

Beschreiben Sie die Eigenschaften von Objekten in der objektorientierten Programmierung.

W 8.3: UML B

Was ist die UML? Erklären Sie, wozu sie eingesetzt wird.

W 8.4: Diagrammtypen in UML A

Welche Diagrammtypen sind in UML 2 definiert?

Ein kurzer Kompetenz-Check, bevor's weitergeht!

Kompetenz-Check

	☺	😐	☹
Ich kenne die Bedeutung der UML für den Entwurf von Software-Systemen und die objektorientierte Modellierung.			
Ich kenne die unterschiedlichen Diagrammtypen von UML und kann die Schritte beim Entwurf mittels UML beschreiben.			

Lerneinheit 2

Use-Case-Diagramm

SbX
Alle SbX-Inhalte zu dieser Lerneinheit finden Sie unter der ID: 0820.

Das Use-Case-Diagramm zählt zu den Verhaltensdiagrammen. Es modelliert einen Anwendungsfall, indem es Akteure, Transaktionen und Systemgrenzen zeigt. In der Systementwicklung nimmt es eine zentrale Stellung ein.

Lernen

1 Übersicht und Notation

Manchmal wird das Use-Case-Diagramm zu den Strukturdiagrammen gezählt, da es die Beziehung (Struktur) zwischen Anwendungsfällen und Akteuren zeigt.

Elemente des Use-Case-Diagramms

Wichtigster Einsatzbereich des Use-Case-Diagramms ist die **Anforderungsanalyse.** Es dient als Kommunikationsmittel zwischen den Kunden (Auftraggeber, Benutzer) und dem Systemanalytiker. Use Cases zeigen Anwendungsfälle auf hohem Abstraktionsniveau, d.h. ohne sich um Details zu kümmern, die für die gezeigte Transaktion nicht relevant sind.

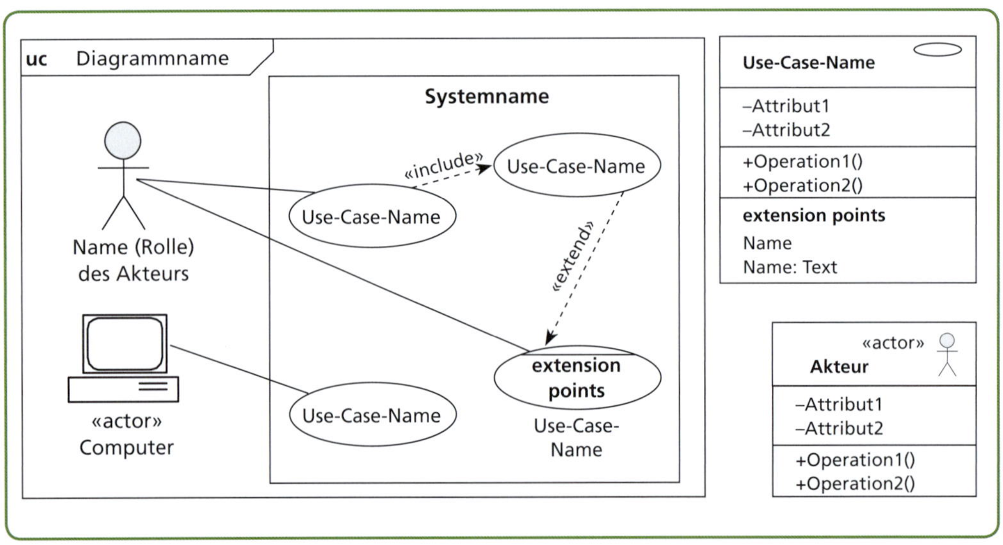

Die Notationselemente sind:

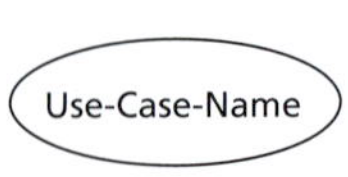

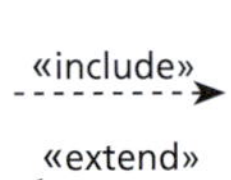

- **Actor (Akteur):** Person oder Prozess, welche/welcher mit dem System interagiert. Symbol ist üblicherweise das Strichmännchen, bei Bedarf können andere, sprechende Symbole verwendet werden. Auch die Classifier-Notation (ähnlich Klasse) ist möglich.
- **Use Case (Anwendungsfall):** symbolisiert einen Vorgang, der durch den Akteur ausgelöst wurde. Die Beschreibung erfolgt aus Benutzersicht. Intern (nicht dargestellt) können in einem Use Case viele Aktionen ablaufen. Übliches Symbol ist das Oval; der Use Case kann auch als Klasse dargestellt werden. Text wird im oder unter dem Oval abgebildet.
- **include:** Der strichlierte Pfeil zeigt, dass von einem Use Case ein weiterer (der bei der Pfeilspitze) immer involviert wird.
- **extend:** Dieser strichlierte Pfeil gibt an, dass vom „extension point" ein weiterer Use Case optional ausgeführt werden kann.

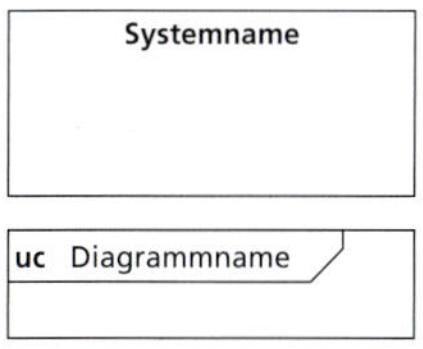

- **Rahmen:** Der Rahmen um die Use Cases symbolisiert die Systemgrenze und trägt eine entsprechende Bezeichnung.
- **Äußerer Rahmen:** Er dient zur Begrenzung und Bezeichnung des gesamten Diagramms und kann bei allen Diagrammtypen eingesetzt werden. Die Bedeutung liegt in der ab UML 2 erlaubten Schachtelung von Diagrammen. Der Rahmen mit Bezeichnung kann hier stellvertretend für das Diagramm stehen.

2 Entwurfsregeln

Jede grafische Darstellungsform besteht aus definierten Symbolen sowie Regeln für deren Anordnung:

- Die **Beschreibung** in einem Use-Case-Diagramm erfolgt immer aus der Sicht des Benutzers.
- Zu Beginn ist dem Use-Case-Diagramm ein aussagekräftiger **Systemname** zu geben – dieser sollte ein Zeitwort enthalten oder ein substantivisch gebrauchtes Zeitwort sein. Beispiele:
  - „Ware ausliefern" oder „Warenlieferung",
  - aber nicht „Durchführen der Warenlieferung", da „durchführen" zu allgemein und unverbindlich klingt.

Wichtig: Use Case ist kein Ablaufdiagramm. Es zeigt die Beziehungen zwischen zwingenden (include) und optionalen (extend) Anwendungsfällen sowie Akteuren.

- Eine gute Praxis ist es, mit den **wichtigsten Akteuren bzw. Use Cases** links oben zu beginnen. Auch wenn im Use-Case-Diagramm keine explizite Zeitabfolge festgelegt ist, verbessert eine quasi chronologische Anordnung von oben nach unten die Lesbarkeit.
- **Akteure** werden möglichst mit einem **Hauptwort** benannt.
- Die Akteure sind üblicherweise **Rollen,** z. B. „Schüler" (egal welcher), „Buchhalter" etc. Ausnahmen bestätigen die Regel – wenn erforderlich z. B. „Direktor Schulz".
- Wenn Akteure miteinander zu tun haben, dann nie direkt, sondern nur über einen Use Case.

- Wird **«extend»** eingesetzt, so ist die Darstellungsform des Use Case ein Oval mit einer Linie. Die extension points werden im Oval angegeben, der Use-Case-Name steht unterhalb. Der extension point (Pfeilspitze) wird bei Vorliegen bestimmter Bedingungen durch den Use Case am Pfeilende erweitert. Die Bedingung ist in einer Notiz dem Pfeil anzufügen. «extend» sollte sparsam eingesetzt werden.
- **«include»** bedeutet, dass der Use Case am Pfeilende immer durch den Use Case an der Pfeilspitze erweitert wird.

Anmerkung: Oft wird der Use-Case-Name auch im Oval über der Linie angegeben.

3 Beispiele zu Use Cases

! Bevor UML-Diagramme „produktiv" eingesetzt werden können, bedarf es einiger Übung, um alle Möglichkeiten kennenzulernen.

Anhand eines vereinfachten Anwendungsfalls soll die Entwicklung von Use Cases gezeigt werden. Auch wenn real zu modellierende Abläufe komplexer sind, kann das Schema in ähnlicher Form angewendet werden.

Beispiel

Annahme: Das Reisebüro ist auf Fernreisen **und** Komplettangebote spezialisiert (d. h. immer Flug und Quartier).

Fallbeschreibung: Reisebuchung

Im Rahmen einer Reisebuchung (im Reisebüro) werden sowohl Flug als auch Quartier gebucht. Manche Hotels bieten ein Wellnessprogramm an, das der Gast auf Wunsch bereits im Voraus buchen kann. Der Kunde hat weiters die Möglichkeit, im Rahmen der Buchung eine Reise-/Stornoversicherung abzuschließen (das Reisebüro fungiert hier als Vermittler).

Analyse der Fallbeschreibung

1. Bestimmung der Actors

   Actors sind daran erkennbar, dass es sich um Personen oder Rollen handelt. In unserem Fall:
   - Kunde
   - Reisebüro(-mitarbeiter)
   - Versicherung (Hinweis: Reisebüro vermittelt Versicherung.)

Actors werden als „Strichmännchen" oder Symbole dargestellt.

Der Aufbau des Diagramms sollte vom zentralen Use Case ausgehen.

2. **Bestimmung des zentralen Use Case**

   Was ist die „Hauptsache" in diesem Anwendungsfall? Im Beispiel:
   - „Reise buchen"

Um den zentralen Use Case gruppieren sich weitere Use Cases.

3. **Bestimmen der weiteren Use Cases**

   Welche weiteren Anwendungsfälle liegen bei dieser Reisebuchung noch vor?
   - Flug buchen
   - Quartier buchen
   - Wellnessprogramm buchen
   - Reise-/Stornoversicherung buchen

Die weiteren Use Cases stehen untereinander bzw. mit dem „zentralen" Use Case in include- oder extend-Beziehung.

4. **Bestimmen von zwingenden (include) und optionalen (extend) Use-Case-Beziehungen.**

   Dabei können vor allem extend-Beziehungen am Ausdruck der „Möglichkeit" erkannt werden:
   - „auf Wunsch" (Wellnessprogramm buchen)
   - „hat die Möglichkeit" (Versicherung buchen)

iterativer Entwurf: Erstellung in mehreren Durchläufen

Das folgende Diagramm zeigt das fertige Use-Case-Diagramm. Dabei verläuft der reale Entwurf nicht so geradlinig wie oben dargestellt, sondern in mehreren Iterationen (Wiederholungen), bis eine stabile Endform des Diagramms erreicht ist.

Use-Case-Diagramm des Fallbeispiels „Reisebuchung"

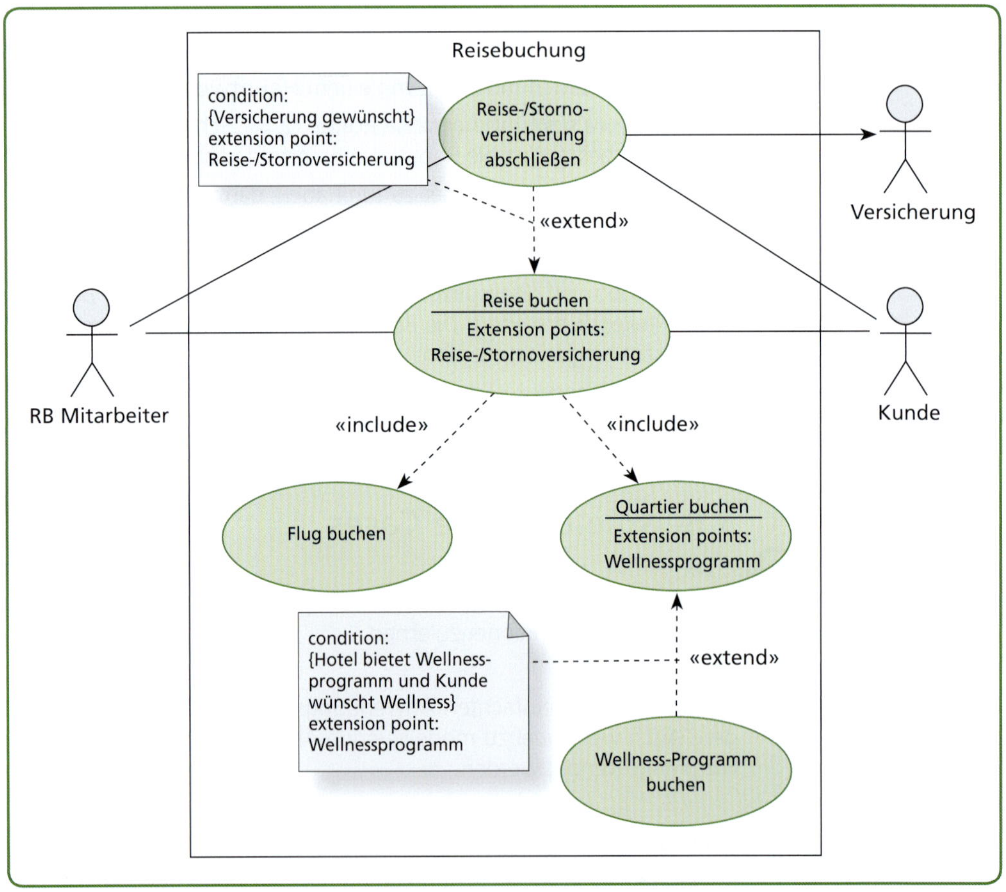

Anmerkung: Zur Verbesserung der Übersichtlichkeit wurden die Assoziationen (Kunde, Reisebüro-Mitarbeiter) bei den include-Ästen weggelassen. Es werden dieselben Assoziationen wie beim übergeordneten Use Case „Reise buchen" angenommen.

Üben

A B C D E

Ü 8.2: «include» und «extend» in Use-Case-Diagrammen C

Erklären Sie den Unterschied zwischen «include» und «extend» anhand eines selbstgewählten Beispiels.

Ü 8.3: Entwicklung eines Use-Case-Diagramms C

Erstellen Sie ein Use-Case-Diagramm zu folgender Fallbeschreibung. Orientieren Sie sich dabei am Beispiel „Reisebuchung" im Schritt „Lernen".

Fallbeschreibung: Fahrzeugkontrolle

Im Rahmen einer Fahrzeugkontrolle durch die Polizei werden immer die Papiere überprüft. Besteht der Verdacht auf Alkoholisierung des Fahrers, so wird ein Alkotest durchgeführt. Sollte das Fahrzeug als gestohlen gemeldet sein oder eine Alkoholisierung vorliegen, so wird der Fahrer verhaftet. Im Falle fehlender Papiere ist eine Strafe von € 75,– zu entrichten.

Ü 8.4: Fallbeispiel „BonOnline" – Analyse und Modellierung von Anwendungsfällen D

Führen Sie die Anwendungsfallanalyse durch und modellieren Sie Ihr „Online-Bestellsystem" für das Schulbuffet/-restaurant mithilfe von Use-Case-Diagrammen.

Ü 8.5: Fallbeispiel „BonOnline" – Aufwandsschätzung auf Basis der Anwendungsfälle D

Schätzen Sie anhand der Use-Case-Diagramme den Aufwand, der für die Realisierung dieses Projekts erforderlich wäre, mithilfe der Use-Case-Points-Methode. Verwenden Sie dabei die Ergebnisse aus **Ü 7.12** in Kapitel 7, Lerneinheit 4 (UCP-Berechnungstabelle, erstellt mit Excel).

Sichern

SbX ID: 0823

Actor

Der **Actor (Akteur)** ist eine Person oder ein Prozess, welche/welcher mit dem System interagiert. Symbol für den Akteur ist das Strichmännchen, bei Bedarf sind weitere Symbole möglich.

Assoziation

Eine **Assoziation** ist eine Beziehung zwsichen Actor und Anwendungsfall/-fällen. Die Darstellung erfolgt mittels einer durchgezogenen Linie, die auch gerichtet sein kann (Pfeil).

Use Case

Ein **Use Case (Anwendungsfall)** ist ein Vorgang, in welchem eine Interaktion mit dem verbundenen Akteur bzw. den verbundenen Akteuren stattfindet. Als Symbol wird ein Oval oder die „Klassendarstellung" (Rechteck) verwendet.

«include» und «extend»

Beziehungen zwischen Anwendungsfällen werden immer mit strichlierten Pfeilen dargestellt. Include-Pfeile zeigen auf den Anwendungsfall, der immer verwendet wird, extend-Pfeile zeigen auf jenen Anwendungsfall, der unter bestimmten Umständen erweitert wird (um den Anwendungsfall am entgegengesetzten Pfeilende).

Systemgrenze

Die **Systemgrenze eines Anwendungsfalldiagramms** wird durch einen Rahmen mit Bezeichnung dargestellt. Akteure sind immer außerhalb dieses Rahmens.

Vokabeln dieser Lerneinheit

Deutsch	Englisch
Anwendungsfall(-diagramm)	use case (diagram)
System (i. S. von Kontext)	subject
Akteur	actor
Assoziation	association
Generalisierung	generalization
Enthält-Beziehung	include
Erweiterungsbeziehung	extend
Erweiterungspunkt	extension point
Notiz	annotation

SbX ID: 0823

Eine Audio-Wiederholung mit Audio-Player und MP3-Download sowie eine Bildschirmpräsentation mit den Grafiken dieser Lerneinheit finden Sie unter der ID: 0823.

Wissen

A B C D E

W 8.5: Zweck von Use-Case-Diagrammen B

Beschreiben Sie den Zweck eines Use-Case-Diagramms.

W 8.6: Elemente des Use-Case-Diagramms B

Beschreiben Sie die Symbole, die das Use-Case-Diagramm verwendet.

W 8.7: Regeln für die Erstellung von Use-Case-Diagrammen B

Nach welchen Regeln sollten Use-Case-Diagramme erstellt werden? Beschreiben Sie einige.

W 8.8: Beziehungen in Use-Case-Diagrammen B

Welche Beziehungen können zwischen einzelnen Use Cases bestehen? Erklären Sie sowohl Syntax (Form der Darstellung) als auch Bedeutung.

Ein kurzer Kompetenz-Check, bevor's weitergeht!

Kompetenz-Check

	☺	😐	☹
Ich kenne die Notationselemente und Regeln für die Entwicklung von Use-Case-Diagrammen.			
Ich kann für konkrete Anwendungsfälle formal und inhaltlich korrekte Use-Case-Diagramme entwickeln.			

SbX

Alle SbX-Inhalte zu dieser Lerneinheit finden Sie unter der ID: 0830.

Lerneinheit 3
Verhaltensdiagramme

In dieser Lerneinheit werden zwei der UML-Verhaltensdiagramme vorgestellt. Das Hauptaugenmerk liegt dabei auf der Darstellung im zeitlichen Ablauf.

Lernen

ad:
activity diagram

1 Aktivitätsdiagramm (ad)

Aktivitätsdiagramme können z. B. darstellen, welche Vorgänge „innerhalb" eines Use Cases ablaufen. Hier wird auch die zeitliche Abfolge berücksichtigt.

Elemente des Aktivitätsdiagramms

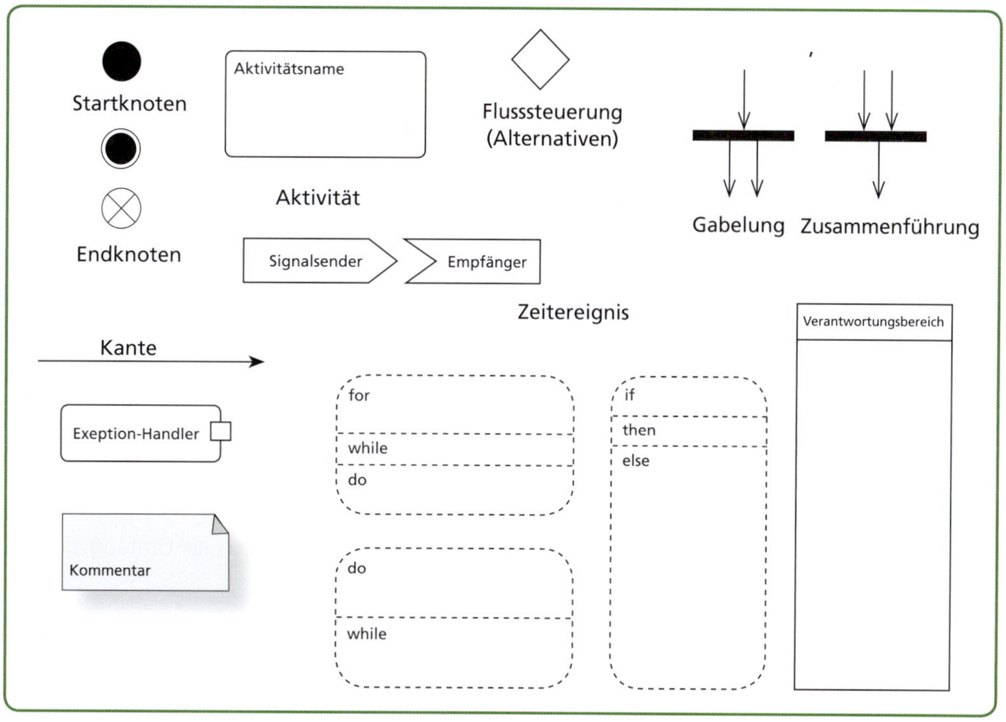

Aktivitätsdiagramme haben Ähnlichkeiten mit bekannten älteren Darstellungsformen, z. B. dem Flussdiagramm (Programmablaufplan) oder dem Struktogramm (Schleifenknoten).

Das Aktivitätsdiagramm modelliert eine Folge von Aktivitäten und Alternativen zwischen einem Anfangs- und einem Endknoten. Aktivitätsdiagramme ermöglichen mithilfe der Verantwortungsbereiche („swimlanes") die Einteilung der Aktivitätenfolge in bestimmte Verantwortungsbereiche. Diese können horizontal und/oder vertikal verlaufen.

Die wichtigsten Notationselemente sind:

- **Aktion:** Rechteck mit abgerundeten Ecken, mit Namen oder Text versehen. Aktionen sind atomar, d. h., sie werden nicht weiter zerlegt. Mehrere Aktionen bilden eine **Aktivität.**
- **Aktivität:** Darstellung als (größeres) Rechteck mit abgerundeten Ecken. Mögliche Parameter werden durch Objektknoten an der Objektgrenze dargestellt. Das „Innere" einer Aktivität kann aus einigen Aktionen bis zu einem gesamten Aktivitätsdiagramm bestehen (Top-down-Verfeinerung).
- **Objektknoten:** dargestellt als Rechteck. Objekte können Ergebnisse von Aktionen sein bzw. selbst wiederum von den folgenden Aktionen verwendet werden. Diese Kombination Objekt – Aktion bzw. vice versa kann vereinfacht in der Pin-Notation dargestellt werden.

Pins dienen zur Darstellung von Ein- bzw. Ausgangsparametern von Aktionen.

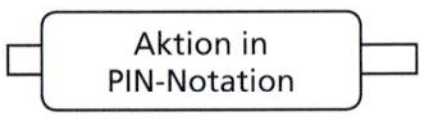

- **Pin-Notation:** stellt ein Objekt am Ein- oder Ausgang einer Aktion dar. Grundform ist die Aktion mit (eingangs und/oder ausgangs) angeheftetem Quadrat.
- **Token:** Ein Token ist eine Marke, symbolisiert durch einen schwarzen Punkt, der durch das Aktivitätsdiagramm „wandert" (Darstellungsprinzip von den Petri-Netzen übernommen). Es gibt Objektknoten mit „Speicherfähigkeit" – diese können z. B. eine bestimmte Anzahl an Token aufnehmen.
- **Kanten:** Die Verbindungslinien (Pfeile) zwischen den einzelnen Knoten (Objekte oder Aktionen) werden Kanten genannt. Es gibt zwei Formen,
  - den **Kontrollfluss** zwischen zwei Aktionen und
  - den **Objektfluss,** an dem zumindest ein Objekt beteiligt ist.

  Bei gewichteten Kanten (Angabe durch z. B. {weight = 2}) wird der Tokenfluss erst weitergeleitet, wenn die entsprechende Anzahl an Token angesammelt wurde.
- **Verzweigungen/Verbindungen:** Die Raute symbolisiert Verzweigungen (Alternativen), die im Kontrollfluss aufgrund einer Bedingung getroffen werden. Die Raute dient auch zur Zusammenführung mehrerer Flüsse, wobei Token einfach weitergeleitet werden.
- **Synchronisation und Parallelisierung:** Symbol ist eine dicke schwarze Linie. Enden mehrere Flüsse auf dieser Linie, so wird die ausgehende Kante erst durchlaufen, wenn an allen Eingängen Token anliegen (Kontroll- und/oder Datentoken). Die engl. Bezeichnung lautet „join". Ein am Eingang ankommender Token bewirkt bei der Parallelisierung Token an allen ausgehenden Kanten, wobei die Tokenflüsse unabhängig voneinander sind (engl. Bezeichnung: „fork").
- **Unterbrechungsbereich:** rechteckiger Bereich mit strichlierter Umrandung und runden Ecken. Diagrammteile innerhalb dieses Bereichs können bei Auftreten eines bestimmten Ereignisses diesen Bereich sofort verlassen (blitzförmige Unterbrechungskante), im verlassenen Teil werden alle Token vernichtet.
- **Exception-Handler:** bearbeitet einen Ausnahmezustand, der bei Ausführung einer Aktion auftritt

Aktivitätsbereich: auch als Verantwortungsbereich oder „swimlane" bezeichnet

- **Aktivitätsbereich:** umschließt den Teil des Aktivitätsdiagramms, der in einer bestimmten Verantwortlichkeit liegt. Aktivitätsbereiche können horizontal oder vertikal oder in Kombination angeordnet sein (mehrdimensionaler Aktivitätsbereich).
- **Schleifenknoten:** bieten innerhalb des Aktivitätsdiagramms die Möglichkeit, iterative Konstrukte ähnlich jenen in der prozeduralen Programmierung zu integrieren. Dadurch wird eine vereinfachte Darstellung von Schleifen ermöglicht.
- **Entscheidungsknoten:** bilden eine „if – then – else if/else-Konstruktion", die auch eine einfachere Modellierung von Einfach- oder Mehrfachentscheidungen in Aktivitätsdiagrammen ermöglicht.

Das Aktivitätsdiagramm hat mit **UML 2** deutlich an Umfang und Ausdrucksmächtigkeit gewonnen.

sm: state machine

2 Zustandsdiagramm (sm)

Zustandsdiagramme sind eine Weiterentwicklung der in den 1980er-Jahren definierten „endlichen Automaten". Sie stellen ein System in Form von definierten Zuständen (dargestellt als Knoten) und Übergängen zwischen den Zuständen (entlang der Kanten) dar.

Das System befindet sich immer in einem bestimmten Zustand; der Übergang zwischen Zuständen erfolgt ohne zeitliche Verzögerung.

Elemente des Zustandsdiagramms

Das Verhalten vieler Dinge des täglichen Lebens kann mit Zustandsdiagrammen beschrieben werden – Schreibtischlampe, MP3-Player oder Waschmaschine.

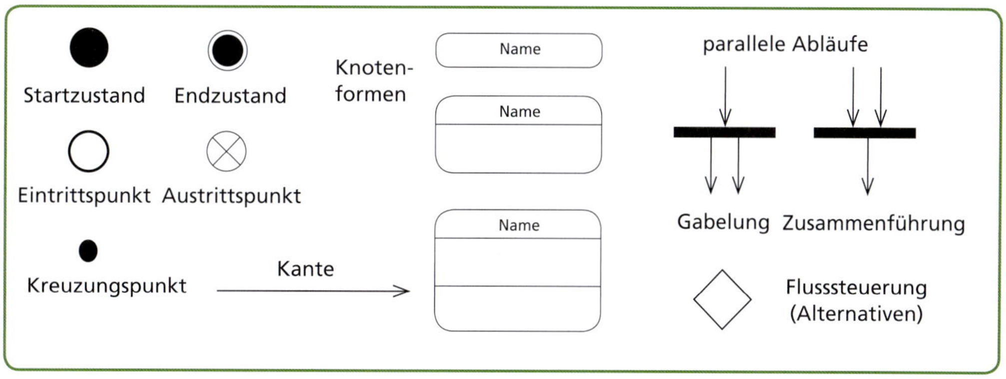

Zustandsdiagramme eignen sich sehr gut für die Darstellung von Objekten mit bestimmten, definierten Zuständen, wie z. B. einem Videorekorder oder einem Aufzug, sowie für die Beschreibung von Protokollen oder Parsern.

Die Notation besteht aus:

- **Startsymbol:** ausgefüllter Kreis
- **Endsymbol(e):** Punkt im Kreis – kennzeichnet das Abarbeitungsende des Automaten.
- **Zustand:** Rechteck mit abgerundeten Ecken – kann verschiedene Informationen bieten:
  - Welche Aktivität wird bei Eintritt in den Zustand ausgeführt?
  - Welche Aktivität wird dauernd im Zustand durchgeführt?
  - Welche Aktivität wird beim Verlassen des Zustands durchgeführt?

  Dabei können die internen Aktivitäten als Aktivitätsdiagramm näher beschrieben werden.
- **Transition (Übergang):** Kante (Pfeil) zwischen den Zuständen; Kanten werden beschrieben mittels Trigger (Auslöser des Übergangs), Guard (zusätzliche Bedingung, die erfüllt sein muss), Aktivität (wird beim Durchlaufen des Übergangs ausgeführt).
- Mithilfe von **Kreuzung, Verzweigung, Gabelung – Vereinigung** können auch sehr komplexe Abläufe beschrieben werden.
- Zustandsdiagramme können **geschachtelt** werden. Weiters gibt es das Konzept zusammengesetzter Zustände, die für die Modellierung paralleler Abläufe eingesetzt werden.
- **Historienzustände:** bieten die Möglichkeit, sich den letzten Zustand eines zusammengesetzten Zustands (Unterzustandsdiagramm) bei dessen Verlassen zu „merken"

Üben

A B C D E

Ü 8.6: Zustandsdiagramm C

Stellen Sie die Abhebung eines Geldbetrags an einem Bargeldautomaten (Bankomat) in Form eines Zustandsdiagramms dar.

Ü 8.7: Fallbeispiel „BonOnline" – Aktivitätsdiagramm D

Modellieren Sie den Ablauf einer Bestellung von Speisen durch eine Schülerin/einen Schüler mithilfe von Aktivitätsdiagrammen. Berücksichtigen Sie die Tatsache, dass Speisen entweder als Einzelbestellung oder als Sammelbestellung aufgegeben werden. Die Bezahlung könnte auf unterschiedliche Weise erfolgen.

Ü 8.8: Fallbeispiel „BonOnline" – Zustandsdiagramm D

Ein Auftrag in Ihrem Online-Bestellsystem kann mehrere Zustände haben. Er kann z. B. in Bearbeitung (durch Buffetmitarbeiter) sein, er kann fertiggestellt (aber noch nicht abgerechnet) oder storniert sein. Erarbeiten Sie in der Gruppe die „Zustände" einer Bestellung und modellieren Sie diese mithilfe eines Zustandsdiagramms.

Sichern

SbX ID: 0833

Aktivitätsdiagramm — **Aktivitätsdiagramme** dienen zur Modellierung von Abläufen. Im Ablauf können Entscheidungen sowie Nebenläufigkeiten (parallele Abläufe) enthalten sein.

Aktion — **Aktionen** sind elementare (nicht weiter zu zerlegende) Schritte in einem Aktivitätsdiagramm.

Aktivität — Der Begriff **Aktivität** bezeichnet einen in sich zusammenhängenden Vorgang, welcher mittels mehrerer Aktionen sowie weiterer Elemente modelliert wird. Aktivitäten können auch geschachtelt werden.

Objekte — Zur Darstellung von Ergebnissen oder Eingangsgrößen von Aktionen dienen **Objektknoten.** In einer vereinfachten Form können sie als Ein- bzw. Ausgabeparameter in Pin-Notation dargestellt werden.

Pfeile (Kanten) — **Gerichtete Kanten (Pfeile)** zeigen den Kontroll- oder Objektfluss im Diagramm.

Verzweigung und Parallelisierung — Der Ablauf in einem Aktivitätsdiagramm kann **Verzweigungen** (Bedingungen – Raute) sowie **Parallelisierungen** (dicke Linie) enthalten. Eine Aufteilung bzw. Zusammenführung wird mit den jeweils selben Symbolen dargestellt.

Aktivitätsbereich — Mithilfe von **Ablaufbahnen** („swimlanes") können Aktionen etc. einzelnen Aktivitätsbereichen zugeordnet werden.

Zustandsdiagramme — **Zustandsdiagramme** zeigen mögliche (innere) Zustände eines Objekts sowie den Wechsel zwischen den Zuständen aufgrund von Ereignissen (Triggern) oder Zeitabläufen.

Zustand — Die Knoten des Zustandsdiagramms symbolisieren die **Zustände.** Sie enthalten den Namen des Zustands sowie optional Zustandsvariablen und/oder Aktivitäten des Zustands.

Übergang (Transition) — Der **Wechsel zwischen einzelnen Zuständen** (sogenannte Übergänge) wird durch Pfeile dargestellt. Wie beim Aktivitätsdiagramm kann der Kontrollfluss Verzweigungen bzw. Nebenläufigkeiten enthalten.

Vokabeln dieser Lerneinheit

Deutsch	Englisch
Aktivitätsdiagramm	activity diagram
Aktion	action
Aktivität	activity
Objektknoten	object node
Entscheidungsknoten (Raute)	decision node
Vereinigungsknoten	merge node
Parallelisierungsknoten	fork node
Synchronisierungsknoten	join node
Aktivitätsendknoten	activity final node
Ablaufendknoten	flow final node
Partition (Verantwortungsbereich)	partition
Entscheidungsknoten (strichlierter Rahmen)	conditional node
Schleifenknoten	loop node
Zustandsdiagramm (auch: Zustandsautomat)	state machine diagram
Protokollzustandsautomat	protocol state machine
Verhaltenszustandsautomat	behavioral state machine
Zustand	state
Startzustand	initial state

Deutsch	Englisch
Endzustand	final state
Transition (Übergang, Kante)	transition
Einstiegspunkt (Eintrittspunkt)	entry point
Ausstiegspunkt (Austrittspunkt)	exit point
flacher/tiefer History-Zustand	shallow/deep history state

SbX
ID: 0833

Eine Audio-Wiederholung mit Audio-Player und MP3-Download sowie eine Bildschirmpräsentation mit den Grafiken dieser Lerneinheit finden Sie unter der ID: 0833.

Wissen

A B C D E

W 8.9: Verwendung von Aktivitätsdiagrammen B

Erklären Sie, welchen Zweck das Aktivitätsdiagramm erfüllt.

W 8.10: Elemente des Aktivitätsdiagramms B

Welche Symbole werden in Aktivitätsdiagrammen verwendet? Skizzieren Sie die Symbole und erklären Sie die jeweilige Bedeutung.

W 8.11: Verwendung von Zustandsdiagrammen B

Erklären Sie, wofür UML-Zustandsdiagramme verwendet werden.

W 8.12: Elemente des Zustandsdiagramms B

Erklären Sie die Symbole, die bei Zustandsdiagrammen verwendet werden.

Kompetenz-Check

Ein kurzer Kompetenz-Check, bevor's weitergeht!

	☺	😐	☹
Ich kenne die Verhaltensdiagramme der UML sowie deren Notationselemente.			
Ich kann, ausgehend von konkreten Projekten oder Fallbeschreibungen, formal und inhaltlich korrekte UML-Verhaltensdiagramme entwickeln.			

Lerneinheit 4

Interaktionsdiagramme

SbX
Alle SbX-Inhalte zu dieser Lerneinheit finden Sie unter der ID: 0840.

Interaktionsdiagramme zeigen die Kommunikation von zwei oder mehreren Einheiten im Zeitverlauf. Die verschiedenen Diagrammformen ermöglichen dem Entwickler, unterschiedliche Aspekte des Systems herauszuarbeiten.

Lernen

sd: sequence diagram

1 Sequenzdiagramm (sd)

Das Sequenzdiagramm zeigt, **wie Objekte im Zeitverlauf miteinander interagieren.**

Elemente des Sequenzdiagramms

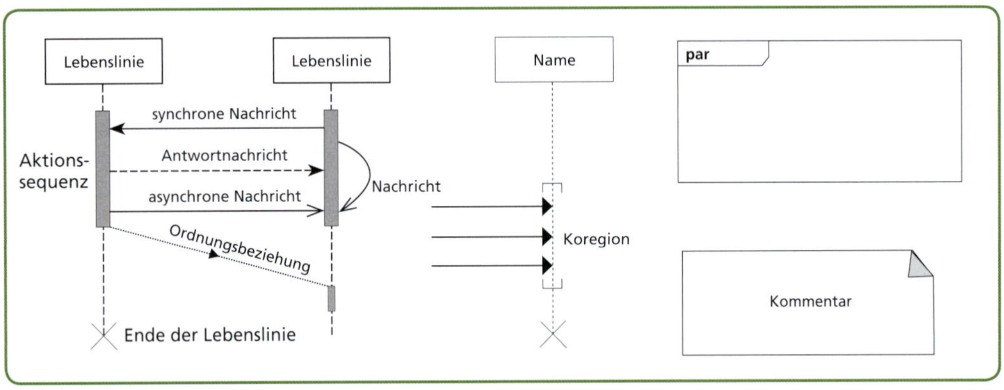

Im Sequenzdiagramm werden die Kommunikationspartner am oberen Rand des Diagramms in Form von Rechtecken angeordnet. Jeder Kommunikationspartner im Sequenzdiagramm besitzt eine sogenannte **„Lebenslinie"**, die vertikal verläuft. Der Abstand vom Rechteck drückt die verstrichene Zeit aus. Die Kommunikation zwischen den Partnern wird durch horizontale Pfeile dargestellt. Der Zeitrahmen einer Kommunikationssequenz (bestehend aus z. B. mehreren „Dialogen") entlang der Lebenslinie wird in Form eines grauen Balkens dargestellt und **„Aktionssequenz"** genannt.

Folgende Notation wird verwendet:

- **Lebenslinie:** strichlierte senkrechte Linie, ausgehend von den (als Rechteck dargestellten) Kommunikationspartnern. Kommunikationspartner können Akteure, technische Prozesse, Benutzerschnittstellen etc. sein.
- **Kommunikationsfluss:** Pfeil von der Lebenslinie des Senders zur Lebenslinie des Empfängers. Alle Nachrichten müssen benannt werden. Es gibt verschiedene Arten von Kommunikationsflüssen:
  - **die synchrone Nachricht:** Der Sender wartet, bis der Empfänger auf diese Nachricht geantwortet hat (volle Pfeilspitze). Die Antwortnachricht wird strichliert mit voller Pfeilspitze gezeichnet.
  - **die asynchrone Nachricht:** Der Sender wartet nicht auf eine Antwort des Empfängers, sondern setzt seine Kommunikationstätigkeit fort (nebenläufig).
- Die Nachrichten können außer dem Namen auch noch **Parameter** mitführen; die Antwort hat den gleichen Namen und muss die Parameter(anzahl) berücksichtigen.
- Nachrichten können **Zeitangaben** – sowohl Zeitpunkte (absolut und relativ) als auch Zeitdauer – enthalten.

- Nachrichten, die innerhalb einer Klammer als **Koregion** gekennzeichnet sind, können innerhalb der Klammerung in beliebiger Reihenfolge auftreten.
- **Kombinierte Fragmente:** Teile des Kommunikationsflusses können von einem eigenen Rahmen umgrenzt werden. Für diesen Teil gelten – je nach Art des Fragments – spezielle Regeln. Beispiele sind „alt" (alternative Ablaufmöglichkeiten), „opt"(optionale Abläufe), „par" (nebenläufige Interaktionen) etc.
- **Ordnungsbeziehungen:** punktierte Linien, die die Pfeilspitze in der Mitte haben. Sie dienen zur Sicherstellung einer sequenziellen Beziehung.

cd: communication diagram

2 Kommunikationsdiagramm (cd)

Das Kommunikationsdiagramm zeigt, **wie Objekte im Zeitverlauf interagieren** – diese Darstellungsform betont vor allem die Objekte.

Elemente des Kommunikationsdiagramms

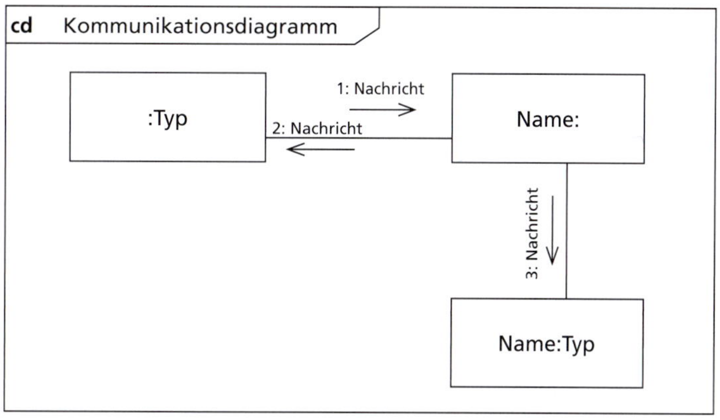

Unter UML 1.x wurde das Kommunikationsdiagramm **Kollaborationsdiagramm** genannt.

Das Kommunikationsdiagramm bietet eine andere Sichtweise als das Sequenzdiagramm, allerdings nur für einfache Kommunikationsabläufe. Das Diagramm zeigt die an der Kommunikation beteiligten Partner, ihre Beziehungen (Linien – Wer kommuniziert mit wem?) sowie die Nachrichten in durchnummerierter Form.

Folgende Notation wird verwendet:

- **Lebenslinie:** wird in diesem Diagramm durch das Rechteck mit dem Namen des Kommunikationspartners symbolisiert
- **Nachrichten:** werden entlang der Verbindungslinien übermittelt. Nachrichten werden durchnummeriert und tragen eine „sprechende" Bezeichnung.

td: timing diagram

3 Zeitverlaufsdiagramm (td)

Zeitverlaufsdiagramme erlauben die **exakte Beschreibung der zeitlichen Interaktion** mehrerer Objekte.

Die horizontalen Bereiche werden auch im Zeitverlaufsdiagramm als Lebenslinien bezeichnet.

Zeitverlaufsdiagramme werden z. B. bei der Beschreibung des Verhaltens digitaler elektronischer Schaltungen schon lange eingesetzt. Sie ermöglichen die **exakte Darstellung eines zeitlichen Verhaltens.**

Elemente des Zeitverlaufsdiagramms (Beispiel)

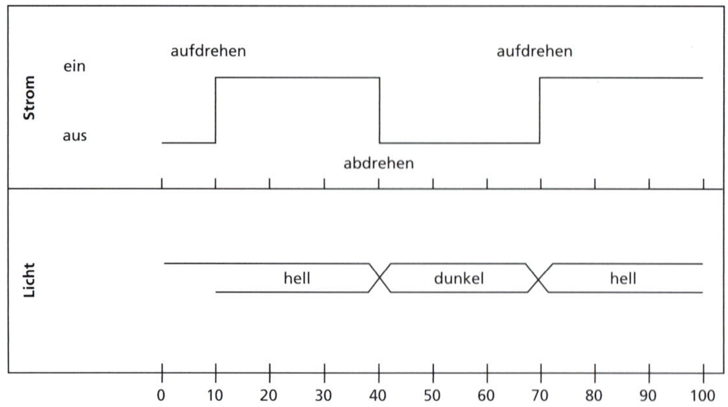

Horizontal verläuft die **Zeitachse** mit einer dem Vorgang angemessenen Skalierung. Vertikal (untereinander) sind die einzelnen **Kommunikationspartner** angeordnet.

Je nach darzustellendem Ablauf kann das Zeitverlaufsdiagramm mehrere Zeit- und/oder Wertverlaufslinien enthalten.

- **Zeitverlaufslinie** (obere Linie im Beispiel): Sie zeigt die Veränderung einer Eigenschaft einer Zeitlinie und kann je nach Modell mehrere Zustände oder auch kontinuierliche Werte (z. B. Temperaturverlauf) einnehmen.
- **Wertverlaufslinie** (untere Linie im Beispiel): Wesentlich an dieser Darstellung ist, dass sich beim Kreuzungspunkt der Linien der Zustand ändert – die Art des Zustands wird in Textform beschrieben. Es können also sehr viele unterschiedliche Zustände dargestellt werden, ohne dass das Diagramm mehr (vertikalen) Platz benötigt.

iod: interaction overview diagram

4 Interaktionsübersichtsdiagramm (iod)

Interaktionsübersichtsdiagramme zeigen den **Zusammenhang mehrerer, auch unterschiedlicher Interaktionsdiagramme.**

Elemente des Interaktionsübersichtsdiagramms

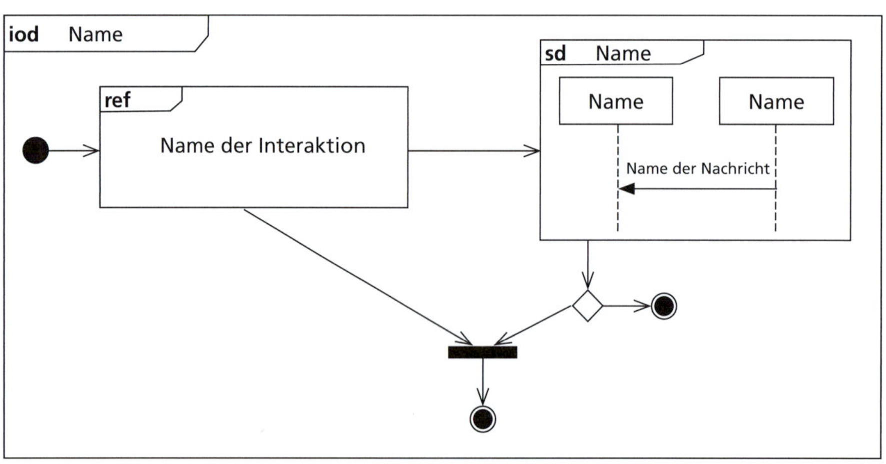

Das Interaktionsübersichtsdiagramm ist genau genommen keine eigene Diagrammform, sondern setzt sich aus Symbolen verschiedener Diagramme zusammen.

Grundform ist die des Aktivitätsdiagramms. Statt der Aktionen werden aber **Interaktionen** (Sequenzdiagramme) bzw. **Interaktionsreferenzen** dargestellt (d. h. „Kästchen", ohne den internen Ablauf zu zeigen – vgl. das Beispiel oben).

Üben

Ü 8.9: Sequenzdiagramm C

Modellieren Sie den Ablauf eines Telefongesprächs mithilfe eines Sequenzdiagramms.

Ü 8.10: Kommunikationsdiagramm C

Stellen Sie anschließend denselben Sachverhalt in Form eines Kommunikationsdiagramms dar.

Ü 8.11: Zeitverlaufsdiagramm C

Stellen Sie folgenden Sachverhalt in einem Zeitverlaufsdiagramm dar:

Ihr Laptop verwendet eine „intelligente" Lüftersteuerung:

- Solange die CPU kälter als 50 °C ist, läuft der Lüfter nicht (Stufe 0).
- Ab 50 °C läuft der Lüfter auf Stufe 1 („silent mode").
- Liegt die Temperatur länger als 2 Minuten bei 65 °C oder höher, schaltet der Lüfter auf Stufe 2 („power mode").
- Überschreitet die Temperatur 75 °C, so schaltet der Lüfter sofort auf Stufe 2.
- Wird eine der Bedingungen für Stufe 1 oder 2 für länger als 2 Minuten unterschritten, so wird der Lüfter in die jeweils darunter liegende Stufe zurückgeschaltet.

Aufgabe:

Stellen Sie diesen Sachverhalt in Form eines Zeitverlaufsdiagrammes mit zwei Lebenslinien (CPU-Temperatur und Lüfter) dar.

Ü 8.12: Fallbeispiel „BonOnline" – Sequenzdiagramm D

Stellen Sie den Bestellvorgang „Schüler/in bestellt Menü über das Online-Bestellsystem (Internet-Browser)" in Form eines Sequenzdiagramms dar.

Ü 8.13: Kommunikationsdiagramm D

Wie würde dieser Ablauf in einem Kommunikationsdiagramm dargestellt werden?

Sichern

SbX ID: 0843

Sequenzdiagramm

Das **Sequenzdiagramm** zeigt Interaktionen mehrerer beteiligter Partner (Objekte). Ganz oben im Diagramm sind waagrecht die Kommunikationspartner angeordnet (Rechtecke), senkrecht von diesen ausgehend verlaufen deren Lebenslinien (d. h. von oben nach unten, entsprechend dem Zeitverlauf).

Lebenslinie und Aktionssequenz

Die **Lebenslinie** im Sequenzdiagramm wird durch eine strichlierte Linie dargestellt; jene Zeitspanne, während der ein Objekt aktiv ist, wird als Balken auf der Lebenslinie symbolisiert **(Aktionssequenz)**.

Nachrichten

Horizontale Pfeile im Sequenzdiagramm symbolisieren **Nachrichten zwischen den Objekten.** Synchrone Nachrichten haben eine ausgefüllte, asynchrone Nachrichten eine offene Pfeilspitze. Antwortnachrichten haben eine gestrichelte Linie und eine ausgefüllte Pfeilspitze.

Kommunikationsdiagramm

Im **Kommunikationsdiagramm** werden die interagierenden Partner (Objekte) ebenfalls als Rechtecke dargestellt. Partner, die miteinander kommunizieren, sind mit (genau) einer Linie verbunden.

Nachricht (im Kommunikationsdiagramm)

Nachrichten im Kommunikationsdiagramm werden durch kurze Pfeile parallel zu den Verbindungslinien angezeigt. Die Pfeilspitze zeigt die Richtung der Nachricht an, dazu werden eine fortlaufende Nummer sowie die Bezeichnung der Nachricht vermerkt.

Zeitverlaufsdiagramm

Zeitverlaufsdiagramme stellen **exakte Zeitverläufe** in der Kommunikation zwischen Partnern (Objekten) dar.

Zeitachse

Die **Zeitachse** mit einer genauen **Zeitskala** verläuft im Zeitverlaufsdiagramm **horizontal.**

Lebenslinien

Im Zeitverlaufsdiagramm sind über der Zeitachse die **Lebenslinien der einzelnen Objekte** (Partner) angeordnet.

Zeit- und Wertverlaufslinie

Das Zeitverhalten eines Objekts kann durch eine **Zeitverlaufslinie** (nimmt alle „Zustände" des Objekts ein) oder durch eine **Wertverlaufslinie** (zeigt den Zustandswechsel) dargestellt werden.

Vokabeln dieser Lerneinheit

Deutsch	Englisch
Sequenzdiagramm	sequence diagram
Lebenslinie	lifeline
(synchrone/asynchrone) Nachricht	(synchronous/asynchronous) message
(verlorene/gefundene) Nachricht	(lost/found) message
Antwortnachricht	response message
kombiniertes Fragment	combined fragment
Kommunikationsdiagramm	communication diagram
Objektbeziehung	link
Zeit(verlaufs)diagramm	timing diagram
Zustandsinvariante	state variant
Zeiteinschränkung	time constraint
Interaktionsübersichtsdiagramm	interaction overview diagram

SbX
ID: 0843

Eine Audio-Wiederholung mit Audio-Player und MP3-Download sowie eine Bildschirmpräsentation mit den Grafiken dieser Lerneinheit finden Sie unter der ID: 0843.

Wissen

A B C D E

W 8.13: Interaktionsdiagramme B

Beschreiben Sie die Arten von Interaktionsdiagrammen, die die UML zur Verfügung stellt.

W 8.14: Sequenzdiagramm B

Beschreiben Sie, was mithilfe eines Sequenzdiagramms dargestellt werden kann.

W 8.15: Sequenzdiagramm B

Erklären Sie die Symbole, die das Sequenzdiagramm verwendet.

W 8.16: Kommunikationsdiagramm B

Erklären Sie die Symbole, die das Kommunikationsdiagramm verwendet.

W 8.17: Nachrichten im Kommunikationsdiagramm B

Erklären sie, wie im Kommunikationsdiagramm die Reihenfolge von Nachrichten dargestellt wird.

W 8.18: Zeitverlaufsdiagramm B

Welche zwei Darstellungsformen bietet das Zeitverlaufsdiagramm? Erklären Sie diese anhand eines Beispiels.

W 8.19: Interaktionsübersichtsdiagramm B

Erklären Sie, wozu das Interaktionsübersichtsdiagramm dient.

Ein kurzer Kompetenz-Check, bevor's weitergeht!

Kompetenz-Check

	☺	😐	☹
Ich kenne die Interaktionsdiagramme der UML sowie deren Notationselemente.			
Ich kann, ausgehend von konkreten Projekten oder Fallbeschreibungen, formal und inhaltlich korrekte UML-Interaktionsdiagramme zur Beschreibung des Systemverhaltens entwickeln.			

Lerneinheit 5

Klassen- und Objektdiagramm

SbX
Alle SbX-Inhalte zu dieser Lerneinheit finden Sie unter der ID: 0850.

Klassen- und Objektdiagramm zählen zu den Strukturdiagrammen der UML. Sie modellieren das System hinsichtlich des Verhaltens und der Daten.

Lernen

cld: class diagram

1 Klassendiagramm (cld)

Das Klassendiagramm ist das **zentrale Strukturdiagramm** für die objektorientierte Software-Entwicklung.

Die Klasse – als gedankliches Konstrukt – beschreibt Dinge oder Konzepte der Realität, indem sie ihnen einen Namen, Eigenschaften sowie gewisse „Fähigkeiten" – die Methoden – zuordnet. Bei der Modellierung der Klassen ist nicht nur die einzelne Klasse von Interesse, sondern der Zusammenhang, der aus den Beziehungen zwischen den Klassen gebildet wird.

Die übliche **Notation für Klassen** wird in der folgenden Abbildung dargestellt:

Elemente des Klassendiagramms

Anmerkung: „P: Element" bezeichnet eine parametrisierte Klasse.

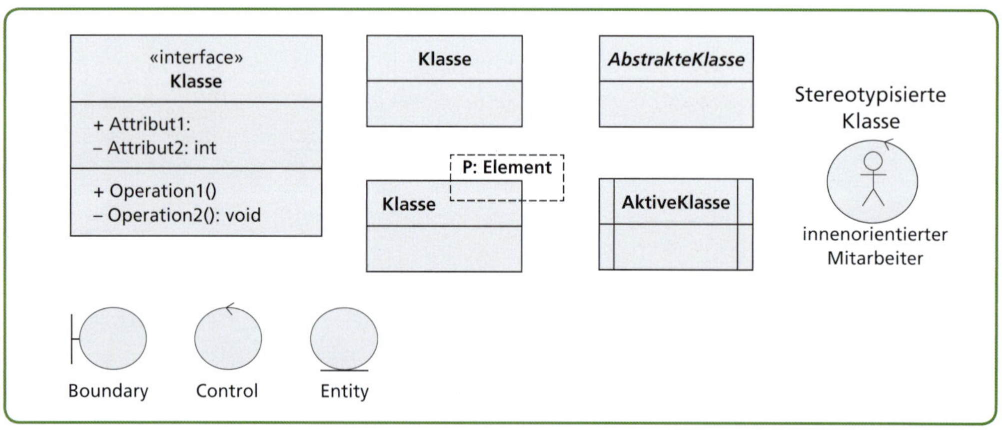

Die Darstellung der Klasse besteht aus:

- dem Klassennamen
- optional einem Stereotyp in «Guillemets» eingeschlossen
- einer Liste von Attributen
- einer Liste von Operationen (Methoden)

Guillemets sind die sogenannten französischen Anführungszeichen.

Bei Attributen und Operationen wird der **Sichtbarkeitsbereich** festgelegt, d.h. ob von außen darauf zugegriffen werden kann oder nicht. Folgende Möglichkeiten stehen zur Verfügung:

- unspezifiziert (keine Angabe)
- public (öffentlich) – Symbol: „+"
- private (kein direkter Zugriff von außen) – Symbol: „–"
- protected – Symbol: „#"
- package – Symbol: „~"

{ } = Akkolade

Die **Nutzungsrechte für ein Attribut** können explizit in geschweiften Klammern (Akkoladen) angegeben werden, z. B. {read only}. Weiters kann die Multiplizität eines Attributs festgelegt werden; die Angabe erfolgt in eckigen Klammern, z. B. [0..3].

Ein **Klassenattribut** steht für alle Objekte einer Klasse zur Verfügung und existiert selbst dann, wenn es keine Objekte gibt. Klassenattribute werden durch Unterstreichung gekennzeichnet.

Klassen können **abstrakt** sein (kursive Beschriftung). Aus solchen Klassen gehen keine Objekte hervor, aber sie haben eine wichtige Rolle in der Vererbungsstruktur.

Parametrisierte Klassen ermöglichen es, dass in Abhängigkeit des Parameters Typen von Attributen oder Operationen erst zur Laufzeit festgelegt werden.

Beziehungen zwischen Klassen

Bei der Erstellung des Klassendiagramms sind die verschiedenen **Beziehungen zwischen den Klassen** von Bedeutung. Die folgende Abbildung gibt einen Überblick, welche Möglichkeiten es hier gibt:

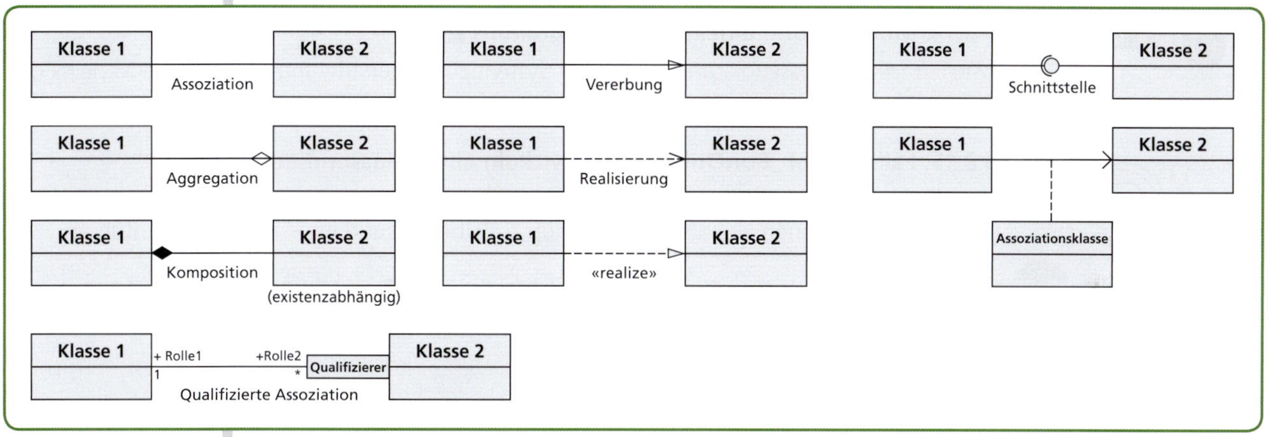

Die **Assoziationen** zwischen den Klassen werden durch Linien bzw. Pfeile dargestellt. Sie können durch den Assoziationsnamen oder (alternativ) durch Rollenbezeichnungen an den Linienenden näher bezeichnet werden. Zahlen(bereiche) an den Linienenden geben Multiplizitäten (Vielfachheiten) der Ausprägungen der Klassen an.

Aggregation: 1..* – Multiplizität auf beiden Enden der Assoziation möglich

Komposition: 1..* – Multiplizität nur auf der Seite der Teile-Klassen möglich.

Spezielle Formen der Assoziation sind die **Aggregation** (leere Raute) sowie die **Komposition** (volle Raute). Die Klasse am „Rauten-Ende" setzt sich aus den Teilen am anderen Ende der Assoziation zusammen. Bei der Aggregation können die Teile auch ohne das Ganze existieren, bei der Komposition ist die Existenz der Teile-Klassen von der Ganzes-Klasse abhängig, eine Teilklasse gehört zu genau einer Ganzes-Klasse.

Eine wichtige Rolle im „objektorientierten Entwurf" spielen die **Entwurfsmuster** („design patterns"). Darunter versteht man Klassenmodelle, die sich für die Lösung bestimmter Problemkategorien etabliert haben und entsprechend eingesetzt werden sollten. Die Wiederverwendbarkeit (von Modellen) ist ein wichtiges Argument für objektorientiertes Design und objektorientierte Programmierung. Sprechende Bezeichnungen für Entwurfsmuster sind z. B. „Brücke," „Beobachter", „Fliegengewicht" u. v. a. m.

odf: object diagram

2 Objektdiagramm (od)

Objektdiagramme zeigen **konkrete Ausprägungen von Klassen** zu einem bestimmten Zeitpunkt.

Das Objektdiagramm stellt eine „Momentaufnahme des Systems" dar. Es zeigt daher konkrete Objekte mit bestimmten Attributwerten. Die Darstellungsform ist ähnlich dem Klassendiagramm. Objekte erkennt man daran, dass sowohl Objekt- als auch Klassenbezeichnung unterstrichen werden.

Elemente des Objektdiagramms

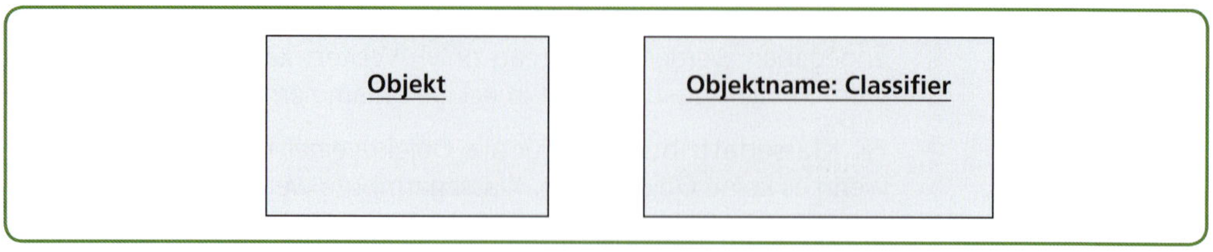

Üben

A B C D E

Ü 8.14: Modellierung eines Klassendiagramms C

Erstellen Sie ein Klassendiagramm, das ein System zur Unterstützung eines Fahrradverleihs darstellt.

Ü 8.15: Fallbeispiel „BonOnline" – Entwickeln eines Klassendiagramms D

Modellieren Sie in der Gruppe das Klassendiagramm Ihres Online-Besellsystems für das Buffet/Restaurant. Sie können einen CRC-Workshop zur Überprüfung Ihres Modells durchführen.

Querverweis

CRC-Workshop: siehe Kapitel 7, Lerneinheit 1.

Ü 8.16: Fallbeispiel „BonOnline" – Objektdiagramm D

Erstellen Sie ein Objektdiagramm, abgeleitet von Ihrem Klassendiagramm.

Sichern

SbX ID: 0853

Klassendiagramm

Das **Klassendiagramm** dient zur objektorientierten Modellierung realer Dinge bzw. Konzepte sowie deren Zusammenhänge für die Umsetzung in einem Software-Programm.

Klasse, Attribut, Methode

Eine **Klasse** (Darstellungsform: Rechteck) wird durch einen eindeutigen Klassennamen sowie (optional) durch **Attribute** (Eigenschaften) und **Methoden** beschrieben.

Sichtbarkeit von Attributen bzw. Methoden

Die **Sichtbarkeit** eines Attributs oder einer Methode gibt an, in welcher Weise eine Nutzung von innerhalb bzw. außerhalb der Klasse möglich ist. Es gibt die Sichtbarkeiten „public", „private", „protected" und „package".

Assoziationen

Wesentlich im Klassendiagramm sind die Beziehungen zwischen den Klassen, die sogenannten **Assoziationen**. Sie beschreiben, in welcher Weise Klassen zusammenhängen (Beschreibung der Assoziation oder der Rollen) und in welcher Anzahl (Multiplizität) die einzelnen Klassen beteiligt sind.

Aggregation und Komposition

Spezielle Assoziationen sind die **Aggregation** sowie die **Komposition.** Sie stellen eine Ganzes-Teile-Beziehung dar. Die Komposition ist die strengere Form: Teile können nur zu genau einer Ganzes-Klasse gehören und können nicht ohne die Ganzes-Klasse existieren.

Entwurfsmuster

Entwurfsmuster sind Klassenmodelle, die sich in dieser Form zur Lösung bestimmter typischer Teilprobleme im Software-Entwurf als Standards etabliert haben.

Objektdiagramm

Objektdiagramme stellen Ausprägungen der Klassen sowie deren Zusammenhänge zu einem ganz bestimmten Zeitpunkt dar. Sie bezeichnen konkrete Objekte mit bestimmten Attributwerten. Die Darstellung erfolgt analog zum Klassendiagramm.

Vokabeln dieser Lerneinheit

Deutsch	Englisch
Klassendiagramm	class diagram
Klasse	class
abstrakte Klasse	abstract class
Assoziation	association
n-äre Assoziation	n-ary association
Multiplizität	multiplicity
Assoziationsklasse	association class
Aggregation	aggregation
Komposition	composition
Abhängigkeit	dependency
Generalisierung	generalization
Rolle	role
Schnittstelle	interface
Entwurfsmuster	design pattern
Objektdiagramm	object diagram
Objektbeziehung	link

SbX
ID: 0853

Eine Audio-Wiederholung mit Audio-Player und MP3-Download sowie eine Bildschirmpräsentation mit den Grafiken dieser Lerneinheit finden Sie unter der ID: 0853.

Wissen

A B C D E

W 8.20: Klassenmodellierung B

Welches Ziel hat die Modellierung eines Klassendiagramms?

W 8.21: Klassen B

In welcher Form wird eine Klasse dargestellt? Erklären Sie, in welcher Form Klassen genauer spezifiziert werden können.

W 8.22: Sichtbarkeit von Attributen B

Welche Arten des Zugriffs können für Attribute festgelegt werden und durch welche Symbole wird das gekennzeichnet?

W 8.23: Abstrakte Klassen B

Beschreiben Sie abstrakte Klassen.

W 8.24: Assoziationen zwischen Klassen B

Erklären Sie, wie Beziehungen zwischen Klassen dargestellt werden können.

Ein kurzer Kompetenz-Check, bevor's weitergeht!

Kompetenz-Check

	☺	😐	☹
Ich kenne die Notationselemente für Klassen sowie die Beziehungen zwischen den Klassen und kann aus Fallbeschreibungen oder für konkrete Projekte inhaltlich und formal korrekte Klassen- bzw. Objektdiagramme entwickeln.			

SbX
Alle SbX-Inhalte zu dieser Lerneinheit finden Sie unter der ID: 0860.

Lerneinheit 6

Weitere Strukturdiagramme

Bei den weiteren Diagrammen steht die Zusammensetzung des Systems, gesehen von einem höheren Abstraktionsniveau aus, im Vordergrund.

Lernen

pkd: package diagram

1 Paketdiagramm (pkd)

Paketdiagramme dienen zur **Strukturierung umfangreicher Software-Systeme** und helfen, den Überblick zu bewahren.

Elemente des Paketdiagramms

Im Software-Entwicklungsprojekt sollten alle Elemente, die einen gemeinsamen Zweck erfüllen, in einem **Paket** zusammengefasst werden. Für diese Zuordnung gibt es keine genauen Vorschriften, die Entscheidung muss in jedem Projekt neu getroffen werden.

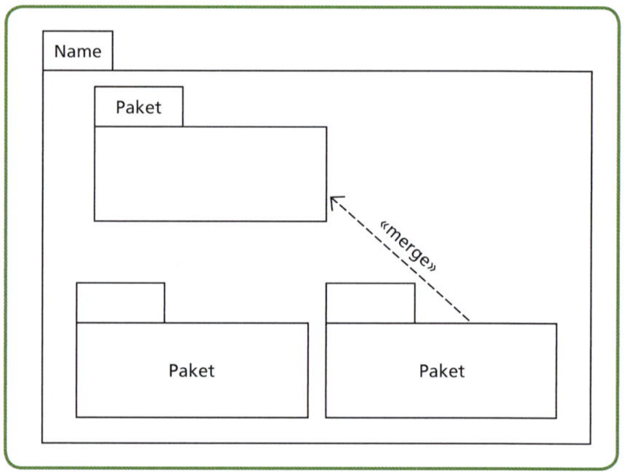

Entscheidungshilfen für die Zuordnung zu Paketen sind z. B. die Beziehungen von Klassen untereinander: Klassen, die sehr intensiv miteinander verknüpft sind, eignen sich als Kandidaten für ein gemeinsames Paket.

Pakete sind sehr gut dafür geeignet, die derzeit aktuelle Gliederung von Systemen in mehrere Schichten (3- bzw. 4-tier architecture) umzusetzen.

Der in der Abbildung dargestellte **Pfeil «merge»** dient zur Zusammenführung von Paketen, wobei neue, veränderbare Classifier angelegt werden.

cod: component diagram

2 Komponentendiagramm (cod)

Das Komponentendiagramm zeigt die **Struktur des Systems zur Laufzeit.**

Elemente des Komponentendiagramms

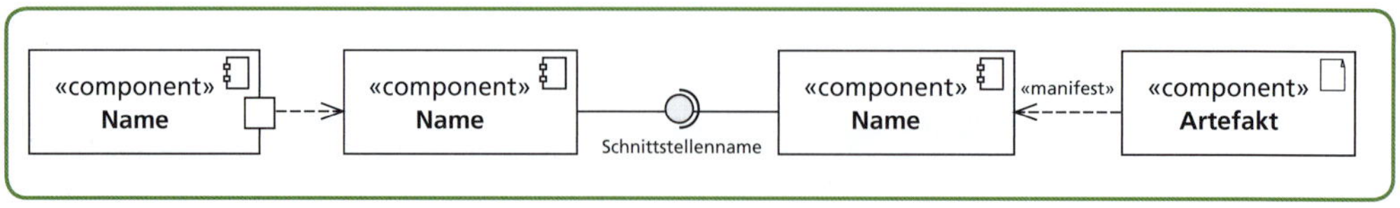

Das Komponentendiagramm zeigt verschiedene Bestandteile des Systems als physische Komponenten. Die interne Umsetzung spielt hier eine geringe Rolle, wichtig ist die möglichst vollständige **Modellierung des Systemverhaltens** – die Wechselwirkung zwischen den Komponenten. Der Zugriff auf Komponenten erfolgt über Schnittstellen.

csd: composite structure diagram

3 Kompositionsstrukturdiagramm (csd)

Kompositionsstrukturdiagramme zeigen die **interne Struktur** bzw. die Beziehungen eines Classifiers.

Elemente des Kompositionsstrukturdiagramms

Classifier: Bezeichnung für ein in UML festgelegtes „Element", z. B. Use Case, Activity, Artifact …

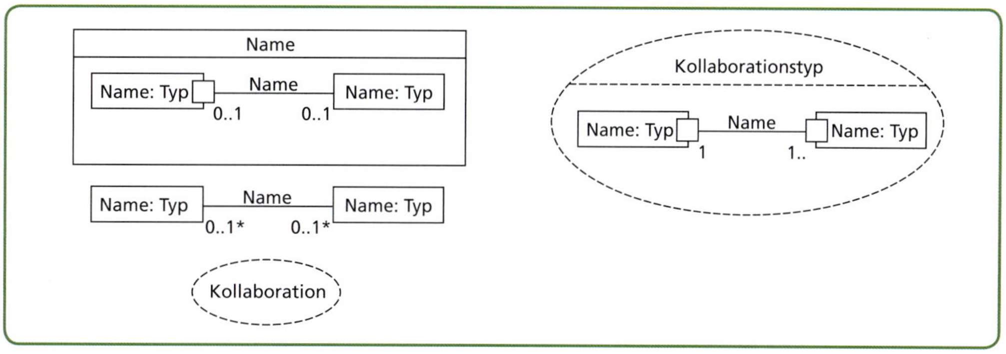

Das Kompositionsstrukturdiagramm hat die Aufgabe, den **Gesamtaufbau des Systems** mit den einzelnen Architekturkomponenten darzustellen. So kann es z. B. verschiedene kontextbezogene Sichten auf ein Klassendiagramm zeigen. Ebenso ist die Darstellung auf Instanzebene (zeigt konkrete Objekte) möglich.

Kollaborationen werden im strichlierten Oval dargestellt. Auch Entwurfsmuster lassen sich in dieser Form gut darstellen.

dd: deployment diagram

4 Verteilungsdiagramm (dd)

Speziell bei **verteilten Systemen** zeigt das Verteilungsdiagramm, auf welchen Systemteilen (Rechnern, Servern) welche Software läuft.

Elemente des Verteilungsdiagramms

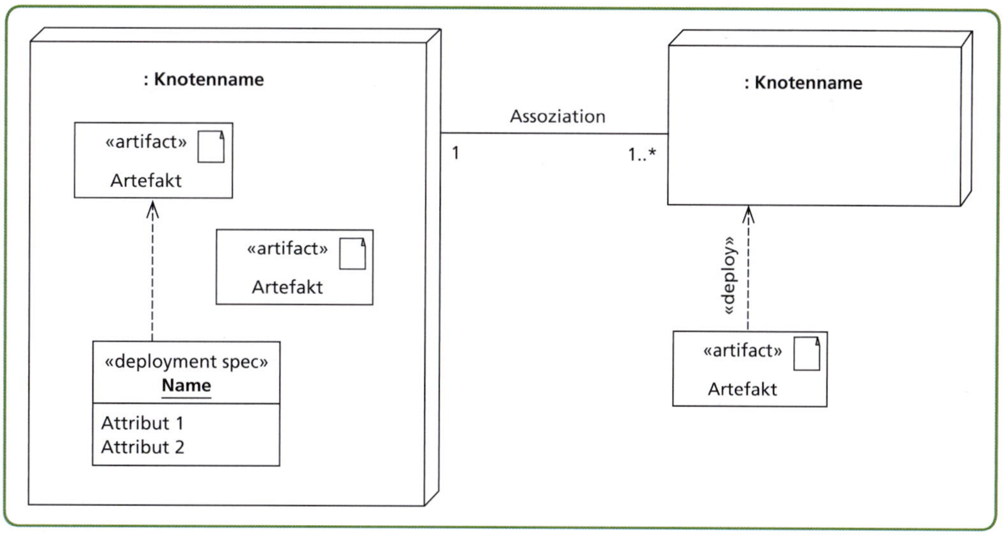

Das Verteilungsdiagramm beschreibt, wo (physisch) im fertigen Endsystem einzelne Bestandteile der erstellten Software zu installieren sind und wie diese über die verschiedenen Standorte miteinander interagieren.

Verteilungsdiagramme setzen sich zusammen aus:

- **Knoten:** Der Knoten ist eine Ressource, die zur Installation, Konfiguration und Bereitstellung von Artefakten genutzt werden kann.
- **Linien:** Sie stellen den Kommunikationspfad zwischen den Ressourcen dar.
- **Strichlierter Pfeil:** Er drückt aus, dass ein bestimmtes Artefakt (z. B. Programm) auf einem bestimmten Server laufen soll. Die alternative Darstellung positioniert das Artefakt im jeweiligen Knoten.

5 Profildiagramm

Profildiagramme dienen zur Beschreibung von Erweiterungen des UML-(Meta-)Modells. Damit können **Stereotype zu UML-Elementen** erstellt werden, die eine dem Anwendungsbereich entsprechende Bezeichnung tragen oder Darstellungsform verwenden. So kann z. B. statt dem „Actor-Strichmännchen" in einem Use-Case-Diagram ein „Web Client" definiert werden, der auch als Piktogramm (Bild) dargestellt werden darf. Der **Zusatz «stereotype»** im Profildiagramm kennzeichnet eine solche Erweiterung.

Ein Stereotyp kann noch zusätzliche Attribute zur genaueren Beschreibung enthalten. Die in einem Diagramm zugeordneten realen Werte werden als **„tag values"** bezeichnet.

Die Erweiterung durch ein Profildiagramm darf das zugrunde liegende (offizielle) UML-Metamodell nicht verändern oder ein neues Metamodell zum Ergebnis haben, sondern dieses lediglich im Rahmen der vorgegebenen Regeln anpassen oder einschränken.

Üben

A B C D E

Ü 8.17: Fallbeispiel „BonOnline" – Paket- und Komponentendiagramm D

a) Erstellen Sie ein Paketdiagramm zu Ihrem Projekt „BonOnline". Wählen Sie als Ausgangspunkt Ihr Klassendiagramm.

b) Erstellen Sie ein Komponentendiagramm zu Ihrem Online-Bestellsystem für das Buffet.

Sichern

SbX ID: 0863

Paketdiagramm

Das **Paketdiagramm** gruppiert zusammengehörende Elemente des Software-Entwurfs zu einem gemeinsamen Paket. (Das Symbol ähnelt einem Registerblatt.) Die Gruppierung zu Paketen erhöht die Abstraktion der Systemdarstellung (Details werden verborgen) und verbessert damit die Gesamtübersicht.

Kompositions-strukturen

Das **Kompositionsstrukturdiagramm** zeigt die innere Struktur oder das Zusammenwirken von UML-Classifiern. Die innere Struktur wird in einem Rechteck dargestellt. Das kann z. B. das interne Zusammenwirken von Klassen in einem bestimmten Kontext (Anwendungsfall) sein. Kollaborationen zeigen, welche Elemente des Systems für eine bestimmte Aufgabe zusammenarbeiten. Die Darstellung erfolgt in bzw. mit einem strichlierten Oval.

Komponenten-diagramm

Das **Komponentendiagramm** zeigt in abstrahierter Form einzelne „physische" Komponenten des Software-Systems, deren Schnittstellen sowie deren Zusammenwirken (Abhängigkeiten) an diesen Schnittstellen. Es ist auch eine interne Sicht der Komponenten (Abbildung des kontextrelevanten Teils) möglich.

Verteilungs-diagramm

Das **Verteilungsdiagramm** zeigt Geräte oder Ausführungsumgebungen (Knoten des Diagramms) sowie die darauf verteilten Objekte (Artefakte). Knoten können z. B. Rechner darstellen, Artefakte können z. B. ausführbare Programme, Dateien etc. sein.

Profildiagramm

Das **Profildiagramm** dient zur modellkonformen Erweiterung der UML. UML-Elemente werden für einen bestimmten Anwendungsbereich durch (konkretisierte) Stereotype oder bildliche Darstellungen passender dargestellt.

Vokabeln dieser Lerneinheit

Deutsch	Englisch
Paketdiagramm	package diagram
Kompositionsstrukturdiagramm	composition structure diagram
Komponentendiagramm	component diagram
Verteilungsdiagramm	deployment diagram
Profildiagramm	profile diagram

SbX
ID: 0863

Eine Audio-Wiederholung mit Audio-Player und MP3-Download sowie eine Bildschirmpräsentation mit den Grafiken dieser Lerneinheit finden Sie unter der ID: 0863.

Wissen

A B C D E

W 8.25: Paketdiagramm B

Wozu dient das Paketdiagramm und welche Symbole werden dafür verwendet?

W 8.26: Kompositionsstrukturdiagramm B

Erklären Sie, welche Aufgabe das Kompositionsstrukturdiagramm hat.

W 8.27: Komponentendiagramm B

Beschreiben Sie, was ein Komponentendiagramm darstellt.

W 8.28: Verteilungsdiagramm B

Wozu dient das Verteilungsdiagramm?

W 8.29: Profildiagramm B

Erklären Sie, wofür das Profildiagramm verwendet wird.

Kompetenz-Check

Ein kurzer Kompetenz-Check, bevor's weitergeht!

	☺	😐	☹
Ich kenne die weiteren Strukturdiagramme der UML (pkd, csd, cod, dd, Profildiagramm) und kann diese erklären.			

Fallbeispiel

Verwendung von UML-Diagrammen

Dieses vereinfachte Beispiel zeigt das Zusammenwirken mehrerer UML-Diagramme im Entwurfsprozess.

1 Fallbeschreibung

Die Firma „Cars2share" bietet in den größeren österreichischen Städten einen Carsharing-Service an. Beim Carsharing kann jeder registrierte Kunde bei Bedarf aus einem Pool an Fahrzeugen das ihm nächstgelegene freie Fahrzeug für seine Fahrt verwenden. Dazu erhält er nach Registrierung bei „Cars2share" eine Keycard im Scheckkartenformat mit RFID-Chip, mit der ein freies Fahrzeug aufgesperrt und genutzt werden kann.

In unserem vereinfachten Beispiel können freie Fahrzeuge über die Unternehmenswebsite oder die „Cars2share"-App lokalisiert werden. Ein ausgewähltes Fahrzeug darf für eine kurze Zeitspanne reserviert werden (15 Minuten, damit es nicht während der Wegzeit zum Standort von jemand anderem angemietet wird). Langfristige Reservierungen sind nicht vorgesehen und auch nicht notwendig, da ausreichend Fahrzeuge verfügbar sind.

Das Fahrzeug wird mit der Keycard entsperrt. Im Fahrzeug identifiziert sich der Kunde nochmals mittels PIN über das Keyboard des Bordcomputers (2-Stufen-Authentifizierung). Bei erfolgreicher Authentifizierung ist das Fahrzeug verwendbar (Zündung eingeschaltet). Es können nun beliebige Strecken gefahren und Fahrtpausen gemacht werden. Die Keycard wird als Fahrzeugschlüssel verwendet. Das Betanken erfolgt bargeldlos mithilfe der Keycard, der Treibstoff ist in den Nutzungsgebühren enthalten.

Am Ende der Nutzung meldet sich der Kunde am Bordcomputer mittels PIN ab. Nutzungsdauer und gefahrene Kilometer werden angezeigt, die der Nutzer bestätigt. Ab diesem Zeitpunkt ist das Fahrzeug wieder frei.

2 Aufgabenstellung

Wichtigstes Prinzip von „Cars2share" ist es, dass die meisten Vorgänge ohne Eingriff von Mitarbeitern ablaufen. Dazu ist eine leistungsfähige Software zur Unterstützung aller Vorgänge und Prozesse erforderlich.

Ausgehend von obiger Fallbeschreibung wird gezeigt, wie mittels UML eine geeignete Software-Architektur zur Unterstützung von „Cars2share" entwickelt werden kann. Dafür werden folgende Diagramme entwickelt:

- Use-Case-Diagramm
- Klassendiagramm (Architekturdiagramm, d. h. geringer Detailgrad)
- Zustandsdiagramm
- Sequenzdiagramm
- Kommunikationsdiagramm
- Aktivitätsdiagramm

Bei allen Diagrammen wurde auf die Behandlung von Sonder-, Ausnahme- oder Fehlerzuständen größtenteils verzichtet, es wird jeweils ein typischer Regelfall gezeigt.

1. Use-Case-Diagramm

Das Use-Case-Diagramm stellt sich sehr einfach dar: Für das Verwenden des „Cars2share"-Fahrzeugs ist eine Identifizierung des Kunden erforderlich. Optional kann eine Reservierung vorgenommen werden.

Use-Case-Diagramm

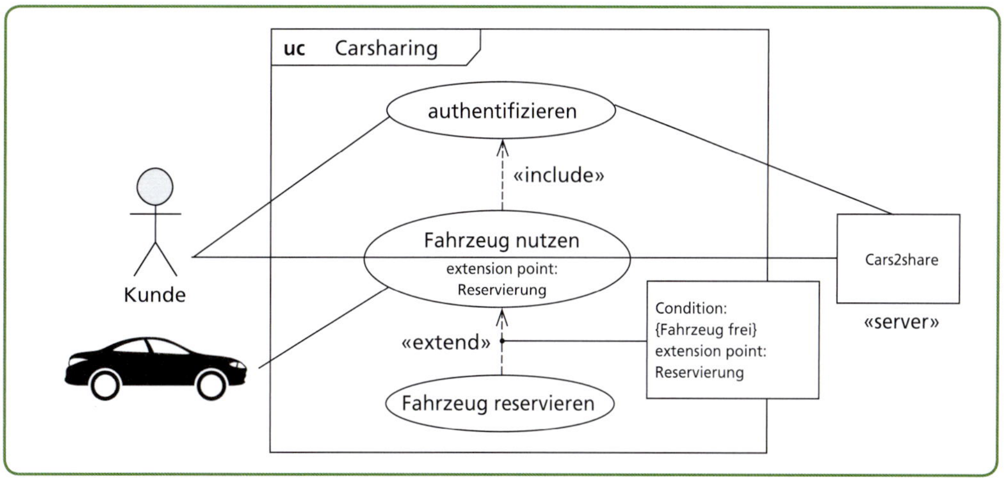

2. Klassendiagramm

Es zeigt die beteiligten Klassen sowie deren Zusammenhang (Assoziationen). Die Darstellung erfolgt auf Architekturebene, d. h., es werden die für die Implementierung relevanten Angaben zu Eigenschaften und Methoden ausgelassen.

Klassendiagramm

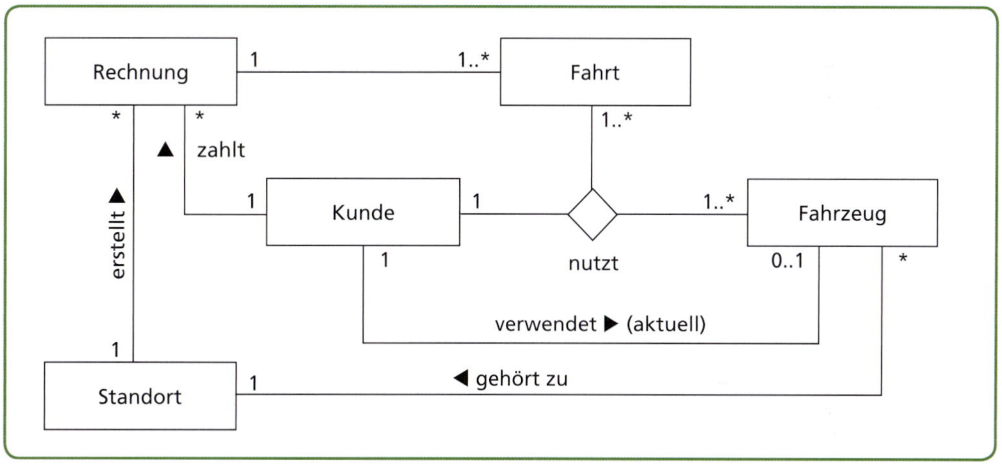

Anmerkung: „Standort" bezeichnet jene Region (z. B. Stadt), die von einer bestimmten „Cars2share"-Niederlassung verwaltet wird.

3. Zustandsdiagramm

Bei den Zustandsdiagrammen können zwei verschiedene Formen unterschieden werden:

- Der **Verhaltenszustandsautomat** zeigt das „äußere" Verhalten eines Objekts.
- Der **Protokollzustandsautomat** zeigt die Operationen, die auf einer Klasse durchgeführt werden können.

Verhaltenszustandsautomat

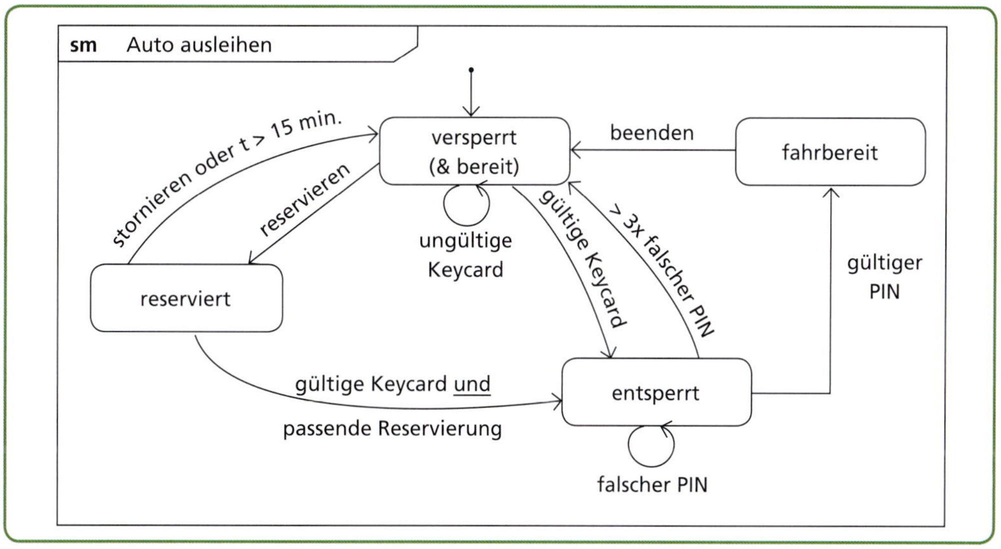

8 Unified Modeling Language (UML)

Protokollzustandsautomat

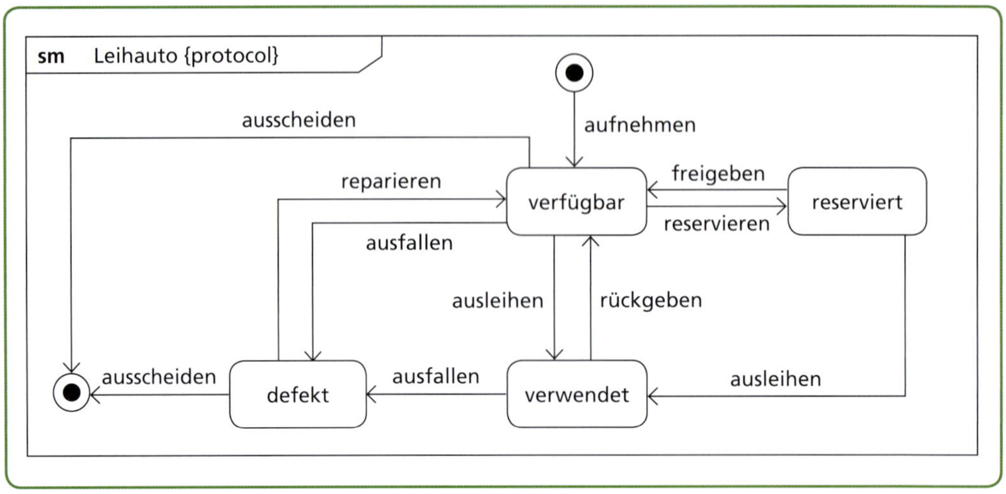

4. Sequenzdiagramm

Das Sequenzdiagramm zeigt die Kommunikation zwischen den einzelnen Objekten im Zeitverlauf. Das folgende Diagramm stellt das Anmelden am Mietauto im oberen, das Abmelden im unteren Teil dar.

Sequenzdiagramm

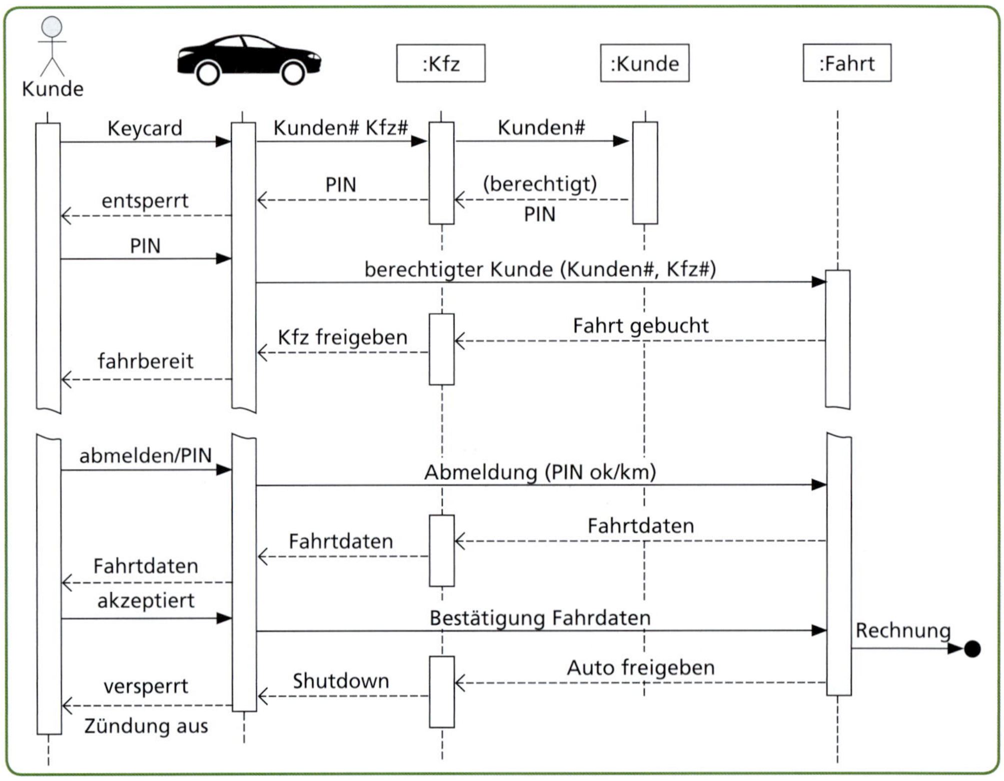

5. Kommunikationsdiagramm

Dieses Diagramm bildet eine alternative Darstellungsweise zum Sequenzdiagramm. Es stellt die Objekte mehr in den Vordergrund, die zeitliche Abfolge der Kommunikation wird durch Nummerierung ausgedrückt. Das folgende Diagramm zeigt das Anmelden am Mietauto.

Kommunikationsdiagramm

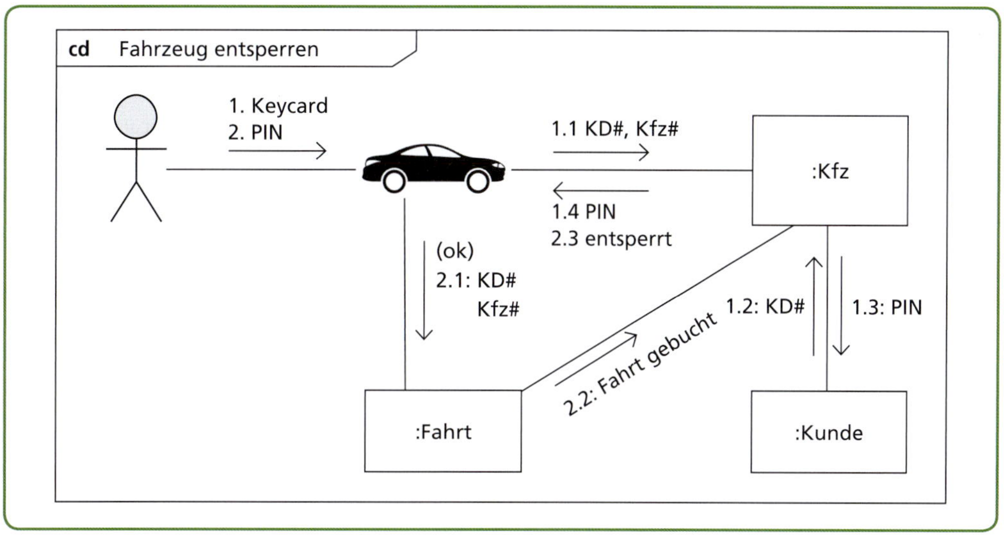

6. Aktivitätsdiagramm

Aktivitätsdiagramme bieten die Möglichkeit, einen Ablauf in einzelnen Teilaktivitäten zu zeigen und diese gleichzeitig Verantwortungsbereichen zuzuordnen. Somit können sowohl der Prozess als auch die Beteiligung der unterschiedlichen Rollen übersichtlich dargestellt werden.

Aktivitätsdiagramm

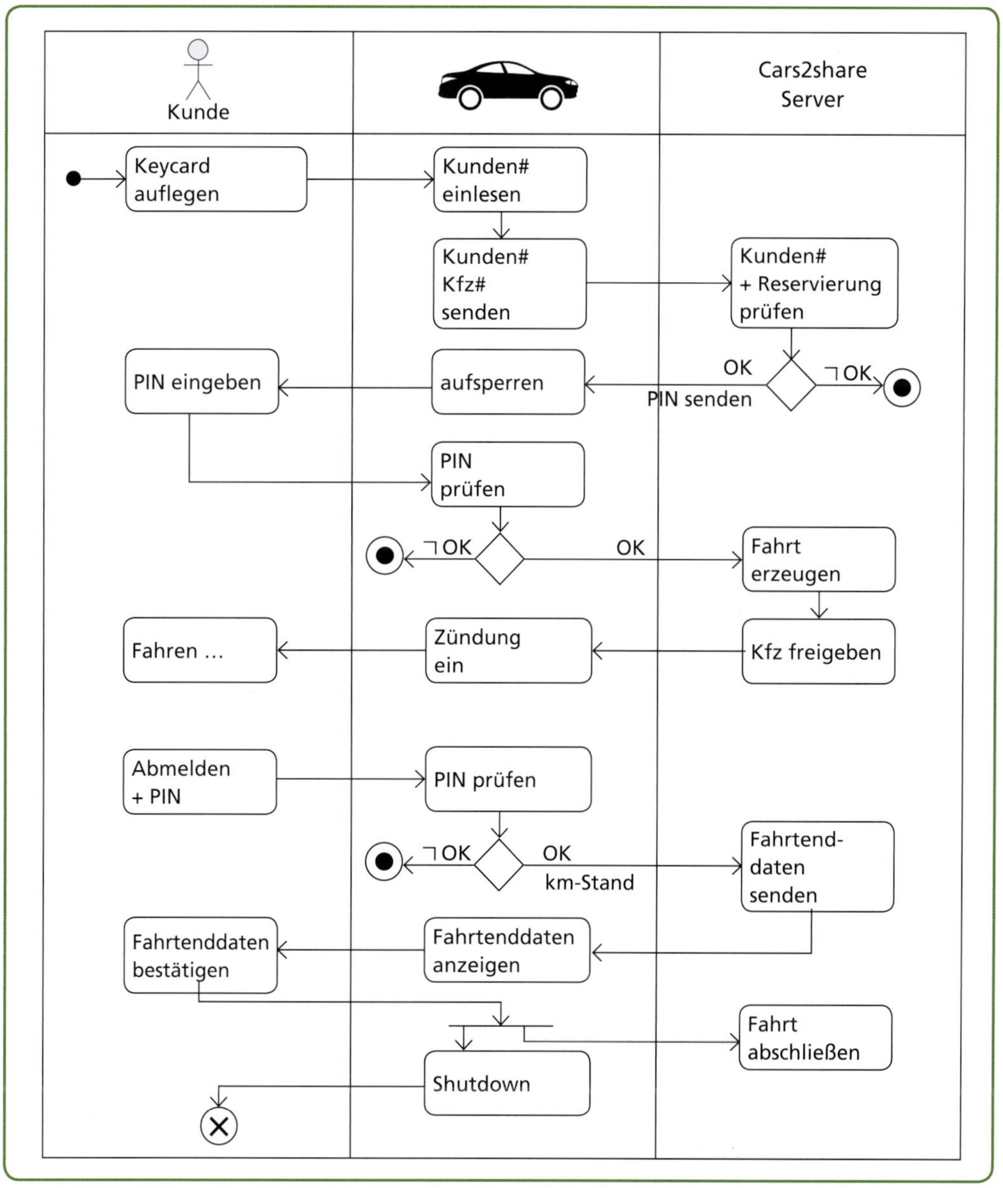

Zusammenfassend lässt sich sagen, dass UML mit seinen zahlreichen Diagrammarten die Möglichkeit bietet, **Strukturen und Abläufe im Entwurfsmodell** aus verschiedenen Gesichtspunkten zu betrachten und in unterschiedlichen Detaillierungsstufen darzustellen.

Die Auswahl der geeigneten Diagrammart hängt von der vorliegenden Aufgabenstellung sowie von den Adressaten der Darstellung ab (z. B. Manager oder Techniker) und wird von Projekt zu Projekt variieren.

Der **Detailgrad der Darstellung** kann – innerhalb einer oder durch verschiedene Diagrammarten – so gewählt werden, dass z. B. ein Überblick über die Architektur gegeben oder bereits eine genaue Spezifikation für die Codierung gebildet wird.

Der **Nutzen der UML-Diagramme** liegt in der Erzielung einer durchgängigen und konsistenten Beschreibung eines Systems oder Systementwurfs. Fehler werden dadurch vermieden, die Qualität und Wiederverwendbarkeit werden verbessert. Mit der konsequenten Anwendung von UML steigen auch die Sicherheit und Effizienz im Entwurfsprozess.

Ein kurzer Kompetenz-Check, bevor's weitergeht!

Kompetenz-Check

	☺	😐	☹
Ich kann, ausgehend von einem konkreten Projekt oder einer Fallbeschreibung, einen Sachverhalt anhand unterschiedlicher, geeigneter UML-Diagramme korrekt darstellen und beschreiben.			

9 QUALITÄTSSICHERUNG

Worum geht's in diesem Kapitel?

Bereits in Kapitel 7, Lerneinheit 3 (Grundlagen der Aufwandsschätzung) wurde der Begriff der Software-Qualität als ein wesentlicher, Aufwand und Kosten verursachender Faktor im Rahmen eines Software-Entwicklungsprojekts vorgestellt. In diesem Kapitel geht es nun um die Frage, wie denn Qualität bei der Software-Herstellung erreicht bzw. gewährleistet werden kann.

„You can't test quality into a product." ist ein beliebtes Zitat der Qualitätssicherung. Es bedeutet, dass bei einem fertigen Produkt (oder Software-Programm) nur mehr wenige Möglichkeiten zur Qualitätsverbesserung bestehen. Wirkliche Qualitätssicherung muss daher so früh wie möglich im Entwicklungsprozess ansetzen. (Trotzdem müssen natürlich fertige Programme auch getestet werden.)

Im Software-Entwicklungsprojekt stehen – neben planerisch-administrativen und psychologisch orientierten Vorkehrungen – zwei große Gruppen von qualitätssichernden Maßnahmen zur Verfügung. Dies sind einerseits konstruktive Maßnahmen, die bereits im Vorfeld für entsprechende Entwicklungswerkzeuge, Dokumentationsrichtlinien etc. sorgen, sowie analytische Maßnahmen, die das Produkt auf möglichst jeder Entwicklungsstufe – von der Spezifikation bis zum fertigen Programm – überprüfen und testen.

Am Ende dieses Kapitels sollten Sie

- Maßnahmen und Strategien zur Gewährleistung von Software-Qualität kennen,
- konstruktive Maßnahmen zur Qualitätssicherung beschreiben können,
- Begriffe und Aufgaben des Konfigurationsmanagements kennen und dieses in einfacher Form auch für eigene Projekte anwenden können,
- analytische Maßnahmen zur Qualitätssicherung kennen,
- Testorganisation sowie Testplanung für konkrete Projekte durchführen können,
- die Notwendigkeit automatisierten Testens, insbesondere bei agiler Vorgehensweise, sowie die dafür erforderlichen Verfahren und Methoden kennen.

A B C D E

In diesem Kapitel finden Sie Übungsaufgaben, praxisbezogene Fallbeispiele und Aufgaben zur Lernkontrolle zur Überprüfung Ihrer Kompetenzen auf den Handlungsebenen **A Wiedergeben**, **B Verstehen**, **C Anwenden**, **D Analysieren & Interpretieren** und **E Entwickeln**.

Dieses Kapitel umfasst folgende Lerneinheiten:

1 Qualität im Software-Engineering

2 Konstruktive Maßnahmen zur Qualitätssicherung

3 Analytische Maßnahmen zur Qualitätssicherung (Testen)

4 Testautomatisierung

Lerneinheit 1

Qualität im Software-Engineering

SbX
Alle SbX-Inhalte zu dieser Lerneinheit finden Sie unter der ID: 0910.

Die Qualitätssicherung im Software-Engineering strebt nicht nur nach einem möglichst fehlerfreien Endprodukt, sondern zielt vor allem auf eine Qualitätssteigerung durch laufende Verbesserungen im Entwicklungsprozess ab. Diese Lerneinheit zeigt einige der Ansatzpunkte für die Qualitätssicherung.

Lernen

1 Software-Qualität

Die grundlegenden Fragen, mit welchen sich die **Qualitätssicherung** im Rahmen der Software-Entwicklung beschäftigt, sind:

- Definition des Begriffs „Software-Qualität"
- Verfahren zur Qualitätsprüfung von Software
- Verfahren zur Qualitätslenkung im Software-Entwicklungsprozess

Entscheidend dabei ist, dass die Qualitätssicherung nicht erst beim (fast) fertigen Produkt ansetzt, sondern bereits bei der Gestaltung des Entwicklungsprozesses. (Das Software-Produkt umfasst dabei die Teile Source Code, Object Code und Dokumentation.)

Qualitätskreislauf

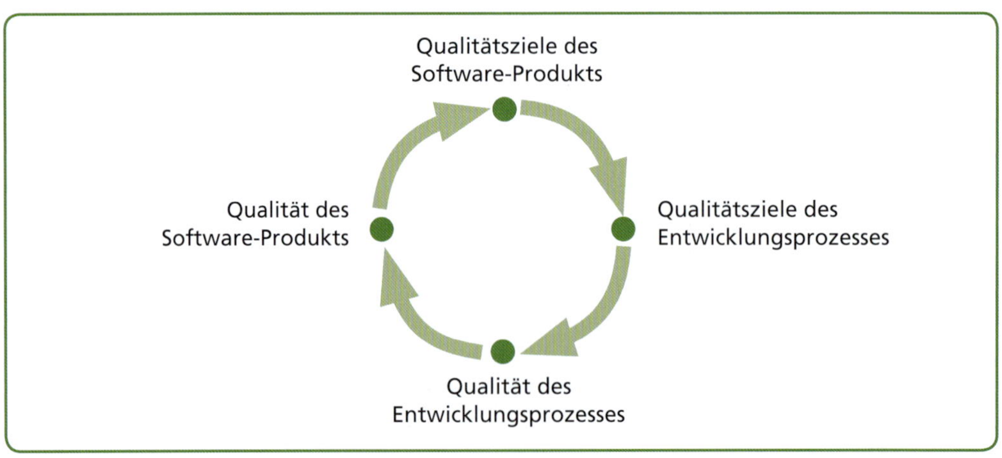

Ausgehend von den Qualitätszielen des Software-Produkts ist es erforderlich, auch entsprechende Qualitätsziele des Entwicklungsprozesses zu definieren. Kann die geforderte Qualität des Entwicklungsprozesses erreicht werden, so ist auch eine Qualität des Software-Produkts (entsprechend den eingangs formulierten Qualitätszielen) möglich.

Querverweis
Qualitätsmerkmale von Software siehe Tabelle auf Seite 253f.

Wichtige Begriffe der Qualitätssicherung sind die „Qualität" und das „Merkmal" (nach DIN 55350):

- **Qualität** ist die Gesamtheit von Eigenschaften und Merkmalen eines Produkts oder einer Tätigkeit, die sich auf deren Eignung zur Erfüllung gegebener Erfordernisse bezieht.
- Ein **Merkmal** ist jene Eigenschaft, die eine quantitative oder qualitative Unterscheidung eines Produkts oder einer Tätigkeit aus einer Gesamtheit ermöglicht.

Aktuelle Norm: ISO/IEC 25000

- **Software-Qualität** (nach DIN ISO/IEC 9126) ist die Gesamtheit der Merkmale und Merkmalswerte eines Software-Produkts, die sich auf dessen Eignung beziehen, festgelegte oder vorausgesetzte Erfordernisse zu erfüllen.

Querverweis

Zum „application backlog" vgl. Kapitel 6, Lerneinheit 1 (Software-Krise).

Eine wesentliche Motivation zur Qualitätsverbesserung im Software-Entwicklungsprozess ist der **„application backlog"** – unerledigte Entwicklungsaufträge stauen sich; sie können nicht bearbeitet werden, da die Entwickler einen Großteil ihrer Zeit mit der (Fehler behebenden) Wartung bestehender Applikationen beschäftigt sind.

CASE: Computer Aided Software Engineering

Die Produktivität der Entwickler kann verbessert werden,

- indem automatische (CASE-)Werkzeuge und Tools die Arbeitsintensität verringern bzw.
- durch Produktivitätsverbesserung im konventionellen Entwicklungsprozess, etwa durch den Einsatz geeigneter Methoden.

Qualität und Effizienz sind bei konstanter Produktivität konkurrierende Ziele.

Eine **Anhebung des Produktivitätsniveaus** ist nur durch eine gleichzeitige Anhebung von Effizienz und Qualität möglich (vgl. Abbildung auf Seite 255). Die Produktivität kann gesteigert werden durch

- „Re-use" (Wiederverwendung) von bestehenden Entwürfen und Codes,
- ein verbessertes Vorgehensmodell,
- den Einsatz neuer Software-Entwicklungstools,
- die Anwendung der aktuellen Prinzipien des Software-Engineerings.

2 Maßnahmen zur Qualitätssicherung

Qualitätssicherung kann nur dann wirksam werden, wenn sie **alle Aspekte des Software-Entwicklungsprozesses** berücksichtigt.

Qualitätssicherungsmaßnahmen lassen sich nach folgenden Gesichtspunkten beschreiben:

Maßnahmen zur Qualitätssicherung

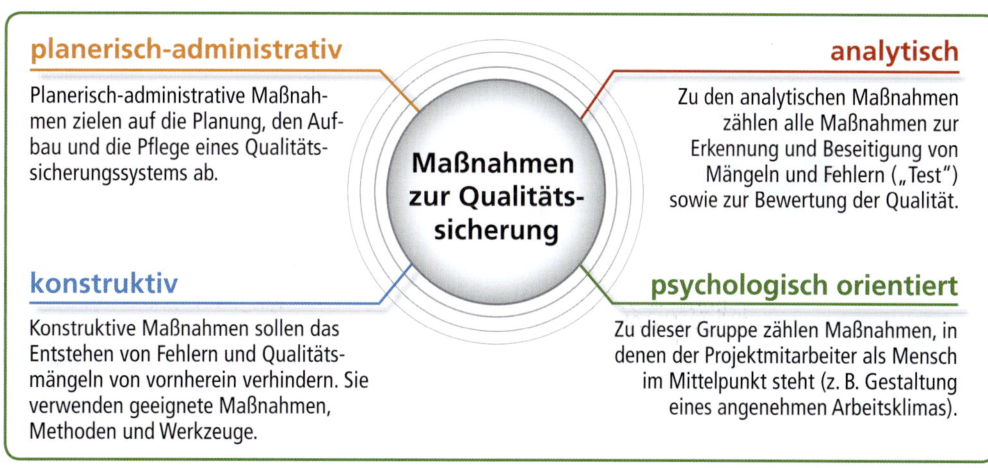

Zur Verbesserung der Prozessqualität werden Modelle bzw. Verfahren eingesetzt, die es erlauben, den Software-Entwicklungsprozess auf einen bestimmten, klar definierten Qualitätsstandard zu heben. Dieser kann z. T. in Form einer Zertifizierung zum Ausdruck kommen.

Beispiele für solche Qualitätsstandards sind:

- ISO 9000
- TQM – Total Quality Management
- CMM – Capability Maturity Model
- SPICE – Software Process Improvement and Capability Determination

Das **ISO-9000-Normenwerk** (ab 1985) bildet eine international vereinheitlichte Basis für Qualitätsmanagementsysteme. Richtlinien für die Entwicklung, Lieferung und Wartung von Software finden sich in der ISO 9000-3.

TQM ist ein gesamtheitlicher Qualitätssicherungsansatz, dessen Entwicklung in Japan ca. ab den 1950er-Jahren begann, beeinflusst von amerikanischen Beratern. Im Mittelpunkt steht der Wunsch des Kunden. TQM weist einen geringeren Grad an Formalisierung auf und baut stark auf der Verantwortlichkeit von Managern und Mitarbeitern auf. Eine signifikante Methode ist das **„House of Quality"**, eine hausförmige Matrix zur Bewertung der Kundenanforderungen.

CMM wurde Mitte der 1980er-Jahre am Software Engineering Institute (SEI) an der Carnegie Mellon University in Pittsburgh entwickelt.

1. initial
2. managed
3. defined
4. quantitatively managed
5. optimizing

CMM wurde – im Gegensatz zu ISO 9000 bzw. TQM – speziell für den Software-Entwicklungsprozess entwickelt. Es beschreibt **fünf Reifegrade** (maturity levels) des Software-Entwicklungsprozesses. Je höher die erreichte Stufe ist, desto größer sind Produktivität und Qualität bei der Software-Entwicklung und desto niedriger ist das Risiko. Folgende aufeinander aufbauende Stufen werden im aktuellen CMMI unterschieden:

1. **initialer Prozess** – chaotisch, ad-hoc, unvorhersehbar
2. **wiederholbarer Prozess** – grundlegende Methoden und Vorgehensweisen im Projektmanagement und Software-Engineering sind etabliert
3. **definierter Prozess** – Prozesse **und** Prozessschritte im Projektmanagement und Software-Engineering sind organisationsweit definiert
4. **gesteuerter Prozess** – Einsatz von Metriken, kontrollierte Produktqualität
5. **optimierender Prozess** – permanente Verbesserung durch Rückkopplung der Prozesswerte

Mithilfe eines Fragebogens können die Kriterien des Software-Entwicklungsprozesses abgefragt und die Erreichung einer bestimmten Stufe überprüft werden. Ein Wechsel in die nächsthöhere CMM-Stufe kann, je nach geleistetem Aufwand, im Durchschnitt alle zwei Jahre erfolgen, wobei sich ein Großteil der Software erzeugenden Unternehmen in den Stufen 1 bis 3 befindet.

Seit 2002 gilt das verbesserte **CMMI** (I steht für Integration), das sich stärker an der ISO/IEC 15504 orientiert.

ISO: International Standards Organisation
IEC: International Electrotechnical Commission

SPICE wird seit 1993 unter dem Dach der ISO entwickelt. Es soll die bestehenden Ansätze der ISO 9000 und des CMM zusammenführen und in einem ISO/IEC-Standard vereinheitlichen. Ähnlich wie bei CMM gibt es auch hier Reifestufen (0 bis 5), zusätzlich spielt die Selbstbewertung (Self-Assessment) eine wichtige Rolle. Die ISO/IEC 15504 besteht aus zehn Teilen, die sowohl Qualitätsanforderungen als auch Maßnahmen zur Qualitätsbewertung beschreiben.

Üben

SbX ID: 0912

A B C D E

Ü 9.1: Qualität vs. Effizienz D

Erklären Sie anhand eines selbstgewählten Beispiels, warum Qualität und Effizienz konkurrierende Ziele sind.

SbX
Ü 9.2
mit automatischer Aufgabenkontrolle
ID: 0912
erledigt ✓
Ü 9.2 ☐

Ü 9.2: Maßnahmen zur Qualitätssicherung C

Ordnen Sie folgenden Maßnahmen die richtige Maßnahmenart zu:

	Maßnahme	Buchstabe A–D
1	Die gemeinsame Kaffeepause erhöht die Motivation der Mitarbeiter/innen.	
2	Im Rahmen der Tests wird die Black-Box-Methode angewendet.	
3	In der SW-Entwicklungsabteilung wird ein Qualitätssicherungssytem eingeführt.	
4	Alle Entwürfe werden mittels Strukturiertem Design (SD) erstellt und dokumentiert.	

	Maßnahmenart
A	planerisch-administrativ
B	konstruktiv
C	analytisch
D	psychologisch orientiert

Ü 9.3: Fallbeispiel „BonOnline" – Qualitätssicherungssystem im Projekt D

Erstellen Sie eine Tabelle nach dem folgenden Muster und finden Sie mögliche und im Umfeld des „BonOnline"-Projekts realistische Maßnahmen zur Qualitätssicherung. Achten Sie darauf, die Maßnahmen so zu formulieren, dass sie sofort umgesetzt werden könnten.

Schwerpunkt der getroffenen Maßnahme	Vorschläge für konkrete Maßnahmen
planerisch-administrativ	• • •
konstruktiv	• • •
analytisch	• • •
psychologisch orientiert	• • •

Sichern

SbX ID: 0913

Qualität

Qualität ist die **Gesamtheit von Eigenschaften und Merkmalen** eines Produkts oder einer Tätigkeit, die sich auf deren Eignung zur Erfüllung gegebener Erfordernisse bezieht.

Merkmal

Ein Merkmal ist jene Eigenschaft, die eine **quantitative oder qualitative Unterscheidung** eines Produkts oder einer Tätigkeit aus einer Gesamtheit ermöglicht.

Qualität von Software

Die **Qualität einer Software** wird durch Merkmale wie Benutzerfreundlichkeit, Wartungsfreundlichkeit, Zuverlässigkeit, Funktionserfüllung, Zeit- bzw. Verbrauchsverhalten und Übertragbarkeit beschrieben.

Qualitätskreislauf

In einem Qualitätskreislauf sind, ausgehend von den Qualitätszielen des Software-Produkts, die erforderlichen **Qualitätsziele des Entwicklungsprozesses** zu definieren und umzusetzen. Anschließend ist die erreichte Qualität des Software-Produkts gegen die ursprünglich gesetzten Ziele zu evaluieren (bewerten). Abweichungen sind bei der Gestaltung des folgenden Qualitätskreislaufs zu berücksichtigen.

Maßnahmen zur Qualitätssicherung

In Software-Entwicklungsprojekten können **Maßnahmen zur Qualitätssicherung** in den folgenden Formen gesetzt werden: planerisch-administrativ, konstruktiv, analytisch, psychologisch orientiert.

Qualitätssicherungsmodelle

Qualitätssicherungsmodelle beschreiben den (Software-)Herstellungsprozess sowie Maßnahmen für dessen Evaluierung (Bewertung) und kontinuierliche Verbesserung. Zur Erreichung internationaler Akzeptanz werden sie in Form von **Standards** beschrieben. Beispiele sind ISO 9000-3, CMMI, TQM und SPICE (ISO/IEC 15504).

Vokabeln dieser Lerneinheit

Deutsch	Englisch
Qualitätsmanagement	quality management
Qualitätssicherung	quality assurance
Software-Qualität	software quality
Qualitätsziel	quality objective
Entwicklungsprozess	development process
Wiederverwendung	re-use
Merkmal	characteristic, distinguishing feature
Qualitätsmerkmal	quality characteristic

SbX ID: 0913

Eine Audio-Wiederholung mit Audio-Player und MP3-Download sowie eine Bildschirmpräsentation mit den Grafiken dieser Lerneinheit finden Sie unter der ID: 0913.

Wissen

A B C D E

W 9.1: Qualität und Merkmal A

Wie wird (lt. DIN 55350) „Qualität" definiert und was versteht man unter einem „Merkmal"?

W 9.2: Maßnahmen zur Qualitätssicherung B

In welchen Kategorien können Maßnahmen zur Qualitätssicherung in Software-Entwicklungsprojekten ergriffen werden? Erklären Sie jede Kategorie anhand konkreter Beispiele.

W 9.3: Qualität von Software-Produkten B

Welche Merkmale beschreiben die Qualität eines Software-Produkts? Finden Sie für jedes Merkmal Beispiele konkreter Software-Produkte.

W 9.4: Software-Produkt A

Aus welchen Teilen besteht ein Software-Produkt?

W 9.5: Qualitätskreislauf A

Wie ist der Qualitätskreislauf aufgebaut?

W 9.6: Maßnahmen zur Produktivitätsverbesserung B

Beschreiben Sie Maßnahmen zur Verbesserung der Produktivität bei Software-Entwicklern.

W 9.7: Modelle und Standards zur Qualitätssicherung A

Welche Aufgaben haben Qualitätssicherungsmodelle? Nennen Sie einige in der Praxis eingesetzte Modelle.

Ein kurzer Kompetenz-Check, bevor's weitergeht!

Kompetenz-Check

	☺	😐	☹
Ich kann den Begriff der Software-Qualität erklären und weiß, in welchen Bereichen Maßnahmen zur Qualitätssicherung getroffen werden können.			
Ich kenne gängige Standards zur Qualitätssicherung im Software-Entwicklungsprozess und kann diese beschreiben.			

Lerneinheit 2

Konstruktive Maßnahmen zur Qualitätssicherung

SbX
Alle SbX-Inhalte zu dieser Lerneinheit finden Sie unter der ID: 0920.

Konstruktive Maßnahmen zur Qualitätssicherung dienen der Schaffung eines qualitätsfördernden Umfelds in einem Software-Entwicklungsprojekt. Dies beinhaltet die Wahl eines geeigneten Vorgehensmodells, der passenden Programmiersprache sowie der zugehörigen Tools. In gleicher Weise sind Dokumentation und Konfigurationsmanagement zu planen und durch geeignete Systeme zu unterstützen.

Lernen

1 Konstruktive Maßnahmen

Das Vorhandensein und die Qualität konstruktiver Maßnahmen bestimmen direkt die Qualität des Software-Entwicklungsprozesses.

Konstruktive Maßnahmen zur Qualitätssicherung

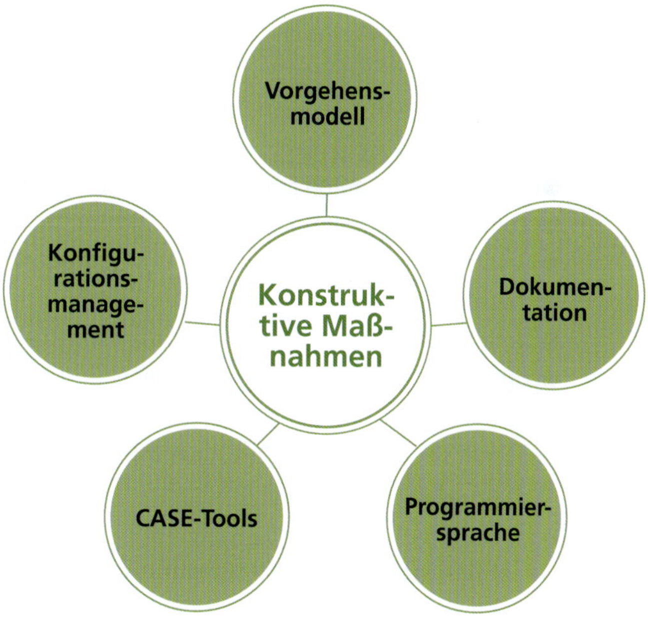

Qualitätsmerkmale von Vorgehensmodellen

- Vollständigkeit
- Modularität
- Systematik
- Allgemeingültigkeit
- Anpassbarkeit
- maschinelle Unterstützung

Wesentlich ist ein **Kompromiss** zwischen zu geringer Unterstützung und zu starrer Reglementierung. Dieser Kompromiss ist in Abhängigkeit der jeweiligen Prozessumgebung zu finden (siehe auch Kapitel 6).

Querverweis

Weitere Richtlinien finden Sie im Kapitel 10 „Dokumentation und Abnahme“.

Qualitätsmerkmale der Dokumentation

- Änderbarkeit
- Aktualität
- Eindeutigkeit
- Identifizierbarkeit
- Normkonformität
- Verständlichkeit
- Vollständigkeit
- Widerspruchsfreiheit

Die oft **mangelhafte Qualität von Dokumenten** in Software-Entwicklungsprojekten kann verschiedene Ursachen haben:

- Zeitdruck – die lauffähige Applikation steht im Vordergrund.
- Angst der Mitarbeiter vor Offenlegung
- fehlendes Erfolgserlebnis beim Dokumentieren
- Das Anpassen der Dokumentation an die Software-Änderungen ist sehr aufwendig.
- Das Erstellen einer Dokumentation wird in der Ausbildung zu wenig geschult.

Qualitätsmerkmale der Programmiersprache

Der Aufwand der Programmierung beträgt nur 20–30 % des gesamten Projektaufwandes. Die Bedeutung der Programmiersprache tritt vor allem in der Wartung zutage.

Qualitätssichernde Konzepte von Programmiersprachen sind:

- Modulkonzept
- Datenkapselung, abstrakte Datentypen
- strukturierter Kontrollfluss
- Datentypenkonzept und Laufzeitprüfungen
- beschreibende Namen
- objektorientierte Programmierung
- Unterstützung von Prototyping

Qualitätssicherung durch CASE-Werkzeuge

Computer Aided Software Engineering (CASE) bietet:

- Werkzeuge zur strategischen Planung und Analyse für das Informationssystem
- Entwurfswerkzeuge, Programmierumgebungen und Generatoren
- Testwerkzeuge, automatisierte Testumgebungen
- Konzepte zur Fehlervermeidung
- Werkzeuge zur Fehlererkennung und -auswertung
- Wartungswerkzeuge
- Unterstützung für das Konfigurationsmanagement
- Unterstützung des Projektmanagements

CASE-Werkzeuge sollten hinsichtlich des Vorgehensmodells flexibel sein und den gesamten Software Development Life Cycle (SDLC) einschließlich der Wartungsphase unterstützen.

Qualitätssicherung durch Konfigurationsmanagement

Das primäre Ziel des Software-Konfigurationsmanagements ist die effiziente Verwaltung der SW-Konfiguration im Lebenszyklus des Produkts. Dazu wird eine eigene Stelle im Projekt oder Unternehmen eingerichtet, z. B. das „Change Control Board“ (CCB). Alle Änderungen im Programm, und sei es nur auf Modulebene, müssen vom CCB genehmigt und anschließend dokumentiert werden.

Qualitätsmerkmale des Konfigurationsmanagements sind:

- transparente Versionsverwaltung
- Optimierung von Änderungsarbeiten
- kontrollierte Veröffentlichung von Software-Releases
- Vermeidung unkontrollierter Seiten-Effekte durch Änderungen
- ständige Verfügbarkeit bestimmter (auch historischer) Konfigurationen

Beim Erstflug der Ariane-5-Trägerrakete im Jahr 1996 verursachte ein Programmteil aus der Ariane 4 aufgrund nicht berücksichtigter Inkompatibilität einen Programmabsturz, Rechnerabsturz und die Explosion der Rakete 40 Sekunden nach dem Start. Unmittelbarer Schaden: ca. 850 Mio. €.

2 Konfigurationsmanagement

Der **Begriff Software-Konfiguration** bezeichnet die Gesamtheit der Software-Elemente, die zu einem bestimmten Zeitpunkt im Life Cycle in ihrer Wirkungsweise und in ihren Schnittstellen aufeinander abgestimmt sind. Ein Software-Element ist entweder der kleinste für eine Konfiguration unteilbare Bestandteil des Produkts, der eindeutig identifizierbar ist, oder wiederum eine Software-Konfiguration. Eine bestimmte Konfiguration wird durch die Begriffe Baseline, Variante und Revision beschrieben.

- **Baseline (Bezugskonfiguration):** eine zu einem bestimmten Zeitpunkt im Prozess ausgewählte und freigegebene Konfiguration
- **Variante:** zwei Software-Elemente, denen eine wesentliche Eigenschaft gemein ist
- **Revision:** Wenn x und y zwei Software-Elemente sind und y durch Ändern einer Kopie von x erzeugt wurde (y ist eine Verbesserung von x), so spricht man von einer Revision.

Eine wesentliche Aufgabe des Konfigurationsmanagements ist es, dafür zu sorgen, dass Änderungen nicht willkürlich und an verschiedenen Stellen im Projekt durchgeführt werden, sondern an einer zentralen Stelle gesammelt, geprüft, priorisiert und anschließend freigegeben werden.

Organisatorische Voraussetzungen dafür sind:

- schriftlich formulierte Änderungsanträge
- eine Liste aller Konfigurationselemente (Programme, Oberflächen, Dokumentation ...), die von einer Änderung betroffen sind
- ein aktuell gehaltener Release-Kalender

Für ein wirkungsvolles Konfigurationsmanagement ist der **Einsatz eines Repositorys** zur Verwaltung der einzelnen Artefakte unbedingt erforderlich.

Die folgende Grafik zeigt die einzelnen Aktivitäten im Konfigurationsmanagement sowie deren Zusammenhang.

Aktivitäten im Konfigurationsmanagement

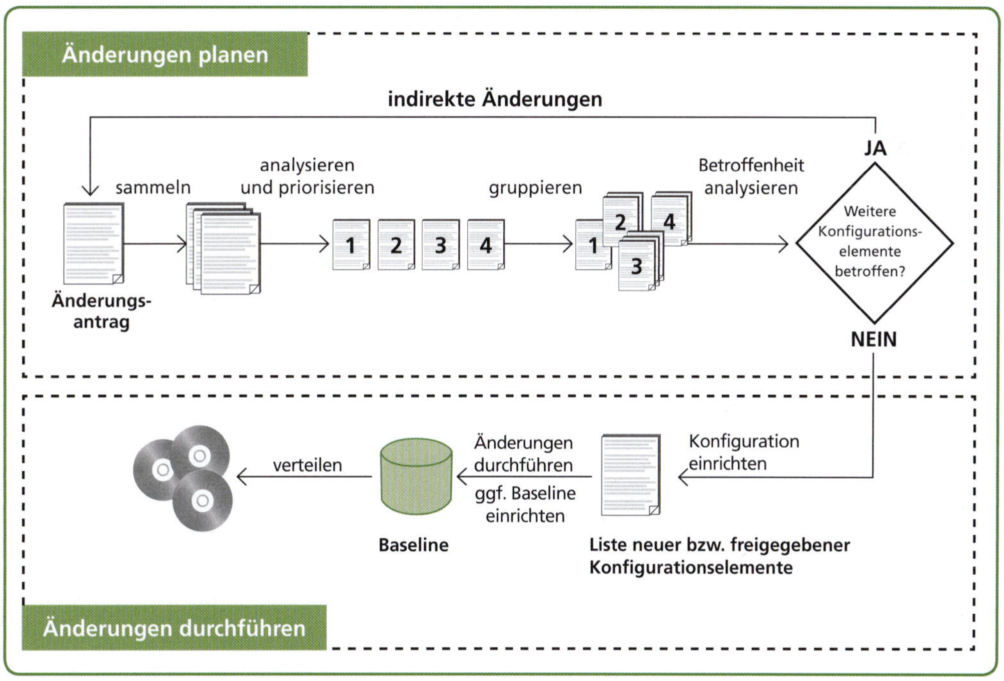

Planen von Änderungen

Die Durchführung einer Änderung beginnt mit den folgenden Schritten:

- **Analyse der Änderungsanträge:** Das Konfigurationsmanagement prüft, welche Priorität die Änderung besitzt, was die Ursache für die Änderung ist, welche Art von Änderung durchzuführen ist und wie aufwendig die Durchführung sein wird.

- **Priorisierung der Änderungsanträge:** Je nach Dringlichkeit der Änderungen ist eine erste Reihenfolge herzustellen. Dabei können z. B. vier Prioritätsstufen zugeordnet werden:

Priorität	Beschreibung	Häufigkeit[1]
1	Höchste Priorität: muss unverzüglich durchgeführt werden; hat Priorität über alle sonstigen Aufgaben. Die Arbeit daran erfolgt ohne Unterbrechung bis zur erfolgreichen Durchführung.	0 % bis 2 %
2	Zweithöchste Priorität: muss vor Aufgaben mit Priorität 3 bzw. 4 bearbeitet werden, unterbricht diese gegebenenfalls	10 % bis 20 %
3	Priorität der meisten Änderungsanträge; wird innerhalb normaler Vorbereitungs- und Arbeitszeiten durchgeführt	50 % bis 70 %
4	Niedrigste Priorität: sollte erst bearbeitet werden, wenn die Änderung zu einem Änderungsantrag höherer Priorität passt. Hochstufen auf Priorität 3 nach einer gewissen Zeit verhindert Liegenbleiben des Antrags.	20 % bis 30 %

[1] bezogen auf alle Änderungen

- **Festlegen der Wirksamkeit der Änderungsanträge:** Die Festlegung bestimmt, ab welchem Release die Änderungen enthalten sind. Dies erfolgt in Zusammenhang mit der Release-Planung. Dadurch können durchgeführte Änderungen einem bestimmten Release zugeordnet werden. Der Zeitpunkt der Wirksamkeit ist abhängig von verschiedenen Faktoren, wie z. B. Priorität, notwendiger Zeitaufwand, Verfügbarkeit erforderlicher Ressourcen.
- **Gruppieren der Änderungsanträge:** In diesem Schritt wird geprüft, ob ein Zusammenführen ähnlicher Änderungsanträge zur effizienteren Bearbeitung möglich ist. Dies ist der Fall, wenn Änderungen das gleiche Objekt betreffen, die gleiche Wirksamkeit und Priorität haben.

Damit die **Behandlungspriorität** möglichst objektiv und nachvollziehbar festgelegt werden kann, gibt es für die Prüfung von Änderungsanträgen Entscheidungsbäume. Anhand des Regelnetzwerks wird z. B. überprüft, wie hoch der Schaden ist, wie kritisch sich der Vorfall beim Nutzer auswirkt, ob es eine kurzfristige „provisorische" Lösung gibt und wie hoch der Lösungsaufwand wäre. Das Ergebnis ist eine Klassifizierung in „Notfall" (Priorität 1) und „Normalfall" (Prioritäten 2 bis 4).

Betroffenheitsanalyse

Gleichzeitig ist eine Betroffenheitsanalyse durchzuführen: Bereits vor Durchführung einer Änderung muss festgestellt werden, welche (weiteren) Artefakte des Software-Produkts von dieser Änderung beeinflusst werden. Das kann im einfachsten Fall nur ein Programmteil sein, es kann aber auch notwendig sein, mehrere Programme, die Benutzerschnittstelle sowie Dokumentationen anzupassen.

Beispiel

Betroffenheitsanalyse

Gehen wir z. B. davon aus, dass der Kunde einen Fehler bei der Eingabe in eine Bildschirmmaske gemeldet hat. Der Programmteil, in dem der Fehler auftritt, konnte lokalisiert werden. In einem ersten Schritt muss nun bestimmt werden, welches Release beim Kunden läuft. Daraus leitet sich ab, welche Konfiguration (intern) vorliegt, d. h., welche Version des (fehlerhaften) Programmteils betroffen ist.

In dieser bestimmten Konfiguration wird anschließend geprüft, ob eine Korrektur des fehlerhaften Programmteils Auswirkungen auf andere Bestandteile dieser Konfiguration hat, d. h., bei diesen Änderungen erforderlich macht. Diese indirekt betroffenen Teile (Programme, Dokumente etc.) müssen nun ebenfalls als Änderungsanträge aufgenommen und verwaltet werden.

Alle direkt oder indirekt **betroffenen Bestandteile der Konfiguration** erhalten nach durchgeführter Änderung **neue Versionsnummern** (z. B. +1 hinter dem Versionspunkt).

Einrichten der Konfiguration

Wurden alle direkten und indirekten Änderungen erfasst, kann eine **neue Konfiguration** eingerichtet werden. Dazu werden eine Liste der für die Änderung freigegebenen Konfigurationselemente sowie eine Liste neu hinzugekommener Elemente erstellt. Zu jedem Element werden der Verantwortliche sowie die Zugriffsrechte angegeben. Bei Programmteilen wird ein **neuer Build-Plan** erstellt: Er dient zum automatischen Compilieren und Linken der zur Konfiguration gehörigen Module.

Baselining

Eine gesamte Konfiguration oder Teile einer Konfiguration können bei Bedarf „eingefroren" werden. Eine solche Konfiguration wird **Bezugskonfiguration oder Baseline** genannt. Dabei sind alle Artefakte zu identifizieren, die Teil der Baseline werden sollen. Zusätzlich müssen die eingesetzten Entwicklungswerkzeuge – Compiler, Linker – sowie Make-Utility und Build-Pläne miterfasst und „eingefroren" werden. Selbst Hardware-Voraussetzungen, Version des Betriebssystems (mit Service-Packs), Tools etc. sind relevante Informationen für die Beschreibung einer Baseline. So kann sichergestellt werden, dass eine bestimmte Baseline auch zu einem späteren Zeitpunkt wiederhergestellt werden kann.

Die **Erstellung einer Baseline** erfolgt üblicherweise vor der Auslieferung als Release oder bei der Erreichung von Meilensteinen innerhalb des Entwicklungszyklus.

Verteilung

Die **Verteilung kommerzieller Software-Pakete** an Kunden – unter Berücksichtigung der Zielkonfiguration beim Kunden – ist ebenfalls Aufgabe des Konfigurationsmanagements. In diesen Bereich fällt sowohl die Wahl des Distributionsmediums (DVD oder Download) als auch die Verwaltung der Lizenzierung.

Üben

A B C D E

Ü 9.4: Begriffe des Konfigurationsmanagements B

Die Begriffe in der folgenden Tabelle dienen der Festlegung und Beschreibung bestimmter Konfigurationen. Erklären Sie diese Begriffe.

Baseline	
Variante	
Revision	

Ü 9.5: Fallbeispiel „BonOnline" – Regeln für Änderungsprioritäten C

Erarbeiten Sie eine Entscheidungstabelle oder einen Entscheidungsbaum, die/der festlegt, welche Probleme Ihres Online-Bestellsystems zu welcher Priorität des Änderungsantrags führen würden.

Ü 9.6: Fallbeispiel „BonOnline" – Versionssystem C

Erarbeiten Sie ein System, nach welchem die Versionen und Revisionen Ihrer „BonOnline"-Programme zu nummerieren sind.

Ü 9.7: Fallbeispiel „BonOnline" – Werkzeuge zur Revisionsverwaltung D

Suchen Sie im Internet nach Tools, die das Konfigurationsmanagement (Revisionsmanagement) in Ihrem Projekt unterstützen würden. Erstellen Sie eine Übersicht der gefundenen Programme (Bezeichnung, Hersteller, Preis, wichtigste Features). Welches Tool würden Sie für Ihr Projekt auswählen?

Sichern

SbX ID: 0923

konstruktive Maßnahmen zur Qualitätssicherung

Konstruktive Maßnahmen zur Qualitätssicherung in Software-Entwicklungsprojekten betreffen

- das Vorgehensmodell,
- die Dokumentation,
- die Programmiersprache,
- den Einsatz von (CASE-)Tools,
- das Konfigurationsmanagement.

Vokabeln dieser Lerneinheit

Deutsch	Englisch
Vorgehensmodell	process model
Dokumentation	documentation
Programmiersprache	program(ming) language
computerunterstützte Software-Entwicklung	computer aided software engineering (CASE)
Konfigurationsmanagement	configuration management
Konfiguration	configuration
Bezugs-/Referenzkonfiguration	baseline
Variante	variant
Version	version
Revision	revision
Änderungsantrag	Request for Change (RfC)
Änderungsausschuss	change control board
Priorisierung	prioritization
Betroffenheitsanalyse (Auswirkungsanalyse)	impact analysis
Freigabe	release

SbX ID: 0923

Eine Audio-Wiederholung mit Audio-Player und MP3-Download sowie eine Bildschirmpräsentation mit den Grafiken dieser Lerneinheit finden Sie unter der ID: 0923.

Wissen

A B C D E

W 9.8: Konstruktive Maßnahmen zur Qualitätssicherung B

Welche konstruktiven Maßnahmen zur Qualitätssicherung im Software-Engineering gibt es? Beschreiben Sie, welchen Beitrag diese zur Qualität leisten können.

W 9.9: Elemente des Konfigurationsmanagements B

Erklären Sie folgende Begriffe:

- Baseline
- Variante
- Revision

W 9.10: Konfigurationsmanagement B

Beschreiben Sie die Schritte im Konfigurationsmanagement vom Änderungsantrag bis zur Verteilung.

W 9.11: Prioritätsstufen bei Änderungen B

Welche Prioritäten für die Bearbeitung von Änderungsanträgen können zugeordnet werden und welche Maßnahmen sind in den einzelnen Prioritätsstufen zu setzen?

W 9.12: Betroffenheitsanalyse B

Erklären Sie, welches Ziel die Betroffenheitsanalyse im Rahmen des Konfigurationsmanagements hat.

W 9.13: Baselining B

Erklären Sie den Begriff Baselining.

Ein kurzer Kompetenz-Check, bevor's weitergeht!

Kompetenz-Check

	☺	😐	☹
Ich weiß, welche konstruktiven Maßnahmen die Qualität im Software-Entwicklungsprozess gewährleisten oder verbessern, und kann diese beschreiben.			
Ich kenne die Bedeutung und die Aufgaben des Konfigurationsmanagements im Software-Entwicklungsprozess und kann die Aktivitäten für das Konfigurationsmanagement erklären.			

Lerneinheit 3

Analytische Maßnahmen zur Qualitätssicherung (Testen)

SbX
Alle SbX-Inhalte zu dieser Lerneinheit finden Sie unter der ID: 0930.

In dieser Lerneinheit werden die analytischen Maßnahmen zur Qualitätssicherung vorgestellt. Analytisch bedeutet, dass einzelne Projektergebnisse auf ihre Qualität überprüft werden. Dies kann statisch erfolgen – der Programmcode wird z. B. in Papierform analysiert – oder dynamisch durch Starten des Programms und Beobachten des Verhaltens. Letztere Form ist das eigentliche „Testen".

Lernen

1 Übersicht über die analytischen Maßnahmen

Passende organisatorische Rahmenbedingungen sowie die Auswahl geeigneter Maßnahmen bilden eine wichtige Voraussetzung für die Qualitätssicherung.

Analytische Maßnahmen der Qualitätssicherung

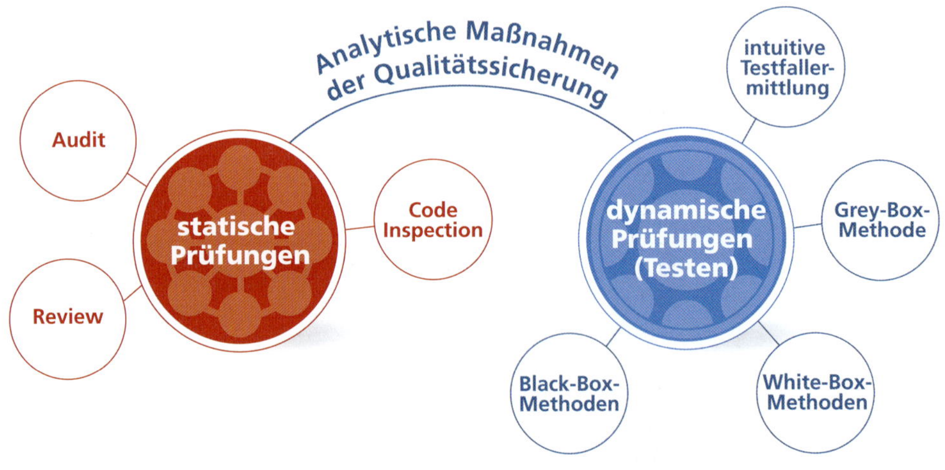

Unter analytischen Qualitätssicherungsverfahren versteht man im weitesten Sinne all jene Bereiche eines Software-Entwicklungsprojekts, die mit Validieren und Verifizieren zu tun haben.

- Als **Validation** wird dabei die Prüfung und Bewertung eines Software-Produkts am Ende des Entwicklungsprozesses bezeichnet, mittels derer die Übereinstimmung der Produktanforderungen mit dem Produkt nachgewiesen werden soll.
- Unter **Verifikation** werden Prüfungen und Bewertungen verstanden, mit denen die Übereinstimmung von Zwischen- und Endergebnissen einer Phase im Life Cycle mit Ergebnissen der vorangegangenen Phase nachgewiesen wird. Das heißt z. B., dass das konkrete Verhalten eines Programms mit dem in der Spezifikation beschriebenen verglichen wird.

Im Mittelpunkt der analytischen Qualitätssicherungsmaßnahmen stehen folgende Fragen:

- Erfüllt das Produkt die Spezifikation?
- Kann das Projekt innerhalb des vorgesehenen Kosten- und Zeitrahmens fertiggestellt werden?
- Ist eine einfache Modifizierung des installierten Programms möglich?
- Läuft das Programm effizient in seiner Testumgebung?

Für eine möglichst objektive und unvoreingenommene Durchführung der Prüfungen sollte eine eigene **Testorganisation** eingerichtet werden, die unabhängig von der Entwicklerorganisation agiert. Aufgabe der Testorganisation ist die genaue Untersuchung der entwickelten Software-Produkte zur Überprüfung der Einsatztauglichkeit sowie die Auffindung von Mängeln.

Bei sehr großen Projekten können externe Firmen für die Durchführung der Tests herangezogen werden. Für kleinere bis mittlere Informatik-Organisationen kann der **Testablauf** wie folgt organisiert werden:

Aufgabe („Was")	Organisationseinheit („Wer")
Testmanagement	Leitung der Testgruppe
Testfallerstellung	Fachabteilung, Testgruppe
Testdurchführung	Testgruppe
Testauswertung	Fachabteilung, Testgruppe
Testinfrastrukturaufgaben	Testgruppe

2 Statische Prüfungen

Bereits der **Programmentwurf** und der **Programmcode** können zur Qualitätssicherung herangezogen werden.

Methoden zur statischen Prüfung während Software-Entwicklungsprozessen sind

- das Audit,
- das Review,
- Walkthrough und Code Inspection.

Audit

Im Rahmen eines Audits wird geprüft, ob die vorgegebenen Vorgehensweisen, Anweisungen und Standards auch wirksam und sinnvoll sind. Es werden **konkrete Probleme identifiziert** und gezielt **Lösungs- und Verbesserungsvorschläge angeregt.** Ein eigenes Audit-Team analysiert einen genau definierten Arbeitsbereich, verdichtet die Beobachtungsdaten und wertet sie in Form eines Berichts aus.

Review

Der Review ist ein mehr oder weniger formal geplanter und strukturierter **Analyse- und Bewertungsprozess.** Die Projektergebnisse werden einem Team von Gutachtern präsentiert. Diese kommentieren und/oder genehmigen das Ergebnis.

Walkthrough und Code Inspection

Die Funktionalität des Prüfgegenstands wird anhand von Beispielen und Testfällen durchgespielt (eine Inspection prüft das Dokument selbst). Walkthroughs bzw. Code Inspections bieten eine **frühzeitige, umfassende Mängelentdeckung.** Dadurch wird eine kostensparende Mängelverhütung möglich. Weiters ermöglichen diese Verfahren

- eine wirksame Kontrolle und Steuerung des Entwicklungsprozesses,
- eine Steigerung der Produktivität durch reduzierten Testaufwand,
- den Zwang zu einer einheitlichen und sauberen Dokumentation.

3 Dynamische Prüfungen (Testen)

Bei dynamischen Prüfungen wird das Prüfobjekt zu Testzwecken ausgeführt. Dabei unterscheidet man **zwei Verfahren:**

- Das **Testen** ist ein Prozess, bei dem ein Programm ausgeführt wird, um Fehler zu finden.
- Das **Debugging** ist ein Prozess, bei dem die Ursache eines Fehlers lokalisiert, dessen Korrektur überlegt, die Folgen der Korrektur geprüft und die Korrektur durchgeführt wird.

Querverweis
Use-Case-Points-Verfahren siehe Kapitel 7, Lerneinheit 4.

Der Testaufwand beträgt ca. 40–50 % des gesamten Entwicklungsaufwands. Es gibt Ansätze, den zu erwartenden Testaufwand ähnlich wie bei der Aufwandsschätzung aus den Use Cases zu ermitteln. An die Stelle von TCF und EF (Technical Complexity und Environment Factor) tritt ein eigener, testspezifischer Faktor, der zur Bewertung von UAW und UUCW herangezogen wird.

„Minimale" Testaufgaben im Rahmen des Software Life Cycles sind:

- Modultesten
- Integrationstesten
- Systemtesten
- Abnahmetesten

Die Abwicklung eines Testverfahrens erfolgt dabei in folgenden Schritten:

	Tätigkeit	Ergebnis
1	Test planen	Testplan
2	Test entwerfen	Testentwurf
3	Testfälle ermitteln	Testfallspezifikation
4	Testvorgehen planen	Testvorgehensspezifikation
5	Test durchführen	Testvorfallsbericht
6	Test auswerten	Testbericht

Für die **Ermittlung der einzelnen Testfälle** können verschiedene Strategien (Methodengruppen) angewendet werden:

- Black-Box-Test
- White-Box-Test

Black-Box-Methoden

Das Testobjekt (z. B. Modul oder Prozedur) wird als „schwarzer Kasten" (Black Box) angesehen, von dem die Funktion an den Schnittstellen, nicht aber der innere Aufbau bekannt ist. Der Test überprüft daher, ob das Objekt mit seiner Leistungsbeschreibung („Was?") übereinstimmt. Das Verhalten des Objekts (seine Ausgaben) wird bei (theoretisch allen möglichen) Kombinationen von Eingabewerten untersucht.

Beim Black-Box-Testen werden folgende Strategien angewendet:

- **Methode der Funktionsabdeckung:** Die Funktion des Testobjekts wird anhand aller spezifizierten Funktionen überprüft.
- **Äquivalenzklassenmethode:** Es werden Wertebereiche festgelegt (Eingaben und Ausgaben), innerhalb derer jeweils ein konkreter Wert für den Test herangezogen wird (z. B. Eingabe des Monats: Klassen 1–12, <1, >12; Werte 5, 0, 13).
- **Methode der Grenzwertanalyse:** Sie ergänzt die Äquivalenzklassenmethode – überprüft werden jene Werte, die nahe an den Klassengrenzen liegen, in obigem Beispiel z. B. 0,9999 oder 12,00001.
- **Ursache-/Wirkungsgraphmethode:** Der Zusammenhang zwischen Eingabegrößen und Ausgaben wird in Form eines Graphen oder einer Entscheidungstabelle dargestellt.

White-Box-Methoden

Informationen über den internen Aufbau des Testobjekts (z. B. Feinentwurf, Kontroll- und Datenflussgraph) werden herangezogen, um zu prüfen, ob dieses den Spezifikationen entspricht. White-Box-Testmethoden basieren entweder auf Abdeckungskenngrößen oder auf Komplexitätskenngrößen.

Bei der Verwendung von Testabdeckungskenngrößen müssen für einen vollständigen Test alle möglichen Pfade des Programms (Moduls) mindestens einmal durchlaufen werden (C_4, siehe unten). Aufgrund der kombinatorischen Vielfalt werden meist nur Teilabdeckungen getestet.

Folgende **Abdeckungskenngrößen** sind gebräuchlich:

- C_0: Anweisungsabdeckung
- C_1: Zweigabdeckung
- C_2: Bedingungsabdeckung
- C_3: Abdeckung aller Bedingungskombinationen
- C_4: Pfadabdeckung

Die **Komplexität des Testverfahrens** steigt mit höherer C-Ziffer. Qualitätsvorgaben werden üblicherweise in Prozent der Abdeckungsgrößen angegeben, z. B. (C_0) von 95 % und (C_1) von 85 %. Allerdings ist eine Testabdeckung von 100 % auch keine Garantie dafür, dass das Modul richtig ist – es können Pfade fehlen oder Spezifikationsfehler vorliegen.

Tests basierend auf Komplexitätsgrößen gehen davon aus, dass ein Modul umso schwieriger zu testen ist, je mehr Testpfade es besitzt. Dabei wird von einem Programmgraphen ausgegangen und aufgrund seiner Komplexität werden bestimmte Teststrategien abgeleitet.

Intuitive Testfallermittlung

Vor allem erfahrene IT-Experten haben die Fähigkeit, „aus dem Bauch heraus" bestimmte Fehlerfälle aufzuspüren. Auch bei einer strukturierten Testplanung und -abwicklung liefert diese Vorgehensweise eine wertvolle Ergänzung zu den Black- sowie den White-Box-Tests.

Grey-Box-Methode

In der Praxis wird meist eine Kombination aller Teststrategien verwendet, genannt „Grey-Box"-Testen. Eine oft verwendete Kombination ist z. B.:

1. Ursache-/Wirkungsgraphmethode (Spezifikationsüberprüfung)
2. Äquivalenzklassenmethode
3. Grenzwertanalyse
4. intuitive Testfallermittlung
5. Testfälle durch White-Box-Tests vervollständigen

4 Planung und Gestaltung des Testprozesses

Ein geeigneter **organisatorischer Rahmen** sorgt für die Abstimmung aller Testarten und Testformen.

Bei der Durchführung der Tests werden sinnvollerweise zuerst die elementaren Module getestet („Testen im Kleinen") und anschließend die aus den elementaren Elementen zusammengesetzten größeren Einheiten („Testen im Großen").

Die Testaufgaben lassen sich in folgende Kategorien einteilen:

- Modultesten
- Integrationstesten
- Systemtesten
- Abnahmetesten

Modultesten

Beim Modultesten stehen folgende Verfahren zur Verfügung:

- Test der **Modulspezifikation** (Funktionen, Performance ...)
- Test der **Modulkonstruktion** (Struktur, Ausnahmebedingungen ...)

Integrationstesten (Subsystemtesten)

Hier werden die Modulschnittstellen und das Zusammenwirken der Module getestet. Dabei können verschiedene Strategien angewendet werden:

- **Inkrementelles Testen:** Je ein Modul wird pro Test hinzugefügt. Vorteile sind
  - der geringe Aufwand,
  - das frühe Erkennen von Schnittstellenfehlern,
  - das einfache Debugging von Schnittstellenfehlern.
- **Nichtinkrementelles Testen** ermöglicht
  - einen geringeren Bedarf an Maschinenzeit,
  - das parallele Testen der Module.

Nach der Vorgehensweise, wie die einzelnen Module zu einem gesamten Programmsystem zusammengefügt werden, unterscheidet man:

- **vorgehensorientierte Integrationsstrategien**
  - Top-down
  - Hardest-first
  - Bottom-up
- **an Zielkriterien orientierte Integrationsstrategien**
  - funktionsorientiert
  - nach der Verfügbarkeit
  - Big-Bang (nichtinkrementell)
  - transaktionsorientiert (nichtinkrementell)

Um **eine laufende Integration („Continuous Integration", CI)** im Rahmen agiler Vorgehensmodelle zu ermöglichen, werden automatisierte Testsysteme eingesetzt (zur Testautomatisierung siehe Lerneinheit 4 in diesem Kapitel).

Systemtesten

Systemtesten überprüft das **Gesamtsystem** hinsichtlich seiner Funktionen sowie seiner Leistungsfähigkeit. Dabei geht es auch darum, die Grenzen der Belastungsfähigkeit oder das Verhalten im Fall einer Überlastung zu bestimmen. Es wird überprüft, ob das System als Ganzes für den Einsatz im Echtbetrieb geeignet ist.

Folgende Prüfziele werden verfolgt:

- Vollständigkeit
- Volumen
- Last
- Handhabung/Benutzerfreundlichkeit
- Sicherheit
- Effizienz
- Konfiguration
- Kompatibilität/Datenkonversion
- Dokumentation
- Wartbarkeit

Abnahmetesten

Der Abnahmetest erfolgt mit dem bzw. durch den Auftraggeber bzw. Benutzer. Ziel des Abnahmetestens ist es, zu zeigen, dass alle lt. Anforderungsspezifikation bzw. Vertrag geforderten Eigenschaften und Leistungsmerkmale des Systems korrekt realisiert wurden. Die für einen erfolgreichen Abnahmetest erforderlichen Kriterien sind bereits im Vorhinein, etwa im Rahmen des Pflichtenhefts, festzulegen.

Die Schwerpunkte des Abnahmetestens sind daher:

- Konzentration auf die Benutzeranforderungen
- Mitarbeit von Benutzern oder Benutzervertretern
- Test des Systems unter normalen Betriebsbedingungen

Bei umfangreichen Systemen kann der **Abnahmetest in zwei Schritten** erfolgen:

- **Werksabnahme:** Das System wird am Standort des Entwicklungsteams getestet mit dem Ziel, die vereinbarte Funktionalität zu überprüfen.
- **Betriebsabnahme:** Das System wird (nach erfolgreicher Werksabnahme) am Standort des Kunden getestet mit dem Ziel, die vereinbarte Leistungsfähigkeit und Stabilität in der realen Betriebsumgebung zu überprüfen.

Üben

SbX ID: 0932

A B C D E

SbX
Ü 9.8
mit automatischer Aufgabenkontrolle
ID: 0932

erledigt ✓

Ü 9.8 ☐

Ü 9.8: Testverfahren C

Ordnen Sie die folgenden Begriffe (1 bis 3) den Punkten a) bis e) zu:

1	Black-Box-Testen
2	White-Box-Testen
3	Grey-Box-Testen

	a) Verwendung von Abdeckungsgrößen (z. B. 60 von 95 %)
	b) Kombination aller Teststrategien
	c) Ursache-Wirkungsmethode
	d) Alle Pfade des Programms werden beim Testen mindestens einmal durchlaufen.
	e) Die Schnittstellen sind bekannt, der innere Aufbau nicht.

Ü 9.9: Fallbeispiel „BonOnline" – Erstellung eines Testplans D

Erstellen Sie einen Testplan für die Entwicklung des Buffet-/Restaurant-Bestellsystems.

a) Ermitteln Sie zunächst Testfälle anhand der Anwendungsfälle sowie anderer Systembeschreibungen (z. B. weiterer UML-Diagramme, Pflichtenheft).

b) Ordnen Sie den Testfällen geeignete Testmethoden zu und beschreiben Sie die Testfälle.

Beispiel:

TF_1.1	Beispiel
Testziel	Anlegen eines neuen Wochenmenüplans
Voraussetzung	Menüs sind bereits angelegt.
Eingabe(n)	Wochen-Nummer, je drei Menüvarianten für Montag bis Freitag
erwartete Ausgabe(n)	Menüplan in Datenbank eingetragen, über Website abrufbar

Weitere Testfälle für das Anlegen eines Wochenmenüplans:

- ungültige Wochen-Nummer (z. B. 0, 61)
- nicht plausible Wochen-Nummer (z. B. zurückliegende Woche – Übernahme der Einträge?)
- bereits verwendete Wochen-Nummer (Ändern bestehender Einträge?)
- 0 oder <3 Menüvarianten pro Tag werden erfasst.
- Mehrfachverwendung derselben Menüvariante an einem Tag (Warnung)
- etc.

c) Erstellen Sie ein Testprotokoll (Formular), das Sie bei der Testdurchführung einsetzen könnten.

Sichern

SbX ID: 0933

Validation

Im Zuge der **Validation** erfolgt eine Prüfung und Bewertung eines Software-Produkts am Ende des Entwicklungsprozesses, um die Übereinstimmung der Produktanforderungen mit dem Produkt nachzuweisen.

Verifikation

Zur **Verifikation** werden Prüfungen und Bewertungen durchgeführt, mit denen die Übereinstimmung von Zwischen- und Endergebnissen einer Phase im Life Cycle mit Ergebnissen der vorangegangenen Phase nachgewiesen wird.

Audit und Review

Im Rahmen von **Audits und Reviews** wird der Software-Entwicklungsprozess als Gesamtes betrachtet und untersucht. Mängel werden beschrieben und Verbesserungsvorschläge erstellt.

Walkthrough und Code Inspection

Walkthrough und Code Inspection überprüfen im Rahmen einer Teamsitzung Entwurf bzw. Programmcode, indem das Dokument vom Autor Schritt für Schritt vorgestellt und von qualifizierten Kollegen hinterfragt wird.

Testen

Das Testen ist ein Prozess, bei dem ein **Programm ausgeführt** wird, um Fehler zu finden.

Debugging

Das Debugging ist ein Prozess, bei dem die **Ursache eines Fehlers lokalisiert,** dessen Korrektur überlegt, die Folgen der Korrektur geprüft und die Korrektur durchgeführt wird.

Testmethoden

Für das Testen können **zwei Methodengruppen** angewendet werden:

- das Black-Box-Testen
- das White-Box-Testen

Üblicherweise werden Tests aus beiden Gruppen kombiniert und durch intuitiv ermittelte Testfälle ergänzt (Grey-Box-Testen).

Black-Box-Testen

Black-Box-Testen sieht das **Testobjekt als „Black Box"**, d.h., nur die Reaktion (Output) auf bestimmte Eingaben (Inputs) wird betrachtet. **Strategien beim Black-Box-Testen sind:**

- Methode der Funktionsabdeckung
- Äquivalenzklassenmethode
- Methode der Grenzwertanalyse
- Ursache-Wirkungsgraphmethode

White-Box-Testen

Beim White-Box-Testen gilt der **interne Aufbau des Testobjekts** als bekannt und wird überprüft. Wesentliches Maß für Qualität bzw. Umfang des Tests ist die Abdeckungskenngröße (C_0 bis C_4), die angibt, wie viele Möglichkeiten des Programmdurchlaufs vom Test überprüft wurden.

Test-Kategorien

Im Laufe des Software-Entwicklungsprozesses lassen sich verschiedene **Kategorien von Tests** unterscheiden:

- Modultests
- Integrationstests (Subsystem-Tests), wobei die Integration inkrementell oder nichtinkrementell erfolgen kann
- Systemtests
- Abnahmetest(s)

Vokabeln dieser Lerneinheit

Deutsch	Englisch
Fehler	bug, defect
Validierung	validation
Verifikation, Verifizierung	verification
Testmanagement	test management
statische Testverfahren	static testing

Deutsch	Englisch
Überprüfung, Review	review
Audit	audit
Walkthrough („Durchgehen")	(structured) walkthrough
Inspektion	inspection
dynamische Testverfahren	dynamic testing
funktionaler Test	black box testing, functional testing
Strukturtest	white box testing, glass box testing
Äquivalenzklassenmethode	equivalence partitioning
Grenzwertanalyse	boundary analysis, boundary value testing
intuitive Testfallermittlung	error guessing, experience-based testing
Abdeckung, Überdeckung	coverage
Anweisungsabdeckung	statement coverage
Zweigabdeckung	branch coverage
Bedingungsabdeckung	condition coverage
Abdeckung der Bedingungskombinationen	multiple condition coverage
Pfadabdeckung	path coverage
Modultesten	component/unit/module testing
Integrationstesten	(component/system) integration testing
Systemtesten	system testing
Akzeptanztesten, Abnahmetesten	(operational) acceptance testing
Werksabnahmetesten	factory acceptance testing
(nicht)inkrementelles Testen	(non-)incremental testing

SbX
ID: 0933

Eine Audio-Wiederholung mit Audio-Player und MP3-Download sowie eine Bildschirmpräsentation mit der Grafik dieser Lerneinheit finden Sie unter der ID: 0933.

Wissen

A B C D E

W 9.14: Analytische Maßnahmen zur Qualitätssicherung B

Erklären Sie die folgenden Begriffe:

Begriff	Erklärung
Validation	
Verifikation	
Audit	
Review	
Walkthrough	

W 9.15: Gestaltung eines Testlaufs B

Beschreiben Sie, in welchen Schritten und mit welchen Verantwortlichen ein Testlauf organisiert werden kann.

W 9.16: Testen und Debugging B

Erklären Sie die Begriffe Testen und Debugging.

W 9.17: Methoden für den Test von Software B

Beschreiben Sie die Methoden, die für den Test von Software eingesetzt werden.

W 9.18: Abdeckungskenngrößen B

Bei welcher Methode werden Abdeckungskenngrößen eingesetzt? Was besagen diese Größen?

W 9.19: Testprozess B

Welche Kategorien von Testaufgaben sind bei der Planung des Testprozesses zu berücksichtigen? Erklären Sie die einzelnen Testaufgaben.

W 9.20: Integrationsstrategien B

Welche Strategien können beim Integrationstesten angewendet werden? Erklären Sie die Vor- und Nachteile der einzelnen Strategien.

Ein kurzer Kompetenz-Check, bevor's weitergeht!

Kompetenz-Check

	☺	😐	☹
Ich kenne statische und dynamische Prüfungen im Rahmen der Software-Entwicklung und kann erklären, wie sie einzusetzen sind.			
Ich kann die unterschiedlichen Verfahren für das Testen erklären und kann selbst Testfälle entwickeln.			
Ich kann erklären, wie das Umfeld für Software-Tests zu gestalten ist, kann die Aufgaben im Testprozess beschreiben und für eine konkrete Fallbeschreibung oder ein Projekt geeignete Teststrategien entwickeln.			

Lerneinheit 4

Testautomatisierung

Die Menge der produzierten Software, die hohen erforderlichen Qualitätsanforderungen sowie agile Entwicklungstechniken haben dazu geführt, dass das manuelle Testen von automatisierten Testverfahren unterstützt und – wo möglich – bereits abgelöst wird.

SbX
Alle SbX-Inhalte zu dieser Lerneinheit finden Sie unter der ID: 0940.

Lernen

1 Gründe für das automatisierte Testen

Dank der Automatisierung können sich die Software-Entwickler auf den kreativen Teil der Softwaretests konzentrieren.

Der Einsatz automatisierter Testverfahren in der Software-Entwicklung wird schon seit langem als notwendiger Schritt zu einer effizienteren Entwicklung und zu qualitativ besseren Programmen gesehen – allerdings wurde er bisher immer als zu teuer und aufwendig gesehen. Die neuen Vorgehensmodelle sowie verbesserte Werkzeuge haben die Verwendung automatisierter Testverfahren jedoch wesentlich gefördert.

Wichtige Gründe für die zunehmende Bedeutung der Testautomatisierung sind:

- **Industrialisierung:** Die automatisierte Durchführung von Tests entlastet die Software-Entwickler von zeitaufwendiger und mühsamer Routinearbeit. Tests können somit beliebig oft und immer in gleichbleibender Qualität durchgeführt werden.
- **Agile Vorgehensmodelle:** Bei der Software-Entwicklung nach agilen Vorgehensmodellen ist es erlaubt und sogar erwünscht, jederzeit Änderungen in bereits fertigen, getesteten Softwarekomponenten vorzunehmen. Diese Forderung kann nur beim Einsatz automatisierter Tests erfüllt werden.
- **Hohe Testabdeckung:** Die geforderte hohe Qualität von Software erfordert unter anderem auch eine möglichst hohe Testabdeckung (d. h. Berücksichtigung aller Möglichkeiten im Programmablauf). Diese kann in der Praxis mit manuellen Testmethoden nicht erreicht werden.
- **Test-driven development (TDD):** Als Bestandteil vieler agiler Vorgehensmodelle werden die Testfälle vor den eigentlichen Programmen entwickelt und – für die automatisierte Durchführung der Tests – programmiert. Diese Testfälle bilden zugleich eine ausführbare Spezifikation der Programmfunktionalität und unterstützen damit indirekt auch den Entwurfsprozess.
- **Kontinuierliche Auslieferung von Software** (continuous integration/continuous delivery): Software soll nicht erst am Ende eines Projekts – quasi „wenn alles fertig ist …" –, sondern in kurzen Abständen an den Kunden ausgeliefert werden. Dies ist nur möglich, wenn vor jeder Freigabe (Release) ein vollständiger Test alter und neu hinzugekommener Softwarekomponenten erfolgt.
- **Kurze Feedback-Schleife:** Die Software-Entwickler sollen möglichst unmittelbar nach Fertigstellung einer Komponente darüber informiert werden, ob diese alleine sowie innerhalb des Gesamtsystems funktioniert.

2 Aufbau automatischer Testsysteme

Vereinfacht ausgedrückt werden im Rahmen der Testautomatisierung Programme eingesetzt, die eine neu erstellte Software überprüfen. Bei den testenden Programmen ist es natürlich besonders wichtig, dass sie fehlerfrei sind und dass sie auch alle erforderlichen bzw. möglichen Testfälle abdecken.

Automatisierte Tests können auf unterschiedliche Arten erstellt werden:

- durch die **Software-Entwickler** selbst, etwa im Rahmen des TDD
- durch **automatische Generierung** aus geeigneten Spezifikationsteilen, wie z. B. Objekt-Diagrammen oder Use-Case-Beschreibungen
- durch den **Anwender** in Form von Akzeptanztests unter Einsatz entsprechender Tools

Für die **Durchführung automatisierter Tests** ist weiters eine geeignete Testumgebung erforderlich. Wichtige Aufgaben dieser **Testumgebung** sind:

- die Verwaltung aller Testfälle
- die (automatische) Durchführung der Testläufe
- die Protokollierung der Testläufe
- die Aufzeichnung von Fehlerfällen und eine möglichst genaue Lokalisierung deren Ursachen
- die Benachrichtigung der Entwickler
- die Generierung verschiedenster Statistiken zur Unterstützung und Verbesserung des Testprozesses

Darüber hinaus bieten Testumgebungen zahlreiche **technische Hilfen** zur Unterstützung wie z. B. eine beliebig steuerbare Zeitbasis („Zeitraffer" für bestimmte zeitgesteuerte Vorgänge) oder die Möglichkeit, Instanzen von Testprogrammen zu vervielfachen (z. B. zur Simulation mehrerer gleichzeitiger Benutzer oder Zugriffe).

Als integriertes oder eigenständiges Tool bei der automatisierten Testdurchführung ist weiters ein **Versionsverwaltungssystem** erforderlich.

Die folgende Abbildung zeigt die **typischen Komponenten einer automatisierten Testumgebung** in ihrem Zusammenspiel.

Automatisierte Testumgebung

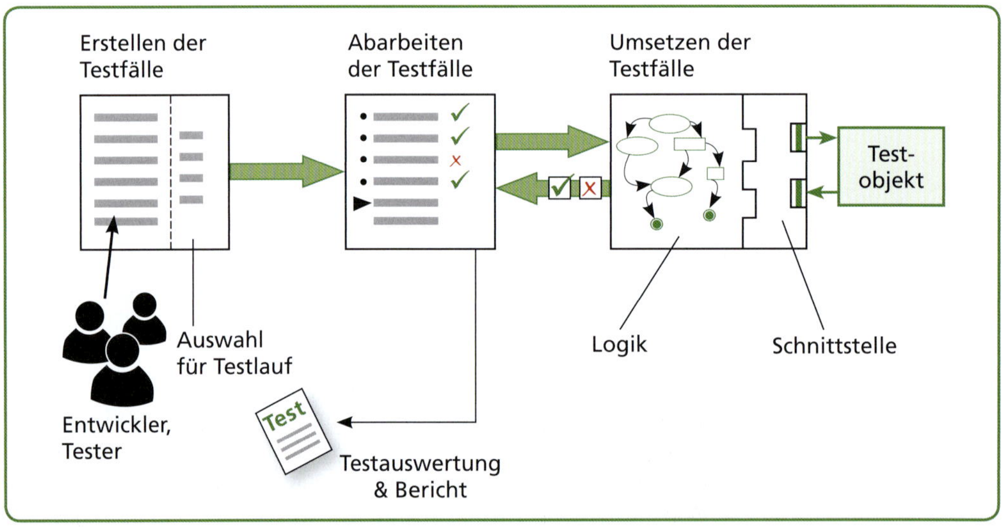

Für die Gestaltung und Durchführung von Tests in einer automatisierten Testumgebung gelten dieselben Regeln und Testverfahren wie bei manuellen Tests. **Folgende Testschritte können durchgeführt werden:**

- **Unit-Tests (Komponententests):** Um den Aufwand, der durch komplizierte Abhängigkeiten eines Testobjekts entsteht, beim (automatisierten) Testen möglichst gering zu halten, werden an den Schnittstellen Attrappen (Mocks, Stubs) verwendet, die das gewünschte Verhalten für den jeweiligen Testfall besitzen.
- **Integrationstests:** Wurde jede der Komponenten für sich erfolgreich getestet, so dienen Integrationstests dazu, das Zusammenspiel dieser Komponenten über deren Schnittstellen zu testen.
- **Smoke-Test:** Mit diesem Begriff wird – in Anlehnung an andere Fachbereiche – ein rascher Testdurchlauf im Rahmen des Integrationstestens bezeichnet, der lediglich sicherstellen soll, dass das aktuelle Build grundsätzlich lauffähig ist. Alle Hauptfunktionen werden ausgelöst (ohne die Ergebnisse zu prüfen), das Zusammenspiel der einzelnen Komponenten untereinander sowie mit der Testumgebung bzw. Infrastruktur wird geprüft. Erst nach erfolgreichem Smoke-Test beginnen die detaillierten und zeitaufwendigeren Akzeptanztests.

Schaltungsfehler bei Elektronikbaugruppen können z. B. dazu führen, dass ein Bauteil „in Rauch aufgeht". Damit ist zumindest der Endpunkt einer Fehlerkette eindeutig lokalisiert.

- **Akzeptanztests:** Aufgabe der Akzeptanztests ist es, zu überprüfen, ob die Anforderungen des Kunden (Benutzers, Auftraggebers) erfüllt wurden. Die Akzeptanzkriterien werden im Idealfall bereits mit der Formulierung der User Story festgelegt (vgl. Scrum und Definition of Done). Wie alle anderen Tests müssen auch Akzeptanztests nach jeder Änderung bzw. Erweiterung des Systems wieder vollständig durchlaufen werden.

Im Sinne einer **kontinuierlichen Auslieferung** der Software (continuous delivery) werden die einzelnen Testabschnitte automatisch durchlaufen. Ein Testdurchlauf kann manuell gestartet werden oder er beginnt zu bestimmten, vom Entwicklungsteam festgelegten Zeiten.

Kontinuierliche Integration

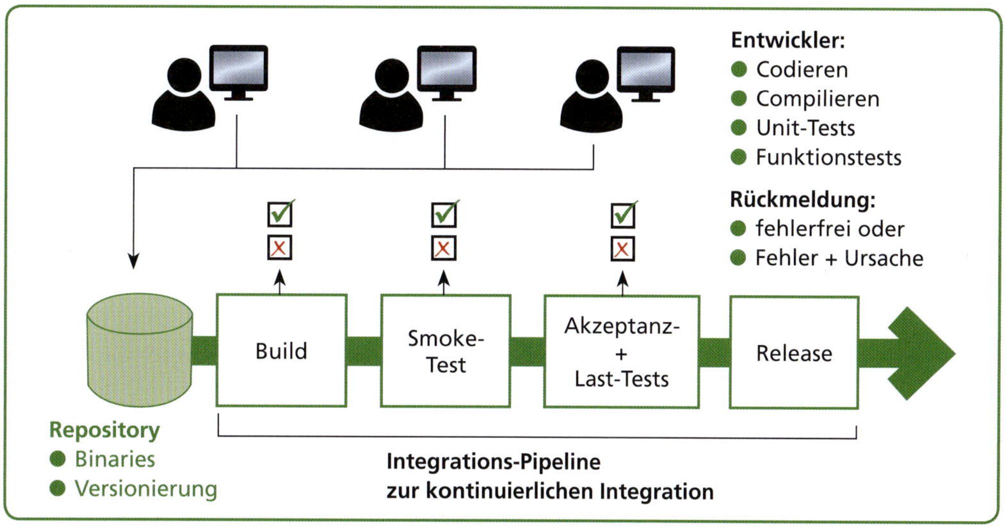

3 Verfahren für automatisierte Tests

Automatisierte Tests können entweder durch Daten (data driven) oder durch Schlüsselwörter (keyword driven) gesteuert werden.

- **Steuerung durch Daten:** Eingabewerte und (erwartete) Ergebnisse sind in einer Tabelle festgehalten und steuern die Tests. So können relativ einfach verschiedene Äquivalenzklassentests oder Grenzwerttests durchgeführt werden.
- **Steuerung durch Schlüsselwörter:** Testfälle werden in kleine Einzelschritte heruntergebrochen; jeder dieser Schritte wird durch ein Schlüsselwort bezeichnet und ein dadurch ausgelöstes kurzes Skript realisiert. (Beispiel: Buche_Betrag „123.345.678", „1200" würde einen Betrag von 1.200,– auf die angegebene Kontonummer buchen.) Die Testfälle werden durch die unterschiedlichen Abfolgen der Schlüsselwörter, natürlich auch mit unterschiedlichen Werten, zusammengesetzt.

Der intuitiv direkteste Zugang zum Testen bei Anwendungen mit Benutzerinteraktion sind **Tests über die grafische Oberfläche.** Dabei können verschiedene Ansätze gewählt werden:

- **Capture and Replay:** Die für den Test gewünschten Aktionen werden durch den Tester einmalig durchgeführt und aufgezeichnet. Diese Sequenzen werden bei jedem Test abgearbeitet, die Ergebnisse z.B. aus Screenshots ausgelesen. Dieses Verfahren ist jedoch sehr anfällig gegenüber geringfügigen Änderungen, z.B. Änderung der Elementgröße/-position oder Änderung der Bildschirmauflösung.
- **Zugriff auf die GUI-Elemente über eine technische Schnittstelle:** Hier greifen die Testroutinen nicht auf die grafische Repräsentation der GUI-Elemente zu, sondern direkt auf die Eigenschaften des zugrunde liegenden Objekts. Für diesen Ansatz darf jedoch keine Verarbeitungslogik in den GUI-Objekten „verpackt" sein (strikte Trennung von Repräsentation und Logik).
- **Katalogisierung der GUI-Elemente:** Ein Tool der automatisierten Testumgebung wird dazu verwendet, die Elemente der GUI anhand mehrerer Merkmale so genau zu beschreiben, dass sie auch bei geringfügigen Änderungen (von Form, Position etc.) korrekt erkannt und verwendet werden können.

Automatisierte Tests bei grafischer Benutzerschnittstelle

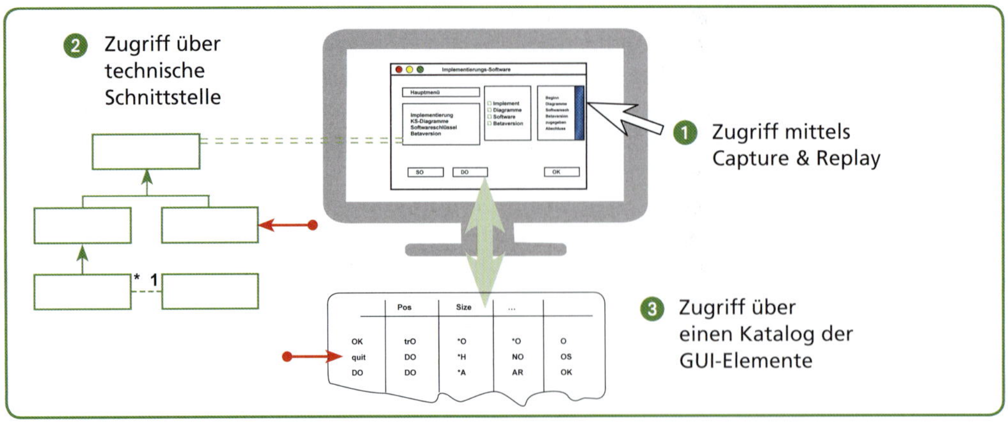

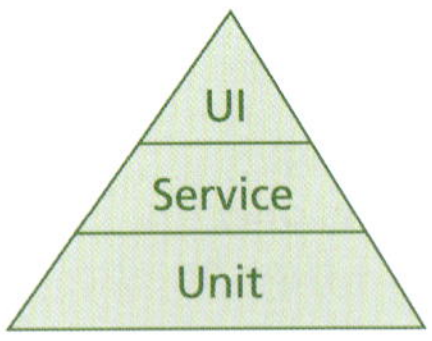

„test automation pyramid" von Mike Cohn (Quelle: www.moutain-goatsoftware.com)

Mike Cohn rät allerdings von einer zu intensiven Nutzung der Benutzerschnittstelle (UI) für automatisierte Tests ab – sie sind teuer, zeitaufwendig und schwer zu handhaben. Statt dessen empfiehlt er, sich nach intensiven Unit-Tests vor allem auf den **Test der Services** zu konzentrieren. Damit ist jene Funktionalität gemeint, die unmittelbar unter der Benutzerschnittstelle liegt. Dargestellt wird der unterschiedliche Testaufwand in seiner „test automation pyramid".

Test nichtfunktionaler Eigenschaften

Neben dem rein funktionalen Testen (Erfüllen der vereinbarten Akzeptanzkriterien) muss vor dem Einsatz in einem realen (betrieblichen) Umfeld auch eine Reihe nichtfunktionaler Eigenschaften des Systems getestet werden. Dies betrifft insbesondere die **Leistungsfähigkeit des Systems.** Beispiele sind:

- **Durchsatz:** Wie oft kann eine bestimmte Aktion innerhalb einer Zeitspanne durchgeführt werden (z. B. Transaktionen oder Seitenaufrufe pro Sekunde)?
- **Belastung:** Wie verändert sich die Systemperformance, wenn viele Benutzer und viele Jobs gleichzeitig durchgeführt werden – entsprechend einer realen Arbeitsumwelt oder darüber hinausgehend (stress tests)?
- **Skalierbarkeit:** Wie verhält sich das System, wenn z. B. die Anzahl der dafür verwendeten Server erhöht wird?

Für erfolgreiche automatisierte Kapazitätstests sind eine **klare Definition** der zu erreichenden Eigenschaften sowie eine **entsprechende Infrastruktur** zur Herstellung möglichst realistischer Testbedingungen erforderlich. Eine einfache Hochrechnung (Verhalten bei 1000 Usern = Verhalten bei 10 Usern × 100) ist aufgrund des meist nicht linearen Verhaltens der Systeme nicht möglich.

Üben

A B C D E

Ü 9.10: Umstellung auf automatisiertes Testen E

Sie arbeiten seit zwei Jahren bei der Firma **[Web]**[3], in der ca. 30 Programmierer/innen in mehreren Teams sehr erfolgreich innovative Web- und Mobile-Applikationen entwickeln. Ihre Entwicklungen sind sehr nachgefragt, aber die Geschäftsführung ist beunruhigt wegen des hohen Aufwands, der durch das Testen bzw. durch in den Applikationen verbleibende Fehler entsteht. Da in den Teams, abgesehen von der Nutzung eines Repositorys (Subversion, Git), nach wie vor manuell getestet wird, schlagen Sie vor, auf eine automatisierte Testumgebung umzustellen. Ihr Vorschlag wird mit Interesse aufgenommen und Sie werden eingeladen, beim nächsten Führungsmeeting Ihre Vorschläge dazu vorzutragen.

Aufgaben:

- Erstellen Sie eine kurze **Einstiegspräsentation,** in der Sie die Notwendigkeit und die Vorteile der Testautomatisierung (auch aus betriebswirtschaftlicher Sicht) beschreiben.

  Dauer: maximal 5 Minuten, Niveau: auch für Nicht-Techniker verständlich

- Entwickeln Sie anschließend ein **Konzept,** wie eine Umstellung vom manuellen Testen auf eine durchgängige Testautomatisierung in einzelnen Schritten, mit konkreten Zeitangaben und begleitenden Maßnahmen, aussehen könnte.

  Ergebnis: eine Grafik mit Zeitachse und eingetragenen Schritten/Maßnahmen

- Schließen Sie Ihren Vortrag mit einigen **betriebswirtschaftlichen Argumenten** (Berechnungsbeispielen) für die Umstellung ab.

  Ergebnis: beispielhafte Berechnungen zur Darstellung des betriebswirtschaftlichen Nutzens

Ü 9.11: Fallbeispiel „BonOnline"– Produkte für die Testautomatisierung D

Sie möchten Scrum bei der Entwicklung der Software für „BonOnline" anwenden und sehen sich nach Möglichkeiten für eine automatisierte Testdurchführung um.

Aufgabe:

Recherchieren Sie im Internet (Open-Source-)Produkte, die Sie zur Unterstützung einer „continuous integration/delivery" im Projekt „BonOnline" einsetzen könnten. Erstellen Sie eine Übersicht und klassifizieren Sie die gefundenen Tools nach

- Einsatzbereich(en),
- Installations-/Einarbeitungsaufwand sowie
- Kosten.

Ü 9.12: Fallbeispiel „BonOnline" – Testfallsteuerung D

Setzen Sie sich mit der Steuerung von Testfällen für das Projekt „BonOnline" auseinander:

- Finden Sie Anwendungsfälle, die Sie mittels Datensets (Eingabewerte – erwartete Ausgabewerte) überprüfen können, und formulieren Sie entsprechende Datensets.
- Finden Sie Anwendungsfälle, die mithilfe von Schlüsselwörtern automatisiert getestet werden können. Gehen Sie dabei von „atomaren" Schritten in den Geschäftsprozessen aus, eine sinnvolle Auswahl an Schlüsselwörtern und dazugehörigen Parametern soll möglichst flexible und umfassende Tests ermöglichen. Die Syntax können Sie aus den Produktbeschreibungen von **Ü 9.11** entnehmen oder selbst entwerfen.

  Formulieren Sie einige Tests mithilfe dieser Schlüsselwörter.

Sichern

SbX ID: 0943

Testautomatisierung

Die automatische, beliebig oft wiederholbare Ausführung von unterschiedlichen Testfällen in einem in Herstellung befindlichen Software-Produkt wird als **Testautomatisierung** bezeichnet. Zur praktischen Umsetzung bedarf es einer geeigneten Umgebung, die die Erstellung und Verwaltung der Testfälle unterstützt sowie die Ergebnisse der Testläufe aufzeichnet, den Entwicklern rückmeldet und statistisch auswertet.

Testschritte

Die Durchführung von Tests verläuft von den **Unit-Tests** (testen individuelle Module) über **Integrationstests** (testen das Zusammenwirken der einzelnen Module) und **Smoke-Tests** (überprüfen die grundsätzliche Lauffähigkeit eines Builds) bis hin zu **Akzeptanztests** (Validierung hinsichtlich der Kundenanforderungen).

Teststeuerung

Automatisierte Tests können sowohl durch **Daten** (Eingabe- und erwartete Ausgabewerte) als auch durch **Schlüsselwörter** (Formulierung der Testfälle in einer Skriptsprache) gesteuert werden.

automatisierte Tests der Benutzerinteraktion

Für die **testorientierte Simulation von Benuterinteraktionen** können die Ansätze „Capture and Replay" (Aufzeichnung und Verwendung der Benutzereingaben), der Zugriff über die Schnittstellen unter dem GUI oder die Verwendung eines Katalogs der GUI-Elemente dienen.

Testschwerpunkte

Beim automatisierten Testen soll der **Hauptanteil für Unit-Tests und Tests der Services** (Aufruf direkt unter der Benutzerschnittstelle) verwendet werden; Tests direkt an der Benutzerschnittstelle sollen aufgrund des großen Aufwands nur sparsam eingesetzt werden.

Test nichtfunktionaler Eigenschaften

Nichtfunktionale Eigenschaften des Software-Produkts, wie z.B. Durchsatz, Belastbarkeit („stress tests") und Skalierbarkeit, können in einer automatisierten Testumgebung durch **Vervielfältigung der Testinstanzen** überprüft werden.

Vokabeln dieser Lerneinheit

Deutsch	Englisch
Testautomatisierung	test automation
fortlaufende Integration/Auslieferung	continuous integration/delivery
Testfall	test case
Überprüfung grundlegender Testeignung	smoke test, intake test
datengesteuertes Testen	data-driven testing
schlüsselwortgesteuertes Testen	keyword-driven testing
nicht-funktionales Testen	non-functional testing
Leistungstesten	performance testing
Effizienztesten	efficiency testing
Testen der Skalierbarkeit	scalability testing

SbX
ID: 0943

Eine Audio-Wiederholung mit Audio-Player und MP3-Download sowie eine Bildschirmpräsentation mit den Grafiken dieser Lerneinheit finden Sie unter der ID: 0943.

Wissen

A B C D E

W 9.21: Gründe für das automatisierte Testen B

Erklären Sie, welche Gründe für die Testautomatisierung sprechen und warum herkömmliche manuelle Tests für eine agile Software-Entwicklung nicht mehr ausreichend sind.

W 9.22: Komponenten einer automatisierten Testumgebung B

Beschreiben/Skizzieren Sie die Komponenten einer automatisierten Testumgebung und erklären Sie deren Zusammenwirken.

W 9.23: Continuous Integration B

Erklären Sie den Vorgang der „continuous integration" sowie die verschiedenen Arten von (automatisierten) Tests, die bis zum Release notwendig sind.

W 9.24: Steuerung automatisierter Tests B

Erklären Sie, auf welche Weise automatisiert ablaufende Tests gesteuert werden können, und finden Sie dazu konkrete Beispiele.

W 9.25: Automatisiertes Testen der Benutzerschnittstelle B

Beschreiben Sie die verschiedenen Verfahren zum automatisierten Testen von Benutzerinteraktionen und erklären Sie jeweils deren Vor- und Nachteile.

W 9.26: Testen nichtfunktionaler Eigenschaften B

Erklären Sie den Begriff „nichtfunktionale Eigenschaften" eines Softwareprodukts und beschreiben Sie diesen anhand konkreter Beispiele.

Ein kurzer Kompetenz-Check, bevor's weitergeht!

Kompetenz-Check

	☺	😐	☹
Ich kann die Bedeutung von automatisierten Tests in einem zeitgemäßen Software-Entwicklungsprozess erklären.			
Ich kann den Aufbau automatisierter Testsysteme und die Verfahren für automatisiertes Testen beschreiben.			

10 DOKUMENTATION UND ABNAHME

Worum geht's in diesem Kapitel?

Die Dokumentation ist eine der Querschnittsaufgaben in jedem Projekt – so natürlich auch in Software-Entwicklungsprojekten. Umfang und Intensität der Dokumentation hängen von der Art und Größe des Projekts ab, aber auch vom verwendeten Vorgehensmodell. „Klassische" Prozessmodelle wie das V-Modell sind stark dokumentationsorientiert, neuere, „agile Methoden" versuchen, die Dokumentation auf ein Minimum zu reduzieren.

Spätestens bei der Übergabe des Software-Produkts an den Auftraggeber und/oder Nutzer (bei der Abnahme) muss auch die entsprechende Dokumentation für die Installation, Bedienung und Wartung der Programme übergeben werden. Hier gibt es eine Vielzahl an möglichen Varianten, von der konventionellen Papierform über mitgelieferte elektronisch lesbare Dateien (meist im PDF-Format) bis hin zur einfach aktualisierbaren Online-Hilfe über das Internet. Unabhängig von der Form der Auslieferung bedarf es in jedem Fall einer zielgruppenorientierten didaktischen Beschreibung.

Nach der Abnahme und begleitenden Betreuung im Falle eines Parallelbetriebs beginnt die Nutzungsphase der Software – für die Entwickler die Wartungsphase, in der spät auftretende Mängel behoben, Leistungsmerkmale optimiert und erforderliche Ergänzungen oder Erweiterungen erstellt werden müssen.

Am Ende dieses Kapitels sollten Sie

- Formen der Dokumentation im Rahmen der Projekt- und der Produktentwicklung kennen,
- eine geeignete Auswahl von Dokumentenarten sowie der Medienform für ein konkretes Projekt treffen können,
- den Aufbau eines SDF – Software Development Folders – kennen,
- die Aktivitäten um Projektabnahme sowie Wartung und Pflege kennen.

A B C D E

In diesem Kapitel finden Sie Übungsaufgaben, praxisbezogene Fallbeispiele und Aufgaben zur Lernkontrolle zur Überprüfung Ihrer Kompetenzen auf den Handlungsebenen **A Wiedergeben, B Verstehen, C Anwenden** und **D Analysieren & Interpretieren.**

Dieses Kapitel umfasst folgende Lerneinheiten:

1 Dokumentation

2 Abnahme, Wartung und Pflege

Lerneinheit 1

Dokumentation

SbX
Alle SbX-Inhalte zu dieser Lerneinheit finden Sie unter der ID: 1010.

Eine gut strukturierte und aktuell gehaltene Dokumentation ist ein wesentlicher Erfolgsfaktor eines Software-Entwicklungsprojekts. Dies gilt gleichermaßen für die Benutzerdokumentation wie für die projektinternen Dokumente. In dieser Lerneinheit wird eine Vielzahl unterschiedlicher Dokumente vorgestellt – je nach Projektart und -größe ist daraus eine geeignete Auswahl zu treffen.

Lernen

1 Übersicht über das Dokumentationswesen

Die **Dokumentation in einem Software-Entwicklungsprojekt** besteht aus verschiedenen Bausteinen, die nach einem gemeinsamen Plan inhaltlich und strukturell abgestimmt sein müssen.

Aufgabe des Dokumentationswesens in einem Software-Entwicklungsprojekt ist die Schaffung einer verbindlichen Richtlinie, welche Dokumente im Rahmen des Projekts zu erstellen sind und welchen inhaltlichen bzw. formalen Anforderungen sie entsprechen müssen. Das schriftliche Festhalten dieser Richtlinie erfolgt im sogenannten **Dokumentationsplan** – einem „Dokument über Dokumente". Dieser beschreibt die Dokumentationserfordernisse in den folgenden Punkten:

Aspekte eines Dokumentationsplans

Ein wesentlicher Bestandteil des „Produkts Software" ist die **Produktdokumentation** – durch sie werden Programmsysteme erst zu einem marktreifen, verkäuflichen Produkt. Ebenso unentbehrlich ist die **Projektdokumentation,** die den Erstellungsprozess (das Software-Entwicklungsprojekt) begleitet. Sie enthält alle Normen und Richtlinien, Ideen, Beschlüsse, die Chronologie des Projekts und vieles mehr.

Struktur der Dokumentation

Die Dokumentation in einem Software-Entwicklungsprojekt lässt sich wie folgt strukturieren:

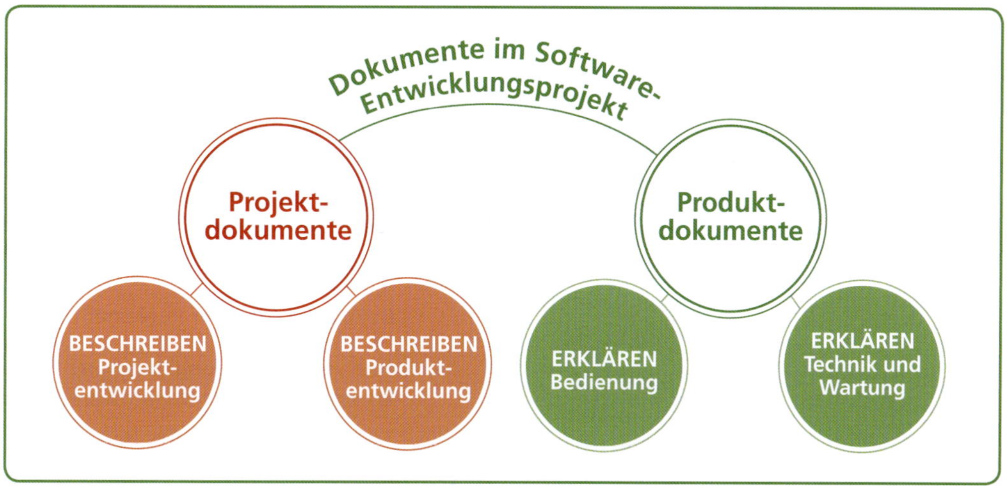

Projektdokumentation: bezieht sich primär auf die Projektdurchführung bzw. die Programmerstellung

Produktdokumentation: bezieht sich primär auf das Software-Produkt bzw. den Programmiereinsatz

- Projektdokumentation
  - im Rahmen der Projektarbeit erstellte Phasenergebnisse, wie z. B. Projektauftrag, Beschreibung des Ist-Zustands, Pflichtenheft, Arbeits- und Zeitplan etc.
  - im Rahmen der Projektarbeit laufend erstellte Dokumente, wie z. B. Projektberichte, Aktennotizen, Formulare, Korrespondenz etc.
- Produktdokumentation, z. B.
  - allgemeine Systembeschreibung
  - Beschreibung der Funktionen und der Benutzerschnittstelle
  - „Tutorial" (Lehr- und Lernbeispiele für den Einstieg), Beispiele, Online-Hilfen
  - Diagnose- und technisches (Operator-)Handbuch
  - Data Dictionary, Source Code und andere Implementierungsgrundlagen

Manche Dokumente enthalten Informationen beider Kategorien, z. B. das Pflichtenheft.

Beschreibung der einzelnen Dokumentarten

Dokumentation im Software-Entwicklungsprojekt

Im Dokumentationsplan werden Art, Umfang und Gestaltung der Dokumente festgelegt. Die folgende Tabelle gibt einen Überblick über die möglichen Dokumente, aus welchen ein individueller **Dokumentationsplan** zusammengestellt werden kann.

Projektdokumentation	
Projektentwicklung	
Entwicklungsplan	Vorgehensrahmen für die Software-Erstellung gemäß vorgegebener Qualitätsnormen (z. B. ISO 9001)
Projekthandbuch	beschreibt die Vorgehensweise im Software-Entwicklungsprojekt (Phasen, Methoden, Hilfsmittel ...)
SW-Qualitätssicherungsplan	Planungsdokument, wie im speziellen Projekt die Qualitätssicherung durchgeführt werden soll
Konfigurationsmanagement	legt fest, wie Änderungen im Rahmen der SW-Entwicklung verwaltet werden, wie Modulversionen zu einer Gesamtkonfiguration zusammengefügt werden sollen
Risikomanagement	Wie sollen im Projekt Risiken identifiziert und gemindert werden?
Machbarkeitsstudien	zur Untersuchung, ob das Projekt (oder Teile davon) überhaupt realisierbar sind
Style Guide	im Projekt verbindliche Richtlinien für eine einheitliche Programmierung und auch Dokumentation
Naming Conventions	Vereinbarung, wie Variablen, Konstanten, Module, Dateien, Dokumente etc. im Projekt bezeichnet werden sollen
Bibliotheksprozeduren	Wer hat welchen Zugriff (lesend, ändernd ...) auf Module der Programmbibliothek?
Arbeitsberichte, Protokolle	Dokumentation der einzelnen Projekttätigkeiten, des (chronologischen) Projektverlaufs, der Entscheidungen ...

Produktentwicklung	
Grobentwurf	beschreibt die Software-Architektur
Funktionsmodell	grafische Darstellung aller Programmteile sowie deren Zusammenwirken
Datenkatalog	Auflistung aller Daten mit den zugehörigen Informationen (Herkunft, Struktur, Wertebereich ...)
Modulentwurf mit Schnittstellenbeschreibung	funktionale Beschreibung der einzelnen Programm-Module sowie deren Zusammenwirken (Koppelung)
Prozessbeschreibung	Darstellung der Prozesse und Tasks
Software-Development-Folder (SDF)	Dokumentation der Implementierung und des Modultests
Integrationsplan	Plan zur Integration (Zusammenfügung) der Software, falls erforderlich auch der Hardware-Komponenten
Testplan, Testfälle und Testprotokolle	Vorgehensweise bei der Testdurchführung, Beschreibung der Testfälle (Eingaben, Dateien etc.) und Aufzeichnungen über die Testdurchführung und die Testergebnisse
Produktdokumentation	
Bedienung	
Software-Anforderungen	funktionelle Beschreibung des Software-Produkts aus der Sicht des Benutzers (auch im Pflichtenheft enthalten) sowie der Schnittstellen zu anderen Programmen oder Systemen
Benutzerhandbuch	Dokumentation für den Benutzer
Online-Hilfe, Tutorial	Lehr- und Lernbeispiele zur interaktiven Einführung in das System und als Hilfestellung für den Benutzer
Technik und Wartung	
Operator's Manual (technisches Handbuch)	Dokumentation für die technische Betreuung des Software-Produkts
Diagnose-Handbuch	Dokumentation zur Fehlererkennung und -beseitigung
Pflege- und Wartungsplan	Plan zur Erhaltung bzw. Verbesserung der Produktqualität während der Wartungsphase
Versionsbeschreibung	Liste aller Module und ihrer Versionsnummer für ein bestimmtes Software-Release (Version)
Source Code	Quelltext des Programms, kann Teil des SDF sein

2 Der Software-Development-Folder (SDF)

Der Software-Development-Folder dokumentiert die Implementierung sowie die Tests jedes Programm-Moduls. Er wird damit zu einem wichtigen **Dokument für die Wartung des Software-Produkts.** Für eine effiziente Erstellung, Aktualisierung bzw. Verwaltung des SDF ist der Einsatz von IT-Hilfsmitteln notwendig.

Ziel des SDF ist es, während der Entwicklung der Software und auch noch Jahre danach unmittelbaren Zugriff auf alle relevanten Informationen zu einem Codeteil zu haben.

Software-Produkte sind aus einer Vielzahl von **Modulen** zusammengesetzt, welche die eigentlichen Funktionen ausführen. Die auftretenden Fehler lassen sich meist auf wenige Module zurückverfolgen, die zur Fehlerbeseitigung geändert werden müssen. Ein wesentlicher Teil der Programmtests sollte daher für die Modultests aufgewendet werden.

Die Vielzahl und Funktionsvielfalt der Module erfordert eine besonders strukturierte Dokumentation rund um Entwurf, Implementierung, Test und gegebenenfalls Änderung dieser kleinsten Programmteile. Ein gut strukturierter SDF, der für alle Software-Entwickler des Projekts verbindlich ist, kann diese Aufgabe unterstützen.

Ein Software-Development-Folder kann folgende Teile enthalten:

- **Deckblatt und Zeitplan:** Hier werden die einzelnen Abschnitte des SDF mit Fertigstellungs- bzw. Änderungsdatum eingetragen.
- **Anforderungen:** Der SDF gibt die Anforderungen lt. Pflichtenheft oder Spezifikation an, sie können direkt von diesen Dokumenten übernommen (kopiert) werden.

- **Funktionen:** Der SDF beschreibt die Eigenschaften des Moduls und bildet die Grundlage für den Entwurf der Testfälle.
- **Entwurf:** Der SDF enthält den Grobentwurf des Modul-Kontexts (aufrufende Module etc.) sowie den Feinentwurf des Moduls selbst in geeigneter Darstellungsform.
- **Quellcode:** Der SDF enthält ein dokumentiertes Listing des Quellcodes; jede neue Version ist entsprechend beizulegen.
- **Testplan und Testverfahren:** Der SDF beschreibt, wie das Modul zu testen ist und welche Voraussetzungen dafür erforderlich sind (spezielle Daten oder Testprozeduren).
- **Testergebnis:** Der SDF dokumentiert, wann welche Fehler gefunden wurden. Testverfahren und Testergebnis sollten im Sinne der Qualitätssicherung von einer unabhängigen Stelle geprüft werden.
- **Fehlerbericht:** Der SDF enthält die Beschreibung von Fehlern, die während des Betriebs im Modul aufgetreten sind oder von diesem verursacht wurden.

Vorteile durch den Einsatz eines SDF sind:

- normierte Beschreibung der Module – Etablierung eines Dokumentationsstandards
- einfachere Wartung (im Bereich der korrektiven und adaptiven Wartung)
- entwicklerunabhängige Programme

Die Führung eines SDF bzw. die Verwaltung der einzelnen Dokumente und deren Versionen wird durch entsprechende **Tools** unterstützt.

3 Online-Hilfe

„Online" bedeutet in diesem Zusammenhang mit direktem Zugriff auf dem Rechner, auf dem gearbeitet wird – unabhängig davon, ob die Information lokal gespeichert ist oder über das Internet bezogen wird.

Die Online-Hilfe stellt dem Benutzer auf demselben System, auf dem er seine Aufgaben durchführt, Informationen zur Verfügung. Aufgrund der einfacheren Verbreitung und Aktualisierbarkeit gewinnen Online-Hilfen gegenüber gedruckter Information besonders im Bereich der Endanwender an Bedeutung.

Folgende Arten der Online-Hilfe werden unterschieden:

- **Online-Hilfe im engeren Sinn** ist eine Sammlung von Hilfetexten, auf die in unterschiedlicher Weise zugegriffen werden kann; sie kann themenorientiert, über einen alphabetischen Index oder mittels Suchfunktion aufgebaut sein. Wichtiges Merkmal ist die Verzweigungsmöglichkeit von bestimmten Begriffen zu verwandten Themen (Hypertextfunktion).
- Die **kontextsensitive Hilfe** ist eine Online-Hilfe, die Informationen zum aktuellen Bearbeitungsschritt anbietet.
- **Online-Handbuch:** Es entspricht formal den Benutzerhandbüchern in Papierform. Das Online-Handbuch ist in einem universellen Format abgespeichert (z. B. als PDF), das mit speziellen Lese-Programmen (z. B. Adobe Acrobat Reader) angezeigt oder ausgedruckt werden kann.
- **Experte:** Der Experte ermöglicht Benutzeranfragen in sprachlicher Form, z. B. als Frage „Wie kann ich ...". Aufgrund der Eingabe werden bestimmte Kapitel der Online-Hilfe angeboten.
- **Assistent:** Der Assistent führt den Benutzer (auf dessen Wunsch) durch die Bearbeitungsschritte einer bestimmten Aufgabe.
- **Intelligenter Assistent:** Der intelligente Assistent analysiert (meist im Hintergrund) die Arbeitsschritte des Benutzers und gibt Vorschläge zur Verbesserung bzw. Vereinfachung des Arbeitsablaufs.
- **Online-Tutorial:** Hier werden Bearbeitungsbeispiele vorgeführt oder es erfolgt eine interaktive Unterweisung des Benutzers mittels am Computer durchzuführender Aufgaben.
- **Hilfe über das Internet:** Viele Programme bieten über den Menüpunkt „Hilfe" einen direkten Zugang zu Internet-Diensten des Software-Herstellers. Es gibt z. B. spezielle Support-Seiten oder die Möglichkeit, Hilfetexte, Beispiele oder Zusatzprogramme über das Internet zu laden. Voraussetzung für diese Hilfe ist ein Internetzugang.

Papierdokumente werden zusehends von Online-Hilfen abgelöst. Vor allem die **Online-Dokumentation** (als Datei oder via Internet) hat den Vorteil der einfachen Aktualisierung sowie der leichten Verteilung (als Download oder am selben Datenträger wie die Software).

Primär für das Lesen am Bildschirm gedachte Informationen sollten auch in dafür geeigneter Weise aufbereitet werden.

Obwohl die Online-Hilfe kein gedrucktes Medium ist, sondern interaktiv aus der Anwendung heraus am Computer abgerufen werden kann, gelten für sie grundsätzlich die Regeln einer schriftlichen Dokumentation. Besonderes Augenmerk ist auf eine klare und übersichtliche Strukturierung sowie auf den einfachen und verlässlichen Zugriff zu richten.

Der Benutzer erwartet von der Online-Hilfe, entweder direkt von einer ihm unklaren Stelle im Programmablauf zu der entsprechenden Hilfestellung zu gelangen, oder er wünscht sich einen strukturierten Zugang zum Erlernen bestimmter Funktionen. Online-Hilfen müssen daher sowohl inhaltlich, textlich und layoutmäßig sehr gut gestaltet sein als auch effiziente Zugriffsmöglichkeiten bieten. Der Aufwand für die Erstellung kann den eines entsprechenden gedruckten Dokuments daher um einiges übertreffen.

4 Gestaltungsrichtlinien für die Dokumentation

Eine übersichtliche, inhaltlich vollständige und am Zielpublikum ausgerichtete Dokumentation fördert die Nutzbarkeit und damit auch die Qualität eines Software-Produkts.

Wie bei der Auswahl und Dimensionierung des verwendeten Phasenkonzepts oder der verwendeten Methoden ist es notwendig, auch den Dokumentationsaufwand in Abstimmung mit der Größe und Komplexität des Projekts festzulegen.

Allgemein kann Folgendes festgehalten werden: **Der Aufwand für die Dokumentation wird größer**

- bei Projekten mit sehr vielen Beteiligten (intern und extern),
- bei technologisch anspruchsvollen Projekten,
- bei überdurchschnittlich risikobehafteten Projekten,
- bei Software-Produkten mit sehr großem Funktionsumfang,
- wenn die Anwendergruppe nicht genau bekannt ist und bzw. oder
- wenn das Software-Produkt durch den Anwender in besonderem Maße konfigurierbar ist.

Besonderer Wert auf eine umfassende Projekt- und Produktdokumentation wird weiters dann gelegt, wenn der Auftraggeber die Programme nach der Übergabe selbst warten und weiterentwickeln möchte.

Auch für den **Dokumentationsplan in einem Schülerprojekt** ist eine entsprechende Auswahl zu treffen; aus didaktischen Gründen kann dabei z. T. eine größere Anzahl von unterschiedlichen Dokumenten vorgesehen werden, von denen manche nur einen geringen Umfang besitzen und lediglich als einzelnes Kapitel in der Gesamtdokumentation aufscheinen.

Gestaltung der Dokumentation

Die Gestaltung der Dokumentation umfasst strukturelle, inhaltliche sowie gestalterische Aspekte.

Aspekte der Gestaltung

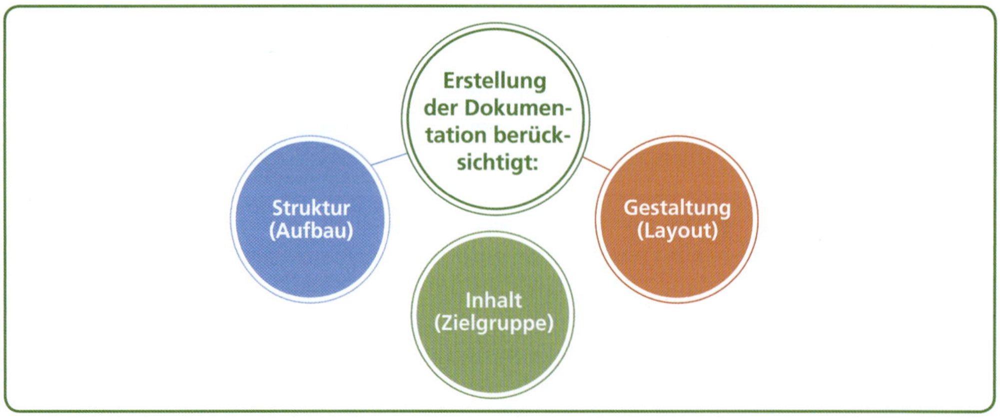

Die wichtigsten Voraussetzungen für eine erfolgreiche Dokumentation sind:

- eine klare und durchgängige **Struktur,** die alle Teile der Dokumentation mit einbezieht
- die Abstimmung auf die jeweilige **Leserschaft,** und zwar hinsichtlich deren Wissensstand und deren Interessen
- ein einheitliches **Layout,** welches das Auffinden und Wiedererkennen fördert und die Lesbarkeit unterstützt

Beispiele

Gestaltung der Dokumentation

- Sowohl im Handbuch als auch in der Online-Hilfe sind die einzelnen **Programmfunktionen unter den gleichen Überschriften** (Kapiteln) zu finden. Handbuch und Online-Hilfe ergänzen einander durch (richtige!) **Verweise** auf die entsprechenden Stellen oder Suchbegriffe.
- Für den Datenbankadministrator sind Informationen über die interne Struktur eines Buchungssystems wesentlich für die Wartung, Optimierung und Fehlerbehebung. Ein fundiertes technisches Grundwissen kann bei der Beschreibung vorausgesetzt werden. Der Sachbearbeiter, der die Buchungen durchführt, benötigt lediglich die fachlichen Funktionen, die seine Arbeit erfordert. Bei der Erstellung eines Benutzerhandbuchs muss berücksichtigt werden, dass auch technischen Laien die Programmbedienung möglich sein muss. Begriffe wie „Datensatz", „Indizierung" oder „referentielle Integrität" sind hier fehl am Platz.
- Wenn der Benutzer weiß, dass kritische Bedienungsschritte im Handbuch mit einem speziellen Symbol oder Piktogramm gekennzeichnet sind, wird er diese Abschnitte nicht nur überfliegen, sondern besonders aufmerksam lesen.

Folgende Schritte sollten bei der Entwicklung der Produktdokumentation beachtet werden:

- Analyse der Zielgruppe und des Informationsbedarfs
- Bestimmung des Informationsangebots und der Medienkombination
- Bestimmung der logischen Informationsfolge
- Gestaltung eines lernwirksamen Gesamtkonzepts
- Überprüfen der Dokumentation

Analyse der Zielgruppe und des Informationsbedarfs

Es muss geklärt werden, wer die Dokumentation verwendet und was die jeweilige Person über das Software-Produkt wissen muss.

Bestimmung des Informationsangebots und der Medienkombination

Hier wird festgelegt, welche Informationen insgesamt enthalten sein sollen und wie die Kennzeichnung bzw. Strukturierung erfolgt, damit die einzelnen Zielgruppen einfachen Zugriff darauf haben.

Als **Medien für die Dokumentation** von Software-Produkten kommen infrage:

- gedruckte Information, z. B. Handbücher, in mehreren Bänden oder strukturiert z. B. nach
  - Übersicht („für den schnellen Einstieg" etc.),
  - Detailinformation (nach Verwendung der Funktionen im logischen Arbeitsablauf),
  - Referenz (geordnet nach Funktionsgruppen oder alphabetisch),
  - Fallbeispiel mit strukturierten Arbeitsanweisungen ...

- Online-Unterstützung, z. B.
  - kontextsensitive Hilfe (d.h. zur momentanen Bearbeitungssituation passend),
  - Tutorials (Lernprogramme) ...
- Präsentationshilfsmittel, z. B.
  - bei Produktdemonstrationen,
  - für Schulungen ...

Bestimmung der logischen Informationsfolge

Die Dokumentation sollte **aufbauend** gestaltet sein. Spezialinformationen müssen vom Grundlagenwissen klar unterschieden werden und möglichst erst nach diesem folgen. Dadurch wird ein Neueinsteiger nicht gleich überfordert. Bei der Festlegung der Informationsfolge sind folgende Fragen zu klären:

- Welche Information ist zur fehlerfreien Bedienung notwendig?
- Welche Information ist für die optimale Nutzung erforderlich?
- An welcher Stelle müssen Sicherheitshinweise stehen, damit sie beachtet und auch verstanden werden?

Gestaltung eines lernwirksamen Gesamtkonzepts

Die Dokumentation ist nicht nur lexikalisch, sondern auch lehrreich zu gestalten.

Nachdem Informationsinhalt und Informationsfolge bestimmt wurden, muss festgelegt werden, welche Informationen in welcher Form angeboten werden sollen. Die Gesamtgestaltung soll eine optimale Ergänzung und Verstärkung der einzelnen Dokumente erzielen.

Ein umfassendes **Konzept** berücksichtigt dabei die Bereiche

- Gesamtaufbau,
- Visualisierung (Layout, Verwendung von Symbolen, Darstellung von Bildschirminhalten ...),
- sprachliche Gestaltung.

Bei der **sprachlichen Gestaltung** der Dokumentation sind wichtig:

- eine präzise Formulierung („in 10 Sekunden", nicht „gleich darauf ...")
- die Verwendung der aktiven Form
- die richtige Anrede der Leser
- ein einheitlicher Sprachstil

Glossar: Verzeichnis und Erklärung verwendeter Begriffe

Bei der **Wahl des Sprachstils** muss das (fachliche) Sprachniveau der Leser berücksichtigt werden. Ist eine technische Terminologie nicht vermeidbar, kann durch ein gutes Glossar das erforderliche Grundwissen hergestellt werden. Bei umfangreichen Dokumentationen, an denen mehrere Autoren mitarbeiten, müssen einheitliche Richtlinien für das Verfassen der Texte vorgegeben werden. Weiters ist die abschließende Überarbeitung aller Texte durch einen Dokumentationsspezialisten erforderlich.

Überprüfung der Dokumentation

Bevor die Dokumentation an den/die Auftraggeber weitergegeben wird, sollten Testpersonen, die mit dem Projekt wenig (keinen) Kontakt hatten, die Brauchbarkeit und Benutzerfreundlichkeit der Dokumentation ausprobieren. Unklare Formulierungen, fehlende Informationen oder schlichtweg falsche Angaben können dadurch gefunden und beseitigt werden.

Üben

A B C D E

Ü 10.1: Dokumentationsarten C

Ordnen Sie die Dokumentationsart der richtigen Dokumentation zu und erklären Sie die einzelnen Dokumentationsarten kurz.

Dokumentations-art	Produkt-dokumentation	Projekt-dokumentation	Definition
Source Code			
Tutorial			

Dokumentationsart	Produktdokumentation	Projektdokumentation	Definition
Projekthandbuch			
Datenkatalog			
Naming Conventions			
Versionsbeschreibung			

Ü 10.2: Online-Hilfen C

Nennen Sie konkrete Beispiele für Online-Hilfen und ordnen Sie diese den einzelnen Kategorien zu.

Kategorie	Beispiel bzw. kurze Beschreibung
Assistent	
Online-Hilfe i. e. S.	
Online-Handbuch	
Experte	
Assistent	
intelligenter Assistent	
Online-Hilfe über Internet	
kontextsensitive Hilfe	

Ü 10.3: Fallbeispiel „BonOnline" – Software-Development-Folder D

Wie könnte ein Software-Development-Folder für Ihr Projekt „BonOnline" aussehen? Erarbeiten Sie in Ihrer Gruppe eine Inhaltsstruktur.

Ü 10.4: Fallbeispiel „BonOnline" – Wahl der geeigneten Dokumentationsform D

Welche Form der Dokumentation würden Sie für die Benutzer des Online-Bestellsystems Ihres Schulbuffets/-restaurants vorschlagen? Definieren Sie die Stakeholder (in diesem Fall: Anwendergruppen) und begründen Sie die Wahl der Dokumentationsform.

Sichern

SbX ID: 1013

Dokumentationsplan

Mit dem **Dokumentationsplan** wird in einem Software-Entwicklungsprojekt festgelegt, welche Dokumente zu erstellen sind, welchen Umfang sie besitzen sollen und wie sie zu gestalten sind.

Projektdokumente, Produktdokumente

Im Rahmen des Software-Entwicklungsprojekts werden sowohl **Projektdokumente** (beschreiben die Entwicklung des Projekts und des Produkts) als auch **Produktdokumente** (erklären Technik, Wartung und Bedienung) erstellt.

Software-Development-Folder (SDF)

Der Software-Development-Folder enthält alle **Informationen zu den einzelnen Programm-Modulen.** Diese beschreiben Anforderungen, Funktionen, Entwurf, Quellcode, Testplan und Testverfahren sowie Testergebnisse und das laufende Fehlerprotokoll mit den (nachträglich) durchgeführten Änderungen. Ein Deckblatt zeigt den Inhalt des SDF sowie die Termine der jeweiligen Eintragungen und Änderungen.

Online-Hilfe

Unter **Online-Hilfe** versteht man jede Hilfestellung, die dem Benutzer direkt vom verwendeten System aus gegeben wird. Dabei spielt es keine Rolle, ob die Information lokal gespeichert ist oder über das Internet bezogen wird. Eine Online-Hilfe kann in Form eines digitalen Handbuchs, als Assistent, Experte oder Tutorial oder in Form kontextsensitiver Hilfe angeboten werden.

Gestaltungsrichtlinien

Die **Gestaltungsrichtlinien** legen fest, wie die Dokumentation in einem Projekt zu gestalten ist. Dabei werden unter Berücksichtigung der Lesergruppe folgende Aspekte definiert: Art und Umfang der Inhalte, Aufbau und Struktur der Dokumente, Gestaltung und Layout.

Entwicklung der Produktdokumentation

Die **Entwicklung der Produktdokumentation** kann in folgenden Schritten erfolgen:

- Analyse der Zielgruppe und des Informationsbedarfs
- Bestimmung von Informationsangebot und Medienkombination
- Bestimmung der logischen Informationsfolge
- Gestaltung eines lernwirksamen Gesamtkonzepts
- Überprüfen der Dokumentation

Vokabeln dieser Lerneinheit

Deutsch	Englisch
Dokumentation	documentation
Dokumentationsanforderungen	documentation requirements
Dokumentvorlagen	document templates
Projektdokumentation	project/process documentation
Produktdokumentation	product/system documentation
technische Dokumentation	technical documentation
Anforderungsdokument	requirements document
Architekturdokument	architecture document
Entwurfsdokument	design document
Benutzerdokumentation	user documentation
Installationshandbuch	system installation documentation
Online-Hilfe/-Handbuch/-Tutorial	online help/handbook/tutorial
Gestaltungsrichtlinie (für Dokumente)	style guide
Zielgruppe	audience
Dokumentenaufbau	document structure
Dokumentengestaltung (optischer Aufbau)	layout
Schreibstil	writing style
Überprüfung der Dokumentation	documentation review

SbX ID: 1013

Eine Audio-Wiederholung mit Audio-Player und MP3-Download sowie eine Bildschirmpräsentation mit den Grafiken dieser Lerneinheit finden Sie unter der ID: 1013.

Wissen

A B C D E

W 10.1: Dokumente im Software-Entwicklungsprojekt B

Welche Dokumente werden im Rahmen eines Software-Entwicklungsprojekts erstellt? Geben Sie einen groben Überblick in Kategorien.

W 10.2: Dokumente der Projekt- und Produktdokumentation B

Beschreiben Sie, welche Dokumente

- die Projektdokumentation,
- die Produktdokumentation

enthalten können.

W 10.3: Aspekte für die Gestaltung von Dokumentationen B

Welche Hauptaspekte sind bei der Erstellung der Dokumentation zu berücksichtigen? Begründen Sie allgemein oder anhand konkreter Beispiele die Notwendigkeit jedes Aspekts.

W 10.4: Entwicklungsschritte zur Projektdokumentation B

In welchen Schritten erfolgt die Entwicklung der Produktdokumentation? Erläutern Sie kurz jeden einzelnen der Schritte.

Ein kurzer Kompetenz-Check, bevor's weitergeht!

Kompetenz-Check

	☺	😐	☹
Ich kenne die Notwendigkeit der Dokumentation in Software-Entwicklungsprojekten und kann die unterschiedlichen Dokumente der Projekt- und Produktdokumentation erklären.			
Ich kann Zweck und Aufbau des Software-Development-Folders (SDF) beschreiben.			
Ich kann die verschiedenen Formen der Online-Hilfe beschreiben und diese geeigneten Einsatzbereichen zuordnen.			
Ich kenne die Gestaltungsrichtlinien für eine Dokumentation und kann den Informationsbedarf einer bestimmten Zielgruppe analysieren und in der Gestaltung der Dokumentation berücksichtigen.			

Lerneinheit 2

Abnahme, Wartung und Pflege

SbX
Alle SbX-Inhalte zu dieser Lerneinheit finden Sie unter der ID: 1020.

Die Übergabe der entwickelten Anwendung an den Kunden markiert das Ende des Software-Entwicklungsprojekts. Die Arbeit an der Software ist damit aber meist nicht beendet: Im Rahmen der Wartung sind Fehler in der Applikation zu beseitigen, die Pflege des Software-Produkts dient zur Erweiterung oder Anpassung seiner Funktionalität.

Lernen

1 Abnahme und Einführung

Mit der Abnahme übernimmt der Auftraggeber das fertige Software-Produkt. Mit dessen Einführung beginnt die Betriebs- und Wartungsphase.

Bei großen Projekten erfolgt die Abnahme in vorher vereinbarten Teilabnahmen sowie einer Endabnahme.

Im Rahmen der **Abnahmephase**

- wird dem Auftraggeber das **fertige Gesamtprodukt** einschließlich der Dokumentation übergeben,
- werden **Abnahmetests** durchgeführt, um festzustellen, ob das Produkt den spezifizierten Anforderungen entspricht,
- werden die Ergebnisse des Abnahmetests in einem **Abnahmeprotokoll** festgehalten,
- wird bei erfolgreichem Abnahmetest die **Übernahme des Gesamtprodukts** durch den Auftraggeber (unter Vermerk allfälliger offener Punkte) bestätigt.

Da der Auftraggeber das Software-Produkt auch bei umfangreichen Abnahmetests nie vollständig überprüfen kann (manche Probleme treten erst im Echtbetrieb auf), beginnt mit erfolgreicher Übernahme eine vereinbarte **Gewährleistungsfrist** zu laufen. Innerhalb dieser vertraglich festgelegten Frist muss der Auftragnehmer Fehler, die in seinem Verschulden liegen, ohne Verrechnung von Kosten korrigieren.

Als Sicherstellung, dass der Hersteller dieser Pflicht nachkommt, behält sich der Auftraggeber üblicherweise einen geringen Teil der Endsumme (je nach Auftragshöhe 2–5 %) für die Dauer der Gewährleistungsfrist ein – den sogenannten **Haftungsrücklass.** Liegen am Ende der Gewährleistungsfrist keine (bzw. keine unbehobenen) Mängel vor, wird dem Auftragnehmer die noch einbehaltene Summe ausbezahlt.

Bei Wartung bzw. Weiterentwicklung der Software durch den Kunden sind die daraus resultierenden urheberrechtlichen Konsequenzen zu berücksichtigen bzw. vertraglich zu vereinbaren.

Sollte der Auftragnehmer gemeinsam mit dem Software-Produkt auch das Recht erhalten, dieses weiterzuentwickeln, so ist vertraglich festzulegen, in welchem Ausmaß dies erfolgen darf und in welcher Weise eine Änderung bestehende **Urheber-, Nutzungs- oder Verwertungsrechte** an der Software verändert.

Handelt es sich bei der entwickelten Software nicht um eine Individualsoftware, sondern um Standardsoftware, die über den (Fach-)Handel vertrieben wird, führt eine Organisationseinheit im Unternehmen die Abnahme bzw. Freigabe des Produkts durch.

Rollout: Fachausdruck für die Umstellung auf ein neues (Software-)System

Die **Einführung** einer neuen Software beim Auftraggeber kann in unterschiedlicher Weise erfolgen:

- Beim **Parallelbetrieb** arbeiten das alte und das neue System parallel mit denselben Daten; im Fall von Problemen mit dem neuen System kann jederzeit auf das alte System umgeschaltet werden. Der Parallelbetrieb verursacht allerdings einen hohen Aufwand.
- **Direkte Umstellung:** Per Stichtag werden alle Aktivitäten vom alten auf das neue System übertragen. Die direkte Umstellung erfordert eine sehr genaue Vorbereitung.

2 Wartung und Pflege

Obwohl Wartung und Pflege außerhalb des eigentlichen Projekts liegen, sind die entsprechenden Vereinbarungen und Vorkehrungen während der Entwicklungsphase zu treffen.

Software „altert" nicht und nützt sich nicht ab – trotzdem muss sie laufend betreut und gepflegt werden.

Im Gegensatz zu Maschinen, Geräten oder auch IT-Hardware unterliegt Software keiner „Abnützung". Software-Wartung bzw. -Pflege bedeutet daher die **Verbesserung des Originalzustands.** Dabei gilt:

- **Wartung** ist die Reaktion auf auftretende Fehler im Software-System. Sie ist spontan erforderlich und zielt darauf ab, das Fehlverhalten zu beseitigen, ohne den Funktionsumfang der Software wesentlich zu verändern.
- **Pflege** bezeichnet die Änderung oder Erweiterung einer funktionsfähigen Software, um sie an geänderte Anforderungen anzupassen (z. B. Währungsumstellung o. Ä.).

maintenance: Wartung, auch Instandhaltung, Erhaltung

Der im Englischen verwendete Überbegriff **„maintenance"** wird um entsprechende Adjektive erweitert:

- **corrective maintenance:** Korrekturen zur Beseitigung existierender Mängel (Stabilisierung)
- **adaptive maintenance:** Anpassung an die geänderte Einsatzumgebung des Produkts
- **perfective maintenance, tuning:** Änderungen, um Qualitätsmerkmale zu verbessern

Änderungen an laufender Software beinhalten immer die Gefahr einer Destabilisierung sowie von unberücksichtigten Seiteneffekten („Nebenwirkungen"). Sie dürfen daher nie „ad hoc" erfolgen (außer bei Gefahr im Verzug), sondern sind durch einen definierten Wartungsprozess abzustimmen.

Probleme im Rahmen von Wartung und Pflege werden vor allem verursacht durch

- eine fehlende oder mangelhafte Dokumentation,
- das Phänomen des ständigen Änderns,
- das Phänomen der wachsenden Komplexität.

Für eine kontrollierte und nachvollziehbare Wartungstätigkeit muss daher ein geeigneter **Vorgehensrahmen** geschaffen werden. Schritte dieses Vorgehensrahmens können sein:

- Entgegennahme der Wartungsanforderung und Grobschätzung der Kosten
- Analyse der Wartungsanforderung und Erstellen eines Lösungskonzepts
- Aktualisieren der Dokumentation
- Aktualisieren von Quell- und Objektcode
- Freigabeprüfung
- Abschluss der Wartungsaktivität

Querverweis

Für Wartungs- bzw. Pflegearbeiten an Software-Systemen gelten die gleichen Regeln, wie sie in Kapitel 9, Lerneinheit 2 „Konfigurationsmanagement" beschrieben wurden.

Letztlich ist noch **organisatorisch** festzulegen,

- ob die Entwickler ihre Software selbst warten oder
- ob die Wartung durch eine eigene Wartungsmannschaft beim Kunden erfolgt.

Die Dokumentation der Software sollte auf jeden Fall so gestaltet sein, dass auch die zweite Variante möglich ist – sollten z. B. die Entwickler das Unternehmen verlassen.

Üben

A B C D E

Ü 10.5: Notwendigkeit der Software-Wartung C

Maschinen oder Fahrzeuge müssen durch regelmäßiges Service instand gehalten werden. Software ist ein Produkt, das sich nicht in dieser Weise „abnützt". Weshalb spricht man dennoch von „Software-Wartung" und welche Wartungstätigkeiten bezeichnet man damit?

Ü 10.6: Fallbeispiel „BonOnline" – Entwickeln eines Wartungskonzepts D

Ihre Schule liebt Sie für das erstklassig funktionierende Online-Bestellsystem für das Restaurant/Buffet. Da Sie dennoch davon ausgehen, die Schule irgendwann als erfolgreiche Absolventin/erfolgreicher Absolvent zu verlassen, müssen Sie sich ein Konzept überlegen, wie „BonOnline" nach Ihrem Schulbesuch gewartet und betrieben werden soll. Dazu zählen sowohl mögliche Fehlerfälle als auch Erweiterungswünsche.

Aufgabe:

Erstellen Sie in der Gruppe ein Konzept, wie Ihr Online-Bestellsystem in den nächsten Jahren ohne Ihre Mithilfe betreut werden könnte. Ihre Ausarbeitung sollte mögliche Wartungs- und Pflegefälle sowie Rollen (keine konkreten Personen) zur Betreuung dieser Fälle vorsehen.

Sichern

SbX ID: 1023

Abnahme, Abnahmeprotokoll

Im Rahmen der **Abnahme** überprüft der Auftraggeber, ob die gelieferte und installierte Software fehlerfrei läuft und die spezifizierten Funktionen und Anforderungen erfüllt. Die Ergebnisse der Abnahme werden im **Abnahmeprotokoll** festgehalten. Bei erfolgreicher Abnahme gilt das Projektteam als entlastet, der Auftraggeber übernimmt das Software-Produkt.

Gewährleistung und Haftungsrücklass

Die während einer vereinbarten **Gewährleistungsfrist** auftretenden Mängel muss der Auftragnehmer kostenlos beseitigen – falls nicht, verfällt ein einbehaltener **Haftungsrücklass** (Geldbetrag) zu Gunsten des Auftraggebers.

Einführung (Rollout)

Die **Einführung einer neuen Software** (auch als Rollout bezeichnet) kann in Form eines Parallelbetriebs oder als direkte Umstellung zu einem Stichtag erfolgen.

Wartung

Wartung ist die **Reaktion auf auftretende Fehler** im Software-System. Sie ist spontan erforderlich und zielt darauf ab, das Fehlverhalten zu beseitigen, ohne den Funktionsumfang der Software wesentlich zu verändern.

Pflege

Pflege bezeichnet die **Änderung oder Erweiterung** einer funktionsfähigen Software, um sie an geänderte Anforderungen anzupassen.

Maintenance

Im Englischen wird der Begriff **„maintenance" (Instandhaltung)** verwendet, wobei zwischen corrective, adaptive und perfective maintenance unterschieden wird.

Vorgehensrahmen für Wartungsarbeiten

Wartungsarbeiten, gleich welcher Art, müssen nach einem **Vorgehensrahmen** erfolgen, um unerwünschte Seiteneffekte zu vermeiden und die Stabilität des Software-Systems nicht unnötig zu gefährden.

Vokabeln dieser Lerneinheit

Deutsch	Englisch
Abnahme	acceptance test
Abnahme (beim Kunden)	site acceptance test
Werksabnahme	factory acceptance test

Deutsch	Englisch
Gewährleistungsfrist	warranty period
Urheberrecht	copyright
Nutzungsrecht	right of use
Verwertungsrecht	exploitation right
Einführungsstrategie	deployment strategy
Parallelumstellung	parallel changeover
Stichtagsumstellung	key date changeover/changeover on E-day
Wartung (auch: Pflege)	maintenance
… zur Stabilisierung, Korrektur	corrective maintenance
… zur Anpassung, Änderung	adaptive maintenance
… zur Optimierung, Leistungsverbesserung	perfective maintenance

SbX
ID: 1023

Eine Audio-Wiederholung mit Audio-Player und MP3-Download finden Sie unter der ID: 1023.

Wissen

A B C D E

W 10.5: Abnahmephase B

Welche Schritte werden im Rahmen der Abnahmephase durchgeführt? Erklären Sie kurz jeden der Schritte.

W 10.6: Haftungsrücklass B

Wozu dient ein Haftungsrücklass und wie ist er anzuwenden?

W 10.7: Einführung neuer Software B

In welcher Form kann die Einführung einer neuen Software beim Auftraggeber erfolgen? Beschreiben Sie Vor- und Nachteile jeder Form.

W 10.8: Wartung von Software B

Erklären Sie den Begriff Wartung von Software.

W 10.9: Pflege von Software

Erklären Sie den Begriff Pflege von Software.

W 10.10: Maintenance B

Was ist „maintenance“ und welche Formen werden unterschieden?

W 10.11: Durchführung von Wartungsarbeiten B

Welche Schritte kann ein Vorgehensrahmen für die Durchführung von Wartungstätigkeiten beinhalten? Begründen Sie die Notwendigkeit der vorgeschlagenen Schritte.

Zum Schluss ein kurzer Kompetenz-Check!

Kompetenz-Check

	☺	😐	☹
Ich kenne die für eine Abnahme erforderlichen Schritte und kann sie beschreiben.			
Ich kann die Begriffe „Wartung“, „Pflege“, „maintenance“ von Software-Produkten erklären und den Vorgehensrahmen für die Durchführung von Wartungstätigkeiten beschreiben.			

Bildnachweis

Seite 2 (oben und unten), 7, 8 (Handy mit QR-Code), 13, 27, 28, 38, 39 (Rubikwürfel), 45 (oben), 52 (oben), 53 (Kompass), 59, 62, 69 (oben), 80 (oben), 81 (unten), 84, 87, 98 (oben und unten), 108 (oben), 110 (Symbol Videokonferenz), 114, 121 (oben), 128 (oben), 135, 140 (oben), 148, 150, 163, 171, 178 (oben), 184 (oben), 193 (oben), 200, 203 (Wasserfall), 208 (oben), 225, 236 (oben), 245 (oben), 251, 260 (oben), 274 (oben), 280, 285, 290, 296, 300, 304 (oben), 310, 315, 322, 331, 338, 348 (oben): **iStock International Inc.**

Seite 6, 15, 18, 31, 40, 46 (Pfeile), 47, 52 (Leistung – Termine – Kosten), 53 (Zielscheibe), 69 (unten), 70, 71, 75, 80 (Start), 81 (oben), 82, 85, 86, 90 (oben und unten), 99 (oben und unten), 100 (oben und unten), 101, 108 (unten), 109 (oben und unten), 110, 117 (PSP), 208 (unten): **Fotolia LLC**

Seite 45 (Projektantrag), 46 (Kopfhörer), 54, 60, 115, 116, 117 (Pfeile), 121 (unten), 122 (oben und unten), 129, 140 (Nilpferd), 141, 149, 151 (oben und unten), 154, 155, 164, 165, 172, 173, 178 (unten), 179 (oben und unten), 184 (Software), 185, 187, 188 (alle Bilder/Icons), 193 (unten), 195 (oben und unten), 202, 203 (Spirale), 204, 209 (Scrum), 211, 214, 215, 217, 218 (oben), 219, 220, 230, 236 (unten), 237, 238, 239, 241, 245 (unten), 246, 247, 260 (unten), 261 (Waage), 274 (Programmcode), 275, 293, 304 (Auto), 312, 316, 318, 323, 324 (oben und unten), 325 (oben und unten), 326, 341 (oben und unten), 342, 343, 348 (unten), 349: **Shutterstock, Inc.**

Seite 39 (F. Zwicky), 128 (H. I. Gantt), 218 (K. Beck), 317 (Ariane 5): **Wikipedia** (http://de.wikipedia.org)

Seite 261 (Barry W. Boehm): **http://csse.usc.edu** [11.12.2013]